U0637672

国家社会科学基金重点项目中期成果

"马克思主义经济学中国化的方法论与中国政治经济学范畴体系研究"
（ 项目批准号11AJL001 ）

中国政治经济学方法论探究

刘永佶 主编

中国社会科学出版社

图书在版编目（CIP）数据

中国政治经济学方法论探究/刘永佶主编 . —北京：中国社会科学
出版社，2015.5
ISBN 978 - 7 - 5161 - 6109 - 8

Ⅰ.①中…　Ⅱ.①刘…　Ⅲ.①政治经济学—方法论—
研究—中国　Ⅳ.①F011

中国版本图书馆 CIP 数据核字（2015）第 099788 号

出　版　人	赵剑英	
选题策划	戴玉龙	
责任编辑	戴玉龙	
责任校对	许桂英	
责任印制	戴　宽	

出　　　版	中国社会科学出版社	
社　　　址	北京鼓楼西大街甲 158 号	
邮　　　编	100720	
网　　　址	http://www.csspw.cn	
发　行　部	010 - 84083685	
门　市　部	010 - 84029450	
经　　　销	新华书店及其他书店	

印　　　刷	北京君升印刷有限公司	
装　　　订	廊坊市广阳区广增装订厂	
版　　　次	2015 年 5 月第 1 版	
印　　　次	2015 年 5 月第 1 次印刷	

开　　　本	710×1000　1/16	
印　　　张	35.75	
插　　　页	2	
字　　　数	648 千字	
定　　　价	118.00 元	

凡购买中国社会科学出版社图书，如有质量问题请与本社联系调换
电话：010 - 84083683
版权所有　侵权必究

目 录

第六编 中国政治经济学主张：探讨解决中国经济矛盾途径

第一编

方法论是政治经济学内容

　　已有的英国政治经济学、美国政治经济学乃至苏联政治经济学，都把方法论作为政治经济学之外的另一个学科或"领域"，英、美政治经济学是把数学、实证主义哲学及自然科学的某些方法拼合，根据研究者的特长和需要采用，并无系统的方法论研究，即使有些著作，也是作为政治经济学的辅助而对这种拼合的表述。苏联政治经济学者则把他们始终没有弄明白的哲学辩证法作为政治经济学的方法论，虽然有人做过将辩证法"用"于政治经济学的研究，但因外在的思路及其对辩证法的"客观"理解，还是把方法论定位于政治经济学之外的一个"学科"或辅助性研究。

　　将方法论外在于政治经济学，是其不能成熟的重要原因。不仅方法论的研究不能深入、系统，更制约着理论体系的研究。中国政治经济学的研究必须克服外国政治经济学的这个缺陷。方法论并不是外在于政治经济学的另一个学科或"领域"，更不是"辅助"，而是政治经济学的内容，是理论体系形成发展的精神与导引。

经济学研究的道、法、术、技与经济学的层次

经济科学研究可分为道、法、术、技四个层次，经济学科也因此显示出不同层次。道是经济学的主义，法是经济学的方法论，术是法的展开和运用，技是研究技能与技巧。从经济学演化的趋势来看，一种经济学体系的出现首先是在道的层面发生变革，产生新的主义，在主义主导下形成新的方法论，体现新主义和新方法论的经济学分支学科和研究技巧与技能也得以发展起来。中国政治经济学作为中国劳动者经济利益和经济意识的理论概括，不同于已经走向没落阶段的西方经济学，后者的重点是在术与技的层次上，而中国政治经济学创立阶段的重点是在道和法的层面上。

一　道、法、术、技的区别与联系

思远：这次中国政治经济学方法论的讨论先从经济学研究的道、法、术、技开始，我先说一些看法。刘老师提出人类学识分道、法、术、技四个层次，从而可以清楚地把各种学科做出定位，进而探讨其关系。在经济学研究中，也有道、法、术、技四个层次，我想首先从汉字字源上明确一下道、法、术、技四个字的含义及其演变。

道，是道家思想体系的最高范畴，老子说："道可道，非常道。""道法自然。"① 道家所论之道，是世界本源，也是事物运行的规律。儒家的道是"天命"和"中庸"的体现。《尚书》《周易》《周礼》等儒家经典中，都有天命论思想。《周易》的"圜道论"将天命与道结合起来；《吕氏春秋·圜道篇》对《周易》及西周以后的思想做了总结；圜道论认为"天—地—人"大系统循着周而复始的环运动；《周易》以卦爻的形式推演这种运动，因而是有规律可循的。

马淮：道具有客体性，说是自然规律，似乎也不妥，自然规律有很多，道是唯一的、最高的规律，是规律的规律，支配着其他规律。自然规律可以认识，道好像不能认识，也不能说出来，这就不太好理解了。

春敏：这四个字连在一起的道，应当是形而上的，形而下的道如王道、人道、霸道应是形而上的道的具体化。

---

① 《道德经》。

思远：法，战国时有法家，商鞅的政略是以严刑厚赏来推行法令，使凡奉法遵令的人有赏，凡犯法违令的人都要受惩罚。韩非的"法"是建立在类似荀况"性恶论"的基础上，减少了对人性善的期望而承袭了荀况"以法制之""矫饰人之情性而正之"①的主张，强调统治者应取一种主动的姿态，用"法""势""术"相结合的"王者之道"牢牢控制被统治者。韩非认为，人生而好利恶害，这是人之本能，但此种本能既非善亦非恶，只是一个存在的事实而已，此事实乃是一切法律制度得以建立和存在的前提。

润球：法家的法实际是法律，是统治者驭民的一种手段和方法。儒家的礼法也是一种统治方法。法有标准的意思，这个标准还具有相对的稳定性。

思远：术，战国时的术家，以申不害为代表，是指控制观察人际关系及察言观色，控制操作上下级关系的手法、手腕。对于普通人来说，术有一种不可思议的超自然的力量，只有那些道术修行者方能通晓。事实上，术不过相当于现代运用科学的一个分支，研究的是宇宙的力量以及对宇宙力量的控制。如果一个人获得了这方面的知识或有运用术的意愿，那么他就在法术方面成为训练有素的人。巫术、医术、炼金术、驭术、算术、武术、战术、学术、艺术、魔术等，是指在某些领域拥有控制方法和能力。

技，从手，从支。"支"意为"支撑"，"手"与"支"联合起来表示一种维持生活的手艺，它像人的四肢可以支撑本体那样支撑人的生活。技的本义是人赖以谋生的手艺。《说文》："技，巧也。"《礼记·坊记》："尚技而贱车。"注："犹艺也。"《大学》："无他技。"《公羊传·文公十二年》注："他技，奇巧异端也。"《老子》："人多技巧。"注："工匠之巧也。"《庄子·天地》："能有所艺者技也。"概括起来，其含义指：手艺，才能，本领；操作、表演等的技巧；人类在利用自然和改造自然中所积累起来的知识和经验。

马博：术、技的含义比较清楚，这四个字的联系是什么，有什么区别？为什么要把它们连到一起？

思远：四个字的共性在于：是对自然和社会规律的把握、控制和运用；体现了"天人感应""天人合一"的观念；是统治阶级的统治观念和手段；道贯穿于法、术、技。区别在于："道"有客体性，人只可以循行；"法""术""技"更多是主观的，人可以修炼习得。作为统治观念和手段，有层次不同，道为上，法次之，术再次之，技为下。这四个字均有自然和社会指向，但各有偏重。我们现在把这四个字连在一起，是作为经济学研究的方法来看待的，同时也是对经济学

① 《荀子·性恶》。

层次的一种划分。

刘：思远理解有些偏。道家、法家、术家，是先秦百家中的三家，其中道家注重道的论说，但它也不只是论道，而是把道看成世界本源。而老子所论更多是法，即对道的理解和运用。法家之法，与我们要说的"法"有相似性，但又不同。润球的理解是准确的。法家主张变法，以法强国，以法立制度，规范社会。法家也有其道，更注重术。思远对术家的解释差不多，术家更多的是注重实用的方法，特别是政治、军事上为统治者出谋划策。对技的解释依据《说文》，路子就对了。我对道、法、术、技的划分，不仅依从中国古代文化，还包括西方，特别是近现代哲学和社会科学，乃至工程科学和实际生产、生活的经验。这四个层面是对人类的全部学识的概括。道，是对人和社会及其与自然关系的基本理念，就是主义。上帝主义、天命主义、唯物主义、劳动主义都是道。法，是对道的理解和论说，是方法论，哲学上是辩证法。术，是法的具体运用，依法展开的具体研究。许多具体科学，特别是工程学、医学、农学以及社会科学中的管理学等，都以术为主要内容。技是更具体的术，体现于日常生产、生活中。科学研究中有以技为对象的，如工艺学以及计量经济学、统计学、会计学、审计学等，都是研究技的学问。

不能把道说成是道家的，法就是法家的。老子论道是道，儒家也有天道。法，在法家那里具有辩证法的思想，是法的运用。道、法、术、技是抽象与具体的关系。我们这次讨论重点在法的层面，涉及道，是因为法要受道的主导，同时兼论术、技。

二　经济学研究的道、法、术、技

思远：作为经济学研究不同层次的道、法、术、技属于研究方法范畴。与中国古代思想对道、法、术、技的理解不同，经济学研究方法不是研究人对自然和人对人的把握与控制，而是经济学研究者对研究对象的把握与控制，其主体也不是抽象的人，而是经济学研究者。经济学研究的道、法、术、技是研究者对研究对象把握的观念、原则、手段和技能。经济学研究中的道、法、术、技则体现了研究者力图把握研究对象的观念。

经济学研究中的"道"，是研究者把握研究对象的基本观念。经济关系归根结底是阶级关系，不同阶级有不同的主义和基本观念，有不同的道。资本主义和劳动社会主义是不同阶级利益和意志的理论概括，研究者的道不同，对同一个研究对象会产生不同的经济学。经济学研究中的"法"，是研究者把握研究对象的原则和程序。实践辩证法属于法的层面。经济学研究中的"术"，是研究者掌握研究对象的手段。抽象法和现象法，是术的层面。术，带有神奇的力量。马克思就抽象法说过："材料的生命一旦观念地反映出来，呈现在我们面前的就好像是一个先验的结构了。"① 世界是怎样，抽象法就能够做到把它认识成怎样，可见，抽象法作为术是很神奇的。经济学研究中的"技"，是研究者悟道、效法、施术以掌握研究对象的能力、技巧和熟练程度。

马淮：这是道、法、术、技四个层次在经济学研究上的具体化。

润球：对象有层次，认识方法就有层次。

刘：这四个层次是对人的学识所作的总体划分，跟中国古人的认识是有差异的。古人并未做层次的划分，他们只是分别以道、法、术来命名其学说，当然有侧重点。各种工艺要到工艺学的层次，比如烹饪学的层面，才能属于技的层次。技，在这里不仅是工艺，还指工艺学，工艺学属于技的层面的学问。经济学的研究内容是有层次的，主义是道，是对主体总体利益和意识的概括。法就是方法论，所研究的是方法。术是方法的展开，技则指收集材料、进行分析、写作、论证等的具体技能。系统抽象法不要当作术的层面去理解，它属于法的层面。

思远：经济学研究是有层次的。重商主义的研究方法是经验主义的，抓住了"货币是财富的唯一形态"的财富观和对外贸易生财观，体现了资本之"道"，但没有明确道的概念。早期、晚期重商主义都有这个特点。配第的归纳法仍然是经验主义研究方法，属于法的层面，他虽提出了劳动价值论，也没有对道层次的概念进行规定。重农学派创立了政治经济学的第一个理论体系。出身医生的魁奈制定的经济表，将整个法国经济视作一个有物质和能量循环的类似人体血液循环的有机体。正是整体思考研究对象，才有道层次的概念规定。重农学派的"自然秩序"观念就是一种"道"；斯密的经济自由主义也是一种"道"；马克思的劳动人道主义是一种新的"道"。

现象描述法和系统抽象法是"法"。边际分析、均衡与非均衡分析、局部均衡与一般均衡、静态与动态分析、长期与短期分析等是"术"。统计方法、代数方法、几何方法、计量研究、模型建构等属于"技"。

刘：不能把经济学研究的道、法、术、技只作为研究方法，它们的划分与统一，既是研究方法的基本内容，也是学科分层、分类的必要依据。现有的经济学科，都可以归入这四个层次，并由此形成一个系统。经济学科也可分为道、法、术、技四个层次。这里我讲的是经济学科的体系问题。政治经济学首要是论道，探讨主义，是对总体矛盾的研究。方法论不是外在的，方法本身也是理论。政治

---

① 马克思：《资本论》（第一卷），人民出版社 1975 年版，第 23—24 页。

经济学方法论是政治经济学的内容，与道是内在统一的。金融、财政、国际贸易这些具体的分支学科，它们都属于术这个层次的研究内容。技是更具体的学科，如统计学、会计学、计量经济学等。

思远：经济学研究层次是有变化的。资产阶级经济学早期是重道的，是讲主义的。资产阶级生产方式确立后，经济学研究开始庸俗化，从庸俗经济学开始就不怎么论道了，对法也不着力探讨，而是按现象描述法的原则，将研究重点转到术和技的层面。至于"道"不是没有了，而是维护唯物主义、固守"经济人假设"是先验的无须证明的前提。边际效用学派重在边际分析之术；马歇尔"连续原理"、边际分析和局部均衡重在术、技；凯恩斯革命以术卫道。

刘：资本主义经济制度形成过程，是对旧的封建领主制和集权专制的否定，这个否定，不仅是经济上的，也是政治上、文化上的。在经济上，主要在于确立资本的私有制及"私有财产不可侵犯"，排斥封建制和君主专制对资本的侵害，使资本在积累中逐步成为经济中的主导。政治上则是要求保证资本所有的政治权利，即以"民主"形式出现的"资主"，为此，资产阶级展开了不屈不挠的斗争。文化上，是要论证资本所有权即资本关系的合理性，以资本之道取代上帝之道。这在哲学上是唯物主义，在经济学上就是以斯密、李嘉图为代表的政治经济学学说，其核心在于论证资本主义经济制度取代封建、集权制度是自然规律的要求，是人间之正道。因此，早期资本主义政治经济学探讨的是道和论证这个道的法，术与技层次的研究并不多。从萨伊之后，资本主义政治经济学开始庸俗化，早期庸俗政治经济学也论证道，但其论争的对手已不是旧制度的代表，而是日益觉醒的工人阶级思想代表。19世纪末，数理学派出现时，资本主义经济完全制度化，并巩固了资本的统治地位，资本主义经济学家对道、法的论争已无必要了，只探讨具体层面的结构和运行机制、经营管理，其研究重点也转向术、技层面。与此相应，具体的经济学科也从政治经济学中分化。政治经济学变成"纯经济学"，以数理、心理等因素论证其术、技。只是到20世纪30年代大危机，才由凯恩斯从体制上进行探讨，增加了一些法的内容。再往后，资本主义经济学都属于术、技的层面。你们注意到这些年诺贝尔奖的获奖成果了吗？所研究的经济问题非常细微，都在术、技层次。马克思研究了劳动者阶级的道和法，但苏联政治经济学将它歪曲了，使其成为行政集权的工具，名为社会主义、"马克思主义"，实为集权主义、专制主义。苏联教科书的道是一条死道，法是教条主义。

石越：可不可以认为，当一种经济学演进到术和技层面，它就开始走向衰落，同时也是一种新的经济学开始孕育呢？

刘：可以这么说。你想，像现在西方资本主义经济学研究那些细枝末节的东西，在研究方法上完全数学化，它不探讨、也解释不了现实经济生活中的制度、体制上的矛盾。对于西方经济学自身发展来讲，术和技层面的扩展是必要的，也是必然的，但它在关注细微问题的同时，也就脱离了制度层次矛盾的现实。在西方，经济学家不过是一种谋生的职业，是被人雇佣的，只有投靠资本，为单个资本家或资产阶级的政府出谋划策才能生存。

兴无：2013 年诺贝尔经济学奖授给了尤金·法马、拉尔斯·皮特·汉森以及罗伯特·J. 席勒，三位都是美国经济学家。他们研究的问题就非常具体，即资产价格问题，在方法上是经验主义的，他们也就是因为在"资产价格的经验主义分析"上的理论贡献而获奖。

春敏：苏联政治经济学和西方经济学的研究层次有所不同。前者维护行政集权，即"苏联模式"，在法的层面将辩证法歪曲为教条主义，又不注重术、技，结局是随苏联解体而消失；后者在术、技层面不断翻新，表面繁荣，却难掩衰败之象，因为它的道、法过时了，数量化倾向是其突出表现。

刘：现在西方的资本主义经济学家不是不要道，而是因为其道（资本主义）已经占统治地位，他们及其代表的资产阶级自以为这个道是不可更改的，但又不自信，这次经济大危机就是制度、体制层面矛盾爆发的结果。他们意识到经济危机的严重性，但又不愿意承认制度、体制矛盾，只在结构和运行机制、经营管理层次找原因，以"量化宽松"的货币政策和财政管控等术、技来解决表层问题。他们是知其道的，但用不谈道来卫道，用不说制度来维护制度。就像医生治病，病人因癌症而剧痛、发烧，这个医生只是开止痛、退烧药，还会敷冰块、冷毛巾，症状会减轻，但病根仍旧。资本主义经济矛盾在制度层面已经很严重了，解决的办法需要制度变革，资本主义经济学家与其代表的资产阶级不可能承认这一点，但又感到危机，所以下大力气在术、技层面进行挽救。

三 中国政治经济学研究的重点在道、法

思远：首先要明确中国政治经济学的道、法、术、技。劳动社会主义是中国政治经济学之道。这个道的主体是劳动者，其内涵是对劳动者的利益和意识的理论概括。道是无形的，因为它是理论概括。劳动社会主义大道无形，体现在劳动社会主义运动和制度中。

春敏：中国政治经济学研究的重点首先在道的确立上，需要劳动社会主义大行其道。不谈阶级，回避主义，只研究问题，成为最近几十年来许多经济学研究者的通病。如果说古代有无道昏君，现在就有无道学者，有的是因为糊涂，有的是别有用心。

伯卿：为什么中国政治经济学研究的重点首先在道上？

思远：中国有不同的阶级，有不同的主体和主义，对政治经济学有不同的需要。国际垄断资本对中国经济的控制，有美国经济学就够了，不需要而且坚决反对创建中国政治经济学。20 世纪 60 年代后产生的发展经济学在本质上是西方经济学的一部分，反映国际垄断资本在发展中国家的利益，这与印度、非洲和南美地区的一些学者为维护本民族利益研究的发展经济学有本质不同。所以，国际垄断资本虽然有道，却是掠夺中国之道。中国私人资产阶级也是要掩盖矛盾和回避阶级的，在经济学需求上，有美国经济学的供应就够了。看看中国私企老板们攻读 MBA，就清楚他们需要什么样的经济学了。所以，只有利益受到侵害的劳动者才急需中国政治经济学，概括中国劳动者的总体利益，形成劳动者总体的基本观念，这是一种新道、大道和正道，它现在尚未大行，却在孕育和生长中。所以，创建中国政治经济学首要的重点是在立道上。

德启：我认识一个私企老板，上北大读 MBA 工商硕士，学费高达 15 万元，授课内容全是西方企业管理的那一套。

志燕：我现在明白了，为什么刘老师要写《劳动主义》这本书，官僚资本是无道的，国际垄断资本和私人资本有唯物、拜物之道，而非人道，劳动者需要的是人道、正道。无道不需要政治经济学，不人道有西方经济学，中国政治经济学必须有自己的道，正道才能直行。

思远：法也是中国政治经济学研究的一个重点。我认为实践辩证法和劳动价值论是中国政治经济学的法。"实践辩证法是劳动哲学的方法论"[1] "劳动价值论是劳动者认知自己的经济利益，规定其所处的经济矛盾的基本理论依据。"[2] 劳动价值论是劳动者的理。理是道的具体化，先有道，后有理。有了理，才有一个标准。中国政治经济学是道下有理，这个理就是劳动价值论。

刘：劳动价值论是中国政治经济学的基础理论，是道的范畴，不应归属于法。实践辩证法是哲学方法论，政治经济学方法论是系统抽象法，这是实践辩证法的具体化。中国政治经济学研究中法的层次，就是系统抽象法。系统抽象法包含、体现着实践辩证法，这是特殊和一般的关系。

思远：我把系统抽象法作为术的层面来看待。以概念运动为主导的系统抽象法，实际是术。在自然科学实验中，为了保证实验在尽可能纯粹的状态下进行，需要对物质进行提纯，提纯就是一种术。马克思正是在这个意义上说《资本论》

---

① 刘永佶：《劳动哲学》（下卷），中国社会科学出版社 2009 年版，第 469 页。

② 同上书，第 661 页。

使用的是思维抽象，也是一种术，具有神奇的力量。如果把系统抽象法作为法的层面来看待，那是不是意味着各门学科都有自己的法，实践辩证法只是发展不同学科方法的哲学指导？

刘：不同学科当然有不同的方法论。如果认为只有哲学的方法论是法，那各门学科的法就只有一个，没有特殊性了。系统抽象法作为政治经济学的方法论，是中国政治经济学的法的层次，是贯彻道，并指导术的。

春敏：中国政治经济学与苏联政治经济学和美国政治经济学的差别，首先在于道的不同，走的是不同的道。道又主导着法，不同经济学体系的法可以借鉴，但必须以道为中介，直接的拿来主义是不行的。中国政治经济学必须形成自己的方法论。

一种新的政治经济学体系的建立，道和法是首要的。系统抽象法以概念运动为主导，是建立中国政治经济学理论体系的关键环节，没有方法论就不可能建立理论体系，这讲的是方法论的重要性。另一方面，中国政治经济学与苏联政治经济学和美国政治经济学，由于道之不同，方法论也就不同，必须发展中国政治经济学自己的方法论。

刘：研究政治经济学方法论的重要性有五个方面：一是贯彻道，进而充实道、发展主义。中国一些人总以为真理、主义只能来自外国，来自军事、经济比我们强大的国家。这是一百多年来以弱者自居意识的表现。向外国人，特别是外国的劳动者学习先进的东西，是应该的，但中国的问题只能由中国人自己解决。中国政治经济学的主体是中国劳动者，主义只能来自主体，是主体利益和意识的集中概括。要形成中国劳动者的主义，就要有与中国劳动者相适应的方法论，以此概括他们的利益和意识，进而将主义贯彻于主题，也就是揭示经济矛盾规律。这是方法论的意义所在。我们说的实践辩证法和系统抽象法，都有一般性，但更有特殊性，是我们在研究中国历史和现实经济矛盾中形成的。当然，我们继承了马克思的有关思想，也借鉴了黑格尔等哲学家和斯密等经济学家的一些可取之处。但这都是一般意义上的，我们的法，方法论首先是中国的特殊，在特殊中体现着一般。二是有助于研究者提高基本素质。作为政治经济学的研究者，应是敢于正视矛盾、勇于揭示矛盾的思想者，并非巴结权贵、阿谀奉承的"职业献媚者""宠物经济学家"。研究者最大难题在于揭示所研究矛盾的性质和规律，解决这个难题，根据就在于提高自身素质技能，正确的方法是基本素质。三是政治经济学理论发展的内在条件。政治经济学方法论的研究，就是要集中概括历史上所有成功的研究方法，同时批判错误的方法，根据中国政治经济学研究所面临的问题，形成对研究方法的系统认识，为政治经济学的总体发展提供内在条件。四是形成中国政治经济学体系的必要前提和逻辑依据。一个多世纪前，政治经济学传入中国。中国人接受政治经济学的主旨，是寻找发展中国经济的理论依据。在一个多世纪的时间里，我们几乎引进了西方所有的经济学说，并在不断选择、尝试性地应用。政治经济学的作用是相当重要的，从经济制度和经济体制建立到改革，从经济结构及其运行机制的建构到实施，从经济政策的制定到经营管理，都需要政治经济学的指导。任何外国人都没有给中国提供现成的经济学说，唯一应该做的就是创立中国自己的学说。照搬外国经济学说虽是一条捷径，但最大的问题是不能真正系统地揭示中国的特殊经济矛盾。在一百多年时间里，我们照搬外国经济学说导致的损失之巨，充分说明了这个问题。对中国经济矛盾的揭示，其方法原则与外国人揭示其本国经济矛盾的过程有相似性，从外国经济学说的各特殊研究方法，概括出其一般规律，为中国特殊经济学说的研究提供一般意义上的启发和借鉴。只有形成中国政治经济学方法论，才能建立中国政治经济学体系。也正是由于这一点，中国的政治经济学理论工作者更迫切地意识到政治经济学方法论研究的必要性，并将其作为发展中国政治经济学的必要条件和内容。也正因此，在经济发展和经济学说上落后的中国人，却能够先于外国人提出并探讨政治经济学方法论。五是解决中国经济矛盾的需要。这也是我们说的主张的内容。解决经济矛盾的根据和动力，就在经济矛盾本身。中国政治经济学的主义由主体出，主题由主义出，主张又由主题出。方法论体现于从主体到主义到主题到主张的全过程。揭示经济矛盾的方法，同时也是解决矛盾的方法。这都是方法论所要探讨的，我们必须将认识矛盾和解决矛盾在方法论上统一起来。

春敏： 中国政治经济学应该在道和法的层面重点进行研究，目前这个阶段还不能像西方经济学那样过多关注术和技的层面。西方的科学就是分门别类，越分越细，越来越忽视总体性的研究，而总体性研究恰恰属于道和法的层面。中国政治经济学是劳动社会主义政治经济学，在性质上不同于西方经济学，在发展阶段上也处于创立阶段，这个阶段要明确道和法是研究的主要任务。到了技的层面，中国政治经济学就已经相当成熟了。道和法相当于中国政治经济学这棵大树的根和主干，树大要求根深，树大根深才能枝繁叶茂。

刘： 在探讨中国政治经济学的主义时，核心问题是对体现劳动者经济利益的制度的研究，不仅要包括其原则，更要明确劳动者的劳动力和生产资料所有权。法是贯彻于全部研究过程的。这在目前是首要环节，但不是说术、技不重要。术、技都是方法论所要涉及的，中国政治经济学研究必须用术、技，如何运用取决于道、法。

思远： 在明确了中国政治经济学创立阶段的重点是道和法，接下来的问题，就是如何概括道，研究法。

刘：道作为主义，是阶级利益和意识的概括。这种概括一方面要立足于阶级地位和整个社会结构，另一方面也要从个体的利益和意识进行概括。个体利益和意识的了解就要求做社会学和民族学倡导的田野调查。近年来，我们做的村庄调查和问卷调查，实际是很重要的，脱离个体利益和意识是不能概括总体利益的。

思远：古人云，道是悟出来的。如何悟，除了要悟劳动阶级的主体性，还要悟道的整体性、无形性和可变性。没有阶级划分，就没有不同的道。有了阶级划分，就各有其志，从个体来说，立志如果没有阶级总体性即非大志。道是囊括整体的精神，因而在整体中才有道。社会主义理论贯穿社会主义运动和制度。人间正道，沧海桑田。只有悟出道的主体性、整体性、无形性和可变性，才能得道。

刘：只有将道说成外在的，才有"悟道"之说。我们讲的道，是内在于我们主体的，因此是可以理解、理论的。"悟"是什么？一些人把它说得很神秘。最典型的就是佛教禅宗，它宣称有独特"悟"的本领，可以普度众生。前些年咱们每年都要请王绍璠先生来说禅，他是南怀瑾的入门弟子，也招了很多学生，每年都"打"几次"七"，即做七日修炼。去年他去世了，我很痛惜。本来我俩约好用几个月时间谈禅，将记录编成书出版，现在搞不成了。我们交往很多，他也常说"悟道"，但我总看不出他所悟的"道"是什么。有一段时间，他看了我的《现代劳动价值论》，就说道是劳动价值论，后来又不讲了。他的书很多，也编了许多禅宗故事、言论，都是在说"悟"，但就是不知要悟什么，又悟到了什么。实际上，"悟"只有作为认识过程中思考的一个环节，才是存在的。我给他的学生黄东涛写过一幅字："禅法实在"。这是我对禅的理解。如何不神秘化，禅的意义就在"实在"。

我们说的道，是主义，是实在的劳动者经济利益和意识的集中概括。对它的认识并不神秘。法就是理解、理论道的方法论。研究中国政治经济学方法论是认识道、贯彻道的途径，对它的探讨，也有基本的程序和方法。这里最基本的，就是要与中国政治经济学的研究统一，要在概括劳动者阶级利益和意识，揭示经济矛盾的过程中形成方法论，进而是对政治经济学研究者的方法进行归纳、分析。为此，要从既有研究者的研究成果入手，详细占有材料，它面对的实际是政治经济学家的研究活动，是揭示现实经济矛盾的过程和各种观点、学说及其相互争论，特别是研究者本人对经济矛盾的研究活动。它应占有的材料，是各种经济学说在形成和论述中的方法。政治经济学方法论研究的目的是把握政治经济学研究方法的一般规律，它的各种具体的内在关系，必须由研究者运用自己的思维能力，从大量的素材中进行比较、分类、归纳，找出其一般性成分以及典型的方法材料，就此再做细致的分析，规定其本质因素，然后再从总体上进行综合，得出对研究方法规律的系统认识，由此转入论述，即以演绎为主干的从抽象到具体的论证过程。在政治经济学的研究方法中，概念运动是核心和主干，概念的规定、展开、改造、完善、转化，将全部的研究活动和思维形式都聚合于概念运动，并概括了研究者的全部成果。概念运动及其与各思维形式的关系，是方法论的研究所要探讨的重点。政治经济学方法论的论述，和政治经济学的论述在原则上是一致的，即从简单到复杂，从抽象到具体。

中国政治经济学方法论的研究，还要与哲学上实践辩证法研究相统一，处理好二者的特殊与一般关系。与此同时，关注哲学史的演化，汲取其中可以借鉴的一般成分。

春敏： 中国政治经济学方法论的研究要特别注意对苏联政治经济学教科书的研究方法和论述方法的批判。苏联政治经济学在方法论上不是从现实经济矛盾出发，而是从理论出发，为经济政策做论证。对历史上出现的经济学说和研究方法做简单肯定和否定式的判断，而不是寻求它产生的原因，探寻各种经济学研究方法的内在联系和发展规律，教科书中引用的主要是经典作家和领袖的语录，从而窒息了政治经济学方法论的发展。在概念规定上，把规定资本主义经济矛盾的概念加上"社会主义"限定词就完成了对社会主义经济的规定，例如社会主义生产、社会主义工资、社会主义资金、社会主义企业、社会主义流通等。在政治经济学论述体系上更是乏善可陈，几条规律构建的体系，没有概念运动，没有从抽象到具体的"先验结构"，很难说形成了概念体系。苏联政治经济学教科书的方法，对中国政治经济学的研究至今有很大的阻碍，甚至可以说是主要的障碍，它培养了几代经济学人。

马淮： 对西方经济学的非主体性、非历史性、均衡性和数学化也要进行批判，这与它把术、技作为研究重点是联系在一起的。

刘： 从一定意义上说，中国政治经济学就是对苏联政治经济学的否定。我们可以说苏联政治经济学有这样那样的问题，但有一点是必须肯定的，就是它使中国人知道了政治经济学。新中国成立前，虽然有英美经济学传入，但只在极少数人那里传播，加之战乱，不可能在中国发挥多大作用。新中国向苏联的"一边倒"和经济制度的革命，使苏联政治经济学在全国迅速传播。当然，它的局限和缺陷也随之作用于中国，但主要责任应在引入者。我们都是从接受苏联政治经济学教科书入手的，包括对《资本论》和政治经济学史的理解，都受苏联学者影响。我本人在这方面体会最深。我读的第一本理论书是斯大林的《列宁主义问题》，后是《苏联社会主义经济问题》以及《联共（布）党史》，加之苏联哲学、政治经济学教科书。以后才读列宁、恩格斯、马克思，读黑格尔和斯密、李嘉图。几十年下来，先是接受苏联政治经济学，后从马克思与之相对比中发现问题，进而在研究中国现实和历史的过程中，在对苏联政治经济学的怀疑、反思中，先是在 20 世纪 80 年代末提出"政治经济学的中国化"，十年后又提"中国政治经济学"。为了使中国政治经济学成立，又对中国历史、文化、现实经济政治进行探讨，再从哲学上研究辩证法和唯物主义，到《劳动主义》一书写作，确立了哲学上的主义，进而《官文化批判》《中国政治经济学——主体 主义 主题 主张》《民主新论》，是中国政治经济学研究的必要前提。这次关于中国政治经济学方法论的讨论，首先是明确问题，然后我再写一本书。这对我来说，是对曾接受的苏联政治经济学的反思和否定，是全面、系统的否定，道、法、术、技层次都要囊括，主体、主义、主题、主张都以中国现实和历史为据。至于美国政治经济学，因它近年在中国影响极广，经济生活各个层面都有其作用，因而也要分析、批判，但主要是在揭示经济矛盾中进行。中国政治经济学也是对美国政治经济学的否定，这是制度的否定，即以劳动社会主义否定资本主义，以劳动公有制否定资本雇佣劳动制。为此，道和法层次的探讨是相当重要的，或者说要从道和法层次否定美国政治经济学，由此开创政治经济学史的新阶段。

（杨思远）

政治经济学研究的主体

政治经济学不是外星人派到地球上的考察者所写的考察报告，而是地球人自己经济利益和矛盾的集中体现。它的根据在于主体性，主体的经济利益和意识是政治经济学的来源和出发点，明确主体是政治经济学者进行研究的基本前提。

一　主体在社会科学研究中的重要地位

马淮： 从认识论上说，认识的过程，是主体运用一定的方法对认识对象进行思考的过程。主体作为认识主体，对于认识过程和认识结果都具有重要的制约作用。政治经济学，作为主体对于社会经济矛盾进行研究的一门学问，也必然遵循认识的一般规律，受认识主体的制约。

但是，政治经济学中主体的制约作用又不仅仅体现在主体作为认识主体的作用上。政治经济学，是处于经济矛盾中的社会主体基于生存和发展，对经济矛盾进行理论概括的一门学问。主体，既是研究的主体、认识的主体，同时，又是身处社会矛盾中的经济主体。主体的这种双重存在性，也即认识主体和矛盾主体的统一，使政治经济学中主体对认识过程和认识结果的制约作用更加突出。可以说，确立主体，是政治经济学研究的基本点，主体不确立，其他问题都无从谈起。

但是，当前总存在一种论调，即认为研究可以脱离主体性的制约，或者说，所得出的结论只有是客观的、不以主体的意志为转移的，才是科学的。

刘： 这样的论调，在社会中是广泛存在的。这种认识的一个重要的根源在于旧有的唯物主义认识论。唯物主义是资本主义的哲学观念，它在反上帝主义过程中发挥了重要作用，但它在基本逻辑框架上存在重要缺陷。唯物主义按照传统哲学架构，分为本体论、认识论、逻辑学三部分。所谓本体论，即世界的本原是什么；认识论是对于这个世界本原的认识结果；逻辑学主要研究的则是认识这个世界本原的方法。唯物主义主张，物质或者说物质自然是世界的本原，物质是运动的、发展的、变化的，其自身有着不以人的意志为转移的客观规律。人类社会是物质自然进化的结果，人类要用自身的意识对客观规律进行认识，在这个过程中意识要服从于物质，坚持"客观"反映的原则。意识仅能认识客观规律而不能改造客观规律。

但是，脱离人类意识而为物自有的"客观"运动着的规律存在吗？谁能作为"客"去观？谁认识到的规律能够"不以人的意志为转移"？只要规律被我们认识到，被我们言说，它就是主体在观，就是主观的，它就由我们的意识决定、以我们的意志为转移。能够做到"客观"的，只有"客"本身。而一旦"客"在观，"客"就化为了主体，还是主体在观，而不可能"客"观。所以"客观"本身是不符合认识的一般规律的。

思远：是呀。"我"，是任何思维者都无法回避、无法摆脱的，所有的认识不过是"我"这个主体认识的结果。"客"在认识过程中只能是被观的，即"主"观"客"。而只要是"主"观"客"，"客"就不可能超脱于主体，客体就必然要受到主体的制约、主体的限制。所以，人只能主观，即作为主体去观察和研究对象。这是思维的一般规律。不论是自然科学还是社会科学，都不可能脱离这个认识的一般规律、一般过程。

马淮：在这个认识过程中，还应该看到，正是由于主体利益的差异，社会科学相对于自然科学又有其特殊性，这在政治经济学这门独特的社会科学中体现得特别充分。自然科学，是对自然界进行研究的学科的总称；社会科学，则是对于人与人的社会关系进行研究的各门学科的总称。在对自然界进行研究时，比如说对于树木的生产发育、季节的变换、地形地貌的形成等，由于人类总体利益相对一致，通常能够得出一致性观点。但是，社会科学并不同。由于社会科学以人类社会为研究对象，人与人在社会关系中利益并不一致，研究者作为身处错综复杂的社会关系中的一分子，只能从他的利益视角来考察社会矛盾，其结果，通常就会形成"横看成岭侧成峰，远近高低各不同"的认识结果。所以，在社会科学中，对于同一个问题的认识往往不会得出如自然科学般的唯一性结论，而恰恰会形成不同的观点和认识。这种状况并非说明社会科学不具有科学性，而恰恰是社会科学本身的特点决定的。应该说，越是坚持社会科学的科学性，就越要承认社会科学研究结论不统一的合理性。

社会科学的结论不统一性，就是由研究者既是认识主体又是社会矛盾主体的特点所决定的。这是主体对于研究的制约作用的集中体现，它也在政治经济学的发展史中非常清晰地体现出来。

春敏：你刚才提到，由于坚持的主体不一样，所以结论也是不一样和有差异的；后面又讲，这并不否定社会科学的"科学性"，这怎么解释？

思远：这里谈到科学性，应该对科学性有一个规定。过去提到科学性和主体性是统一的，不是说任何一个主体都可以达到科学性，只有坚持劳动者这个主体地位才能达到科学性。我这学期讲《资本论》时讲到成本问题，马克思讲商品的实际成本是三部分：c、v、m，后面两部分都是对于工人劳动的耗费。但他又说到，资本家看成本，只有两部分，也即 c 和 v。这个地方特别强调"实际"的问题。我觉得科学性首先就在于必须符合实际，生产一个商品实际耗费劳动是多少就是多少。但是站在不同的立场看这个问题，结论就不一样。站在劳动者立场上就是三个部分；但是站在资本家立场上，m 这一部分没有耗费资本家的价值，他就认为成本不包括它，只包含两部分。所以很明显，只有站在劳动者立场上发表的观点才能够和实际相符。所以什么是科学性，必须和主体性联系在一起。

马淮："科学性"这个词在今天的使用中很多并不规范。在自然科学和社会科学中，人们往往是在绝对真理的意义上来使用它的。但是，谁能认识到这个以客观规律形式表现出来的绝对真理？谁能验证他所得出的"科学结论"就是这个客观存在的规律本身？正是由于规律本身不能自观，而只能被人类认知，就形成了人类认识到的"科学结论"和所谓的客观规律也即绝对真理的差距，这实际也就是休谟、康德所讲的不可知的问题，即真理作为思维的彼岸，只能被思维无限接近但永不可到达。所以，那种把科学看作绝对真理的认识，本身就是不合理的。如果这样看待科学，那么人类思维将永不可达到科学。对于这个问题，近代哲学已经谈得很清楚了。

实际上，所谓科学，从认识论上讲，就是坚持科学的研究方法的问题。我认为科学不应体现为思维结果的一致性、永恒性，而应体现为思维方法、思维过程的合理性。即是否是"科学"的研究，就在于是否坚持了合理的方法、合理的态度。那么在社会科学中，根据主体既是认识主体又是矛盾主体或者说社会存在主体的特点，在研究中承认主体利益的差异性会使不同的认识主体对同一研究对象形成不同的认识结果，就是科学的研究态度的体现。就像刚才思远讲的商品成本的例子，劳动者和资本家对这个问题的认识必然是不一样的。你让劳动者去说服资本家，跟他讲成本要包括三个部分，资本家是绝不会接受的，这是资本家的主体性决定的。同样，从劳动者的立场上说，劳动的耗费——包括 v 和 m，都是劳动者的投入，劳动者把它们都看作生产商品的成本的一部分，这也是必然的。

不同的主体会有不同的科学观。也就是说，不同的主体都会坚持符合自己所处的这个阶级、集团等总体利益的最先进的研究成果是科学，而批驳另一方是谬误，这体现在人类认识论的整个历程之中。作为劳动者，从劳动者这一主体出发来探讨问题，进行实证和抽象的研究，在总体利益一致的基本点上深入探讨矛盾，并伴随矛盾的发展不断深化对于对象的认识。我认为，这就是科学研究的基本前提和基本内容。

润球：刚才你们从哲学的一般性讲，说由于认识主体具有差异性，所以不应从客观去思考而应从主观角度思考，我觉得这从逻辑上说不通。因为我们这里所探讨的政治经济学的主体性不是外化的，相反，它是内生的，这个主体就是政治经济学研究中内生出的一个概念，政治经济学研究的就是主体和主体之间的关系。所以如果我们从一个研究者的外化去考虑的话，它和我们在后面研究的政治经济学的主体性从逻辑上说好像不一致。

马淮：我觉得你刚刚谈的恰恰是两个点。第一个是主体与主体之间的关系，这是一个研究对象问题。任何一个人都是在社会关系中存在的，正是由于主体与主体之间存在着矛盾关系，才产生了主体间的立场差异。第二个是认识主体或者叫研究主体。刚刚说过，正是由于第一点的存在，使认识主体在进行认识时自身已经具备了不同的主体性。所以，我们说主体是在认识的主体和认识的对象两个方面共同制约下认识过程的。

玉玲：我想问一个问题，就是主体性和科学性是什么样的关系呢？它可以有两种，一种是有一个一般性的科学性，每一个有主体性的研究都会离这个科学性或者远或者近，离得近的就有科学性，离得远的就没有科学性，这是一个理解的角度；还有一个，就是刚才思远说的，只有站在正确的立场，比如说站在劳动者的立场所得出的观点才具有科学性，这是另外一种。那么，主体性和科学性它们到底是什么关系？刚才马淮也讲到承认主体性并不是不具有科学性，相反这是它的科学性的一个体现，那这里也还是在讲主体性和科学性的关系。

刘：这里你们都有些错位。咱们这里是谈主体，不是主体性。主体性实际是政治经济学或者学科的一种性质，它是总体的一个规定。这个主体性没什么可探讨的，不要把讨论重点转到主体性。刚才说这个问题实际有两个层面，一个是研究的主体或者说认识的主体，你们更多地说的是这个层面；实际还有另一个层次的主体，就是利益的主体。因为一个人作为现代社会的一个成员，都是从属于某一个利益总体的，如阶级、阶层、集团，所以个体的主体要和总体的主体统一起来。即当你在说"我"的时候是在说"我们"。现在经济学分歧这么大，根本原因就在于有不同的主体，这个主体主要是利益主体，不在于认识主体。同样一个经济问题，会得出完全不同的结论，为什么？这不在于它的科学性，而在于它的主体性。所有的利益主体都是你所研究的那个经济矛盾的要素。这样，你既是认识的主体，也是被研究的对象。这个对象是你所代表的那个总体的利益的概括。

再有，"科学性"这个范畴，我很少用。今天最"科学"的恐怕是转基因了（众人笑），因为那么多院士都发表声明说它是科学的。其实，科学在一定意义上不等于正确。比如，某"科学打假专家"在外国主子指使下，以科学代表的身份出现。我看有一期凤凰卫视，他与人辩论，差点把几位老教授气晕过去。他就说自己是"科学打假"。人家有一点新的学说拿出来，他就说是伪科学。

　　科学，实际上是一个规范和过程，不要理解为正确。科学就是咱们这里说的"术"，也即方法这个层面的一个规定。自然科学之所以叫科学，就是因为有了这些东西。而且所有自然科学的结论，按照恩格斯说的话，都是假说。社会科学就更特殊一些，它还要把主体性包括进来。在社会科学中，你评价它是否科学，必须和它的主体性统一起来，也就是说，如果从社会主义的视角去评价资本主义经济学，那它都是错的。反过来也是一样。所以，评价是本主义或者说本社会主体的内部的一个评价。主义如果不同，所进行的相互的评价，说科学或者不科学没有意义。假如都在社会主义范围内，你完全可以对不同的经济学家所得出的研究结论用科学即用一般的规范和方法论进行评价，这是可以评价的。资本主义也是一样，他们每年能评出诺贝尔经济学奖来，根据就是这个。咱们很难理解，蚂蚁怎样打洞，老鼠怎样嗑瓜子，它研究的都是这些东西，居然都得诺贝尔经济学奖。那诺贝尔经济学奖是什么东西呀？但这是我们的看法，在它那个层面，它是科学的。因此，科学性是从属于主体性的。这样就好理解了。在所有社会科学里，只要主义不同，要用科学来评价，那永远说不清。

二　主体制约政治经济学研究的表现

　　马淮：政治经济学产生于资产阶级为取得其统治地位而变革封建领主制的社会运动，通行于资本统治及劳动解放相矛盾的全过程。不论哪个政治经济学家，都是从自身的利益和意志出发研究这一过程中的经济矛盾，都不可能作为上帝的使者脱离自身的社会存在去"客观"地研究经济问题。

　　"主体的经济利益和意识是政治经济学的来源和出发点。不同的阶级、阶层、集团因其存在的国度和历史阶段的差异，都会通过其思想代表将自己的经济利益和意识概括于相应的政治经济学学说，表达对现实经济关系与矛盾的态度和认识。几百年的政治经济学的历史演化充分证明了这一点。阶级、阶层、集团都存在于特定的国家，国家既是阶级、阶层、集团关系的集合，又是对阶级、阶层、集团经济利益的总体界定。因此，政治经济学的主体性必然表现为国度性。阶级、阶层、集团的政治经济学学说，都受国度性的制约，或者说是在国家的范围形成和演变着。从这个意义上，我们看到了英国政治经济学、法国政治经济学、美国政治经济学、德国政治经济学、苏联政治经济学。"①

---

　　①　刘永佶：《中国政治经济学——主体 主义 主题 主张》，中国经济出版社 2010 年版，第 76 页。

刘：国度性在政治经济学的产生和发展过程中体现得非常明显。"政治经济学"这一术语就是 17 世纪初的法国重商主义者蒙克莱田在《献给国王和王太后的政治经济学》中首次提出并使用的。他的用意就在于要将研究聚焦于国家对社会经济生活的管理。正是在重商主义政治经济学的导引下，欧洲展开了对封建领主制经济的变革，从 17 世纪至 19 世纪相继完成了以资产阶级为主导的革命，建立了资产阶级的全面统治。但就像各国的国王是相互对立的敌人一样，各国的资产阶级也是相互敌对的，他们以国家为界限，展开激烈的竞争和斗争。这使各国的资本主义政治经济学，虽然在一般性上都代表资产阶级的利益，但具体到各个学派、学说，又都有明确的国度性。至今，无论在资本主义政治经济学中，还是在社会主义政治经济学中，国度性都鲜明地体现着，它是利益主体的国度性和经济矛盾的国度性存在作用的结果。虽然伴随资本全球化所形成的经济全球化，经济活动日益在世界范围内展开，但是国家依然是经济利益的聚合点和政治经济学研究的基本出发点以及归结点。

在这些国度的政治经济学范围内，又有着不同的学派和学说，分别概括相应阶级、阶层、集团的经济利益和意识，它使政治经济学的主体性在国度性之下又表现为阶级性、阶层性、集团性等。所有的经济学研究者，都必须在不同的阶级、阶层、集团中进行选择，不可能超乎其上，也不可能游离之外。

兴无：我感觉在政治经济学说史上，阶级性表达得很鲜明。

刘：是这样。如在 18 世纪末 19 世纪初英法的资本主义大发展时期，形成了如李嘉图、萨伊等代表资产阶级利益的政治经济学、由马尔萨斯代表的地主贵族利益的政治经济学和由西斯蒙第代表的反映劳动者利益和意识的政治经济学。这些学者都从斯密的学说和方法中找到自己的"依据"，提出了代表各自阶级、阶层主体的学说。李嘉图代表英国新兴的资产阶级，坚持利用斯密理论中的劳动价值论来批判地主阶级，整个理论就在于说明地主阶级的存在是不利于资产阶级、劳动者和整个社会发展的，但临到揭示资本与劳动的根本矛盾时，他发现再继续劳动价值论就会得出利润不合理的结论，马上就此打住，不再继续抽象，从而使他的体系陷入不可解脱的矛盾。马尔萨斯则是旧封建领主、教会及专制势力的代表，他的主义是封建主义和专制主义，因此坚决地为地租辩护，并提出"人口按几何级数增长与生活资料按算术级数增长"的矛盾，来指责资本主义和工业发展，认定资本主义是不可行的。萨伊是法国及欧洲大陆的资产阶级代表，在经历法国大革命后，面对尖锐的阶级矛盾，特别是早期社会主义者所代表的劳动者阶级因大革命的觉醒以及封建、专制势力的反动，他对资本主义经济制度进行种种"无矛盾"的论证。西斯蒙第是法国大革命后以小生产者为主体的劳动者阶级的代表，从这个意义上说他是早期社会主义者。他深入地揭示了资本主义经济的矛盾，主张避开资本的祸害，利用国家政权之力实行以小生产者为主体的经济制度，小生产者的局限性在西斯蒙第的学说和方法中得到充分体现。比这四人稍后的英国早期社会主义者，则代表产业工人阶级，坚持李嘉图学说中的劳动价值论及有关内容，揭示资本主义经济矛盾，为马克思主义的形成创造了历史和逻辑前提。可以说，任何经济学说，都是特定群体的经济意识的集合，其研究者都是代表特定国家的特定阶级、阶层、集团对经济矛盾进行研究的。

迄今为止，由于资本关系的确立和巩固，政治经济学已经形成了两个对立的体系：一是以资本所有者为主体的资本主义政治经济学，二是以劳动者为主体的社会主义政治经济学。资本主义政治经济学是对资本所有者经济利益和意识的理性概括，劳动社会主义政治经济学则是对现代劳动者经济利益和意识的理性概括。

江荣： 今天，资本主义政治经济学家已经很少提及政治经济学研究的国度性，也不再承认其学说的阶级性，对此，大家怎么看？

马淮： 在资本主义政治经济学的古典时期，经济学者们并不回避他们的阶级性。但在资本关系成熟之后，他们往往以生活在荒岛上的鲁滨孙来立论，将孤立的个体人作为抽象的"经济人"，并从他来论说最基本的经济范畴。即使涉及社会总体，也不过将众多孤立个人简单加总在一起。似乎在经济生活中，就只有个体人及其总量关系，而不会有国家、阶级、阶层、集团的关系，以此达到使自己的理论看起来是代表着人类一般利益的普遍性思想的目的。但是，恰如马克思在《德意志意识形态》中所讲到的："在考察历史进程时，如果把统治阶级的思想和统治阶级本身分割开来，使这些思想独立化，如果不顾生产这些思想的条件和它们的生产者而硬说该时代占统治地位的是这些或那些思想，也就是说，如果完全不考虑这些思想的基础——个人和历史环境，那就可以这样说，例如，在贵族统治时期占统治地位的概念是荣誉、忠诚，等等，而在资产阶级统治时期占统治地位的概念则是自由、平等，等等。总之，统治阶级自己为自己编造出诸如此类的幻想。所有历史编纂学家，主要是18世纪以来的历史编纂学家所共有的这种历史观，必然会碰到这样一种现象，占统治地位的将是越来越抽象的思想，即越来越具有普遍性形式的思想。"但是，这个阶级之所以这么做，只是"为了达到自己的目的不得不把自己的利益说成是社会全体成员的共同利益，就是说，这在观念上的表达就是：赋予自己的思想以普遍性的形式，把它们描绘成唯一合乎理性的、有普遍意义的思想。"然而，无论这种思想怎样以一般性、普遍性表达自身，它不过是某一阶级的阶级利益的表达，"统治阶级的思想在每一时代都是占统治地位的思想。这就是说，一个阶级是社会上占统治地位的物质力量，同时也是社会上占统治地位的精神力量。支配着物质生产资料的阶级，同时也支配着精神生产资料……占统治地位的思想不过是占统治地位的物质关系在观念上的表现，不过是以思想的形式表现出来的占统治地位的物质关系；因而，这就是那些使某一个阶级成为统治阶级的关系在观念上的表现，因而这也就是这个阶级的统治的思想。"①

可以说，资产阶级政治经济学在今天回避国家、阶级的存在，恰恰是这些学者主体性的体现。不讨论国家、不承认阶级，并不是国家和阶级的差别就不存在了。相反，这些学者的研究都是以一定的国家和阶级关系为前提的，他们不去议论只是希望维持既有的国家关系、阶级结构，不去触动它、不去改变它，这种期望，恰恰是研究者自身的利益和意志决定的，是研究受主体性制约的表现。

刘： 在政治经济学中，阶级的存在绝对不会因这些政治经济学家不承认而消失。实际上，当他们对总体经济矛盾发议论时，也不能不将人类分为不同的层次和结构。阶级，在资本主义政治经济学的创始阶段，就已作为一个范畴在他们的学说体系中占有重要地位。我们看重商主义，它就是将商人作为一个特殊的、在经济中居主导地位的利益群体加以肯定，它不仅承认阶级，而且是代表商人阶级或者说商业资本家阶级的利益来看问题的。正是从重商主义者开始，政治经济学逐步形成，而对所代表的阶级利益的集中体现就成为这门科学的基本性质。在资本主义政治经济学的演化中，出现了非常多的学派和学说体系，它们分别代表着不同国度、历史阶段、不同阶层和集团的利益，而且彼此存在诸多分歧和争论，但有一点又是相同的，这就是它们都是资产阶级总体利益的集中体现。这是资本主义政治经济学一般的、本质的属性。

资产阶级是人类历史上最后一个以对生产资料的所有权来统治劳动者并占有剩余产品的剥削阶级。在斯密的体系中，资产阶级作为一个成熟的阶级的总体利益得到集中体现。斯密之所以在资产阶级那里受到广泛而热烈的拥护，原因就在这里。从一定意义上说，"资本主义"这个学说，就是由斯密系统表述的。斯密之后的资本主义政治经济学家，虽然分成各个派系，并相互论争，只是他们所处的不同历史阶段、国家或阶层、集团间矛盾的表现，但从总体上说，又都遵循着维护资产阶级的利益这同一个原则。

与资本主义政治经济学家极力否认自己集中体现着资产阶级利益的做法相

---

① 马克思、恩格斯：《德意志意识形态》，《马克思恩格斯选集》（第一卷），人民出版社1995年版，第98—100页。

反，以马克思为首的社会主义政治经济学家，明确宣示自己是劳动者阶级利益的集中体现。马克思、恩格斯在《共产党宣言》中说得很明确："共产党人同其他无产阶级政党不同的地方只是：一方面，在各国无产者的斗争中，共产党人强调和坚持整个无产阶级的不分民族的共同利益；另一方面，在无产阶级和资产阶级的斗争所经历的各个发展阶段上，共产党人始终代表整个运动的利益。"① 社会主义政治经济学，就是没有资本的雇佣劳动者阶级的利益和意识的集中体现。马克思仅仅是个创始，并非终结了社会主义政治经济学，之后的学者需要在马克思所探讨的社会主义政治经济学的性质、原则和基本观点的基础上，继续概括劳动者的利益和意识，批判资本统治制度，进而要求社会变革，以全面保证和实现无产阶级的利益。

政治经济学的主体性和阶级性绝不是某些研究者"制造"出来的，它是由其主体存在及研究对象中经济矛盾的阶级性决定的，是研究者受经济矛盾的阶级性制约，并由对立的阶级及其斗争所促成的。承认政治经济学的主体性和阶级性，进而明确自己的主体性和阶级归属，是政治经济学研究者起码的知识，也是方法论研究的基本点。

思远：这里有一个问题，资产阶级经济学者不说主体性，但我们必须说主体性，这就存在两大体系是否能够对话的问题。过去对不上话怎么办？我们就向它们那个方面靠，它们研究什么我们也研究什么，包括现在政治经济学研究数理化、科学化，就是在向它们靠，也叫跟主流经济学"挂靠"，要得到它们的承认。当然，还有一种思路，比如当前我们在做的——不跟它们走，这在某种意义上就是你做你的，我做我的。我们进行政治经济学研究首先要从明确主体做起，包括我们怎么看待当前的政治经济学研究趋势，恰恰是我们的主体性体现和研究中重点要解决的一个问题。

刘：这实际就是所谓不同主义要相互对话的问题。这个命题实际上是错误的。一个学者进行研究，一要阐释自己的观点，二要批驳对方，这是必要的，这不是对话不对话的问题。因为经济学作为利益之学，不论在道、法、术、技的任何一个层面都涉及利益。现在的政治经济学应该说是既没有道也没有术，很多学者只有上学时学来的教科书的那些本事，这些人今天要生存，跑去对话。但是，有什么可对话的？西方经济学那批人并不跟你对话，人家要跟领导去对话、去提建议，跟社会主义学者对话吗？没有对话！所谓对话就是争论。但是，大部分社

---

① 马克思、恩格斯：《共产党宣言》，《马克思恩格斯选集》（第一卷），人民出版社 1972 年版，第264 页。

会主义政治经济学者现在已经不具备跟人争论的能力了。为什么？因为他们还在固守苏联模式。苏联模式已经陈旧了、过时了，你用它怎么对话？所以，首先要立，把自己这些观点确立了。再说，你的对象也不是那一派的经济学，你跟它辩论什么？政治经济学最主要的问题就在这块。改革三十多年，有些老学者今天所说的和他三十多年前说的几乎一样，这有意思吗？在今天的经济学层面，经济学者都要对现实问题发表自己的观点。没有对话不对话的问题，只有各自的势力的较量。那么你的势力是什么？这从理论来说，就是你的道、法、术、技。马克思当时《资本论》出版时社会主义政治经济学是很弱小的，为什么能立住？就是因为整个体系在那存在着。咱们有的"老苏派"（指固守苏联模式和苏联政治经济学教科书的某些理论的一些学者）自己热闹半天，从"冷宫"回"东宫"了，能怎么样？人家还不搭理你。这是一个道理。

三　主体从三个方面制约着政治经济学研究

马淮：主体在政治经济学研究中发挥着主导和决定性的作用。不论是思维者的立场、视角还是方法，都会对研究过程形成重要的制约作用。主体不同，面对相同的经济矛盾，往往就会得出不同的结论。政治经济学由于主体的差异，总会存在诸多分歧和争论，这是政治经济学一般的、本质的属性。

具体来讲，主体对政治经济学研究的制约，主要体现在三个方面：

第一，研究主体作为经济矛盾的参与者，要概括总体包括阶级、阶层、集团等等的利益和意志。这里体现研究主体和利益主体的统一，它是思维的根据和主导。正是主体基于对自身及所处总体的利益和意志的内省，才外化出对对象的认识。主体的内省与外化是统一的，内省要体现于外化的研究，外化的研究则要以对自身利益的内省为根据。不同的利益和意志，在社会总体层面看，就表现为研究者不同的立场。根据社会总体存在方式，研究者的立场可以表现为不同的国家立场、阶级立场、阶层立场、集团立场等，不论哪种立场，都使研究者在研究时生成不同的研究目的，并以此指导具体的研究过程。

第二，研究目的不同，针对同一研究对象，会形成不同的研究主题。研究主题是研究目的和研究对象的统一。客体是现实的存在，但是研究主题必须受到研究目的的制约。研究目的是主体从其利益出发形成的，是展开和实现主体性的因素。研究目的对研究者的研究活动的指导，贯彻于收集现象材料到全部思维过程，从而体现于对研究对象的界定上。通常，即使针对同一个研究对象，不同的研究者在收集的资料上会有不同，在研究的侧重点上也会有差异，由此形成不同的研究主题。事实上，即使是非常强调对感性资料进行归纳认识，反对思辨性认识的归纳主义——其在政治经济学中表现为现象描述方法——也绝对无法回避研究主题的主观性问题。归纳主义坚持知识的来源在于通过实验、观察、资料搜集等方式得到的感性认识和经验，认为它们是获取知识的唯一来源。但是，就如亨普尔在《自然科学的哲学》一书中所探讨的，归纳主义方法主张研究者要搜集"所有"与研究主题有关的材料，这实际上是与研究有关的"所有适合需要的事实"，但什么是"适合需要"的？这就要求研究者在头脑中存有一定的问题，并具有一定倾向性的假设，只有这样才能使研究者在搜集资料过程中对于什么是"适合需要的"事实做出判断。在这一过程中，研究者的主观性就导致了经验主义者的资料收集及基于其上的归纳认识有了不同。当然，如果再考虑到研究者绝不可能简单地被动接受映射在头脑中的事物，而必须在他们的文化背景、知识结构以及对事物的基本判断影响下对事物做出反应并加以阐述，就更不能排除主体对于研究主题的影响了。

第三，研究方法的差异。方法，是主体解决矛盾时的思维程序。虽然人类由于类的同一性在思维过程中会遵循一些相同的思维规律，但是，由于每个主体的研究目的、研究主题以及个人思维能力和习惯的限制，其研究方法总有不同之处。总体来说，在政治经济学方法中，受制于是否要揭示和解决矛盾，存在着系统抽象法和现象描述法两大方法体系。不同的学者，会根据自身的立场和需要而选择形成不同的方法，它会直接制约主体对经济矛盾的研究，制约政治经济学的研究水平和走向。

春敏：这里有一个现象，就是好多研究者好像还真没主体。有些人有研究能力，而且能够把"我"和"我们"统一起来，但由于学术方法的问题，他们真不知道自己说的是什么，这个在研究中还是很多的，在学说史中也有。

刘：不，在学说史上没有。这种人，在学术圈很多，教授中有，学生中更多。但是，他在学说史上不会有地位。

春敏：有很多学者，能够看出来，他们确实还是想站在劳动者角度说话，但是他们的观点明显地就不是为劳动者，包括他们看一些明显反对劳动者的学者如吴敬琏、厉以宁的观点，他们不懂，就觉得好。这种人很多。后来我看了一本书讲"科学的统治"的问题，这些人就是被所谓的科学观点、经济学"大咖"统治了，就是跟着名人跑。

刘：这个问题应该从这个角度说，就是忽略主体性或者不重视主体性的表现。

春敏：这在国有企业改革里面就很突出。很多人也想把国有企业搞好，但他们认识不到国有企业之争背后实际是利益之争，听别人说什么就相信什么。比如有些学者用现象描述的方法批评国有企业没有效率等，把一堆坏的现象拿出来，主张国有企业就应该私有化。他们看了，就觉得这么说好像也有道理。他们的逻辑就是从 A 到 B，没有什么分析，也没有自己独立的判断。他们支持这种观点，其实这种观点所指导形成的理论和政策对他们自身的利益也是有伤害的。但这些人很盲目地在吹捧，并且还站在别人的角度说话来反对代表他利益的人。

马淮：这也正好说明主体的重要性。很多人觉得搞研究掌握方法就行了，但恰恰方法中最重要的是主体，这却没有被重视起来。

春敏：这样，咱们以后再看别人的观点的时候，首先就要看看它背后的逻辑的主体到底在哪里，然后再来对话。否则只截取某一段的逻辑关系——这在西方经济学的逻辑里是非常常见的，它就截取某一段的逻辑，看起来好像是对的，让一些不太懂理论的人或者普通人觉得挺有道理，它就会产生这个结果。所以，主体的明确还是非常有必要的。

刘：这个和我们前面讲的，把经济学科学化、否认它的主体性有直接的关系。总有一些人在搞一种科学的经济学，力求淡化主体，也就淡化利益、淡化矛盾。比如国企改革，他们一说国企，就说有很多毛病，事实确实如此，实际他们说的还远远不如国企真正有的毛病多。但它的关键问题，不在于有这些毛病。就像一个大夫看一个病人，不在于说这个病人的症状是什么，而在于你怎么去治病。国企确实需要改革，也就是病人需要治病，但是这个主体性就体现在他们提出的改革的办法是什么？有些人就要求把病人去掉——没有病人了也就没有病了。这是这些人的观点的特点，也是从他们的主体得出来的。反过来也有一批学者，比如前年我看的某知名教授出的一本为国企辩护的书，一切都好，那这个病人需要你治吗？到你这个医院来干嘛呢？这种辩护论跟那种杀人论比，还远远不如杀人的呢。国企那么多问题，你辩护不过，掩盖不了。现在国企不是又开始改革了嘛。但是，今天的改革还是不去解决问题、解决矛盾，而是恰恰要除掉对象。这个正是主体性的表现。这个从方法论角度说，恰恰要回到主体在政治经济学研究中的地位来谈。主体是根本，是政治经济学研究中的第一个范畴。任何经济学研究，任何经济学家的学说，都是有主体的。而且任何人进行经济学研究，必须明确主体性。如果不明确主体性，研究就无法展开，或者就如春敏说的，就糊里糊涂的，跟着别人瞎跑。整个方法论的探讨，必须从主体开始展开。

（马淮）

政治经济学的性质及其主体、主义、主题、主张之间的关系

政治经济学是阶级经济利益和意识的理性概括，是以特定阶级意识对经济矛盾的规定和探讨。主体、主义、主题、主张是政治经济学得以形成并建构体系的基本。主体就是所要概括其利益和意识的阶级，主义是这个阶级利益和意识的集中概括，主题是所要探讨的主要经济矛盾及矛盾体系，主张是实现其主义和主题的方式。

弄清政治经济学主体、主义、主题、主张之间的关系，首先要弄清什么是政治经济学，政治经济学的性质是什么。不同性质的政治经济学派系，其主体、主义、主题、主张不同，对它们之间关系的理解也不一样。

一　政治经济学的性质

云喜：自从资本主义生产方式出现，政治经济学就产生了，至今已有二三百年的历史，它是社会科学中的基本学科，并由其派生、分化出众多的经济学分支学科。然而，政治经济学的性质是什么，却很少有人专门探讨和论述。从斯密开始，几乎每个经济学家都曾谈过政治经济学研究对象、内容和目的等问题，但未能将这几点综合起来从性质角度集中概括。

刘：政治经济学是特定阶级对经济矛盾的理论规定，也可以说是揭示与论证经济矛盾的科学。经济是人类社会生活的基础，其矛盾是现实存在的，具有意识在交往中结成一定社会关系的人，以劳动改造自然和改造人类自身过程表现的矛盾状态。对经济矛盾的认识，是人意识的重要内容，也是人生的必要环节。人都是在其经济意识的导引下从事经济活动的，但经济意识并不是先验的，而是人们在经济生活中对经济矛盾的认识。个体的经济意识并不是政治经济学。几千年来人们虽然有经济意识，并以此导引经济活动，但没能形成政治经济学。

政治经济学是对经济矛盾的系统理论规定，它的形成要有专门的理论研究者长期系统地探讨。这就造成这样一种印象，似乎政治经济学只是少数研究者的意识，研究者个体像自然科学家那样面对具体对象，进行实验、观察，进而归纳出结论。政治经济学的研究与其他社会科学的研究一样，都不可能像物理学、化学、生物学那样去研究问题，其对象是活生生的有意识的人，是人的活动及其中的关系和矛盾。经济矛盾不是一个可以在实验室任意处置的具体物质，而是连研

究者本人也包括在内的社会关系，它是人的本质与活动、意识及权利、利益等的综合体。经济现象是具体的，也是错综复杂、不断变化的。任何一个个体的研究者都不能以他本人的感性认知社会的经济矛盾，哪怕是很小范围的经济矛盾，也不能以感性来把握其内在的联系，而应以理性的思考来比较、分类、归纳、分析、综合，以形成概念，即以抽象思维来概括感性所感觉到的现象，得出总体的、概括性的认识，由此揭示和论证经济矛盾。

云喜：政治经济学的研究者对经济矛盾的研究，不仅是其个体的行为，而且是一个社会群体的代表的研究，研究过程也就是个体与总体统一的过程。

刘：一个政治经济学的研究者对经济矛盾的研究，实则是一个社会群体的代表的研究，是代表一个社会群体表达其经济利益和意识，并由此来规定经济矛盾的。这一点，对于明确政治经济学的性质非常重要。以前所有的经济学家，都自觉不自觉地认为自己是单独的研究主体，经济过程是客体，他们是在"客观"地研究问题，即代表"客观"经济来表述其规律。经济矛盾并不能"客观"，更不能自己表述自己。从事政治经济学研究的个人，之所以要研究经济矛盾，不在于他能够"主观"，而在于他是生活于经济矛盾的有其利益和要求的人，他只能代表与他利益一致的社会群体来研究问题。这种研究，首要的就是以理论概括本群体的共同利益和要求，并由此来规定经济矛盾，包括对经济关系和活动的评判以及对经济矛盾演化趋势的预测。

云喜：政治经济学的研究，是"主观"的，而非"客观"的。在政治经济学发展过程中，有些人，尤其是西方经济学家，甚至苏联的经济学家却在表白自己是"客观"地进行研究，探讨外在的"客观"规律。

刘：经济矛盾是不能自行表述其内容和规律的，只有经研究主体从自己的立场出发，对自己利益和意识的概括，形成其主体意识，并由此而揭示和论证经济矛盾，才能"主观"地对经济矛盾做出理论规定。研究者及其所代表的社会群体是研究的主体，经济矛盾作为研究对象包括研究主体在内的经济利益关系。在资本雇佣劳动社会之前，掌握理论研究权利的，只是处于统治地位的阶级，其意识就是统治社会的意识形态。被统治者并不能形成统一的社会势力，也没有进行理论研究的权利。因此，当时只有处于统治地位的经济思想以及被统治者认可、屈从统治的个体意识，不能形成系统的政治经济学理论。直到西欧封建领主制社会末期，当时处于被统治地位的"第三等级"中的拥有财富的商人，为了自己的利益，利用其财富的权利和权力，才开始从理论上概括自己的经济意识，并论述其对经济矛盾的观念。这就是作为政治经济学前导的重商主义者，"政治经济学"一词也是其中一个代表人物蒙克莱田首次提出并使用的。之后，经二三百年的演进，斯密以其《财富论》将资本所有者阶级的利益和意识贯彻于对经济矛盾的系统论述中，创立了资本主义的政治经济学。而这时，资本所有者阶级也开始上升为统治阶级。资本主义政治经济学是资本所有者阶级争取其社会主体地位的社会变革的体现和指导，也是资本雇佣劳动制度的理论依据。与以往阶级统治社会不同的是，资本雇佣劳动社会中的劳动者拥有对自己劳动力的所有权，而且只能以出卖劳动力使用权谋生。社会化大生产及出卖劳动力使用权的共同利益，使雇佣劳动者得以形成一个密切的社会群体，并有先进的思想家自觉地站在这个群体的立场上，概括其利益和意识，由此揭示经济矛盾。从早期社会主义者以资本主义政治经济学的概念为依据——其中主要是劳动价值论——的批判性研究，到马克思所创立的共产主义体系中的政治经济学，系统地概括了雇佣劳动者（主要是产业工人）的共同利益和意识，并从一个新的理论高度对经济矛盾进行系统规定。至此，就形成了两个政治经济学体系的对立：一是资本所有者阶级的政治经济学，它概括了资本所有者的利益和意识，并由此规定经济矛盾；二是劳动者的政治经济学，它概括了劳动者的利益和意识，并由此规定了经济矛盾。

从一百多年来两个政治经济学体系的演进和论战中，我们不仅可以看到阶级利益和意识的对立，也可以看到对同一个经济矛盾因立场和主体的差别，而得出的不同理论规定。从主义到方法、主题，再到范畴及其概念体系，都是对立的。如果是一个刚来到地球的外星人，只靠阅读这些政治经济学著作来了解人类的经济，一定会得出这样的结论：这是两个不同的世界。而我们地球人却清楚，只有一个经济矛盾，是不同研究主体的利益和意识得出了对同一矛盾的不同规定。这不同的规定，恰恰是经济矛盾的反映。

二　主体与主义的关系

云喜：主义是对主体利益的意识的集中概括，主体决定主义，而主义又反映着主体的利益和意识。从哲学层面上，依据社会主体的不同，人类社会可分为五个阶段，每个社会阶段的时代精神，也就是它的哲学观念不同，即其主义不同。主义的差别在于主体的不同，从人类发展的历史过程中，我们可以看到这一点，但为什么有些时候会出现主体与主义的背离状态？比如说苏联，苏联建立社会主义制度以后，社会主义社会的主体是劳动者，其所秉承的主义应该是劳动主义。但苏联却恰恰没有这样做，而是将资产阶级的主义，即唯物主义作为自己的时代精神和哲学基础。主体与主义的这种背离产生的原因和环节是怎样的？

春敏：对于你提到的这个问题，我觉得反过来思考更容易理解。主义的确定也是检验阶级主体是否真正形成或者说成熟的主要标志。主义是阶级主体的利益和意识的集中概括，主义体现着主体自身的成熟程度。苏联模式下，将唯物主义作为其社会的哲学基础和哲学观念，是劳动者阶级主体性不明确的表现，这也证明，劳动者作为总体也有一个逐渐确立、明确主体性的过程，主体并非天生就能自发形成或者先验存在，其形成是一个过程。

马博：主体、主义、主题、主张四者是内在统一的，探讨主体与主义的关系，必须将二者置于前面四者的内在统一中。

云喜：主体、主义、主题和主张是内在统一的，其都统一于主体，但这四者相互间的关系又是有层次的，在认识其内在统一的同时，又要注意这种统一中逻辑关系的层次性。

刘：刚才春敏说的思路是清晰的，对这一问题的认识也应该遵循这一思路。因为主体本身，按照卢卡奇的说法，如果一个阶级的阶级意识还没有形成，它实际上还不能成为一个总体性的阶级。劳动者从奴隶到农奴，再到农民，在经济上可以被划分为一个阶级，但都没有形成自己的阶级意识，也就是没有形成主义。中国古代与官文化相对立的，只有小农意识，但小农意识是个体意识，农民没有形成总体的阶级意识，提不出一个明确的主义。工人阶级，能形成主义的原因在于其阶级意识的形成。阶级意识的形成有几个条件，一是生产方式本身这一条件，即大工业生产，这种生产方式能够把工人联系起来。在个体小农生产状态下，这一条件并不具备，农民都是个体存在的。二是理论条件，即阶级意识的形成需要具备一定的理论条件，需要一个理论队伍。比如资本主义的形成，经过几百年的酝酿，才形成一定规模的思想家的集团，是这些人逐渐地把资本主义从哲学到整个社会做了基本的规定。工人阶级或者现代劳动者阶级的形成也有一个过程，首先是生产方式的发展，再有就是其理论的形成和发展也有一个过程。从早期的社会主义者到马克思，虽然有了一个初步的体系，但其还不充分。与马克思同时又有恩格斯，恩格斯也是社会主义者，但他思维深度与系统性与马克思相比不在一个层次，他只是马克思思想的宣传者。而他比马克思多活了十几年，他对马克思思想的界定比较清楚，但不准确，是按他本人的思维方法的论证，后人却将他的界定说成"马克思主义"。本来马克思已经认识到社会主义哲学的出发点是人，是劳动者，但恩格斯并没有真正理解马克思对社会主义的思想，又从这个出发点退回去了，退到唯物主义基本观念。苏联主要是继承了恩格斯的观点，同时苏联的劳动者作为一个阶级也是不成熟的，苏联虽然拥有一定数量的工人，但由于其产业革命很晚，其工人多是由农民转变的，而俄国的农民又是不久前由农奴转变而来，从1860年俄国的农奴解放到苏联成立刚刚半个多世纪；再就是苏联的农民，苏联地广人稀，刚从农奴转变的农民，连中国的小农意识还不充分，对总体阶级利益没有明确认知，其阶级意识也还没有形成。还有就是苏联社会主义理论本身也具有偶然性，同时又具有必然性。如果列宁多活几年，苏联的社会主义理论可能会有所变化，但是即便列宁能够活下来，苏联的专制性质也很难改变。这与整个社会的经济、政治演化有关系。中国也是这样，由于历史的原因，由于官文化和小农意识的残存，在理论上对社会主义的认识，很自然地接受了苏联的理论。当制度和政权建立后，又会形成新的利益集团，这一利益集团的利益和意识与劳动者的阶级利益和意识是相悖的，所以虽在名义上是社会主义，但阶级意识本身已经发生改变了，这样也就产生了主体与主义的背离。

三　主义与主题的关系

云喜：主义是主题的核心和依据，是主题的前提，主义是内在而非外在于主题的，并且是在主题中具体化的。主题是主体在对经济矛盾探讨过程中，对主义的贯彻、实现。从主义到主题是从抽象到具体的过程。在这一过程中，应该有诸多环节，如果对这些关节点把握不准，即便是主体明确了，主义确立了，由主义向主题的展开也未必能够真正实现。在由主义向主题展开的过程中，应当把握哪些关节点？

春敏：多数人往往还是外在地理解主义与主题的关系。主题之"题"就是"矛盾"。矛盾之前加一"主"，其实就是"我"的矛盾，我之中的矛盾。在这样的情况下，从主义到主题关系中，最大的问题就是丢掉了"主"，往往会出现研究者代表"上帝"或者"真理"对现实矛盾进行解读，将自己置之度外的现象。不论是资本主义，还是社会主义的研究者都存在上述现象。研究者似乎是外在于矛盾的，实际上恰恰相反，在主义贯彻于主题的过程中，研究者应该是内在于其所生活的社会矛盾的。社会生活中的每个人都处于该社会的矛盾之中，没有任何人能置之度外，理论研究者更是如此。但研究者在进行理论研究的时候，稍不注意，就会将自己定位为"真理"的化身或者"客观"的使者，超脱于社会矛盾之外，这是理论工作者应当注意的问题，这也是由主义向主题具体化过程中应当注意的一个重要环节。

思远：在理论研究中，要强调四主之"主"。一物不能有二主，一个理论体系也不能有二主，"主"具有唯一性，"主"具有至上性，"主"的利益和意志是最高的利益和意志，在认识、处理矛盾过程中都要服从这个利益的实现和意志的要求。主义所概括的利益，是在一定矛盾体系中的利益，利益是一种经济关系，离开关系就无所谓利益。既得利益的保护，欲得利益的争取，都是在认识、处理矛盾中实现的。矛盾总是有双方面，每个方面的利益是不同的，在认识、处理矛盾中，将主体的利益作为原则，这个原则体现的就是主义，这个认识、处理内容就是主题。"主"还具有控制和驾驭的能力，能够凌驾于矛盾体系所涉及各阶级和集团之上。利益是每个阶级都有的，但不是每个阶级都有能力按照自身利益来处理矛盾，"主"具有这种能力，因而如北辰居其所而众星拱之。"主"具有可变性，和一神教只崇奉一个不变的"主"不同，阶级社会的发展史上出现了不同的统治阶级，封建主代替奴隶主，官主代替封建主，资主代替官主，民主代替资主和官主，都说明"主"是可变的，相对的，没有绝对的"主"。在理解主义与主题的关系时，除了要理解由主义展开到主题，是从抽象到具体的过程，也要反过来理解，由主题到主义的过程是主义在矛盾斗争中成熟的过程。这两个过程是内在统一的。主题的选择有助于主体明确自身的利益所在，有助于主义的形成和成熟。从这一层面讲，在方法论上探讨由主义向主题的展开应把握的核心环节在于对"主"的贯彻。现在中国一些人的政治经济学研究，不是确立劳动者为"主"，而是确立官主和资主为"主"，把西方的舶来品作为中国的"主流"经济学，失去了自己的真"主"。

云喜：在这一过程中，研究者也力求实现自己的主体性。同样是维护劳动者这一阶级利益进行研究的理论工作者，都力图从劳动者这一主体出发，概括其阶级利益和意识，进而形成劳动者的主义，而实际上他们不仅在理论上有重大区别，在研究方法上也有重大差异。在这个过程中，研究主体与利益主体之间契合程度的差别决定或者影响着其理论和方法。能够将研究主体和利益主体内在统一起来的研究者，他对主题的把握就更准确，对主题的认识就更深入，反之亦然。

马淮：这是个体认识与总体认识的关系问题，因为作为个体的研究者，其认识能否达到总体性的认识，要受到能力和方法的制约，恰恰由于这种制约，往往会出现即便秉承的主义相同，但其对主题的认识，或者对主题本质的认识并不一样的现象。

润球：刘老师刚才讲，主体的确立是需要条件的，一是社会条件，二是理论条件。社会生活中大多数的个体并没有对阶级利益和意识进行概括的能力，这种概括必须要由理论工作者去完成。研究者必须站在其所代表的阶级立场上，才具有了概括阶级利益和阶级意识的可能。这种可能的实现，又需要一个过程。

志燕：研究者不应该是站在其所代表的阶级立场上，因为"站在"本身就表明其还是外在的，研究者必须与其所代表的阶级融为一体，或者说是实现内在统一，才具有了概括阶级利益和阶级意识的可能。

春敏：研究者并不能够自动地有主体性，包括知识分子，虽然咱们将其归为劳动者阶级，但其未必是天生为劳动者服务的，所以也有为资本主义服务的经济学家。意大利的葛兰西曾提出管理者与资本家培养了有机知识分子。资产阶级运用其物质力量培养了一批知识分子，这种知识分子就从属于资产阶级。即便是劳动者，有些人还要主动去为统治和奴役劳动者的资产阶级论证、出谋划策。所以说在这样的环境下，探讨劳动主义，除了社会发展趋势这一大环境，还有理论家自身素养这一因素。

马淮：刚才志燕说到的一点是格外需要大家注意的，我们常常习惯说"站"在什么立场上，这本身就是一个外人"站"在那儿。"我"不是"站"在那里，"我"本身就"是"那个立场的主体。每个阶级的思想代表，如果能将作为一个个体的主体与其所从属的总体相统一的话，就不能是外在的。这里最典型的就是李嘉图。他做经济学研究就是内在的需要，他早年非但没有学过经济学，甚至连大学都没有上过，最后之所以进行经济学研究，就在于他很清楚自己就是一个资本所有者，其研究目的在于为"我"和"我们"进行理论的探讨，这一点咱们必须要明确。我就是劳动者，我用不着"站"在劳动者立场，躺着照样是劳动者。

刘：刚才大家说了很多，但云喜这个问题主要是主义与主题的关系。逻辑上说，主义和主题，主义在先，但在研究过程中，这两者是分不开的。主义是在研究主题的过程中逐渐概括的，这两个问题在方法上是有一个层次的差别，比如马克思的《资本论》，其主题是研究资本，资本主义经济矛盾，这其中并看不到主义，也没有对他的主义的专门论述，而是在对主题的研究过程中，形成了主义，研究过程也体现了主义。主义的明确需要在主题的探讨中逐渐完成，主义的明确并不是说几句话就能完成了，其需要在主题和主张这两个层面做大量的探讨才能形成。在探讨主义与主题的关系时，要将逻辑性和实践性统一起来。否则就会出现先有主体，二百年后再有主义，然后再有主题的荒谬认识，事实上绝非如此，事实上主题和主张是更早出现的，在一开始对主题和主张进行探讨时，甚至并没有明确的主义，没有明确主义，也就注定没有清晰的主题。如没有哪个资本主义经济学家明确其主义是资本主义，恰恰是在其对主题和主张的探讨中，其主义不断得以明确。再有，早期社会主义者是要为全人类服务的，只有到了马克思那里才是"站"在无产阶级立场上，他要像普罗米修斯那样解救无产阶级，为无产阶级创造理论。而马克思的"站"，是其理论局限性的重要原因。对此，我在《资本论逻辑论纲》的附录中谈了一些，以后还要专门谈。

四　主题与主张的关系

云喜：主体明确，主义也已经得以概括，但不同的理论工作者对同一主题所提出的主张又会有不同。我认为，造成这种情况的原因在于所针对的矛盾层次不同，刘老师将经济矛盾系统分为八个层次，研究者往往是对不同层次的矛盾进行研究，所以主张会有所不同，这种研究层次上的差异恰恰是本质相同的体现，是从属于总体的主题，即对整个矛盾系统研究的，因为主张是要统一于主体和主义的。

刘：主题是对问题、矛盾的揭示，主张是对矛盾解决途径的探讨和解决矛盾的思路。对矛盾的认识程度也就决定解决的程度。当然，对矛盾认识很深刻了，也未必能解决矛盾，这二者既有统一的关系，也有一定的差异。因为针对主题提出主张的时候，还需要有一定条件。例如马克思对资本主义经济矛盾有了很深刻的认识，但是《资本论》中关于解决这一矛盾的主张提出了矛盾演化的趋势，这也是马克思的高明之处。包括我们也是如此，对于中国的经济问题，我们能够有很深刻的认识，但提出的主张只是一种设想，所以不可能特别具体，只能是原则上的主张。因为这一主张的实现，需要很多政治、经济和文化的条件，当社会上不具备这些条件的时候，研究者所设计的那些思路和措施是空的。早期的社会主义者之所以是空想社会主义也在于在没有实现条件的时候，将主张论证得很具体。如西斯蒙第关于解决资本主义经济矛盾的主张首先就是要有一个好的政府，而好的政府又从何而来！即便是在今天，我们在进行经济学研究，所提出的那些主张，往往仍然是以有一个好政府为大前提。诸多研究者在论文中所提出的建议，往往是假设有一个极为英明的政府，这个政府就像上帝一样无微不至地照顾到世界的每一个角落，它能听到或者看到论文中的建议并予以实施，而事实上这样的政府是不存在的。

从主题到主张之间的转化是需要诸多具体条件的，是受具体条件制约的，所以四者间的关系，都有逻辑上的和现实中的差异。任何一个环节出现问题，都会导致主张不能实现。

玉玲：刘老师您讲到主张的实现需要具备一定的条件，如空想社会主义之所以不能实现是因为其没有必要的条件，在没有条件的前提下，提出社会主义的主张也就成了"空想"。但在教学过程中，学生一直有一种疑惑，即劳动社会主义理论非常有道理。与主体、主义、主题相比，主张应该是最具体的层面了。但如果在这个环节仍然认为所提主张实施的条件不具备的话，那么这种主张的意义何在？

刘：这里所说的主张，首先是建立在对矛盾本质揭示基础上，是解决矛盾的原则和框架。这个主张对于研究者来说，对于任何一个个体是不能做到的，它是针对社会并取决于社会的。就是说这个社会接受了这个主张，则其条件就具备。

学生在学习过程中，往往采用工科学习的办法，或者是学手艺的办法，打铁如何打，垒砖如何垒，理论上的东西任何时候都不能特别具体，并且也不存在一个能够具体到今天下了课，明天就能实施的理论。理论是对阶级意识进行概括并接受阶级意识验证的，假如阶级意识是一幢大楼，某一理论只不过是这幢大楼上的一些砖瓦，政治经济学上的主张不可能也不应该太具体，这是与具体的学科不同的，具体学科的主张应当更为具体。在具体学科研究中，往往是我、政府和问题三者的关系，我看到了问题，给政府提出建议主张。而政治经济学所要研究的是原则性的，所以在由抽象到具体的过程中，最后提出的是"主张"，而非"办法""措施"。

五 主体、主义、主题、主张的内在统一

云喜：主体、主义、主题、主张是政治经济学得以形成并建构体系的基础和要件。四主是内在统一的，统一的根据在于主义。西方经济学家只讲主张，不讲自己的主体、主义，并且不解释矛盾，不明确主题，似乎"科学""客观"地论证先验的"规律""公式"。而这种掩饰恰恰证明了主体、主义的存在。刘老师在《中国政治经济学——主体 主义 主题 主张》中专门论证了主体、主义、主题、主张，不仅明确了我们研究政治经济学的基本思路，也为批判西方经济学及其他经济学说提供了依据。我们只要从这四个环节分析，就可以发现其学说的性质和问题。

刘：政治经济学对其主体的利益和意识的概括与对主体所处经济矛盾的揭示和论证，这二者是相互包含的，前者的内容往往不单独表述，或只做概括性论证，更多是体现于后者的论述之中。我们现在所看到的政治经济学著作，大多是以对经济矛盾的"客观"论证形式出现，很少有关于研究主体利益和意识的表述。而这些著作的作者也往往以一个"独立"的思想者面目出现，不代表任何社会群体，只是以自己的主观认识来再现"客观"对象。或者有人会以国家甚至人类的总体利益的代表者说话，而实际上却只代表其中与自己利益相关的群体或集团。这样，就产生了一种假象，似乎政治经济学像物理学、化学那样，是单个研究者的主观与"客观"的关系，是对"客观经济规律"的不带任何主观意志的论述。

这种假象必须揭破。几百年的政治经济学历史，恰恰是揭破这种假象的主要依据。正是那宣称公正无私、"客观"研究的资本主义政治经济学家，表明了其体系中强烈的主体性。资本所有者的利益和意识集中体现于其体系的主要范畴中。比如，将劳动和劳动力说成与物质资料一样的"生产要素"或"资源"，将

劳动定义为"负效用"，将人与物同样"货币化"等。如果其主体是雇佣劳动者，会这样规定吗？马克思写《资本论》，将产业工人阶级视为主体，从而得出关于剩余价值的理论体系。他与资本主义政治经济学家所针对的是同一对象，都是资本雇佣劳动制度，之所以从立意到主题、体系、结论都有明显差别，就在于马克思明确了自己是无产阶级代言人。相比之下，那些声称自己是"客观经济规律"代言人的所谓"公正"论述，在掩饰自己主体性的同时，又暴露了其主体性。

我在读这些经济学家的书时，真替他们的思维窘境为难：既要替资本统治出谋划策并掩饰其剥削，又要做出一副超脱俗世、似乎外星来客评点地球上这些被称为"人"的生物的经济活动的状况。但也没办法，他们也是"人"中的一员，也要生活，并被雇佣来做这种经济学的写作，当然只好如此了。

云喜：不论是资本主义政治经济学，还是社会主义政治经济学都充分体现着主体、主义、主题、主张的内在统一关系。

春敏：刘老师曾明确指出，劳动虽然是人类形成和发展的核心要素和根据，但由于阶级统治，作为劳动主体的劳动者却没能成为经济主体和社会主体，而是在严酷的阶级统治之下，以其劳动为统治阶级生产物质财富或提供服务，作为人本质核心的劳动被异化为继续统治劳动者的手段，不劳动的统治者的力量，恰恰来自对劳动成果的无偿占有。劳动异化在资本主义制度下，就体现为资本。资本主义政治经济学的主体、主义、主题、主张是以资本为核心和根据的。规定资本是认识资本主义政治经济学的基本点。资本是劳动的异化，是资本所有者购买劳动者的劳动力使用权，使用超过其价格所需劳动时间所创造剩余价值的积累，并主导生产以增殖经济关系的集合。资本以货币形式存在，表现为对劳动力使用权和生产资料所有权的购买与支配，这种购买与支配都是依循等价交换原则的，并不像奴隶主对奴隶、封建领主对农奴、官僚地主对农民那样以绝对的特权进行剥削，它对剩余价值的所有和积累，既转化为资本进行再生产，又是社会生产和全部经济活动的主导。资本主义政治经济学的主体是资本所有者阶级，因此它就是作为资本人格化的资本所有者阶级经济利益和意识的理性概括。它是资本主义经济关系和制度的系统论证，也是聚合资本所有者，使其在统一的经济意识导引下相互照应与提携，既有竞争，又有共同意志，以有效地执行资本人格化的职责。与此同时，它还是从文化上控制、迷惑劳动者的主要工具，在它那超阶级的、"客观""公正"的体系中，资本所有者的利益被说成全人类的利益，维护和保证这种利益是包括雇佣劳动者在内的全体人类的共同目标，也只有保证资本所有者的利益，才有劳动者本人的利益。甚至将所有人都说成"经济人"，都是财产所有者，因而也都是现实的或"潜在"的资本所有者。资本主义政治经济学是全体"经济人"利益和意识的集中体现。

马博： 劳动社会主义政治经济学的主体是劳动者，其根据、核心和出发点都是劳动。劳动社会主义政治经济学作为对劳动者阶级经济利益和意识的集中概括，是随着劳动者素质技能的提高和社会地位的变化而演进的。马克思的政治经济学主要以产业工人，即他所说的无产阶级为主体，是这个阶级经济利益和意识的概括。一百多年后的今天，随着资本积累和扩展，科学技术的发展及其在经济中的应用，使劳动生产方式和范围有了很大变化，因此，仅以比例在缩小的产业工人为主体已远不足以概括现代劳动者的经济利益和意识，不能全面规定现代经济矛盾。这就要求我们将从事服务业的劳动者以及从事技术和经营管理的劳动者与产业工人统一起来，规定一个总体性的劳动者阶级，并规定这个阶级内部的阶层。劳动社会主义政治经济学在一般意义上说就是以劳动者阶级为主体的，是对劳动者阶级经济利益和意识的概括。而劳动者阶级中的各阶层以及不同国度的劳动者，又会形成概括本阶层经济利益和意识的学说。

刘： 资本主义政治经济学是以资为本的，即以资本为根据和核心，其目的是获取利润而增殖。资本主义政治经济学将劳动者视为生产的要素和资本增殖的手段，劳动者不是以人的身份参与经济，更不是经济的主体，他们只是劳动这个要素的载体，只有其劳动能给资本带来剩余价值的时候，他们的生命才有意义。然而，劳动者也和资本所有者一样，是有生命的人、感性的人、理性的人，也有利益和意识，也追求自由和个性发展。他们也要求自己的政治经济学。马克思为首的脑力劳动者以理性概括劳动者的经济利益和意识，提出了与资本主义政治经济学对立的社会主义政治经济学。马克思虽然没有提出主体、主义、主题、主张这四个范畴，但这些内容都在其著作中体现着。我们从这四个范畴来界定马克思的经济学说，可以看到，其主体是产业工人阶级，主义是共产主义，主题是揭示资本主义经济矛盾，探讨否定资本主义的制度途径，主张是通过无产阶级革命和专政，实行公有制，剥夺资本所有者对生产资料的所有权，取代资本主义经济制度。一百多年的历史，证明了马克思关于社会主义政治经济学的基本理念在概括劳动者利益和意识，指导劳动解放进程中的真理性，并暴露了因对马克思学说在主体、主义、主题、主张上的误读、曲解所引致的苏联教科书的局限与缺陷。这些局限与缺陷不仅内在地引发了"苏联模式"的失败和世界社会主义运动的巨大挫折，更阻滞了社会主义政治经济学的发展。我们是在继续马克思的事业，并不是教条式地"捍卫"马克思，更不能用马克思学说来演绎现实问题。我们提出主体、主义、主题、主张四个范畴，既是对中国政治经济学基本内容和框架的界定，也是评判各派经济学说的依据，特别是继承马克思学说的基本点。从这四个范畴来理解马克思学说，探讨可以继承、充实、更新的要点，以发展劳动社会主义政治经济学。这里首要的一环还是主体，经过一百多年的经济矛盾演变，我们再研究中国政治经济学，主体就是中国的劳动者，而且不应只是产业工人阶级，而是全部劳动者阶级。这是在马克思已有基础上的充实，由此，主义也要相应地充实、明确，这就是我们提出的劳动社会主义。进而在主题、主张上也必须与现时代、与中国的经济矛盾相适应。

（刘云喜）

西方近现代哲学对政治经济学方法论的影响

资本主义理论体系中，哲学是基本观念和基础，政治经济学是其主干内容，它们是同一个理论体系的两个层次或环节。哲学和政治经济学都产生于近代社会经济矛盾与变革的实践，资本主义哲学和政治经济学的形成过程，是由众多思想家完成的。早期的哲学家虽然从总体上探讨了社会经济矛盾，但并未建立政治经济学体系，而资本主义政治经济学家虽然信从并展开唯物主义哲学家们的观念，但毕竟没有对哲学的系统论证。这样就容易给人一种假象，似乎这两门学科是分别形成和发展的，即使有关系，也只是外在的联系。西方近现代哲学与政治经济学的内在统一进一步体现在经济学方法论的形成和演进中。

一　什么是西方近现代哲学？

刘：针对这个题目，首先要把什么是西方近现代哲学这个问题谈清楚，下面我们先来集中讨论这个问题，江荣你先从总体上说一说。

江荣：我和刘道一在文献梳理的基础上先后讨论了三次，对西方近现代哲学起源问题总结出如下几种观点，供大家讨论。第一种观点认为，西方近现代哲学起始于笛卡尔的理性主义革命；对此，黑格尔在《哲学史讲演录》中这样写道："近代哲学的出发点是古代哲学最后达到的那个原则，即现实自我意识的立场；总之，它是以呈现自己面前的精神为原则的。勒内·笛卡尔事实上正是近代哲学的真正创始人，因为近代哲学是以思维为原则的。独立的思维在这里与进行哲学论证的神学分开了。把它放到另外的一边去了。"[①] 第二种观点则将培根、霍布斯和笛卡尔三人并列为西方近现代哲学的创始人，认为笛卡尔是第一个唯理论者，培根和霍布斯是英国近代经验论的早期代表。第三种观点认为西方近现代哲学有三个重要里程碑，即笛卡尔的理性主义革命、康德的哥白尼革命和胡塞尔的现象学革命，认为"我思故我在"是笛卡尔哲学的起点，也是西方近现代哲学的真正起点。

思远：近现代哲学这个命题在西方称为现代哲学，探讨这个问题，我们要从16 世纪至 17 世纪近现代自然科学在英国的兴起说起。培根和奥康两位哲学家比

---

① 黑格尔：《哲学史讲演录》（第四卷），贺麟、王太庆译，商务印书馆 1978 年版，第 63 页。

较重视经验和实验科学。英国经验论的诞生，主要是近代自然科学发展和自然神论阶段反对经院哲学政治理论的需要。培根主张和亚里士多德演绎法相反的归纳法，并以此作为自然科学实验的方法。培根以"知识就是力量"的口号宣誓了他关于科学的目的是在认识自然的基础上支配自然的思想。培根的归纳法总体上比较粗浅，停留在以个别推导一般的阶段。以至于后来休谟重新提出归纳法的可靠性问题，引起西方近现代哲学家的广泛讨论。马克思认为，培根是英国经验论哲学和"整个现代实验科学的真正始祖"。

春敏： 我来谈谈霍布斯。虽然霍布斯精通数学和物理学，但其最突出的独创性成就还在于首次用自然属性和自然理性论证了国家的起源和本质，以自然人和自然法的观念打破了"君权神授"的中世纪信仰。霍布斯认为人的最大利益是自我保存，个人让渡一部分权利以结束战争状态的契约导致国家的产生；国家就是《新约·启示录》中那个可畏而巨大的海兽"利维坦"，具有至高无上的权威和不容置疑的权力。霍布斯提出社会契约论的初衷是维护专制制度，但他已然看到了资本主义兴起的必然性，并思考了公民权利与国家权力的问题。他的理论表述虽然逻辑不够严密，但其君主主义和经验主义的立场却一以贯之。具体说来，霍布斯认为国家建立的方式有两种：一种是通过战争暴力建立的，另一种是按契约建立的。前者是使人慑于其暴力并以求赦免生命为条件来服从征服者的意志，这也等于以武力将被征服者即由于畏惧死亡而不进行反抗者的自然权利剥夺，或者是畏惧死亡者被迫将其自然权利交给征服者。这样的国家是专制的，是按血统而传承的，也是背离或不遵循社会契约的。后者才是基于社会契约而建立的，是霍布斯所主张的。刘老师在《劳动主义》中进一步认为按契约建立的国家有三种：代表者为一个人的国家是君主国，集合在一起的全体人的会议是民主国，一部分人组成的会议是贵族国家。霍布斯是倾向君主国的，认为这是保证社会契约稳定的主权形式。

石越： 我们上课时总是觉得很难把握霍布斯这个人物，就我的理解，霍布斯是介于自然神论和唯物主义两个阶段之间一个非常关键的哲学史人物。他提出了社会契约论，并主张维护君主专制。他的哲学体系充分体现了当时英国资产阶级的意识，对自然的认识和对社会的认识是统一的，前者是后者的论据。他的目的，是以自然界物质的主体性来论证社会中资产阶级的主体性，但他也表现了当时资产阶级的软弱，主张屈从于君主专制。霍布斯认为，世界的统一性在于物质性，思想的实体是物质，物体可以分解和组合，因此也是可以认知的。马克思曾指出："霍布斯消灭了培根唯物主义中有神论的偏见"。

刘： 谈到西方近现代哲学起源的问题，我们要着重从道、法、术、技四个层次去把握。从最初的笛卡尔等人开始，他们不叫唯物主义，而是自然神论者，他们的主要任务是否定旧的封建制度，中心任务是论证建立专制制度，而不是建立资本主义制度；这一时期的哲学家围绕这么一个核心来探讨，他们论证的更多是道的层面。但是，自然神论阶段很短暂，只是从上帝主义到唯物主义的过渡阶段，在政治经济学上对应的就是重商主义阶段。

上帝主义是诸神崇拜的否定。从犹太教到基督教，为反对诸神崇拜代表的部落奴隶制，提出了一神——上帝创世说。"上帝"是人格化的神，他创造了人和万物，因而所有的人在上帝面前都是平等的，人间社会也应该是统一的。这先是奴隶和下层平民意识的集中反映，后来被日耳曼部落作为联合其他部落反对古罗马帝国专制的思想武器，成为欧洲部落联盟时期的统治阶级的哲学观念。路德和加尔文宗教改革的宗旨在于恢复基督教原教旨和平等观。文艺复兴运动以古希腊的自然神论反对上帝主义，推崇神的自然性和自然的神性，主张人文主义，强调人是自然的，是不受上帝和教会约束的。这种思潮，与宗教改革相结合，促成了对欧洲封建领主制的大变革，并一直延续到启蒙运动。而借此潮流推行君主专制的国王，在与资产阶级联合，建立市民社会的过程中，发展商品经济，促进了自然科学的研究，由此形成了短暂的自然神论时期。

欧洲近代的自然神论，承继了古希腊的自然神论的要素，同时接受了来自中国的天命主义影响，既为主张大一统专制的国王所认可，又是早期资产阶级意识的概括。从 13—14 世纪开始，到 18 世纪，自然神论也有一个不断演进的过程，作为对上帝主义的初步否定，它的历史地位是应当肯定的，但它毕竟还承认一个非物质、先于物质、创造物质的神，因而不可能彻底否定上帝主义。正是在自然神论的基础上，形成了唯物主义，唯物主义继承了自然神论关于物质的一些思想和经验主义的认识论，进而批判并否定了自然神论，由此彻底否定了上帝主义。

自然神论的代表人物有但丁、达·芬奇、哥白尼、伽利略、尼古拉、特莱肖、布鲁诺、培根、笛卡尔、伽桑狄、斯宾诺莎、莱布尼兹、沃尔夫、伏尔泰、孟德斯鸠、卢梭等人。

拥护中央集权、反对封建割据是大多数自然神论者的共同点，也是这个时期欧洲历史进步的要求。但丁以他的《帝制论》率先表达了这一要求。他假托古罗马的历史，论证统一帝国的合理性和必然性，驳斥了教会权力高于国王权力的观点，主张政教分立、反对教皇及教会的统治，对教会干预政治造成的恶果作了无情批判。他在《神曲》中无情揭露了教会及教皇、主教等人的罪恶，将之打入地狱受惩罚。但丁的这种思想，是大多数自然神论者的基本政治态度，他们拥护君主专制，反对教会及其支持的封建割据。这是历史发展的大趋势，而同样拥护君主专制的资产阶级，也将自然神论作为自己的阶级意识。后来的自然神论者，之所以拥护君主专制，则主要是基于资产阶级的利益。只是到资产阶级已经强大并与君主专制发生冲突时，自然神论者才开始反对君主专制。

玉玲：自然神论者虽然不否认神，但他们所说的神并非人格化的上帝，而是类似中国人所说的"天命"，是创造、支配世界的理性，并具体化于世界万物之中。这在尼古拉那里得到最初、也是最基本的表述。他承认上帝创造了万物，但他强调上帝不是万物。上帝是作为无限实体而存在的，是万物的本质。上帝把自身展现为整个世界，呈现在世界的每一个部分和每一个事物之中，每个事物都潜在或部分有着上帝。世界是杂多而统一的，上帝就存在于杂多的统一之中。上帝是超越一切有限物的无限，是不变不动的。事物中有上帝，但事物都是有限的，并不是上帝的完全实现，事物还有自身的原因，这些原因是偶然的，不是必然地来自上帝。这表明，尼古拉已经开始将上帝看成超越宇宙的绝对完满，从其自然神论来说，这是一个自相矛盾的说法，而这也正蕴涵着这个矛盾解决的出路就在于抛弃上帝，从自然本身去找事物的原因。

马淮：受到玉玲的启发，我想到 16 世纪末至 17 世纪初，近代哲学的重点逐渐由意大利移到英国和法国。这两个国家的哲学家还以自然神论面目出现，但上帝的形象和作用又有重大变化。在培根那里，上帝已成为不得不保留的一个符号，他认为自然是自己的原因，没有其他原因，但却注明"上帝当然要永远除外"，并把神的启示与感觉经验作为知识的两个来源。在培根那里，研究的重点是经验和知识的形成，承认上帝不过是认知不彻底，用其经验论不能证明上帝不存在而已。笛卡尔是法国近代哲学的创始人，他认为上帝是自然界的秩序和规律，是"一般的自然"。但他对上帝的论证只在形而上学里，至于物理学，则是研究纯粹的自然物质或物质的自然。他认为物质是唯一实体，并提出了"动物是机器"的论断。笛卡尔的形而上学受到伽桑狄的批判，伽桑狄认为上帝观念并不是先天的，在无神论者的心中，就没有上帝的观念。他认为世界有两个本原，即原子和虚空，原子以自然运动和反射运动相结合构成万物。但他认为原子是由上帝创造的，其运动的力量也是从上帝那里来的。上帝创造万物变成了上帝创造原子，这是自然神论的又一演化。斯宾诺莎明确否认基督教的上帝，认为神既没有理智，也没有意志，但是有形体，就是自然本身，宗教所信奉的人格神是人们按照人的形象创造出来的。神和自然在他那里是同一个概念，是实体，是绝对无限的，其基本属性是思维和广延，由此形成世界上两类现象：一是具有广延性的物质现象，二是不具有广延性的思想的产物，思维和广延可以概括世界上已知的一切。

刘：哲学是时代精神。自然神论在欧洲哲学史上是一个重要阶段。对此，以往的哲学史研究没有明确。特别是苏联的哲学史著作，往往将自然神论者归入唯物主义或唯心主义。这显然是受恩格斯关于"两大阵营"说的影响。我们将自然神论确定为一个阶段，是与对欧洲历史上的君主专制阶段的规定相一致的，二者相互印证。自然神论是专制君主与资产阶级结盟的体现，自然神论者或是站在国王和国家的立场，反对天主教会以神权干涉政权，力主消除封建割据，并推行重商主义，在这个意义上他们也维护新兴资产阶级的利益；或是站在资产阶级立场，拥护君主专制，主张消除封建割据，要求宽松地发展工商业环境；或是站在资产阶级的、小市民的、工人阶级的立场，反对君主专制，但受传统观念影响，不能抛弃关于神的意识，而其实质上已经放弃上帝主义。与之相比，唯物主义者则明确地站在资产阶级立场上，排除了传统观念，或是反对封建领主制，要求君主立宪；或是反对君主专制，要求君主立宪制和民主制。

经过自然神论短暂阶段的过渡，就出现了唯物主义。这里，我们要把握住自然权利、社会契约和国家这三个唯物主义社会观或历史观的基本概念。在对人的存在与利益的规定基础上，唯物主义者以自然权利概念来否定上帝主义的神权观和君权神授、等级制等观念，以社会契约概念来论证否定封建领主制和集权专制后的社会基本制度和国家。由此，他们形成了对资本主义社会关系的系统理论规定。

唯物主义从英国的霍布斯、洛克到法国的狄德罗，这些哲学家论证的中心还是在道的层面。紧接着，贝克莱质疑唯物主义以后，休谟、康德、黑格尔都是在回答这个质疑，并逐渐开始从法的层面探讨资本主义。从黑格尔开始，则更加突出了法的层面，从法的层面论道，即从辩证法来论证唯物主义，论证资本主义的应该与合理。此后，随着资本主义制度的确立，资产阶级再也不需要哲学家从道和法两个层面去论证资本主义的合理性了，于是，整个西方哲学和经济学都转向实证主义，这一点表现在哲学领域就是哲学家和大学教授们按照资本投资的功利主义原则来思维，进行术和技这两个层面的研究。换句话说，当资本主义制度得以确立，资本家就转而要求他们的理论代言人为资本主义经济结构和企业管理提供哲学指导。从19世纪末到现在，西方资本主义哲学经历了几个阶段，在各国也有不同学派，其主流就在术、技层面，特别是现在的美国哲学，对技的探讨和论证是很细致、充分的。

江荣：刚才听了刘老师关于西方近现代哲学道、法、术、技四个层次的区分以及刘老师对其相应历史阶段的分析，使我终于找到了认识西方近现代哲学史的一条新路。针对刘老师刚才提到的自然神论阶段诸多代表人物，我想再择要展开说一下。首先是继承了笛卡尔感知理论的斯宾诺莎。斯宾诺莎提出了这样的命题：上帝是一种广袤的实体，亦即物质的实体。在他的哲学中，自然物质的观念与非物质的上帝观念相矛盾，但这也正开始了对上帝主义的否定。自然神论与经验论是相结合的，自然神论是理论神学的否定，经验论是实践神学的否定，也可以说，自然神论否定神学的原则，经验论则否定神学的结论。自然神论将上帝当作一种现实的、实在的物质实体，经验论则将上帝当作一种不现实的、渺茫的、虚幻的、消极的实体。自然神论是神学的否定，然而它本身又是神学。其次是明显晚于英法两国的德国近现代哲学。当英国的霍布斯、洛克已不再以自然神论来批判上帝，并提出唯物主义时，德国的莱布尼茨和沃尔夫才拿起自然神论批判其本国还严重存在的上帝主义，但他们的自然神论也有其特点。莱布尼茨认为上帝不是人格化的神，而是单子的创造者。单子是没有广延、形状、可分性的实体。单子是物质的基本单位，不同的单子间存在质的差异，是有变化和连续性的。单子可分为三类：一是纯粹的单子；二是有知觉和记忆的单子，即灵魂；三是能认识自己和上帝的具有必然与永恒真理的单子，即精神。进而他又认为上帝是"原初的单子"，是没有形体的，是其他单子的创造者和力量的来源。沃尔夫在哲学上主要是对莱布尼茨思想加以系统化，并从目的论来论证自然神，认为神创造自然时已给各种事物都赋予了目的，每一事物都因目的而与其他事物联系并相互作用。值得注意的是，莱布尼茨和沃尔夫在以自然神论否定上帝主义时，充分注意并吸收了中国哲学的理性和天命主义。这对法国的伏尔泰等人有明显的影响。

二　西方近现代哲学对资产阶级古典政治经济学方法论的影响

王：从自然神论到唯物主义的历史转变，刚才你们从哲学上已经谈得比较清楚了，下面我从政治经济学方法初级形态的角度再谈一谈，以便引出西方近现代哲学对古典政治经济学方法论有何影响的话题。

我们都知道，大约从15世纪到18世纪，是政治经济学的创始期，主要有重商主义、配第和魁奈。重商主义是和资本原始积累同时出现的，是资本原始积累过程及统制体制的反映，其经验总结法也是资本主义政治经济学方法论的一种"原始积累"，即对经验的初步总结和概括。这种方法虽说有其历史的进步意义，但缺陷很多，不仅不能从经济现象的表面联系深入其本质，而且不能发现更广泛的现象联系，不能形成明确的概念和较系统的概念体系。其理性的概括是由斯图亚特做出的，在他的著作中，将经验总结法提到一个比较系统的高度，而且力求对重商主义观点做出理论性的概括。然而，斯图亚特并没有能力扭转商业资本向产业资本的转化，也不可能从学理性将经验总结法提高到能够摆脱矛盾的境地，只能更明显地概括和暴露了经验总结法的缺陷，并表明它将被新的方法所取代的必然趋势。

随着资本原始积累的结束，资本主义也开始了从流通领域向生产领域的过渡。这种历史的转化，必然要求政治经济学有新的开拓性认识。而思想上突破的重要前提，就是方法上的进展。重商主义的经验总结法已不适应新形势下对资本主义生产方式的认识，继重商主义而起的政治经济学家，在英国是威廉·配第，在法国是重农学派。虽然都是对重商主义的否定，但配第和重农学派领袖人物魁奈在方法上有重大区别。

配第深受培根及其学生霍布斯的影响，并努力把培根的哲学和逻辑学方法运用于政治经济学的研究。培根认为只有经过感性认识、经过经验得到的知识才是可靠的、可以运用的。在认识论和逻辑学上，培根明确地提出与亚里士多德以来盛行于经院哲学家中的三段论演绎相反的归纳逻辑。为了使自己的逻辑区别于亚里士多德"工具篇"中的传统逻辑，他把论述归纳方法的著作称之为"新工具"。所谓归纳逻辑，也就是注重对感性材料的收集和整理，从特殊的现象中发现一般性联系，使所有的知识都具有感性基础。这种逻辑方法，是与传统的以某种未经验证的一般性规定推论特殊现象，并规定实际生活"应该"如何的演绎方法相对立的，是逻辑学发展中的一场大的变革。作为从自然科学转而研究经济问题的配第，能够把培根的方法具体运用到政治经济学领域，从而形成自己的特殊方法，是一个顺理成章的过程。配第接受培根的逻辑方法，除了他本人的学习和理解外，还有一个重要渠道，就是与培根的学生霍布斯交往密切，这种交往使配第加深了对培根和霍布斯学说的理解。配第本人在行医、从事自然科学研究以及个人投机冒险的政治、经济活动中，都使用了培根的方法，这些方面的成功，促使他在进行政治经济学研究时，也使用这种方法。

志燕：王老师谈了重商主义经验总结法和配第的归纳法，我感到很有收获，我重点说说魁奈的演绎法。魁奈关于政治经济学方法的研究主要是针对配第归纳法的缺陷展开的。受培根的影响，配第是把自己的研究立足于"完全归纳"之上的，这不仅是不可能的，又是不科学的。在他的数学计算中，往往是从一种假设出发，进到另一种假设，虽说力求达到经验性的说明，在进一步的深入研究中却不能进展。

用分析的方法认识经济运动的内在规律，并从这种规律性的认识演绎各种特殊的经济现象，这是魁奈政治经济学研究方法的基干和对配第的超越。魁奈演绎法的最大成果，是他的《经济表》，这是他经济学研究的结晶，也是古典政治经济学在考察再生产问题上所取得的最突出的成就。在用演绎法论述政治经济学方面，魁奈开了先河。但是，魁奈对演绎的偏好及他侧重分析而没有相应的综合，也使他的方法带有很大的片面性。这突出的表现就是忽视工业、商业的作用，而且只看到简单再生产的一般联系，不能进一步论证扩大再生产。

思远：魁奈之所以能够提出重农主义的主张，并建立起政治经济学史上第一个学派，除了法国特殊的历史条件和他的政治地位外，很重要的原因，则在于他的以唯物主义的理性主义为基础的演绎法。在魁奈的经济表上，他对社会简单再生产中的三个阶级的地位和作用分别做了规定，说明了流通在经济生活中的作用，探讨了再生产所需要的各种条件及其各要素之间的关系，揭示了"纯产品"的生产和占有。这些问题都是运用单纯的归纳法所不能认识的，而当魁奈用这种认识到的一般规律演绎各个时期、各个国家的经济问题时，确实有其指导作用。虽然他本人未写出长篇巨著，把他的各种著作联系起来看，却因这种演绎而具有明显的体系性。

刘：相对说来，理性主义的市场要比经验主义小，尤其是在政治经济学上表现得比较突出。理性主义对古典政治经济学的影响，主要是法国的重农学派。魁奈关于"自然秩序"的学说及由此得出的《经济表》，表明理性思维对政治经济学重大问题的作用。通过重农学派，理性思维对古典政治经济学的研究方法起到积极促进作用，包括受休谟影响极大的斯密，其方法中也充分表现出理性思维的深厚功力。古典政治经济学之后，理性主义对庸俗政治经济学的影响日益衰落，以至达到被"主流派"批判和排斥的地步。

这个问题就先谈到这里。接下来，我们需要大致分三个层次讨论西方近现代哲学对整个经济学方法论的影响。第一个层次，要着重谈谈洛克，他率先确立了资本主义的基本原则，不容忽视，这个层次还有休谟和边沁等。同这些哲学家的思想相对应的，是初期资本主义古典政治经济学的方法；第二个层次，从卢梭说起，主要人物还有康德和黑格尔，同这些哲学家的思想相对应的，是西斯蒙第、普鲁东和马克思政治经济学的研究方法；第三个层次，就到了逻辑实证主义，同几代实证主义哲学家的思想相对应的，是以马歇尔和凯恩斯为代表的现象描述法。江荣你先从洛克那儿起个头，这部分大家集中第一层面的讨论。

江荣：刘老师在为我们讲授《政治经济学方法史大纲》时特别指出，虽然洛克稍晚于配第，而且那些严格按学科划分的苏联和中国学者往往把他归入哲学家的范畴，对他的经济学说不予重视。刚才刘老师又强调洛克以自然权利对人身权和财产所有权的论证，在批判封建专制，确立资本主义制度基本原则的过程中发挥了奠定作用。可见，洛克的思想和方法对欧美资本主义政治经济学的形成影响显著。

洛克虽然没有明确地依循政治经济学研究范式展开他的研究，但是他关于财产所有权的思想，却为资本主义私有制提供了理论基础。洛克的使命，主要在于论说财产所有权的自然合理性以及政府如何保护个人财产所有权，而非侵害它。洛克之后的西方经济学家们大都基于洛克的财产所有权思想，展开讨论价值、货币、资本、工资、利润、积累等问题，逐步构建起资本主义政治经济学理论体系。此外，洛克基于社会契约论，提出了防止专制、保障人民自由权的"三权分立"和"宗教宽容"思想。可以说，在法国大革命中的人权宣言和美国独立战争中的独立宣言中，都体现着洛克关于近现代社会公民权利的基本理念。

刘： 在西方经济学家中，制度经济学派的康芒斯较为重视洛克的思想。这里还要特别指出的是，洛克从劳动对财产所有权的论证，引发了后来斯密的二重价值论和二重学说体系，这也是社会主义政治经济学与资本主义政治经济学的共同渊源。今天的资本主义经济学家所论证并维护的，仍是洛克所论证与维护的财产所有权，不过，他们明显地将生命和自由的人身权作为附属权利。洛克论证自然权利的方法，在一定意义上说，是演绎性的，但又有一定的归纳为基础。洛克无疑是一个革命的思想家，他的认识论对上帝主义的批判，以自然权利对封建专制的抨击，都是那个时代新兴资产阶级意识的集中体现。也正是在对封建专制的批判中，他论证了关于自然权利与劳动的关系，提出了初级的劳动价值论。

春敏： 我来谈谈休谟。他在哲学史上的地位远比他在政治经济学史上的地位重要。休谟的经验主义怀疑论方法对斯密的二重方法有很大影响。休谟的主要著作是《人性论》，它所阐述的就是作者建立在经验主义基础上的怀疑论，他的经济思想主要体现在《政治论文》中。休谟在哲学上是继培根、洛克和贝克莱之后的经验论者。培根唯物主义的经验论演化到洛克那里，带有许多与唯心主义妥协的成分，后被贝克莱从主观唯心主义加以神秘化，这本身就表明经验论的重大缺陷。休谟并不放弃经验论，他力图以自己的怀疑论调和唯物主义与唯心主义对立。休谟的《政治论文》主要论述了商业、货币、利息、贸易差额、税收、公共信用等问题。在这篇文章中，他所力求达到的，就是描述经济现象间的表面联系。

兴无： 关于休谟，我再补充一点，就是他的情感主义道德观，这是功利主义的萌芽。休谟在伦理道德上所持的观点是性善论，这在西方哲学传统中十分少见。他的情感主义道德观是个人主义的，但不是自私自利。休谟曾在一篇论文中把社会契约论的思想当作一种迷信而抛弃了，并且主张在公共领域以效用这个概念为标准。这篇文章不仅影响到边沁，而且深深影响到斯密，正是在斯密的《财富论》中，他主张利己主义必然调节平衡着宪政政治。可以说，休谟的思想方法也影响到自由资本主义的理论。

　　王：从哲学上看，斯密的方法受休谟的影响很深。休谟是一个二元论者，一方面他承认世界的物质性，主张用概念和演绎，揭示现象的联系；另一方面，他又怀疑世界的可知性，认为人的思维只能局限于有限的现象世界，事物自身是不可知的，主张用现象的描述来代替那种"永远达不到的真理"。斯密和休谟交往密切，他试图用休谟的方法研究经济问题，从而使自己的研究方法带有明显的二重性。斯密的二重方法，一为抽象法，二为现象描述法。这是两种对立的方法，但在斯密那里显不出矛盾，并由他分别应用于同一学科，甚至同一个问题的研究中。由这二重的方法构成了《财富论》二重的学说体系。

　　云喜：斯密还继承了配第和魁奈政治经济学研究方法中的科学因素，并克服了他们把归纳和演绎截然分立的错误，在研究过程中较成功地运用分析，从而使抽象法趋于系统化。在斯密手上，抽象法包含这些内容，首先是注重现实问题，从当时重大的经济问题出发，根据实际材料，进行比较和归纳，并在此基础上进一步分析，找出本质，从本质规定概念，进而运用演绎建立体系。斯密还十分重视对经济史及经济学说史的研究，力求探讨历史与逻辑的统一性。当然，斯密的抽象法还只处于系统抽象法的初级形态，有些内容比较成熟，有的则很肤浅，更重要的是这些因素并没能有机地结合起来。虽然如此，斯密运用他这初级的"研究资产阶级制度的生理学"，在揭示资本主义经济矛盾方面取得了突出的成就。

　　玉玲：下面我来展开谈谈边沁的功利主义道德哲学对经济学方法论的影响。边沁明确地将趋乐避苦作为价值观的核心，并由此论证道德的原则。边沁又从动机与效果的关系论证了功利的效果。他认为，一个行为由行为本身、环境、意向、意识、动机和一般习性六因素构成，行为的后果是由动机产生的，而动机有九种：善意、爱名誉、求友、宗教心、自然欲望、金钱欲、权力欲、自保和不愉快。动机一般是中性的，仅从动机上是不能判定善恶的，行为的功利只在后果中，只能根据功利来判断行为是否符合道德。也正是从这个环节，边沁的逻辑从价值观转入道德。他认为，每个人都是依从"最大幸福原则"来行为的，社会是所有单个成员的利益之总和。从社会总体论，功利原则就表现为"最大多数人的最大幸福原则"，即增多社会成员幸福的趋向尽可能多于减少社会幸福的趋向。社会要用法律和道德的方式保证个人的生存、富裕和安全。社会在保证每个人追求个人利益时，自然而然地就增加了社会的利益。只要每个人都能真正追求并达到个人的最大幸福，也就会达到社会上最大多数人的最大幸福。总之，文化个人主义在边沁那里得到集结，并形成功利主义体系。

　　思远：谈到边沁，他对古典政治经济学研究方法的影响主要体现在李嘉图的学说里。李嘉图的思想除受斯密影响外，还受到边沁功利主义的影响，他比斯密更注重资本在发展生产力中的作用，把发展生产力作为研究经济问题的原则。作为一个在工业革命和资本主义发展时期因证券交易而暴发的资本家，李嘉图明确地将资产阶级作为生产力发展和全人类共同利益的代表。他认为以资本为主导并把资本积累作为导向的资本主义经济制度是最为合理的。

李嘉图认为，每个人在追求个人利益时，并不与整个社会的利益相冲突，而是与社会利益相一致。李嘉图作为上升时期资产阶级的代表，他从唯物主义哲学的唯生产力论原则出发来考察经济问题，能够比较深入地探讨资本主义生产方式的内在矛盾，这是他使用抽象法的基础。在政治经济学的研究方法上，李嘉图是一个一元论者，坚持运用抽象法探讨经济运动的内部联系，并据此说明经济现象。李嘉图使用抽象法对经济矛盾的探讨，突出体现在对价值、工资、利润、地租等几个主要概念的改造与认识上。

特别是李嘉图对劳动价值论的坚持和改造，也是从对工资、利润、地租等具体范畴的抽象开始的。他继承斯密已有的成果，从大量的现象材料中，分析出劳动决定价值，劳动时间是衡量价值的唯一尺度的本质因素后，对这些因素做了综合。正是由于这种分析和综合的统一，李嘉图的价值概念比斯密的价值概念更为完善，特别是克服了斯密在劳动价值论之外还有另外价值论的二元或三元的错误。从价值概念规定中的一元论，李嘉图进一步克服了斯密在工资、利润、地租等具体概念规定中的二元论。在对这些概念的改造上，他也坚持分析与综合统一的原则，力求在劳动决定价值这个基本点上，说明体现于这些具体概念中的各种矛盾和关系。

刘：就历史发展史阶段而言，斯密的时代已经进入产业革命，他的二重方法和二重经济学体系，是产业革命初期的反映。随着时代的发展，斯密的学说已不再适应需要，他的二重方法和体系也就在后世被不同阶级、阶层的经济学家所承继和延伸、发展。也可以说，从斯密之后，政治经济学在方法和学说上出现了分化。我把政治经济学史比作"大人字形"结构，斯密的二重性是分发的源头。虽然后来的时代中，学派纷杂，著述如林，但若从研究方法上分析，基本上是两大派系，一是坚持并发展抽象法，二是坚持并发展现象描述法。对抽象法的坚持发展是在斯密之后，坚持并发展抽象法的经济学家主要有李嘉图、西斯蒙第和早期社会主义者。他们是斯密二重方法中抽象法到马克思系统抽象法的逻辑和历史的中介。下面转入我前面说的第二个层次，先从卢梭说起，主要谈谈西方近现代哲学有关代表人物对社会主义政治经济学研究方法生成发展的影响。

三 西方近现代哲学对社会主义政治经济学方法论的影响

江荣：本部分展开第二层次的讨论。卢梭就其身世和学术倾向来说，可以说是一个为第三等级平民代言的自然神论者。卢梭 1742 年来到巴黎以后，和狄德罗、休谟等哲学家有过一些学术交往。他认为宇宙的来源是精神和物质两个永恒实体，精神是能动的、积极的，具有组合、改变事物的能力，而物质是消极的、惰性的，其运动是由精神力量推动的。上帝对自然界的作用，在于赋予其规律性，并以强大而智慧的意志推动宇宙、统治世界。他的自然神论中的上帝，更类似中国人所说的天命。也正是依据自然神论所设定的人类"自然状态"和"自然法"，卢梭对专制制度进行了深入批判，主张消灭私有制，以建立符合"自然状态"和"自然法"的人人平等的社会制度。按照刘老师在《劳动主义》中的评价，卢梭的思想，可以说是自然神论者在几百年的反封建、反专制斗争中，否定上帝主义所取得的最高成果。

卢梭的哲学对康德、黑格尔和马克思都有重要影响。康德不仅从卢梭那里继承了尊重人性的思想，而且在形而上学的理性层面以意志自由学说和卢梭的自由思想产生了共鸣。黑格尔则从卢梭"普遍意志"和"所有人的意志"区别中受到启发，引入国家这个概念，进而在《法哲学原理》中阐明了国家和市民社会的关系。马克思则承继了卢梭对私有制的批判，并接受了蒲鲁东关于私有财产的观念，更在异化劳动概念的基础上改造了私有财产概念，形成他经济思想的基本范畴。与唯物主义经济观的把维护私有财产权作为宗旨不同，马克思经济观的宗旨是否定私有财产，建立共产主义的经济制度。

刘：卢梭对马克思平等观的形成也有重要影响，但并不像西方某些人所说马克思只是重复了卢梭的平等观。马克思是从无产阶级立场，以劳动为依据探讨并规定平等观的，这不仅是对卢梭和唯物主义者的超越，也是他哲学观念的重要范畴。据此他发现了卢梭等人平等观的内在矛盾：从个人主义、利己主义观念出发的平等观，在反封建特权时是有合理性的，但取消了封建特权之后他们所主张的私有财产和自由竞争，却又造成了新的不平等。个人主义所主张的原则也由此转向其反面：本来要突出人的自由发展，却严重地压抑了个性和自由。马克思指出，资本主义制度的本质，就在于它以对生产资料的资本化私有，剥夺了创造这些生产资料的劳动者占有、支配、运用它们的权利。人类的平等问题，并不是要求人在自然属性及素质方面的平等，而在如何保证劳动所创造的财富和价值归劳动者所有。

春敏：个人主义最初是市民意识的体现，逐步成为唯物主义文化观的主要内容，它在演进中与资本主义经济相统一，并成为资本主义文化的基础。但在其形成时，却是立足于受封建和专制统治的第三等级，即商人、农民、农奴、手工业者和有产业的清教徒等人的立场，以反对封建和专制统治为目的，其突出的代表是洛克和卢梭。

启蒙运动中，进步思想家公然反对"上帝"的存在，强调人的自然性，认为所有个体人都是生来平等的、自由的。在这方面，卢梭的"天赋人权"说具有代表性，也使个人主义进一步延伸。卢梭认为，人类是自然形成的，在"太古时代"的"自然状态"下，所有个体人都是自由平等的。而且，按照"自然秩序"，任何时代的人也都应是平等的，个体与个体之间，并没有天生的权利、地位差别，大家都是人，人与人"生来是平等的"，而且都有自然的对自由的追求。人的生存欲念和道德情感都是自然的，而首要的情感就是对自己存在的情感，人基本的关怀就是对自己生存的关怀。

江荣：康德的《永久和平论》等哲学思想深受卢梭的启发，他崇拜卢梭，并和卢梭一样是个平民哲学家。历史地看，康德不仅深深影响到自他以后的西方哲学，就连爱因斯坦等自然科学家也深受他哲学思想的影响。我们在上课时，刘老师讲到，"二元论""不可知论""唯心主义先验论""对唯物主义和唯心主义的调和论折中主义"，这一连串术语，都是苏联和中国哲学史家给康德哲学贴的标签。但是，这些标签全都贴错了。康德的哲学是在休谟已有的基础上对唯物主义的进一步修正。这种修正的用意在于回应贝克莱唯心主义对唯物主义的质疑的同时，把哲学从本体论为主转向以认识论为主，不去抽象议论世界本原，而是集中研究人的认识能力、形式、程序，以规定现象的规律。康德的主要工作仍在探讨和规定人的认识能力和程序，也即认识论和逻辑，他在哲学史上的地位也取决于此。所谓"三大批判"中的《实践理性批判》和《判断力批判》，不过是《纯粹理性批判》的衍生品。

康德通过以自我意识为核心的认识论，重新规定了人在自然界的主体地位，使得启蒙时代的人本主义精神和政治学领域的人道主义达到了以人为中心的世界观，史称哲学上的"哥白尼革命"。这一革命为今天哲学和经济学从唯物主义解脱出来，进而以劳动主义指导研究经济学奠定了哲学前提。

刘：作为黑格尔与唯物主义者的中介，康德的哲学观念突出存在与意识的分离、分立。他认为，"现象"与"自在之物"是两个不同的世界，前者是人们所感知的，科学与知识都是针对"现象"的理性知识；而"自在之物"属于"本体界"，是不可感知的，因此也不能以理性来认识。康德这种观念明显是受到贝克莱唯心主义的影响，但与唯心主义不同，康德是承认"自在之物"存在的，并认为感觉也是以"自在之物"为对象的。但是，由于感觉和理性的局限，意识永远不可能与对象统一。因此，人能认识的只是"自在之物"作用于感官所形成的现象或表象，而"自在之物"是不可知的。

为了论证这种观念，康德对人的意识进行了分析，并分别探讨了感性、知性、理性。其中不乏深刻见解，但其矛盾也是明显的。康德学说的矛盾，引起注重思辨的德国哲学家的思考与批判，经费希特和谢林将康德矛盾的扩展，到黑格尔以"绝对精神"将其解决，从而使哲学关于存在与意识关系的规定，上升到一个新层次。

与政治经济学方法论发生关系的哲学、逻辑学方法论，主要是辩证法和辩证逻辑，这是由马克思改造黑格尔思辨辩证法所创始的哲学、逻辑学方法论。

众所周知，黑格尔建立了庞大而全面的哲学体系，他的哲学体系突出的优点是总体性和系统性。黑格尔是从逻辑学上第一个系统提出概念运动在思维过程中起主导作用的哲学家。他的《逻辑学》一书，就是按照概念的运动来建立体系，并把判断、推理等思维形式都纳入概念运动进行统一探讨的。然而，他把概念运动看成世界的"本原"，不是概念运动反映现实事物的运动，而是概念运动决定和制约现实事物的运动。马克思对概念运动主导作用的认识，来源于黑格尔。马克思在进行政治经济学研究之前，就已认识到自己曾接受了的黑格尔这种概念观的局限，并对之进行了批判，且改造吸收了黑格尔关于概念运动主导作用这种思想的合理成分。这是马克思进行政治经济学研究的方法论前提，在不断深入的政治经济学研究中，他在把有关概念主导作用的思想具体化的同时，进一步充实和丰富了它。《资本论》的逻辑可以说是概念运动主导作用的典范。

马克思批判地吸收了黑格尔关于基本理念地位和作用的思想，在政治经济学研究中，非常重视核心概念的规定和改造，从而使核心概念的地位和作用在政治经济学中得以确立。他从一开始进行政治经济学研究时，就非常注重从核心概念的角度批判前人的各概念体系，并把规定核心概念作为建立自己学说体系的首要任务。这一点贯彻于他政治经济学研究的始终。

核心概念是政治经济学概念体系中的抽象概念，它是某种学说基本理念的概括，也是对学说体系所要反映的经济矛盾一般本质的规定。在一个学说概念体系中，核心概念的规定、改造和完善，是一种学说形成的标志，而它的展开，又是建立概念体系的必要条件。核心概念的成熟程度，是建立论述体系的关键。各主干概念和辅助性概念，都是围绕核心概念的，是论证核心概念中基本理念的必要环节。

关于核心概念的地位和作用，是经过很长的思想发展才得以明确的。在传统的形式逻辑中，各概念都是平列的，因而也就没有核心概念。到康德那里，开始认识基本理念在体系中的作用。他认为，基本理念或"观念"并非普通的概念，而是"概念的概念"，是理性认识的最高形式，通过它可以实现知识的统一，"观念"的使命就在于把各种概念乃至判断形成一定的体系。黑格尔进一步强调了基本理念在概念体系中的特殊地位，他把基本理念称之为"纯粹概念"或"绝对观念"，是"最后结果的纯粹真理"，是"客观真理"的最高表现形式，是以往全部知识的总结。而基本理念本身又是发展的，是同实践、同其向现实性的转化相联系的。黑格尔突出基本理念的地位和作用的思想，对于我们关于核心概念的认识，是有很大启发意义的。

思远：概念运动的主导作用是普遍的，不论承认与否，都要依循它。普遍存在的作用，不见得就是人们所普遍认识到并自觉发挥的作用。概念运动的这种主导作用，是不以人的意志为转移的，虽然人们会不自觉地遵循它，但要从方法论上给予明确的认识，并在研究中自觉而熟练地发挥，是很困难的。几百年的政治经济学史，只有马克思真正认识并自觉发挥了这种作用。马克思以前和以后的资本主义政治经济学家，则几乎都不认识或不承认概念的主导作用，而一些自称"马克思主义者"对于这种主导作用也并非明确。

春敏：谈到西方近现代哲学对社会主义政治经济学方法创立的历史作用，还要谈谈西斯蒙第。西斯蒙第与李嘉图及马尔萨斯、萨伊都是生活于同一历史时期的，他所直接承继的，也是斯密的学说和方法。不同的是，西斯蒙第所代表的，是正处于破产和逐步被消灭过程中的小生产者的利益。小生产者是劳动者，也是私有者，这种阶级的二重性，使西斯蒙第的学说处于一种矛盾的状况。一方面，他能从劳动者的利益和意识对资本主义社会的经济矛盾提出一些深刻的见解，但另一方面也为小私有者的狭隘意识所局限，甚至得出一些反对社会进步的结论。在经济学说上，他看到斯密的劳动价值论及由此对利润、地租、工资等概念的规定和论证，是符合小生产者利益的，也认为斯密的抽象法是可取的。但对斯密的另外两种价值论及对"三种收入"的观点，西斯蒙第是坚决反对的，由此他对斯密的现象描述法也持否定态度。从历史的承继性说，西斯蒙第的研究方法，也和李嘉图一样，是对斯密抽象法的坚持和发展。但由于阶级立场和各种条件的区别，西斯蒙第在方法上又有自己的特点。

王：在政治经济学方法史上，西斯蒙第的地位与作用非常重要，特别是他对资本主义经济矛盾的分析，是依据劳动价值论进行的，他同意并坚持斯密的这个观点：劳动是财富的唯一源泉，并以此对所有的经济范畴进行了探讨，这使他更深入地揭示了资本和雇佣劳动间的矛盾。更难得的是，西斯蒙第发现并论证了资本主义经济危机，这是从他关于生产与消费关系的"原理"出发而得出的。他认为，资本主义条件下的生产和消费是矛盾的，在财富增长的同时，劳动者却没有相应地增加收入，或者说工资不仅没有随财富的增长而提高，甚至降低了。这样，就造成相当一部分产品价值不能实现，从而破坏了生产与消费的比例。消费不足是经济危机的根源，也是资本主义制度不合理的标志。

刘：西斯蒙第被苏联政治经济学史家归入"古典政治经济学"，不承认他是社会主义者。这是不正确的。西斯蒙第虽然与李嘉图等人处在同一时期，又以斯密学说为渊源，虽然是当时的小生产者，但他是代表劳动者的，所以我把他归入早期社会主义者。在谈马克思之前，这里还要注意一下普鲁东。马克思对普鲁东运用辩证法建立新的政治经济学体系不成功的尝试所进行的批判，是他本人方法论得以形成的重要内容。江荣你先谈一谈吧。

江荣：1840 年，普鲁东在《什么是所有权或关于法和权力的原理研究》一书中提出"资本主义的财产就是盗窃"的观点，进而在 1846 年发表的《贫困的哲学》一书中试图构建起他的政治经济学新体系。但是，由于他没有系统地学过黑格尔的辩证法，特别是没有正确理解"矛盾"这个哲学范畴，使得他从颠倒现实与历史的关系出发，误认为逻辑可以决定和安排历史，并把历史看成是先验神圣的观念历史，而不是现实辩证的历史。对此，马克思强调，政治经济学的研究理应强调如何从实际出发，以辩证的逻辑运动再现历史的发展规律和过程。

可以说，马克思针对普鲁东《贫困的哲学》而撰写的《哲学的贫困》一书，是马克思集中探讨哲学和经济学方法，进而初步形成并论证其政治经济学方法的主要著作。通过这种反思和批判，马克思不仅揭露了普鲁东的错误，而且进一步"清算"了自己对黑格尔哲学的信仰，思索了摆脱黑格尔思辨方法的错误，吸取其合理内核，形成了初级形态的系统抽象法，并将其运用于社会主义政治经济学研究的初级阶段。

德启：马克思在批判普鲁东之后，他的政治经济学方法论，特别是系统抽象法又得以发展和深化，那么我们应该怎样准确理解马克思的系统抽象法呢？

马博：所谓系统抽象法，就是辩证、系统地使用抽象思维能力，揭示和论证经济矛盾的方法。马克思从事政治经济学的研究，目的并不是要成为职业的"经济学家"，而是探讨劳动解放的合理性与必然性。正是这一目的，使他能够在概括劳动者经济意识，揭示和论证现实经济矛盾的进程中，继承和发展抽象法。他首先在批判黑格尔思辨辩证法的基础上，形成自己的辩证法，当他从事政治经济学研究时，能够对前人的方法进行准确判断，吸收和发展抽象法，在全面而深入的研究中，形成了系统的抽象法。

马克思的政治经济学方法是系统的抽象法，其主要包括以下环节和内容：一是从实际出发，详细占有材料；二是各思维形式的辩证统一；三是以概念运动为核心和主干；四是定性研究和定量研究的统一；五是逻辑与历史的统一。

贺痴：实证不是外在于系统抽象的单独的思维过程，而是系统抽象的基础、要素和首要环节，二者是统一的。实证与系统抽象的统一在于：其一，抽象思维的对象要以现实存在并可以经验的矛盾来界定；其二，抽象思维必须以充分的现象材料为依据，对现象材料的收集和实证考察是抽象思维的基础；其三，抽象思维成果的论证，以能否经实证来说明现象和处理矛盾为标准；其四，对矛盾现象的实证是发现主要矛盾和主要矛盾方面的准备，也是检验这种发现的必要环节；其五，实证也是思维的过程，它被包容于系统抽象之中；其六，实证是系统抽象的基本内容，系统抽象的各个环节，都以实证为内容，抽象思维的各种形式都是针对现象材料的实证，系统性体现于各环节、形式的辩证统一和有目的的提升转化；其七，系统抽象结果的论述及对矛盾的处理，也是收集材料、论证现象、进行实证性说明的过程。

任真：历史地看，马克思对资本主义经济本质的规定，在早期是异化劳动概念，后来又演化为剩余价值概念的规定，这是系统抽象法的最主要成果。剩余价值概念是从异化劳动概念演变过来的，它已经包含了异化劳动概念的所有科学成分，并克服了其缺陷。剩余价值概念的规定，是对各具体的旧概念批判和改造的结果，又是进一步改造的依据。对非核心概念的规定，是在新核心概念已经基本成熟的情况下进行的，它是从属于整个概念运动的。不论是核心概念还是非核心概念的规定，其方法上的程序，主要是比较、分类、归纳、分析、综合、定义，它的特点是针对大量的新材料，同时也针对旧概念批判中所发现的问题。新概念的规定在概念运动中不仅是核心环节，而且其程序又带有典型性，其他各环节的程序都是概念规定程序的转型。

前人所提出的政治经济学概念，是对社会经济矛盾长期研究的思想凝结，改造和完善这些概念本身就是对前人经济思想的批判继承，这不仅是建立新体系所必需，也是人类经济思想发展的必然要求。对旧概念的改造与对旧概念的批判，是紧密相关的两个环节，但要真正从批判达到改造，又必须经过新核心概念的规定这一中介环节。

刘：我们这里讲的与政治经济学方法论相关的哲学、逻辑学方法论，主要就是辩证法和辩证逻辑，这是由马克思改造黑格尔思辨辩证法所创始的哲学、逻辑学方法论。辩证法和辩证逻辑与政治经济学方法论相比，都是一般性方法。政治经济学方法论作为特殊，体现着辩证法和辩证逻辑的原则与规律，后者只能通过政治经济学方法论才能在政治经济学这门科学中发挥作用。

马克思从劳动人道主义对所掌握的黑格尔辩证法进行了批判性改造，在将研究的重点放在经济关系，即从政治经济学来批判资本主义的过程中，他不断地磨炼自己的方法，使之与主义相统一。在马克思的政治经济学研究中，主义对方法的主导是相当明确的，也正是为了使"主义真"，他以辩证精神不断完善自己的方法。方法的不断完善，使主义得以论证和具体化于学说体系中。

石越：那么马克思系统抽象法的历史特点和局限主要有哪些呢？

刘：马克思的系统抽象法虽然是社会科学史上最丰富、系统和缜密的方法，但并不是绝对正确和完美的，它也有其历史的特点和局限。对此，我在《〈资本论〉逻辑论纲》重印本的"附论"①中做了初步分析，其要点为：

首先，马克思开始了对作为资本主义哲学观念的唯物主义的批判，并提出了以人取代物的思路，这是马克思哲学和思想体系的本质所在，但由于他没有深入、全面地对之进行系统规定，因此导致他的哲学和思想体系不能充分地贯彻以人为主体的劳动人道主义哲学观念。具体说来，马克思的否定并不彻底，"新唯物主义""实践的唯物主义"等术语还不能表现他的哲学观念的特殊性质，相反，却会被人以各种方式将马克思的哲学观念再归入、退回唯物主义。其典型，就是苏联教科书用所谓"辩证唯物主义"来称谓马克思的哲学观念。

其次，虽然马克思认为他的辩证方法，从根本上来说，和黑格尔的辩证方法截然相反，但由于其本人哲学观念的不明确，导致方法上的创新不够充实、系统，他所批判继承的黑格尔辩证法，依然对其有影响，这在《资本论》的逻辑中主要表现为侧重"客观规律"的探讨，对主体性及主体利益概括的重视程度不够；在体系构建上，不时体现出黑格尔"正—反—合"三段论的影响；论证方式上仍然具有思辨辩证法的烦琐性。

再次，马克思的大段论述将生产力作为一个独立的社会、经济范畴，作为社会基本矛盾的主要方面，还将生产力作为主动的因素，来规定历史的发展。这很容易让人理解为生产力是自成主体的社会范畴，它自己存在，自行发展并与生产关系发生矛盾。

最后，马克思虽然已经认识到在经济制度层面上封建农奴制与资本雇佣劳动制之间，还有一个"以自己劳动为基础的私有制"，但由于他对中国历史研究的不足，未能在此基础上概括出"以自己劳动为基础的私有制"之典型——集权官僚制。但是，综合马克思关于欧洲封建领主制到资本主义制度之间经济和政治

① 刘永佶：《〈资本论〉逻辑论纲》，河北大学出版社1999年版，第487—562页。

关系的论述，我们可以认为，他以深刻而系统的思维，在对这些不太充分的材料的分析中，已经发现了集权官僚制的存在。

此外，马克思系统抽象法的局限还表现在他对政治、文化与经济关系的认识，以及处理政治经济学阶级性与科学性矛盾时所显示出理论的不彻底性——从商品出发，将研究的范围限定于商品形态的资本关系上。我们对马克思的系统抽象法，既要从其内在逻辑去理解，更要在历史发展的进程中不断认知其局限，并在坚持其原则的前提下，针对发展了的经济矛盾，发展社会主义政治经济学方法。

这里还要从哲学上再概括一下。马克思从批判、改造的意义上充分吸收了理性主义的科学成分。他的哲学渊源主要是黑格尔哲学，即欧洲近代理性主义的集大成者。然而，据此将马克思归入理性主义队伍，就大错特错了。在认识论上，马克思认真吸收了经验主义的科学成分，又批判地改造了黑格尔的理性主义。马克思的辩证法，既不属于传统的经验主义，也不属于传统的理性主义，他吸收了经验主义和理性主义的科学成分，有机地处理了感性认识和理性认识之间的关系，从实践的角度，将人的认识过程辩证地统一起来。也正是从这种意义上，马克思的政治经济学方法中，已不存在实证与抽象的对立。他从原则和具体研究上正确处理了实证与抽象的关系。

抽象法就先谈到这里。由斯密的二重方法，不仅演化出西斯蒙第、李嘉图的抽象法，进而由英国早期社会主义者在明确了主体性的前提下，取得超过李嘉图的本质进步，确立了马克思的系统抽象法。与此同时，由斯密的二重方法所导出的另一个大的政治经济学流派，就是已经庸俗化了的资本主义政治经济学，他们继承了斯密二重方法中的现象描述法，并将概念放在从属地位，否认概念的主导作用。由于没有综合，不仅不可能对各经济范畴做出统一的规定，而且不能对统一的经济运动做出系统的规定，斯密又要建立系统的体系，说明全部的经济过程。这样，他就不能以系统的抽象思维将已得到的本质性认识与对各具体经济现象的说明统一起来，而是割断了本质规定与现象说明间的内在联系，这时，休谟的怀疑论方法就成了斯密的得力工具，对现象间表面联系的粗劣的描述，代替了曾经精心思索的本质规定，从而也就形成了抽象法之外，与抽象法并行的现象描述法。

在讨论现象描述法主导的资本主义庸俗政治经济学之前，首先要谈谈源于近代经验主义和理性主义的矛盾斗争的西方近现代哲学关于实证和抽象的对立及其争论。近代经验主义的鼻祖和主要代表是培根，他是以倡导经验论而著称于世的。培根提出了知识和观念起源于感性世界的原则，制定了系统的归纳逻辑，力图把自然科学从神学中解放出来。但他明显地贬低演绎的作用。培根的认识论和归纳逻辑，被后来的霍布斯、洛克等坚持和发展，奠定了英国近代学术的经验主义基础，不论自然科学还是社会科学，都受益于此，当然，也局限于此。英国的经验主义经休谟再到斯宾塞为代表的实证主义，马赫、阿芬那留斯为代表的经验批判主义以及由维也纳学派为代表的逻辑实证主义，到美国的实用主义，一直在西方哲学界占有重要地位，影响着自然科学和社会科学的发展。政治经济学中的英美主流派，基本上都可以从相关的经验主义哲学中找到方法论渊源。下面我们就来着重讨论实用主义和逻辑实证主义对资本主义庸俗政治经济学研究方法的影响，这个层面还可以兼顾西方现代哲学其他流派对当代资本主义经济学在方法论层面的影响。

四　西方近现代哲学对资本主义庸俗政治经济学方法论的影响

江荣：本部分展开第三层次的讨论。我先来谈一下实证主义和逻辑实证主义的关系。实证主义思想最早发端于 17 世纪，但就其理论形成而言，当属 19 世纪早期的孔德及其六卷本的《实证哲学教程》。实证主义深受理性主义和科学主义的双重影响，孔德的实证主义包括神学、形而上学和科学三个阶段，认为应该仿效伽利略以来的物理学、化学、生物学和心理学等自然科学方法，最终建立起经验性的实证社会科学。孔德在思想上还受到法国启蒙主义认识论、休谟经验主义和怀疑论的影响，每当读到法国唯物主义先驱卡巴尼斯"大脑分泌思想就像肝脏分泌胆汁一样"的观点，我们就不难理解孔德的实证主义方法。

第二代实证主义者马赫则提出了感觉主义，认为世界是感觉经验构成的，进一步贬低理性作用，突出经验作用，以此区别科学与形而上学。之后，以石里克为代表的维也纳学派在莱布尼茨、罗素和维特根斯坦的基础上将逻辑实证主义传布至欧洲各国。逻辑实证主义注重经验、观察和归纳，其对资本主义庸俗政治经济学方法论的影响在学说史上主要是通过穆勒父子、西尼尔、马歇尔和凯恩斯引入经济学研究的。从方法上说，则主要表现为穆勒和麦克库洛赫等人运用现象描述法代替抽象法。

马博：江荣刚才谈到逻辑实证主义，那么逻辑实证主义究竟是怎样影响到资本主义政治经济学方法论的呢？

江荣：政治经济学逻辑的进展受哲学的制约是非常明显的。19 世纪初到 20 世纪初，占据理论统治地位的资本主义政治经济学一直是在英法两国。英国的哲学，从培根、洛克开始，就以重视经验为特征，到 19 世纪初，在英法两国哲学界居于主导地位的，是孔德、约翰·穆勒和斯宾塞为代表的实证主义哲学。他们以反对"形而上学"为口号，主张实证的知识，强调"现实""有用""建设""相对"，认为"一切从属于观察"，只应以外界现象来"记述"事物，找出"现象间的恒常关系"，拒绝回答世界的起源、本质、原因等问题。他们还认为概念只不过是"经验的派生物"，把人的认识看成是对经验材料的排列和分类。而使政治经济学庸俗方法系统化的，恰恰是詹姆士·穆勒的大儿子约翰·穆勒。

石越：我们谈到资本主义政治经济学方法为什么总是要冠以"庸俗"之名呢？

春敏：所谓"庸俗"是与"科学"相对而言的，这在方法论上有突出的表现。在政治经济学领域，科学的方法就是从社会发展的实际需要出发，以先进阶级和绝大多数人的利益和意识为根据，采用批判和生成相结合的方法，正视矛盾，揭示矛盾，探寻和论证经济发展的规律，提出解决具体矛盾的主张和建议。违反这些基本原则，即使是在某些具体问题的认识上提出过一些"有用"的结论，逻辑上也可以自圆其说，甚至还可以在某一时期增加物质财富，但由于其没落的阶级立场以及掩盖并为现实矛盾辩护的目的性，其所使用的方法依然是"庸俗的"，甚至是故意无视矛盾、避重就轻地粉饰矛盾。

兴无：逻辑实证主义对资本主义庸俗政治经济学的方法与理论影响主要表现在"边际革命"的完成者——新古典经济学当中，主要包括心理学派和数理学派。新古典经济学运用力学和物理学方法，坚持逻辑分析和经验实证研究，强调命题的可证实性和可观察性，把经济学看成一个归纳与演绎的系统和一个公理体系，依循现象描述法，利用数学微分的方法研究了个人的消费行为、商品的边际效用、需求、供给价格弹性等，建立起实证化、逻辑化、公理化、系统化的新古典经济学理论。

玉玲：我来接着兴无所讲说说数理学派吧。数理学派是 19 世纪末 20 世纪初资产阶级经济学的一个新的流派，主要代表是杰文斯、瓦尔拉和帕累托，其直接的前驱是法国的古诺和德国的戈森。数理学派的各代表人物在使用数学方法上是有区别的，但这并不妨碍我们概括他们的相同点，其主要有：一是他们都认为数学方法是唯一科学的方法，也是检验经济学科学性的标志，要使经济学成为一门"真正的科学"，唯一的途径就是使用数学概念、符号、方程和图表；二是他们都认为经济学的研究对象是经济活动中的各种数量关系，包括多和少，极大和极小，总量和个量，定量和变量等，因此，他们也认为要将政治经济学变为"纯经济学"；三是数学方法的使用是以"心理原则"为前提的，并把货币作为计量单位；四是他们认为，数学方法不仅可以解决经济学研究中的局部问题，也不仅对论述已形成的观点有用，而是规定整个经济过程及其各部分的系统方法，是形成和论证各种观点的方法。

刘：从萨伊开始，资本主义政治经济学的主流派基本上都是沿着现象描述的路数走的。当然，由于国度、时代的差别，其各阶段、各派别的方法也有所差异。我们沿着历史的顺序，先分析 19 世纪早、中期的主流派及当时非主流派的德国历史学派的方法。

早期庸俗政治经济学由萨伊开始，包括李嘉图学派的解体和英法两国资产阶级政治经济学的全面庸俗化以及约翰·穆勒的"折中主义"。这里需要说明的是，习惯上常把马尔萨斯称作"英国资产阶级庸俗政治经济学的鼻祖"，对此，我历来持不同看法。我认为，马尔萨斯是产业革命高潮时期没落的贵族和地主阶级的代表，他也是承继斯密的，在方法上，也以现象描述为主，但他与资本主义庸俗政治经济学家又有重大差别，他的现象描述，不为掩饰资本主义经济矛盾，而是为贵族和地主阶级争利益。虽说如此，但马尔萨斯在政治经济学方法的演进上起了一个重要作用，即指出了李嘉图学说的矛盾，这对于李嘉图学派的分化和解体，都是一个必要的外部条件。李嘉图学派的分化，是指从中分为早期社会主义者和庸俗政治经济学家而庸俗化的过程，也就使李嘉图学派解体。

王：下面我来着重谈谈市场体制确立以后，资本主义庸俗政治经济学方法和西方近现代哲学思想之间的关系。

古典自由主义政治经济学家的货币学说主导西方世界经济一个多世纪（所谓的"自由主义时代"），到 20 世纪初，其局限和缺陷日益暴露，最终导致 1929 年的大危机。严酷的现实迫切要求对货币学说进行修正，以挽救衰败的资本主义经济。正是在这种条件下，凯恩斯及凯恩斯主义出现了。凯恩斯以总量分析和宏观经济方法修正了古典政治经济学的货币学说，提出了国家干预主义的货币学说和政策主张。凯恩斯的学说被视为以"革命"的方式对资产阶级庸俗经济学的冲击，使它从以马歇尔新古典学派自由放任为基本内容的均衡价格分析的微观经济学摆脱出来，开启了以需求管理的政府干预为中心思想的货币经济学说。

凯恩斯的方法仍旧属于资本主义庸俗政治经济学方法范畴，与马歇尔的方法相比，并无本质差别，只有应用范围、统计指标和提出主张等方面的不同。他依然坚持"心理原则"和数学方法，其短期分析法和比较静态分析法都从属于马歇尔等人"个量分析法"的扩大化——"总量分析法"。凯恩斯往往把现实经济矛盾视为"不变的前提"而不加深究，用这种方法否认经济的主体——人并以此掩饰阶级矛盾，坚持现象描述法，忽视系统抽象法，是以凯恩斯为代表的当代资本主义庸俗政治经济学方法的主要特点。这里面渗透着的，就是以逻辑实证主义为主线的科学哲学思想方法。

马淮：纵观资本主义庸俗政治经济学，不论是马歇尔，还是凯恩斯，或者是萨缪尔森，他们所使用的主要方法都可以归结为现象描述法，那么我们怎样才能够从总体上更好地理解并把握政治经济学中的现象描述法呢？

刘：现象描述法并非不想说明现象，更不是不想通过论证来解决实际经济问题。关键在于他们代表主体的利益和主义决定了他们对经济问题的看法。他们将资本主义制度看作既定的、天然合理的，是"自然规律"，因而在他们的眼中，资本家对雇佣工人的剥削根本就不是问题，只有资本的利润多少、能否实现才是问题。他们绝对不会从劳动者的角度想问题，而利润的多少与实现一直是他们关注的，是主题，也可以说是唯一的问题，他们的全部体系都是围绕这个主题展开的。为此，他们只能选择现象描述法。这种方法是以否认本质或以现象的外在联系代替本质规定为特征的，其思维形式的组合，与系统抽象法有着重大差别。对于使用现象描述法的人来说，他们最注重的，是如何将收集到的现象材料，以形式逻辑的、数学的或其他方式组合起来，从某种角度加以描述，以求达到对表面联系的说明。应当承认，这种方法对现象的描述和说明，是有一定作用的，并有局部或阶段性的实用价值。但是，它并不能从根本上说明经济现象，更不能从根本上解决经济矛盾。当一种社会经济制度确立以后，总有相当长的一段平稳发展或者说量变的过程。在这个过程中，代表统治阶级利益的政治经济学家，往往采用现象描述法。对于他们来说，重要的不在于揭示经济矛盾的本质，而在于帮助统治阶级解决目前的实际经济问题，或者对批判现制度者进行反驳，为现制度进行辩护。而对于批判者来说，他们则更注重本质性规定，以求从中找到改变社会经济制度的根据。这种情况，也就从一定意义上说明，为什么批判封建和专制制度的古典政治经济学，与批判资本主义制度的马克思政治经济学，是以系统抽象法为主；而为资本主义制度辩护，为资产阶级及其政府出谋划策的庸俗政治经济学，是以现象描述法为主的了。

江荣：有学者指出，主体主义发源于认识论的自明性和知识论的确定性要求，而严格地从主体主义立场出发，无论按照经验论还是唯理论，在思维方式上，自我主体都是第一性的和根基性的，外在性必须在这第一性的自明基础上得以被建构。而也正是这个主体主义的第一原则使得笛卡尔的"我思"成为整个西方近现代西方哲学的唯一入口，但当进入了这个唯我论的困境时，如何解脱则成了西方近现代哲学的一大难题，这也就是所谓西方近现代哲学的瓶颈。那么我们应该怎样看待语言哲学转向以后，琳琅满目的西方当代哲学流派和学说对当代资本主义庸俗政治经济学方法的影响呢？

刘：没有问题，就没有研究对象，就不是哲学；哲学重在道和法两个层次的探讨，术和技这两个层次缺乏哲学意义上的问题和对象，从这个意义上说，20世纪以来，西方资本主义的哲学从哲学意义上说已经不存在了，或者如有位中国学者说的"西方哲学死了"。语言哲学注重的是"技"的层次，严格说来已经不能算作是哲学的研究。但这些人把持着哲学讲坛，靠着西方国家在世界上的统治地位，硬是把这种"技"的探讨说成"现代哲学"，这和美国经济学界一些人把数学化、做数学习题说成"现代经济学"是相通的。有一个普遍现象值得注意，就是在人类世界上，但凡一个国家经济、军事占优势，那么它本国的人就会把他们的一切都说成"先进的""普世的"，而其他国家的领导人、主流学者也都认同这一点。最典型的例子就是英语，它本来是法国北部落后部族的语言，这个部族在法国待不下去，跑到英格兰岛上，但后来英国经济发达了，军事上强大了，成为世界的霸主，不仅其学术，连它的语言都成了世界通用的了。但细究起来，这个由 26 个音符注音的英语，并没有什么高明之处，比法语更要差多了，与有文字的汉语更不在一个层次上，但英、美两国在世界上的霸主地位却使这落后的、有严重缺陷的英语成了"世界语言"。可怜的人类！

资本家有一个基本特点，就是看一切人都是"资源"，都是物，看一切思想也是物。他们往往依据"有用"和"没用"来决策其行为。当资本主义制度确立以后，资本家再也不需要道和法两个层面的探讨了；在此形势下，西方的经济学家和哲学家都自觉按照资本投资的原则来思维，那么他们很自然就转向了实证主义。历史地看，罗素以后，作为一个哲学家，一个大学教授，总要有新的问题来研究，往下各种理论和方法的衍生品越来越多。可以说，实证主义的哲学探讨集中于术的层面，大体上从 20 世纪至 21 世纪，西方哲学又进一步演化至技的层面，比如语言哲学和结构主义，从技的层面看待道、法和技的层面，就认为是没有价值的了。这背后有历史阶段性和社会现实需要，那就在是确立了资本主义制度和体制以后，就只需要结构和管理层面的哲学指导了。事实上，他们用技的层面的眼光看待黑格尔的道和法，但是他们的道和法仍然是黑格尔的东西。还有哲学家往往以自我为中心，特别是语言哲学，往往认为自己是最高明的。这个过程一直延续至今，使得西方哲学研究避开道和法的层次不谈，集中于术和技两个层面的探讨越来越细，表现在资本主义庸俗政治经济学研究中，就是其研究在越来越数学化的同时，其理论生命已经终结。

思远：政治经济学和哲学演化路子有相同之处，这好比一个大的周期，道、法、术、技就完成了；一种理论，做到技的层面就普遍化了，也就衰落了。

刘：迄今，现代资本主义的主导精神，依然是唯物主义，它已演化成各种具体形式，如实证主义、实用主义、科学主义、技术主义等，支配着人们的价值观和思想，在社会生活的各方面都发挥着作用，特别是侵入反对资本主义的社会主义运动中，从观念和原则上扭曲社会主义理论、运动和制度。

唯物主义是以天命主义为中介对上帝主义的否定。由于欧洲并未形成系统的天命主义，因而，其思想家是引入中国天命主义，加上古希腊时期诸神崇拜中的初级自然神论。欧洲近现代的思想家将古希腊哲学的地位和作用夸大，以致将其脱离诸神崇拜这个大系统。实际上，古希腊哲学不过是在诸神崇拜这个大系统中对自然神论进行了较为深入系统的论证——而这对其后否定上帝主义的自然神论和唯物主义无疑是一个必要前提，构成了批判和否定上帝主义的前提。这在"文艺复兴"运动中开始，到"启蒙"运动终结，伏尔泰等人以新的自然神论对上帝主义进行了深刻的批判。唯物主义是资本主义的哲学观念，它的社会基础，就是随商品经济发展而出现的市民社会中的资产阶级。在唯物主义形成的过程中，自然科学起到了重要作用，进步思想家对上帝主义的否定，很多论据都是自然科学的成果，即以自然科学成果证明人和万物并非上帝创造的，而是自然的。据此，唯物主义者提出了其对人生存和发展的观点，将其作为资本主义取代封建主义和集权专制主义的理论根据。只是在唯物主义形成以后，才出现了专门以质疑、反对唯物主义为目的的唯心主义，即以人的感觉与物自体的差异来否认物质的实在，认为人的观念、永恒精神来自上帝，人的感知能力和形式只能认知感觉，不能认知物自体，企图以此推倒唯物主义的立论根据。唯心主义实则旧的封建和专制势力反对资本主义制度的集中体现，其所论虽然可以自圆其说，但并不能否定唯物主义，也无任何进步意义。在它的质疑下出现的休谟、康德的对唯物主义的修正并引发黑格尔的思辨哲学，以绝对精神论证了自然界的存在和可知性，而对黑格尔思辨哲学的批判，又引发唯物主义的具体化、实证化。实证主义、实用主义、科学主义、技术主义、语言哲学、结构主义等，不过是唯物主义的分支与扩展。

能够取代唯物主义哲学观念的，只能是概括劳动者阶级意识的劳动主义哲学观念，这在黑格尔之后的费尔巴哈的人本主义那里发端，马克思进一步提出他的以劳动为核心的"真正的人道主义"。但马克思并未系统论证他的哲学观念和体系，而以马克思合作者和权威诠释者身份出现的恩格斯，则依他本人对哲学的理解，将"全部哲学"分成唯物主义和唯心主义两大阵营，并把"马克思主义哲学"归入唯物主义阵营。从而将以劳动者阶级为主体的社会主义的哲学观念与以资产阶级为主体的资本主义的哲学观念相混淆，导致社会主义哲学观念不能依其性质和原则发展，并影响了社会主义理论、运动的发展和制度化。

总之，评价西方近现代哲学，必须要分清道、法、术、技四个层次，中国当代哲学的主要任务恰恰需要集中论证道和法这两个层面。整个人类社会发展到现在为止，遇到的根本问题就是从唯物主义到劳动主义的转型；整个 20 世纪真正有道和法两个层面哲学成就的历史人物，一个是卢卡奇，另一个是毛泽东。对于今天的我们来说，首先要做的，就是按照洛克、斯密和马克思当时的研究路数，从哲学和政治经济学的道和法两个层面入手，率先实现从唯物主义到劳动主义的哲学根本转型。中国政治经济学的方法论，不是依据唯物主义，而是依据劳动主义，只有这样，才能在理论和方法上创新，形成新时代的劳动者为主体的政治经济学。

（刘江荣）

系统抽象法——实践辩证法在政治经济学研究中的具体化

政治经济学方法是哲学方法的具体化和表现形式之一。作为劳动社会主义哲学方法的实践辩证法在政治经济学领域的具体化，表现为内省外化的系统抽象法。

一　实践辩证法是劳动社会主义的哲学方法

马淮：方法是作为实践主体的人所特有的，是在实践过程中认知和改变主体存在与客体的手段、方式、程序，是实践和认识的内在精神与动因。所有的认识主体在对客体对象进行思维时，必然要使用一定的方法。

方法具有层次性。政治经济学方法是研究者对社会经济问题、经济矛盾进行分析时的方法，它具有专门性和特殊性；而哲学方法是对于一般方法的理论概括。因此，政治经济学方法与哲学方法之间是特殊和一般的关系。哲学方法对政治经济学方法具有前提和指导性的作用，政治经济学方法则是哲学方法的具体化和表现形式，同时，政治经济学方法的演进又有助于推动哲学方法的进一步发展。

哲学方法，可以被归纳为两大类，即变革社会的方法和保守社会的方法。凡是代表社会进步势力的学者，基于其变革社会的需要，必然以辩证的方法来概括所代表社会势力的利益和意识，揭示和论证矛盾，他们采取的方法，就是力图揭示矛盾和解决矛盾的辩证法；而代表旧制度既得利益的保守势力，虽然会想方设法解决具体问题、提出对策，但对总体社会矛盾，则采取掩饰和否定的方法。

由此，是揭示矛盾并解决矛盾，还是回避矛盾仅仅从问题表象提出对策，是两种哲学方法的根本区别。在当今世界以资本和雇佣劳动为主要矛盾的时代，力求消灭资本统治，发展和实现劳动者利益的社会主义者，作为社会的变革势力，必然要求以实践辩证法作为指导理论和实践的哲学方法，并以此指导政治经济学的研究。

玉玲：以辩证法指导政治经济学研究，必然要求坚持矛盾的分析方法。

马淮：规定矛盾是辩证法的核心，矛盾规律是辩证法的基本规律。辩证法，也就是实践中的人通过把握矛盾系统特别是其中的主要矛盾，在社会实践中推动主要矛盾转化，促进社会发展的方法，它是人性升华的主导因素和社会变革的方法论。

但是，在社会主义理论发展、社会运动乃至制度建设的过程中，由于受唯物主义这一资本主义基本哲学观念的影响，出现了将辩证法教条化，将矛盾"物质化""自然化"的错误认识，把矛盾说成是自然界固有的，将辩证法看作自然界及对之进行研究的产物，认为人类只是在运用这一自然界的运动方法。这种观点在斯大林《论辩证唯物主义和历史唯物主义》一文中集中体现着，并贯彻于苏联的哲学教科书中。斯大林写道："辩证唯物主义是马克思列宁主义党的世界观。它所以叫作辩证唯物主义，是因为它对自然界现象的看法、它研究自然界现象的方法、它认识这些现象的方法是辩证的，而它对自然界现象的解释、它对自然界现象的了解、它的理论是唯物主义的。"① 按照这种说法，辩证法源于自然界，也是对自然界认识的方法。进一步，"历史唯物主义就是把辩证唯物主义的原理推广去研究社会生活，把辩证唯物主义的原理应用于社会生活现象，应用于研究社会，应用于研究社会历史。"② 于是，对自然界的认识是"体"，对社会的认识只是"用"。辩证法存在于自然界，人们通过对自然现象的认识，才知道辩证法，也才能将辩证法应用于人类的社会生活。

这种唯物辩证法是有巨大缺陷的。从学理角度讲，它认为辩证法的本体、主体是自然界，就等于承认自然界是有意志、意识和精神的——只有有意识的主体才能有方法，这就退回到了黑格尔的"绝对精神"。因为只有从"绝对精神"才能说明"自然辩证法"或"唯物辩证法"作为方法论的存在，这样又与唯物主义的基本观念发生冲突：唯物主义是不承认有先于并决定自然物质的精神的。所以，唯物主义和唯物辩证法之间本身就是矛盾的。

兴无：实际上，人们一旦认识所谓的自然规律，就是人认识的结果，谁也无法论证这个规律是物自身所有的，也无法论证这个意识结果与所谓的自然界本身固有的规律（如果它存在的话，当然这是无法论证的）是否吻合，这就像康德说的，作为对规律认识的真理是在人思维彼岸的，人们永不可到达。所有人们对自然界认识所形成的认识规律，都不过是人类思维的结果，自然界只是认识的对象，不能因为对自然界的运动进行思维，总结出规律，就把规律归给客体，说成是自然界自身固有的。规律是研究者思维抽象的结果，它的主体只能是人本身，是人的，而非物的，这是规律的形成过程所决定的。

---

① 斯大林：《论辩证唯物主义和历史唯物主义》，《斯大林选集》（下卷），人民出版社 1979 年版，第 4 页。

② 同上书，第 424 页。

马淮：从社会实践看，在社会主义的运动、制度化过程中，正是由于将规律看作自然界的，导致在现实中唯生产力论广泛存在并难以消除。这是因为，如果认为规律是自然界所固有的，那么对规律的掌握就必然要通过尽可能多地占有物来实现，只要人们不多占有物，就无法认识规律，甚至如果自然界中的规律不改变，人类社会作为自然规律的应用就不可能发生变化。这就将人生目的确定为占有物，或者说，人的发展必须通过不断地认识物、增加对物的占有来实现。于是，辩证唯物主义就这样和传统唯物主义殊途同归了，二者都强调占有物，都形成了人为物役的关系，只是前者强调以集体占有物，而后者强调由个体占有物。于是，社会主义在制度化后就跟资本主义国家竞比谁更能发展生产力，并把生产力的发展看作社会主义的本质和优越性所在。而在生产力发展的过程中，本是社会主义主体的劳动者却不断地被要素化、资源化、手段化，甚至为了生产力的发展，劳动者的利益可以是被忽视和损害的。这种辩证唯物主义的哲学观和唯物辩证法的哲学方法是完全不符合劳动者利益和意志的，它在实践中也导致并继续导致越来越多的问题，极大地限制了世界社会主义的发展。

社会主义的哲学基本观念不应是唯物主义，其方法也不应是以唯物主义为前提的唯物辩证法，而应是以劳动者为主体的劳动主义及其方法论——实践辩证法。刘老师说，"实践辩证法与'唯物主义辩证法'的根本区别，在于它的主体是实践的人，是劳动者，这与劳动主义基本观念是统一的。"① 也正是从这个根本区别出发，实践辩证法作为劳动主义的方法论，它的对象和内容并不只是自然物质，而是人的实践及其中的认识过程，是主体与客体的对立统一。这其中，自然物质不过是劳动者实践的客体、对象，它自身"是没有、也不可能有方法的，它们有其内容和形式以及演化的趋势，但没有对自身的认知和主动改变"②。哲学方法论是对方法的理论规定，它只能是对产生于人的实践和认识过程的方法的概括。因此，辩证法不可能是"物质"的、"唯物"的方法，只能是实践中的人的方法。实践及其认识过程的主体和主导都是人，不是物。无论自然物质，还是经人改造了的物质，都是实践和人生的条件，它们是从属于人的，是人在实践中接触并认知的。因此，"实践辩证法所研究的，首先是实践的人和人的实践，进而才是实践和人生的物质条件"③。

刘：哲学观念是时代的精神，是一个时代社会矛盾的集中表现。因而哲学观

① 刘永佶：《政治经济学方法论教程》，中国社会科学出版社 2012 年版，第 159 页。
② 同上书，第 159 页。
③ 同上书，第 160 页。

念也是不同主体的阶级意识矛盾的集中概括。代表先进阶级主体意识的哲学观念是时代发展的需求和导引。唯物主义比起上帝主义、天命主义无疑是进步的，它是资产阶级的阶级意识的哲学观念。社会主义是劳动者的阶级意识，因而它的哲学观念不能是唯物主义，而是劳动主义。劳动主义的方法论也不能是唯物主义辩证法，而是以劳动为主的实践辩证法。

春敏：这两天我看了看苏联哲学教科书对辩证法的规定。苏联哲学教科书最大的一个问题就是"客观"，它一直把辩证法规定为客观世界的规律，人要去服从这个客观世界的规律。我觉得这是它一个核心问题。我们这里谈辩证法，为什么要强调实践，关键是它的主体。辩证法，我们在上学时就争论，到底是客观还是主观的东西？其实它无非就是我们主体对客体认识的一个方法。但原来我们按照苏联教科书所受的教育，总把辩证法当作客观真理和规律。包括今天我们给学生上课时，批判苏联教科书观点时，学生一开始也扭不过来。这说明它的影响还很深，因此也是一个非常需要探讨和纠正的问题。

这里我有一个问题。苏联教科书所谈的唯物辩证法，它在逻辑渊源上，是不是来自于黑格尔？因为在规定辩证法的时候，马克思并没有明确规定，苏联教科书的方法是斯大林的，不是列宁的。列宁在《哲学笔记》中对辩证法的认识，我感觉还是有主体性的。斯大林没有承袭列宁对这个问题的认识，他的观点主要还是来自于黑格尔。黑格尔的哲学主体很明确，就是绝对精神。斯大林对这个问题没有理解透，只看到客观。斯大林或者苏联教科书，跟黑格尔一样，都是谈客观。只是客观的内容不一样。

马淮：我对这个问题的理解不大一样。我觉得斯大林对客观的认识还是来自于东正教的意识传统。因为列宁经过对黑格尔的学习，他的观点有能够体现主体性的方面。但斯大林，我们并没有看到他有这样一个学习过程。斯大林的意识内容应该还是来自于东正教。在上帝主义中，包括本体论、认识论、逻辑学三个部分，三者分开，只要这个体系存在，那么本体就是在主体人之外的。黑格尔在哲学体系上的重要作用在于否定了这三个部分的划分，哲学被统一于主体对于对象的认识之中，只是他把主体看作绝对精神。但是从黑格尔那里，由于哲学框架的变化，它才可能形成对本体论也就是客观的批判。也就是说，我认为对客观进行批判的前提在于对以本体论为核心的哲学体系框架的批判，这应该是从黑格尔开始的。正是黑格尔的体系，使哲学能够开始批判客观。

刘：俄罗斯的思维习惯受东正教影响，是一个大的环境。但是苏联教科书的哲学来源还是黑格尔，或者更远的是唯物主义。这里大家在分析时可能更注重辩证法，但这个问题的关键不在于辩证法，而在于唯物。

在《劳动主义》中我谈到黑格尔。黑格尔在唯物主义中起的作用就是为唯物主义进一步地找到根据。黑格尔实际是个唯物主义者、物质主义者。恩格斯把黑格尔规定为唯心主义者、客观唯心主义者，这是莫名其妙的。当时的哲学实际就是要论证：物质是世界的主体，人无非是物质的一个很小的组成部分，要用物质的规律来说明人类社会。这是逻辑的正面的表述。它的实质内容是资本家占有了物质财富，要为自己的物质财富的所有权，以及由于物质财富的所有权对他人的支配权，进行哲学上的论证。所以要说世界的本源是物质，这是唯物主义的根本。我们为什么说唯物主义是资本主义的哲学观念，原因也在这里。唯物主义的出现是哲学史上的一个进步，但它本身必然会遇到贝克莱所说的那个问题：这个物，是怎么来的？你怎么证明物质是存在的？当时哲学主要讨论的就是这个问题，包括康德、休谟，都是在这个问题上进行探讨，但是谁都说不清楚。黑格尔要解决这个问题。他首先承认这个世界是自然的、物质的，然后他要论证一点：这个物质本身也是有规律的，这个规律就是绝对精神，是由绝对精神决定的。这个观点很容易让人觉得黑格尔是唯心主义者。但他实际上是把物质运动的规律说成绝对精神，而绝对精神是客观的——你看黑格尔《逻辑学》的逻辑结构，它首先是客观逻辑，然后是主观逻辑。

后来，费尔巴哈、马克思对黑格尔做了一些批判，虽然并不彻底。马克思更多是从人、实践、劳动来批判黑格尔和唯物主义的，但恩格斯把马克思的思想又规定为唯物主义。当时马克思的著作，好多并没有出版，第二国际的理论家们，就只能按照恩格斯的结论，把自己说成是唯物主义。这里还有一个关键人物就是考茨基，他写过一本《唯物主义历史观》，就是说的这个问题。后来俄罗斯是怎么传承的呢？普列汉诺夫是第一个把恩格斯、考茨基的思想拿过去的。列宁在早期时——你们看《唯物主义和经验批判主义》，还是一个彻底的唯物主义者。现在我们看列宁，早期和晚期，是有着非常大的差别的，通常看《哲学笔记》，里面有几段引录似乎很辩证。但他在唯物主义问题上，却是相当"恩格斯"的，他把唯物主义推向了一个极端。后来斯大林所做的无非是概括性的工作。斯大林把哲学教条化，更重要的是把哲学政治化。他的《论辩证唯物主义和历史唯物主义》这篇文章的主题并不是哲学，而是政治。就像今天朝鲜宣传的，也叫"主体思想"，但这不过是一个政治问题，是不容讨论的，这是一个道理。应该好好读读恩格斯的那几本书，恩格斯把整个马克思主义都唯物主义化了。

二　实践辩证法的内容

马淮：实践辩证法坚持社会主体和认识主体都是人，是体现着、实现着人本质核心要素劳动的劳动者。它以劳动为根据，是从发展着的劳动实践中概括出来的方法论。实践辩证法的实质，就在于以劳动实践为根据，导引人总体并制约所有个体依循人本质发展，促进人性升华。

刘老师在《劳动主义》一书中谈到，实践辩证法是劳动主义的方法论，它批判继承了唯物主义特别是黑格尔的辩证法。黑格尔的辩证法注重理性思维中的关系和程序，突出概念运动在思维中的主导作用，它标志着人类思维方法和能力提升的新阶段，并以思辨的"绝对精神"证明了唯物主义的基本观念，论证了资本的理性。与后来的"唯物主义辩证法"相比，黑格尔的思辨辩证法在"解释"世界时更能体现人的主动性。马克思则在批判黑格尔的基础上，突破了其思辨辩证法的局限，从"改变世界"的基本点出发，以实践为基础，将辩证法界定为"革命的批判的"方法论。虽然他并未就辩证法展开论证，但在他的《资本论》和对资本主义制度的全面批判、在无产阶级革命和无产阶级专政的理论中，充分展示了对辩证法的革命和辩证法的革命精神。马克思开创了实践辩证法，以取代黑格尔的思辨辩证法。毛泽东以他领导中国革命的实践为根据，理解了马克思辩证法的真谛，他的《实践论》和《矛盾论》虽然并未对唯物主义提出歧异，但却表明他所认定的哲学、他的辩证法是以实践为根据，是在实践中的认识论和方法论。

实践辩证法与"唯物主义辩证法"的根本区别，在于它的主体是实践的人，是劳动者，这与劳动主义基本观念是统一的。也正是从这个根本区别出发，实践辩证法作为劳动主义的方法论，它的对象和内容并不只是自然物质，而是人的实践及其中的认识过程，是主体与客体的对立统一。实践及其认识过程的主要和主导方面是人，不是物。无论自然物质，还是经人改造了的物质，都是实践和人生的条件，它们是从属于人的，是人在实践中接触并认知的。因此，实践辩证法所研究的首先是实践的人和人的实践，进而才是实践和人生的物质条件。①

刘：实践辩证法的实质，就在于导引人本质的发展和人性的升华。实践辩证法并不是少数哲学家的方法，而是全体实践者的劳动者的方法。它源于广大劳动者的实践，是对实践中认识与改造自身和对象的方法的概括，从事辩证法研究的哲学家只是在初级概括基础上进一步的总体概括和思考。实践辩证法的根据在于劳动，以劳动者为主体的实践过程，既有对主体自身的认识，又有对客体对象的认识。存在与意识的关系，只有在这个意义上才能理解：存在的主体是人，不是物；意识的主体也是人，意识首要、主要的对象是人的存在；人的存在的主要内

---

① 刘永佶：《劳动主义》（下），中国经济出版社 2009 年版，第 482—483 页。

容是实践，是劳动，在实践、劳动中体现着、实现着人的本质和人性；意识是存在的要素，也是实践的必要环节，它是存在的反映和概括，也是实践的先导；存在决定意识，意识制约实践并改造存在；意识所反映、概括的首先是存在的主体和主体的存在，进而是存在的客体，即自然条件和社会条件；意识对存在主体和客体认识的综合，导引人的实践，改造人的存在及其自然条件和社会条件。实践辩证法就是对同一主体人的存在与意识关系中所体现的主体精神和方法的概括。作为有意识的主体，实践的劳动者在实现人本质的进程中，由辩证法导引，端正自身的人生目的，变革人生和变革社会，促进着人本质的发展和人性的升华。

实践辩证法的主要内容是对矛盾特别是对主要矛盾和主要矛盾方面的规定和解决，它包含三个基本点：第一，作为对象的矛盾的界定。矛盾，并非自然的现象或"客观存在的"。矛盾，是实践的集合点，是人在实践中也即在认识、改造自身和物质条件的过程中对人的存在与事物关系的规定。能够纳入对象的矛盾，是与主体相对应的矛盾。矛盾的范围，也是与主体存在统一的。第二，判断主要矛盾的标准。如果用所谓"客观"的标准来衡量，是不可能确定主要矛盾的。"客观"事物不分主要矛盾和次要矛盾，特别是自然界，它自身不需要这种划分。人们判断主要矛盾时，完全是从主体人的存在和需要来判断。不同阶级、不同阶层、不同集团以及不同个体人的立场、利益、目的都在对主要矛盾的判断中体现出来，而且不同的认识能力在判断主要矛盾时也有明显差异。第三，认识与对象的关系。强调主体性但不能将主观愿望强加于对象，而应注重对客体的实事求是。

这里要注意，原来对实践的理解往往是体现为直接的体力劳动，搞科学研究就不是实践，我们国家20世纪五六十年代就是这么认识的。这是农民意识的一种体现。按照这种观点理解的马克思主义，跟苏联都不太一样。曾经有一段时间，我们国家把马克思主义农民化，或者说把社会主义农民化，用农民的意识来理解社会主义的基本范畴。比如20世纪50年代的口号——"知识分子劳动化，劳动者知识化"。这种把知识分子完全划在劳动者之外，还有对知识分子的种种排挤和打击，都可以归到这种认识上。根据这种认识，只有农民是劳动者，工人都是第二档的。因此，对实践的外延和实践内涵都需要做一个准确界定。

马淮：那么应该怎么去界定实践呢？

刘：传统的关于劳动的概念规定中，往往将劳动与产品统一，认为只有针对物质对象生产产品的劳动才是劳动，提供服务的劳动不属于劳动的范畴，起码不属于生产劳动的范畴，也不包括在劳动概念的定义之中。这种观点由唯物主义哲学家洛克等提出，经斯密等经济学家发挥，黑格尔从理性上加以论证，得以形成定论。马克思基本上是继承和扩展了这种观点，并做了系统的论证。从《1844年经济学——哲学手稿》到《资本论》，他对劳动的规定总体上是限定在生产产品的劳动上，虽然他也曾注意到例如教师的劳动是否生产劳动的问题，但并未就此展开。在马克思那里，异化劳动和生产剩余价值的劳动都是针对产品的，而《资本论》的论证是"从商品开始"的，这也就将所研究的劳动局限于生产商品的劳动上。

玉玲：所以马克思规定流通领域的工人不创造价值。

刘：对。把那些不以物质为对象，而是以人为对象，直接或间接为人提供服务的劳动排除于"劳动"之外。在马克思那个时代，这种偏颇似乎还不太明显，但随着劳动者素质技能的提高，产业发展，行业扩充，依然沿用马克思的定义来规定劳动，其局限日益突出。众所周知，现代世界上已通行"三个产业"的提法，服务业作为"第三产业"，在现代经济、社会中的地位和作用越来越重要，其从业的劳动者数量也占相当高的比例。再有，进入工业文明以来，科学研究和教育日益发展，其从业者已成为相当大的人群。在这种情况下，依旧只以生产物质产品的劳动来规定一般劳动，将服务业和科研教育事业的劳动者排除于劳动者之外，不仅在经济学、统计学上是说不通的，对于社会主义理论和运动也是不利的。

必须从哲学的意义上承认服务劳动和科研教育劳动的地位和作用，为此就要对劳动进行分类。根据劳动对象的差别，即按以物质资料和以人为对象，我将劳动分为三大部类，即生产物质产品的劳动、为人提供服务的劳动和科学知识研究传授劳动。第一类包括农业和工业，第二类为服务业，第三类为科学研究和教育事业。

关于生产物质产品的劳动，马克思的定义和论证已经相当清楚，需要补充的，只是一百余年来在工业化的进程中，已经用电力扩展了动力系统，并将计算机等电子工具运用于生产中，使劳动过程更为复杂，分工也更细致，劳动者技能更高，劳动生产率大为提升。即便如此，其对象依然是物质资料，其生产流程不论多么长远，其工具多么繁杂精巧，都是针对自然的或加工过的物质资料，都要生产产品，并通过产品的效用而满足人的需要。

为人提供服务的劳动，与生产产品的劳动的共同点在于：它也是人的脑力和体力的支出，也要使用工具，有相应的生产资料和设施，直接和间接地作用于被服务者。与制造产品劳动的区别在于：它并不体现于物的产品上，不必改造物的形态以提供效用，而是以劳动直接提供效用。服务劳动早在人类原始社会就出现了，它的历史随交换的演进而延续着，但真正成为社会的一大产业，并与生产产品的产业并列，成为社会经济的重要领域，还是 20 世纪以后的事。服务作为一种产业，是在工业高度发达的基础上形成的。

云喜：刘老师，我打断您一下，这里我一直有一个疑问，就是政府公务人员的活动属于服务劳动吗？

刘：政府机构中公务人员的职业行为，也应属于服务劳动，但又有一些特别之处，要进行分析。迄今为止，政府机构的活动，依然是行使国家这个阶级统治工具的职能，而且也不具有与其他行业劳动相交换的功能。人们可以将政府或立法、执法、司法、军队等的活动看成服务，事实上也确有服务的性质，如保护居民安全、救灾等，但这些服务是非交换性的，而且有相当一部分活动是服从统治的需要，是对公众的压制，显然很难归入"服务劳动"。如果这类政治性服务也进入交换，那么，它肯定处于绝对优势，并因其政治上的垄断而收取无限的费用。只有消灭了阶级统治，取消了国家机器镇压民众的职能，建立新的为公众服务的公共机构，其纳入服务业也就顺理成章了。

云喜：也就是说在现有的国家性质下，还不能把国家公务人员的职业行为归入服务性劳动。

刘：一定意义上可以这样说。但要进行分析，现在的国家公务人员的职业活动有二重性，既有服务性，又有非服务的阶级统治的功能。前者无疑是服务劳动，后者就不是。但要从统计学上将二者区分开，又很难。因此要具体对待。

云喜：我明白了。

刘：我接着说。服务劳动的产业化，是工业生产方式发展的要求和表现。工业生产方式既是劳动分工的结果，又加速和扩展了劳动分工，工业技术不仅应用于工业，也应用于农业、畜牧业，同时还向传统的服务业扩展。更为重要的，是家务劳动的社会化，妇女走出家门，参加社会劳动，这样，也势必要求社会为家庭、为个人生活提供劳动服务。这就使面对个人生活的服务性劳动，越来越集中于社会，并形成较大规模的行业乃至产业。与之相应，面对工业、农业生产的服务劳动，也以更快的速度发展，这里最突出的，就是信息行业，包括文字媒体和电子计算机网络、通信、广播、电视等。当然，信息行业并不都是针对生产的，也要为生活服务。但它的起始，还是从军事到生产，再到生活。20 世纪末，美国在克林顿政府的干预下，信息行业迅速发展，其技术和资本优势使其电子计算机、网络、通信等行业，不仅成为其国内经济发展的龙头，而且在向全世界扩张的时候赚取了巨量的超额利润。信息行业作为服务业的一部分，其对生产和生活的作用，是必须承认的，但这里有一个度。不能因为它在某一国起步时短期内的高速发展，就推论说将来，甚至现在全世界经济已经进入"信息经济"时代。

信息行业从其产生到发展，都是从属于、服务于工业的，而且信息设备，也是工业生产的。信息业对生活起服务作用，但从人的生理、心理和社会交往而论，信息的传播不可能成为人的生活主体，而是生活的重要方面。可是，无论怎样重要，人也不能把传递信息作为生活的主要内容，人毕竟不能只靠传递信息来生活。

科学知识研究传授的劳动，也是人类有史以来就存在并作为劳动生产和社会延续发展的重要内容。科学研究和传授知识的劳动主要是脑力劳动，往往是由国家或社会机构出资的非交换、非营利性的，但也有私人资本企业所设的研究机构或私立学校。对此，在经济学上规定价值时要加以区分，但在哲学上规定劳动的分类却可以略去不计。在美国等西方国家，在统计上将这类劳动都归入"第三产业"，这是不严谨的，无论从劳动对象还是劳动目的及其实现的手段，这类劳动都与服务劳动有明显差别。随着劳动和社会的发展，这类劳动的重要性将更为突出。

石越：如果把研究也归为劳动，那黑格尔的思考也属于实践呀。

刘：科学知识是人以理性对所感觉到的人生、社会关系及自然物质的认知，它是人类世代积累的结果，而且每个时代都在前人已达到的知识水平上有所探讨和发展。现代文明的基本内容，就来源于科学研究。科学研究除一部分技术研究要进入交换，因而会体现为价值外，大部分研究成果都是无偿提供给社会的，其经费也是来自国家和社会机构，但其劳动的性质却是明确的。

传授科学知识的教育和普及同样是专业性劳动。教育事业在今天已成为第一事业，除资本主义国家的一部分以营利为目的的"私立"学校外，大部分学校，特别是初中级教育，都是由国家出资兴办的，是国家对下一代国民的"义务"。这些学校是不营利的，其从业者的劳动也不进入交换，因而不表现为价值，但不能因此就否认其劳动。

石越：这我明白了。刘老师，我想问一下，咱们提实践辩证法主要就是批判唯物辩证法是吗？那辩证法到底是什么？

刘：辩证法就是思维的方法呀。你觉得是什么？

石越：我不知道。我觉得唯物辩证法就是唯物主义嘛，跟辩证法扯不上关系吧？

马淮：唯物主义和唯物辩证法一个是哲学基本观念，一个是方法。

刘：它们就是基本观念，和基本观念的展开——方法。

思远：毛主席《实践论》里提三大实践，生产实践、阶级斗争和科学实验。

云喜：这里的实践与我们说的劳动是什么关系呢？

刘：劳动就是实践的主要内容。

马淮：实践是劳动的社会存在形式吧？

思远：劳动是所有实践的一个原型，所有实践都是根据劳动发展起来的。

马淮：劳动可以体现出个体性来，但是社会实践体现的是总体性，是一个社会改造过程。

云喜：就是说，劳动之所以是实践的核心内容，是因为实践的基础和根据在于劳动。

刘：实践，就是劳动者的有目的活动。

江荣：我原来看到一位学者，在"实践"的基础上提出一个"行动"的范畴。但是看了半天没搞懂他要谈什么。

刘：这里我们要注意，就像金融里有好多衍生品一样，做学问的衍生品也太多。但我们就坚持金本位，这是一个基本原则。搞衍生品特别容易，但它没有生命力。就跟森林里的树一样，你看那落叶松，一开始它都能长，但等树高了，所有那些侧着的旁枝就脱落了。咱们看书、看文章，也有很多衍生品，这些衍生品，也许传到第二代还有，但再往后它就没了。

三　实践辩证法具体化为内省外化的系统抽象法

马淮：认识、处理矛盾是实践辩证法的主要内容，对于存在和实践主体的人来说，明确存在和实践中的矛盾，选择主要矛盾和主要矛盾方面，进而形成对矛盾的系统规定，探寻解决矛盾的方法，关键在于理性思维。内省外化的系统抽象法是实践辩证法在理性思维中的具体化，也是实践辩证法的功用之所在。内省，是存在和实践的矛盾在主体意识中的概括，是在总结实践经验过程中对思维能力的提升。外化则是以内省为根据的对矛盾的抽象思维。内省与外化是统一的，内省要体现于外化，外化以内省为根据，二者在人的思维进程中互相制约，共同促进。内省在外化中得到验证和提升，外化由内省而演变。内省外化的统一构成系统抽象，它形成对矛盾的系统规定，并选择主要矛盾和主要矛盾方面，探讨处理矛盾的方法。内省与外化是统一的，当我们考察思想家的方法时，所能认识的，主要是外化，内省并不直接表现出来，这也是哲学家忽略内省的缘由之一，但通过对其外化方法的考察，就能发现其内省。为了认知和规定内省，考察哲学史上思想家的方法是必要的，但更可靠也必需的，就是对自己思维方法的反思，这既是内省的必要环节，又是规定内省这个方法论环节的内在依据。

刘：这个"内省"在政治经济学上怎么体现？

马淮："内省"是对自身主体性的规定。基于对自身利益的"内省"，才能形成对于经济矛盾的"外化"的认识。

刘：实际上我们说的主义，就是通过内省形成的。

马淮：那这不是对主体利益进行概括形成的吗？

刘：是呀。

马淮：哦，我明白了。内省实际就是要明确主体、形成主义。那么外化，就是基于内省对主题的探讨。

刘：这里主要谈的是系统抽象法在实践辩证法中的地位。马克思的整个实践，就是在政治经济学中应用和发展系统。毛主席在辩证法上的贡献是相当重要的，他的《实践论》《矛盾论》抓住了辩证法的实质，并为辩证法在实践中的应用打开了通道。但关于系统抽象法，他这两篇文章只谈了原则，比如关于主要矛盾和主要矛盾方面，谈了"抓"的重要性，但是怎么抓，就没有论及。这是我多年困惑和思考的问题。初步的总结，得出关于系统抽象法八个步骤的认识：

第一，主体利益和意识的概括。经济矛盾体现人的生存需要与劳动的关系。因为生存需要，才促使人动用其体力和脑力来改造自然物，以满足人生存的需要。由劳动与需求之间的矛盾，又产生了人与人之间的交往和意识。劳动、需要、交往和意识作为人类生存的四要素，它们集中体现于人类的经济矛盾之中。概括起来说，由人本质四要素构成的经济矛盾，基本内容或者说基本的经济矛盾就是劳动者素质技能与社会地位的矛盾。在基本经济矛盾中，就体现着利益的对立。概括阶级、阶层、集团等群体的利益，就是不同主体的政治经济学研究者的首要任务。

第二，价值观思考和确立。价值观是针对全部人生的，它不仅是内在的、个人的要求，而且是个人要求与经济矛盾的统一。在经济层面的动机，是价值观的基本内容。动机，是人的生理和心理需要的集中体现，动机既受内在需要的驱使，又受社会环境的制约，包括道德的制约。而动机作为主动的意识，又会促使人不断尝试突破既有限制，以满足人的需要。任何人都会也都要对自己的动机、财富、价值、利益、权利形成相应的意识，并集中体现在价值观、思想和道德上，形成人的素质中的重要环节，制约人的经济生活。研究者在进行政治经济学研究过程中，需要从主体性出发思考和确立价值观，明确研究目的，指导研究过程。

第三，主义之概括。主义是阶级利益和意识的集中概括，是根本利益一致的主体为实现共同的阶级目的而形成的理论体系。阶级是人类发展中特定时期社会关系的总体形式，是人的素质技能及其表现的生产力与人的生产关系间矛盾的集中体现。当人类的生产力有所提高，但所生产的物质资料还不足以满足按需分配时，社会的分工就会演化出对生活资料和生产资料的私有制，社会成员在对生产资料和生活资料的所有和占有、使用、收益等权利上，出现差异和分化，从而造成社会经济、政治结构的层次性。具体说，就是关于人的社会地位及生产资料的所有权、占有权、使用权、收益权这些权利分化及其结构的总体表现。政治经济学的阶级性不是研究者制造出来的，而是由其主体存在及研究对象中经济矛盾的阶级性质决定的，是研究者受经济矛盾的阶级性制约，并由对立的阶级及其斗争所促成的。承认政治经济学的阶级性，进而明确研究者的阶级归属，是政治经济学研究者起码的知识，也是研究的基本点。

第四，充分占有材料。系统抽象法是解释本质、说明现象的方法，它必须从实际出发，并将详细占有现象材料作为研究的基础环节和步骤。现象材料是实际经济矛盾直接的、最初的反映，也是全部理性思维得以进行的基本素材。不仅在理性思维之前要有相应的对现象材料的收集和占有，而且在研究的全过程都要不断地收集和占有材料。

第五，实证与抽象的统一。实证与抽象，或者说现象材料的收集和占有与抽象思维，是相互制约、有机统一的。实证作为系统抽象的重要组成部分，主要作用于对现象材料的加工以及从本质规定说明现象的环节上。抽象思维的全过程，不论是界定抽象思维的对象、范围，还是论证思维过程、说明经济问题、检验思维成果，都要贯穿实证的原则；同时，实证与抽象又不是对立、相互排斥的。系统抽象法进行实证，并不是只为寻找现象间的表面联系，而是有更深远的目的，即揭示本质的内在联系。因此，必须在实证基础上进行抽象，从具体到抽象，形成分析矛盾的概念运动，才能真正达到揭示本质、说明现象的目的。

第六，以概念运动为核心和主干。系统抽象法是由一系列思维活动构成的，这些思维活动都是有内容的，是对经济矛盾现象的概括。在思维的进程中，又有层次、步骤和程度，思维活动因此而表现为不同的形式，如概念、判断、推理、比较、分类、论证等等。各思维形式不是平列的，概念是各思维形式的核心和主干，全部的思维活动，即各思维形式的统一，都要凝结于概念的辩证运动中。

第七，概念体系对矛盾系统的规定。由于政治经济学所反映的经济矛盾系统是由多层次构成的，政治经济学概念也应有多层次，从总体上看，可以把这各种层次的概念分为抽象和具体两大类，它们的相互制约和转化，是作为系统抽象法主干的概念运动的基本形式。经济矛盾的各层次及其具体内容，都可以用抽象和具体的关系加以表示，也就是说，抽象概念和具体概念是相对而言的，其根据就是经济矛盾的一般性和特殊性的内在统一。其他思维形式都是针对经济矛盾的一般性和特殊性的，所得到的认识结果也都要归结和凝聚于抽象和具体概念中去。

第八，在概念运动和体系中探究主要矛盾和主要矛盾方面，形成解决矛盾的方法。政治经济学研究中概念运动的必然结果，就是建立反映经济矛盾系统的论述体系。一个成功的系统研究的论述体系，是由一个概念为其核心，围绕这个核心，有一系列主干概念。如何处理核心概念和主干概念的关系，是建立论述体系的首要问题。一般来说，系统理论研究的论述体系，是按照从抽象到具体的概念转化建立的，在这个体系中，核心概念也就是抽象概念，它是对本系统研究范围的经济矛盾本质的规定。在抽象的核心概念之前，往往要有一些前导性概念，它们是比核心概念更为抽象的，但在本体系中只是从抽象到具体概念运动的前导。除前导性概念、抽象的核心概念和具体的主干概念这三个层次外，在具体概念中又可以分为若干层次，其中有相当一部分是辅助概念。这样，才能与所论述的经济矛盾系统相适应，达到从理论上再现经济矛盾系统的目的。

思远：这里很重要的一点，就是从哲学思维方法到政治经济学方法的具体化，这个过程中遇到的主要问题是什么。马克思有一句话："经济学所研究的材料的特殊性，把人们心中最激烈、最卑鄙、最恶劣的感情，把代表私人利益的复仇女神召唤到战场上来反对自由的科学研究。"① 因为利益的支配，对实践辩证法的运用具有差异性。人们所思所想，和我们对这个问题的看法，马克思讲，既不能用显微镜也不能用化学试剂，只能用抽象力。这是非常重要的。我现在觉得，这个系统抽象法是不是整个社会科学都可以用？比如法学是不是也一样？

刘：假如咱们是搞法学的，会了解到法学的方法有它自身的特点，当然如果对辩证法有比较深的了解，会看到它们的基本原则都差不多，实际上它们都是辩证法在不同层面的应用。这个应用的差异不在于研究者主体的差异，而是由对象的特殊矛盾导致的。法学的研究对象和经济学的研究对象具有差异，由于这种差异，就导致法学的方法和政治经济学的方法有所区别。如果谈共性，那肯定有共性，完全可以说把系统抽象法用到法学上去，在方法的规则、基本原则上，它们差不多。但是法学本身有它的特殊性，比如说，法的主体是什么？法的形成是什么？法学研究主要内容是什么？政治经济学和法学都应该有所特殊，关键在于能不能掌握好一般。一般掌握不好，就像现在法学的办法，包括历史学——头几年还讲历史学的数学化，自身的合理方法就不能形成。一门学科只要有自身的特点，就会有自身的方法。你看经济学中的数理经济学，很典型，它把什么都数学化，别的它不会，就跟四川人做川菜一样，到东北炖肉他也放辣椒，这是他的特点。一个学科的特点肯定会影响到它的方法。

① 马克思、恩格斯：《马克思恩格斯全集》（第二十三卷），人民出版社 1975 年版，第 12 页。

　　而且，我们虽然讲实践辩证法在政治经济学研究中的具体化，但并不是先有了抽象的实践辩证法，再把它具体化到政治经济学的研究中。通常一谈具体化，就总是想象有一个抽象的东西先验地存在。实际上，在研究过程中，抽象和具体只是一个相对的概念。具体的研究恰恰是抽象的根据。这个我体会特别深。十多年前我谈辩证法，就是谈黑格尔、马克思、毛泽东。后来在研究中，才逐渐地有了自己的认识，才有了现在谈的实践辩证法。如果没有具体的研究，是不可能形成对哲学方法的抽象认识的。我恰恰在对中国经济矛盾研究的具体研究过程中，形成了抽象的认识。这种抽象认识又体现于具体，这两者是不可分的。过去从苏联到中国的一个很大的缺陷，就是哲学家们只负责把马克思、列宁、毛泽东的辩证法概括出来，然后编成教科书，交给教具体学科的那些学者去学，让他们学了之后拿去用。这种形式不能说毫无用处，但它没有创造。而没有在具体研究中的创造，方法就是一潭死水，难以合理化。马克思最典型，如果他只是运用辩证法的话，那就是照搬黑格尔的思辨辩证法。如果他单纯地对黑格尔进行批判，再形成他的辩证法，那他这一辈子估计也就这样交代了。但马克思恰是在研究社会经济矛盾和社会主义运动中形成自己的方法，在这个过程中，对黑格尔的方法有继承有批判，同时形成了自己的方法。因此，前人的东西，只是一个前提。

　　马淮：在这个点上，我还有一个问题，也是一个长期的困惑。《政治经济学方法论教程》中您将系统抽象法界定为揭示本质、说明现象的方法①，这个点落在"说明"现象上，我们是不是可以再深化一下？实践辩证法的根本点在"实践"上。马克思在《关于费尔巴哈的提纲》中提到，"哲学家们只是用不同的方式解释世界，而问题在于改变世界"。改造世界，不仅仅是说明世界。我觉得实践辩证法的生命力就在于它不仅是解释现象的一种方法，更是社会主体改造现实的方法。所以对于系统抽象法的规定，是不是应该进一步地规定为：揭示本质、说明现象、改造现实？

　　刘：如果小范围就方法论本身，那么到说明现象就可以了。

　　马淮：但改造也需要方法呀，

　　刘：就经济学研究本身，它并不涉及改造问题。

　　马淮：我们写文章时经常谈对策，这不属于改造吗？

　　刘：那也还是理论性的东西。

　　思远：这就相当于主张。

　　刘：你要揭示经济矛盾的本质，说明经济矛盾的现象，然后解决经济矛盾。

---

①　刘永佶：《政治经济学方法论教程》，中国社会科学出版社 2012 年版，第 211 页。

这是完整的。马淮提的这个问题很重要，也是《中国政治经济学——主体 主义 主题 主张》中的"主张"如何在方法论上定位的问题。"揭示本质，说明现象"是政治经济学既有的内容，也是其方法论的主要内容。我们做中国政治经济学研究，要提出解决矛盾的主张，在一定程度上，这也属于"说明现象"，但若只归入"说明"，容易忽略矛盾的解决。因此，应当把"解决矛盾"作为方法论的主要环节，不用"改造现实"的提法。可以把系统抽象法丰富到解决经济矛盾，但不能是改造现实。政治经济学方法论探讨的"解决矛盾"是对矛盾的演化趋势、解决矛盾的原则的探讨，不是政策、管理等具体层面。

四　系统抽象法的主要内容

马淮：政治经济学的研究方法，作为研究者以自己的思维揭示和论证经济矛盾的方法，必须坚持内省外化的系统抽象法。那么，系统抽象法到底包括哪些要点呢？

刘：揭示本质，说明现象，是政治经济学研究的主要内容，系统抽象法就体现于这个过程中。揭示本质，说明现象，是有明确目的性和方向性的，不应是随意的，而是遵循思维规律的系统过程。为了揭示本质，人的思维过程是什么，各思维形式又要怎样排列组合；怎样从感觉到的复杂现象概括、提炼出其本质的认识；进而又如何从本质的规定，说明、论证、解释各种复杂的经济现象，并提出解决经济矛盾的原则设想，构成系统抽象法的基干。

现实的经济活动是具体的、统一的，但人作为个体存在时，所认识到的经济现象又都是局部的、片面的，这是不同立场、角度所决定的。以局部的、片面的认识来说明总体、全面的经济过程，其错误是在所难免的。揭示经济现象的本质，就是将局部、片面的认识进一步概括汇合为总体和全面的认识。本质并不存在于现象之外，而是存在于其中，人的理性思维就要逐次从现象中进行比较、分类、归纳，先形成对局部现象内在联系的认识，进而逐步集合，形成对总体现象内在联系的认识。

本质是现象的内在联系。系统抽象法，就是有目的进行的从经济现象揭示本质，从本质规定说明经济现象的系统研究过程，是抽象力的运用。抽象力，即人的抽象思维能力，这是人类所特有的。抽象力的辩证系统使用，就是系统抽象法。在政治经济学的研究中，所面对的是各种具体存在的经济现象，这是人的感性能力所接受的实际经济活动的直接映象，它们包含着经济矛盾的本质，但它们又不直接是经济矛盾的本质，必须经过系统的抽象，才能从中概括其本质规定。

马淮：在政治经济学研究中，并非所有学者都主张揭示本质，特别是那些坚持现象描述法的学者。

刘：是的。在政治经济学的研究中，关于本质与现象的关系，有不少模糊甚至错误的认识，其中最具代表性的有两种。

其一是否认本质的存在，或否认本质的可知，以现象间的表面联系代替本质规定。这在庸俗政治经济学那里表现得最为突出。以经验主义和实证主义为哲学基础的英美主流派，历来强调对现象的描述，从配第到斯密，再到心理学派、数理学派，以致现代英美经济学的主流派，都把论证的重点放在经验的归纳，和以各种方式、文字的和数学描绘经济现象间的联系上，尤其自 20 世纪以来，受实用主义的制约，在这方面表现得更为突出。注重现象间的表面联系，这对政治经济学的研究来说，是有一定作用的，特别是从实用的角度看，对于资本主义国家制订经济政策，对于企业的经营管理，是相当必要的，而且它也确实起到了这种作用。然而，这种以现象表面联系代替本质规定的做法，毕竟与科学方法论相违背，而且在主观上也是以掩饰资本主义经济矛盾本质为目的的。因此，庸俗经济学家虽然也谈论本质和规律，但其论证不可避免地带有片面性，并且不能从根本上说明经济矛盾。庸俗经济学各派学说的短暂性也就源于此。而非主流派庸俗经济学家，诸如历史学派和制度学派，虽然与主流派有众多分歧，但也不能全面地对待现象与本质的关系，在某种程度上起到掩饰矛盾的作用。

其二是受黑格尔"本质在先"论的影响，将本质的规定看作先于对现象材料的认识，从前人的理论出发，将前人的某些预见说成是现代社会的本质规定，进而从中演绎，忽视从现象中揭示本质的思维过程和方法。这在 20 世纪二三十年代以来的社会主义政治经济学研究的教条主义方法中表现得很典型。在苏联的哲学界，历来有一种对本质和现象关系的解释，认为本质先于现象存在，本质决定现象，而且在实际矛盾还未充分发展，并未在人们的观念中形成充分现象形态的时候，就已经存在，甚至可以被全面地规定。这种观念影响到政治经济学，就是将社会主义经济的本质和规律看成是在初期就已经充分存在，而且已经被马克思、恩格斯、列宁等人全面规定了。只要理解和掌握这些规定，就可以制订相应的制度、法令、政策，从而达到"按经济规律办事"的目的。这种观点在 20 世纪五六十年代的中国颇有影响。其方法上的表现，就是忽视对现象材料的收集和占有，把论证的重点放在从有关经典著作中演绎，只是将某些现象材料作为例证，并根据演绎的需要来挑选例证。可以说，这种方法是社会主义政治经济学长期停滞不前的重要原因。破除在本质与现象关系上的这种错误观念，是社会主义政治经济学得以发展的重要条件。

江荣：是否揭示本质，是系统抽象法与现象描述法的根本区别，这样讲对吧？

刘：揭示本质和说明现象是系统抽象法的主旨和特征所在，也是与现象描述法的根本区别。现象描述法并非不想说明现象，更不是不想通过论证来解决实际经济问题。可是，这种方法是以否认本质或以现象的外在联系代替本质规定为特征的，其思维形式的组合，与系统抽象法有着重大差别。对于使用现象描述法的人来说，他们最注重的，是如何将收集到的现象材料，以形式逻辑的、数学的或其他方式组合起来，从某种角度加以描述，以求达到对表面联系的说明。应当承认，这种方法对现象的描述和说明是有一定作用的，并有局部或阶段性的实用价值。但是，它并不能从根本上说明经济现象，更不能从根本上解决经济矛盾。当一种社会经济制度确立以后，总有相当长的一段平稳发展或者说量变的过程。在这个过程中，代表统治阶级利益的政治经济学家往往采用现象描述法。对于他们来说，重要的不在于揭示经济矛盾的本质，而在于帮助统治阶级解决目前的实际经济问题，或者对批判现制度者进行反驳，为现制度进行辩护。而对于批判者来说，他们则更注重本质性规定，以求从中找到改变社会经济制度的根据。这种情况也就从一定意义上说明，为什么批判封建和专制制度的古典政治经济学，与批判资本主义制度的马克思政治经济学，是以系统抽象法为主；而为资本主义制度辩护、为资产阶级及其政府出谋划策的庸俗政治经济学，是以现象描述法为主的了。

马淮：刘老师，这就是您刚才跟我们讲到的"内省外化"吧，不同的主体集合成不同的主义，决定了所使用的方法也会不同。

刘老师，您能给我们再具体讲一讲研究者应该怎样以抽象力来揭示和论证经济矛盾吗？

刘：人们对经济矛盾及其运动的认识，是从感性开始的，感知的经济矛盾是其现象形态，不断地对所感知的现象进行抽象，逐步形成对其本质的规定。揭示本质，不是一次性完成的，而是一个不断深入的过程。在这个过程中，需要注意以下几个方面。

第一，要注意从实际出发、详细占有材料的重要性。

从实际出发，详细占有材料，是政治经济学研究方法的原则，也是系统抽象法的首要环节。"从实际出发"，这句话几乎成了所有理论工作者的口头禅，谁都熟悉它、强调它。然而，正如黑格尔所说的，熟知并非真知。从实际出发的重要性，不仅在于这个原则本身，而且在于政治经济学的研究中存在一个严重倾向，即从已有的理论和政策出发。这是两个根本不同的方法论原则，而自从政治经济学形成一门科学，它们就并存着、对立着。

从实际出发，就是从实际存在的经济矛盾运动出发，而不回避矛盾或掩饰矛盾。凡是在历史上做出科学贡献的政治经济学家，对当时重大的经济矛盾都敢于承认，并能正视它；而那些违背历史发展的规律，没能做出科学贡献的人，其根本性的错误，也就集中在没有正视矛盾，甚至回避和掩饰矛盾。马克思就是依据这一点，来区分古典政治经济学和庸俗政治经济学的。他写道："随着政治经济学的深入发展，它不仅自己表现出矛盾和对立，而且它自身的对立面，也随着社会经济生活中的现实矛盾的发展而出现在它的面前。与这种情况相适应，庸俗政治经济学也就有意识地越来越成为辩护论的经济学，并且千方百计力图通过空谈来摆脱反映矛盾的思想。"①

正是掩饰实际矛盾的需要，才出现了从理论和政策出发的倾向。例如 20 世纪 50 年代苏联教科书的编写者把"经典作家"的有关论断、观点、概念直接规定为"经济规律"，遇到实际问题时，就到经典作家那里去"寻找答案"，然后进行形式逻辑的演绎。近 30 年又有把美国的某种学说看成出发点和根据，企图从美国搬来中国现代化"模式"的做法已在实践中造成极坏的影响。在从理论出发的同时，更有一种从既定政策出发，为政策做注释，宣传政策的正确，"献计献策"。这种做法长期占据中国经济学界的主流地位。

从实际出发，必须坚持科学的批判态度。批判，是方法论的重要内容，它包括两层含义：一是对实际运动的批判分析，发现其中的矛盾和问题，揭示其内在联系和发展趋势；二是对不同观点的反驳和批评，同时阐述自己的观点。第一种含义的批判是政治经济学研究保持其科学性的基本条件，第二种含义的批判又是政治经济学发展的必要手段。

从实际出发，到对系统的、专题的学说、观点的论证，中间有一系列环节，其中第一个具体的环节或步骤，就是详细占有现象材料。现象材料是实际经济矛盾直接的、最初的反映，也是全部理性思维得以进行的基本素材。不仅在理性思维之前要有相应的对现象材料的收集和占有，而且在研究的全过程，都要不断地收集和占有材料。这些材料包括：现实经济生活中的实际资料；历史上的经济发展资料；现实和历史上有关的经济学研究成果和文献。

第二，实证与抽象的辩证统一。

在系统抽象法中，实证不仅是抽象的基础，更是一个内在要素和重要组成部分，它与抽象并不是对立、相互排斥的。只有在实证基础上的抽象，才能真正达

---

① 马克思：《剩余价值理论》，《马克思恩格斯全集》（第二十六卷·Ⅲ），人民出版社 1974 年版，第 557 页。

到揭示本质、说明现象的目的。作为系统抽象法的内在要素，实证贯穿于政治经济学研究的全过程，体现于它的各个环节和方面。也正是在这种意义上，能够进一步分析、批判和吸收由哲学实证主义所衍生出来的政治经济学实证方法的某些合理成分。

抽象，必须以实证为基础。经济矛盾是既定的，不由人的思维而改变的，但人思维的各种形式的组合，它的进程和环节、步骤，是可以改变的，实际上每个人的思维活动都有自己的特点。抽象思维的组合及其层次、程度，不仅影响着对现象材料的概括和加工，制约着对本质的认识程度，也会反过来影响对现象材料的收集和占有。材料的收集和占有，是不可能脱离研究的目的和思维进程的，也就是说，它并非随意的，而是有选择的。抽象思维与现象材料的收集和占有是互相制约的。实证作为系统抽象法的重要组成部分，主要作用于对现象材料的加工以及从本质规定说明现象的环节上。整体抽象思维的全过程都贯穿着实证的原则。首先，抽象思维的对象、范围要以现实存在并可以经验的经济矛盾来界定；其次，抽象思维必须以掌握的现象材料为依据；再次，抽象思维成果的论证，以能否说明具体经济现象为标准；最后，要以典型的现象材料来证明抽象思维的结果。正是抽象思维的运动，使被实证主义者所片面理解的"证实原则"，从局限于描述现象间的表面联系，扩展为揭示本质、说明现象的重要条件和要求。

第三，政治经济学中系统研究和专题研究的统一。

以探讨经济矛盾过程及其若干层次的系统的政治经济学研究，属于系统研究；而以某一层次中的个别问题为研究范围的，则属于专题研究，从成果的发表形式看，系统研究往往以专著或教科书的形式出现，而专题研究往往以论文的形式出现。但这一点并非绝对的，有的论文虽然文字量不大，但所论内容属系统研究范围，有的专题研究也会以专著的形式出现。系统研究的特点，在于它注重经济系统的总体关系，如果把经济系统比作一张网的话，那么系统研究就是对这张网的总体构造的认识；而专题研究则注重网上的各个纽结，乃至每条线的构造的细节。无论从时间还是空间看，系统研究所涉及的面都是比较广的。

政治经济学从总体上看，是以其系统性为基本点的，这不仅从它所研究对象自身的系统性来说是如此，而且从它自身的学科体系看也是如此。但是，系统研究是不可能孤立存在的，系统之所以为系统，就在于它相对于作为这个系统的各个方面或要点而言。系统性的研究，又要以各个研究者分别从自己具体的条件，针对具体的问题所从事的专题性研究为基础；每个研究者的研究过程，从其自己的实际进展和方法的角度说，也有其系统性；即便是专门以概括政治经济学系统性为目的的研究者，他的研究同样也应以别的研究者的专题性研究为条件，他的系统研究过程也会分成若干有机统一的专题。

政治经济学系统研究和专题研究的统一，既是由这门科学对象的统一性所决定的，也是由人类思维规律所制约的。经济过程是由无数个别的、具体的经济实体构成的，无论哪个经济实体以及它们之间的关系都存在矛盾，都是政治经济学的研究需要进行探讨的。不认识这些具体矛盾，是不能揭示经济过程系统性的，但对各具体矛盾的研究，如果只局限于分别而独立的状态，就不能作为系统研究的基础，而且这样的专题研究也是不可能深化的。统一中的个别，个别间的统一，这是政治经济学分为系统研究和专题研究的依据。

第四，要充分吸收现代系统论方法，充实系统抽象法。

20 世纪 20 年代，奥地利生物学家贝塔朗菲首次提出系统论，他是在研究理论生物学的过程中形成有关系统论基本思想的，他用机体论生物学批判并取代了机械论和活力论生物学，形成了生物界有机系统的观念。从 30 年代起，他进一步加以拓展，提出了"一般系统论"，1945 年他的《关于一般系统论》问世，标志着现代系统论的形成。

现代系统论是一种新的思维方法，半个多世纪以来，它不断充实和丰富，对自然科学的发展起到了巨大促进作用。之所以如此，其中一个重要原因，就是它突破了传统机械论的思维方法。贝塔朗菲曾指出，系统论是以各种形式的系统间各要素的关系为对象的，它所探讨的是系统整体性形成的机理和规律。通过这种研究，为人们提供认识现实世界中各类系统的性质和特点的依据，以便按照人的需要和目的，在改造、创建各种系统中进行科学的设计、管理、预测和决策。

现代系统论的基本范畴，就是关于结构与功能相互关系的论证，这对于政治经济学的研究是非常必要的。结构与功能关系的探讨，是现代系统论的基石和出发点，这种关系是从物理的到生物的再到社会生活所共有的。从结构与功能的关系来研究经济运动的规律，是政治经济学的重要内容。也正是受此启发，我将经济结构作为经济矛盾系统的第六层次，是经济体制和制度的展开。经济结构与运行机制的关系，在一定意义上是结构与功能关系，现代系统论的有关方法可以被改造吸收用于对这一层次的研究。现代系统论的系统分析的方法，是一个过程，是对系统的目的、功能、环境、费用、效益等进行充分调查研究，在收集、分析、处理所获得的信息资料的基础上，确定系统目标，制订出为达此目标而需要的各种方案，通过模型进行仿真实验和优化分析，进而对各种方案进行综合评价，为系统设计、决策、实施提供依据。系统分析包括系统的环境分析、目标分析和结构分析三个方面的内容，这对于政治经济学的研究都是必要的参照。

第五，以概念运动为核心和主干的抽象思维形式的统一。

系统抽象法是由一系列思维活动构成的，这些思维活动都是有内容的，即对经济矛盾现象的概括。在思维的进程中，又有层次、步骤和程度，思维活动因此而表现为不同的形式，如比较、分类、归纳、分析、综合、论证、概念、判断、推理等等。各思维形式并不是孤立和外在的，它们只有在统一的思维进程中才能存在。形式逻辑的片面性就在于将各思维形式外在化并割裂。实践辩证法则要将其统一起来，并有机地作用于对实际矛盾的研究中。由实践辩证法规定的各思维形式并不是平列的，概念是各思维形式的核心和主干，全部的思维活动，即各思维形式的统一运用，都要凝结于概念的辩证运动中。

概念之所以能成为系统抽象法的核心和主干，就在于它自身的特点和属性。政治经济学的概念是反映经济矛盾本质属性的思维形式，它体现着经济过程各种规定性的统一。概念具有内涵和外延两种属性。内涵是指对特定范围的经济矛盾本质属性的规定，外延则是对概念所反映的对象范围及其数量关系等的规定。这两种属性是概念特点的展开，也是它凝结全部系统抽象思维成果的两个方面。如果把统一的政治经济学研究过程看成反映经济矛盾系统的一张纵横交织的"网"的话，那么，它的各个概念就是这张"网"上的纽结，而它之所以能把思维的"线"（判断和推理等）"结"成一个"纽"，就在于其内涵与外延的统一。

概念还有一个重要的特征，就是它的积累性。在所有的思维形式中，只有概念具有这种属性。不论是比较和推理，还是判断和分类、论证，都只是存在于研究者当时的思维活动和论述中，也只有当这些思维形式归结和聚合于概念之中，才能为后人所理解和掌握。在整个抽象思维过程中，概念及其体系表现为各思维形式统一运用的结果。政治经济学的概念既凝结了研究者本人的全部研究成果，又是后人承继这一成果、在批判中进一步发展它、充实它的前提。只有在继承、批判前人概念的时候，后人才可能进一步发展前人的其他思维形式。

第六，突出概念运动在系统抽象法中的主导作用。

突出概念运动的主导作用，是把握系统抽象法的核心和主干，合理地进行思维，从而更为自觉地、有效地达到研究的目的的关键。

概念运动的主导作用，是与经济矛盾系统以及人的思维规律相适应的。政治经济学的概念既是经济矛盾的集中反映，又是各思维形式统一作用的凝结。明确概念运动在整个研究过程的核心和主干地位，不仅可以合理地使用自己的思维能力，把研究的每一个阶段和环节得到的成果都聚合于相应的概念规定，并在展开中检验它，进一步通过改造和完善使之不断充实和积累。另外，抓住概念运动这个核心和主干，又能比较准确地批判和继承前人及同时代别的研究者的成果，从其概念体系中，发现他人对经济矛盾的认识，同时借鉴其研究方法。突出概念运动的主导作用，使研究者的思维过程有一个明确的主线，可以有效地使用自己的思维形式，避免那些思维上的"浪费"，而且能够对自己所取得的成果进行检验，发现其中的缺陷，确定继续研究的方向和努力的重点。

任何政治经济学的观点和学说，都要通过论述体系才能成立，才能被人所理解。不论是专题研究还是系统研究，论述的体系都是至关重要的。一般说来，系统理论研究的论述体系，是按照从抽象到具体的概念转化建立的，在这个体系中，核心概念也就是抽象概念，它是对本系统研究范围的经济矛盾本质的规定。在抽象的核心概念之前，往往要有一些前导性概念，他们是比核心概念更为抽象的，但在本体系中只是从抽象到具体概念运动的前导。除前导性概念、抽象的核心概念和具体的主干概念这三个层次外，在具体概念中又可以分为若干层次，其中有相当一部分是辅助概念。这样，才能与所论述的经济矛盾系统相适应，达到从理论上再现经济矛盾系统的目的。专题性研究的论述体系，比系统研究灵活得多，由于其范围小，研究者可以比较自由地发挥和创造。但不论怎样创造，专题性论述体系的核心和主干依然是概念，通常是由一个概念来规定本专题研究范围经济矛盾的本质，然后结合若干概念来论证这个经济矛盾的内在联系。

（马淮）

| 概念运动的环节

中国政治经济学的研究集合于概念运动，概念运动是系统抽象法的核心和主干，是由一系列环节构成的，包括概念的规定、展开、改造、完善、转化等。研究这些环节及其相互关系，是理解政治经济学方法、发展政治经济学理论的关键。

一　概念的内涵和外延

任真：政治经济学的概念，是由内涵和外延两个方面构成的，探讨全部概念运动以及规定概念的首要环节，就是要明确概念的内涵和外延。

春敏：政治经济学概念的内涵，是对其所概括的经济矛盾本质属性的规定，外延则是对本概念概括的经济矛盾范围的规定。在政治经济学研究中，概念的内涵和外延是对立统一的，不对各经济矛盾的存在范围做出划分，不可能形成对其本质属性的认识；但若没有对其本质属性的认识，也不可能明确分化其存在的范围。传统的形式逻辑习惯于争论内涵和外延孰先孰后的问题，这一点对于形成中的概念来说，是没有意义的。我们没有必要从先与后的时间顺序来探讨内涵与外延的关系。从政治经济学研究的历史及现实过程看，概念的内涵与外延都是长期的抽象思维过程中逐步明确的，而且是相互制约着的。内涵的规定进展一步，对外延的划分也就明确一步；同理，对外延的明确，也会促进内涵的规定。除在本概念内的制约外，各概念的内涵和外延也相互影响。

任真：对政治经济学概念的内涵和外延的探讨，形式逻辑与辩证逻辑有什么不同？

刘：将概念分为内涵和外延两个方面，是形式逻辑长期研究的结果，在形式逻辑史的各个阶段，都有对概念内涵和外延的探讨和规定。但总的来说，由于把概念看成既定的，形式逻辑并不探讨内涵和外延是如何规定的，而是从已经规定了的概念谈其内涵和外延的关系，因而对于我们探讨政治经济学概念规定中的内涵和外延，意义并不大，而且还要对其做必要的澄清和纠正。从培根、笛卡尔、莱布尼茨到康德、黑格尔，开始了对传统形式逻辑这种概念观的批判和突破。这里最值得注意的是黑格尔的辩证逻辑，他从概念运动的角度，探讨概念的内涵和外延及其相互关系。他对概念内涵和外延辩证关系的精辟见解经过马克思批判改造，不仅成功地体现于《资本论》的概念运动之中，而且对逻辑学冲破形式逻辑的传统，起到了关键作用。

政治经济学概念内涵和外延规定的进展，是与实践及经济矛盾的发展密切相关的。以利润概念为例，重商主义的利润概念，其外延主要针对商业资本利润，而从内涵上也是把利润规定为"贱买贵卖"或价值"让渡"。之所以这样，与当时的商业资本占统治地位，重商主义者又主要反映商业资本家的利益，他们的学说是商业资本家实践经验的总结有直接的关系。而重农学派之所以忽视利润概念，与他们的研究重视农业有关。斯密能够从生产规定利润概念，并把其外延扩展为全部产业，把其内涵规定为工人劳动的"无偿扣除"，根本原因还在于产业资本已取代了商业资本的统治，产业资本家的实践已充分暴露了体现在利润中的矛盾。马克思之所以能在前人的利润概念基础上规定剩余价值概念，并对利润概念的内涵外延做出改造和完善，其原因不仅在于实践的发展，也在于他从无产阶级的立场和角度进行研究。尔后庸俗政治经济学把利润概念在外延上与资本家的"工资"（管理的报酬）相区别，并把内涵说成资本自身的产物，也与他们的时代和阶级立场密切相关，反映了资本家（股东）脱离企业管理的特点。这种情况在其他政治经济学的概念历史演变中都表现得非常突出，如价值、货币、资本、工资、利息、地租等等。

一个政治经济学家对概念内涵和外延的规定，有一个逐步发展的过程。最初，马克思用异化劳动概念来规定资本主义经济的本质，并作为整个体系的核心，其内涵主要包括劳动者、资本、劳动过程和劳动产品的关系，而在外延上并没有很明确地把资本主义与其他私有制相区分，因而异化劳动概念是不完善的。1857 年至 1858 年，他本人已经意识到用异化劳动概念的缺陷，于是提出剩余价值概念，对它的最初规定是："资本在生产过程结束时具有的剩余价值，——这种剩余价值作为产品的更高的价格，只有在流通中才得到实现，但是，它同一切价格一样，这些价格在流通中得到实现，是由于它们在流进流通以前，已经在观念上先于流通而存在了，已经决定了，——按照交换价值的一般概念来说，表示物化在产品中的劳动时间即劳动（就静止状态来说，劳动量的大小表现为空间的量，就运动状态来说，劳动量的大小只能用时间来计量），大于资本原有各组成部分所包含的劳动量。而这种情况只有当物化在劳动价格中的劳动小于用这种物化劳动所购买的活劳动时间时才是可能的。"[①] 这个规定已把内涵界定在原有资

---

① 马克思：《1857—1858 年经济学手稿》，《马克思恩格斯全集》（第四十六卷·上册），人民出版社1979 年版，第 282 页。

本价值与新创造的价值关系上，并把外延明确在资本主义生产方式上，从而使剩余价值概念成为规定资本主义经济矛盾核心概念。但是这个规定在内涵和外延上也是有缺陷的，后来在《政治经济学批判》的第二分册手稿，以及《资本论》第一卷中，马克思又作了进一步规定，使剩余价值在内涵和外延上成为一个完善的核心概念。

任真：用形式逻辑来规定政治经济学概念的内涵和外延，有什么缺陷呢？

刘：在形式逻辑中，有一种说法，认为概念的内涵和外延的关系中有一个特点，即外延大的概念其内涵也就相对地空洞和贫乏；外延小的概念，其内涵也就相对地充实和丰富。这种观点是形式逻辑从概念既定这个前提出发，把概念看成静止的，并作了绝对分类的表现，没有从概念运动中、从各概念的内在统一和相互转化中来探讨内涵和外延的关系。而且，也没有认真区别对待完善的概念与不完善的概念。很明显，用形式逻辑的这种观点，看到政治经济学研究中抽象与具体概念在内涵和外延方面的关系，是不合适的。列宁曾指出："当思维从具体的东西上升到抽象的东西时，它不是离开——如果它是正确的（注意）（而康德和所有的哲学家都在谈论正确的思维）——真理，而且接近真理。物质的抽象，自然规律的抽象，价值的抽象及其他等等，一句话，那一切科学的（正确的、郑重的、不是荒唐的）抽象，都更深刻、更正确、更完全地反映着自然。"① 政治经济学各概念的内涵和外延，是在同一的系统抽象过程中才发生关系的。抽象概念与具体概念的关系，是相互转化、相互包含的，因而其内涵与外延并不是形式逻辑所说的那种反比关系，而是正比关系，即抽象的概念不仅外延比具体概念大，而且其内涵也更为深刻和丰富。

思远：萨伊用形式逻辑的三分法建立起来的体系，即由财富的生产、财富的分配、财富的消费平列的三部分，各有各的概念，相互间并没有内在联系和转化，因而也就不存在抽象概念对具体概念的概括和包含，这样，外延比较大的概念，如财富、价值、生产、分配、消费等，确实在内涵上是空洞的，只反映着一些肤浅的表面联系。对此，马克思曾有一段精辟的概述："肤浅的表象是：在生产中，社会成员占有（创造、改造）自然产品供人类需要；分配决定个人分取这些产品的比例；交换给个人带来他想用分配给他的一份去换取的那些特殊产品；最后，在消费中，产品变成享受的对象，个人占有的对象。生产创造出需要的产品；分配依照社会规律把它们分配；交换依照个人需要把已经分配的东西再分配；最后，在消费中，产品脱离这种社会运动，直接变成个人需要的对象和仆

---

① 列宁：《哲学笔记》，《列宁全集》（第三十八卷），人民出版社 1974 年版，第 181 页。

役，供个人享受而满足个人需要。"①

　　刘：所以，运用系统抽象法来规定政治经济学概念的内涵和外延，则必须也必然是与概念的运动及其内在联系相统一的。以《资本论》为例，其抽象核心概念是价值，它的规定并不是与利润、地租、利息等具体概念相脱节的，而是建立在这些具体概念的规定和不断改造的基础上，因而它在外延上是包括这些具体概念的，在内涵上又是对这些概念的本质的一般属性的概括。其内涵不仅不空洞、不贫乏，而且比那些具体概念更充实和丰富。也正是由于这一点，才有可能在剩余价值概念的展开过程中，将其内涵转化为各具体概念的内涵，并明确具体概念的外延，形成一系列的概念转化。

二　概念的规定

　　任真：概念规定是政治经济学概念运动的第一个环节，也是基本形式。对于政治经济学的研究来说，规定概念是从"无"到"有"的过程，抽象思维在这个环节上所要处理的，是对大量现象材料有步骤的概括，逐步从中得出本质性规定。规定概念的思维程序，是概念运动各环节的基本形式。

　　刘：政治经济学概念的规定，是对某一经济矛盾所取得的认识的集中反映，而这绝不是由某一个人单独完成的。在我们进行中国政治经济学研究，对概念规定之前，有着外国经济学家已取得的一定概念性认识，我们必须承认这个事实，对中国政治经济学概念的规定要充分考虑这些既有概念。我们探讨规定概念的程序，也要考虑这个因素，也就是说，作为概念规定的基础或思想来源，不仅有研究者本人所占有的现象材料，而且也有前人对本经济矛盾不适应，或者在内涵上不准确，词语表示上有问题，因而需要进行新的规定。所以，当我们探讨概念规定的程序时，应看到其连锁反应，也应注意对新的现象材料的收集和概括。

　　玉玲：政治经济学概念的规定，是概念运动的基本形式，是各种思维形式统一作用的体现，各思维形式的关系和作用程序，是服从于概念规定的需要。

　　江荣：刘老师，概念规定程序的基本形式是什么？

　　刘：我们在方法论上探讨概念规定时，还是要从一般意义上对概念从无到有的逻辑程序进行研究。按照系统抽象法的进程这个程序的基本形式是：比较—分类—归纳—分析—综合—定义—语词表示。比较在概念规定中是第一个环节，也是抽象思维的第一步，它所起的作用，是把某一范围经济现象与其他经济现象进

---

　　①　马克思：《1857—1858年经济学手稿》，《马克思恩格斯全集》（第四十六卷·上册），人民出版社1979年版，第26页。

行对比，从而找出其间的共同点和差别，对所要研究的矛盾做出初步的规定。

石越：刘老师您能具体说明一下吗？

刘：我们做田野调查时，比较的思维形式用得很普遍，处理的都是初级的原始材料，比如对两个农户、两个村落经济情况的比较，还有对统计资料的比较。这些看似与概念规定无关，但却是概念规定的基础性工作，人们在经济活动中，每时每刻都在进行比较，比较的结果经过众多个体人的提升，就会形成相应的经济思想，成为概念规定的来源。政治经济学研究者既要自己对现象材料进行比较，更要对他人比较的成果进行收集，再加以比较。此外，就是对已有概念的比较，如在重商主义和古典政治经济学交替时期，对产业利润的规定是一个新课题，而对商业利润已有了概念规定，这样，就可以把商业利润的概念与产业利润的现象进行比较，看到其差别。这在古典政治经济学的创始人那里都有所体现。再如劳动社会主义政治经济学研究中，为了区别两种制度经济矛盾，也可以把规定资本主义经济矛盾的各概念与社会主义经济学中相似的矛盾加以比较。具体到更为细致问题的研究，这种情况都是存在的。

再说一下分类。分类是在比较的基础上进行的，是多次比较的结果。在比较的过程中，已经对个别现象做出了区别，看到了其各自的一些特点，并认识到一些共同属性。分类则是依据已得到的共同性认识，把具有共同属性的个别现象归入"类"的认识，从而使系统抽象法又进展一步。

任真：刘老师，在经济矛盾当中是不是也有"类"的区别呢？

刘：类的区别在经济矛盾系统的层次划分上表现出来，此外各层次本身也可以再做类的区分。经济矛盾的"类"也是相对而言的，大类之中有小类，小类还可以再划分。从概念规定的角度说，凡是可以规定一个概念的经济矛盾，都具有其"类"的存在。而比较抽象的概念，在外延上又可以包含若干具体概念所反映的类。即便是最小的类，在经济运动过程中，也呈现出许多个别的现象，人们的感性只能把握这些笼统的现象，不能直接得出"类"的认识。比如，当我们通过比较看到种植粮食、蔬菜、水果及各种经济作物的共同点，就可以把它们都归入"种植业"或者"农业"这一类，而种植业和工业又有共同性，再进一步的分类就是"产业"。这种情况在对工业、农业、交通运输业、商业等所有行业的认识中都有突出的表现。我们从统计学的方法中，不仅可以看到比较的作用，而且也看到分类的作用，政治经济学的研究和统计过程是统一的。

云喜：能不能这么理解，就是说分类是对比较的一个总结，通过分类，使研究者对经济矛盾的理性认识有了进一步提高，从而为归纳创造了前提？

刘：是的。概念规定程序中的各环节都是内在联系并向前运动的。你们读黑格尔《逻辑学》，后者界定前者，包含前者。但黑格尔的思辨性太强，把概念作为运动主体，似乎概念每前进一步都是它自行运动，就显得神秘了。他并没有看到思维进展的每一步其实都是对现象材料的扩充、深化抽象，在这里实证和抽象的统一性得以表现。我们说概念规定的各环节之所以能够进展，不在于单纯的思辨，而是不断扩大并深化对现象材料的抽象。分类是对比较的总结，不是对一次比较，而是对若干次比较的总结，因此分类包含了比较。下一步归纳又是对分类的总结和包含。但又不是像物品放入仓库那样简单地堆放，而是经过思维的加工、提炼。

归纳是在比较和分类的基础上进行的，它所起的作用，就是在对各经济现象分类的基础上，将特殊现象中的共同属性集合起来，形成一般性的规定，同时还要发现典型的经济现象，为下一个抽象环节——分析准备前提。在逻辑学史和政治经济学史上，归纳都曾起过非常重要的作用。培根用他的归纳法给逻辑学带来转机，冲破了中世纪演绎法的束缚。配第则把归纳法运用于政治经济学研究，开创了古典政治经济学的先河。在以后几百年的时间内，归纳作为政治经济学研究方法的重要方面，始终起着突出的作用。

春敏：我看国内一些形式逻辑教科书和政治经济学著作中，都把归纳作为独立方法，并将比较—分类—分析和综合都作为归纳法的一部分，这是片面的。

刘：形式思维逻辑往往把某一思维形式单独作为一种方法，这是由它的原则决定的，也是它不能发展的原因。将归纳独立为一种"方法"对于正确评价和使用归纳，是不利的。作为推理这种思维形式的一个方面，归纳只是统一的抽象思维链条中的一个环节，其作用只能在统一的概念运动中才能得到发挥。如果脱离统一的思维过程，就会出现片面强调归纳的错误。恩格斯在《自然辩证法》中写道："给归纳万能论者。我们用世界上的一切归纳法都永远不能把归纳过程弄清楚。只有对这个过程的分析才能做到这一点。"[①] 归纳在政治经济学研究中是从分类到分析的中介。归纳过程是进一步扩大研究范围、加深对经济矛盾性质认识的过程，它的任务就是基本上明确所要规定概念的外延，并对其内涵的各要素有一个集合性认识。归纳的过程，不仅要针对有关的各特殊现象，而且还会涉及已有的概念性认识。正是在这种意义上，归纳从特殊之中概括一般的作用才得到充分体现，并为进一步的分析创造必要条件。在规定概念的全部程序中，分析的作用是至关重要的。通过分析，才能揭示经济过程的矛盾性，从而把握其本质性因素，使概念的规定包含着这种本质性因素。分析是以归纳为前提的；而归纳

---

① 　恩格斯：《自然辩证法》，《马克思恩格斯选集》（第三卷），人民出版社1972年版，第548页。

又包含着比较和分类的成果。在政治经济学和其他科学中，往往都有这种情况。比如对于商品，古典政治经济学就是这样分析的：商品本身具有多种属性，但其本质的属性有两个，一是使用价值，二是交换价值。这种分析既来源于对各种商品的归纳，也是针对典型商品的。马克思把创造价值的劳动分为具体劳动和抽象劳动；对于资本，他又分为可变和不变两部分；对于资本循环，他分为货币资本循环、生产资本循环和商品资本循环。这样的例子在马克思的著作中不胜枚举，只要规定一个概念，都可以看到分析的作用。

润球：刘老师，通过分析是否就可以直接规定概念呢？

刘：通过分析可以发现经济矛盾的本质性因素，但分析还不能直接规定概念。这必须有综合来补充。综合是把分析所得到的对经济矛盾本质性因素的认识集合汇总，综合为一个与经济矛盾相适应的整体认识，并说明它们各自的地位和相互关系，达到概念性规定。综合是分析的补充和必然结果，它是概念规定中一个十分重要的环节。

马淮：如果只有分析没有相适应的综合，会产生什么样后果呢？

刘：比如斯密"三种收入"学说，就是没有综合而造成的。分析可以得出本质要素的认识，但这还不是概念。比如化学上的分析，可以将水分为氢和氧两种元素，但氢和氧并不是水，要得出水的概念规定还需要化合。对此，黑格尔早就用剥葱和对肉的分析做过论证。而政治经济学上所有成功的对概念的规定，都是分析与综合统一的结果。马克思在把劳动分为抽象劳动和具体劳动之后，立即着手对它的综合规定；将资本分为不变部分和可变部分之后，紧接着有一个综合规定；将剩余价值分为绝对和相对两种形式之后，又有对两者关系的综合。更具典型意义的是，《资本论》第二卷中关于资本循环的研究，马克思运用分析，把资本循环分为三个阶段，即货币资本循环、生产资本循环和商品资本的循环，找出其各自的基本要素，概括出资本循环的三个公式，进而将这三个公式加以综合，才得出资本循环的概念规定。

王：到综合这一环节，已经形成了对经济矛盾本质因素的整体认识。然而，作为概念的规定来说，如何把已形成的认识精确地定义和以适当的语词表示呢？

刘：定义是在综合的基础上，对所规定概念内涵和外延的集中表述。经过从比较到综合这一系列环节的过渡，已经形成了对某一范围经济矛盾的本质性认识，但要使之明确地表述，以语言的形式固定下来，不仅使研究者有一个稳定的认识，而且使读者能够理解，就必须进行定义。内涵和外延是概念不可分割的两个方面，定义也必须针对这两个方面及其统一。明确定义是针对内涵和外延两方面的，对于政治经济学概念的规定非常必要。我们所谈的定义，并不是独立的，而是从比较到综合这一系列思维程序的延续，它所要规定的内涵和外延，在前面的各关节已得到比较成熟的认识，定义只是将已有的认识进一步以准确的语言表述出来。

词语表示对于一个概念来说是不可缺少的因素。政治经济学的历史发展中，已形成数百上千个概念，它们都有特定的词语表示，如经济、生产力、生产关系、所有制、商品、价值、货币、资本、工资、剩余价值、平均利润、生产价格、供给、需求……概念的词语表示类似人的姓名，它是概念最简单明了的区别。但它又不同于人的姓名，作为经济矛盾的反应，概念的词语表示是经历过一系列思维而形成的，是具有实际规定性的。而人的名字可以随兴趣和爱好而定，所以会有多人同名，概念的词语表示必须各异。

江荣：词语表示和定义是同时进行的吗？

刘：当然，它是对概念所反映的经济矛盾最简单也是最概括的语言表述，从内容上说，它必须与内涵和外延的定义相吻合。词语表示作为概念规定的最后一个环节，只有在以前的各环节统一运动的基础上才能进行，不然，任何人都可以随意提出某种词语表示的一定的概念了。

马博：这就是说词语表示是概念规定的最后一个环节。

春敏：这只是从其完成形式而言的，并不是说只有在经历了前面的各环节之后，才能提出词语表示，相反，在概念规定的各个环节上，都有可能出现某种提法或术语，但因其尚达不到概念的程度，因而也就不是针对概念的语词表示。

刘：在政治经济学的研究中，选择一个适当的词语表示概念，并非一件容易的事，这不仅要有坚实的思维基础，而且需要深厚的语言功底。任意的编造并不等于对概念的词语表示，很快就会被人们的思维进程所淘汰。从政治经济学的历史上看，许多概念的词语表示都经历了长期的选择，如价值，就曾有"真实价格""自然价格""绝对价格""交换价值"等各种前导性或常识性词语表示。其他各种概念，也都有这种的情况。

兴无：概念的规定从比较开始，要经过分类、归纳、分析、综合、定义和词语表示各个环节，那么，是不是所有的概念都要经过这一过程才能得到规定呢？

刘：这一过程是规定政治经济学概念的基本形式，但是具体到特定的概念，由于其历史的和逻辑的多种条件的限制，还会有所改变，或在各环节中有所侧重，或借鉴和吸收别人的有关成果。更为重要的是，概念的规定是概念运动中的一个阶段，它不仅在一般意义上是先于概念的展开、改造和完善、概念转化，而且与这些环节相互渗透和依存，概念规定的程序，也是概念运动其他环节的基本形式。

马淮：这么说来，概念的规定在政治经济学研究中的地位举足轻重，那么它的思维过程一定是相当严谨而且困难。

刘：是的，概念规定的思维过程需要思维形式的集中和有机地作用。其程序中的每一步，都是实证的抽象或抽象的实证，不论哪一步有所欠缺，或是实际材料不足，或是在思维上跳跃必经步骤，都会出现问题。现实和历史上这些问题是经常出现的，在历史上这样"规定"出来的概念，或是被淘汰，或是再经改造而保存下来。在现实中，这样"规定"的新概念可谓层出不穷，并对实际经济发展造成诸多负面影响，却很少有理论价值。

任真：可否举一些这方面的例子呢？

刘：举三个例子吧。一是社会主义市场经济 = 社会公平 + 市场效率。这是一种典型的淡化、弱化主体，变换内涵，脱离实际的"规定"概念的方法，从形式就可以看出，发明者是用"公平"来代替"社会主义"，用"效率"来代替"经济"，如果用发明者的等式，可以这样表示：社会主义 = 公平，经济 = 效率，显然是难以成立的。二是"知识经济"，也出了诸多论著，但以"知识"来表示现代经济新的特殊性又是不当的。众所周知，自有经济活动以来，知识就是其中的必要因素，从原始人的捕猎到农民的耕作技能和工人的劳动技术，都属于知识范畴，何以单将现代的信息技术、生物技术等称为知识呢？"知识经济"这个概念如果能够成立，也是一个一般性的概念，和"生产力""资源""财富"等处于同一层面，并不能反映现代经济的特点。三是"人力资本"，用它来表示被雇佣的经营者和高级技术人员的劳动力，用"规定"者的话说，之所以用"资本"来表示这一部分人的"人力"，就在于他们可以参与利润的分配，或者说拥有一部分股权。但是，他们的股权实际是所应得的工资扣除部分的资本化，这并不能说明"人力"已成为"资本"，而是"人力"的货币价格经分割以后，其中的一部分货币转化为资本，"人力"依然是劳动力。诸如此类的概念"规定"，在现实的经济著述中多得不胜枚举，看似可以反映一些经济矛盾，但不确切，甚至错误，而概念规定中的"差之毫厘"，又可导致实践中的"谬之千里"。比如以"+"号和等式"规定"的"社会主义市场经济"概念，不仅抹杀了二者的差别，更把经济等于效率，用来指导中国的经济体制改革，其后果，既消除了"社会主义"的性质，又把经济变成单纯追求效率的活动。在掩饰经济制度、体制层次矛盾的同时，导致更深刻的矛盾。

马博：概念的规定对于政治经济学的研究具有如此大的作用，那么如果研究者还未能从本范围的经济矛盾中规定某一概念，但是出于论证和建立体系的需要又要有概念，这时要怎么办呢？

刘：这个时候就需要"借用"概念了，"借用"概念是从其他学科或本学科其他范围借来已有固定内涵和外延的概念，以替代所应规定的概念。这种情况不仅在政治经济学的研究中存在，在其他学科中也存在。

在一定时期，"借用"概念对于本学科的研究还是有一定意义的。然而，必须认识到这种"借用"是有局限的，它本身就是研究不够深入、不完善的表现。随着研究的进展，必须放弃这种"借用"，而是规定出专门反映本范围经济矛盾的概念。

"借用"概念只是利用经济矛盾之间或社会和自然界的某些相似性，把有关的概念直接用来表示所要规定的经济矛盾。虽然"借用"者往往要加上一些限制，如借用其他学科概念时加上"经济"一词，如"宏观经济""微观经济"等。借用其他范围的概念加上社会性质不同的限制，如"社会主义利润""社会主义工资"等。但由于所借用的概念自身是有特定内涵和外延的，"借用"只是在一定时期起"充数"的作用。看不到这一点，甚至把"借用"当作"规定"，长期沿用，不图进展，满足于用相似性来说明特殊性，就会妨碍本范围的以规定概念为核心的研究的进展。

"借用"概念在中国经济学界是相当突出的，甚至可以说一百多年来中国的经济学界总体上就是在借用外国政治经济学的概念，是用借来的概念解说中国的问题，并以外国的概念作决策的依据。这是不得已的，但许多问题也出在这里。我之所以反复强调创立中国政治经济学，也在于此。"借"的概念是可"用"的，但不能切实规定中国的实际经济矛盾，依据这些概念所提出的主张，势必会有问题。中国政治经济学的研究必须规定自己的概念，全靠"借"是不行的。但由于经济矛盾的层次以及一般性与特殊性的关系，又不可能全靠自己规定，我们有必要借鉴、吸收外国人已有的研究成果，但要依据中国的实际对外国政治经济学的概念进行改造，使之符合中国的实际经济矛盾，纳入中国政治经济学概念体系。

江荣："借用"概念与规定概念有什么区别呢？

刘：区别非常明显。任何概念都是特定矛盾的概括性反映，政治经济学的概念是如此，其他学科的概念也是如此。这不仅表现在外延上，更表现在内涵上，就连语词表示也是不同的。"借用"概念之所以可能，在于所反映的实际矛盾之间的某些相似性，但相似并不是相同，矛盾的特殊性是不能相互取代的。反映到概念上，就是不论外延和内涵的规定都有明显的特殊性。把"借用"概念当成规定概念的错误，就在于与概念内涵和外延的特殊性不相符合上。然而，在政治经济学的研究中，把"借用"当作规定的情况是时常出现的，现在更有一种扩大的趋势，不能不引起注意。

三　概念的展开

玉玲： 概念的展开是概念规定的继续，对于政治经济学的研究来说，概念的展开起着两方面的作用：一是展开概念中对经济矛盾本质的规定，论证和说明有关的经济现象；二是在说明经济现象的过程中，检验概念的规定，发现其科学因素和缺陷，为进一步改造和完善概念提供条件。

任真： 刚才玉玲说概念的展开是概念规定的继续，那么具体来说概念展开和概念规定之间的关系是什么呢？

刘： 概念的展开与概念的规定是相辅相成的，概念的规定是从对经济现象的一系列抽象思维达到对本质的规定，概念的展开则相反，根据本质的规定来说明经济现象。对经济矛盾的本质规定与对其现象的说明，是有内在统一性的，这二者之间是以一系列的思维形式连接的，并非直接统一的。系统抽象法和现象描述法的区别，就在于如何看待经济矛盾的本质和现象的关系。系统抽象法按照辩证的思维程序来规定概念，同样以辩证思维的程序来展开概念。而现象描述法既没有科学上的概念规定，又没有严格的概念展开，虽然它也展开概念以说明现象，却回避经济过程中的矛盾本质，因而不能从本质上说明经济现象。如果说政治经济学研究中对概念的规定往往是在研究者自我思索中进行的，其过程并不是全部表述在论著中，而概念的展开则主要是在论述过程中得以表现。几乎所有的政治经济学论著都是以展开概念的形式出现的。所展开的概念，既有研究者本人规定的，也有前人规定的，但只要是坚持系统抽象法，概念的展开就是从本质规定说明经济现象的过程。经济矛盾是错综复杂的，人们对经济现象的认识，也是逐步深入的，因而对政治经济学概念的规定，不可能一次性成功，而是需要多次探索，甚至是几代人的批判继承，才能达到完善的程度。这种对已规定了的概念的继续完善性探讨，在系统抽象法中表现为概念的改造。要进行概念的改造，一个前提就是要明白概念规定中的缺陷，这一点恰好由概念展开中的检验作用来完成。

王： 各政治经济学概念都是相应矛盾现象的概括性反映，由于每个人的认识能力是有限的，经济矛盾本身也在不断发展变化，研究者对于现象材料的占有程度以及规定概念的程序等多方面的原因，所规定的概念不能全面概括应有内容的情况，是不足为怪的。即使是按照系统抽象法进行规定，也难免出现问题，何况有人出于阶级和个人的原因，故意在概念规定上制造混乱。概念的规定中存在哪些问题，不能仅从其定义中看出来，而应当用与概念规定相反的程序展开概念，使之与经济现象再作一次全面的对比，从而才能发现其中所包含的科学成分和存在的缺陷。

任真：概念的展开与概念的规定相反，那么展开概念的程序就应该是规定概念程序的逆运用了？即先以分析来分解已经定义了的综合起来的各本质因素，然后使用演绎推论各特殊的经济现象，再对各经济现象作进一步的分类和比较，进而做出相应的经济现象的说明，并论证对概念的检验结果。

刘：是的，但是展开概念过程中各思维形式的程序，并非对规定概念程序原封不动地按相反的顺序排列，而是根据展开概念的需要，改变其中的某些环节，这主要是指演绎代替归纳，论证代替定义。由于所展开概念的规定程度不同，展开概念时研究者的具体目的也各有侧重，如有的注重对现象的说明，有的注重对概念的检验，这样，在展开概念的程序上也会有一定区别。

江荣：展开概念的第一个步骤应该是什么呢？

刘：政治经济概念展开中的一个步骤，也是最为关键的步骤，就是分析，其地位和作用与它在概念规定中是同等重要的，但其作用的前提和所得到的结果是相反的。在规定概念时，分析是以归纳所得到的对经济矛盾各种一般属性认识和所选择的典型为前提的，通过分析的作用，发现其中本质属性，从而为综合创造前提。而在展开时，分析的前提是已经定义了的综合性认识，分析是要将综合的认识再分解为几个本质属性或部分。但这不是像用除法检验乘法的结果那样，再把已经综合起来的要素原封不动地分开，这时的分析又是一个再创造过程，它与作为综合前提的分析在结果上是不可能完全一致的。其中原因，第一，大部分的概念展开并不是由规定此概念的人做出的，除个别情况外，在概念规定中的分析是如何进行的，并不能从所规定的概念中直接看出来。对概念展开中的分析，本身就包含着对已综合的本质属性的理解，由于各自具体条件有所不同，所以分析的程度和结果不可能与规定概念时的分析完全一致。第二，即便是所展开的概念是本人规定的，但他对此经济矛盾的认识程度以及进行分析的目的都有所变化，如果是简单地将原有的分析再回归一次，对他来说，是没有意思的。第三，从方法论角度，展开概念中的分析与规定概念中的分析，是有明显差别的，作为"逆判断"，在前提和结果上的不同，必然影响分析的进程和方法。

玉玲：刘老师您可否举个例子来加深我们的理解？

刘：比如古典政治经济学家在展开商品概念时，把它再分为使用价值和价值两种属性，将价值分为工资、利润和地租三部分，将利润分为产业利润、商业利润和利息；马克思将剩余价值分为绝对剩余价值和相对剩余价值，将运动中的资本分为流动资本和固定资本，将平均利润分为产业利润、商业利润和利息。

任真：那么之后的环节就应该是演绎了？它所起的作用与规定概念中的归纳所起的作用有什么关系呢？

刘：概念展开中，分析之后的环节就是演绎，它所起的作用和归纳在规定概念时所起的作用相反，即把分析所展开了的关于经济矛盾本质属性的一般认识，推论于对各特殊经济现象的说明。演绎和归纳作为推理这种思维形式的两个方面，其作用一是针对单个概念的规定和展开，二是体现于具体到抽象，又从抽象到具体的概念转化中。形式逻辑也认为演绎是从一般到特殊的思维过程，却因其脱离概念运动来谈演绎，从来没有得到准确的说明。即使是一些辩证逻辑的论著，也只是着重演绎与归纳的对立统一，而没有系统探讨演绎在概念展开中的作用，从而给人一种印象，似乎演绎是独立于概念运动各环节之外的一种思维过程。但我们是把演绎放在概念运动中进行考察的，演绎在政治经济学概念的展开中，以分析对概念本质因素的分解为前提，它的作用就在于把已经分解了的各本质因素，推论于有关的经济现象说明中去，以这些本质性因素再对本概念外延范围内的经济现象进行再分类和比较，从而具体地解释个别存在的经济矛盾。如果离开分析这个前提和分类、比较各思维形式的统一运用，演绎本身是不可能起到"从一般到特殊"的作用的。这一点，我们可以从政治经济学上各代表性著作的概念展开中得到证明，特别是马克思的《资本论》在这方面尤为明显。而当我们自己在以展开某一概念为主研究实际问题时，能否正确发挥演绎的这种作用，往往成为概念展开成败的关键。

演绎之后，展开概念的步骤就应该是分类，从思维形式上说，它与规定概念时的分类是相同的，但由于目的和运动的方向不同，所起的作用又有所区别。规定政治经济学概念时，分类所针对的各特殊经济现象，是未发现其本质的，因为也只能以比较所得到的关于各现象共同点的认识为基础，把具有共同点的现象归入一类。而展开概念时的分类，依据的是已经规定了的本质属性，并经过分析和演绎把这些属性加以分析和推论。这种"回过头"来的对经济现象的再分类，是比概念规定时的分类更为明确的。在这个过程中，不仅能够确定分类的标准并把相应的现象"归类"，而且能够发现规定概念时分类中的缺陷：一是所分的类本身就不准确，应当重新分出类别；二是原有分类的范围过大或过小，应当纠正。经过分类，将包含于政治经济学概念中的本质规定更接近于对具体经济现象的说明，使人们更容易看到具体经济现象的内在本质。而且这种类的认识，对于在现实经济中活动的人来说，已经是直接关联着的，在论述中也可以结合有关的现象材料进行说明。我们从《资本论》中对绝对剩余价值和相对剩余价值概念的展开中所引证的大量历史的、现实的材料中，都可以看到这一点。

　　兴无：概念展开中的比较与概念规定中的比较又有什么不同呢？

　　刘：经过分类之后的比较，更接近于对经济现象的直接说明，与分类一样，概念展开中的比较与概念规定中比较的区别，不在于其作为一种思维形式本身，而在于是否依据对经济现象的本质规定。规定概念时的比较，只能依据感性认识所得到的现象材料，从两个现象形态的对比中发现其差别和相同点，而展开概念时的比较则是依据已经规定的本质性认识，再从对比中说明概念外延之内或外延之外的有关经济现象的差别和共同点。这样的认识已不再是原则性的一般说明，而是对实际经济问题的具体说明。它不仅说明两个个别现象间的关系，而是能够从对比中更进一步说明任何属于本概念外延之内的各种个别现象，将概念的内涵与个别经济现象的具体存在统一起来。这种作用是政治经济学研究的目的所在。比较这个环节，在系统性研究中，往往用于对几个大范围的经济现象说明中，直接说明某些个别现象的情况较少，而专题性研究，则往往直接针对个别经济现象。

　　马淮：那么比较是否就是概念展开的最后环节了呢？

　　刘：概念展开的最后环节是论证，它在展开概念中起着两种作用。一是在展开概念的各关节起着承上启下和表述整个程序所得到结果的作用；二是依据前面各环节对本质属性的步步展开，对个别经济现象的具体说明。第一个作用，在每个环节及其过渡中都是存在的，也就是说，这些环节及过渡都要通过论证才能得以进行，才能为研究者本人和读者所把握。而第二个作用，则是其他环节所不能取代的，具有相对的独立性。作为展开概念最后环节的论证，与作为规定概念最后一个环节的定义是相对应的，而其作用又是相反的。定义是对一般本质的综合规定，论证则是对个别现象的具体说明。但两者又是相通的，经过分析、演绎、分类、比较等一系列步骤，论证把本质性规定贯彻于个别经济现象的说明中去，从而使人们更为直接地具体地认识经济矛盾，同时还可以从这种说明中发现本质性规定与实际经济矛盾的差别，找到概念规定中的缺陷，至此，行程又会再倒转，开始从个别经济现象的新认识，进入改造和完善概念的过程。

　　以上所谈的，只是单个概念展开中的一般程序，但政治经济学的概念展开并非各个概念独立进行的，而是在同一的概念运动中，各概念的展开及规定、改造和完善等相互依存并制约着的，因而各概念的展开及规定、改造和完善等相互依存着并制约着的。

　　春敏：在概念展开过程中，存在着一种相关的连锁反应。这种连锁反应具体表现是什么呢？

　　刘：这种连锁反应是概念从具体到抽象，又从抽象到具体转化的基本条件之一。政治经济学研究中，具体概念展开所引起的连锁反应，主要表现为三个方面：一是促进本概念的改造；二是影响其他具体概念的展开；三是诱发抽象概念的规定和改造。

对具体概念的展开，是以直接论证具体经济现象为重点的。经过分析、演绎、分类、比较和论证等思维程序，已经将综合与概念定义中的本质规定展开于对本概念外延所包括的经济现象的说明中。经过这个过程，是能够更为详细地发现本概念规定中的问题，从而形成改造这个概念的设想。如果研究者的注意力还放在对此经济矛盾的进一步认识上，其思维的进程必然转入对这个概念的改造上。如果暂时放弃这个问题的研究，也能通过展开概念中的检验为本人或后人对此概念的改造创造前提。我们看到有些政治经济学家对某一重要经济问题长期的专题研究，所使用的具体概念基本上是相同的，但若把他们所发表的有关论著联系起来，就会发现在前的展开概念的论著与在后的改造概念的论著有着内在联系。这正是展开概念对改造概念促进作用的体现。

江荣：以上您说的是促进本概念的改造，那么，影响其他具体概念的展开是如何体现的呢？

刘：在比较系统的政治经济学研究中，一个具体概念的规定与另外一些同属性的具体概念的规定，往往是相关联的，而在其展开过程中，也会互相制约。当对一个具体概念进行比较系统的展开时，研究者也会想到对另外一些具体概念展开的必要性，当此概念的展开结束后，系统研究的内在需要会使他把这种想法变为行动。在进行新的概念展开时，他还会把对展开此具体概念的方法和程序作为必要的参考。这种情况在系统研究中是必然的，为了说明经济矛盾的系统性，必须对同一层次的各矛盾现象做出全面的说明，而这种规定又不可能在一个概念的规定和展开中同时进行，在几个具体概念都得到规定的情况下，总会有一个具体概念先展开。这个概念的展开也就为其他具体概念的展开起了表率作用。当然，具体概念展开的相互制约，不仅在某一个人的研究中体现出来，而且在一个学派或同一个时代的不同研究者的相互影响中得以体现。这种情况也在一定程度上影响着专题研究，一个研究者在一项以展开某具体概念为中心的专题研究完成之后，可能立即着手以展开为重点对其他具体概念的专题研究，也可能促使其他研究者对这些具体概念的展开研究。在这个过程中，还存在着专题研究和系统研究的相互依赖和渗透。

任何具体的政治经济学概念都不是独立存在的，它不仅与其他层次的具体概念相互制约，而且与抽象概念紧密相关，这样，具体概念的展开，也会诱发抽象概念的规定和改造。在长期的政治经济学研究中，具体概念和抽象概念孰先孰后，是一个极难探讨的问题，但对某个特定国度、制度的政治经济学研究，规定其本质的抽象核心概念与规定各特殊现象的具体概念的关系，是比较清楚的。拿对资本主义经济形态的研究来说，在先规定的是商业利润、地租、工资、利润等具体概念，从重商主义者到古典政治经济学家的主要成果就是对这些概念的规定。当然，他们也并没有忽略抽象概念的规定，不过所规定的抽象概念——价值并非资本主义经济形态的本质，而是一般商品经济的本质。这样，不仅在重商主义向古典政治经济学的过渡时期，而且在古典政治经济学的自身更替中，由于展开各具体概念，都引发了对价值概念的改造。更为重要的是，通过各具体概念的展开，表明价值不能作为规定资本主义经济形态本质的抽象核心概念，这一点在早期社会主义者那里就已有所认识，到马克思则通过对以前的各主要具体概念的系统展开明确地指出，资本主义是商品经济的特殊形态，它的本质不应该由价值概念规定，而是由特定概念来表示的。马克思是以对资本主义政治经济学所规定的各概念展开批判为出发点的，对这些概念的展开，使他把握了资本主义经济的矛盾事实，并以此与他所掌握的现象材料相结合，经过系统的抽象，先于 19 世纪 40 年代提出并规定了异化劳动这个抽象概念。经过十余年的探讨，马克思又对他已改造的各具体概念进行展开，发现了异化劳动的缺陷，并规定了剩余价值这个新的抽象核心概念，进而又是对各具体概念的展开，从而促进剩余价值概念的改造和完善。

玉玲：以上说的是具体概念展开所引起的连锁反应的表现，那么抽象概念展开所引起的连锁反应又表现在哪些方面呢？

刘：政治经济学研究中，抽象概念的展开所引起的连锁反应，主要有以下三个方面：一是要求并促进具体概念的展开、规定和改造；二是对抽象概念的改造；三是规定新的抽象概念。

抽象概念的展开，往往不能直接说明个别的经济现象，而是要以一系列的具体概念，也就必然要求对曾作为规定它的前提的各具体概念的展开，从而将总体的本质规定贯穿于对各经济矛盾的本质规定中去，并进一步体现于对具体经济现象的说明中。然而，并不是所有的具体概念都是已经事先完善了的，作为从抽象规定到具体现象的中介，往往有若干环节并未得到规定或规定得不完善。在这种情况下，只是将已有具体概念展开是不够的，必须根据展开抽象概念的需要，规定原来没有的具体概念，同时对原有的具体概念进行必要的改造。马克思在展开剩余价值概念时，对绝对剩余价值、相对剩余价值、资本循环、资本周转、平均利润、生产价格、绝对地租概念的规定以及对工资、积累、利润、利息、地租概念的改造，都是如此。

政治经济学的抽象概念在展开时，不仅会发现具体概念规定中的不足，促进具体概念的规定和改造，而且还能发现抽象概念自身的问题，引起对它的进一步改造。在古典政治经济学体系中，是把价值概念作为抽象概念的，古典政治经济学的每一步发展，都有对价值概念的展开和由此而来的对具体概念的展开，其结果，不仅促进资本、工资、利润、地租等具体概念的规定和改造，而且也不断地改造了其价值概念。在马克思的政治经济学研究中，展开剩余价值概念的过程，使他发现了这个概念所存在的缺陷，并以此为前提，进一步改造了剩余价值概念，这在他思维的形成中，曾进行了多次反复，从现在发现的手稿和著作中，就有三次之多。

抽象概念的展开所引起的新的抽象概念的规定，即通过展开扬弃原有的抽象概念，代之以新的更为正确的抽象概念，这种情况是不多的，却是政治经济学研究中实质性突破的关键和标志。马克思在展开以前政治经济学所规定的各具体概念，进一步探讨资本主义经济矛盾的基础上，规定了异化劳动这个抽象核心概念，以取代古典政治经济学所规定的劳动价值概念。而在展开异化劳动概念的过程中，他又发现这个概念自身的缺陷，从而引起剩余价值概念的规定，并以此为基础建立了剩余价值理论体系。

以上所谈的，是政治经济学史上有关概念展开的程序，它们是经过验证的，对于我们进行中国政治经济学的研究是有一般性借鉴意义的。

四 概念的改造和完善

王：概念的改造是对已经规定了的概念的再规定，即在不改变其概念形式和词语表示的情况下，进一步改进研究的方法，充实对新现象材料的概括，对概念内涵和外延的重新规定和明确。那么概念的改造与概念的完善之间的关系是什么呢？

刘：在政治经济学的研究中，概念的改造并非一次性完成的，而是要经过若干次的相继的改造。不断反复进行的概念改造造成概念的完善，概念的完善又集中体现为概念改造的最后环节。按照系统抽象法所进行的概念改造，其目的和结果都是对概念的进一步完善，从这种意义上说，概念的完善和概念的改造是同一个过程，但概念的改造是不断反复进行的，这不仅是一个严肃研究者治学态度的表现，也是经济矛盾不断发展变化以及政治经济学历史发展的必然要求。因而，概念的完善作为一个过程，也就分为由概念改造构成的若干阶段或环节，而概念改造最后一个环节的效果，又可以成为概念的完善。概念的完善还有一层含义，就是强调所连续改造的概念时不断深化对经济矛盾的认识过程，以此区别于那种非科学意义上的对概念的"改造"。

对于中国政治经济学来说，概念改造的作用是相当重要的，主要原因就是中国政治经济学是晚起的，在一百多年的时间里，主要是翻译、引入外国政治经济学的概念。我们的研究不可能摆脱这些概念，但直接照搬、翻译式应用既不能揭示中国经济矛盾，更不能形成中国政治经济学体系。这就要求我们在规定揭示中国经济矛盾的概念时，还要根据中国经济矛盾的现实与历史，对外国政治经济学概念进行相应改造，使之成为中国政治经济学概念体系的组成部分。

兴无：概念的改造和完善与概念的展开之间是怎样一种关系呢？

刘：概念的改造和完善是概念展开的必然结果。概念的展开从本质规定说明现象的过程，检验并发现所规定的概念中的缺陷，思维的逻辑也就转入对这些有缺陷的概念的补足和充实的环节。这个环节可能是由规定和展开此概念的研究者本人继续进行，也可能是由后人从事的。或者说，所改造的概念不见得都是研究者本人规定和展开的，只要是规定经济矛盾的概念，任何研究者都有可能，也有必要对之进行改造和完善。概念改造和完善的程序是与概念展开相反的，它实质上是概念的"再规定"，因而其思维程序基本上与概念规定的程序相一致，也要经过对现象材料的比较和分类，进而是归纳，然后分析、综合，再以定义的形式对所改造概念的内涵和外延进行规定。

马博：那么概念的改造和概念的规定之间就没有什么区别吗？

刘：概念的改造毕竟与概念的规定之间还是有区别的。在规定概念时，对相应的经济矛盾并没有一个前在的概念性认识，还是"空地建屋"，而对概念的改造则是"旧房翻新"或"修建""改建"。这样，概念改造的第一步，就是要对所改造的概念进行批判，以便在概念展开的基础上更进一步发现概念的缺陷，明确改造的方向和重点。同时还要收集必要的现象材料，以供改造之用。至于比较、分类、归纳、分析、综合、定义等环节，则根据批判所得到的对概念构成的认识，分别有所侧重。这里主要有以下两种情况：一是原规定的概念所依据的材料不足，在补充材料的基础上，着重对新材料的概括，同时参照原有概念的规定，其思维各环节的程序基本上与规定概念相同；二是原规定的概念在思维程序和方法上有缺陷，而所依附的材料是充分的，在这种情况下，则主要从程序和方法上修正或改变其中有问题的环节，比如定义方面的问题等。

概念的改造和完善既是针对已规定的单个概念的，也是对概念规定的延伸和扩展。在改造和完善概念的过程中，不仅可以加深对本范围经济矛盾的认识，而且能以这种加深的认识，为建立概念体系提供必要的因素，同时会发现其他的经济矛盾，促进概念的转化。

江荣：具体来说，概念的改造和完善主要包括哪些环节呢？

刘：概念的改造和完善，主要包括以下三个环节或方面。

对以前概念的批判。这主要是对前人或同时代他人规定的概念的批判，也有对研究者本人规定的概念的批判——这种情况不多见，因为能够规定新概念，并能对其进行批判改造者毕竟是少数。其中最为突出者就是马克思，他在几十年的政治经济学研究中，不仅对前人所规定的几乎全部概念都进行了系统批判，而且对自己所规定的包括异化劳动和剩余价值这两个核心概念的所有概念，都进行了严格的"自我批判"，为他进一步改造和完善这些概念提供了必要前提。

马淮：为什么要对以前的概念进行批判呢？

刘：系统抽象法的批判，是历史的、发展的。现在中国人的意识中有一种习惯，常从政治意义上说批判，被批判的就是错的。这与批判的本意不相符，从汉字字义说，批判就是分析，深入的认识，并不见得所批判的都是错的。政治经济学概念的规定，是研究者对当时经济矛盾的概括，即使是歪曲反映现实的错误规定，也是由历史条件及研究者的主观原因，特别是方法上的原因造成的。批判这些概念的目的，是发现其中对经济矛盾的认识程度，揭示其规定中的合理成分和错误。因此，必须对所批判的概念进行历史考察，探讨其历史条件和必然性，同时找出其错误的主观原因，特别是方法上的问题，找到改造和完善这些概念的途径。之所以要对以前所规定的概念进行批判，根本目的在于从历史与现实的统一中，加深对现实经济矛盾的认识。现实经济矛盾是历史发展的结果，而它本身又是发展的。

任真：要对以前的概念进行批判，从而加深对现实经济矛盾的认识。

刘：对概括历史上经济矛盾的概念的批判，必须服从现实研究的需要，必须以发展的眼光来进行批判，即从经济矛盾的历史演化过程和现实经济矛盾的变化趋势中，来分析和揭示其历史沿革的必然趋势，才能把对以前概念的批判与对新材料的认识统一起来，达到改造和完善概念的目的。与之相反，还有一种非历史的、反对发展的"批判"。这种"批判"在政治经济学的发展中也是屡见不鲜的，其主要表现是：一，不是以经济矛盾的历史和现状为基础，而是以某种已经过时的学说为依据。明确提出这种方法的首先是马尔萨斯，他在与李嘉图学派的论战过程中，就歪曲性地强调依据"本门学科创始人"的观点，并以此来批判李嘉图的有关概念。萨伊及以后的庸俗政治经济学家也都曾使用这种方法。二，割裂本质与现象的辩证统一，不是将政治经济学概念看成经济现象的本质概括，而是要求概念规定与现象形态"直接同一"，甚至否认以概念规定经济规律的必要性和可能性，用所收集的某些现象材料，不加分析和综合，简单地与概念的定义加以比较，进而用现象中的特殊来否认概念规定中的一般。近几十年来中国的"社会主义消亡论"者，批判公有制经济的方法也在于此。

王：对以前概念的批判，在思维程序上，是与概念的展开紧密相连的，是概念展开时对其检验的继续。在研究过程中，批判与检验是很难区分的。但由于批判的目的是进一步的改造和完善，因而它在方法与概念的展开上又是有区别的。所批判的概念在体系中的不同地位使概念的批判程序也有不同形式，主要有对抽象概念的批判和对具体概念的批判。这两者是有区别的，但又是内在统一的。

刘：对抽象概念的批判，是比较复杂的思维活动，由于抽象概念的外延大，其内涵也是对大范围和较长时间内多种经济现象的本质性规定，因而，往往不能直接用某一两个或几个特殊现象来衡量，这样，就必须结合展开具体概念来进行。通过一系列具体概念的展开这个中介，将抽象概念的有关规定与历史的和现实的经济现象进行比较，然后再进行必要的分析，发现抽象概念规定中与经济矛盾间的差别以及抽象概念规定中方法上的问题。比如李嘉图对斯密价值概念的批判，就是以工资、利润、地租这三个具体概念的展开作为必要中介的。马克思对自己所规定的剩余价值概念的改造，更显示出与一系列具体概念的密切关系。马克思是在《1857—1858年经济学手稿》中初次规定剩余价值概念的，之后，他以此为核心系统地展开了工资、积累、利润等概念，从而发现了其中的某些缺陷，写到《政治经济学批判》第二分册时，就进一步改造了这个抽象核心概念。到《剩余价值理论》和《资本论》第二、三卷手稿写作过程中，马克思又通过展开、批判和改造各具体概念，对剩余价值概念作了再次批判，从而为《资本论》第一卷中的完善规定提供了条件。

对具体概念的批判离不开抽象概念的展开，相对来说，具体概念与实际经济矛盾的关系是比较密切的，它的外延较小，内涵与现象间的联系也更为直接。但如果只是将具体概念与特殊现象加以比较分析，则不能发现此具体概念与其他具体概念的关系，更看不到它在概念运动中的地位和存在的问题。因此，对具体概念的批判又要以抽象概念的展开为前提。对抽象概念的展开，也就是将总体上对一般性本质规定与各特殊经济现象的概念规定统一起来，进一步对各特殊现象进行比较、分析及其他思维活动，从中发现具体概念规定中的问题。在这种情况下，研究者在认识上是把抽象概念看成相对完善的，因而以抽象概念的展开为前提对具体概念的批判，又表现为一种演绎过程，这种总体逻辑的演绎与对所批判具体概念的外延所及现象的归纳，又是统一的。

润球：以上讲的是概念的改造的一个步骤，那么接下来做什么呢？

刘：接下来就是充实新的现象材料，对之进行概括。这是改造以前概念的主要思维过程，它既有与概念规定在方法程序上的共同性，又有自己的特点。

玉玲：为什么要进一步的充实新的现象材料呢？这是不是由于所要研究的经济矛盾是发展的呢？

刘：是的。现实经济矛盾是不断发展的，人们对其认识也在不断变化，正是这两方面为充实新的现象材料提供了条件。以前所规定的概念，是根据当时所掌握的现象材料进行的概括，而当经济矛盾已经发展，研究者的感性认识也随之变化的情况下，就必然会掌握新的现象材料，特别是在对前人规定的概念进行改造时，这种情况就更为突出。对政治经济学概念的任何有实际意义的改造，都是以充实新的现象材料为基本条件的，改造了的概念，都包含着比以前的概念更为丰富的内容。改造概念时对新现象材料的概括，与规定概念的方法在原则上是一致的。

江荣：原则上一致，就不存在什么区别吗？

刘：区别还是有的。改造概念时，已有一个成形的概念，其中已概括了相当多的现象材料，而所要概括的新材料，并不是单独规定为一个新的概念，而是充实进原有的概念中去，这样，就有一个如何处理新材料的概括与原有概念的关系问题，也正因此，改造概念时对新材料的概括也有了自己的特点。

首先是对现象材料的比较。但这时的比较不是单纯地将有关的经济现象进行比较，而是要参照对所改造概念的展开，将已经论证了的个别现象与尚未上升到一般性认识的个别现象进行对比，探讨其间的差异和相同点，然后再对现象材料中所包含的历史的逻辑的区别做出比较。这样，就可以进入分类这个思维环节。由于在规定概念时已经从不同角度对原来的现象材料作了分类，这样，到改造概念时，概括新材料的分类环节，就必须也必然参照有关的分类标准。当然，改造概念时绝非仅充实新的现象材料，还要改变原概念规定，这样，就应当结合对原有分类方法的检验，修改或补充分类的标准。改造概念是在分类基础是进行的归纳，与规定概念时的归纳有相同点，也有区别。规定概念时的归纳过程是由原研究者本人做出的，外人很难发现，而别人所能看到的，主要是概念展开中的演绎。当然，改造自己规定的概念时可以较容易地回忆规定时的思维程序，并在对比中加以检验和修正。在改造别人规定的概念时，结合概念展开中的演绎，把对有关特殊现象的推论与概括新概念时对特殊现象材料的归纳统一起来，可以少走不少弯路。但同时也要注意，并不是说展开概念中的演绎是绝对正确的，而应在参照这种演绎的同时，注意对新现象材料归纳的独立性，以发现并补充概念规定中的不足。

其次是分析。展开概念时的分析是针对原有概念的综合定义的，而改造概念时的分析则与规定概念时一样，主要针对所归纳起来的一般属性和典型材料。此外，还应结合概念展开时的分析结果，即对原概念规定中包含的本质性因素，再进行统一的分析，从而发现新材料中可以概括出哪些新的本质属性，又有哪些本质属性与原有的规定不同，以此来充实和改变对此概念所应包含的本质属性的认识，并为下一步的综合创造必要前提。改造概念时的综合，从方法上讲与规定概念是相同的，所不同的是，它赖以总结的本质属性已有所改变，这是新的分析的结果。在这过程中，还应结合对原有综合的检验，更全面、准确地进行综合，从而为重新定义，即对概念内涵和外延的改造完善创造条件。政治经济学的概念改造中，对充实了新材料的概括过程，也和概念规定过程一样，最后都要集中于定义这个环节，表现为对概念内涵的精确和外延的再确定这两方面的统一过程。

最后是对概念内涵的精确和外延的确定。之所以要对以前研究所规定的各概念进行改造，原因还在于通过对此概念的展开和批判，发现其内涵和外延的缺陷，或者说，以前概念规定中的全部问题，如材料的不足、方法程序上的错误等，都集中表现于其内涵和外延上。概念的改造是以对以前概念内涵和外延方面问题的认识为起始，经过对新现象材料的一系列概括，所得到的综合性认识，又要集中于概念内涵和外延的再定义中。

政治经济学概念的内涵，应是对经济矛盾本质因素的综合规定，由于经济矛盾自身的发展变化，原有的规定已与发展了的现实矛盾有所不适应；而且规定某概念时，因为对现象材料占有的不足以及方法程序上的问题，很有可能把不属于本质的一般因素作为内涵加以规定，或把应该规定的本质属性没有概括起来。这样，当改造概念的过程进入定义这一环节时，就应把新得到的本质性认识与原规定中本质性认识统一起来，同时排除原规定中不隶属本质属性或已经过时了的认识，按照系统抽象法在规定概念时对定义这一环节的程序，进行再定义，从而使概念的内涵更为精确。

对概念外延的再确定，是政治经济学概念改造在定义这个环节上又一主要内容。外延与其内涵是统一的，对内涵的精确必然影响对外延的再确定，同理，对外延的再确定也是内涵精确的必要条件。在规定概念时，由于经济矛盾的发展和研究者占有材料的程度以及方法程序上的问题，很有可能出现外延不明确的缺陷。在充实了新现象材料并对之进行了科学概括之后，有必要在精确概念内涵的同时，再确定概念的外延。

马博： 是否对概念的内涵改变了，就一定要再确定其外延？

刘： 概念内涵的改变，不一定就要对其外延进行再确定，外延的再确定要视具体条件而定。比如李嘉图、西斯蒙第对斯密的工资、利润、地租等概念的改造，就未再确定其外延，而是集中于其内涵的精确上。对此，我们在现实的研究中也会有所体会。如在对社会主义经济矛盾的研究中，许多争论都是针对内涵的改造，而非外延的再确定。当然，我们并不是说外延再确定不重要，而是要注意它与内涵的精确有所区别。

润球：这么说来改变了内涵并不一定要改变其外延，那么，外延的重新界定和内涵的精确之间的具体关系又要如何理解呢？

刘：政治经济学研究中外延的再确定，是与内涵的精确统一的。有人则不顾内涵来重新界定外延，进而歪曲内涵。资本和剩余价值概念，其外延限于资本主义经济矛盾，近些年有人竟将其外延扩展至与商品经济并列的一般性范畴，得出"社会主义制度"也应该有资本和剩余价值的结论。再如某些"食洋不化"者，简单地用现代资本主义经济学的概念来解释中国经济问题，甚至按其原理和公式来指导中国经济的改革。从他们的方法来看，不过是片面化地扩展现代资本主义经济学概念的外延，将中国现代社会主义经济问题也包括于其范围之内。凯恩斯的"赤字财政"和"通货膨胀"等政策主张，是在资本主义私人垄断向国家垄断过渡中提出的，其特定的历史背景就是西方国家 20 世纪 30 年代初的大危机。而我国的某些人不分国度和制度，不考虑具体的历史条件，将凯恩斯有关的概念套用于今天的中国，从而造成经济生活严重的大混乱。而当混乱已成为不可避免的事实、"食洋不化"者的言论造成巨大危害的时候，他们又去扩展另一派资本主义经济学的概念，企图以"新自由主义"的学说来挽救其错误。而当"新自由主义"学说又导致更大经济危机时，又转向凯恩斯主义的"宏观调控"，使中国经济陷入这两种学说制造的怪圈之中。对概念外延的再确定，必须充分注意这些问题。

政治经济学研究中，对概念内涵的精确和外延的再确定是一个连续不断的过程。在历史上如此，在现实中也是如此。正是在这种不断的概念改造中，才使政治经济学的概念得以逐步完善，为概念转化提供了必要基础。

概念改造和完善这个环节在中国政治经济学的研究中至关重要，我们现在所面对的中国政治经济学概念，大都是从外国引入的，有英美的、马克思的、苏联的。在引入中的翻译及教学、应用中，都不可避免地做了一定程度的修改，但总的说并未系统深入地改造。在视外国学说为真理的人那里，外国人规定的概念是不可更改的，甚至不能用汉字表达。时下教育部所倡导的经济学的英语教学，是突出表现。这样做的恶果已充分显现。我们做中国政治经济学研究，不是不要外国政治经济学概念，这些概念是外国经济学家针对其本国经济，经过反复研究得出的，是全人类文化的一部分，中国经济与外国经济在一般意义上有相通之处，借鉴、吸收外国政治经济学的概念是必要的，但必须改造，根据我们的国度、主体、主义、主题加以改造。上述概念改造的程序、步骤，首先是针对外国政治经济学概念的，改造后还要完善。当然，对我们规定的概念也要改造和完善。

五　概念的转化

马淮：在规定、展开、改造和完善的基础上，政治经济学的概念运动进入转化环节。概念的转化既有其相对独立性，又是以前各运动环节的总体概括和各概念联系的必要形式。概念转化在概念运动中的意义有：一是概念运动在此之前的规定、展开、改造和完善等环节的总结概括；二是各概念在运动中的内在联系；三是建立概念体系的基础。

刘：概念的转化，是反映一般经济矛盾的抽象概念和反映特殊经济矛盾的具体概念的相互过渡，并在过渡中形成一个辩证统一的概念体系。经过概念的规定、展开、改造和完善等环节，已经形成了对所要揭示的经济矛盾的比较全面的概念性的认识，在这个基础上，系统抽象法的思维过程必然过渡到一个新的阶段，即对所规定、展开、改造和完善的各概念进行总结概括，形成系统反映经济矛盾的体系。政治经济学研究中的概念规定、展开、改造和完善，都是针对单个概念进行的，虽然其进行过程会涉及与其他概念的关系，但其主要内容并不是探讨各概念间的关系。这样，在系统的研究中，就必须对各概念从运动的总体上进行概括。

任真：概念规定、概念展开、概念改造和完善，都并非独立存在，而是必要环节，这些环节在相互依存、相互渗透的运动中所必然表现出来的形式和结果，就是概念的转化。那么为什么概念的转化能够对前面各环节进行概括呢？

刘：概念的转化之所以能够对前面各环节进行概括，内在的条件就在于概念内涵与外延上的对立统一。不论是概念的规定、展开，还是改造和完善，都是围绕其内涵和外延进行的。抽象概念的外延包含着具体概念的外延，抽象概念的内涵则是具体概念内涵的概括；反过来说，具体概念从外延上看是包容于抽象概念的，其内涵是抽象概念的基础。因此，在概念的规定中，就已孕育了概念转化的萌芽，这个萌芽在概念展开中进一步发展，经过概念的改造和完善，使其内涵更为精确、外延更为恰当，从而为从总体上对概念运动的这几个环节的概括创造了前提。通过概念的转化这个环节，使规定、展开、改造和完善等环节所得到的各概念内涵和外延的认识，在相互转化中统一起来。

概念的转化，是政治经济学概念运动的总体联系形式。迄今为止，政治经济学这门科学的概念已经逾千，这众多的概念并不是由某一个"圣人"独立规定的，而是几百年来，由世代更替的广大政治经济学研究者针对其特定历史条件，逐步规定、展开、改造和完善的，不论从一个比较完善的体系，还是从政治经济学史的系统性来看，各个概念之间都是通过相互转化建立其内在联系的。政治经济学的任何概念，都不是孤立的存在，而是按照思维的规律对统一的经济矛盾系统某一层次、某一方面的认识。现实的经济矛盾是不断地转化着的，人类的思维活动也是辩证转化的，因此，政治经济学的概念必然在相互转化中建立起联系。正是由于这种转化中的联系，才有这些概念的存在。脱离了转化和联系，任何单个概念都没有意义。

兴无：刘老师，您说脱离了转化和联系，任何单个概念都是没有意义的，那么应该如何建立政治经济学概念体系呢？

刘：从辩证的转化中把握概念的联系，是建立政治经济学概念体系的基础。列宁在《黑格尔〈逻辑学〉一书摘要》中提出一个问题："辩证法是什么？"随后即写道："概念的相互依赖，一切概念的毫无例外的相互依赖，一个概念向另一个概念的转化，一切概念的毫无例外的转化。概念之间对立的相对独立性……概念之间对立面的同一。"在这段话的旁边，他又写道："注意每一个概念都是处在和其余一切概念的一定关系中、一定联系中。"① 能否从概念的相互转化中建立其体系，是系统抽象法与现象描述法的根本区别之一。

政治经济学概念体系是对经济矛盾内在规律的反映，其基本的原则就是逻辑与历史的统一。历史地形成的反映经济矛盾本质的政治经济学概念，不仅其对象是相互转化的，而且其形成和发展过程也是辩证的转化过程。这样，所建立的概念体系，不仅要反映现实的经济矛盾，而且是政治经济学史的集中表现。凡是比较成功的概念体系都充分体现了这一原则。相反，那些将各概念平列、否认或忽视概念转化的学说体系，是不可能正确地规定经济矛盾规律的。

马博：在政治经济学的研究中，概念转化的现实依据是什么呢？

刘：依据就是经济矛盾的运动。现实的经济矛盾运动，是不断质量互变和否定之否定的过程。不论是人类社会经济矛盾系统的总体，还是其中各层次内部及相互的关系以及各个局部和方面，乃至任何一个经济单位，都是经济矛盾运动过程的存在形式。生产、交换、分配、消费是经济运动的四个基本环节，而这四个环节都处于不断的相互转化中。生产出来的产品，要进入交换领域，变成商品；劳动者在生产中创造的价值，要经过分配变成工资及其他价值形式，为社会各成员

---

① 列宁：《黑格尔〈逻辑学〉一书摘要》，《列宁全集》（第三十八卷），人民出版社1974年版，第210页。

所占有；各社会成员以自己所分配到的价值，通过交换从市场上取得自己所需要的商品，并进行消费；消费又对生产提出新的需求，为生产提供必要的劳动力。如此往复，构成一个错综复杂的经济转化过程。而经济生活中的辩证转化是无所不在的，要从理论上再现这种辩证转化的经济矛盾，没有概念的转化是不可能的。

与经济过程的矛盾转化相适应，系统抽象法的各思维形式也是辩证转化的，概念的转化正是思维形式的辩证转化的集中体现。作为系统抽象法主要思维形式的概念、判断、推理以及比较、分析、综合、定义、论证等，都统一作用于概念的规定、展开、改造和完善等环节。在研究进程中，这些思维形式都是相互转化的。以概念的规定程序为例，先是对现象材料的比较转化为分类，分类又转化为归纳，归纳再转化为分析，分析转化为综合，综合转化为定义。这个过程也是其他各思维形式向概念的转化。作为这个转化过程的结果，概念在其展开中，又一次转化为其他思维形式，后一种转化又会引起概念的改造或新概念的规定。由此可见，概念正是整个系统抽象法运用过程中总体转化的关节点，而概念的转化既是以其他各思维形式的转化为中介的，又是其他各思维形式转化的集中体现。

玉玲：政治经济学中概念转化的形式是什么呢？

刘：政治经济学研究中概念转化的形式，是由抽象概念与具体概念的辩证关系决定的，因而从总体上可以分为：从具体概念到抽象概念的转化和从抽象概念到具体概念的转化。概念转化的两种形式是对立统一的同一过程的两个阶段，分别表现为总体性的归纳和演绎两个过程。

兴无：在政治经济学方法论的研究中，有一种意见否认从具体到抽象的概念转化，据说其理由在马克思下面这段话："从实在和具体开始，从现实的前提开始，因而，例如在经济学上从作为全部社会生产行为的基础和主体的人口开始，似乎是正确的。但是，更仔细地考察起来，这是错误。如果我抛开构成人口的阶级，人口就是一个抽象。如果我不知道这些阶级所依据的因素，如雇佣劳动、资本等等，阶级又是一句空话。而这些因素是以交换、分工、价格等等为前提的。比如资本，如果没有雇佣劳动、价值、货币、价格等等，它就什么也不是。因此，如果我从人口着手，那么，这就是一个混沌的关于整体的表象，经过更贴近的规定之后，我就会在分析中达到越来越简单的概念；从表象中的具体达到越来越稀薄的抽象，直到我达到一些最简单的规定。于是行程又得从那里回过头来，直到我最后又回到人口，但是这回人口已不是一个混沌的关于整体的表象，而是一个具有许多规定和关系的丰富的总体了。"① 概念转化是否只有从抽象到具体的演绎过程，不包括从具体到抽象的归纳过程呢？

刘：一些人依据这段话中说从人口开始"是错误的"那一句，就认为马克思否认从具体到抽象的概念转化。实际上，正是在这段话里，马克思强调了从具体到抽象概念转换的必要性及其过程。其中所说的从人口这个混沌的表象开始，经过"更贴近的规定"，达到关于阶级、雇佣劳动、资本，以及交换、分工、价格、价值、货币等"越来越简单的"概念规定，这就是从具体到抽象的概念的转化过程。在论述自己方法论的《政治经济学批判》的导言中，马克思所谈的主要是他自己的"论述方法"，即当他已确立了关于资本主义经济本质的抽象概念规定之后如何论述的问题，因而他强调从抽象到具体的概念转化，他之所以说"从具体开始"是错误的，是指论述过程，而非全部的研究过程。相反，他认为研究过程的全过程必须是"从具体开始"，从具体的经济矛盾出发，达到抽象的概念规定，再到具体的概念。

马克思对政治经济学的研究，是以历史上从具体到抽象的概念转化为前提的，虽然他没有必要再重复这个历史的全过程，但他必须从对以前政治经济学概念的系统理解、掌握和批判开始，从而也就以压缩的形式经历了历史上从具体到抽象的概念转化。他本人的思维过程也是从资本主义经济生活的表面现象开始，也要先接触与个人生活消费直接相关的流通领域，只是在系统的政治经济学研究中，才逐步深入到生产领域。马克思所针对的经济现实，是以否定之否定的形式概括了资本主义经济矛盾的全部历史发展的，这是他能够规定剩余价值这个抽象核心概念，使资本主义的政治经济学研究的从具体到抽象概念转化达到一个新高度的基础。对此，他本人是明确的，他说："最一般的抽象总是产生在最丰富的具体发展的地方，在那里，一种东西为许多东西所共有，为一切所共有。这样一来，它就不再只是在特殊形式上才能加以思考了。"② 对资本主义经济生活的本质规定，虽然在资本主义的任何时期都是有其现实性的，但只是当资本主义的经济矛盾达到充分而具体发展的情况下，才能得出抽象的剩余价值概念的规定。

马准：从具体到抽象的概念转化，具体在马克思政治经济学研究中是怎样体现的呢？

刘：在马克思政治经济学的研究中，从具体到抽象概念转化，又可以分为两

---

① 马克思：《1857—1858 年经济学手稿》，《马克思恩格斯全集》（第四十六卷·上册），人民出版社 1979 年版，第 37—38 页。

② 马克思：《1857—1858 年经济学手稿》，《马克思恩格斯全集》（第四十六卷·上册），人民出版社 1979 年版，第 42 页。

个阶段，它分别为以对异化劳动和剩余价值概念的规定为标志。异化劳动概念的规定，是以对资本、利润、积累、工资、地租等一系列前人所规定并改造过的具体概念的理解、批判开始的，当他不仅掌握了这些概念，而且发现了其内在矛盾以后，也就形成了用对自己所掌握的资本主义经济发展的新材料的概括和对这些具体概念的进一步抽象，规定了一个能够反映资本主义经济本质的抽象核心概念的思想，对这些思想的概括，就是异化劳动概念的规定。无论从内涵，还是外延上，异化劳动概念都比前人的各具体概念更为抽象，是对这些具体概念的本质性联系的规定。至此，马克思已明显地突破了前人概念运动中建立的体系。但马克思并没有因此止步，他进一步展开异化劳动概念，使之在对各具体概念的改造和完善中，检验并发现其缺陷，经过十余年的努力，规定了新的抽象核心概念——剩余价值。剩余价值概念的规定，也是从具体到抽象概念转化的结果。在展开异化劳动概念的基础上，马克思把主要精力放在对新现象材料的进一步概括和前人各具体概念的批判上，这体现于 19 世纪 50 年代初的《伦敦笔记》和大量的对现实经济问题的评论文章中，到写作《1857—1858 年经济学手稿》，马克思就初步提出了剩余价值概念，然后，他又在展开这个初步形成的抽象核心概念的同时，对各具体概念作了进一步改造，到《政治经济学批判》第二分册的写作时，他又改造了剩余价值概念。之后，马克思又对前人的各具体概念进行了系统批判和改造，在《资本论》第一卷中完善规定了剩余价值概念。

马淮：在我们对现实经济问题的研究时，也面临着同样的问题，那种从前人的一般性论述出发建立起来的体系之所以错误，就在于没有经历从具体到抽象的概念转化。近来，又有人力图从现代资本主义政治经济学"一般原理"建立"社会主义政治经济学"体系，这虽是"新尝试"，但其一开始提出就预示着必然的失败。

刘：政治经济学概念转化的第二种基本形式，是从抽象到具体的转化，它是与从具体到抽象的概念转化紧密相连的。从一般意义上说，从抽象到具体的概念转化是从具体到抽象概念的结果，它们二者有先后之分，但从历史发展以及每个研究者的实际研究过程中，它们又是相互依赖、互为前提的。这一点是我们理解系统抽象法的关键。

马克思政治经济学研究中的概念转化是系统抽象法的典范，对此，我们应当反复琢磨，认真体会其精神。但也应看到，他的思维中还受黑格尔的思辨性影响，这在概念的转化及其体系构造都有表现。对此，我们在中国政治经济学的研究中也要注意。其关键就在于概念的转化及之前的规定、展开、改造和完善都是针对现实矛盾的，必须以揭示矛盾系统为依据和标准，不能以概念的逻辑顺序为依据和标准。或者说，概念的转化要遵从经济矛盾的演化。

春敏：近年来，在有关政治经济学方法论的研究中，由于否定从具体到抽象概念转化的观点越来越站不住脚，又有人提出了这样一种观点：政治经济学的研究方法和论述方法是分开的，前者是"从具体到抽象的方法"，后者是"从抽象到具体的方法"。

刘：这种将研究方法和论述方法割裂的做法，也是错误的。在政治经济学的研究中，论述是一个很重要的内容，论述过程是研究过程的一个部分或一个阶段，但不是外在于研究过程，更不是与研究过程并列的，论述的方法并不是独立于研究方法之外的另一种方法，而是从属于研究方法的，是研究方法的一部分，主要的理由，就在于概念转化过程两种基本形式的内在统一。论述过程的主干，是从抽象到具体的概念转化，它不仅是从具体到抽象概念转化的结果，也是其历史发展的必要前提。在从抽象到具体的概念转化中，并不是不再需要研究，或者说所有应当研究的问题都已在具体到抽象的概念转化中解决了，而是许多问题需要探讨，不仅有概念的展开、改造和完善，而且还要规定必要的新概念。这个过程无疑是研究过程，其方法也是研究的方法。

从抽象到具体的概念转化，又是建立政治经济学论述体系的逻辑依据。从抽象到具体的概念转化，是以从具体到抽象的概念转化为前提的，其基本条件，就是作为体系核心的抽象概念的规定。由于研究的范围、角度和深度的不同，各概念体系的抽象核心概念也是不同的。从抽象到具体的概念转化，是抽象概念的展开过程，它表现为总体演绎。抽象概念的外延，包括所要转化的各具体概念，而其内涵，又是这些具体概念的一般本质规定。正是由于内涵和外延上的这些特点，抽象概念的展开，以从抽象到具体的概念转化形式出现，通过各具体概念这些中介环节，抽象概念中的本质规定过渡到对各特殊经济现象的说明。

作为总体演绎的从抽象到具体的概念转换与作为总体归纳的从具体到抽象的概念转化是相对应的。后者是将各特殊经济现象的具体规定逐步上升到对其一般本质的规定，前者则是将一般的本质规定逐步具体化，说明各特殊经济现象。这样，概念转化的每一步都是按照经济矛盾一般与特殊的关系来安排的，是一环扣一环的。其中各环节，既不能缺少，也不能超越。政治经济学史上许多体系的缺陷和错误，往往就出现在这里。作为总体的演绎过程，从抽象到具体的概念转化，是对作为总体归纳过程的从具体到抽象概念转化的辩证否定，是"倒"过来的推理，但它的基础或源泉，即其中的主要思想，都是在从具体到抽象的概念转化中形成的。因此，正如从具体到抽象的概念转化中，总体归纳过程会不时有局部的演绎参与进来，在从具体到抽象概念转化的总体演绎中，也不时会有局部的归纳，在改造和完善以及规定具体概念时起必要的作用。政治经济学的研究中，从抽象到具体概念转化的主要作用，表现为从抽象概念对已规定的各具体概念的改造以及未规定的具体概念的规定。改造完善以前的具体概念和规定新概念，是建立新体系的必要环节。

以上所说的概念运动各环节及其关系，都是从已有政治经济学研究过程总结概括的，特别是马克思的政治经济学研究。这种概括是在一般意义做出的，对于中国政治经济学的研究有指导和启示作用。中国政治经济学方法论既包括这种一般性，又有自己的特殊性，我们的研究要将一般性与特殊性统一，加强在实际研究中对概念运动各环节的探索。

（任真）

数学方法在中国政治经济学研究中的应用

中国政治经济学研究也要应用数学方法，原因在于其对象自身的数量关系，这与数学研究的一般数量关系相比是特殊关系。因而，对经济过程数量关系的研究，是从属于这个特殊领域质的研究的，是为了揭示和说明经济过程中特殊规律的。资本主义主流经济学某些派别片面追求"数学化"，把研究的重点放在所谓的"数量规律"上，是脱离实际的"坏的抽象"，既不能揭示经济矛盾，更不能解决现实矛盾。对此，中国政治经济学的研究应当予以警惕。

一　政治经济学方法论与数学的关系

春敏：19 世纪末以来，资本主义主流经济学就开始流行一股思潮，认为经济学只有"数学化"，才能成为真正的科学。这种思潮近年在中国有大泛滥之势，严重影响着中国政治经济学的研究。在政治经济学方法论的研究中，如何看待数学方法就成了一个重要问题。

刘：数量关系是对事物和思维的界定。数学，作为对这些数量关系的专门研究，从古代就已开始，这是一个人类思维可以充分发挥其功能的领域，远在 2000 多年前，就已经取得了相当突出的成就。数学研究来源于人们的生产和生活，经验使人产生了对数量的最初认识，也使人逐步形成并发展了对各种数量关系的分析和计算。随着社会实践的发展，人类对数量关系的认识也越来越广泛，越来越深入，越来越细致。数学是服务于人类社会活动和科学研究的，但人类思维的能动性，又使专门的数学研究者能够将自己的思维扩展到暂时不能经验的领域，从而使之带有抽象性，形成了许多与实践相比超前的数量关系的推论。各种量的关系是质的关系的表现，对它的认识，是认识质的关系的必要条件和部分。数学对现实生活的作用，是任何人都不否认的，而它又起着预测未来和启发、引导人们思维——不论这种思维是针对实际生活，还是各门科学——的巨大功能。

思远：数学方法一直都是政治经济学研究的重要方法之一，但在不同时期的研究者那里，数学方法的使用的侧重点不同。

刘：人类的经济活动，存在着普遍而复杂的数量关系，也正是从这种意义上，数学不仅是从事经济活动的必要工具，也是经济学研究必不可少的方法之一。从色诺芬写《经济论》时起，他就将数量关系作为必要内容，到政治经济学的两位创始者——配第和魁奈那里，虽然他们各自有不同的研究方法，但对数学的应用，是其学说得以形成的必要条件。配第将数学方法视为经验归纳的主要手段，以至将自己的学说称为"政治算术"。魁奈则用数学来推演他的《经济表》，从而对社会再生产做出了"天才的尝试"性认识。古典政治经济学家对数学方法都是比较重视的，斯密、李嘉图的著作中明显地体现着这一点。早期庸俗政治经济学家对数学的看法基本上沿袭着古典政治经济学已有的认识。总体来说，马克思以前，政治经济学对数学是重视的，但应用的范围并不深广，也不系统。马克思开创了系统使用数学方法并将其融为自己研究方法有机组成部分的先河。《资本论》体系中，概念运动的每一步，都伴随着对有关数量关系的论证。之后，19 世纪末 20 世纪初的资本主义政治经济学中，出现了一个"数理学派"，杰文斯、帕累托等人将数学方法提到经济学唯一方法的程度，企图将所有经济关系、经济过程都以数学公式加以论证。这个学派虽因过于片面强调数量关系，而未能在经济学说的发展中起多大作用，但他们对数学的重视被现代西方经济学家所延续。现代的计量经济学则将研究对象专注于经济过程的数量关系，这虽说已不再属于政治经济学的范畴，但在方法上的意义依然存在。政治经济学上的社会主义这一大派系，在应用数学上，基本上坚持着马克思已有的观点，希法亭和列宁在这方面还取得了突出的成就，但在社会主义经济矛盾的研究中，数学方法的有机使用，成效并不明显。

总体来看，数学方法作为对一般数量关系研究的方法，在政治经济学对经济活动数量关系的研究中，始终起着重要作用。虽说有人将数学方法绝对化，也有人故意贬低其作用（如从新历史学派到制度学派、新制度学派），但数学方法对政治经济学研究的作用，不仅存在着，而且应当有其规律性。

江荣：刘老师，关于政治经济学方法论与数学的关系，您能不能给我们系统总结一下。

刘：政治经济学研究之所以要应用数学方法，就在于其对象自身的数量关系，这与数学研究的一般数量关系相比是特殊关系。因而，对经济过程数量关系的研究，是从属于这个特殊领域质的研究的，是为了揭示和说明经济过程中特殊规律的。并不是像某些数量学派经济学家所片面议论的经济学只有"数学化"才能成为科学，相反，一般性的数学方法只有纳入特殊性的政治经济学方法，成为其有机的组成部分，根据对经济矛盾的认识需要，加以使用，才是恰当的。政治经济学不能因为需要使用数学方法就变成数学的一个分支，而当它坚持自己的特殊性并在方法上选择、改造、吸收相应的数学方法时，这些数学方法已经具有相对的特殊性，而不是一般意义上的数学方法了。政治经济学方法论当然要研究本门科学方法中的数量分析的方法，既要对已有的这种数量分析方法做出归纳、概括，又要根据现实研究的需要及发展趋势进行探讨，但这都属于特殊意义上的，不是就数学的一般性来研究。因而，我们不能做这样的设想：只要通过演绎将一般性的数学公式引进政治经济学，就可以解决这门社会科学的问题。政治经济学方法论更不能成为使政治经济学"数学化"的渠道。只有在坚持政治经济学方法论特殊性的前提下，探讨把数学方法有选择地改造为本门科学方法的有机成分，才能处理好这方面的关系。而政治经济学方法论从特殊意义上对数学方法的探讨和应用，也会对一般性的数学研究提出新的课题，进而促进其发展。

二 资本主义主流经济学数学化存在的问题

春敏：资本主义主流经济学全面数学化的前提是把人单位化、数字化和工具化，即经济人的数学化。这是数学方法泛滥的起点。卡尔·布鲁内曾说，经济人即是会计算、有创造性并能获取最大利益的人，是进行一切经济分析的基础。

约翰·穆勒以后的资本主义主流经济学家们，尤其是杰文斯、瓦尔拉斯、帕累托等人，做的主要工作就是进一步把约翰·穆勒的"经济人"假定抽象化，把人抽象成为一个符号和会计算的工具。这一阶段的资本主义主流经济学家们，不管是心理学派还是数理学派，都不约而同地受实证主义的影响，使资本主义主流经济学逐步走向了数学化。

19 世纪 40 年代后兴起的实证主义对资本主义主流经济学的数学化起到了推波助澜的作用，实证主义认为各门学科包括哲学、逻辑、语言学、数学、物理学、经济学的知识可以被还原为一种模式一套公理。这种实证主义反映在经济学上就形成了数学形式主义。边际革命后形成的以杰文斯、瓦尔拉斯为代表的数理学派是当时资本主义主流经济学数学形式主义的代表。他们将经典物理学作为理想经济学的范本，认为经济学的研究对象就是数量和数量关系，经济问题的复杂性只涉及机械意义上的数量关系，因此经济学是一门与物理学相似的数学科学。数学是经济学科学地位的标志，在经济学中，应该用数学语言取代日常语言，数学方法应该是主要的甚至是唯一的研究方法。到了马歇尔新古典经济学那里，经济理性被视为与自身利益最大化等同，理性经济人是效用最大化的追求者。这样的一种工具性假说，使数学工具在资本主义主流经济学中被广泛应用成为可能。

这个过程中，起主导作用的是杰文斯，他认为，"我尝试将经济学界定为快乐与痛苦的微积分学，摆脱前辈意见的拘束，来定立经济学的形式。据我看，这种形式，经济学终必采用。我早认为，经济学即为研究量的科学，自亦须在事实上——即令不在名词上——成为数学的科学。"① 此后，瓦尔拉斯和帕累托分别发明了基数效用论和序数效用论，量化了"经济人"的价值目标；希克斯解决了效用与货币收入之间的联系，并且用预算线与无差异曲线的切点确定最优消费组合，避免了可能涉及道德的价值判断。

从 19 世纪后半叶开始，依赖数学的资本主义主流经济学研究传统就延续下来，以假定前提出发，论证过程中把实际遇到的困难都抽象掉，为了建立起数学公式而研究经济，不是为了研究经济而利用数学，把资本主义主流经济学中质的分析全部拿掉，只剩下纯粹量的分析。在《新帕尔格雷夫经济学大辞典》"经济人"的词条解释中，"经济人"具有"完全的充分有序的偏好（在其可行的行为结果的范围内）、完备的信息和无懈可击的计算能力。在深思熟虑后，他会选择那些能够比其他行为能更好地满足自己的偏好（或至少不比现在更坏）的行为。"② 可以看出，经济人的这些构成要素：完全的充分有序的偏好、完备的信息、无懈可击的计算能力、寻求最大化行为，都不过是数学的变换形式而已，通过这几个要素，可以把"经济人"变成一个符号。有了这个符号作为逻辑起点，就可以构建一系列的函数，求得不同条件下的极值，③ 计算不同变量的合理范围。追求效用最大化的"经济人"，由于其行为过于简单和机械化，被许多学者笑称为"机器人"。④ 经济学以这样的"经济人"为基础，可以抛弃一切的历史条件、社会制度、哲学基础，终于成了"严密"的科学。

这些以数学建构资本主义主流经济学体系的方法，使资本主义主流经济学锁定于由错误的假设出发、运用数学进行长链条演绎推理的做法而成为虚无，资本主义主流经济学也成了"黑板经济学"。实际上，这种方法早在 19 世纪就遭到了人们的批判，著名数学家彭加勒针对瓦尔拉斯的"个人具有完全远见"这样明显不符合现实的假设，指出，经济学数学化方案即使在近似意义上也是非现实的。

从微观经济学开始，分析不同类型的人的行为逐步地演变成分析一种符号的行为，研究人的经济行为的资本主义主流经济学逐步演变成研究符号的数学。

润球：通俗地来说，约翰·穆勒以后的资本主义主流经济学就不再研究生产

---

① 杰文斯：《政治经济学理论》，商务印书馆 1984 年版，第 2 页。

② ［英］约翰·伊特韦尔：《新帕尔格雷夫经济学大辞典》（第二卷），经济科学出版社 1996 年版，第 57 页。

③ 实际上，后来的所谓现代经济学的消费者和生产者行为，在很多处使用拉格朗日方程来求解特定条件下的极值，这成了微观经济学重要分析手段。

④ 瓦里安著的《微观经济学（高级教程）》（第三版）一书的博弈论部分，表述经济人的机器本性时采用了"冷血的理性决策（cold‑blooded rational decision making）"这个词。

关系和经济制度，而以研究资源配置及其效率为主。经济人作为资本主义主流经济学的逻辑起点，不断具体化、格式化，不再有自然人的味道，所谓的经济人，成了可计算的工具，成了一个系列的矩阵组合——实际上成了机器。没有了社会性也没有自然性，只有一个，就是逐利性，变成了单纯的追逐利益的工具。在经济资源配置过程中，好似有上帝一般安排好各个主体的行为，这些主体看起来好像是人，在数学公式中都成了一个个符号。微观经济学如此，不同的符号追逐，形成了一个市场的框架；宏观经济学也类似，架构了一个机器、一个片面追求GDP 的机器。

以经济人为起点，人的行为就完全被量化了。把人分类，每一种人都有自己的约束和目标，类似一台机器（早期资产阶级哲学为了反对上帝，确立物质的权威。其中一部哲学著作就叫《人是机器》，不过那时候人是机器，机器还是有感觉的，现在的经济人变成纯粹的利益最大化的发动机），效率成了目标。

云喜：关于这一点，应该说主流经济学也不断在讨论。在经济人数字化过程中，逻辑实证主义推波助澜，物理语言和逻辑的运用把资本主义主流经济学数学化逐步推上了顶峰。后来在遇到对资本主义主流经济学数学化的批判的时候，科学哲学家库恩提出了范式理论，主流经济学应用这个理论一下子把批判者甩开了。

春敏：资本主义主流经济学使用数学在具体环节上，存在另一个局限，就是根据研究者自身的主观意图而非客体现实来做假定的标准和根据。如果初始假设是错误的，那么，无论在假设和结果之间使用了多少和多么复杂的数学，结论也不可能被接受。资本主义主流经济学家依靠数据资料进行建模和检验时，理论规则往往已经植入了这些数据资料之中。数据和建模的背后，已经有了主观的看不见的意识在里面。主观性非常明显，顺着自己的需要去裁剪数学和数据。他们说的通过客观数据实现的真理，在出发点就出现问题。

为了用数学方法解释经济现象，必须在假定的时候，为构建数量关系、函数和模型提供基础，主观上将现象函数化。如对微观经济学中消费者行为的假设就是经典的例子。六个关于偏好的假设（传递性、完备性、反射性、连续性、非饱和性和凸性）就是想方设法把消费者行为从早期的曲线研究转向后期的函数研究，为效用函数的确立做准备。建立了效用函数，再依据拉格朗日函数来求解极值。等一切假设能够使得现象可以通过函数关系表达出来，并且可以进行可微的时候，接下来的推导的所有数学公式，不再是经济学的研究，而纯粹是和经济没有关系的数学研究了。"当我们试图建立一个合理的经济秩序时想要解决什么问题呢？根据某些常见的假设，答案十分简单。即，假如我们具有一切有关的信息，假如我能从一个已知的偏好体系出发，假如我能掌握现有方式的全部知识，所剩下的就纯粹是一个逻辑问题了。换言之，什么是现有方式的最好利用这一问题的答案，已隐含在上述假设中了……然而，这根本不是社会所面临的经济问题。"①

另外，资本主义主流经济学家还往往通过随意解释变量、操纵时滞和其他变数，来保护模型并直到模型多少得到证实为止。在众多的数理经济模型中，外生参数往往可根据不同的境况给出不同的解释，其结果是不仅无法使经济关系转化为资本主义主流经济学家们所期望的明确定义，量度的可检验性也大大降低，而且还使理论在预言落空时不受伤害。克兰特称之为"参数悖论"，它意味着参数的可变性和不明确性，使得反驳在逻辑上是不可能的。

石越：在比较经典的萨缪尔森的经济学教科书中，企业的最大利润目标的实现，是通过总收益与总成本的差额来获得的。在高等数学中，为了得到最大值，一要满足一阶导数等于零，二要满足二阶导数小于零，只有满足这两个条件，才能得到企业实现最大利润的空间。为了满足第一项的要求，萨缪尔森和一般西方学者一样，假设完全竞争厂商的需求曲线是一条水平线，而垄断厂商的需求曲线是一条向右下方倾斜的线。为了满足第二项的要求，萨缪尔森也和一般西方学者一样，假设厂商必然要在边际成本上升的阶段进行生产。②

润球：在批评资本主义主流经济学使用数学方法的局限时，也有一个研究者主体性的问题。很多资本主义主流经济学家为了自己的目的或事先存在的结论，总是先验的拿出公式或数据。一系列的假设条件设立有很大的随意性，使得做模型的人只有自己才了解自己的本来意图。我称之为裁剪，顺着自己的需要去裁剪数学和数据。

比如，很多利用函数的研究，函数到底是怎么推导出来的，没有数据支撑，而只称作是先验的，用这个自己设定好的函数去解释现象，问题是这个函数或公式正确吗？另外，数据如何得到也是一个大问题。主流经济学家自己也指出，"主观效用不可测度，异人之间不可比较。虽然一个人对自己想要的物品（包括劳务）可自己比较其效用大小，但人受智能上的限制，实际上只能掌握极少数几个物品的极少数几个组合的效用相互比较。既不能对效用无限分割，形成平滑曲线，也不能画出一条有实用性的解析线（只是多维空间中的几个散点）。而建立效用价值论的先决条件必须是人脑有意识到并能解复杂联立方程的能力，这是不

① 哈耶克：《个人主义与经济秩序》，北京经济学院出版社 1989 年版，第 74—75 页。
② 高鸿业：《再论数学在西方经济理论中的应用》，《经济理论与经济管理》1985 年第 4 期。

可能的。因此客观上根本不可能有效用价值论。"①

春敏：我觉得还需要探讨数学使用的边界是什么。

刘：不要使用这个提法，使用数学方法不存在什么边界的问题。在谈到资本主义主流经济学使用数学的局限的时候，要确定好这一个基本观点，数学只是量的分析，它服务于对经济矛盾的研究。在经济制度和体制分析时，基本不用量的分析。量的分析主要体现在结构和具体管理层面。

思远：数学方法是寻找现象中数量方面的规律，代替不了抽象方法。应用数学方法，在于对象自身的数量关系，这与数学研究的一般数量关系相比是特殊关系。对经济过程的数量关系研究从属于对这个特殊领域的质的研究。在政治经济学的各种思维方式中，比较、分类、归纳、论证等环节都可以使用数学，使用数学是从属于系统抽象的过程的。不能让数量关系的研究成为政治经济学的全部，也不能用量的关系的研究代替质的关系的研究。

兴无：即使在资本主义主流经济学内部，也存在着大量的对经济学数学化的批评。资本主义主流经济学对数学方法的癖好和支持主要体现主流经济学中的新古典经济学派的发展取向上，这种取向最明显的体现是在经济学教学中。新古典经济学和新自由主义（美国人称之为经济学保守主义）的重要堡垒之一是芝加哥大学经济系，74 名诺贝尔经济学奖得主中有 12 人来自该系，该系的经济学核心课程也被公认为美国经济学课程的最好标准。我们看一下它的十门核心课程：纯数学三门、经济分析原理一（微观 1：消费者理论）、经济分析原理二（微观 2：厂商理论、生产要素市场、一般均衡、福利经济学）、经济分析原理三（宏观经济理论）、经济分析原理四（货币与银行）、计量经济学、统计方法及其应用、经济史。其中纯数学、计量和统计占了半壁江山，四门是分析工具，剩下一门经济史。

尽管反对的声音不断，反对的力量也在加强，但是在美国经济学界数学化倾向并没有止步。在反对的声音下，美国某些著名的大学从课表中排除了经济思想史，甚至作为选修课也被取消了。其指导思想是为了有利于学生更好地接受新古典的经济学理论。在美国大学的教师队伍中，对主流经济学中的非数学化的倾向的经济学家的清洗仍在继续。反对这一趋势的教师称之为经济学职业的"斯大林化"。经济学教学中大量的是与现实无关的数学，对现实的经济问题如贫困、失业、收入、发展中国家问题、生态环境等关注远远不够，这就是新古典经济学过度追求数学化的后果。

---

① E. 曼斯菲尔德：《微观经济学：理论和应用》（中文版序言），中国金融出版社 1992 年版。

对于数学化带来的恶果，有的教师斥之为"数学拜物教"导致的恶果。数学常常被用来掩盖命题的空泛以及可操作性的缺乏。新古典范式的研究中，除了先验的公理之外，其经济学缺乏对制度、历史、行为者和团体的战略以及社会学维度的思考。美国的经济学家感叹，经济学研究生及其同事们的文化水准在降低。在新的经济博士中，"文盲"问题严重，其中很多人没有能力读懂含有复杂文体的经济学文献，例如凯恩斯的《就业、利息和货币讨论》的一些部分。

春敏：最后可以谈一下对资本主义主流经济学数学化的批判的情况。

兴无：对资本主义主流经济学过分数学化的批评主要矛头是针对主流派中的新古典的经济学。因为新古典经济学现在的支配地位是建立在易于数学化的一套简单的公理之上的，这里面特别是萨缪尔森的影响，你在前面已经指出了。对其进行批判的主要是主流经济学中的奥地利学派，讨厌数学和鼓吹市场经济是奥地利学派经济学的明显特征，这一点玉玲在前面已经提到过。奥地利学派经济学对市场过程、企业家在经济中的作用、竞争对于创新的激励等等有着独到的见解。与主流经济学中的新古典派不同，奥地利学派经济学家对于市场固有的活力和变幻莫测而不是市场的稳定性更感兴趣。从门格尔开创的奥地利学派开始，该学派就坚持一种本质主义，关注经济现象的本质与经济制度的起源，追求因果性解释而非功能性解释。偏好数学的经济学家侧重的研究往往只限于讨论函数关系，奥地利学派追求经济学本质解释的过程，自然就排斥了数学。例如在解释交换现象的时候，门格尔就拒绝使用无差异曲线，拒绝瓦尔拉斯的一般均衡理论，坚持认为数学方程对于探究经济现象，如价值、企业利润、劳动分工的本质没有用处。

门格尔开创的传统影响了奥地利学派的其他经济学家，包括维塞尔、庞巴维克、米塞斯、哈耶克、罗斯巴德、柯兹纳和拉赫曼等，这些后继者都继承了这一传统，强调因果关系，强调本质而非功能性联系。这些奥地利学派的弟子们都强调数学是功能性的，认为数学不能带给经济学真正有益的帮助。奥地利学派经济学家认为数学方法不过是对自然科学语言和方法的奴性模仿，是一种唯科学主义。

刘：对于资本主义主流经济学的数学化，我们在方法论研究中应予以关注，特别是在术、技层次的探讨中，数学还是有其作用的。问题在于为什么要用数学，如何用数学，用到什么程度。19世纪末以来的数学化倾向，对于政治经济学在经济结构和运行机制、经营管理等方面的细化研究，是有一定意义的，但越专越偏，以至以数学为主，经济学为辅，就步入歧途了。我们做中国政治经济学研究，重点在以道、法层次探讨制度和体制问题，但不是不做经济结构和运行机制、经营管理的研究，也需要包括数学在内对术、技的探讨，但这些都要服从主题和主张的需要，不能任由数学逻辑主导经济学研究。

三 数学方法在中国政治经济学研究中的地位和作用

春敏：数学方法主要应用在政治经济学的定量研究上。探讨数学方法在中国政治经济学研究中的地位和作用，前提是要明确定性研究与定量研究的关系。

刘：现实经济矛盾是质和量两个方面构成的，揭示和论证经济矛盾，必须注意定性研究和定量研究的统一。定性研究是对经济过程总体及其各个层次、各个方面和环节的性质的规定和论证，它在政治经济学研究中处于主导和主干地位。这并不是贬低定量研究的作用，它与定性研究是辩证统一的。由经济矛盾构成的经济运动，不仅表现为各种特殊形式的矛盾，而且这些矛盾又都是质和量二者的统一，并在质量互变中不断地否定之否定。经济过程的数量关系，是与其矛盾的性质有机统一的。任何经济矛盾，其内容和形式都可以从数量关系上得到认识，脱离这种数量关系，经济矛盾也就不存在更谈不上对经济矛盾及其规律的规定和论证了。

从政治经济学的发展看，定量研究是贯穿于其全部历史过程的，但各派资本主义政治经济学家虽说使用了定量研究，但对它的地位和作用，有的强调过了头，有的又没有达到应有的程度。这是与他们在方法论原则上的缺陷分不开的。对于这个问题，马克思做出了明确的认识，并相应地进行了定量研究。这里，我们根据马克思的有关著述以及政治经济学史上各派的定量研究，结合现实政治经济学及其发展趋势，对定量研究的地位和作用做出以下概括。

首先，定量研究是对经济过程量的关系的探讨。经济过程是由众多矛盾构成的，不论其总体性质，还是各层次、各环节上矛盾的性质，都要以一定的量表现出来。经济矛盾各方面的对立统一，也必然体现在量的变化上，量变达到一定程度，又会引起质变，形成新的质、新的矛盾形态。新矛盾的质也要表现为量，量变又引起新的质变，形成了否定之否定的发展过程。

其次，确定经济过程的数量关系。经济过程的各种矛盾运动，都呈现为质与量的辩证统一。政治经济学的研究，既要揭示处于质变中的数量规定，也要确定在质与量相对稳定的状态下，即未达到质变程度的各种数量关系。任何经济范畴，作为质与量的统一体，都有相应的数量关系。正是由于这些数量关系，才使各个经济范畴得以成立，也只有确定了这些数量关系，才能规定各个经济范畴。

最后，明确概念运动中各概念的外延及其关系。明确概念的外延，也就是区别各种经济矛盾存在的范围，这是与规定概念的内涵同时进行的，对于概念运动同样是非常必要的内容。如何明确概念的外延？这个问题在形式逻辑上是不回答的，它只是把概念的内涵和外延作为一个既定前提，然后根据内涵来划分外延，又根据外延来界说内涵。这种做法只有对理解已有概念，并把概念看成静止的时候，才是有用的。对于正在规定及改造中的概念应如何划分外延，不能用形式逻辑的方法加以解决。政治经济学的研究，划分此概念与彼概念的外延，也就是对此经济矛盾与彼经济矛盾各自存在范围的区别，这方面必须有相应的数量规定，才能得以明确和度量。当然，划分概念的外延，并不只是单纯的确定其数量关系，但数量关系是明确概念外延的重要方面是无疑的。定量研究的这种作用，在概念运动的各个环节，包括概念的规定、改造、完善和转化上都充分体现出来。在建立一个论述体系时，也要充分运用定量研究，从而系统地再现经济矛盾系统的各种内在关系。

总的来说，定量研究在政治经济学中并非是可有可无的，而是与定性研究统一的必要内容。

马淮：刘老师，具体来说，数学方法使用的程度和范围是由什么决定的？

刘：政治经济学中数学方法运用的程度和范围，应服从于其与定性研究相统一的定量研究的需要。那种将数学方法绝对化，认为政治经济学只有"数学化"才能成为科学的主张，是片面的，不利于揭示和论证经济矛盾。以应用数学的程度，将同一内容的"西方经济学"分为高级、中级、初级的做法，不仅体现了"数学化"的意图，更显示了对于理论的无知与蔑视。

政治经济学的方法对数学方法吸收和运用不是将政治经济学变成数学的附属学科，而是将数学方法改造、具体化为政治经济学方法的有机成分，不再是独立存在的数学方法了。我们是从政治经济学方法论的角度来探讨数学方法的运用，而不是从数学的角度评价政治经济学方法论。政治经济学研究，不是做数学习题，不是数学的排列和拼凑。定量研究作为对经济过程的数量规定，在不同的经济学科中其程度和范围是不同的。直接研究具体实际经济活动的经济学科，如经济统计学、经济计划学、经济管理学、经济计量学等，对于定量研究的要求很具体，所以使用数学方法的程度和范围也就相应具有专门性。而政治经济学的定量研究，相对说来，由于这门科学是以概括阶级主体利益，揭示经济矛盾系统规律为主的，因而其定量研究比起各门具体经济学科来又有所不同，它既有自己特定的定量研究，也要充分利用各具体经济学科在定量研究方面的成果，以达到规定对象矛盾运动中的数量关系。

云喜：在我们的日常学习和研究中，发现了这样的一种现象，很多所谓的"权威"经济类杂志，以使用"数学"的多少和深浅为标准来评价理论，经济学的论文成了数学论文。

刘：这是一个问题。政治经济学研究中，使用数学方法还应该注意研究过程和论述过程的区别。从原则上说，论述过程是研究过程的一个阶段，但其本身又有特殊性。论述不仅是要把已取得的研究成果加以论证的过程，而且也是研究者和读者的思想交流过程。读者的思维形式和接受经济学说的能力，是论述中必须考虑的一个重要因素。一个研究者，可以根据自己的特点，采用各种数学方法，包括比较高深的数学方法来探讨问题，但当他在论述自己的结论时，则应充分考虑读者的接受能力，如果不顾读者这个因素，完全按自己的习惯，过多地使用读者所不易接受的数学语言和公式来表达，则将把自己束缚于数学这个"高阁"，而不被广大读者所接受。目前资本主义经济学某些派别过分追求"数学化"，结果使自己的学说脱离了社会，脱离了读者。

以为数学方法用得越多、越艰深，就越表示自己的学问高、理论精，这是一种误解。数学的方法和数理逻辑，对于人们思考经济问题是大有帮助的，但政治经济学并非数学的一个分支。衡量一种经济学说的标准，是对经济矛盾系统的认识程度，对其中数量关系的规定，是必要的一个方面，但若只注重从数学的角度分析经济矛盾，是不可能全面认识经济矛盾的。因而，定量研究中的数学方法只能从属于定性研究，从属于对经济矛盾系统的全面认识。对于一个掌握了比较多数学知识的人来说，使用高深的数学方法进行论证，要比使用初等数学和语言表述更容易些，但对于大部分读者则相反。在这种情况下，就要求研究者在不损害自己学说科学性的前提下，尽量以读者适应的方式进行表述。只要是用初等数学可以论述明确的，就不使用高等数学；在必须使用高等数学时，也要加以必要的文字说明。

春敏：刘老师，请您再给我们讲一讲数学方法在中国政治经济学研究中的具体作用。

刘：政治经济学研究所使用的数学方法，具体作用是在两个方面，一是实量分析，二是设量分析，这两个方面是有机统一的。所谓实量分析，是根据已掌握的经济过程中各种实际数据进行的考察，其特点在于所分析的各数量指标，或是研究者本人调查和统计的，或是社会的权威机关调查和统计而来的，所得到的结论，是对经济过程的实际数量关系的认识。设量分析的特点，在于它所针对和列举的数量，并不是从实际经济生活中直接统计来的，而是根据对经济矛盾性质的认识设想而来的，以函数或其他形式论证相应的经济问题。实量分析和设量分析的数学方法，是比较广泛的，不论初等数学还是高等数学，都可以用于各种经济范畴的分析。但这并不等于实量分析和设量分析的数学方法没有区别，从政治经济学的历史发展看，初等数学的各种方法是普遍适用这两种量的分析的。而高等数学的各种方法，对于这两种量的分析，则各有所重，如微积分、信息论的方法常用于实量分析，线性代数和控制论、概率论的方法常用于设量分析。当然，这种区分并不是绝对的，研究者可以根据实际条件和具体情况分别对待。不论是用于实量分析，还是用于设量分析的数学方法，都必须服从总体的定量研究需要，服从于定量研究与定性研究的辩证统一，并集中体现于概念运动之中。

马博：数学方法的使用是定量研究的重要内容，如何看待政治经济学定性研究与定量研究的统一关系，请您从思维规律的角度再展开谈一下。

刘：定性研究与定量研究的关系，是由经济过程的矛盾运动和与之相适应的辩证思维规律决定的。经济矛盾运动是质与量的统一，人类的思维过程也是质与量的统一。人类最初也是最简单的思维活动是比较，从对单个现象的感性认识到比较这种思维形式，一个基本条件就是所认识的现象不是一个，而是两个或更多些，没有这种感性认识的量的变化，是不可能进行比较的。由比较到分类，不仅要有感性认识的进一步扩大，即感性认识的现象量也要达到可以归为一个"类"的程度，而这也是众多比较的结果。分类不仅是对此类现象的总体划分，还有一个与他类现象的比较和区别问题，这本身已表明不仅感性认识的量，而且作为思维活动的比较在量上也已增加。再进一步的归纳，则是对若干"类"的特殊现象的认识，才可以从中归纳出一般性的规定。分析又是在若干归纳的基础上进行的，它不仅以各种归纳所包容的特殊现象为前提，而且要集中分析归纳所提供的一至数个典型现象的考察。综合则是在若干分析的基础上进行的思维活动，一个分析过程不可能得出对全部矛盾的系统认识，只有把针对同一矛盾进行的若干分析加以综合，才能规定概念。而一个概念不能构成概念体系，必须有概念在量上的增加，即由若干概念才能构成一个全面认识经济矛盾的知识系统。在建立概念体系的过程中，要进行必要的演绎，演绎是以若干概念为前提的，它本身也要按从抽象到具体的原则来安排各概念之间的关系，又要具体说明各种特殊现象，也就是把前一阶段的思维活动所包含的若干量理性认识和感性认识从理论上再现，同时还可能再增加若干量的认识环节。可见，质与量的统一，在思维的全过程都是普遍存在的。

按照人类思维的规律辩证地研究中国政治经济学，就要充分考虑经济矛盾的质与量的统一，也就必然在方法上使定性研究和定量研究有机地统一。现在资本主义经济学中一些派别，主张把研究的重点放在所谓的"数量规律"上，这是地道的脱离实际的"坏的抽象"！不仅在经济矛盾系统的总体上质与量是辩证统一的，就是在各个矛盾之中，质与量也不可能各自单独存在。如果脱离了经济过程的量，质又何在？脱离了经济过程的质，量又何在？虽然人们可以使用数学公式写出所谓的"数量规律",但这又能说明什么样的经济问题?

中国政治经济学研究中必须注意到这个问题。政治经济学毕竟不是数学的习题集!

四　中国政治经济学研究要避免资本主义主流经济学的数学化

春敏：当前的中国政治经济学研究中,很多研究者把抄袭、介绍资本主流经济学作为主要工作,呈现了"数学化"的趋势,如何认识这一趋势,批判这一方法,也是中国政治经济学研究的一个环节。

兴无：美国主流经济学在 20 世纪 50 年代之后,为了追求严谨性、普遍性和简洁性,踏上了公理化、数学化和形式化的不归之路,数学几乎深入到了美国主流经济学的所有领域。60 年代,数学模型图腾、崇拜现象广为流行,甚至出现了没有理论的经济计量和与理论相矛盾的经济计量趋势,陷入了经济学数学形式主义的泥潭。数学成了资本主义主流经济学的核心方法,20 世纪 90 年代以后,《美国经济评论》《经济杂志》《经济学季刊》等,90% 以上使用数学,数学对经济学的介入比对物理学的介入更彻底。

这样,主流经济学的论述和语言都已经数学化。美国主流经济学家越来越多地依赖数学工具和语言来证明他们建立了一个独特的话语系统,包括数学推导、数学公式和数学术语等一系列数学工具。

思远：可能重要的一点就是数学化的"化"上面。数学化,就是化去了矛盾。政治经济学的研究,利用数学是可以的,但必须以对矛盾的分析或对质的规定为前提。矛盾分析在前,数学应用在后。资本主义主流经济学全面数学化后,其研究成了纯粹的量的推演。

刘：美国主流经济学的数学化倾向与它的侧重点相关。本来资本主义政治经济学也要研究道、法、术、技四个层次,到道、法两层次的研究在其早期,即英国古典政治经济学家斯密、李嘉图那里是相当重视的,他们论证了资本的主义及其制度化以及自由竞争体制等,并从方法论上为这种研究进行了探讨。后来随着资本主义制度的稳固,资本统治得以确立,对道、法层次的探讨似乎不必要了,研究的重点转向术、技层次。但道、法两层次并不是被丢弃,依然是他们进行术、技层次研究的前提。你们不妨看一看,这些"数学化"的经济学家,实际上都是依循资本主义、维护资本统治制度的。美国主流经济学家的"数学化",并不是其高明,而是低端化的表现,是理论生命力枯竭的必然结果。当然,他们在术、技层次的探讨,也有一些可借鉴的成分。

现在的大银行和垄断公司的首席经济学家们,主要工作是用数学模型进行经济增长预测，经政府和媒体的推崇，似乎成了最高级别的经济学研究。这种预测有一定的模式，无非是几个变量的关系，其中的某些变量变了，结论就变了，但没有把影响经济矛盾演变的许多要素概括进去。比如对世界经济增长的预测，几个主要经济指标都包括在内，但很难把制度、文化、政治、军事等因素量化，因而略去。可是这些因素又都会不时影响经济增长，所以他们的预测几乎没有准确的。再如对中国的 GDP 增长，世界银行，各大金融机构都搞预测，但各家都不一样，而且，每个月新的统计数据发布后，又都修正，一年下来，一个机构的预测值起码有几个！不知这种预测高明在哪里？

这种纯粹数学方法的应用，前提是在道、法层面不变，或者说在经济制度和经济体制都不变的情况下来做具体的计算。在这个层面上有合理性，局限性也体现在这里。假如这个大前提有变化的话，所有的计算就不成立了。经济制度和体制矛盾是随时发生的，政治和文化因素是内在于其中的，但现在的主流经济学把政治和文化因素排除在外。资本主义主流经济学数学化面对的最大矛盾是把人物化，这只有在经济制度、体制都静止不动的前提下才成立。但经济是人的经济，是变化的，资本主义主流经济学就是要研究这种变化，可数学是做不到这一点的。资本主义主流经济学数学化的哲学前提是唯物主义。在唯物主义的引导下，人成了物构成的原子。当人唯物主义走到数学化阶段，它的主义就结束了。

当今的主流经济学片面地强调数学化，将数学的使用程度等同于科学研究的程度，以数学公式的推演代替经济矛盾分析。进而以数学，特别是高等数学的设量推论来设计、论证经济政策，尤其是金融衍生品的设计，具有极大欺骗性和危害。有些人甚至将经济问题的研究变为数学的习题集。经济学的研究当然要应用数学，数学是必要工具，定量分析对规定经济矛盾的意义是明确的，设量推论也有一定功用，但将数学，特别是设量推论作为主要方法，势必导致脱离实际，在"科学"的假象之下，包含着对经济矛盾的无知和理性思维能力的退化。

春敏： 与忽视矛盾分析相关的问题在于，资本主义主流经济学的数学化，是以混淆历史演进为前提的。在这方面，资本主义主流经济学家中的一些人也是认识到的。把注意力放在数学工具的运用而非社会重大现实的内容上，实际上是在回避现实的矛盾。

志燕： 由于不以揭示矛盾作为自己的任务，自然会忽略现实矛盾。在数学方法的使用上，会出现以数量关系代替因果关系的情况。数量关系不同于因果关系，而因果关系却正是经济学研究最需要探讨的、也是最令人迷惑的。数学关系是对称关系，如等号两边可以互换，因果关系则不同。数学关系作为附属可以帮助我们探讨质的关系，但不能代替质的研究。在资本主义主流经济学中，有了成本和收益，才谈到利润，但若建立一个方程这一关系就体现不出来了。甚至于在数学中各经济变量互相一换算或代替，原有经济变量就消失了。另外，很多资本主义主流经济学家，没有弄清楚经济活动的因果关系，就直接对经济变量进行回归分析，用计量回归的数学逻辑代替经济学逻辑。

　　刘： 中国一些从美国留学回来的经济学研究者，他们对美国经济并无深入了解，就像你们同学中的外国留学生，几乎都不懂中国经济，对他们学习的要求，只是会说汉语，能写汉语文章，并掌握一些表层理论术语。在美国留学，大体也是学说话，再就是掌握初级的术、技层次知识。你们想，他只会这些，回国以后又被盲目地抬举，占据了大学经济学讲台，他们会干什么？只能是把学到的初级数学化的术、技加以传播。这些人是不可能研究中国政治经济学的，但却会反对、干扰中国政治经济学的研究。对此，我们应予以重视。但我们也不要排斥他们，他们的一些做法，还是可以参考的。

（张春敏）

第二编

外国经济学对中国政治经济学的影响

政治经济学是从率先实行资本主义并进行工业革命的英国形成并发展的。由于英国在经济、军事上的强盛和领先地位，英国资本主义政治经济学在近两个世纪的时间一直是主导和主流，只是二战后随着英帝国的衰落而由美国政治经济学取代其地位。美国主流政治经济学是英国主流政治经济学的继承，不仅继承了其主流地位，更继承了其基本理念。但二者又因国度、时代的不同而有所差别，特别是美国政治经济学所代表的主体已是大资本财团，表现出其特殊性，它不仅要向人类宣扬资本主义，更需将大资本财团操纵人类命运的意志以科学的理论传播。

虽然法国、德国等也都出现过本国的政治经济学体系，但毕竟不是英、美两国政治经济学的对手，只是在一些枝节问题上提出一些特殊见解。真正能与英、美政治经济学抗衡并形成自己体系的，是苏联政治经济学。苏联的领导人和经济学家以自己对马克思学说的注解，将苏联模式解说为"社会主义经济一般规律"的体现，并在"马克思主义"名义下编写了政治经济学教科书，使之成为"社会主义阵营"对抗"资本主义阵营"的思想武器。苏联模式的内在缺陷导致它的失败，苏联政治经济学也就此终结。

中国人从 20 世纪初才接受政治经济学，先是英国政治经济学，由于革命和战乱，特别是日本军国主义的侵略，大约半个世纪的时间都不可能正常发展经济，因而英国政治经济学的影响面很小。新中国成立后，大约三十年时间是在苏联政治经济学的影响下进行经济建设的，虽也有一些改动，但总体框架未变。苏联解体后，苏联政治经济学教科书因体制、思想等，依然有其影响。20 世纪 80 年代以来的开放，使美国政治经济学在中国成为主流，并经行政集权体制的改造，演变出 GDP 主义等政策经济学。

正是一个世纪，特别是新中国六十多年引进苏联、美国政治经济学的经验和教训，使我们认识到政治经济学的国度性，认识到只有形成中国政治经济学，才能摆脱外国大资本财团控制，切实而健康地推进中国经济现代化。

资本主义"主流"经济学的主体、主义、主题和主张

主体、主义、主题、主张是政治经济学得以形成并建构体系的基础和要件。主体就是所要概括其利益和意识的阶级，主义是这个阶级利益和意识的集中概括，主题是所要探讨的主要问题，主张是实现其主义和主题的方式。① 从资本主义制度产生以来，在世界上占主流的政治经济学是概括资产阶级利益和意识的资本主义政治经济学，其主体是资本所有者，主义是资本主义，主题是资本如何实现"利润最大化"，主张是通过建立和维护适合资本统治劳动的经济关系和制度，并运用法律和政治手段保证"利润的最大化"。在资本主义制度发展的不同经济体制下，"主流派"政治经济学的主体、主义、主题和主张因社会矛盾的变化也会有所差异。

中国自 20 世纪初引进资本主义"主流"经济学，其主导了官方的经济学教育和经济政策近半个世纪的时间，新中国成立后曾有 30 年取消了其主导地位，80 年代以来，其又逐渐成为中国经济学界的"主流"，在学术上和政策制定上都产生了重大影响。

一　什么是"主流经济学"

春敏：从字面上看，"主流经济学"是指一定时期和地域范围内，在各种相互竞争的经济学派别中居主要地位的某种学派。其学说为官方所认可并作为其政策的主要依据，由此而聚合大多数经济学家，他们成为经济学舞台上的主角。"主流派"经济学家之所以占主流，并不是因为其学说有多么"科学"，而是因为其代表的阶级力量占主导地位。马克思在《德意志意识形态》中写道："统治阶级的思想在每一个时代都是占统治地位的思想。这就是说，一个阶级是社会上占统治地位的物质力量，同时也是社会上占统治地位的精神力量。支配着物质生产资料的阶级，同时也支配着精神生产的资料……"② 在今天的世界经济体系中，以美国为代表的国际金融资本依然占统治地位，所谓"主流经济学"，不过是资本主义政治经济学在今天世界经济学界地位的一种表现。资本主义政治经济

---

① 刘永佶：《中国政治经济学——主体 主义 主题 主张》，中国经济出版社 2010 年版。
② 马克思、恩格斯：《马克思恩格斯选集》（第一卷），人民出版社 1972 年版，第 52 页。

学，从斯密确立其体系，经李嘉图、萨伊、穆勒，到马歇尔总结成了《经济学原理》，阐述了资本主义自由竞争的思想，成为 18 世纪到 19 世纪的"主流经济学"；1929 年世界大危机之后，凯恩斯借鉴希特勒、罗斯福和斯大林利用国家在经济中的调控功能作用，写成《就业、利息和货币通论》，奠定了今天宏观经济学的基础，以其理论为基础的调控政策为垄断资本主义带来近 30 年的快速增长，资本主义政治经济学保住了其主流地位。20 世纪中期苏联政治经济学及西方马克思主义经济学曾对资本主义政治经济学的主流地位发起冲击。而在美国和西欧，以总供给和总需求均衡为目标的凯恩斯主义也在 20 世纪 70 年代初期遇到了挑战，发达资本主义国家出现了滞涨的危机，凯恩斯主义又被质疑和抛弃，很多经济学家认为滞涨是这种宏观调控造成的，一度使得自由主义的经济学再度兴起，如货币学派、供给学派等新自由主义。新自由主义在全世界推行资本虚拟化，推广私有化和市场化，不仅保住了资本的统治地位，也对"社会主义阵营"进行了毁灭性打击，逐步在南美、苏联和中国得手，标志事件就是苏联解体。

刘：政治经济学自形成以来，其在世界上的主流就是概括资产阶级利益和意识的经济学说和派别。它是以资为本的，即以资本为根据和核心，目的是获取利润而增殖。以资为本的政治经济学，其主体是资本所有者，主义是资本主义，主题是资本如何实现"利润最大化"，主张是通过建立和维护适合资本统治劳动的经济关系和制度，并运用法律和政治手段保证"利润的最大化"。这些经济学家代表着资产阶级，而资产阶级又代表着资本，是按照资本的逻辑来行为的，因此，"主流经济学"就是资本的逻辑的理性表述。从这个意义上说，资本所有者虽然形式上是经济的主体和主导，但实际上也不过是资本逻辑的忠实执行者。马克思经济学说使社会主义政治经济学成为体系，并与资本主义政治经济学相对抗，在以苏联为首的"社会主义阵营"，曾一度以苏联教科书为主流，但时间不长，就因脱离劳动者阶级这个主体而导致主义的错误，进而制约主题和主张。苏联政治经济学体系不仅在与美国政治经济学的对抗中失败，而且也失去了在国内的主流地位。因此，今天世界上的"主流经济学"还是资本主义政治经济学。

思远：从资本主义政治经济学对劳动和资本的规定中，能够看出其本质，即站在资本的角度，将资本说成经济的主体和主导，将劳动说成"生产要素"。

刘：作为资产阶级经济意识的理性表达，主流经济学既不能从人的角度正确规定劳动和劳动者，也不可能正确规定资本和资本所有者。

他们将劳动视为生产的要素和资本增殖的手段，劳动者不是以人的身份参与经济，更不是经济的主体，他们只是劳动这个要素的载体，只有其劳动能给资本带来剩余价值的时候，他们的生命才有意义。资本主义经济学家把劳动规定为

"要素"的要害在于将劳动的人等同于物质，将劳动视为物质的运动或动物的活动。演化到20世纪，现代主流经济学又将劳动力和劳动者称为"资源"，是由资本所有者及其代理人根据追逐利润的需要而"配置"的。在萨缪尔森等人编写的教科书中，经济就是如何合理地配置劳动力、自然资源、资本化的生产资料、技术等资源的活动或过程。

资本主义政治经济学的主体、主义、主题、主张是以资本为核心和根据的。规定资本是认识资本主义政治经济学的基本点。资本是劳动的异化，是资本所有者购买劳动者的劳动力使用权，超过其价格所需劳动时间使用所创造剩余价值的积累，并主导生产以增殖的经济关系的集合。资本以货币形式存在，表现为对劳动力使用权和生产资料所有权的购买与支配，这种购买与支配都是依循等价交换原则的，并不像奴隶主对奴隶、封建领主对农奴、官僚地主对农民那样以绝对的特权进行剥削，它对剩余价值的所有和积累，既转化为资本进行再生产，又是社会生产和全部经济活动的主导。

玉玲：是不是可以说从要素论就能看出主流经济学的本质？

刘：实际上，资本不是资本主义政治经济学家所定义的"生产要素"，而是一种经济关系。资本以货币形式存在，并可以通过购买而表现为物，资本主义政治经济学家就是据此将资本说成"生产要素"或"资源"。所谓"三要素"（资本、劳动、土地）和"五要素"（三要素加技术、管理）的论点，是资本主义政治经济学的基石，但却是建立在感觉的表层印象之上的简单归纳，经不起理性分析的。关于劳动的非"生产要素"性，前面已做了分析，这里我们重点分析资本的非"生产要素"性，并顺带对土地（自然资源）和技术、管理进行分析。

将资本规定为生产的一个"要素"，实际只是指资本以货币购买生产资料后所处的形式。这种形式只是资本所表现的多种形式中的一种，而且资本在这种形式的存在，也是不断流动的，即使被称为"固定资本"形式的厂房、商场、服务设施等，也要不断地将其价值转移到产品和服务中去，这在会计中被称为"折旧"。至于表现为原材料以及生产工具、机器设备的"流动资本"，更明显地在转移着其价值，只不过由于生产的连续进行，转移了价值的资本又购买了新的生产资料，从而使生产中的这些"要素"长期连续存在着。

资本不仅表现为生产资料一种要素，劳动力和土地也是资本的表现形式。主流经济学家所说的与资本共同构成"生产要素"的劳动，实际应说成劳动力，劳动只是劳动力作用的体现。这一层是由马克思指明的，他同时强调，劳动力与劳动的区别，在于劳动力作为商品被资本家所购买，而资本主义生产中的劳动是资本家购买了劳动力之后对劳动力的支使而在生产中发挥的功能、体现的作用。

对劳动力还应进一步分析其所有权和使用权，劳动力的所有权属于劳动者个人，并存在劳动者的身心中，出卖所有权就等于出卖劳动者本人，在奴隶制下经常有奴隶主将其所有的奴隶出卖的情况，而奴隶没有人身权，也就没有劳动力所有权。资本主义制度中的劳动者是有人身权的，因而其劳动力所有权属于自己，他们出卖的，只是劳动力所有权包含的使用权能派生的使用权。资本购买了劳动力使用权，在价值形式上转化为工资，在权利关系上转化为对劳动力使用权的支配，劳动作为劳动力的发挥，完全从属于资本，受资本所有者的支配，而非资本之外的另一"生产要素"。

至于土地，在资本主义政治经济学形成期，还残存着封建领主和地主，资本所有者要使用土地进行生产有两种方式，一是从封建领主和地主那里租土地的使用权，二是购买土地所有权。但不论哪种方式，都是将土地纳入资本的范畴。后来，随着资本主义制度的健全与巩固，土地已全部私有化，除上述两种方式外，土地所有者也有自己经营农业、矿业、房地产业或其他行业的。这时，土地已经资本化，不论是地主独立经营，还是与他人合伙、股份经营，其土地都要计价作为资本而投入生产。而土地的自然资源在生产中发挥的作用，完全受已经资本化的土地所有权或使用权的制约。因此，资本主义经济中的土地在生产中也并非资本之外的另一"要素"，而是资本的一种存在形式，是资本主导经济的表现。

技术和管理，被现代主流经济学家列为第四和第五个"生产要素"。这也是他们好不容易才弄出来的"创新"。技术是劳动的技能，是劳动经验的集合与运用。在手工劳动阶段，技术作为劳动的主要因素，是直接体现于劳动者的身心并发挥于劳动过程的。进入工业生产方式，特别是以智能为主的现代工业生产方式，由于技术的复杂性和系统性，逐步形成了专门的技术研究和技术理论，进而是对特定技术的法律保护，即技术专利。这样，就形成一种观念：技术是外在于劳动的独立存在，是生产的又一要素。这个观念只是就表面现象的界定，进一步分析就可以发现：即使尖端的专利技术，也是劳动的技能，是劳动者（包括技术专业研究者）经验的总结与概括，它的运用也只能是劳动过程。之所以出现将技术与劳动分离的情况，原因在于资本主义经济制度。技术专利是以法律对某项技术程序的保护，而它的研制，绝大多数都是由企业或机构投资进行的，既要雇佣劳动者，又要购买生产资料，与其他企业的生产完全一致。研究出的技术成果，是其产品，因而要以受法律保护的垄断价格出售，或者作为资本，投入使用该技术的企业并获取利润。从这个意义上说，专利技术实际上已是资本的一种特殊存在形式，而非资本之外的又一"要素"。

经营管理是劳动过程的内在因素，尤其是现代的协作劳动，必须有组织协调，而大中型企业的经营管理，往往不是由资本所有者具体行使，而是雇佣一个班子，代替他从事资本循环各环节的经营管理。这样，就使企业的具体经营管理成为一种职业，包括行使经营权的经理以及会计、出纳、统计、监督、检验、销售等一系列环节。资本家本人也有兼任经理者，但大多数资本家只从事与资本所有权直接相关的工作，这些工作与其兼任经理的管理是不同的。如此看，经营管理不过是一种特殊的劳动，除个别资本所有者兼经理的劳动外，都是雇佣劳动，是受资本支配的，并不能构成与资本、劳动平列的又一"生产要素"。

综合以上分析，我们可以看到：资本主义政治经济学用作立论基础的"要素论"，不管是三要素，还是五要素，都只是对现象的描述，而问题的实质在于：以"要素"形式参与资本主义生产的劳动、土地（自然资源）、技术、管理，都已经通过价值的交换而被纳入资本，成为资本主义生产的必要内容。在生产中，不论哪种"要素"，都已成为资本的要素，都受资本所有者支配。

20 世纪五十年代，中国依从苏联政治经济学批判了资本主义政治经济学的"要素论"，三十年后随着对西方意识形态的开放，其政治经济学涌入中国，"要素论"成为中国经济学界争论的焦点。在 21 世纪初关于劳动价值论的争论，实质是如何看待"要素论"。虽然理论上双方互不相让，但在政策上却吸纳了"要素论"，其表现是"按劳分配和按要素分配相结合"。

二　资本主义统制经济体制下主流经济学的主体、主义、主题及主张

春敏： 按刘老师的划分，资本主义经济制度经历了三个阶段三种体制，在不同阶段，主流经济学的主体、主义、主题和主张在具体层面也呈现出内容的差异，所以首先有必要对资本主义的经济体制进行讨论。

刘： 今天中国号称"主流"的经济学家宣传一种说法：资本主义经济是市场经济。从一开始就是市场经济，并没有阶段性的划分。市场经济既是体制，也是制度。而且他们很愿意使用"市场经济"，不说资本主义经济，目的就在于如何顺利地在中国推行名为市场经济的资本主义制度。

我们有必要根据历史，对资本主义经济制度的阶段性进行划分，在不同阶段，其制度的权利关系表现为不同形式即体制。资本主义经济关系和制度，自形成以来经历了三个阶段和三种体制。其一是统制经济体制，通行于 13—18 世纪。其二是自由竞争体制，从 18 世纪末到 20 世纪 30 年代。其三是市场体制。罗斯福"新政"和凯恩斯主义，标志着自由竞争体制的结束，也是资本统治从寻求战争这一外部解决方式向利用国家政权改造经济体制、经济结构和运行机制的内

部解决方式的转变。尽管国家观念开始发生变化，到20世纪30年代后半期美国的经验也初见成效，但人类最终未能避免第二次世界大战的爆发。随着20世纪40年代末各国经济的恢复，50年代初，由国家调节和干预经济的资本主义进入了持续稳定的发展阶段，资本主义市场经济体制最终形成。

春敏：资本主义统制经济体制下主流经济学的主体有什么特点？

刘：资本主义统制经济体制是在封建社会末期出现的。刚建立集权专制的国王为巩固政权实行重商主义政策，以国家权力允许、控制并保护商人资本家的经营，商人资本的发展不仅促进了商业，还促进了手工业，更形成了一个强大的拥有主要生产资料所有权并雇佣劳动者的资产阶级。统制经济体制就是专制国王的政治统治与商业资本结合的产物。由国家掌控并干预商业经济，保护对外贸易，便利和强化税收，在增加商人利润的同时，增强国家财政。商业资本家在国家的统制和保护下，迅速成长壮大，并不断从商业向产业转移资本。资产阶级既是统制经济体制的重要方面，又是其否定者。当统制经济体制有利于商人为主体的资产阶级的形成和发展时，这个阶级与专制国王是同盟者；而当其发展到一定程度，就与国王专制发生冲突，并展开革命推翻集权专制。这个阶段的重商主义学说，早期的主体是商业资本家和国王，晚期是逐步向产业资产阶级转变的商业资产阶级。由于这个历史阶段性，又可分为早期重商主义和晚期重商主义两个阶段，其主义、主题和主张在两个阶段都有差别。

玉玲：此时的资本主义理论体系还不成熟，那么，该阶段的资本主义政治经济学的主义是什么？

刘：资本主义的形成和发展是一个过程，其哲学观念也是逐步明确、成熟的，大体上经历了四个阶段：一是从13世纪到17世纪的自然神论对上帝主义的初步否定；二是从17世纪到18世纪唯物主义的形成；三是18世纪末到19世纪初休谟、康德、黑格尔对唯物主义的修正与充实；四是19世纪中期以后唯物主义具体化为实证主义、实用主义、科学主义、技术主义等分支。自然神论就处在资本主义发展的第一阶段，它是专制君主与资产阶级结盟的体现，自然神论者或是站在国王和国家的立场，反对天主教会以神权干涉政权，力主消除封建割据，并推行重商主义，在这个意义上他们也代表新兴资产阶级的利益；或是站在资产阶级的立场，拥护君主专制，主张消除封建割据，要求宽松的发展工商业环境；或是站在资产阶级的、小市民的、工人阶级的立场，反对君主专制，但受传统观念影响，不能抛弃关于神的意识，而其实质上已经放弃上帝主义。与之相比，唯物主义者则明确地站在资产阶级立场上，排除了传统观念，或是反对封建领主制，要求君主立宪；或是反对君主专制，要求君主立宪制和民主制。

　　这里有必要了解一下自然神论的背景。欧洲封建领主制度实行七八百年以后，其内部矛盾日益激化，领主间的矛盾冲突加剧，大领主开始对内削弱小领主的特权，并相互争霸、吞并，商人和手工业者不满和反抗封建领主与教会的压制，农奴则不断举行起义和各种反抗斗争。在这种情况下，大领主为了取消其内部小领主的封建权力，并扩大争霸的实力，逐步向集权专制转化，其所需要的财政支持不是像中国战国时期的秦国那样来自发展农业，而是来自发展工商业；不是实行重农政策，而是实行重商政策。这样，各大领主即国王开始与商人结成联盟，由此形成只服从国王的市民社会。

　　在这种条件下，思想界出现了文艺复兴和宗教改革运动。文艺复兴运动以复兴古希腊罗马的思想和艺术为旗号，倡导自然科学来复兴古希腊的自然神论，主张人文主义，质疑和批判上帝主义，由此开始了对上帝主义的否定；宗教改革运动以反对教会统治、要求个体信教自由为号召。二者相互呼应，对天主教会统治予以巨大冲击，形成了对上帝主义的初步挑战。重商主义本身就是文艺复兴运动的重要组成部分。这样，文艺复兴、自然神论和重商主义的逻辑就清楚了。

　　对于欧洲近代哲学史的自然神论阶段，以往的哲学史研究并未注意，其或许看到了自然神论者有关将上帝自然化的论述，但又按照恩格斯"唯物主义与唯心主义两大阵营"的划分，将这些哲学家分别归入唯物主义或唯心主义阵营。对凡归入唯物主义阵营的，就将其自然神论观点说成是"唯物主义的不彻底"；对凡归入唯心主义阵营的，就将其自然神论说成"唯心主义的表现"。总之，在这一派"马克思主义者哲学"哲学史家的评论中，自然神论还是属于唯心主义范畴的，但他们对自然神论者又不一概斥之为"唯心主义"，那样的话这个阶段就几乎没有唯物主义了。而其他哲学史家，对于自然神论则往往不予理睬，如罗素在其哲学史著作中，只注意用他本人的观点来择取相关资料。这样，就导致对欧洲近代哲学史研究中的一大缺憾，这与对欧洲近代史研究忽略集权官僚制阶段是一致的。

　　关于这段哲学史，我在《劳动主义》一书中作了较为系统的论证。

　　春敏：刘老师，是不是可以说，资本主义统制经济体制下的主义，还处于唯物主义的形成时期，此时，自然神论和唯物主义交织在一起，指导着商业资产阶级和国王反对教会和上帝的统治。而资产阶级就伴随这个过程，逐步在革命和社会变革中确立了唯物主义的哲学观念。马克思曾经说过，"真正的现代经济科学，只是当理论研究从流通过程转向生产过程的时候才开始。"① 在重商主义时代，

---

　　① 　马克思：《资本论》（第三卷），人民出版社 1975 年版，第 376 页。

资产阶级、资产阶级阶级意识、资产阶级的经济意识、资产阶级革命都处于大变革和逐步成长过程，资本主义政治经济学的主体、主义也不如资产阶级革命后那样成熟。当然，主题和主张由于表现得更具体，也更容易看明白，体现在不同思想家和不同阶段。

刘： 应该是这样。哲学上的自然神论在早期占主导，后期开始出现唯物主义，重商主义两个阶段大体是与哲学上阶段相吻合的，但又有交错。统制经济体制的后期，重农学派和英国的洛克都已开始论证对这个体制的改变，他们在哲学上都受唯物主义的影响，洛克本人就是唯物主义的创始人之一。

马淮： 关于资本主义统制经济体制下的主题理解起来较为容易。重商主义的经济学研究，集中反映了商业资本家的利益，概括了当时的社会经济矛盾。其主题是如何从国家角度管理经济，为商人提供必要条件，处理好国家与商人的关系，由此增加财富，这些可以从对财富、货币、价值、利润以及对外贸易等概念和问题的探讨中看出来。

润球： 重商主义的主张可以从两个阶段来看。早期重商主义产生于 13—16 世纪中叶，以货币差额论为中心（重金主义），强调对外贸易中多卖少买。该时期代表人物为英国的威廉·斯塔福。早期重商主义者主张采取行政手段禁止货币输出，反对商品输入，以贮藏尽量多的货币。一些国家还要求外国人来本国进行交易时，必须将其销售货物的全部款项用于购买本国货物或在本国花费掉。16 世纪下半叶到 18 世纪初是重商主义的第二阶段，即晚期重商主义，其中心思想是贸易差额论，强调多卖，代表人物为托马斯·孟。他认为对外贸易必须做到商品的输出总值大于输入总值（即卖给外国人的商品总值应大于购买他们商品的总值），以增加货币流入量。16 世纪下半叶，西欧各国力图通过实施奖励出口、限制进口，即奖出限入的政策措施，保证对外贸易出超，以达到金银流入的目的。重商主义的后期，重商主义逐渐演变为重工主义，即重视工业的发展，随着资产阶级革命胜利和生产方式建立，重商主义逐步被资产阶级古典经济学取代。从总体来看，重商主义作为资本主义统制经济体制下的主流思想，核心还是国家管理经济。以专制政治统制经济，有利于商业资本在国内的运营，也有利于保护商业资本在国际贸易中的利润，同时可以强化集权专制，因而也得到国王的认同。

思远： 在资本主义统制经济体制阶段，资本主义政治经济学还处于萌芽阶段，尚未形成系统理论体系，但却是政治经济学从无到有的开始，"政治经济学"这一术语就是法国重商主义者蒙克莱田于 17 世纪初发表的《献给国王和王后的政治经济学》中首次提出并使用的，其意在于国家对社会经济生活管理的理念和方法。

三　资本主义自由竞争体制下主流经济学的主体、主义、主题和主张

春敏： 资本主义自由经济体制下主流经济学的主体已经从商业资产阶级转变为产业资产阶级。

刘： 这也有一个过程。资产阶级革命削弱或推翻了集权专制，否定了统制经济体制，资本的所有权在法律上得到进一步明确规定，资产阶级掌控国家权力以保护其权利。由于这个阶段的资本所有者大都是私人投资经营，尚未形成大的垄断资本，私人资本所有者要求自由竞争，并建立了排斥、弱化尚有专制势力参与的国家权力干预经济的经济体制。劳动力所有权随人身权的确立而得到法律承认，资本雇佣劳动关系成了经济矛盾中的主要矛盾。自由竞争体制清除了国内贸易壁垒，促进了劳动力和生产资料跨地区、跨部门、跨国度的自由流动。随着自由竞争体制的发展，资本趋向于积聚，股份资本逐渐占据主导地位，股份公司出现，资本迅速广泛地集中，更具有流动性和扩张性。股份资本导致所有权与占有权、经营权分离，资本所有者逐步退出经营管理。到自由竞争体制的后期，垄断资本出现，并形成资本垄断经济。这个时期资本主义政治经济学已经形成，并出现了若干派别，但分化尚不明显。其代表的主要是产业资本家，但也包括商业资本家和金融资本家，说到主体，不如说整个资产阶级更准确。而且产业、商业、金融资本都互相转化，这在股份制中很突出。

云喜： 在这个阶段，主流经济学的主义已经明确了。

刘： 是的。在自由竞争体制下，资本主义已经基本系统化。资本主义也分理论、运动、制度三个环节。作为资产阶级革命理论的资本主义理论，指导社会变革运动，进而贯彻于社会制度，成为统治人类的文化体系。资本主义的经济学是资本主义理论的重要组成部分，它以资本主义哲学为基础。资本主义的哲学观念是唯物主义，其要点是：否定上帝造人创世的观念，认为世界本原和本体是物质，物质是自然的，有规律运动的。人是物质自然界的一部分，是和动物一样按自然规律或"丛林法则"生存的。意识是物质的人脑所特有的功能，是对人生存需要和外部条件的反映，而认知和占有物质财富，就是人的利益。从这个基本观念具体化的社会观，是以物质财富所有权为核心对经济、政治、文化的规定，从以物质财富所有权为主的自然权利、维护自然权利的社会契约和国家论起，主张对物质财富占有和竞争的"唯生产力论"，规定和保证物质财富所有权及其所有者自由的政治民主主义，论证以物质财富所有权为依据的价值观和道德的文化个人主义。这是逻辑一贯的哲学体系，也是资本主义的抽象规定，资本主义理论

系统的各子系统，都是唯物主义这个抽象规定的展开和具体化。

资本主义政治经济学是唯物主义在经济学的展开和具体化。资本是物质财富所有权自我扩张的集合，唯物主义从哲学上将资本增殖及其对社会的控制和主导论证为自然秩序，进而强调资本主义制度就是建立在物质自然规律之上的自然秩序，在这个制度中，唯一合理、应该的就是资本的增殖与统治，资本是主体，也是目的，是核心，也是领导。人类不过是实现这个目的的手段，所有人都应围绕这个核心，都要服从其领导。

春敏：从资本主义政治经济学的历史来看，斯密本人就是唯物主义经济观的倡导和推广者，斯密代表了大工业资产阶级，当时的领主贵族是资产阶级利益的最大妨碍者，所以，其主要任务就是反领主和国家干涉；在李嘉图那里，这点更为突出，在《政治经济学和赋税原理》那本书中，核心就是分析地租及论证其不合理性；但当资本主义制度稳定之后，经济学家的任务不再是论证制度之美好，制度已经成为既定存在了，所要做的一是和谐，二是赚钱。不仅追求质的改变，更追求量的增加，从萨伊的效用论、巴士夏的经济和谐论，到功利主义，都从个体人出发来解读经济。作为主流经济学的起点的"经济人"，开始还有点人的味道，到后了逐步变成了功利人、机器人。从斯密、穆勒、马歇尔，一直到现在，基本上遵照了这条发展道路。今天，主流经济学已经没有了"人"的味道，数学的使用达到了极致，经济学成了数学的一个分支。这种状况既表明了主流经济学发展的特点，也说明了其生命力的逐渐衰弱。

思远：资本主义政治经济学是资本主义大系统的子系统，在斯密那里系统已经形成，奠定了后来主流经济学发展的基本观点。他们在阐发自己利益的同时，还承当着另一个任务，即成为文化上控制迷惑劳动者的主要工具。在主流经济学超阶级的"客观""公正"体系中，资本所有者的利益被说成全人类的利益，也只有保证资本所有者的利益，才有劳动者本人的利益，所有人都是经济人，都是财产所有者。

润球：这一现象好像越是往后越是明显。在斯密、李嘉图等人那里，其思想中体现出来的阶级主体性还是较为明显的。到了 20 世纪以后，基本上已经看不到阶级主体性的东西了。

石越：在资本主义自由竞争体制下，主流经济学的主题是什么？

刘：二三百年来，数以十万计的主流经济学的研究者，都在针对同一个主题做文章。这个主题就是从对经济矛盾的认知中，探讨如何最有效地实现资本所有者的利益。虽然主流经济学家往往不愿意或不能准确地使用"经济矛盾"这个术语，但经济矛盾是现实存在的，也是他们所能面对的唯一对象，他们都是针对经济矛盾的某一层次或环节进行研究。不论有多少派别，其所代表的阶层、集团都是资产阶级的一部分。因此导致的主题形式上会有差异，但不论差异多大，都是同一大主题中的各个小的分题，也正是这众多分题的探讨与论证，才使总体大主题不断实现和充实。在自由竞争体制下，还有支主题，此时的主题是论证和规定资本主义经济关系和制度，在前期表现为以经济人为起点展开的对资本主义制度的论证，核心就是资本如何"自由"的增殖。

春敏：每个资本主义政治经济学家都在针对这个共同的主题展开他们的工作。但在自由竞争体制这个阶段，主流经济学家们被马克思分为"古典经济学家"和"庸俗经济学家"。所谓古典经济学家，包括斯密、李嘉图等人，试图从探讨和解释矛盾中为资产阶级谋利益；而庸俗经济学家，只是在现象层面去描述、掩盖资本主义经济矛盾，主要功能就是为资本主义辩护。这两类经济学家，都是当时的主流经济学家，如何看待这个问题。

刘：按照马克思的划分，他之前的资本主义政治经济学经历了"古典"和"庸俗"两个阶段。他肯定"古典"政治经济学家对经济矛盾的态度，并从中批判地继承了相关成分，也正因此，他将这些政治经济学家视为自己学说的历史前导，而"庸俗"政治经济学家则以掩饰深层经济矛盾，尤其是以所谓"三位一体公式"来立论。

实际上，"古典"政治经济学家与庸俗政治经济学家不同，他们是处于上升期的资产阶级的代表，并为资本主义经济制度取代封建的、集权专制的经济制度的历史变革进行理论探讨的，也正因此，他们在一定程度敢于正视矛盾，由此批判旧的制度，而在对新制度的论证中，也能从劳动价值论对利润的来源进行理论的探讨，这在李嘉图那里得到集中体现。资产阶级的利益迫使李嘉图在即将揭示矛盾本质的时候止步，在理论上陷入不可解脱的矛盾。而作为"三位一体公式"基础的"要素价值论"，早在斯密那里就已经提了出来，但只是他三种价值论中的一种，而当时的主要经济矛盾还是资产阶级与专制统治的矛盾，因此"要素价值论"还未贯彻于他全部体系。到萨伊时就不同了，他要面对的是资本家与雇佣劳动者的矛盾，同时兼顾与领主、地主的矛盾，为了论证资本主义制度的合理与和谐，把"要素价值论"作为唯一的价值论，并以此论证"三位一体"公式。在代表资产阶级利益、概括资本所有者经济意识这个基本点上，"古典"与庸俗的政治经济学家并没有差别。二者的区别在于，主要以反封建、反集权专制为己任的"古典"政治经济学家，还能将工人视为自己的同盟者，而工人、农民、农奴等新旧两种社会杂存的劳动者也在反封建、反集权专制问题上与资产阶级处在统一战线。尤其值得注意的是，当时大多数的资本所有者拥有的资本量都不大，本人不仅直接经营管理，有的还要参加技术指导等劳动，因而"古典"政治经济学家能够认可劳动创造价值这一基本事实，并由此对经济矛盾进行了比较深入探讨。

当工业革命在英、法等国全面展开，资本主义经济关系和制度已经确立和稳定，资产阶级不仅在经济上，而且在政治上都成为统治阶级之后，"古典"政治经济学家所承担的反封建、反集权专制的任务基本完成。资本所有者不仅在数量上有了增加，而且其资本也在积累中迅速扩大，资产阶级从经济、政治、文化上都已占统治地位。正如马克思所说，"在这种情况下，问题不再是这个或那个原理是否正确，而是它对资本有利还是有害，方便还是不方便，违背警章还是不违背警章。无私的研究让位于拿钱的文丐的争斗，不偏不倚的科学探讨让位于辩护士的坏心恶意。"①

这一点在"要素价值论"上体现得最为明显，对庸俗政治经济学来说，资本是主体，其他都是资本的附属。以资本为主，一切为资本服务的东西都成了要素。要素这个概念，看起来是一个中性词，是生产资源，但从主体角度来看，要素就不再是所谓的中性词。

云喜："要素价值论"是在感觉的表层印象之上的简单归纳。三要素或五要素的说法，似乎是三个或五个所有权主体的资源结合的整体，各主体之间是平等的，而且都得到了因其所有的要素在生产中的作用而相对应的补偿、报酬和收入。在现在的经济学中，微观经济生产函数理论把要素作为自变量，产量作为产出，在自变量中，各自地位相同；在分配理论中，通过欧拉定理也证明了各要素各得到自己的收入的理论，但却掩盖了真正在生产和分配中说了算的资本所有者。宏观经济学中的增长理论，无非是生产函数理论的泛化。逻辑都体现这一点。

马博：自由竞争体制下主流经济学的主张是什么？

刘：此时的主流经济学家主张实行自由竞争体制。实力雄厚的产业资产阶级不再需要国王的保护，而是将国王的专制视为其发展的主要障碍，集权政治已否定了封建的割据政治，产业资产阶级展开了反专制的革命，建立了以资产阶级为主导的民主政治。新的国家政权成了产业资本扩展和增殖的工具。自由竞争体制突出了个体资本的自由竞争，而国家则为资本在国内剥削劳动者、在国际上侵略掠夺"保驾护航"。

具体来说，自由竞争体制下"主流经济学"的主张包括制度、体制、结构、

---

① 马克思：《资本论》（第一卷），人民出版社 1995 年版，第 17 页。

经营管理和对外经济交往等几个层次。制度层次上，各流派都主张以财产所有权为基础和核心的资本主义私有制，同时主张资本所有者可以自由购买劳动力和生产资料，并配置它们进行生产和服务性经营，以获取利润，转化为资本，不断再生产，这个制度的基本内容就是保证资本获得最大化的利润。为此，不仅从法律上明确财产所有权和人身权这两个自然权利及各种具体权利，界定其相互关系，还要通过各种国家权利来保证、协调权利关系，并构建相应政治机制，从总体上控制资本主导的经济生活秩序。不管什么流派，在制度层次上的主张都是相同的，也正因此从总体上都属主流经济学。在体制层次上，自由竞争体制下的主流经济学主张自由的竞争，受看不见的手的制约，国家充当守夜人。在结构层次上，"看不见的手"则是在努力排斥政治作用的情况下，单纯以趋利为机制的。经营管理层次是自由竞争体制时期的"科学管理"。对外交往层次，有代表性的是绝对优势原理和比较优势原理，主张自由的对外扩张。

需要说明的是，在这个阶段，不仅英国，法国、德国等也开始进入资本主义自由竞争，也有各自的政治经济学，而且英国经济学界也出现分化，形成不同的派别，但总体上依然都是资本主义政治经济学，至于其中各流派在结构以下的各层次主题和主张会有所差异，这是由其代表的国家、阶层、集团利益决定的。这些派系也在争谁是"主流"，对此也要注意，但不能被它们的纷争所迷惑，相对于马克思创始的社会主义政治经济学，这些派系都是资本主义的，在世界是一个总的"主流"，而其内部各派系的"主流"之争，并不影响总"主流"地位。在具体分析时，也要注意这些派系的差异。

四　市场经济体制下主流经济学的主体、主义、主题和主张

春敏：近三十多年来，"市场经济体制"在中国是个"显词"，用的随意、用的随便，我觉得在探讨"市场经济体制"的主体和主义之前，有必要明确"市场经济体制"这个概念。

刘：经济体制是经济制度的阶段性具体形式。所谓"市场经济体制"，是资本主义经济制度第三阶段的体制形式，强调国家干预、参与经济并制定市场规则的经济体制，它形成于第二次世界大战前，盛行于"二战"之后至今。市场经济体制是在否定自由竞争阶段后，资本雇佣劳动制的主要矛盾双方，即资本统治与雇佣劳动者之间斗争、均衡的经济体制。其中，不仅有主要经济矛盾，还有资本与资本的矛盾，乃至经济结构的矛盾等，都集合于国家，并通过国家参与和干预来协调解决。国家因此也就成为经济矛盾的集合体，而与由政治斗争所形成的势力结合，又在国家的职能及对国家的控制上得以表现。争夺国家的控制权与取

得市场控制权，是交织在一起的。市场经济是一个矛盾斗争的场，资本雇佣劳动制的权利体系不仅依然存在，而且突出并强化了国家的经济权力与职能。

不仅今天中国的市场经济体制鼓吹者不知道，就连市场经济体制的提出和实行者罗斯福、凯恩斯们也没有想到，这个体制的首倡者和原则的基本论证者，并非经济学家，而是他们一百多年前的"哲学之王"黑格尔，他在 19 世纪初的《法哲学原理》中论证的"市民社会"的权利体系已是资本主义市场经济体系的框架。19 世纪中期的思想家，包括恩格斯，都曾指责黑格尔有关国家经济权力和职能的观点，说他是为"封建专制辩护"。但实际上，恰是黑格尔预测到私有资本制度演化到一定程度，其自由竞争的体制必须要求有国家干预和调控。虽然他不可能提出"市场经济体制"（包括今天西方经济学家也没有这样的概念，他们只是说"市场经济"，对体制和制度并没有区分），但国家以集中的权力（这在他的法哲学中是以所有权—家庭—市民社会—国家的概念转化来论证的）对私有资本经济及其自由竞争的调控，又是逻辑的必然，而这也正是他在对"市民社会"基本矛盾的分析中发现的历史必然——不过是在一百多年后才实现的。

在资本主义制度的这个阶段，以金融资本为核心的国际垄断资本成为现代世界经济矛盾的主要矛盾方面，也成了主流经济学的主体。现代主流经济学既体现着对金融财团为核心的资产阶级利益和意识的概括，又以其辩护论和实用主义扭曲地反映着现代资本主义经济矛盾。以金融资本为核心的现代垄断资本财团，支使其政治代理人用武力讨伐那些不顺从其统治的国家，对阿富汗、伊拉克以莫须有罪名的侵略，是其突出表现。操纵由它们制定规则的世界贸易组织、世界银行、联合国以及各种世界组织，并以资本输出、技术控制等手段，对中国、俄罗斯及所有国家经济实行控制，不仅获取巨量超额利润，更使这些国家生出了一批为其代理的经销商、采购商和政客。

玉玲：今天中国人使用市场经济体制的概念的时候，实际上已经把制度去掉了，混淆了制度与体制的区别。在逻辑上直接出现了市场经济 = 社会主义市场经济 = 资本主义市场经济的关系。

春敏：在这个阶段，主流经济学的主义由于资本的全球化，逐步确立了唯物主义（其现代的具体形式为实证主义、实用主义、科学主义、技术主义等）的全面统治。尽管主流经济学家并不愿意承认，甚至掩饰其主义，但他们都相当明确自己及其所代表的社会群体的利益。这就足够了。把握了利益，也就把握了主义；明确了目的，也就明确了主题。即令在最枝节的问题上发表议论，也是符合主题的。这一点，所有的主流经济学家都知道并做到了。至于在总体资本主义框架内，还会分出若干属于各支派的"支主义"，从而又有支主题，如凯恩斯主义、新自由主义、制度主义等等都有自己小派别的支主题。正是支主题的研究对其支主义的展开与具体化，才使主流经济学的总主题得以实现，使其总主义得以充分地展开于具体的论证中。

刘： 资本主义市场经济体制下主流经济学的主题，与自由竞争体制下主流经济学家们的主题不同。市场经济体制下的主流经济学家以"国家"为论证重点，探讨资本财团如何利用国家实现资本利润的增加。凯恩斯的学说在第二次世界大战以后被资本主义国家所采纳，以不同方式转入市场经济体制，并因此而缓解了资本主义经济的尖锐矛盾。然而市场经济体制本身也有不可解脱的矛盾，其关键就在国家。

春敏： 但主流经济学在制度上的主张与自由竞争体制阶段的主流经济学家没有本质区别。

刘： 是的，如果在制度层次有区别就不是资本主义经济学了。这两阶段的主流经济学主要的区别还是反映在经济体制、经济结构和经营管理等几个具体层次上。在体制层次上，主张国家参与和干预经济。但到 20 世纪 70 年代，市场经济体制陷入困境，于是有一批经济学家追随里根为代表的大资本财团主张"新自由主义"，这也是主流经济学的一个分支，试图用旧的自由竞争体制解救资本主义制度的矛盾。而其恶果，就是近期的金融危机和经济危机，资本主义制度又陷入危难之中，于是全世界的政要又都以凯恩斯主义为救命法宝，主流经济学家则提出了强化国家干预，加固市场经济体制的主张。中国的新自由主义信奉者，主张私有化和自由竞争，也使中国进入危机，辛苦劳动创造的剩余价值被储备为美元及欧元，特别是美国国债，任由大资本财团贬值；另一部分集中于房地产，成为掠夺财富的手段。即使按照主流经济学家的标准，中国以"主流"自居的经济学家三十年的主张也不是市场经济体制，而是统制经济体制下的非自由的竞争。

主流经济学的主张，主要是对经济结构和运行机制的。这个层次的主张，充分反映了资本所有者阶级内部各阶层各集团之间以及国际矛盾，分歧最多，冲突明显。经济结构和运行机制的矛盾错综复杂，代表不同阶层、集团利益的经济学家在这个方面提出对策。大体来说，在资本主义经济制度确立后经济体制的相对稳定时期，各派把对策当作主要任务。同时指使在落后国家的经济学家派遣队，向该国提出适应资本发达国家大财团的政策主张，如休克疗法、比较优势原理、第三产业结构决定论、市场换技术论、大循环参与国际经济论等。在管理层面，主要体现于弱化乃至消除工会等劳动者组织，以行为学等加强对劳动者的管理，并注重金融资本的经营和运作。在国际关系层面，主流经济学以比较优势理论为基础，四处贩卖他们的全球化理论，以"普世价值"为号召，向全世界推广资本主义的逻辑。

云喜：主流经济学在制度上的主张大多包含在早期作家的著作中，在这些著作中，有较为明确的论断。如萨伊在《政治经济学概论》中提出，"只有在私有财产不受侵犯的条件下，生产三要素才能发挥其最大生产力。"① 当代主流经济学家们虽然不对制度做系统的论证，但在行文中明确体现出了对资本私有制的肯定和拥护。如"现代的私有企业制度是——或已经是——追求个人发财致富最理想的手段。"②"私有产权容许多种不同的合约安排与选择，是能使交易费用减少的最主要因素。这是近代经济学的可以肯定的结论中比较重要的一个。"③ 当然，今天主流经济学家以技术哲学为基础，他们不明确他们理论的制度基础和国度性，这些都作为前提存在于他们的头脑中，贯彻于他们的推理中，在教科书中，反而不做鲜明的论断，这使得主流经济学的教科书具有宣传上的迷惑性，让初读者或大众觉得这个学科是没有阶级性和国度性的，所有的论断都是推理出来的。在中国，以苏联模式下教科书的宣传方式，属于直接的灌输，使得人们尤其是青年人有了一定反感，所以，主流经济学的这种在制度层面的宣传和做法，对于影响初学者具有很大的作用。所以有人说，西方主流经济学在意识形态灌输上的能力远比我们想象的大得多。

春敏：在探讨主流经济学的主义的时候，要注意一个问题。主流经济学为了实现资本的统治世界的需要，在学术上也在制定自己的制度，比如所谓的学术标准。学术标准本身也具有意识形态的色彩。很多主流经济学家并不重点宣传理论观点，但重点宣传学术研究的标准。这些标准看似不涉及主义，不涉及制度，看似站在科学立场上研究问题，但这些标准的贯彻，本身就会直接得出主流经济学家自己所要的答案。这是一个方面。另一方面，主流经济学家为避免在观点上进行争论，给人以公允的感觉，制定很多条条框框，逐渐在社会上形成了一种"只有这样才科学"的意识，以此来倒逼其他流派的经济学研究者，潜移默化地服从其逻辑。为了获得民众的信任，其他学派的研究者也依照主流经济学所谓的学术标准进行研究。我觉得不管研究结果怎样，他们自身已经失去了主体性，也就不可能正确的表达自己的意识。比如，今天中国一些所谓马克思主义经济学的理论"创新"就存在这种情况。

兴无：主流经济学是在对资本所有者阶级经济利益和意识概括的基础上，对

---

① 萨伊：《政治经济学概论》，商务印书馆 1963 年版，第 4 页。
② E. F. 舒马赫：《小的是美好的》，商务印书馆 1984 年版，第 184 页。
③ 张五常：《卖桔者言》，四川人民出版社 1988 年版，第 140 页。

经济关系和制度的规定。围绕赚钱，而且是可持续的赚钱，逐渐形成了两个主要学科，即微观经济学和宏观经济学。微观经济学以价格理论为核心，但实际上在整个近五十年来，传统的微观经济学的市场理论，由于假设推论，导致其与资本主义社会现实不符，所得出的结论基本上就成了理想设定。传统的均衡价格论的研究成了意识形态最核心的部分，在发达国家尤其是美国内，并没有市场，更多的是在外部传播。现代的微观经济学更侧重应用，在效用函数理论出现以后，效用成了一个中介，通过这个词，把收入、价格和产量等市场的核心变量通过效用函数建立起来，在经过一番的数学推导后，原来的效用理论就失踪了，基本变成了经验总结、统计。

宏观经济学中的均衡收入理论，在现实中也很少有人应用，而增长理论，通过建立函数关系，推演各种变量在增长中的作用。但问题是，现实的问题总是让这些经济学家们走投无路。即使按照他们主流经济学家的观点，经济学的任务是预测（熊彼特在经济分析史第一卷中的说法），经济学家也从来没有预测准确过。

春敏：刘老师，当今世界是国际垄断资本主导的全球化阶段，这一阶段，世界经济成为一个资本支配的大系统，那么市场经济体制的这个提法是否需要改变？

刘：全球化是资本主义市场经济体制的外延扩展。资本主义制度发展到市场经济体制这个阶段，再向前转型必须是制度的变革，在体制层面已经没有改革的空间，另一个罗斯福、另一个凯恩斯都不可能出现。资本主义自由竞争体制出现矛盾的时候，依赖掠夺殖民地等手段，通过自由竞争来全球化，走向了市场经济体制。市场经济体制的功用，一是将资本主义制度推向新阶段，二是把苏联社会主义摧毁了，然后再全球化。资本主义制度下一步矛盾怎么演化，从资本角度看不到新东西。矛盾再演化就是制度层面，但现在还达不到制度变革的程度。

春敏：市场经济体制中政府控制出问题后，新自由主义思潮泛滥，爆发了国际金融危机，危机一来，凯恩斯主义又回潮，如何理解凯恩斯政府管控与新自由主义的关系？

刘：市场经济体制中的政府管控思想代表了资本总体的利益，新自由主义代表了资本个体的利益，两者之间的对立和矛盾就是当今资本主义市场经济体制的内在矛盾。有个经济学家叫斯蒂格利茨，反对新自由主义，主张政府管控，有的人就把他的思想称为社会主义，这是不准确的。小布什的时代就是虚拟资本主导的时代，新自由主义是其理论根据，主张资本自由的无限制地获取利润。全球化是新自由主义的扩展，依然受国度性的制约。

五 "主流经济学"的演化趋势

春敏：资本主义政治经济学作为"主流经济学"的历史，实际上也是资本发展的历史。从商业资本、工业资本、金融资本到虚拟资本，资本形态不断发生变化，其"主流经济学"的任务也在发生变化。"主流经济学"适应资本需要而不断更新。在资本主义发展的历史进程中，英国开启了资产阶级政治经济学。英国政治经济学占据主流地位一个多世纪，后来美国资本主义经济强大，英国逐渐衰落，美国政治经济学又成为主流。由于美国的文化传承于英国，其经济学是英国经济学的继续。美国政治经济学的主流地位，曾受到苏联为首的社会主义阵营及其教科书，即苏联政治经济学教科书的挑战，只能通行于那些非社会主义国家。但时间不长，苏联解体，美国政治经济学又成了世界的主流。到了20世纪80年代，美国经济学被引进中国并得以应用。其实，我们所学的主流经济学，不过是美国大资本财团用来渗透中国意识形态的主要手段和工具，主流经济学中的很多原理，之所以让中国人学习使用，不过是让这个国家的很多政策来适应美国的利益。

兴无：与作为经济知识相比，主流经济学更重要的任务是传播一种意识形态，这是资本统治人类的必要手段。美国成为世界霸主之后，加强了意识形态国家机器的建设，阿尔都塞把意识形态的国家机器列举了八种：宗教的、教育的、家庭的、法律的、政治的、工会的、传播媒介的、文化的。主流经济学越来越明显成为意识形态的国家机器中的内容，在教育、传播、工会和文化等几个方面都有体现。"资产者唯恐失去的那种教育，对绝大多数人来说是把人训练成机器。"

春敏：这里有必要分析下现在流行的所谓新自由主义经济学。我觉得新自由主义之"新"，是所处时代之"新"。它兴起于20世纪50年代，到20世纪70年代，由于资本主义世界出现滞涨的局面，凯恩斯主义经济学式微，新自由主义获得了更大的施展空间，从非主流地位上升到主流地位。新的时代赋予新自由主义新的任务。任务之"新"，体现在发达资本主义国家内部，就是新自由主义的政策"重构致力于转换政府在经济中的角色，斥责通过政府开支和税收来调节商业周期的波动的方法；认为应当在国内外市场上放松乃至取消政府对公司行为的调控；主张国有企业和公共服务私有化；要求大幅度削减社会福利项目"。[①]

新自由主义经济学任务之"新"，体现在发达资本主义国家外部，在于对发

---

① （美）大卫·科茨：《新自由主义和20世纪90年代美国的经济扩张》，王泰摘译，《国外理论动态》2003年第8期。

展中国家和苏联、东欧等社会主义国家进行自由主义意识形态的渗透和教化。在换上一些时髦的语词如制度创新和数学公式之后，在新兴经济体和发展中国家横冲直撞，成为这些国家经济政策的主导思想，最终使得这些国家的政策选择顺着以美国为首的国际垄断金融资本的思路进行。新自由主义也就成为美国资本全球化的强大思想武器，突出表现就是华盛顿共识。按照斯蒂格利茨的说法，该共识概括说来就是自由化、私有化和市场化。新自由主义的本质是私有化，私有化使垄断资本能够进入到资本流入国重要的、利润高的产业部门，进而有机会控制该国的国民经济；通过向拉美和东欧各社会主义国家推行私有化观念，促使这些国家的经济制度发生根本性变革，再由经济制度变革促使国家的上层建筑发生相应的变革。市场化主旨是削弱政府对经济控制的力量，削弱国家主权的作用，使垄断资本能从政治上控制全球的经济运行；自由化为垄断资本扩张活动提供了广泛的自由。结果是，按照共识制定本国经济发展政策的国家必然实行利率市场化、贸易自由化、允许外资进入等一系列措施，相应地，国际金融资本就会进入这些国家各个产业。正如一位日本学者所说，"1989 年东欧剧变和 1991 年苏联解体，是自由竞争资本主义市场体系的效率最终获得了胜利。"① 新自由主义经济学已经成为资本主导的世界体系的文化工具。所以，新自由主义经济学的应用主要在垄断资本所控制的落后国家，而不是在发达资本主义国家。在传播过程中，只强调经济学本身的原理，而不涉及其他制度和历史等前提，起到一定的欺骗性作用。

润球：刘老师，您能不能在这里展开说一说主流经济学的问题及其趋势？

刘："主流经济学"作为资本主义经济意识的概括，在世界上已通行二三百年，它主导着资产阶级变革封建的和专制的制度，进而主导着资本雇佣劳动制的建立与推行。但演化至今，它在人类社会的进步作用已经消失，它不再具有变革精神，而是保守势力的工具。对于日益尖锐的经济社会矛盾，它不是正视，不能也不敢分析，而是力图掩饰矛盾，阻抑改革。从总体看，现代主流经济学不能从理论上说明因资本与劳动的矛盾所引发的阶级矛盾，不能说明实体资本与虚拟资本的矛盾及其导致的资产阶级内部的阶层、集团的矛盾，不能说明各资本主义国家间的矛盾。对于这些因资本对人本质的异化而体现的人与人社会关系的矛盾，现代主流经济学依然用资本主义形成期所依据的"物质自然规律"来解释，至多是在术、技层面加进一些数学公式，以示"科学"。这表明，它已不具备研究的基本功能，其理论生命已经终结。但它依然是资本所有者阶级利益和意识的理

---

① （日）伊藤诚：《幻想破灭的资本主义》，社会科学文献出版社 2008 年版。

性概括，由于现代大资本财团与人类进步的对立，因此主流经济学也已经成为阻碍历史发展和人性升华的反动学说体系。

这个体系的缺陷，首先就是以理想掩盖现实经济矛盾。为了保证理想的实现，它把在现实中存在的阶级、阶层、集团，乃至国家、区域的矛盾统统排除，设定其不存在。其次，就是脱离实际，现代主流经济学力图将其学说打扮成自然科学那样的"科学"，除否认主体性、阶级性，还把其作为根据和对象的财富所有权及保证所有权的制度也在理想化后作为前提不予论说，这样的体系，并不是对现实经济矛盾的分析，而是对资本所有者和想成为资本所有者的"经济人"的利益和意愿的概括。在主流经济学家看来，每个"经济人"都是资本所有者，或者已经将其所有的货币转化为资本，或是时刻准备成为资本所有者。"经济人"的理性就是资本的理性。这是一个严重脱离实际的体系，但是现代主流经济学在中国的传播者却将它说成是"密切联系实际"的体系，而且被一些政要、老板乃至由这一学说所勾引起强烈发财致富欲望的青年学生所认可。之所以如此，一是在中国以"苏联模式"为根据的苏联教科书作底本的社会主义政治经济学已丧失了它揭示经济矛盾的功能，二是中国深重传统的官文化和小农意识与主流经济学在基本观念上的相通。"发财致富"作为官方倡导的主流观念，使受小农意识影响的人从这个体系看到了自己理想的概述，真的将自己想象成资本所有者并掌握了"致富"途径。三是为迎合资本家和政府的需要所提的主张，不计后果，急功近利，不择手段地为实现"利润最大化"出谋划策。现代主流经济学以实用主义为原则，而其实用的标准，就是使资本获取"最大化"的利润。为此，无所不用其极，不仅榨取剩余劳动，而且肆意开采利用自然资源，破坏环境。特别是"创造"出虚拟货币、虚拟资本、虚拟经济这些怪物，使人类经济生活陷入全方位的矛盾。四是虽然极力掩饰，但却不能摆脱其作为资产阶级经济意识的本质。现代主流经济学家极力在标榜他们是在进行不受意识形态干扰的、与政治脱离的"纯经济"的研究，但实际上他们的学说是资产阶级意识的重要组成部分，具有极其强烈的阶级性、政治性。他们编写的教科书，实为资产阶级经济意识的宣传品。他们所说的"纯经济"是根本不存在的，这次金融和经济危机充分证明了政治在经济中的存在与作用。而他们所设定的每个"经济人"都是资本所有者，都可以获取利益和利润的最大化，也是与资本主义制度相背离的。五是在方法上已经丧失了理性思维所必需的观念和能力，这是其理论生命终结的重要原因。

玉玲：请您在方法论层面展开谈谈。

刘：从方法上看，现代主流经济学已经丧失了理性思维所必需的观念和能力。按马克思的说法，主流经济学早在 19 世纪中叶就已开始庸俗化并失去了理性思维的观念和能力，演变至今，更为彻底。庸俗化的方法主要特点就是辩护性，辩护性也就是欺骗性。号称对"纯经济"进行科学研究的现代主流经济学家，他们本人已不再认为自己是"政治经济学"家，而自称"经济学"家，以此表明是超乎阶级、国家、意识形态的，但实际上他们要比其前辈斯密、李嘉图更加"政治化"，他们的学说更"实用"地在为资产阶级的政治服务，其内容也更具政治性，将辩护性方法发挥到了极致，并贯彻于其主题和主张之中。其要点是：（1）把资本所有者的利益说成全人类的利益，将每个个体人都视为资本所有者，进而从"经济人的理性"立论。（2）将现行资本主义制度规定为"自然规律"，是天然合理的社会制度，是人的自私本性的集中体现，也是实现个人私利的唯一社会形式，相比传统的庸俗政治经济学家，他们在这一点上更加确定和绝对化。（3）以现象描述代替本质规定，以片面的一般性抽象表述代替特殊性矛盾的分析，如将供求关系说成经济乃至社会的主要矛盾，以此掩饰阶级关系和社会矛盾。（4）在思维层次上只重术、技，不再探讨法的创新，片面地强调数学化，将数学的使用程度等同于科学研究的程度，以数学公式的推演代替经济矛盾分析。（5）庸俗的实用主义，现代主流经济学家既缺乏理性思维能力，也没有理论创新的动力和欲望，绝大多数从业者都只是把它作为谋生手段，从而也就势必唯雇主意愿行事，或是为政府提供政策咨询，或是为资本财团的基金会做课题，或是在媒体发表言论。为了让雇主满意，竞相采取实用主义方法，不求探索矛盾，只讨雇主欢心。

事实并不像中国一些人所宣传的那样：主流经济学家是一批为人类福祉进行科学严谨探索的科学家，其中大多数是为了谋生而受雇于资本财团的基金会、研究机构和大学，经济学只是他们的职业。就连斯密也是受雇于共济会，按其旨意而写作的。今天的主流经济学家就更别说了，他们只是资本财团的雇员，而且是比较低微的雇员。中国那些自称"主流"的人，有谁不是拿了美国、日本财团基金会的钱，又有谁不受雇于国内某资本协会、基金，乃至投靠权贵？如此这批人的研究，在其开始时就已定了性，并注定不可能科学。他们的"主流"地位，不是其研究成果决定的，而是其老板的统治地位决定的。虽然层次低下，错误频频，但只要其老板还占据统治地位，他们就会是"主流"。不过，人类的发展因资本统治而造成的尖锐矛盾，使反资本的民主势力日益强大，随着劳动者素质技能的提高，否定资本统治的劳动社会主义一定能成为世界的主导，到那时，资本主义"主流经济学家"也就退出历史舞台了。

从主体和主义论，中国政治经济学与资本主义"主流经济学"是有质的区别的，但这不妨碍我们在主题研究和主张探讨上吸收和借鉴其某些术、技层次的成果。对于中国政治经济学，资本主义"主流经济学"在中国的传播者肯定会反对，但这是好事，有这个对立面的反对，只能促进我们的研究。我们要认真听取他们的反对意见，尽可少反驳，或者不必反驳。

（张春敏）

马克思对中国政治经济学基本观念、方法、原则的启示

苏联教科书所阐发的马克思主义，并不能真正体现马克思本人学说的基本观念，运用这种马克思主义理论去指导中国社会主义经济发展会产生诸多失误，为此必须对马克思本人的学说进行认知，在此前提下，根据中国实际，从马克思学说中接受对中国政治经济学在基本观念、方法、原则上的启示。马克思将哲学的任务规定为改造世界。他的哲学观念的渊源是黑格尔哲学，但他自己的基本观念又是在费尔巴哈的启发下确立的。他继续费尔巴哈的思路，将哲学的对象确定为人，并进一步探讨人的社会关系，从社会关系的总和来规定人的本质。也正是从这个意义上，他称自己的哲学观念为"完成了的人道主义"，他的哲学出发点是运用批判的革命的辩证法，对资本主义私有财产制度和异化劳动的批判之后，系统论证了共产主义概念，确定了社会主义运动的原则。马克思的基本观念、方法和原则对中国政治经济学理论形成具有重要启示：在哲学观念上必须明确劳动主义为中国政治经济学的主义；在方法论上以实践辩证法为中国政治经济学方法论的哲学基础；在原则上明确"以民主促进并强化劳动者的自由联合"作为中国政治经济学的原则。

一　马克思与"马克思主义"的关系

润球：在以往探究中国发展道路的时候，我们常常用"把马克思主义的普遍原理与中国具体实践相结合"的说法来规定中国发展问题的研究道路。通过对《中国政治经济学——主体、主义、主题、主张》的学习，我明确了一点就是中国经济发展的问题必须要依靠中国自己的经济理论，形成中国政治经济学是中国经济发展的必然趋势。其根本就是以劳动者为主体，从概括劳动者利益和意识的劳动社会主义规定中国的经济矛盾，从而提出变革的主张。中国政治经济学的形成与发展过程中，马克思的理论起着重要的作用。那么马克思的学说与我们以前常讲的"马克思主义"是等同的吗？两者有怎样的关系呢？

刘：马克思的学说与我们常说的"马克思主义"并不能等同起来。马克思是使社会主义理论系统化的思想家，他承接费尔巴哈人本主义的逻辑前提，提出了以劳动为基本和核心的新哲学观念，并以此为指导，对资本主义及其制度进行了深入系统批判，形成了以劳动者为主体的社会主义理论体系。马克思以"完成

了的人道主义""真正的人道主义""新唯物主义"等称谓自己的哲学观念。从其观点和方法，特别是在他整个理论体系中的地位和作用看，我曾用"劳动人道主义"来表示他的哲学观念和理论原则。从哲学史的逻辑及社会主义哲学观念的性质看，取代资本主义哲学观念的应是劳动主义。马克思意识到了这一层，并从这个意义上进行哲学创新。因此，我们可以说马克思创始了劳动主义，并将之贯彻于他的全部理论体系之中。

苏联教科书体系中，将马克思的学说及恩格斯、列宁、斯大林的思想拼合为"马克思主义"，并将其切割为各自独立的哲学、经济学、科学社会主义三部分，而且将哲学的层面只限定于唯物主义、辩证法、历史唯物主义，这样，能归入"马克思主义哲学"的马克思的论述非常少，主要是以恩格斯、列宁、斯大林的言论为据。马克思并不是按苏联教科书的体系来研究哲学，他的哲学观念既有抽象层次的论证，更有具体层次对经济、政治矛盾的规定，这些内容构成他的哲学体系中的经济观、政治观。我们这里所探讨的，也不是按苏联教科书的体系，而是按马克思本人的论证，力求概述他"真正的人道主义"哲学观的基本内容，从而探讨其对中国政治经济学的启示。

二 马克思的基本哲学观念及对中国政治经济学的基本观念的启示

润球：在探讨这个问题之前，我想我们应该从马克思的哲学体系入手。马克思是社会主义的思想家，他的哲学观念与之前的哲学家有着什么不同？

思远：1845 年春，马克思在《关于费尔巴哈的提纲》结束的一段话中写道：哲学家们只是用不同的方式解释世界，问题在于改变世界。[1] 这既是对以往哲学的概括——解释世界，也是对他所要创立的新哲学的提要——改变世界。

江荣：从解释世界和改变世界的哲学思想去划分哲学家的思想是马克思的独创，这对哲学发展具有划时代的价值。那两者的本质区别是什么呢？

刘：解释世界，马克思是指，从自然神论到唯物主义，再到休谟、康德、黑格尔、费尔巴哈的一个共同点。虽然各自角度、方法、观点有所不同，但目的却是一致的，就是如何解释世界。在解释世界问题上的分歧和争论，是近代哲学史的主要内容。哲学家们将自己视为真理代表，站在世界之外、之上来探讨世界的本原、本质，并宣示他们所发现的真理。虽然他们都在利益上代表着世俗的资产

---

① 马克思：《关于费尔巴哈的提纲》，《马克思恩格斯选集》（第一卷），人民出版社 1995 年版，第57 页。

阶级，但却都用超凡脱俗的言语说着玄奥的"哲学术语"，似乎只有这样才能显示其与众不同，才能解释世界。

马克思以"只是用不同的方式解释世界"来概括以前哲学家的共同点，表明他对这些哲学家的深刻了解，当他站在一个新的高度审视这些哲学家时，他已形成了对哲学，也对自己研究的新要求、新目标，这就是改变世界。马克思并不认为单靠哲学家就可以改变世界，而是认为世界本身因其矛盾不断变化着，哲学家们应对世界变化的规律做出理论规定，由此指导人们的实践，按世界的发展规律来改变世界。

马克思指出，由于把哲学的性质和目的局限于解释世界，哲学上的许多争论，特别是认识论中的分歧之所以出现，就在于忽略了实践，忽略了改变世界这个根本。实践是改变世界的方式和过程，也是人类社会生活的本质。实践的主体是人，但实践所改变的，不仅是客体，也包括主体的人。从这个意义上说，"改变世界"是主客体的统一，人在改变客体对象的过程中改变人自身，在改变自己的基础上更进一步改造客体。实践的核心和基础内容，是劳动。劳动是人与对象的本质联系，也是人得以为人，并生存和发展的内在根据。

马淮：补充说一下，马克思认为人的实践是社会活动，人的社会性是人的本质属性，不能将人视为孤立的个体存在，而是由众多个体内在统一的总体有机存在。改变世界，不仅是改变人类生存的自然环境，也包括改变人类的社会关系和制度。

马博：那么，我们是否可以认为马克思哲学的目的和出发点是以革命的实践来改变世界呢？

春敏：马克思从实践的主体性出发，论证了实践的能动性和革命的必要性。改变世界的革命实践，不只是意识自身的演变。青年黑格尔派企图仅以意识形态的批判，就可以改变人的思想，进而改变社会，是不现实的。旧的社会势力不仅体现在意识上，更体现在物质上，体现在社会制度中，必须以新的物质的力来摧毁旧的物质的力。但这种摧毁又不同于自然界的纯物质的变化，它要与人的意识变革相统一，即以革命的理论批判旧理论，武装群众，形成社会运动，提高人的素质技能，发展生产力，改变人的社会关系。这也就是改变世界的革命实践。

润球：以实践改变世界是马克思哲学体系的灵魂，哲学必须与一个革命的、实践的阶级相统一，即成为这个阶级的理论，或者说只有革命阶级的意识才能成为真正的哲学。马克思这里所说的哲学，是他本人立志要创立的新的哲学体系。"我"是一个主体，但"我"又是特定阶级的代表，"我"的哲学就是这个阶级意识的理论基础和原则。这个阶级就是无产阶级。无产阶级是在工业的发展中形成的，它是一个与改变世界相统一，即只有改变了世界，才会改变自己的生存环境，同时也改变了自己的存在，或者说消灭了其自身存在的社会基础的阶级。

江荣： 马克思的哲学出发点在于通过实践来"改变世界"而不是"解释世界"。而实践就是通过劳动实现的，马克思是劳动者的代表，他本人也是劳动者。他第一次系统地论证了劳动者的利益和阶级意识，他的哲学和全部理论体系的主体是劳动者，并从劳动者的主体性出发，探讨了劳动者从生产的主体向社会主体的转化，这是一次理性思考的实践。那么我们如何理解马克思的理性劳动和劳动的理性内涵和内在关系呢？

刘： 马克思是劳动者自觉的思想代表，毕生从事为劳动者谋利益、争取解放的理性劳动，由此而论证了劳动者的理性。

历史上的社会变革所形成的统治阶级，虽然在变革前是被统治阶级，但都是非劳动者，即令他们在进行变革的时候，也不是将劳动者视为社会的主体，至多只是把劳动者看成可以利用的力量。近代唯物主义者所集中体现的资产阶级意识，在反对封建和专制的过程中，强调人的自然权利和自由、民主，似乎是代表所有人的，这也包括了劳动者。但其理论所主张的所有权和自由竞争的结果，还是少数人掌控物质财富的社会权利，劳动者只不过是资本生产获取利润的"要素"和"资源"。在唯物主义的理论中，世界的主体是物质，社会的主体是物质财富，至于物质财富的所有者，不过是物质财富的"人格化"，是行使物质财富权力的手段。他们所讲的理性，实则是物质财富的理性、资本的理性，黑格尔对资本的理性做了充分的论证，并由此充实和证明了唯物主义。费尔巴哈主张以人为本位的哲学，他的"人本主义"强调所有人的"爱"，但并未能明确劳动者的主体性。

实践是认识的基础，也是理性的基础；劳动是实践的核心和主要内容，也是理性的根据。只有以劳动为根据并作用于劳动的理性，才是促进人素质技能提高和社会进步的导引，只有劳动者才真正需要理性，只有代表劳动者的理性思维才能构建劳动者为主体的理论。阶级统治使理性发生了异化，不仅背离劳动者主体，而且剥夺了广大劳动者进行理性思维的权利。只是在偶然的情况下，才有个别思想家从"救世"角度对劳动及劳动者做一些理性论证，如中国的墨翟和欧洲的耶稣，但他们的理性之光就像流星一样稍现即逝。

社会主义是劳动者的理性，是理性回归其主体的表现。马克思以前的社会主义者虽然同情甚至站在劳动者立场来运用其理性，但总体上说都未跳出唯物主义的总框架，还以唯物主义的理性从人类全体的角度论证社会制度的改造，并不能明确劳动者的主体性，也不能形成以劳动者为主体的理论。他们的出现，表明社会的发展和劳动者素质技能已经达到相应高度，劳动者在工业化社会大生产中逐步形成了主体意识。马克思承继早期社会主义者理性的逻辑，进一步从普遍的人集中到劳动者，集中到产业工人阶级，明确这个阶级的主体性并论证其阶级意识，正是在这个过程中，形成了劳动的理性。马克思的哲学观念就是劳动理性的集中体现。

思远：马克思是人类有史以来第一位系统的理性劳动者，也是第一位以系统的理性论证劳动的思想家。这当然离不开他的时代，即素质技能不断提高的劳动者在市民社会和商品经济的发展中促使了生产力的提高，同时也为资产阶级主导的反封建、反集权专制的斗争提供了经济实力，而资产阶级夺取政权以后又毫不留情地将其主要精力用于压榨工人阶级。素质技能提高了的工人虽然未能得到他们的劳动所创造的财富，却从与资产阶级的对立中意识到了阶级，意识到阶级利益，由此形成了初级的阶级意识。这个阶级意识需要理性地系统化，马克思自觉地承担了这一历史使命。

玉玲：与此同时，马克思又在费尔巴哈对黑格尔的批判中，受到很大启发。恩格斯和普鲁东又影响了他对政治经济学的兴趣，使他认识到要揭示市民社会的秘密，不能到逻辑学中，而是到政治经济学的对象和内容中去探求。这些都发生在 19 世纪 40 年代初期，这几年是马克思的理性迅速成熟，并确立自己思想体系的原则、方法和观点的时期。在这个过程中，他所继承的黑格尔的辩证法起了重要作用。理性，在马克思那里，已不再是世界的主体，但它仍然是人类认识世界和自身的主要形式。运用这个新理性，或者说在这个新理性的促动下，马克思展开了他对劳动的理性规定和对资本的批判。这种批判揭示了资本主义社会的主要矛盾，即资本统治与雇佣劳动间的矛盾；确立了劳动者的真理，即社会主义。依据这个"理"，马克思具体地分析了资本主义社会发生、发展和灭亡的必然性，提出了社会主义取代资本主义的历史大趋势，论证了劳动者的发展和人性升华，即人类社会"史前时期"的结束和劳动理性占主导地位的必然性。

刘：哲学是时代精神的集中概括。马克思是资本主义社会早期劳动者利益的代表，他的学说是对产业工人阶级意识的概括。他的理性的劳动是概括和论证劳动理性的主观条件，劳动者在生产中的主体性及其要求成为社会主体的利益和意识，劳动者素质技能的提高与社会生产力的发展，是马克思理性劳动的根据。

在马克思的理性所构建的体系中，劳动实际上已是一个基本的、核心的概念。对他的哲学观念，虽然他自己用"新唯物主义""真正的人道主义""完成了的人道主义"来称谓，并突出实践的地位，但他规定实践概念的核心还是劳动。不过，由于马克思本人没有明确劳动在他的哲学观念中的地位，加之"新唯物主义"的提法又容易与"旧唯物主义"在一般性上弄混，加上恩格斯的解释，即古往今来的哲学都要归入唯物主义和唯心主义"两大阵营"，并把马克思归入唯物主义阵营之中，进而以辩证法来界定"马克思主义唯物主义"的特点，即所谓"辩证唯物主义"。这种认识经考茨基、普列汉诺夫、列宁、斯大林的坚持与弘扬，就成为苏联和中国正统的对"马克思主义哲学"的称谓了。至于南斯拉夫人所提出的"实践唯物主义"，虽然突出了"实践"，但依旧没有跳出恩格斯"两大阵营"的界定。只是以实践作为"马克思主义唯物主义"的特征罢了。

马克思肯定并继承了唯物主义基本观点，即世界是物质的、物质是自然的，并把这作为自己哲学观念的前提。他说的"新唯物主义"是指与"旧唯物主义"的这种联系，但他更强调自己哲学观念与唯物主义的本质区别。这种区别的根据就在于时代，在于所代表的主体。"旧唯物主义的立脚点是市民社会，新唯物主义的立脚点则是人类社会或社会的人类。"① 市民社会是在封建社会中形成并否定封建社会的，其主导者是资产阶级。"人类社会或社会的人类"在马克思那里就是指否定市民社会后的社会形态，即共产主义社会，其主体和主导者就是劳动者，而在否定市民社会过程中，主导者和主体就是产业工人阶级——无产阶级。

无产阶级是没有任何资产的阶级，他们唯一所有的，就是自己的劳动力，但劳动力只有与生产资料相结合才能形成劳动，而生产资料的所有权掌控在资本所有者手中，这样就导致劳动力与生产资料的分离。劳动者本来应是劳动生产的主体，也是主动者，但由于不掌控生产资料所有权，反而成为被动者，只有拥有资本所有权的资本家购买其劳动力，并组织、指挥他们生产时，劳动者才进入劳动状态。劳动者虽然是生产劳动的主体，但不是经济的主体和主导者，他们的劳动成果不是归他们所有，而是归资本所有者所有。由此形成劳动的异化状态，劳动的成果成为资本所有者继续购买劳动力的资本和获取其劳动成果的手段。以异化劳动为基础的私有财产制度，是无产阶级所面对的基本社会条件，他们的利益与这个制度是对立的，而无产阶级与此制度所维护的资本所有者阶级的矛盾就成为社会的主要矛盾。马克思的研究，主要的成果就是对异化劳动和私有财产所构成的资本主义制度进行理论分析，揭示其主要矛盾及其矛盾系统。

作为理性劳动者，马克思的理性集中于劳动，在唯物主义的既有前提下，他将劳动作为哲学观念的基本。承接费尔巴哈的人本主义，马克思的哲学也是从人出发，但他所说的人是以劳动为核心要素的人，是以社会关系总和为本质的人。

---

① 马克思：《关于费尔巴哈的提纲》，《马克思恩格斯选集》（第一卷），人民出版社 1995 年版，第 57 页。

因此，对人的考察也就集中于劳动上。对劳动的理性考察和规定，既是马克思哲学观念的基本，又贯彻于他的全部理论体系之中。从规定异化劳动概念形成异化劳动学说，到分析雇佣劳动与资本的关系，再到规定无产阶级与资产阶级的矛盾，规定社会基本矛盾和历史阶段，以致改造和完善劳动价值论，规定和论证剩余价值理论，探讨社会主义公有制和无产阶级专政，劳动都是基本概念。劳动的理性既是马克思哲学观念的核心，又是他全部理论体系的基础和前提。

马博：劳动是实践的主体，也是劳动社会主义哲学的核心概念，那么劳动的本质问题，马克思是如何认识的？其中马克思在分析资本主义制度基本矛盾时如何发现异化劳动概念的？他又是如何分析的？

玉玲：在规定劳动概念的过程中，马克思发现，现实资本主义经济中劳动是被扭曲、被异化的。马克思将劳动作为规定人本质和完成了的人道主义的基本概念，而异化劳动则是他规定资本主义经济和社会制度的核心概念。

劳动概念在唯物主义者那里也是一个相当重要的范畴，洛克等人在论证自然权利时，曾把劳动作为财产所有权的重要根据，他本人甚至还提出了初级的劳动价值论或"劳动财产论"。斯密、李嘉图则进一步从劳动规定价值，并由此构筑了资本主义政治经济学。黑格尔承继这一思维，将劳动纳入思辨哲学体系，既是体现绝对精神的人的主观意识的体现，又是规定财产权利的重要依据。马克思对劳动概念的规定，吸收并改造了唯物主义者和英国政治经济学家以及黑格尔的有关规定。在马克思的观念里，劳动首先是哲学概念，进而又是政治经济学的概念。前者是抽象，后者是具体，它们有着内在的统一。

马克思在开始对资本主义政治经济学的系统批判中，就发现了劳动在其理论体系中的地位，他写道："英国国民经济学的一个合乎逻辑的大进步是，它把劳动提高为国民经济学的唯一原则。"[1] 这表明他已经抓住了资本主义政治经济学的基本。同时他也发现，正是资本主义政治经济又在违背自己的这一原则，按照经济学家的意见，劳动是人用来增大自然产品的价值的唯一东西，劳动是人的能动的财产，但根据同一个国民经济学，土地所有者和资本家——作为土地所有者和资本家不过是有特权的和闲散的神仙——处处对工人占上风，并对他发号施令。

劳动创造价值这个观点，既是资本主义政治经济学所体现的唯物主义哲学观念的具体化，是批判和否定封建、专制制度的思想武器，又是论证资本主义经济

制度的依据。但也正是在这一点上，表现出其不可解脱的矛盾，它一方面强调劳动创造价值，另一方面又认为非劳动的资本和土地也应占有劳动所创造的价值，并认为资本占有利润是生产的目的，由利润转化的资本积累是再生产的主导。劳动者并不能得到他的劳动创造的全部价值及其产品，这是资本主义经济制度及为其论证的政治经济学的基本矛盾。马克思对政治经济学的研究也就是从这个基本矛盾的分析展开，异化劳动概念就是对这个基本矛盾的初步规定。

思远：马克思的劳动概念是在对黑格尔的劳动概念研究基础上建立的。马克思早在进行政治经济学研究之前就已经对黑格尔进行批判，在他 1843 年写的第一部著作《黑格尔法哲学批判》中，就已涉及劳动与私有财产的关系，进而在《1844 年经济学—哲学手稿》中，系统地对黑格尔的劳动概念进行了批判。在批判中，马克思逐步形成了自己的劳动概念。他认为，劳动是使人区别于动物的本质性活动。在他与恩格斯合著的《德意志意识形态》中写道："可以根据意识、宗教或随便别的什么来区别人和动物。一当人们自己开始生产他们所必需的生活资料的时候（这一步是由他们的肉体组织决定的），他们就开始把自己和动物区别开来。人们生产他们所必需的生活资料，同时也就间接地生产着他们的物质生活本身。"①

生产是劳动的总体社会形式，劳动是生产的个体内容。劳动是人区别动物的本质性活动。劳动是因需要而进行的，是满足需要的活动。而劳动对需要的满足，是通过社会交往实现的。

劳动作为人的生命活动，对人来说不过是满足需要，即维持肉体生存的需要的手段。而生产生活本来就是"类生活"，这是生命活动的生成。"一个种的全部特性、种的类特性就在于生命活动的性质，而人的类特性恰恰就是自由的自觉的活动。"② 在《资本论》中，马克思进一步对劳动作了具体规定："劳动首先是人和自然之间的过程，是人以自身的活动来中介、调整和控制人和自然之间的物质变换的过程。人自身作为一种自然力与自然物质相对立。为了在对自身生活有用的形式上占有自然物质，人就使他身上的自然力——臂和腿、头和手运动起来。当他通过这种运动作用于他身外的自然并改变自然时，也就同时改变他自身的自然。他使自身的自然中蕴藏着的潜力发挥出来，并且使这种力的活动受他自己控制。"③ "蜘蛛的活动与织工的活动相似，蜜蜂建筑蜂房的本领使人间的许多

---

① 马克思：《1844 年经济学—哲学手稿》，《马克思恩格斯全集》（第四十二卷），人民出版社 1979 年版，第 96 页。

② 同上。

③ 马克思：《资本论》（第一卷），人民出版社 2004 年版，第 207—208 页。

建筑师感到惭愧。但是，最蹩脚的建筑师从一开始就比最灵巧的蜜蜂高明的地方，是他在用蜂蜡建筑蜂房以前，已经在自己的头脑中把它建成了。劳动过程结束时得到的结果，在这个过程开始时就已经在劳动者的表象中存在着，即已经观念地存在着。他不仅使自然物发生形式变化，同时他还在自然物中实现自己的目的，这个目的是他所知道的，是作为规律决定着他的活动的方式和方法的，他必须使他的意志服从这个目的。但是这种服从不是孤立的行为。除了从事劳动的那些器官紧张之外，在整个劳动时间内还需要有作为注意力表现出来的有目的的意志，而且，劳动的内容及其方式和方法越是不能吸引劳动者，劳动者越是不能把劳动当作他自己体力和智力的活动来享受，就越需要这种意志。"①

刘： 讲劳动是个体的，也是社会的。马克思对劳动的规定，也主要体现在对劳动的社会形式及由此产生的矛盾的分析上。我们这里概括的是他关于劳动的抽象规定，他对劳动的具体考察和规定，贯彻他的全部哲学和理论体系中。而他首先考察并规定的劳动的社会形式，就是现实的资本主义制度，在这个制度下，劳动已经异化。异化劳动也就成为马克思规定资本主义制度主要矛盾的第一个核心概念。

异化，是黑格尔哲学的一个基本范畴，也是他辩证法的重要内容，在他的体系中，异化是范畴转化的中介。黑格尔认为，异化首先是自在和自为之间、意识和自我意识之间、客体与主体之间的对立，也是抽象理性与感性现实之间的对立，但这种对立并不是绝对的，而是统一的、可以转化的。异化，也就是异己化，即从自身产生出相异的对立物，这个对立物是异化的结果，并会继续异化。在黑格尔的体系中，作为出发点的是绝对精神，绝对精神在其自身存在（或"有"）的范围内，是矛盾的、运动的，从而从自己存在范围的终端，开始向自然转化。自然界是绝对精神的异化，它既是绝对精神的异己物，又是绝对精神的自我表现。绝对精神在自然界的矛盾中运动着，并在各范畴的转化中再异化出人类，人的主观精神是对自然界和社会的认识，同时也是绝对精神在"自我意识"阶段的回归。人类的主观精神又异化出客观精神，它以法律和市民社会、国家等形式表现，并对人的行为和思想予以制约。异化在黑格尔体系中的重要作用，深刻地影响着他的后学者，费尔巴哈就是运用异化的思想和方法，批判基督教，提出"上帝的本质是人的本质的异化"的命题。马克思承继了黑格尔的异化思想，以此来分析批判现实资本主义经济制度。与黑格尔不同的是，马克思是以人为主体，以劳动为根据来运用异化范畴的。

---

① 马克思：《资本论》（第一卷），人民出版社 2004 年版，第 208 页。

对于异化劳动,马克思先做了一个总括性论说:"劳动所生产的对象,即劳动的产品,作为一种异己的存在物,作为不依赖于生产者的力量,同劳动相对立。劳动的产品就是固定在某个对象中、物化为对象的劳动,这就是劳动的对象化。劳动的实现就是劳动的对象化。在被国民经济学作为前提的那种状态下,劳动的这种实现表现为工人的失去现实性,对象化表现为对象的丧失和被对象奴役,占有表现为异化、外化。"① 进而,又从四个方面展开分析:

(1)工人同自己的劳动产品的关系就是同一个异己的对象的关系。很明显,工人在劳动中耗费的力量越多,他亲手创造出来反对自身的、异己的对象世界的力量就越强大,他本身、他的内部世界就越贫乏,归他所有的东西就越少。②

(2)异化不仅表现在结果上,而且表现在生产行为中,表现在生产活动本身中。③ 劳动对工人说来是外在的东西,也就是说,不属于他的本质的东西;因此,他在自己的劳动中不是肯定自己,而是否定自己,不是感到幸福,而是感到不幸,不是自由地发挥自己的体力和智力,而是使自己的肉体受折磨、精神遭摧毁。因此,工人只有在劳动之外才感到自由,而在劳动中则感到不自在,他在不劳动时觉得舒畅,而在劳动时就觉得不舒畅。因此,他的劳动不是自愿的劳动,而是被迫的强制劳动。因而,它不是满足劳动的需要,而只是满足劳动需要以外的需要的一种手段。④

(3)异化劳动,它使人把类生活变成维持个人生活的手段。第一,它使类生活和个人生活异化;第二,把抽象形式的个人生活变成同样是抽象形式和异化形式的类生活的目的。⑤ 异化劳动从人那里夺去了他的生产的对象,也就从人那里夺去了他的类生活,即他的现实的、类的对象性,把人对动物所具有的优点变成缺点,因为从人那里夺走了他的无机的身体即自然界。⑥

(4)人同自己的劳动产品、自己的生命活动、自己的类本质相异化这一事实所造成的直接结果就是人同人相异化。当人同自身相对立的时候,他也同他人相对立。凡是适用于人同自己的劳动、自己的劳动产品和自身的关系的东西,也

---

① 马克思:《1844年经济学—哲学手稿》,《马克思恩格斯全集》(第四十二卷),人民出版社1979年版,第91页。

② 同上书,第91页。

③ 同上书,第93页。

④ 同上书,第93—94页。

⑤ 同上书,第96页。

⑥ 同上书,第97页。

都适用于同他人、同他人的劳动和劳动对象的关系。①

在以上分析的基础上，马克思又进行了综合，指出如果劳动产品对劳动者来说是异己的，那么它只能属于工人之外的非劳动者的资本家。通过对异化劳动概念的规定，马克思揭示了资本主义经济制度矛盾的本质，进而改造并完善了私有财产概念。

马淮：我们可以说私有财产和异化劳动是相辅相成、互为制约的，这两个概念是规定资本主义制度的基本，也是批判资本主义政治经济学的依据和出发点。

从异化劳动和私有财产概念出发，马克思对工资、资本、利润、利息、地租、货币、积累、竞争等概念进行了改造，从而构成了异化劳动学说。这是马克思哲学观念形成的体现和运用，也是他哲学思想的基础，在这个基础上，马克思规定了人本质和一系列范畴，并扩展到对资本主义经济、政治制度的系统批判，初步建立了以劳动为核心的社会主义体系。

润球：马克思通过明确劳动是人的本质属性而对人有了极为深刻的认识，马克思曾说过："通过实践创造对象世界，人证明自己是有意识的类存在物，也就是这样一种存在物，它把类看作自己的本质，或者说把自己看作类存在物。"②我们如何理解马克思所说的"人的类存在"？

刘：马克思这里所说的人把类看作自己的本质，并不是费尔巴哈的"把许多个人自然联系起来的普遍性"，而是"一切社会关系的总和"。

将宗教的本质归结为人的本质，是费尔巴哈的一大贡献，但是他对人的本质的规定，还局限于"单个人所固有的抽象物"，因而是不明确、不彻底的，将"许多个人自然地联系起来的普遍性"作为人的本质，将本质只理解为"类"，并没有真正规定人的本质。马克思发现了这一点，明确地将人的本质归结于"一切社会关系的总和"。这样就抓住了人本质问题的根本。任何人都是生存于社会关系中的，抽象的个人是不存在的。人作为社会存在的动物，必然地发生各种社会关系。马克思以前的哲学家，几乎都有一个共同的认识：人的本质是先于人的社会存在、外于社会存在的。人的存在只是人的本质的表现形式，本质决定着人的存在和活动。这种观点和方法在黑格尔那里表现得最充分。他认为，人的本质在于绝对精神，人是按照绝对精神的外化经自然的演变而生成的，人的本质早在绝对理念中就已经规定，人的存在只是本质表现的现象。马克思否定了这种本质

---

① 马克思：《1844 年经济学—哲学手稿》，《马克思恩格斯全集》（第四十二卷），人民出版社 1979 年版，第 97—98 页。

② 马克思：《1844 年经济学—哲学手稿》，《马克思恩格斯全集》（第四十二卷），人民出版社 1995 年版，第 96 页。

先于存在的观点和方法，强调人的本质是现实的，只能从其存在的社会关系中才能规定，是从存在的现象概括本质，不是本质决定现象和存在。人的社会存在，包含四个基本要素，首先是劳动和需要，进而是交往和意识。没有需要，人就不是生命的机体；没有劳动，人的需要就不能满足，但任何人都不是以自我劳动来满足自我需要的，人与人之间要通过交往来互相满足需要，在劳动、需要和交往中人形成意识。

将人的本质归结为"一切社会关系的总和"，不仅确定了人的本质的外延，也为规定人性、人的价值、人权、自由等范畴，进而为探讨并论证社会观和经济理论创造了必要前提。

作为劳动者的思想代表，马克思有充分的理由认为，人的价值，以其劳动能力及运用为根据，并在劳动的对象化中得以体现。而对人价值的评判，正是人性和人本质的具体化。

润球：马克思"完成了的人道主义"基本哲学观念对中国政治经济学的基本观念的启示是什么呢？

刘：中国政治经济学是以劳动者为主体的，是对现代劳动者经济利益和意识的概括，通过这种概括来规定现实经济矛盾，探讨解决矛盾的途径。马克思的哲学观念，特别是他对劳动的规定，对于中国政治经济学确立自己的基本观念是有一般意义的指导的。马克思学说的主体与中国政治经济学的主体都是劳动者，特殊在国度和时代。正是劳动者的一般，使马克思的哲学观念成为中国政治经济学的历史和逻辑的前提。

中国政治经济学的基本概念也是劳动，承接马克思的哲学观念，我们依据现代世界经济矛盾及生产劳动的演进，以劳动主义规定作为哲学观念，并在劳动主义的指导下，形成中国政治经济学的基本观念，其核心就是劳动的观念。在这个意义上说，中国政治经济学就是劳动主义政治经济学。在规定基本观念时，不仅受到马克思的启示，还要从一般意义上继承他的有关思想。

从对劳动概念的规定来讲，劳动是人之所以为人的根本，也是人的本质性活动，是人本质的核心要素，是人类从动物界提升为特殊的类并演化、发展的根据。资本所有者阶级的思想家从"生产要素"或"资源"来规定劳动，劳动者阶级的思想家则从劳动者作为劳动主体的角度来规定劳动，这是内在的规定，是劳动者本质和本原的体现，包含着劳动目的、技能经验、脑力和体力的支出、苦恼与愉悦。劳动是每个个体人和社会总体存在的基础，是社会关系和社会矛盾的缘由，是意识的动因和载体。综合而论，劳动是人为了满足需要在意识的导引下，在交往中以脑力与体力的支出改变物质或服务他人的活动。劳动具有目的性、计划性、社会性、多样性、演进性。

马淮： 接刘老师的话，劳动可以说是人本质的核心。人的本质，是对人存在与发展的基本要素内在联系的规定。人类的存在与发展集中体现于劳动、需要、交往、意识四要素，这四要素的组合，形成了错综复杂的社会生活和矛盾。其中，劳动是核心，是根本，需要、交往和意识都是在劳动的基础上，围绕劳动而形成和展开的，是劳动的必要条件，乃至内在因素。人的本质不是先验的，也不是静止的，而随劳动、需要、交往、意识的发展而变化。

人需要劳动，劳动是人性创造和升华的根据。人性是人本质的具体化，人性是以动物的一般属性为前提的，也是对动物一般属性的否定，即扬弃。通过劳动，人的动物属性已被改造为一种特殊的形式，人类的发展，也就是在不断的劳动过程中确立、充实人的本质，改造动物属性，创造人性并使人性不断升华的过程。人性作为人类特殊的本质属性，包括：社会性、主体性、思想性、目的性、创造性。

劳动是人的本质属性，但在不同社会关系中劳动也会表现为不同的性质，劳动与劳动者之间会产生异化劳动。在阶级社会性中，劳动在人本质中的核心地位及其作为人性的根据却被掩盖、扭曲，并引发劳动的异化。劳动的异化集中体现于劳动被非劳动者所控制，劳动成果被非劳动者所占有，并作为继续控制劳动者的手段。也正因此，劳动者历史地表现为奴隶、农奴、农民、雇佣劳动者，这种身份的转变，是以劳动者素质技能的提高为根据的，而素质技能提高了的劳动者又必然要求改变其社会地位，从而内在地促进了人性升华和社会变革。

江荣： 劳动是个体的，也是社会的，从现代社会角度看，劳动可以分为生产产品的劳动、提供服务的劳动和科学知识研究传授的劳动三大类。但从古代到近代，人们把劳动只归结为生产产品的劳动，或者只认知生产产品的劳动，而第二、三类劳动在社会上表现得并不突出，只是在近一百年的工业化进程中，随着劳动社会化而逐步强化了其地位和作用，因此在规定劳动时有必要将其分类。劳动者素质技能的进一步提高，势必使这两类劳动的地位和作用更加突出，特别是科学知识研究传授劳动，将成为人类社会发展的主导。

马博： 从对马克思"完成了的人道主义"哲学观念中，可以发现劳动者和劳动的物质条件的统一。这是劳动的两个要件，也是一对矛盾。劳动者是主体，劳动的物质条件是客体，是作为主体的劳动者的手段。劳动者是主动的、主要的矛盾方面，劳动的物质条件是被动的、次要的矛盾方面，它们因劳动者的劳动，才被作为认识对象、劳动对象，被改造为产品、工具和设施，也就是劳动者通过脑力、体力的作用而使自己对象化于相应的物质之中，它们是人劳动和生存的必要条件。

云喜：刘老师在《劳动主义》中规定了理性的劳动和劳动的理性，这对中国政治经济学的研究是相当重要的，也是受马克思的启示而提出的。劳动是理性的根据和体现，人是在劳动中逐步形成理性，而劳动就是在理性的规定和导引下进行的。人的劳动的特殊性，或者说与一般性动物活动的区别就在于理性。劳动目的的确定，制造和使用工具，设计程序，是理性形成和作用的基本环节，而劳动过程又都包含这三个环节。理性产生于劳动，作用于劳动。对于劳动者来说，理性不是外在的，也不神秘，是思维和行为的主体对自身及其与客体关系的认识，是对人及其存在的物质条件的本质性规定。

劳动的理性。在理性的劳动基础上，劳动者对自己和世界形成认识，在对劳动的界定前提下，提升自己素质技能，进而实现劳动者的社会主体地位，使存在和发展与劳动内在统一。劳动的理性首先要确定劳动者是劳动实践的主体、认识的主体、社会生活和社会关系的主体，进而确立实践与认识的统一、感性与理性的统一、主体与客体的统一。劳动的理性在以劳动者为主体的劳动实践中生成、演化、发展，其动因和动力在于劳动实践，其方法是实践辩证法。

刘：你们刚才说的关于劳动的新规定，都是受马克思的启示，或者说是继承马克思的基本观念而形成的。这些内容也都是基本观念，我们进行中国政治经济学研究，必须有自己的基本观念，在关于劳动概念规定的基础上，还要确立劳动者素质技能与社会地位矛盾、劳动价值论等，以充实和丰富基本观念，这也是中国政治经济学体系的前导。这些概念和观念是针对经济矛盾第一、二两个层次的，它们将通过辩证法具体化于中国国度性矛盾的各层次中。

三 马克思"批判的革命的"辩证法对中国政治经济学研究方法的启示

润球：马克思在探讨基本哲学观念并将之展开规定社会矛盾，特别是资本主义经济矛盾，寻求人类解放之路的过程中，形成了自己的辩证法。马克思的辩证法与黑格尔的辩证法是怎样的关系？

刘：马克思的辩证法来源于黑格尔的辩证法。他曾说过："我公开承认我是这位大思想家的学生。"但这并不等于说马克思的辩证法就是照搬黑格尔的辩证法，也不是某些人所说的是对黑格尔辩证法的"应用"。在《资本论》第一卷第二版的跋中，他这样概述道："我的辩证方法，从根本上来说，不仅和黑格尔的辩证方法不同，而且和它截然相反。在黑格尔看来，思维过程，即甚至被他在观念这一名称下转化为独立主体的思维过程，是现实事物的创造主，而现实事物只是思维过程的外部表现。我的看法则相反，观念的东西不外是移入人的头脑并在人的头脑中改造过的物质的东西而已。在他那里，辩证法是倒立着的。我们必须把它倒过来，以便发现神秘外壳中的合理内核。"①

马克思是在深入系统掌握黑格尔思辨哲学体系的基础上，批判继承其辩证法的，并非一些人简单地认为只是"依据唯物主义"去掉黑格尔辩证法中的"唯心主义"，从而形成唯物（英、法）辩证法（德）的拼合体。马克思在批判继承黑格尔哲学体系的过程中，实际上已经接受了从唯物主义以来哲学的全部发展成果。而费尔巴哈在这个过程中又给他以启示，从而加速了对黑格尔体系的批判，并从"完成了的人道主义"继承和改造黑格尔的辩证法。

马淮： 对黑格尔的批判，使马克思进一步明确了认识的主体性和对象思维以及经验、感性与理性的辩证关系。他承继费尔巴哈的思路，继续着以人为主体、理性与实证相统一的认识论发展方向。在一定意义上说，实证主义者也是在这个时期开始抛弃他们所认为不可能、不必要的从理性规定世界本原，只以知性实证感性知识的认识论革新。所不同的是实证主义者直接从休谟，至多还有对康德的消极理解，却没有看到康德对理性规定中的辩证因素，只吸收了他关于感性和知性关系的思想，对黑格尔则因没有能力理解而置之不理。马克思则通过对黑格尔的批判继承，坚持理性与实证的辩证统一，以人为主体，揭示人及其存在条件、社会关系的矛盾规律。马克思与实证主义者相同的是，都承继并改造了唯物主义对经验、现象的重视。不同的是马克思不仅没有抛弃理性，而是在注重实证的基础上，改造和发展了辩证法，使理性上升到一个新阶段。马克思的辩证法并不像康德"二论悖反"那样只存在于感性、知性之后的理性中，也不像黑格尔那样将辩证法看成绝对理念的产物，而是以人为主体，以改变世界的实践为依据和内容，探讨人的认识过程及其规律。

思远： 需要补充的是费尔巴哈对马克思辩证法的影响。马克思曾指出："只是从费尔巴哈才开始了实证的人道主义和自然主义的批判。"②"德国人对国民经济学的实证的批判，全靠费尔巴哈的发现给它打下真正的基础。"③ 这表明马克思在当时所受费尔巴哈的启发。虽然费尔巴哈对黑格尔的批判并不彻底，从而也没有形成他系统的实证的辩证法，但他批判黑格尔所开启的新的哲学方向却为马克思所坚持，而且马克思很快（大概在写过《1844 年经济学—哲学手稿》之后）

---

① 马克思：《资本论》（第一卷），人民出版社 2004 年版。

② 马克思：《1844 年经济学—哲学手稿》，《马克思恩格斯全集》（第四十二卷），人民出版社 1979 年版，第 46 页。

③ 同上。

就发现了费尔巴哈的局限，并从辩证法批判了这种局限，大踏步地沿着"批判的革命的"辩证法之路前进并创立新哲学。

马博：从以上的讨论中我们不难归纳出马克思辩证法的真谛，就是在于明确认识的主体，在对现象材料充分掌握的基础上，运用理性思维探讨矛盾的关系。那在马克思的研究中是如何具体表现的？

刘：马克思的辩证法主要形成并作用于他对经济矛盾的研究中。马克思已经意识到两个矛盾方面的共存、斗争与融合，也就是对立统一，形成新的范畴，他认为这是辩证法的实质。虽然他并未展开论证，但对他辩证法的形成，却是至关重要的。而马克思所批驳的普鲁东式的"一分为二，保留其一，消除其一"的做法，在今天仍有人视为辩证法，应当注意克服。

在对经济矛盾的长期深入研究中，马克思对辩证法有了更为系统的认识，并形成了以概念运动为核心的政治经济学方法论，即《资本论》的逻辑。列宁曾指出：虽说马克思没有遗留下"逻辑"，但他遗留下《资本论》的逻辑，应当充分地利用这种逻辑来解决当前的问题。在《资本论》中，逻辑、辩证法和唯物主义的认识论都应用于同一门科学，而唯物主义则从黑格尔那里汲取了全部有价值的东西，并且向前推进了这些有价值的东西。[①] 列宁的这种认识是贴近马克思辩证法的。虽然他沿着恩格斯对唯物主义的界定来将"马克思主义哲学"称作唯物主义是欠考虑的，但他对《资本论》逻辑的评价却比较准确。

润球：从《资本论》的逻辑中，我们可以对马克思的辩证法有比较系统的认识。那它的要点都有哪些呢？我们是否有条理的总结一下？

云喜：按刘老师《劳动主义》中的概括，马克思辩证法主要概括四个环节或要点。第一个是充分占有材料。马克思曾说过："研究必须充分地占有材料，分析它的各种发展形式，探寻这些形式的内在联系。只有这项工作完成以后，现实的运动才能适当地叙述出来。这点一旦做到，材料的生命一旦在观念上反映出来，呈现在我们面前的就好像是一个先验的结构了。"[②] 以事实为根据，是马克思从唯物主义经验论中继承的基本原则，他也曾用"实证"来表示这个原则，但与同时期发展的实证主义又有重大区别。实证主义只是对感性材料进行初级的加工，探寻其表面的联系，据此得出局部的本质性认识，反对或不同意对总体性关系的规律性抽象。马克思则在注重占有材料的同时，强调理性的抽象，根据对

① 列宁：《黑格尔辩证法〈逻辑学〉的纲要》，《列宁全集》（第三十八卷），人民出版社1956年版，第357页。

② 马克思：《资本论》（第一卷），人民出版社2004年版，第21—22页。

材料的充分占有和系统的抽象，揭示本质和规律。注意，马克思在这里用了"材料的生命"的提法，对于科学的抽象来说，材料不是死的，而是活生生的实际事物的反映，其生命只有通过科学的抽象才能展示出来。充分的材料，是科学抽象的根据。只有材料的充分，才有抽象的科学；只有抽象的科学，才能揭示事物活的本质和规律。

江荣：我接着说，第二是以实证为基础的抽象。材料再充分，也是材料，是对事物的现象认知。辩证法的意义在于揭示、概括现象之中的本质联系。为此，科学的抽象就成为主要的方法。马克思指出："分析经济形式，既不能用显微镜，也不能用化学试剂。二者都必须用抽象力来代替。"① 运用抽象力来对具体事物进行分析，发现其最简单的规定，即达到类似化学对元素的规定；进而在分析的基础上进行综合，达到对事物的具体认识。

具体之所以具体，因为它是许多规定的综合，因而是多样性的统一。因此它在思维中表现为综合的过程，表现为结果，而不是表现为起点，虽然它是现实的起点，因而也是直观和表象的起点。②

从具体的表象出发，经过抽象分析，再进行综合，这是"思维用来掌握具体，把它当作一个精神上的具体再现出来的方式"。③具体总体作为思想总体、作为思想具体，事实上是思维的、理解的产物；但是，绝不是处于直观和表象之外或凌驾于其上而思维着的、自我产生着的概念的产物，而是把直观和表象加工成概念这一过程的产物。整体，当它在头脑中作为思想整体而出现时，是思维着的头脑的产物，这个头脑用它所专有的方式掌握世界，而这种方式是不同于对于世界的艺术精神的、宗教精神的、实践精神的掌握的。

马淮：三是从抽象上升到具体的过程以概念运动为主干。这是马克思批判继承黑格尔的辩证法，在政治经济学研究中对辩证法的发展。黑格尔的《逻辑学》及全部哲学体系，都是以概念运动为主体的，这是他哲学观念的体现，即通过不断的概念运动表现绝对精神的自身运动及其外化为自然界、人类社会，进而以人的主观意识认知绝对精神的过程。概念的对立统一和否定之否定、异化就构成运动的主体。马克思批判了黑格尔对概念的观点，强调概念、范畴只是思维的产物，是对实际事物在人们感觉中的现象的理解。在这个基础上，他辩证地运用抽象思维的各种形式，对现象材料进行概括，并将其成果集合于概念上，通过概念

---

①　马克思：《资本论》（第一卷），人民出版社 2004 年版，第 8 页。

②　马克思：《〈政治经济学批判〉，导言》，《马克思恩格斯选集》（第二卷），人民出版社 1995 年版，第 18 页。

③　同上书，第 19 页。

的运动，来揭示和论证经济矛盾运动的规律。马克思的思维形式，也是逻辑学上所论说了的概念、判断、推理，以及比较、分类、论证等。他的辩证法不在于有别人所不具备的思维形式，而在于对这些思维形式进行了辩证的组合。其要点在于服从揭示本质说明现象的需要，以概念为主干——不是黑格尔的"主体"，马克思认为思维的主体是人，是社会。先是对现象材料的比较，然后是分类，再是对分类所达到的结果的归纳，之后是分析，分析所得到的一般性因素又由综合定义为概念，在概念的展开中有演绎和论证。这里的特点就是把判断中的分析与综合，推理中的归纳与演绎"拆"开来使用，而不是像逻辑教科书那样归属于一个固定的思维形式，也不是在这个固定思维形式中自成系统地"对立统一"。各思维形式的组合是以概念运动为核心和主干的，也由于各思维形式的有机组合，才形成了概念的辩证运动。在马克思的政治经济学研究中，概念的运动主要有四种形式：一是对旧概念的批判；二是对新概念的规定；三是对旧概念的改造和完善；四是概念的转化。这四种形式是密切相连的，是统一的概念运动有机的环节。

对旧概念的批判。马克思所批判的旧政治经济学概念，是前人对资本主义经济认识的结晶，它们以概括的形式，反映着当时人们对经济矛盾的认识，同时也反映了各个阶级、集团的经济利益和矛盾。旧的政治经济学概念及其沿革，也就是压缩了的资本主义政治经济学史及其所反映的资本主义经济运动史。批判旧概念，对于认识资产阶级政治经济学的矛盾，继续对现实的经济学研究，都是必要的。马克思是以历史的发展的态度对待旧概念批判的，既要展开其各种规定，揭示其一般性因素，更要参照相应的实际材料，探讨概念与实际的关系，同时说明概念体系与实际的经济矛盾系统间的关系。在发现旧概念及其体系内在矛盾的基础上，探寻解决这些矛盾的途径。

规定新概念。这是马克思政治经济学研究成果的集中表现，也是辩证法最为核心和关键的环节。他对新概念的规定，包括两个方面。一是对作为概念体系核心的新概念的规定，即揭示资本主义经济本质的概念规定；二是从本质说明现象时所必要的各具体概念的规定。前者就是剩余价值概念及其原型异化劳动概念，后者则包括资本循环、资本周转、平均利润、生产价格等一系列具体概念。规定新概念是解决旧概念体系的突破点和建立新概念体系的基础，在为改造旧概念提供依据的同时，为建立新的概念体系构建必要的环节。马克思对资本主义经济本质的规定，在早期是异化劳动概念，后来又演化为剩余价值概念的规定，这是系统抽象法的最主要成果。剩余价值概念是从异化劳动概念演变过来的，它已经包含了异化劳动概念的所有科学成分，并克服了其缺陷。剩余价值概念的规定，是对各具体的旧概念批判和改造的结果，又是进一步改造的依据。对非核心概念的规定，是在新核心概念已经基本成熟的情况下进行的，它是从属于整个概念运动的。不论是核心概念还是非核心概念的规定，其方法上的程序，主要是比较、分类、归纳、分析和综合、定义，它的特点是针对大量的新材料，同时也针对旧概念批判中所发现的问题。新概念的规定在概念运动中不仅是核心环节，而且其程序又带有典型性，其他各环节的程序都是概念规定程序的转型。

对旧概念的改造和完善。前人所提出的政治经济学概念，是对社会经济矛盾长期研究的思想凝结，改造和完善这些概念，本身就是对前人经济思想的批判继承，这不仅是建立新体系的必需，也是人类经济思想发展的必然要求。对旧概念的改造与对旧概念的批判，是紧密相关的两个环节，但要真正从批判达到改造，又必须经过新核心概念的规定这一中介环节。对旧概念的批判，必须以完善规定的概念形式表现出来，否则这种批判就是不彻底的。而概念的完善，既是概念改造的继续，又是不断地对概念的改造过程。改造和完善旧概念，主要的意义在于为建立新的概念体系提供必要的构成要素。对旧概念的改造，并不是一次性的，而是反复进行的，除了对前人的旧概念要加以改造外，还要对马克思本人所规定的各概念进行改造和完善。在马克思的政治经济学体系中，对旧概念的改造和完善占有很大的比重，而对旧概念的改造和完善与对新概念的规定，又形成概念的转化。

概念的转化。马克思政治经济学的概念是相互转化联系和统一的，在概念运动的每一个层次上都有相应的对立统一的概念来反映经济矛盾中的对立统一关系，而且以质量互变和否定之否定的形式进行着转化。马克思从批判旧的具体概念，考察各种具体经济现象开始规定其本质，即剩余价值概念，进而从剩余价值概念出发，规定新概念，改造旧概念，展开从抽象到具体的概念转化。从抽象到具体概念转化中，着重考察新概念体系如何与具体对象相一致，考虑逻辑进程与实际经济矛盾的历史进程的统一。系统抽象的重点，是如何规定新的主干概念和改造完善旧概念。这时，按着展开抽象核心概念的形式，来"先验"地编排各概念的关系。从抽象到具体的概念转化，之所以能够顺理成章地过渡，一方面是由于在从具体到抽象的概念转化中为此创造了充分条件；另一方面也在于从抽象到具体的概念转化过程中，又对原有的和新收集的现象材料作了进一步的归纳、分析和综合，从而达到了对各概念的完善规定，更加明确了概念运动的顺序及其相互关系。

玉玲：第四是逻辑与历史的统一。逻辑与历史的关系，是所有思想家都必然遇到的重要问题。黑格尔从思辨辩证法对此做了探讨，他认为，绝对精神首先体现为逻辑,逻辑决定并外化自然界和人类社会,历史是逻辑的表现形式,因而要与逻辑相统一。这是他概括自然科学和社会科学成果、将历史的规律逻辑化后得出的结论,在他关于哲学史和人类历史的研究中有其合理之处,但这种关系毕竟是颠倒的。马克思批判了黑格尔的错误,将逻辑统一于历史,而非历史统一于逻辑。历史是决定性的,逻辑作为人的思维过程,是历史的反映,并作用于历史的发展中。马克思认为,历史的主体是人,而人的本质在社会关系,历史的发展在于人的实践、劳动及围绕劳动的社会矛盾。正是人的存在及其发展,体现出历史的规律,而人的思维则是对历史的认识。逻辑与历史的统一,是在坚持从实际出发,详细占有材料基础上的科学抽象与历史规律的统一。这是他的辩证法的重要原则。

逻辑以历史为依据,逻辑要集中反映历史规律,但这并不等于说逻辑是历史的附庸,只是被动地追随历史的进程,而是能动地、高度概括地总结、发现历史的规律,并主动地导引历史的进一步发展。逻辑与历史的统一,一是针对历史的结果——现实的矛盾是运动的,历史上几个阶段的主要内容,都以否定之否定的形式存在于现实之中,对现实的认识就包含着对历史的认识。现实的矛盾"扬弃"了以往各历史阶段,从这个角度说,历史的发展正好是一个从简单到复杂的过程。

二是为了研究现实,必须探寻它的历史根源,研究它的发展全过程,由此认识现实中的各种矛盾及其相互关系。对资本主义经济矛盾的研究,不仅要占有充分的现实材料,还要掌握大量的历史材料,探根寻源,从初级形态的商品交换和商品生产开始,探讨其演化的全过程,才能对历史,进而对现实规律做出科学规定。而从抽象到具体、从简单到复杂的逻辑过程,可以再现历史的过程。三是逻辑对历史的研究,不仅要探讨现实中存留的历史的因素,还要探讨历史上人们以逻辑对其现实的规定,即思想史。人类社会的历史,本身就包含着人的意识,是人根据自己的存在形成相应的认识而主动地进行的。这些认识在一定程度上以文献的形式保存下来,虽然难免片面,但毕竟是当时人们思想的表现,其中就包含着对社会的认识史。现代人的认识,就像现实是历史的结果和继续一样,也是认识史的结晶和继续。随着人类社会的每一步发展,都有对历史过程中当时当地的研究,这些研究都在一定意义上反映了当时当地的实际情况,随着历史过程的否定,这些对历史的认识也不断地被否定着。和历史一样,认识史的发展也是从简单到复杂的运动过程,愈是往后阶段的认识,所包含的内容也就愈丰富。因而,对认识史的继承和再认识,是研究历史的重要方面。通过这种认识,把握了认识史的发展规律,同时也就从侧面认识了历史发展的规律。

刘：认识史反映着历史，在这种意义上说，二者是统一的。但是，认识中的事物与实际存在的事物毕竟还有区别，人们永远不会穷尽对实际事物的认识，即使是最广泛、最深刻的认识，也不可能把握事物的一切内容，相反，它只能认识与当时的社会实践关系最密切的那些方面。更为重要的是，认识有其自身的规律性。认识的历史规律虽然受历史发展规律的制约，但二者并不是绝对相同的。历史都是具体的，而针对这种具体的认识却是抽象的，它要不断地从具体的现象和具体的概念，向抽象的概念过渡，并要以抽象的概念说明具体概念和具体现象，从而把握具体的历史过程。认识的历史也是从具体到抽象，又从抽象到具体的概念运动。对社会生活某一特定方面的认识史，如果作为一个统一的认识过程来看，那么，最初形成的概念，也就是最接近于表面现象的最具体的概念；随着认识的一步步发展，不断地从这些具体概念得出更为抽象的概念，并进一步改造和完善这些具体概念。在认识的历史上，在先出现的具体概念，往往反映着当时不太发展的现实，而在后的抽象概念则往往是更为发展了的现实的反映。因而，掌握了认识史的发展规律，也就从一定程度上把握了历史的规律。

所以，在现实的研究过程中，一方面要注重对现实的考察，运用系统抽象法揭示现实本身的各种联系；另一方面也要通过对历史遗物和认识史的研究，揭示历史发展的规律。在对现实的研究与对历史的研究相统一的同时，还要将现实研究的逻辑过程与认识史的规律相统一。

马克思"批判的革命的"辩证法，既是他哲学的重要内容，又是他理论体系的灵魂，贯彻于他的哲学观念和全部理论体系之中。

润球：从对马克思辩证法的讨论，我们明确了许多原有对辩证法的误区，哲学方法论是基本观念的展开，不同的哲学基本观念有不同的方法论。社会主义的哲学基本观念不应是唯物主义，其方法论也不应是"唯物主义辩证法"，而应是劳动主义的方法论，即实践辩证法。实践辩证法的主体是人，是体现着、实现着人本质核心要素劳动的劳动者。实践辩证法的实质，就在于导引人本质的发展和人性的升华。马克思辩证法对我们在构建中国政治经济学的研究方法中会有哪些启示呢？

思远：马克思的辩证法的主体是人，人的本质是劳动，劳动者通过劳动实践来改变世界。实践辩证法的根据在劳动，即以劳动者为主体的实践过程，既包括对主体的认识，也包括对客体的认识，是从发展着的劳动实践中概括的方法论。以劳动实践为根据，导引人类总体并制约所有个体依循人本质发展，促进人性升华。

人性升华的基本点，就在端正人生目的。目的，是人类所特有的，人生目的，是自人类形成以来就在探讨的命题。不同的哲学家都对这个命题做了论说。唯物主义将人生目的确定在占有物上，"辩证唯物主义"与传统唯物主义所强调的个体占有物的区别，只在强调以集体来占有物。劳动主义实践辩证法则认为人生目的是发展人，而非占有物，更不是以这种占有来支配、操纵他人的人生。认识和改造自然物使之成为自己存在的条件，是人生的手段，而非目的。正是在人生目的和手段的矛盾中，体现着人类社会的发展。

春敏：马克思的辩证法是产生于对矛盾分析的过程中的，并又作用于矛盾。辩证法的内容，就是对矛盾的规定和解决。事物是主体行为（事）与客体（物）的对立统一，人的生存和发展就是不断认识、处理事物，也即解决矛盾的过程。矛盾在哲学中的地位，是毛泽东在他的《矛盾论》中加以概括并突出的，这为我们研究和规定实践辩证法提供了必要的启示。矛盾并非自然的现象，而是实践的集合点，是人在实践中认识、改造自身和物质条件的过程中，对人的存在与事物关系的规定。

刘：在马克思的辩证法中，物质与意识的统一是在劳动者实践中完成的，哲学的根本命题并不是"唯物与唯心两大阵营的争论"而是对时代精神的集中概括。我们进行中国政治经济学研究，哲学方法论是实践辩证法，这是在马克思辩证法的启示下，继承其基本点，根据现代社会矛盾，批判分析一个多世纪哲学的演化过程而形成的。实践辩证法就是马克思辩证法在现时代的继承和发展。实践辩证法进一步明确规定：思维是主体的人从其利益的内省出发的，即根据生存和实践的需要而主动地按一定目的进行的。利益和意志，是思维的根据和主导。由内省而外化，才有对对象的认识。实践辩证法贯穿于中国政治经济学的研究中，就形成内省外化的系统抽象法。内省外化的系统抽象法要点有：（1）主体利益和意识的概括；（2）价值观思考和确立；（3）主义之概括；（4）充分占有材料；（5）实证与抽象的统一；（6）以概念运动为核心和主干；（7）概念体系对矛盾系统的规定；（8）在概念运动和体系中探究主要矛盾和主要矛盾方面，形成处理矛盾的方法。

系统抽象集合而为逻辑，历史是人类的发展史和认识史，逻辑与历史的统一是实践辩证法的原则。这个原则包括逻辑的过程和结果，是人类发展史和认识史的集中反映，这表现在以下三个方面：（1）逻辑首先是针对现实社会生活的，而现实既是历史的结果，又是历史过程的组成部分。逻辑对现实矛盾规律的揭示，也是对历史过程的集中规定。（2）逻辑要揭示现实矛盾规律，必须考察它的历史过程，认识现实矛盾各要素的历史来源及其关系。（3）逻辑进程与认识史进程相统一，依循认识史规律对现实矛盾进行研究。

人的全部行为和认识，都在矛盾中展开，对矛盾的认识和处理，是人劳动实践的基本内容，实践辩证法的规律也就是矛盾规律，并展开为范畴系统。在这个问题上，毛泽东做出了重大贡献，他力主辩证法的规律只有一个，即矛盾规律或对立统一规律，并指出被苏联及中国教科书列为第二、第三规律的质量互变和否定之否定只是范畴。

矛盾规律贯彻于改变世界的实践过程，是人本质发展和人性升华的需求与导引。矛盾规律是实践辩证法的基本原则和核心，它展开于各主干范畴，构成实践辩证的体系。范畴是规律的具体化，也是主干性概念，每个范畴都包括规定特定对象或矛盾层次的若干概念，是概念运动的关节点。在"唯物主义辩证法"的教科书式表达中，往往套用"对立统一"，将两个范畴构成一对，如"本质—现象""内容—形式"等。这有一定道理，但范畴并不只是在两个或一对的情况下才规定矛盾，范畴本身就是矛盾的规定。因此，我们在规定实践辩证法的矛盾规律及其范畴体系时，是依循实践和认识的进程，按系统抽象的概念体系，体现逻辑与历史统一原则。这样，矛盾规律的范畴有：存在、内因、外因、质、量、主要矛盾、主要矛盾方面、现象、归纳、分析、综合、演绎、本质、抽象、具体、一般、特殊、内容、形式、可能、必然、生成、否定、发展。

在中国政治经济学的研究中，实践辩证法都要具体化于对中国现实经济矛盾的规定和解决，也正是在这个过程中，形成了中国政治经济学的方法论。

四　马克思的"自由人的联合体"思想对中国政治经济学基本原则的启示

润球：马克思在《共产党宣言》中写到"全世界无产者联合起来"，这充分体现了马克思学说的原则是实现"自由人的联合体"，马克思所讲的"自由的人"有怎样的内涵呢？

玉玲：马克思认为，真正意义上的自由，其核心是劳动，是创造物质财富并合理地分配、平等的交往和自觉的意识，是作为人的价值的实现。自由的社会条件不是外在的，而是所有自由人的联合。政治民主和生产资料个人所有制及其公共占有，是"自由人的联合体"的基本形式和条件。在"自由人的联合体"中，个人才能自由地发展。

自由不是任性，不是为所欲为。自由的本位是人，个体自由要在总体中实现，同时也必然受社会的制约。自由更不是脱离社会，像隐士那样归隐山林。

润球：那其中的"联合"是什么含义呢？

春敏：个人只有在社会中才能获得全面发展其才能的手段，也就是说，只有在社会中才可能有个人自由。在阶级统治社会，自由只存在那些在统治阶级的个人，他们之所以有个人自由，只是因为他们是统治阶级的个人。对于被支配的阶级来说，不仅没有自由，而且是桎梏。这样的以统治他人为条件的自由并不是真正的自由，为利益而结成的统治阶级也不可能是"自由人的联合"。

马淮：个人的自由并非与社会、与他人对立的，无产阶级革命的目的，它的纲领和组织原则，都充分体现着为实现个人自由进行的总体解放。马克思从自由、解放等范畴规定无产阶级革命，并将革命建立的社会形态称之为"自由人的联合体"，在那里，人们用公共的生产资料进行劳动，并且自觉地把他们许多个人劳动力当作一个社会劳动力来使用。在那里，鲁滨孙的劳动的一切规定又重演了，不过不是在个人身上，而是在社会范围内重演。鲁滨孙的一切产品只是他个人的产品，因而直接是他的使用物品。这个联合体的总产品是一个社会产品。这个产品的一部分重新用作生产资料，这一部分依旧是社会的。而另一部分则作为生活资料由联合体成员消费，因此，这一部分要在他们之间进行分配，分配的方式会随着社会生产有机体本身的特殊方式和生产者的相应的历史发展程度而改变。仅仅为了同商品生产进行对比，马克思假定，每个生产者在生活资料中得到的份额是由他的劳动时间决定的。这样，劳动时间就会起双重作用。劳动时间的社会的有计划的分配，调节着各种劳动职能同各种需要的适当的比例。另一方面，劳动时间又是计量生产者在共同劳动中个人所占份额的尺度，因而也是计量生产者在共同产品的个人可消费部分中所占份额的尺度。[①]

马博：从对"自由人"和"联合体"的理解，我们如何认识"自由人的联合体"的基本内涵呢，它与资本主义制度是怎样的关系呢？

刘："自由人的联合体"不仅是经济关系，也是在系统批判资本主义制度的过程中关于新社会形态的总体设想。第一，它明确了社会主义社会的目的和性质，即实现人的自由发展，而非沿着唯物主义观念形成的"唯生产力论"去增殖资本；第二，它确定了劳动者的社会主体地位；第三，规定了以劳动为根据的人权和平等；第四，规定了在人权平等基础上对生产资料的个人所有权和民主权；第五，规定了个体思想的自由。马克思认为，自由的前提是个性的独立和解放，这一点在唯物主义那里已经提出，但它关于财产所有权和自由竞争的规定以及"唯生产力论"，恰恰否定了自由。而依据唯物主义所建立的资本主义制度，虽然号称"自由制度"，但却迫使摆脱了封建和专制束缚的个人陷入资本的束缚。有了个体独立性的劳动者，他们的个性和自由只能体现于自由地出卖自己的

---

① 马克思：《资本论》（第一卷），人民出版社 2004 年版，第 96 页。

劳动力；而当这种出卖完成之后，他的主要生命活动即劳动被异化，也就失去了个性，失去了自由。

"自由人的联合体"是对资本主义社会关系和制度的否定，它继承了资本主义时代在个性独立和人权等方面的所有成果，并在新的基础上加以发展。也就是说，在"自由人的联合体"中，人通过劳动感到自己的本质和价值，而且会得到社会的承认，并由此进一步提高素质技能，从事更有创造性、也更有利于社会的劳动。劳动成为人的第一需要。这样，人本身所蕴含的巨大潜能，就会随人素质的提高而充分地发挥出来，从而促进文明更健康地发展。"自由人的联合体"是马克思学说的集中概括，既是对资本主义社会批判的依据，又是对资本主义后的社会的设想。对于我们认识劳动社会主义原则，进而规定中国政治经济的基本原则，都是必要的理论前提。正是受"自由人联合体"所概括的马克思学说的启示，才使我们对上述问题进行思考和规定。

润球：劳动社会主义原则是其本质的展开，是贯彻于理论、运动、制度中的基本精神和总方针，并具体化于路线、政策、策略、法律，乃至组织形式和管理过程。《四主》受到马克思"自由人的联合体"思想的启示，将劳动社会主义原则规定为：以民主促进并强化劳动者的自由联合。如何理解两者的内在关系呢？

玉玲：自由、民主、公有是劳动者在成为社会主体的社会变革过程中有机统一的三个关节点。其中，民主既是劳动者自由的体现，又是劳动者联合成社会势力、进行争取自由发展的社会运动，并促进和制约劳动者在经济中的联合与发展的政治方式。因此，当我们规定劳动社会主义原则时，将民主作为主导和主动的内容。

思远：进一步看民主，它是既无权势又无资产的劳动者联合起来反对阶级统治的唯一政治方式，当然，这里包括对资本主义民主制的利用，特别是对劳动者从其人身权和劳动力所有权所争取到的民主权利的运用。但这种民主权利绝非资本所有者恩赏的，而是作为文明主体的劳动者在其素质技能提高的基础上，经过长期的艰苦斗争，付出巨大牺牲争取来的。这种争取本身就是劳动社会主义民主的进程，它充分体现了劳动者自由发展的意识，也是实现公有制的必要条件。而当劳动者争取自由发展的斗争达到制度化，即建立劳动社会主义制度以后，民主又是劳动社会主义制度的主要内容，民主制是劳动者政治权利的法权体系，又是公有制的内在保证机制。

以民主来保证劳动者个人的自由，以民主来实现自由的劳动者个人之间的联合，并在联合的过程中变革经济关系和文化观念，由此来促进人性升华和文明发展。

刘：从刚才大家的讨论中，我们可以肯定劳动社会主义原则不是上帝制定的，不是"绝对精神"和"客观规律"的表现，不是信崇官文化的"领导"意志，不是少数先知先觉者的"真理"。劳动社会主义的原则是其本质的展开，是劳动者自由发展内在要求的集中体现。因此，当我们将劳动社会主义原则规定为"以民主促进并强化劳动者的自由联合"时，必须明确以下内容：第一，劳动社会主义并不是消灭人的个性，而是保证个性的发展和实现。第二，劳动者自由的联合以民主为内在机制，无论是在劳动社会主义制度建立以前，还是建立以后，都要突出民主的作用。第三，民主要为个人自由发展创造条件，在自由联合的基础上建立社会制度和结构。第四，以民主为内在机制联合劳动者，展开争取自由的社会变革运动，以民主为内在机制建立公有制，保证劳动者个人对其劳动力和共同占有的生产资料的所有权，以此为实现个人自由的基础。第五，民主和自由都是发展的，民主的形式要随劳动者的自由发展而演变。第六，劳动者的自由联合，应充分体现其相互间的团结、互助，不仅要建立相应的社会机制，还要确立必要的道德规范。

劳动社会主义原则的这些内容是有机统一的。贯彻劳动社会主义原则，是对其理论、运动和制度的基本要求，也是判断一种理论、运动和制度是否为劳动社会主义的标准。几百年来，特别是 20 世纪，世界上出现了各种各样的以社会主义为旗号的理论、运动、制度，对于它们的现实与历史的研究，必须充分体现劳动社会主义的原则。对那些自称"社会主义者"提出的所谓理论，他们所推行的政策，乃至更为具体的实践，我们完全有理由以劳动社会主义原则对之进行判断，只要是不符合甚至违背这一原则的，就应脱去他们"社会主义者"的外衣，现出其主义的本质。而劳动社会主义原则更为重要的作用，则在克服来自各方面的阻碍、干扰的过程中，不断发展民主，由此促进并强化劳动者的自由联合。

中国政治经济学是以劳动者为主体，由劳动者利益和意识的概括而形成主义的经济学说体系。其主义就是劳动社会主义，是劳动社会主义在政治经济学研究中的具体化。因此，当我们规定劳动社会主义的原则时，也就规定了中国政治经济学所遵循的基本原则。正是马克思关于"自由人的联合体"的思想启示了我们对劳动社会主义原则的规定，进而扩展于对中国政治经济学基本原则的认识。在苏联教科书中，往往把自由看成"资产阶级的"，并从各个角度限制个人自由和个人权利。这一点在中国依然有所表现，比如"资产阶级自由化"的提法。中国政治经济学的研究，绝不能像苏联教科书那样，为了总体的国家或集体的利益排斥、限制个人的自由，而是在明确和保证劳动者个人权利的基础上，为个人自由发展创造社会条件。而这个条件不是外部加进来的，更不可能是"领导"

提供的，只能由劳动者个人在联合中创造。联合就是自由的条件，但联合的前提是个人权利的平等，是平等的自由人的联合。这样形成的经济关系和制度，就是劳动公有制度，其实现的体制，机制就是民主，只有在公有、民主中，才能有自由，即劳动者的自由发展。这种自由发展并不是任意妄为，而是不断提高素质技能，进而完善其自由联合的社会关系和制度。

中国政治经济学受马克思"自由人的联合体"的启示而形成的基本原则，不仅体现在主体、主义的规定中，更具体化于主题规定的中国现实经济矛盾以及主张探讨解决经济矛盾的途径——以改革完善劳动公有制及其体制、结构和机制、经营管理、对外经济关系之中。

（王润球）

苏联模式、苏联教科书及其方法对中国的影响

苏联模式的社会主义，亦称社会主义的苏联模式，是俄国在特殊历史条件下通过武装革命夺取政权建立的初级社会主义制度，是社会主义社会初级阶段的一种形式，其要点是社会主义政党一党专政，实行国家所有制和集体所有制，统一管制思想文化。它的出现有其合理性，是俄国劳动者在社会主义政党领导下，以武力推翻资产阶级和封建、专制势力混合的反动统治的成果。它是人类有史以来第一个在法律上规定以劳动人民为主体的理论、运动和制度，其本身有局限、有缺陷，在应当改革而未能及时改革的情况下，导致问题越来越严重，最终在内外反动势力夹击下归于失败。

苏联教科书在中国的传播与影响，与革命夺取政权后引入苏联模式社会主义同步。苏联模式集中体现于苏联教科书，后者是前者的理论表现。苏联模式通过苏联教科书的理论形式在实践上对中国产生重大影响。苏联教科书的方法要点是注释政策，本质是一种政策诠释学。政治高于理论，政策重于理论，进而将理论作为维护统治的工具，是苏联教科书的主要缺陷。对中国公有制经济，对于中国的政治经济学研究，苏联教科书有重要影响，这种影响迄今仍存在着。反思苏联模式和苏联教科书对中国的影响，是中国政治经济学研究的重要内容。

一 苏联模式社会主义的形成、基本特点及其主要缺陷

江荣：从广义上来讲，苏联模式是指在斯大林领导下，苏联建设社会主义过程中所建立的政治、经济和文化体制。它的基本特征就是高度集权。苏联模式以武装革命夺取政权，并通过艰难的斗争，稳固了政权，进而根据俄国的特殊国情，建立了行政集权体制和初级的公有制经济。我们应该如何理解苏联模式社会主义道路的特殊性？

刘：苏联模式在俄国历史上，在人类历史上都有其重要地位，但这并不等于说它就是"普遍真理"，是"放之四海而皆准"的。它由一个特殊的理论体系，指导一个特殊国度的社会变革运动，建立了特殊的、初级的社会主义制度。这是对苏联模式的历史定位，也只有从这个意义上，才能对之做出历史和逻辑的评价，才能从其特殊性中发现社会主义的一般性。对于中国的革命运动和制度建设，对于中国的政治经济学研究，"苏联模式"社会主义都曾被视为"普遍真

理"，忽视了或者说故意视而不见其特殊性。对于那些在苏联培养并被派回中国的政治人物和政治经济学工作者以及由苏联专家传授其政治经济学教科书的人和他们再教育的人来说，谈苏联模式的特殊性简直就是大逆不道，他们像东正教徒那样维护着苏联模式，将之等同于社会主义一般、社会主义全部。中国革命运动和制度建设只能模仿"苏联模式"亦步亦趋，中国的政治经济学研究不过只是苏联教科书的应用。只有毛泽东从沉痛的教训中认知了苏联模式的特殊性，并力求探讨和解决中国特殊性社会矛盾，提出了"马克思主义中国化"的思路和路线，在克服了苏联模式追随者的重重干扰后，指导中国革命夺取了政权，但新中国成立后的制度、体制建设，又因当时条件的限制，照搬苏联模式，保留了行政集权体制。苏联模式社会主义由此在中国全面普及并贯彻于经济、政治生活。毛泽东对苏联模式保持着独立见解，并对赫鲁晓夫为首的苏联领导人展开批评，进而发动"文化大革命"，力求纠正照搬苏联模式的偏差。但苏联模式的影响过于深重，行政集权体制的既得利益者又努力保守这个体制，因此其影响并未完全消除。

江荣：有学者认为，苏联模式就是马克思、恩格斯设想的"纯粹的、非商品的、非市场的"社会主义理论与俄国布尔什维克党的军事共产主义实践的结合；实现这种社会主义的基本标准是以行政手段对社会各方面的控制程度。那么我们应该从什么样的角度更准确地把握苏联模式的主要特点和内在缺陷？

刘：苏联模式的主要特点，是强调总体、集体、国家对个人的掌控，实行统制经济体制，这在当时的历史条件下是有合理性的，是在资本主义落后国家加速实行工业化的必要方式。但其忽略甚至贬损劳动者个人的权利与利益，其劳动力和各种资源的控制权牢牢掌握在政府手中，这个缺陷使得苏联模式最终宣告失败。中国刚开始的政治经济学研究从基本观点、方法论上深受苏联模式及其教科书的影响，严重阻抑了中国政治经济学的发展，这种影响今天仍随时表现出来。这几年对中国政治经济学的反对意见，其中一部分就来自坚持苏联模式教科书观点和方法的人。

本来，在资本不发达国家进行社会主义革命，是会遇到许多特殊矛盾，这是由该国特殊的历史条件决定的。革命过程就是解决这些特殊矛盾的，而这些特殊矛盾是马克思针对资本发达的英国和西欧等国所提出的社会主义革命的学说不可能涉及的，因此教条式照搬这个学说是错误的，必须有所创造。但马克思有关社会主义主体的界定与主义的基本观点和原则却是要坚持的，并且要在解决特殊矛盾中通过从具体到抽象的概括、提炼而有所充实和发展。但苏联模式在建立的过程中，并没有处理好对本国特殊矛盾的认识和解决与社会主义基本观点和原则的关系。其一，是将本国的特殊经验直接说成社会主义的一般"原理"，如将武装革命界定为社会主义革命的唯一形式，将一党专政等同于无产阶级专政，将国有企业视为公有制的最高形式，将政治对经济的统治冠以"计划经济"之名并作为社会主义经济本质之一；其二，是按体制和领导人意志的要求，将马克思的有关思想进行界说，由此证明苏联模式是普遍真理，如用马克思有关生产力的论述作为"唯生产力论"的论据，将马克思的无产阶级专政理论作为一党专政的论据，马克思主义不再是基本观念和原则，而成了作为"马克思主义者"的领导人思想观点的佐证；其三，以马克思的论述为现行政策做合理性的注脚，本来现行政策是针对现实问题提出的，不论其正确或错误，都要以实行的结果是否有利于劳动者的生存与发展来评判，并不是断章取义地找到马克思的某些语录，就先验地证明了其正确，况且，马克思并非算命先生，他不可能在几十年前、一百多年前就预见现在出现的问题，所选他的语录也不可能是针对这些问题的，这样做不仅是为现行政策找出"理论依据"，更是要求按照现行政策来解释马克思的有关论述。

苏联模式作为在资本和工业不发达国家以武装革命建立社会主义制度的创举，其历史意义是不容置疑的。同样，其历史的局限性也是明显的。对此，革命的领导者是有清楚认识的，列宁和毛泽东之所以能领导俄国与中国革命并夺取政权，就在于他们对社会主义革命一般性与各自国家特殊矛盾有着辩证统一的认识，他们的思想体现着革命精神并贯注于自己领导的组织和运动中。列宁不仅认知了俄国革命的特殊性，更认识到特殊历史条件下所建立的政权之局限和缺陷，可惜他未来得及对之进行克服和改造就去世了。毛泽东更为深刻地认知了苏联模式的局限，从它的追随者将之引入中国时就有所抵制，但苏联模式追随者的势力过于强大，加上美国大资本财团为核心的世界资本对新中国的封锁和打压，不得不向苏联"一边倒"。而中国旧有的集权官僚制和官文化，又是接纳苏联模式并使之巩固和延续的内在条件，也正因此，当以封建领主制和封建文化为传统的俄国所建立的苏联模式在其本国消亡后，该模式的核心内容却能在中国得以保持，并在官文化的滋养下形成"中国特色"。也正是从这个意义上，才能理解毛泽东在新中国成立以后针对该模式所进行的历次改造为什么成效不大，特别是"文化大革命"受到该模式既得利益者的阻挠，未能完成它应有的对该模式的改造。苏联模式在"文化大革命"之后得以恢复，其行政集权体制更为突出和强化，并更具"中国特色"。在极具"变才"的官方权势学者的推演下，"中国特色"的苏联模式被说成"社会主义"，并与"市场经济"相结合，成为既得利益者们赖以存在和延续的依托。

　　话说回来，苏联模式在创建之初，还是有其必然性和合理性的，之所以如此，就在于它集中体现着革命精神，而革命领袖列宁、毛泽东又都对该模式的局限和缺陷有不同程度的认识，并表示了改造的意愿并付诸行动。革命精神是改造苏联模式的内在动因，由革命精神导引的共产党和广大劳动者是改造的动力。但各种内外因素，特别是苏联模式局限和缺陷的既得利益者，他们没有革命精神，只有个人名利，更反对和阻止党与广大劳动者对该模式的改造，从而使其局限和缺陷日益扩展，以致固守该模式，以既得利益和欲得利益改造该模式的势力占据统治地位，从而丧失了苏联模式曾有过的社会主义性质，并成为社会主义的对立面。

　　玉玲：苏联模式的局限是历史形成的，是以实行该模式的国家特殊历史条件为基础的，但只有历史条件并不足以构成苏联模式，还需要由社会主义理论导引的政党及其领导的社会运动。这里，对社会主义理论的理解和将其政策化、制度化是必要的主观条件。俄国革命是在刚刚对封建领主制进行变革、初步建立集权官僚制、资本主义经济刚刚出现的条件下，由刚刚形成的无产阶级的政党领导，利用第一次世界大战俄国政府和军队被陷入战争泥潭、国内矛盾不断激化的时机展开，并夺取政权的。革命的发起者和领导者是以俄国特殊历史条件为基础理解马克思主义和社会主义的，他们更容易和愿意接受恩格斯及其学生考茨基对马克思理论的通俗化注释，而这种通俗化的注释已包含着误解。所幸列宁在被流放期间阅读了黑格尔的《逻辑学》等有关辩证法的著作，克服了受东正教教条主义影响的思维方法，提出了在一国率先进行革命夺取政权的主张，才有俄国革命和苏联模式的形成。

　　由于封建主义传统的严重存在，尤其是东正教教条主义的深厚存留，俄国虽经过了半个多世纪的初级集权官僚制，但各部落、部落联盟依然保持着明显差异和独立性。俄国虽已经出现了资本主义经济，但相比西欧和美国，还是相当落后的，工业化也只是刚刚起步，并深受外国大资本的排挤。与之相应，产业工人阶级虽然初步形成，人数少，力量也比较小，但受国际工人运动的影响，建立了政党，并形成组织，利用世界大战的时机，发动武装暴动，夺取了政权。对此，西欧各国的社会民主党人曾不以为然，认为俄国革命是在不具备革命条件的国度发动的，即使偶然夺得政权，也是不会长久的。其理由就是依照对马克思关于生产力与生产关系论述的教条式理解所得出的唯生产力论。而当这个政权巩固并确立了苏联模式以后，它的既得利益者却又用唯生产力论来维护政权及其模式，把社会主义的目的与任务说成是发展生产力。为了发展生产力，就要限制个体人的权利和自由，个人要无条件地服从被说成"客观规律"决定的国家总体的利益和意志，国家总体利益和意志就集中体现于发展生产力。他们认为，生产力发展是核心，也是原则。据此，他们抵制、破坏对苏联模式的改革，并努力强化其缺陷。也正是因为以唯生产力论为理由固守苏联模式，导致该模式的解体，虽然比第二国际那些理论家的预言拖长了一段时间，但却被其言中。

马博：我思考的重点是苏联模式的局限性，我认为苏联模式的局限性主要在于它只是资本落后的特殊国家武装斗争夺取政权所建立的社会主义社会初级阶段的体制，它是应该的，通过这个体制，才能有效动员和组织广大劳动者参加社会主义运动，加速实现工业化，为向社会主义社会的比较成熟的阶段过渡创造条件。这种局限性在一定意义上是合理的，也正因此，苏联在 20 世纪 20 年代至 50 年代，中国在 50 年代至 60 年代，都取得了巨大经济建设成就，形成了工业化的基础和框架。也正是在这种条件下，苏联模式的局限性日益突出，其合理性逐步消失，其缺陷明显暴露，并严重阻碍对它的改造和向更高的社会主义社会阶段的转化。

刘：谈到苏联模式的根本缺陷，说到底就是劳动群众对生产资料的所有权因民主权利的不落实而得不到保障，致使行使占有权的机构及其负责人不受所有权主体的制约，甚至自以为是所有权主体。展开来说，苏联模式是将国有企业的所有权、占有权、经营权、管理权统统集中于政府，而集体企业的这些权利不仅集中于集体的负责机构，还受政府的总体制约。与此同时，苏联实行的是高度中央集权的政治体制，民主法制极不健全，劳动群众的民主权利，特别是选举权、结社权、集会权、监督权没有落实，从而不能保证他们对公有制企业生产资料的所有权，出现了所有权落实"虚位"的状况。而本来只能行使占有权的国家机关和集体负责机构，则成了实际的所有权主体。在这种情况下，经济发展的计划，乃至经营、管理，都不是根据所有者的利益和意志，而是根据行使所有权的机构中的负责人的利益和意志来进行的，并且不必向所有权主体负责任，也不受所有权主体的监督。

江荣：苏联模式之所以强调个人服从总体、集体和国家是不是同苏联跨越了马克思所说的资本主义"卡夫丁峡谷"，在比较落后的经济文化基础上一国率先开创社会主义制度有关？

春敏：中国和苏联原有的经济基础都是小农经济，这是苏联模式和苏联政治经济学教科书能在中国产生深厚影响的经济历史原因。以前，我自己曾有一个不太明确的认识，总是觉得苏联模式对中国的影响是外在的，西方资本主义经济对中国的影响也是外在的；但是从生产方式和经济基础层面来看，苏联模式对中国的影响恰恰是内在的。具体来说，正是苏联模式强调总体、集体和国家的特点适合中国集权官僚制度的转化形式——行政集权体制，具有适合中国小农经济的一面，西方资本主义经济学同样也有适合中国小农经济的一面，这样，我们就能从统一性的角度去认识外国经济理论对中国的内在影响问题。总之，从中国传统小农经济生产方式的存续来理解苏联模式政治经济学理论和西方资本主义经济学理论先后对中国的深刻影响，就比较清楚了。

刘：苏联模式的缺陷，集中表现在：

第一，行政集权。这是苏联模式的基本特点，也是它首要的缺陷。在该模式建立之初，行政集权是必要的，也发挥了积极作用。但它毕竟是与社会主义本质和原则相冲突的，是不利于甚至阻碍民主制和公有制发展的。在苏联，行政集权体制既有初级集权官僚制的传统，又受封建领主制影响，特别是东正教教规、教条主义的制约，加之其特殊的社会条件，由政权的主要领导人确定并成形。在中国，则主要受两千多年集权官僚制和官文化传统的制约，并受苏联的影响，由苏联模式的追随者和既得利益者主张并确立。

第二，政党行政化。社会主义政党是公民以其民主权中的结社权结合而成的为变革资本主义制度和其他旧制度、建立和完善社会主义制度、争取和保证劳动者主体地位的组织，其成员的权利是平等的，党内组织只有分工的不同，其负责人并不具有比普通党员的高贵和特权，不论俄国还是中国以及全世界的社会主义政党，都是如此。这一点在夺取政权之前体现得比较充分，由于当时并没有民主制，因此党员实际上是以自己的全部人身权参加党，并从事革命活动的。党员同志平等团结，是革命事业成功的内在保证。夺取政权以后，行政集权体制成为党组织的形式，并直接由党行使国家权力，或由党领导行政、军队、警察、检察、司法等全部社会管理，党组织按行政级别划分、统属。

第三，高度系统的集权。政治统率、控制经济和文化。为了整合比较落后的社会生产力，强化对社会活动的统制，苏联模式采取了高度集权的方式，通过行政化了的党组织及其掌控的各种公共权利行使机构，全面统制经济和社会活动。

第四，忽略、甚至限制个人权利和自由发展。这是行政集权的必然要求和表现，对刚从旧制度下解放出来的劳苦大众来说，这种限制远比旧的阶级统治宽松，加上革命精神的鼓动，还是能够拥护新制度的。随着行政集权体制的延续，革命精神逐步淡化，党政机构负责人和工作人员官僚作风蔓延、腐败滋生，新一代劳动者又没有受过旧社会的阶级压迫，随工业化程度的提高劳动者素质技能也在提高，权利意识和自由观念不断增强，因此与行政集权体制的矛盾日益突出，由于不能及时改革该体制，不能明确和保证劳动者的权利，严重束缚了劳动者素质技能的提高和发挥，由此制约了社会生产力的发展。

第五，政治统制经济，限制商品交换，实行不完备的指令性计划。对于苏联模式下的经济体制，不论拥护还是反对，几乎都称之为"计划经济"，这是不确切的。苏联模式远不具备实行系统、科学的经济计划的条件，其经济体制也并非计划经济，而是统制经济，虽也在实行指令性经济计划，却没有民主的决策机制，不能以科学的统计数据为基础进行分析，往往是按行政集权的长官意志"拍脑壳""想当然"来制定计划，所造成的损失是相当严重的。

第六，分配中的平均主义，使按劳分配原则不能实行。苏联模式的统制经济体制从名义上、宣传上声称要以按劳分配为原则，但由于行政集权，造成了严重的平均主义，不论国有企业还是集体经济单位，都由行政集权统一规定收入分配标准，造成多劳不多得，不论技能高低、贡献大小，一律按资历、工作年限等平均发放工资或收入。长此以往，严重挫伤劳动者提高和发挥素质技能的积极性。这既是限制劳动者个人权利的表现，也是对社会总体生产力发展的阻滞。苏联模式以"唯生产力论"为基本理论依据，但结果却是阻碍生产力发展。

以苏联模式为基础和内容的苏联政治经济学教科书，从形式上看是对苏联模式及其统制经济体制的理论论证，但实质上只是它的宣传手册，也正因此，它比较准确地描述了苏联模式及其统制经济体制的特点和基本框架。

有关苏联模式的问题，今天就先谈到这里。针对这个问题的探讨，要着重从苏联政治经济学教科书理论及其方法论去展开讨论。历史地看，与资本主义政治经济学在为维护资本统治进行职业性论证的同时，社会主义政治经济学随着建立政权，也开始了职业化的道路。编写由官方授意或认可的教科书，或论证政策，其方法上的改变是明显的。下面我们分别重点讨论一下这两个层面的问题，先说苏联政治经济学教科书对中国的影响。

二　苏联政治经济学教科书对中国的影响

思远：苏联政治经济学教科书是在斯大林倡导和关注下，以斯大林《苏联社会主义经济问题》为指导形成的对"苏联模式"社会主义经济的理论表述。自1953年第一版问世以来，直至苏共二十大，这部教科书经多次修订而在社会主义理论界和多国经济实践中留下了难以磨灭的印迹。该教科书试图将苏联一国建设社会主义的初步经验等同于世界一般性，强行推广至原社会主义阵营几乎所有其他国家，对包括新中国在内的社会主义国家产生巨大影响。

春敏：谈到苏联政治经济学教科书的问题，刘老师书里对苏联模式和苏联政治经济学教科书有一个很重要的总结，就是苏联模式强调总体，苏联教科书在哲学观念上使用资产阶级的唯物主义哲学观念。相较社会主义苏联模式强调总体的唯物主义哲学观念，资本主义的唯物主义更加重视个人主义。

思远：2013 年暑假我去了一趟朝鲜，感觉朝鲜、韩国和日本这三个东亚国家和俄国比较相似，就是原来的封建领主制度对他们的影响都很大，突出表现为个体独立性较差；像日本的武士道精神对天皇的绝对效忠，就是个体对总体的服从意识；去了朝鲜，感觉那里的民众和学者都有这种特点。这三个国家和俄国历史上的农奴同中国集权官僚制度下小农的独立性相较，小农的独立性、独立意识和自由度显然要高于这几个国家。

马淮：我想强调一点，既然我们认识到苏联模式是苏联在社会主义经济初级阶段的一种必然选择，并且在社会主义初期经济建设实践中发挥了巨大的作用，取得了辉煌的成就；那么，我们也应该首先承认苏联政治经济学教科书的开创性意义，在此基础上，还应该看到由于受教条主义思想的束缚，苏联领导人和经济学家都没能对社会主义经济矛盾进行辩证分析，从而不可能对社会主义经济矛盾形成科学的正确的认识，这势必造成苏联政治经济学教科书本身的重大缺陷。

志燕：我同意马淮的观点，20 世纪 50 年代产生的苏联政治经济学教科书，对于建立世界上第一个社会主义经济制度起到了十分关键的作用。从理论上看，这部教科书承担了一个特殊的历史任务，就是将马克思主义经典作家关于社会主义的设想变为现实。从指导思想上看，编写者力图运用马克思的研究方法，来论证社会主义经济规律以及经济制度、体制、政策等。但是，由于编写者仍然抱有社会主义经济规律已经由经典作家揭示出来的观念，特别是受到斯大林本人观点的影响以及苏联当时经济、政治、文化高度集权体制的影响，使得他们的着眼点没有落在揭示当时苏联现实经济矛盾上，而是不遗余力地诠释经典作家的某些论述，导致教条主义的出现并因大国沙文主义而推行至其他社会主义国家。

玉玲：20 世纪 50 年代，苏联模式所聚合的"社会主义阵营"已足以在世界舞台上与美国为首的"资本主义阵营"相抗衡，与之相应，苏联模式的社会主义政治经济学也在意识形态上与资本主义政治经济学相对立。近半个世纪的人类历史，就是这两个阵营对立斗争的历史，而政治经济学史则是两大学派对立斗争的过程。其结果到 20 世纪末已见分晓：从中国到东欧到苏联都放弃了苏联 50 年代教科书所规定的公有制、计划经济、按劳分配，这三项是该教科书所界定的社会主义经济的本质，也是苏联模式经济的柱石和框架。虽然现在中国依然坚持"公有制为主体"这个口号，而且也保留少数大型国有企业，但集体所有制已经基本消失，私有的个体经济全面恢复，私有企业在对国有和集体企业的"改制"中得以形成并快速扩张。即使仍然保持国有名号的大企业，也大都实行了股份制，更重要的是实行雇佣劳动制和管理层特权高薪制，国家资本的属性充分展现。俄国、东欧各国则干脆抛弃了社会主义旗号，全面转型为资本主义制度。

在这种情况下，以苏联模式为根据并为之论证的苏联政治经济学教科书，也就当然地被丢弃。这在苏联和东欧各国是很明确、彻底的，在中国则有一个渐变过程，一方面将现代资本主义政治经济学去掉其阶级性和主义，直接称为"现代经济学"，并宣称它与数学、物理学等一样是普遍适用的，其内容是"普世价值"的体现，是"市场经济"的唯一指导理论；另一方面并不像俄国与东欧诸国那样废弃原有苏联教科书，而是仍容许"政治经济学"（但也去掉其阶级性和主义）与"现代经济学"并存，在中国高校经济学系的课程设置中，这是两门课。但已有相当数量的学校废弃了政治经济学课程。在学科上，或是将"政治经济学"废弃，或是用"现代经济学"改造它。曾经被中国学界称为社会科学"王冠"的以苏联教科书为框架的政治经济学，日益衰落。

刘： 造成这种情况的直接原因，是苏联模式教科书所坚持的社会主义经济本质和各主干范畴与"改革开放"不相适应，或者说"改革开放"就是要改掉这些内容。这在俄国和东欧诸国是相当明确的，由美国新自由主义者萨克斯和大财团支持委派的盖达尔等人设计、主张的所谓"休克疗法"，就是要在一夜之间完成"突变"的"转型"，所以规定这些内容的社会主义政治经济学也就在一夜之间被废弃。而中国实行的是"渐变"，更重要的是在政治体制上固守苏联模式，所以在"改革"经济时仍然以"公有制经济为主体"，以保持政治体制的经济基础，并将公有制换成"国有制"，与政治体制更加密切结合。至于容许"政治经济学"的存在和"渐变"为"现代经济学"，也主要是出于政治需要和宣传的目的，在"改革开放"的各项决策中，则以自封"主流"的"现代经济学"为指导。

江荣： 苏联模式的社会主义政治经济学为什么会被它原本忠实的信奉者们所抛弃呢？我还是有点想不通。

刘： 这里还涉及这样一个历史之谜：为什么人类在 20 世纪最伟大的创造与进步——初级社会主义制度——会在几十年后失败？要说明这个问题和你所提出来的上述问题，我们就不能只从表面现象说原因，也不能只从外部论根由，必须从这个制度及其学说自身的矛盾进行分析，既要考虑制度与学说的统一，又要考虑二者的差异和背离。在 20 世纪至今的人类词汇中，有一些术语是混在一起的，关于社会主义政治经济学，起码要将以下术语做出明确的界定：社会主义、马克思主义、社会主义理论、社会主义运动、社会主义制度、社会主义社会、社会主义国家、社会主义社会初级阶段、苏联模式的社会主义。

社会主义其实是一个不确切的术语，对此，我 2002 年就在《民权国有》那本书已做过论证，在《中国政治经济学——主体 主义 主题 主张》第 3 章里再次强调和说明。但是，社会主义这个术语已经通用 100 多年了，一下子将其革除也是不太现实的。社会主义是与资本主义相对立的学说和一般理念的总称，它涵盖从 18 世纪至今全部以劳动者为主体，以批判资本主义和其他阶级统治为主题的学说、社会制度的思想、观念、理论。马克思主义是社会主义发展过程的重要阶段，是社会主义的第一次系统理论表述，包括马克思的全部著述。严格地说，马克思同时和以后的追随者、注释者或自称"马克思主义者"的人的有关思想、观点，并不能归入马克思主义的范畴，其中有些人的思想、观点应属于社会主义发展过程的内容，有些自称"马克思主义者"的人的思想、观念则不属于社会主义，甚至是反社会主义的。社会主义理论，是关于社会主义的理论论证。社会主义运动，由社会主义理论导引的变革社会关系和制度的社会运动。社会主义制度，社会主义运动取得决定性胜利后，在社会主义理论指导下建立的社会主义制度。社会主义社会，以社会主义制度为基础和核心的社会形态，是继资本主义社会以后的历史阶段。社会主义国家，由社会主义理论指导的政治制度和国家政权，在它所控制的领土范围内实行社会主义制度。社会主义社会初级阶段，习惯上称之为"社会主义初级阶段"，不准确，应加上"社会"两字，指在特定国家实行社会主义制度的初期，根据不同国情，会有各种特殊性，但共性是社会主义制度尚不成熟、不稳固，旧社会传统下来的反动势力还能威胁新生的社会主义制度，并有复辟旧制度的危险和可能。苏联模式的社会主义，亦可以称为社会主义的苏联模式，是在俄国特殊历史条件下通过武装革命夺取政权建立的初级社会主义制度，是社会主义社会初级阶段的一种形式，其要点是社会主义政党一党专政，实行国家所有制和集体所有制，统一管制思想文化。苏联是这种模式的典范，受其影响、制约的国家也实行这种模式。

在实行苏联模式的各国，以上各术语或范畴几乎都是通用的，而且都以苏联模式作为根据和标准，也就是说，界定社会主义、马克思主义、社会主义运动、社会主义理论、社会主义制度、社会主义社会、社会主义国家，都以苏联模式为依据加以判断和诠释。似乎社会主义只此一种模式，任何国家都要以苏联为标准和榜样，否则就不是社会主义。更为奇特而武断的是利用绝对的政治权力，对马克思主义实行苏联模式化，完全不顾马克思明确反对"马克思主义者"提法的意见（马克思曾经说过："我只知道我自己不是马克思主义者"），将由马克思本人理论体系构成的马克思主义，说成是一个不受知识产权保护的可以无限延伸的符号，以这个符号来表示自己的正确，认定只有最高领导人是"马克思主义者"的领导，并认为只有他可以发展"马克思主义"，而现行的政策则是"马克思主义"的体现，也是验证各种观点（甚至包括马克思本人的观点）是否"马克思主义"的标准。

应用这种方式，那些被官方认可的"马克思主义哲学"和"马克思主义政治经济学"教科书的编写者，不仅以现行政策界定"马克思主义"，甚至以领导人的言论为根据，解释马克思本人的观点，似乎马克思作为一个历史上的、无权无势的"马克思主义者"，也必须符合现在有权有势的领导人的意志和观点，也要为现行政策服务。比如，按斯大林的意图，将"马克思主义哲学"界定为"辩证唯物主义和历史唯物主义"，对马克思的有关论述断章取义，或者根本排斥。这种做法在对"唯生产力论""社会主义本质"等一系列重大理论观点的注释中都有所体现。

思远：我觉得还有三个问题需要补充。第一是在方法论上，苏联政治经济学教科书只引用马恩列斯的著作，这个特点受到西方学者的批评；第二是刘老师提到的苏联政治经济学对党和政府政策的注释，只要党的领导人换了，政策变了，就要修订教科书。最早的是 1954 年斯大林版，其后多次修订，重要的修订有 1958 年出的赫鲁晓夫版，赫鲁晓夫上台后是反斯大林的，1971 年出了勃列日涅夫版，通篇充满着"党的二十四大"，1988 年出了苏联解体前最后一个版本，被称为戈尔巴乔夫版，体现了他的"人道主义的社会主义"观点。所以，我一直认为苏联教科书统统是"奉旨"之作，可视作一部苏联史的缩影；第三是苏联模式和苏联政治经济学教科书对中国的影响，不能光讲影响很深，而要从毛泽东对苏联模式和苏联政治经济学教科书的批判性思考中，逐步阐明中国政治经济学理论探索的历史轨迹。毛泽东在新中国成立以后，就开始集中思考中国的工业化道路和中国社会主义经济学问题，1956 年的《论十大关系》和 1957 年的《关于正确处理人民内部矛盾的问题》是第一个阶段；1959 年下半年到 1960 年初，率领全党读苏联教科书，留下《读苏联〈政治经济学教科书〉的谈话》是第二个阶段；第三个阶段是中苏大论战，始于 1956 年，到 1965 年结束，围绕意识形态展开的中苏两党论战，涉及社会主义经济建设道路问题，集中体现在当时发表的论战文章中。中国对苏联模式和苏联政治经济学的批判始于毛泽东，但理论上的批判并没有在现实中发挥明显作用。中国的工业化道路仍然以苏为鉴，采取了中央政府主导优先发展重工业的方针政策。

刘：我们现在谈的这个层次主要集中在苏联政治经济学教科书对于中国的影响。我在 20 世纪 60 年代末开始读政治经济学，能读的教科书只是苏联教科书，经济学说史也是苏联人编的。据 50 年代学过政治经济学的老师和干部们说，当时他们都是诚心实意地把这部教科书当作真理来学的。中国刚解放，正以革命精神搞"全盘苏化",不仅大学,党校和所有干部学习,都教这个教科书。对于社会主义、公有制经济、有计划按比例、按劳分配等等,都是接受苏联教科书的观点。而这些干部和大学生,后来都成为各级领导和学术界、经济界的骨干,这个教科书的影响通过他们而扩展、延伸,至今仍然相当明显。

刚才你们几个都或多或少的已经谈到,注释政策的方法是苏联模式的要点,事实上,只要注释政策的方法存在,苏联模式的影响就依然存在,到目前为止,苏联模式在地球上主要存在于中国。我反复强调整个中国当前依然是行政集权,依然是统制经济,整个中国经济学并没有独立性。另外,苏联模式有一个特点,就是政权高于主义,或者权力高于主义,不是为了实现主义,而是为了维护政权,主义只是政权稳固的手段。

与资本主义政治经济学在为维护资本统治进行职业性论证的同时,社会主义政治经济学随着"十月革命""中国革命"夺取政权,也开始了职业化的道路,编写由官方授意或认可的教科书,或论证政策,其方法上的改变是明显的。再就是西方国家中的社会主义者,他们依然坚持对资本统治的批判,但由于历史条件的变化,他们的研究方法也较第二国际时期有所不同,而且与社会主义国家中的经济学家有明显差异。

我们不能设想苏联学者和领导者都读不懂马克思,而是因为苏联政权处于新生和危机状态,于是就把政权放在第一位,这是可以理解的,但有缺陷。政权第一性在苏联政治经济学上表现为政治高于理论、政策高于理论,这一点在中国也一样。在苏联还可以说有自己的政治经济学——对苏联模式的概括。在中国,就不能说有自己的政治经济学,因为社会主义的基本理论来自苏联政治经济学教科书,特色是中国政策,二者还能互相隔离,这是"中国特色"的灵活之处。主义和政权的关系、政治和政策的关系、政治和理论的关系问题是苏联政治经济学教科书和苏联模式的关键,也是对中国的主要影响。对于这个问题的深入探讨,就到了方法论的层面。

总起来说,苏联政治经济学教科书是第一个关于社会主义经济的体系。它是不成熟的、有缺陷的,但它毕竟有其历史地位,正是因为这个教科书,苏联政治经济学与英国政治经济学、美国政治经济学一样,成为政治经济学历史上一个重要阶段。

这个教科书对中国的影响是广泛而深远的,20世纪50至60年代,全国高校、党校都在讲授它,影响之广是任何经济学著作都比不上的。现在,不仅坚持其观点的人保持着这种影响,就是反对社会主义的人,也以教科书关于社会主义的论述为靶子。我们对中国政治经济学的研究,必须面对这种影响,而反思苏联教科书，克服其负面影响，是相当重要的内容。

三　苏联政治经济学教科书方法论对中国的影响

江荣：刘老师刚才强调了两点，对我有很大启迪。一是苏联领导人将主义作为统治的手段，把维护统治作为至高目标。这样一来，我终于理解了苏联政治经济学教科书的方法论要点——注释政策；政权高于主义的统治逻辑很自然地导致从赫鲁晓夫执政时期到勃列日涅夫执政时期苏联知识界犬儒主义的日益蔓延。二是中国主要是引入苏联政治经济学教科书，基本理论和方法均因袭苏联，中国事实上没有原生性的经济学理论。对于中国来说，主要是应用苏联政治经济学教科书诠释政策的方法，对中国不同时期的政策进行论证，其诠释政策的方法应用范围甚至超过了经济学领域。

苏联的 40 年代，前期是以抗击德国法西斯为主，后期则主要是恢复战争对经济的巨大创伤，因而社会主义政治经济学几乎没有什么进展。随着经济的恢复和战后社会主义阵营的形成，斯大林认为应有一部能够通用于苏联和各社会主义国家的政治经济学教科书，以保持思想和经济制度、经济建设方面的统一。在斯大林的倡导和关注下，1951 年写出了《政治经济学教科书》征求意见稿。1952年，斯大林发表了他的《苏联社会主义经济问题》，进一步提出了他对该教科书的原则意见，该书编写组又据此进行了修改，于 1953 年出了第一版。斯大林逝世后，特别是苏共二十大以后，又对该书做了修改，但其基本观点和方法并无实质性变化。这部教科书可以说是五六十年代"苏联模式"的理论表述，它的影响不仅在苏联，而且涉及全部社会主义国家。

苏联 50 年代《政治经济学教科书》的编写者仍然抱有社会主义经济规律已经由经典作家（这时已经将斯大林列入）揭示的观念，因而，他们的主要着眼点不是现实中存在的经济矛盾，而是经典作家的某些论述。如何将散见于各种"经典著作"中的有关论断，整理成"社会主义经济规律"，进而演绎现实经济工作应该如何，是这部教科书社会主义部分的主要方法。当然，编写者也注意总结苏联经济建设中的经验，但他们只是将之视作已经由先人规定了的经济规律的佐证，而不是揭示经济规律的依据。况且，这些经验还主要是苏联一国的，而编写者将其直接说成世界一般性的。再者，编写者并未意识到概念在方法中的主导作用，未将规定新概念作为主攻方向，而是在从对资本主义经济矛盾的政治经济学规定中"借用"概念的同时，把演绎、比较等作为主要的方法。

刘：在 20 世纪 60—70 年代，苏联经济学界着手编写新的教科书，在方法上，对 50 年代的研究方法有所改进。从已经出版的论著来看，虽然那种从经典著作出发的演绎依然存在，但从实际经济现象开始的归纳逐步加强。当然，苏联人自以为是社会主义"正宗"的观念还存在其政治经济学研究中，他们往往把自己的特殊经济制度和体制，说成普遍的规律，将自己的模式说成社会主义唯一的模式。由于对社会主义经济矛盾认识的广度和深度都有进展，因而，这一时期苏联出版的几部教科书，如查果洛夫主编的《政治经济学教程（社会主义）》（1963 年）、鲁米扬采夫主编的《社会主义政治经济学》（1971 年）和鲁缅采夫主编的《政治经济学社会主义部分》（1975 年）等，都比较集中地反映出苏联经济学界在方法上的新进展。

与此同时，东欧各国也开始在政治经济学上逐步摆脱原来全面依附于苏联的局面，开始从本国的特殊经济情况出发进行探讨，并取得不少成果。从南斯拉夫到罗马尼亚、匈牙利、波兰等国，都出版了几部具有特色的社会主义政治经济学著作。这一过程，表明原来大一统的社会主义政治经济学研究，开始从"苏联＝社会主义世界"的模式向"社会主义＝各社会主义国家"的新格局转化，这本身也是一个分化过程，其方法上的意义是不可低估的。研究各国的特殊经济矛盾和经济规律，是社会主义政治经济学的必要环节，只有在这个环节的研究取得切实成果的基础上，才有可能进一步概括社会主义的一般经济规律。东欧各国从 20 世纪 60 年代开始（其中南斯拉夫从 20 世纪 50 年代起）的这种研究，虽然尚处初级阶段，方法上的缺陷历历可见，但它毕竟是社会主义政治经济学走向系统抽象的必要步骤。

这个时期的中国经济学界，也基本上完成了"从苏联学习政治经济学"的阶段，中苏之间的理论争论，特别是在毛泽东强调自力更生、走中国的社会主义道路等思想的指导下，也开始将思路逐渐转向对中国特殊经济矛盾的探讨上来。然而，那种从苏联学得的演绎经典著作的方法还起着主导作用，因而初期成效不大。到"文化大革命"时期，社会主义政治经济学则以论证"无产阶级专政下继续革命理论"为宗旨，如上海人民出版社 1973 年版的《社会主义政治经济学》。

江荣：我还想问一下我们应该怎么看待毛泽东通过批判地学习借鉴苏联政治经济学教科书及其方法论，进而对中国政治经济学和中国经济问题进行的探索呢？

刘：毛泽东对政治经济学方法论最主要的贡献，是将矛盾作为辩证法的核心，从矛盾的对立统一规定辩证法的规律，为辩证法的应用找到了一个集合点。在毛泽东之前，从黑格尔乃至中国和希腊古代哲学以来，特别是马克思、列宁关于辩证法的大量论述，都是科学理性的，能否运用于实践，能否在实际矛盾的研究中得以体现，是靠个人的经验和努力；毛泽东则明确指出具体的科学研究，就是集中研究具体的矛盾。他虽然没有专门研究政治经济学方法论，但他关于辩证法，特别是关于主要矛盾和主要矛盾方面的论证，对政治经济学方法论是有重要启示的。政治经济学所研究的，就是现实的经济矛盾，目的是解决矛盾。

新中国成立以前，毛泽东所关注的是以武装革命推翻反动统治，革命的纲领路线和军事是重点。在这种条件下，他不可能侧重政治经济学的系统研究，我说他的"知识欠缺"也主要就此而言。但他又必须涉及经济矛盾，以此来制定纲领和路线。这时他所注重的经济问题，主要是制度层面的，是阶级关系的经济内容和中国经济矛盾的总体性分析。他将中国的阶级分为：（1）地主阶级；（2）资产阶级，又可分为买办资产阶级或官僚资产阶级与民族资产阶级；（3）小资产阶级；（4）农民阶级，其中分为富农、中农、贫农；（5）无产阶级；（6）游民。从阶级关系来规定经济矛盾。在对中国经济矛盾的分析中，提出官僚资本概念，是毛泽东和他所领导的中国理论界的重大贡献，正是因为这个概念的提出，使中国经济矛盾中的主要矛盾得以比较准确的规定，由此制定了正确可行的革命纲领和路线。

毛泽东与苏联模式的坚守者之间的基本分歧，是关于中国主要社会矛盾的不同规定。他不同意中国社会主要矛盾是先进的社会主义制度和落后的生产力之间的矛盾，强调社会主义社会的主要矛盾是社会主义和资本主义两条道路的矛盾、无产阶级和资产阶级两个阶级的矛盾。而关于经济制度和经济政策的分歧，从新中国成立到 20 世纪 60 年代中期，一直都存在。毛泽东一直坚持了他的观点，并不断充实和丰富这个观点，但由于他对资产阶级和资本主义的概念规定中，包含着官僚资产阶级，或者说，将官僚资产阶级纳入资产阶级范畴，因此，未能明确中国在社会主义初级阶段中所面对的主要危险，即官僚资本势力的潜伏以及它在条件许可时的萌发。从他本人的言论来体会其要旨，他所说的资产阶级和资本主义，特别是 60 年代以后所使用的这两个概念，实质上是指官僚资本势力，但概念的不准确，使他本人在解决矛盾的方法思路上也都不准确，更影响到社会的运动与实践。关于经济建设的具体层面，毛泽东在努力坚持推行合作化和集体化——他认为这是壮大社会主义势力的关键环节——的同时，还提出了著名的《论十大关系》，其中体现着他以辩证法对经济矛盾的认识和处理方法。

思远：我想补充一下，关于"大跃进"，现在已经成了一些"私有化"论者攻击公有制的主要论据之一。他们任意夸大了"大跃进"中的失误，却避而不谈"大跃进"期间中国工业化的实质性进步。实际上，正是在"大跃进"期间，中国在苏联、东欧各国帮助下建立的大型骨干企业，真正地建立并发挥了工业化主体的作用，而且中国的科技工作者和工人群众在这个过程中使技术水平跃上一个新台阶。

江荣：我的博士学位论文正好涉及这一方面。"鞍钢宪法"要求加强党对企业的领导，这正是中国共产党政治优势和组织优势的体现；"两参一改三结合"即干部参加劳动，工人参加管理，改革不合理的规章制度，领导干部、技术人员和工人相结合。我认为这比晦涩难懂的美欧资本主义经济学创新理论先进明白许多。现在来看，毛泽东对"鞍钢宪法"的肯定和推广，虽然当时难以打破苏联模式的总体束缚，但却充分体现了他在企业管理中坚持中国的主体性，注重实践创造的方法。

刘：从哲学上说，毛泽东的辩证法主要是提出要抓主要矛盾。经济矛盾系统及其各层次都是政治经济学所要揭示并论证的，但对某个时代、学派和个体经济学家来说，都有其研究的侧重点。经济矛盾是错综复杂的，怎样选择自己研究的重点、出发点和归结点，又怎样揭示和论证所研究的经济矛盾？毛泽东在《矛盾论》中提出的关于"主要矛盾和主要矛盾方面"的论断，为我们解决这个问题提供了一把钥匙。抓主要矛盾，是辩证思维的关键。我们在进行政治经济学方法论研究的时候，既要从主要矛盾和主要矛盾方面进行探讨，又要从哲学和逻辑学意义上对其学理性进行充实和完善。

政治经济学所研究的经济矛盾，是实在的，也是多层次的系统，对于个体研究者来说，受其时代和国度、阶级、阶层、集团利益的制约以及个人知识、视野等的影响，他们所感受到的经济矛盾层次范围和程度也是不同的。抓主要矛盾，也就是在系统的层次范围和程度内进行。

这里还要着重探讨一下毛泽东对斯大林《苏联社会主义经济问题》的细读、批注和有关谈话，这是毛泽东政治经济学有关思想的集中表达。其中，对苏联政治经济学教科书方法的批评，很有见地，也相当深刻，概括起来说，主要有以下几点，值得我们深思。

第一，不从分析经济矛盾出发。毛泽东认为苏联政治经济学教科书虽然有些地方也承认矛盾，但只是附带性提出，说明问题不从分析矛盾出发，不承认矛盾的普遍性，不承认矛盾的发展和转化，不承认社会主义社会发展的动力还是矛盾，怕讲社会主义社会有阶级斗争，是苏联政治经济学教科书的最大缺点。

第二，从概念入手，从规律、原则、定义出发。毛泽东认为教科书的写法很不好，对问题不是从分析入手，总是从规律、原则、定义出发，这是马克思主义从来反对的方法。原理、原则是结果，这是要进行分析、经过研究才能得出的。人的认识总是先接触现象，通过现象找出原理、原则来。

第三，不是分析法，而是演绎法。毛泽东明确指出，这本教科书有点像政治经济学辞典，总是先下定义，从规律出发来解释问题，它所用的方法，不是分析法，而是演绎法。形式逻辑说，人都要死，张三是人，所以张三要死。这里，人都要死是大前提。进而毛泽东认为，规律自身不能说明自身。规律存在于历史发展的过程中。应当从历史发展过程的分析中来发现和证明规律，不从历史发展过程的分析下手是说不清楚规律的。

第四，几个人分工写作，缺少统一。这是毛泽东在阅读中发现的问题，也是该教科书在叙述方法和体系上的大缺点。由此造成同义反复太多，前后矛盾，自己和自己打架，没有一个完整的科学体系。像马克思《资本论》和列宁《帝国主义论》那样，才是完整、严密、系统的科学著作。

思远： 毛泽东对苏联 50 年代政治经济学教科书的批评，是相当深刻的，从中我们可以看到他对马克思辩证法的独到理解。他清楚地看到哲学对政治经济学研究的意义。毛泽东虽然没能系统研究政治经济学，没能写出一部系统的政治经济学著作，但他对辩证法的高超理解，通过对苏联政治经济学教科书的批评，表达了他在方法上的见解，这对政治经济学方法的发展，是有重大意义的。从哲学的角度理解毛泽东的有关论述，进而具体化于政治经济学的研究，必将促进政治经济学方法的发展。这里提请大家注意一下，最近《毛泽东年谱》（1949—1976）六卷出版，详细记录了毛主席当初带领大家读书和谈话情况，值得一看。

云喜： 中国自 20 世纪 80 年代逐步引入了西方经济学理论体系，而且在中国经济学界占了上风，那么苏联政治经济学教科书方法论对中国的影响是不是随着苏联的解体减弱了呢？

刘： 进入 20 世纪 80 年代以后，苏联、东欧和中国的社会主义政治经济学，都开始把改革经济体制作为研究的重点。本来，这应是社会主义政治经济学发展的一个转机，但由于改革指导思想方面的问题，经济学研究中的短期行为也泛滥起来。坚持传统观念的经济学家似乎不能理解正在进行的改革，而那些随改革大潮而生的新派经济学家，则公然认为改革的前提就是引进资本主义经济学说。那种从资本主义某派经济学说演绎改革的方法，不仅在东欧，在苏联，以至中国，都时兴起来。这看似新潮，实则旧法。虽有扩大眼界之作用，但总体上说是回避矛盾，企图在不揭示矛盾的前提下，以资本主义的经济学说来"改革"初级社会主义经济制度和体制。这种趋势，最初还是在方法层面上，但演化到 20 世纪 90 年代，则进一步扩展到理论上，有人明确提出将公有制经济"私有化"，导致其政治经济学研究的"资本化"，从此不再属于社会主义政治经济学范畴了。

这里还要再次重申一下，我前面其实已经讲到了，只要注释政策的方法存在，苏联政治经济学教科书的理论和现实影响就始终存在。换句话说，苏联模式和苏联政治经济学教科书的影响仍旧存在于当代中国。直到现在，中国政策论证的方法依然源自苏联政治经济学教科书的方法论，注重演绎和比较，轻视经济矛盾的研究和新概念的规定。

中国政治经济学的研究，从方法论上必须反思苏联教科书，克服其深重的影响。实际上，今天一些以西方经济学为根据提政策建议的人，其方法也还是苏联教科书的方法，不过所依据的"原理"从苏联的变成美国的了。中国政治经济学的研究，要在反思和克服苏联政治经济学方法论影响的过程中，依从实践辩证法，进行系统抽象，规定矛盾，探讨解决矛盾的途径，形成自己的方法论。

（刘江荣）

| GDP 主义的危害

GDP 主义是中国经济政治矛盾演化的产物。20 世纪 80 年代以来，中国政治经济学界盛传"补资本主义课"的论调，这是 GDP 主义得以引进、改造西方资本主义政治经济学为其所用的理由，也是其形成的重要环节。GDP 主义的哲学观念是唯生产力论，GDP 主义者把生产力等同于 GDP，并将其作为 GDP 主义的理论支点，并在宣传上把 GDP 增长说成是经济和社会发展的唯一目的。在中国，GDP 主义是维护政治上行政集权体制的主要手段。在经济上，GDP 主义成为中国经济的主导意识，贯穿于中国经济的各个层次，从制度到体制、结构及其运行机制、经营管理、对外经济关系，并成为现实中国经济矛盾的重要因素。GDP 主义在中国看似非常成功，这就是中国经济总量的持续增长，直至成为世界第二的 GDP 大国——即所谓的"中国奇迹""中国模式"，但 GDP 主义实际上回避矛盾，逃避真正的改革，对中国经济发展形成制约，并危害中国的政治、文化以及社会生活、自然资源和环境。

一　GDP 与 GDP 主义的源起

思远：这次的话题是 GDP 主义的危害。兴无你是讲授宏观经济学的，你先谈一谈。

兴无：好的，那我就先从 GDP 的发明说起吧。

说到 GDP，不能不先谈 GNP。有些非经济学专业的人士经常将 GDP 和 GNP 搞混淆。这两个概念不仅所指有所不同，其产生的背景也不同。GNP 这一概念远远早于 GDP，产生的背景是 20 世纪 30 年代，就是大萧条的时期。在大萧条发生之前，没有 GNP，更没有 GDP，没有一个衡量国家经济总产出的总量指标。2008 年金融危机出现了，美国和欧盟都根据宏观经济总量指标对经济进行调控，虽然有争议，但是总是有一套方案指导政府相关部门，告诉他们该做什么，怎么做。但大萧条的时候可不是这样。当时的美国不论是经济学家还是总统对于美国生产了多少商品，不知道。事实上，也没有人关心这个问题。当时也没有其他总量经济指标，例如通货膨胀率、失业率、总消费和总投资的数量、货币供应量等等。当时经济学家关注的主要是现在所说的微观经济学研究的那些内容。大萧条之前，没有 GDP，也没有真正意义上的宏观经济学。

江荣：GNP 概念的发明是资本主义为解决自身矛盾的需要而产生的，是直接为解决资本主义危机服务的。

兴无：江荣说的是。由于严重的失业和其他经济问题引发了社会动荡，几乎每个美国人都受到了影响。政府意识到需要全国性的经济指标，需要更全面的经济理论。当时美国的经济分析局要求在宾夕法尼亚大学的俄裔经济学家西蒙·库兹涅茨设计一个经济指标，用来衡量美国的收入和支出，1934 年，库兹涅茨提出了 GNP 这个概念。这个指标的提出至关重要，它涵盖的范围极其广泛，包括了每个部门的经济数据。

萨缪尔森把 GNP 概念的提出看作是 20 世纪最伟大的发明，就其对经济学的整体影响来说，也不算过分。

石越：GNP、GDP 看起来就是一个数量指标，一般教科书把它们描述成科学化的、中性的概念。即使是再"科学"，萨缪尔森也不应该这么吹捧这个概念吧？

兴无：萨缪尔森"捧"这个概念是有"科学"之外的缘由的。现在看 GNP 是一个中性的概念，但这个概念在最先提出时其实是有立场的，是有明显"主义"倾向的，是代表着不同经济利益的。确切地说，GNP 的提出及其在经济学理论与实践中的应用是美国经济思想斗争的一个里程碑，是自由放任主义和国家干预主义斗争的标志。大萧条之前，自由放任主义是主流，核心理念就是斯密的最小政府，政府尽量减少对经济的干预，只提供公共服务，主流观点认为政府的政策干预只会阻碍经济发展。大萧条的现实否定了自由放任，凯恩斯理论的提出从理论上打败了自由放任主义者，国家对宏观经济进行调控以保障高的就业率和经济稳定的思想逐渐成为新的主流，并一直持续到 20 世纪 80 年代，达半个世纪。自由放任主义代表了个体资本的利益，国家干预主义代表了总体资本的利益。凯恩斯这一派调控经济的基础就是总量经济指标，没有 GNP，凯恩斯的政策就没有可操作性。GNP 是凯恩斯主义旗帜上的五角星。萨缪尔森在美国经济学界一直是偏左翼的，是终生坚定的凯恩斯主义者，当然会颂扬 GNP 这一概念。

江荣：GDP 的概念应该是 1991 年提出来的。一般教科书只讲两个概念的区别，国民生产总值（GNP）是指一国的国民在一定时期内（通常为一年）生产的以货币表现的全部最终产品和劳务的总和。国内生产总值（GDP）是指一个国家在本国领土内和一定时期内（通常为一年）所生产的最终产品和劳务的市场价值总和。GDP 统计遵循的是国土原则，GNP 统计遵循的是国民原则。有的学者强调从 GNP 到 GDP 这个转变的背景其实是经济全球化。

兴无：江荣说得对。在全球化的背景下，全球经济发生了翻天覆地的变化。随着合资公司和跨国公司的迅速发展，美国的统计机构无法准确计算美国企业在海外的产出，也无法仔细地分离出外国企业在美国的产出。于是，1991 年美国政府正式放弃了 GNP，开始使用 GDP 计算经济总产出。此外，从 GNP 到 GDP 的转变还有时代的政治背景，就是苏联解体，冷战结束。没有这一点，美国主导下的全球化不会得到那么快速的推进。

1995 年联合国机构（贸发组织）下令，将使用多年的国际通用的综合统计指标国民生产总值 GNP 改为国内生产总值 GDP，同时也督促各国领导者拥护经济全球化，并积极参与推动经济全球化。发展中国家对这个统计指标变化的重大经济和政治含义似乎很少关注。

润球：有人说，在美国奥巴马是总统，GDP 是国王，国王主宰一切。

兴无：可以这么说，追求 GDP 的增长主宰着美国的经济政策。"9·11"事件后，布什总统首先鼓励美国人出门购物，度过经济难关。即使是 2008 年金融危机的时候，奥巴马提出的政策首要的也是让 GDP 尽快恢复正常增长。因为经济是由 GDP 来衡量的。追求 GDP 是一种理念，在美国经济学界有深厚的土壤。

思远：改革开放后，随着中外文化思想的不断交流，西方经济学也在中国不断传播。随着西方经济学在中国的大学、媒体、政界的传播，其影响也不断扩大。GDP 这种理念传播到中国后，不仅成为理念，还成为主流，并逐渐形成为 GDP 主义。中国正是在 20 世纪 90 年代掀起疯狂地追逐 GDP 浪潮的，确切地说是 1992 年之后，伴随着市场经济开始的，在加入世界贸易组织后表现尤甚。这充分表现出西方经济学对中国经济学理论和实践的影响之大。

刘：这种片面的将西方资本主义经济思想作为"普世价值"的观点，对中国的政治经济学界有重要的制约，持这种观点的人甚至自称为"主流"，并以各种方式来干预中国经济过程。其中最突出的，就是对公有制经济的私有化。这些人对于西方资本主义政治经济学并没有深入系统的认知，他们简单地把经济归结为 GDP，片面地认为发展经济就是增加 GDP，进而演变为 GDP 主义。

二　GDP 主义是中国经济矛盾历史演化的产物

刘：GDP 主义从形式上基本上采取了西方资本主义政治经济学的概念、范畴、公式、模型，而且将之说成"普世价值"，避而不谈其阶级性和国度性，将其视为全人类的"现代经济学"，是"市场经济规律"的客观、全面论证。但实际上，GDP 主义又与西方资本主义政治经济学在理论前提、主体性、目的上有重大区别。归结一点，就在于将经济发展等同于经济增长，而经济增长只看国内生产总值的增加，为了这种增加，可以不择手段，不计后果。这在美国是不可能出现的。GDP 主义源于美国，但美国并没有 GDP 主义。

石越：刘老师的意思是说理解 GDP 主义不能只从美国找原因？

刘：外因是条件，内因是根据。理解 GDP 主义不仅要看到 GDP 的美国之源，大家分析问题更要从中国自身的经济矛盾来理解。GDP 主义实质上是西方资本主义政治经济学在中国的转型，GDP 主义是改革开放以来中国政治经济矛盾演化的产物。

本来，中国自 20 世纪 50 年代实行"苏联模式"的公有制，其弊端在 50 年代末的农业集体化中就已充分显现，到七八十年代，改革已成为必然。然而怎样改革又成为人们争论的焦点。那些信奉苏联模式的社会主义者认为只要发展生产力，就是改革，但关于如何发展生产力，却存在分歧。一派主张中国的制度和体制是好的，问题出在管理上，改进和完善社会主义企业的管理，就可以发挥社会主义公有制的优势，实现中国的现代化。另一派认为问题出在经济体制和制度上，而制度和体制的问题，根子还在主义上，持有这种观点的人从国际社会的比较中得出一个似是而非的结论：欧美国家之所以发达，是因为其资本主义经济发展方式，这种方式又源于其资本主义经济思想；因此，中国要发展经济，最简单的办法就是采取这种经济思想。由于受到传统社会主义政治和文化理念的限制，当然不能提发展资本主义经济，于是这些人就用市场经济理论和现代经济学来称呼西方资本主义政治经济学，并主张以西方资本主义经济思想为依据发展中国经济。一部分人在维护行政集权体制的前提下，进而以"补资本主义课""发展资本主义"的名义，将西方经济学的理论改造为 GDP 主义。GDP 主义的学理语言取之于西方资本主义政治经济学，但其实质在维护行政集权体制。在这个大前提下，GDP 主义在现实中又有了诸多新意，对此大家必须予以充分注意，才可以认知 GDP 主义的特点及其在中国经济矛盾中的作用。

润球：GDP 主义既然叫作主义，又是从比较完备的西方经济学发展而来的，它本身是不是构成一种比较完备的学说体系呢？如何看待"中国模式""北京共识"这样的提法？

刘：在中国，GDP 主义者在宣传上把 GDP 增长说成是经济和社会发展的唯一目的，其实质不过是维护行政集权体制的手段。GDP 主义在中国看似非常成功，但这是在付出了巨大的代价基础上才实现了中国经济总量的多年持续增长，直至成为世界第二的 GDP 大国，即所谓的"中国奇迹"。这被有的经济学家概括为"中国模式""北京共识"，期望向世界其他发展中国家推广，以发扬光大之，甚至有人幻想以此获得诺贝尔经济学奖。但 GDP 主义者对于西方资本主义政治经济学并没有深入系统的认知，其理论主张本身并不构成一种经济学说体系。GDP 主义只是我们对它的一种命名，在理论主张上它只是依附于已有几百年历史的西方资本主义政治经济学的，不具有学理上的独立资格。

石越： 刘老师刚才提到补资本主义的课，补资本主义的课具体是怎么回事？刘老师能不能再详细给我们讲一讲？

刘： 可以。从 20 世纪 80 年代以来，学界、政界就流传着"补资本主义课"的论调，这是 GDP 主义者得以改进、改造西方资本主义政治经济学的理由，也是其形成的重要环节。分析其原因，其基本的一点，就在哲学观念上，即在中国通行的唯生产力论。

按照"辩证唯物主义"的观点，世界是物质的，人是物质的一部分，要从物质运动规律界定人类社会规律；进而，从"历史唯物主义"规定：人类历史的发展是由生产力决定的，每个阶段都有一定程度的生产力为基础，生产力达不到一定程度，生产关系和上层建筑就不会改变，也就不应该建立新的生产关系和上层建筑。GDP 经济学家把"发展生产力"作为口头禅，似乎只有他们懂得发展生产力才能使中国富强，也只有按他们的主义和主张去做，才能发展生产力。

马博： 发展生产力本身应该并没有错。

刘： 是的。发展生产力本来是常识，但"发展生产力"这个最普通的常识却成了他们的专利。他们主张不择手段的增加 GDP，要尽一切可能保护资本，不论是国内资本，还是外国资本，也不论投资于什么行业，只要能增加 GDP，就是在发展生产力。我们将生产力归结为劳动者素质技能的社会表现，生产力发展的根本是劳动者素质技能的提高与发挥。

几千年人类生产力的发展缓慢，根本原因是劳动者素质技能的缓慢提高和发挥。这同时也增加了劳动者争取自身利益、反抗统治的势力，从而逼迫统治者不得不在极其有限的程度内承认劳动者的权利。资本雇佣劳动制是承认劳动者权利最多的阶级社会制度。对于中国来说，劳动者实际掌握的权利还不如西方发达资本主义国家，这是中国劳动者素质技能相对低下，而且没有充分发挥的机会，从而导致生产力水平低的根本原因。而"补课论"者提出"生产关系一定要适应生产力"是社会基本规律，进而据此得出结论：中国没有经历资本主义社会，直接从封建社会进入社会主义社会，违背了苏联教科书关于历史"五大阶段"的规定。更重要的是中国不经历资本主义社会，生产力就不可能发展，就不应该实行社会主义制度。为此他们主张取消社会主义制度，退而实行资本主义制度。只有实行资本主义，才能发展生产力，进而又将生产力等同于 GDP。GDP 主义的方法在方法论上就是现象描述法的体现，以现象代替本质，以经济的量的增长代替经济的质的变化和发展。

"补资本主义课"的论调，可以说是 GDP 主义的基本理念，也正是由此出发，才提出了对公有制经济"私有化"的思路，进而又将西方资本主义经济思想视为"普世价值"，将其政治经济学看成搞"市场经济"、发展生产力的不二法宝。

江荣：除了"补课论"还有"趋同论"，刘老师以前给我们上课时曾经提到过。

刘：与"补资本主义课"论同时出现并作为其补充的，是"趋同论"。其要义为：资本主义国家与社会主义国家正在相互趋同，即资本主义国家趋向社会主义，社会主义国家趋向资本主义，并认为这是人类发展的大趋势。"趋同论"是一种没有任何理论价值的现象描述法。对于资本主义国家趋向社会主义国家的论调，主要是因为西方资本主义国家中社会主义势力在社会主要矛盾中地位提升的结果，根本不是什么资本主义趋向社会主义。而采用苏联模式的国家，因该模式得不到有效的改革，导致特权、腐败和官僚资本的出现，以美国大资本财团为核心的国际资本又通过各种渠道和手段向这些国家渗透，并与官僚资本势力相配合，形成了以资本主义为"普世价值"的"私有化"浪潮。这是因行政集权体制的弊端而滋生的反社会主义势力的表现，而根本不是什么社会主义向资本主义的趋同。而且官僚资本势力在本质上是集权官僚制度在现代条件下的变种，虽然也以资本为手段并采取一些"市场经济"的做法，但不属于自由资本主义范畴。

"趋同论"其实只是"补课论"的衍生品，是以现象描述法与"补课论"相呼应的。苏联解体和东欧剧变后，"趋同论"和"补课论"在这些国家也就消失了，只是在中国仍作为 GDP 主义者的理论依据。一些人甚至宣称：只要在政治上保持苏联模式的行政集权体制，就是在坚持社会主义；在经济上则可以，而且必须实行资本主义，只有资本主义对公有制经济的"私有化"，才能发展生产力。以发展的生产力为基础，巩固行政集权体制，就能发展社会主义。可见，在中国一些人的观念里，"补资本主义课"，实质是将政治与经济分开的，所要补的只是经济上的资本主义，不包括政治上的资本主义，或者说，只在经济中实行资本主义，而在政治上则固守行政集权制，坚决抵制西方的民主政治。至于这里明显的逻辑矛盾以及其实行过程造成的现实矛盾，在中国这些 GDP 主义者的思想中是不予考虑的。

春敏："补课论"实际上是维护中国的既得利益者的，支持补课论的主要也是既得利益者。

刘：持有"补课论"观点的人，除了春敏指出的那些既得利益者外，还有一些是迷惑于"苏联模式"教科书的唯生产力论的那些人，这些人是限于认识范畴的。这些人并不能从"补资本主义课"中得到什么利益，甚至还会受到损害，而他们思想上的这种认识，却为那些想从"补资本主义课"中巩固既得利益并获取更大利益的群体、集团提供掩饰。

石越：有的学者认为通过补资本主义的课，可以促进中国民主政治的构建、自由文化的发展，这都是现代中国社会发展所需要的。刘老师，您看从这个意义上讲，补资本主义的课，不是也有其合理性，甚至有其历史的进步性吗？

刘：石越提的问题很好，我刚才其实已经提到了，这个问题确实是需要澄清的。在这个问题上，有不少"明白人"都看错了中国的 GDP 主义者。

中国的 GDP 主义者从唯生产力论这个苏联模式与资本主义共通的哲学上的经济观，找到了在经济上"补资本主义课"的理论根据，但却内在地排斥西方的民主政治和自由文化。中国的 GDP 主义者一方面在经济上要求补资本主义的课，另一方面将政治上固守行政集权体制作为"坚持社会主义"的标志，于是就有了将西方资本主义经济思想视作"普世价值"的奇特的新思维。这个新思维之新，不在它所信奉的"普世价值"是新提出来的，在于它将资本主义经济思想与政治思想和文化观念剥离，甚至排斥民主政治和自由文化，仅把资本主义经济思想作为"普世价值"，而把其政治思想和文化观念视作"特殊国情"的产物，强调因中国的"特殊国情"不能采纳。不能不说，这是一种非常奇特的思路，西方资本主义是一个系统，其哲学观念、社会观及其具体的经济观、政治观、文化观是统一的，有着严密的内在逻辑。将其切割，取一块弃一块，严格说已经不是真正的资本主义了。只取其经济观和经济思想，那么这些经济思想的实行，又怎么能以相应的政治制度和文化观念保证，资本主义经济又怎么能实行。

可见，只将西方资本主义经济思想作为"普世价值"的 GDP 主义者，并不是简单地、真心地要在中国推行资本主义，而是根据特殊人群、利益集团的需要，将这个"普世价值"只是作为一个手段，一种舆论工具。一方面以此表示其"开明"，另一方面也好与国际资本"接轨"。然而，就像某些穿西服打领带染黑发的官员以此表示自己"西化""现代化""年轻化"，但头脑里却装满陈腐的官文化一样，以西方资本主义经济思想作为"普世价值"的 GDP 主义者，基本上是延续张之洞"中学为体，西学为用"的主张。与张之洞相比，只不过张氏将"西学"限于自然科学和技术，GDP 主义者现在则将其扩展至经济学。

石越：那些支持自由资本主义发展的人士和中国的 GDP 主义者看来有点像是同床异梦，一个的梦想是自由资本主义，另一个的梦想其实是官僚资本主义或权贵资本主义。

刘：GDP 主义与中国的行政集权体制相结合，或者说中国的行政集权体制采纳了 GDP 主义，并使之成为中国经济的主导意识，不仅制约了经济发展，也制约了政治、文化以及社会生活，在各个层面造成了诸多危害，也包括对自然资源和环境造成了危害。

三 GDP 主义的危害

春敏： GDP 主义贯彻于中国经济的各个层次，从制度到体制到结构及其运行机制、经营管理、对外经济关系，已成为制约现实中国经济矛盾的重要因素。

从制度上来看，GDP 主义的危害首先体现在对公有制经济的私有化，他们认为公有经济缺乏效率，主张私有产权有利于经济增长。例如，2012 年 3 月 17 日，北京大学光华管理学院某知名教授在中国发展高层论坛"中国和世界：宏观经济与结构调整"经济峰会上表示，国有企业在中国经济中占如此大的比例，已经成为未来经济增长的主要障碍之一，至于如何解决国有企业私有化问题，他认为，国有企业的私有化只是一个政治决策问题，办法其实很简单，如果一旦下定决心解决它，没有什么困难，现在大部分的国有企业的股票都在市场上，需要做的只是怎么把这些股份转让出去，包括分给老百姓。正是在类似的主张下，大量的国有企业被"侵吞私分"，严重削弱了中国公有制经济的基础。他们主张的私有化，看似要把权力交给民众，但实际上只是承认劳动者的部分劳动力所有权以及农民对小块土地的使用权，却剥夺了全体劳动者对国有企业和集体企业的生产资料所有权，实质是将其私有化给权贵。

凭借着西方经济学的影响，改革的进程也被 GDP 主义者所操控，他们将 GDP 主义视为普世价值，片面地认为发展经济就是发展 GDP。行政集权体制是新中国成立六十年来经济矛盾演变的关键所在。GDP 主义经济学家整天将"改革"挂在口头上，但绝不提对行政集权体制的改革，甚至还要以经济的"改革"来稳定、巩固行政集权体制。

刘： GDP 主义的要旨就是将国内生产总值（GDP）视为经济的全部，将 GDP 增长等同于生产力发展，不顾其他指标，不惜任何代价增长 GDP。压低工资、浪费资源、破坏环境，并将教育、医疗等公共事业变成赚钱的"产业"，以高房价和各种"杠杆"把财富聚集到极少数人手里，并由他们掌控经济命脉。如果有一种医学理念将人的健康只定在体重这一个指标，主张不择手段地增加体重，骨骼、肌肉、神经、生殖各器官和系统统统可以不顾，为了体重增加，还要注水、打激素，按这样医学理念生长的人只能是肥胖加水肿的畸形体。而 GDP 主义就是这样的经济学理念和主张，它虽然不是什么理论体系，但对中国经济变革和发展的祸害日益严重，直接阻抑着中华民族的振兴与现代化。

马淮：经济体制层面的一些改革有的也是"假改革"。从经济体制上来看，中国公有制初级阶段统制经济体制的矛盾，已经包含于其特点中，就是行政集权机构掌控经济生活的全部公共权力，由此控制所有权，以行政性管理体制制约经济结构及其运行机构和企业经营管理。虽然 GDP 主义经济学家宣扬的以"市场经济"改变"计划经济"已进行了三十年，但中国现实的经济体制依然是统制经济体制，改变或"转轨"的只是"统制"的方式和范围。其原因就在于行政集权体制仍然存在，并主导着社会经济的其他方面。

刘：现有的统制经济处于"转轨"过程中，其矛盾的主导力量还是行政集权体制，但它的作用方式有所不同。对于公有制经济，即仍存留下来的国有企业，它一如既往，全面掌控，不同的是不再像以前那样把扩大国有企业规模和范围作为目标，而是努力加强行业垄断和获取垄断利润。作为行使占有权的政府利用法律规定的不明确，行使只有所有权主体才能具有的处置权，以各种方式将垄断行业以外的国有企业处理给私人，并给仍保留的国有企业高层经营管理者以高额年薪，以明显区别实行雇佣制的职工。对于个体小农经济和私有资本，则主要从自然资源（包括土地）所有者的角度加以控制，并从监督权和管理权加以掌控。而 GDP 主义的介入，就是"转型"中的统制经济体制不断强化其行政集权的方式，动用各种资源和劳动力，不惜代价，不计后果的增长 GDP。这种体制上的误导导致中国经济结构极端不合理。

马博：不合理的表现最明显的就是消费占 GDP 比例过低，居民消费占 GDP 比例尤其低；政府购买增长过快，远远超过 GDP 增长速度；经济增长主要靠投资和出口拉动。最终造成中国经济严重依赖外部经济，内需增长乏力。

刘：我们谈的经济结构还不是凯恩斯宏观经济学所指的概念。我们对经济结构的规定是经济体制在总体经济运动过程的存在形式。经济结构的内容，依然是人们的经济权利，即劳动力和生产资料所有权两个基本权利派生的占有权、经营权、使用权、收益权、处置权、监督权、管理权等。这也正是我们在分析经济结构时区别于 GDP 主义者的地方。在经济结构中，首先是阶级结构，这是经济制度矛盾的集中体现。进而是劳动者素质技能结构、投资结构、就业结构，这主要涉及劳动力和生产资料所有权与占有权的关系。再展开，则是产业结构、产品结构、区域结构、流通结构、分配结构、消费结构等。我们一直强调经济的主体是人，而 GDP 主义者见物不见人。

由 GDP 主义导致的经济结构的不合理主要表现在当前集权开放型经济结构的矛盾，主要有集权与开放的矛盾，集权开放结构因其非均衡趋利机制，扩大了劳动者素质技能结构与投资结构之间的矛盾，就业结构的矛盾激化，产业和产品结构的矛盾，分配结构的多元化及由之引起的矛盾，流通结构的矛盾，积累和消费结构的矛盾，区域经济结构差异与矛盾，金融业与国民经济总体发展的矛盾，财政与经济结构和运行机制的矛盾。GDP 主义扭曲了中国经济结构，导致经济结构畸形，并阻挠了中国经济结构转型。

马淮：我想关于就业问题谈一点 GDP 主义的危害。大家应该记得清楚，GDP 经济学家曾经提出了一个他们杜撰的"公式"为依据的命题：中国只有保持 GDP 在百分之八以上的增长，才能将失业率维持在一个不至于造成社会不稳定的水平，否则就会引发社会的动乱。这是一个伪命题。中国失业问题的根源在于经济结构的矛盾，在于经济体制和制度的矛盾。解决中国就业问题的根本出路，在于改革完善公有制。但 GDP 主义经济学家却主张"私有化"，将城市劳动者雇佣化，将农村劳动者推回小农经济，从而导致如此大量的失业人口。就此，GDP 主义经济学家看到了中国经济的一大"优势"，即取之不尽的廉价劳动力，而他们的"加入世界经济大循环"思路，也是以低端产品的出口行业为主。不论主体、主义有什么差别，所面对的矛盾是不会随主观意愿而改变的，但对同一个矛盾不同的主体会得出不同的认识。我们也关心劳动者的就业问题，但与 GDP 主义经济学家不同，我们认为劳动者不是资源，而是社会主体、经济主体；劳动者绝非社会不稳定的根源，而是文明发展的根据。中国现实经济矛盾，包括就业问题，因不能确立劳动者社会主体地位而生成，最终也要由确立劳动者社会主体地位来解决。

石越：在经济运行机制层面，GDP 主义的危害还有哪些表现呢？

刘：从运行机制上来看，集权开放型结构的运行机制，是非均衡趋利式的。在 GDP 主义的导引下，其成了非均衡趋利式运行机制背后的原则。非均衡趋利机制不再以维护和发展单一的公有制经济为目的，而是以追求利润为目的。对利润的追求，不仅是对企业而言的，更是对国家而言的即增加财政收入。经济为财政服务，财政为政治服务，是统制经济体制，也是它所体现的经济结构和运行机制的实质。国家的"趋利"，主要表现为尽可能地增加财政收入，而为了增加财政收入，就是要增加 GDP，为此努力引进外资和发展私有资本，在增加 GDP 的同时，增加税收，这成了非均衡趋利式运行机制的原则。GDP 主义经济学家的生产力标准打破了原有只有两种公有制的所有权结构，开放了对私有资本、个体小农经济及个体工商户的限制，开放了外国（及港台地区）资本进入中国。正是通过对所有权的改变，非均衡趋利机制贯彻于全部经济生活，从国家计划和总体调控，到企业的经营管理，以致家庭、个人的就业和生活都受到非均衡趋利机制的制约。

春敏：非均衡趋利机制首先作用于经济结构的改变上，不仅在各个结构上有所改变，而且改变了流通、分配、积累与消费等结构，改造并利用了金融在经济生活中的地位，股票、房地产、债券、期货市场的设立，使非均衡趋利机制的作用更为明显。

最明显的是投资结构日益趋利化。作为现代工业主干行业的投资由于种种原因盈利不稳定，国有投资逐步减少。典型的是高新技术行业，投资相对很少，私有资本也不愿意将资本投入短期内缺乏效益的行业，这样就使得资本主要投向盈利较快的房地产、证券以及各种低技术、低成本的轻工行业、服务业中。特别是房地产投资在 GDP 主义的导引下，迅速而无序的膨胀，不仅成为金融业的重要内容，而且为了拉动 GDP 而出台的种种政策进一步使房价飙升，给中国金融业带来了巨大的风险。这一风险一旦成为现实，有可能将中国经济拖入长期深渊。

润球：在经营管理层面，GDP 主义的表现就是一切以资本利益为主导，把企业片面追求利润看作是完全合情合理的，不加任何约束。在集权开放型经济结构中的私有资本企业，则以小农经济的传统经营方式为主，辅之以旧的"小买卖人"经营方式和从外国引进的管理方式。其特点有：家族式、只注重经济效益，忽视乃至不顾社会效益，以低工资购买劳动力使用权，高强度、长时间地使用，投资和经营中的短期行为，大都投资劳动力密集、低技术水平的行业，其经营管理也只注重短期效益。例如，在山西和内蒙古，大量煤炭资源在开采中遭遇破坏性开发，一些被新闻记者报道的情节令人痛心疾首。本来中国是个资源稀缺的国家，煤炭资源又是不可再生的一次性能源，但这些企业在开采时只顾短期利益，把大部分可以开采利用但开采成本高的煤层弃之不用，只开采成本最低的两三个煤层。而地方政府和监管部门在一切为了 GDP 主义的大旗下，不闻不问，只顾收税。甚至对生产安全也睁一只眼闭一只眼，在生命和 GDP 之间，宁要带血的GDP。此外，大量的假冒伪劣产品，其实都是在 GDP 主义的招牌下滋生的丑恶现象。

刘：润球说的现象在 20 世纪末更普遍，这也是蜂拥而起的私有资本企业迅速倒闭的重要原因。21 世纪以来，私有企业的构成发生了一些变化，一部分原来在事业单位和行政机构中的工作人员从"下海"到成为资本所有者，其自身素质和所办企业的技术层次相对较高。而"民营企业家"经过淘汰，剩下的也是素质较高者。从自身的学识和经验中，他们意识到提升经营管理的必要性。虽说尚处起步阶段，其所引入的西方经营管理，也以"科学管理"为主，但对于中国的私有企业来说，是一个良好的开端。在资金、成本、财务、技术、质量、营销等环节的管理上，西方经营管理学及其企业经营管理经验，是有许多可供中国私有企业学习、借鉴之处的。少数中国私有企业和经营者在这方面的努力，不仅对其企业，而且对提升中国企业的经营管理水平，都是有益的。这也不要一概否定。

从中国经济的经营管理来说，更重要的是在国家层面和在公有制经济中的体现。国家对经济的总体管理是经济体制在经济结构中的展开，是运行机制的主导。在集权体制下，国家是作为国有资产和资源的实际所有者，实施对全国经济的总体管理的。中国的国有资产和资源的所有权都由政府来行使，不仅减少了管理环节，也几乎没有实质性强有力的制约。这是从集约转化型结构及其政治主导式运行机制传下来的，是行政集权体制的要求和体现。从现实的 GDP 主义对公有制企业的影响来看，公有制企业在经营管理的矛盾与局限，特别是在强调了企业经济效益后，于是才有了以片面追求经济效益为目标的承包经营以及对职工实行"合同制"管理。而由此导致的一系列问题，这是在不解决公有制权利关系主要矛盾，即所有权与占有权关系及其所有者与行使机构矛盾的情况下，只突出经营权的相对独立性，而且只从国家的角度，即财政的需要角度来注重经济效益。这样的改革势必引发诸多新的问题，导致国有企业改革陷入泥潭，从而不断为私有化的"合理性"提供"新的证据"。

春敏： 在对外关系方面，GDP 主义的危害更为明显，就是只看经济总量，不思考经济发展的目的到底是什么。一个经济相对落后的国家，本来是最需要商品和服务的，特别是落后的西部地区和广大的农村地区，我国还有大量的贫困人口存在，有大量的营养不良的儿童。经济发展的首要目的应是服务于国内需要，但是我国经济发展的导向，多年来首先盯住的是国际市场的需要，似乎我的产品卖给外国人，我的企业就高人一等。这是伴随着 GDP 主义的崇洋媚外。

兴无： 有的中国企业宁赚外国一毛钱，不赚中国一块钱。这是我从中国纺织品工业协会的一位企业家那里听说的。特别是一些岁数较大的最早办企业的那拨人，表现尤甚。但他说，现在新起来的较年轻的企业家有了一些反省精神，不再片面注重赚外国的钱了，眼睛开始转向国内。

春敏： 出口创汇本来也无可厚非，出口从经济上说为了换回自己不能生产或者生产成本太高的产品。但是我国不是把工人血汗换回的外汇用来购买外国产品，而是大量用来购买美国国债。从经济上说，等于一个穷人把自己辛苦赚来的钱借给富人花，供富人来花天酒地。我们用自己的资源，还牺牲了环境，为美国、欧洲、日本生产大量的生活用品，结果还被人指责制造温室气体，破坏世界气候，被要求承担世界责任。这都是 GDP 主义作的孽。

刘：春敏谈了其中的一方面。概括起来，从对外经济关系来说，从 20 世纪 80 年代以来中国的对外关系，是服从集权开放型结构和非均衡趋利机制的，力图淡化制度差异和意识形态色彩，努力拓展与外国特别是发达资本主义国家的经济交往，目的在于通过对外经济交往，促进本国经济的增长。GDP 主义思想将经济发展等同于经济增长，即统计指标的提高，"参加世界经济大循环"论不仅将劳动者素质技能低和人数多作为优势，甚至将中国产业定位于世界产业链的末端，片面注重短期成效。这些行业的利润率极低，其中大部分又归外国资本和承销商。中国人所得到的，除快速增长的 GDP 统计数字，就是由外汇管理制度收取的巨量外国货币，其方式是所有国内企业出口换来的外国货币都要交外汇管理机构，再由外汇管理机构按汇率付给企业人民币，而因此付出的人民币并没有相应的产品在国内流通，其发行必然造成国内通货膨胀。日积月累，国内物价不断上涨，而存储的外国货币量也在不断增长，因美国主导的对中国在高新技术上的封锁，西方国家可以出口给中国的商品有限，我国的主管机构又将增加外汇储备作为标志成效，所以也不鼓励进口石油储备和购买黄金储备，以致到 2008 年经济大危机到来，石油较我们开始大量积存外汇的 21 世纪初涨价数倍，黄金涨价五六倍。到 2010 年中期，中国的外汇储备已达到两万五千多亿美元，其中有一半左右已购买了日益贬值的美国国债和"两房债券"。而且增长并不等于发展，对外经济交往中的短期行为不能优化中国的产业结构，特别是不能对高新技术研创、开发、应用起到积极作用。同时，这样的制造格局又造成了对资源的浪费和对环境的污染，同时还不利于劳动者素质技能的提高。而既得利益的获得，又不利于现有产业格局的改造。恶性循环由此产生。

马淮：GDP 主义带来的越来越严重的环境污染也不能小觑，近年来，中国经济发展的步伐令世界瞩目，但是，生态环境为此付出了巨大代价。经济以 8%—9% 的速度发展，取得了巨大成就，但同时也有消耗太多原材料的隐患。比如，创造 1 万美元价值所需的原料，是日本的 7 倍，是美国的近 6 倍，更令人尴尬的是，比印度还多 3 倍。能源过多地消耗，加重了对环境的破坏。但是，这种现状并未引起人们的足够重视。城市化进程伴随着沙漠化，可居住及利用的土地越来越少。2012 年冬季北方的雾霾震动了北京和中南海，2013 年中国传统的风景秀美的长江中下游一带也出现了雾霾，令世人侧目。

马博：在过去的鱼米之乡湖南，由于片面追求 GDP 增长，发展高污染的重化工业，导致湖南的土壤被大面积污染，湖南大米大面积镉超标，对食品安全构成严重威胁。

江荣：对 GDP 主义的危害谈了这么多，也应该提到对此现象的改进措施，例如多年前就提出发展绿色 GDP，所谓的绿色 GDP 数据可以看作是中国政府旨在量化污染对经济影响的长期项目的一个组成部分，是不是可能标志着将逐步放弃粗放型增长模式转向集约型增长的战略性转变？GDP 主义指导下的经济增长方式在 2008 年世界性的金融经济危机后也面临新的选择吧？

春敏：可以说正在 GDP 主义经济学家准备将"中国模式"条理化、模型化，以向全世界推广，甚至宣称此成果必获诺贝尔奖的时候，无论中国，还是西方的经济都被规模浩大的金融经济危机给了一记沉重的打击。按理说，2008 年秋，美国的金融危机是对中国 GDP 主义增长方式的警告，也是调整所谓"外向型"产业结构的最好时机，但 GDP 主义经济学家却将金融危机局限于美国的次级贷款，而且只就技术层面论其"失误"。避而不谈金融危机的制度、体制根源，甚至不涉及经济结构和运行机制的原因，将危机说成类似自然规律的"经济周期"，对于中国经济只是一个外部因素。

刘：他们提出应对危机的建议，依然是在维持旧结构的前提下，用财政和货币政策来保 GDP 的增长，实质是以财政投入和银行贷款来堆砌 GDP，其结果是极大地刺激了已经用几年时间调控的房价，"一线"城市的房价在一年内最多曾经上涨了一倍多，二三线城市房价也有一年百分之五六十的增长。房地产业已成了金融业的一部分，是一个庞大的虚拟经济，它绑架了实体经济，大量货币积累在房地产上，已经形成了巨大的"堰塞湖"，一旦崩塌，将冲毁脆弱的经济体系。面对如此严重的局面，上任中央政府就已经出面调控，但受到已形成强大势力的房地产商和投机商的抵制，而靠土地财政出政绩的地方政府和靠房贷谋利的银行也消极应对，在目前既得利益格局没有改变的情况下，调控到位可以肯定是个未知数。房地产产业链条之大，范围之广，已经超乎人们的想象，况且既得利益者们也不能改革自己，放弃自己的利益。

在美国金融资本财团及其控制的政府以及金融政策掠夺世界财富、导致世界经济严重失衡、造成空前的金融危机和经济危机的情况下，GDP 主义及其参与"世界经济大循环"的路数遇到严重挑战，但从现实看中国的 GDP 主义者并不承认其错误，而是继续按其所认定的"普世价值""客观经济"及"市场经济规律"来设计新的"增长方式"，这是由其经济利益决定的。GDP 主义在中国面临难以摆脱的困境。

石越：世界性的金融经济危机之后，与中国的 GDP 主义者缺乏足够的反省形成对比的是，在 GDP 最初产生的资本主义经济世界，一些左翼人士已经在质疑片面注重 GDP 的发展方式，乃至开始质疑 GDP 概念本身。

春敏：是这样。2008 年金融危机之后，片面注重 GDP 的发展方式在欧美也遇到了直接的挑战，甚至 GDP 概念也受到质疑。一些西方国家的领导人开始呼吁经济学界提出新的经济衡量指标。2009 年，法国总统萨科齐宣布 GDP 已经过时，明确提出了自己的计划："法国将努力创造一个全新的秩序，我们将会在所有国际会议和讨论中把这个计划提上议程。"欧盟举行了一系列会议，探讨全新的衡量指标以替代 GDP。2010 年 2 月，萨科齐总统成立了经济成就和社会进步衡量标准委员会，委员会主席是左翼的诺贝尔经济学奖得主斯蒂格利茨和阿玛蒂亚·森，该委员会于同年 9 月提交了一份报告，报告指出：其实人们早就知道 GDP 无法准确衡量经济成就，但是我们的社会却把它的缺陷当作是宝。

江荣：可以说，我们这里的 GDP 主义者干脆把 GDP 奉为神了。

春敏：这份报告指出，正确的经济指标对于经济发展至关重要，而且对于人们的工作、福利以及孩子们的未来也十分重要。我们必须着眼于那些真正能够让人们幸福的事物。斯蒂格利茨提出，我们的衡量对象决定了我们的所作所为，如果衡量指标存在缺陷，那么我们的决定就会出错。政府制定政策的目标应该是提升社会福利，而不是提高 GDP。GDP 没有准确地衡量经济，那么决策者必然会犯下严重的错误。政府放松了对银行业的监管，听任金融创新出多得令人眼花缭乱的金融产品，在大多数人根本不可能搞清楚这个产品到底是什么东西时，就直接进入了市场，并不断衍生出新的金融产品，进而创造出一串又一串的 GDP 泡沫。直到最后泡沫破灭。

兴无：有的西方的生态经济学家提出经济学应该确立一个核心宗旨，就是"叫停规则"。这个规则建立在边际收益递减的基础之上，只要边际成本超过边际收益，就应该叫停。叫停规则在微观经济学中十分重要，但是在宏观经济学中却没有这样的规则，而宏观经济学的首要目标就是 GDP 的无限增长。然而，任何一个经济体，无论家庭、企业、城市、国家，乃至整个地球，都有自己的界限，总有成本超过收益的时候。至少人们还需要时间休息和放松。这些生态经济学家认为 GDP 曾经起过很好的作用，但是 80 年过去了，是时候让 GDP 退出历史舞台了。

春敏：斯蒂格利茨也明确提出批评，指出美国政府为了促进 GDP 的增长，制定了一系列政策，但这些政策让普通美国人牺牲了收入、时间、健康和福利，降低了人们的生活质量，最终连幸福也失去了。政府之所以仍然坚持这个经济目标，只是因为已经执行了 80 年，已经形成惰性，是时候应该追问经济发展的目的到底是什么？如果真如斯蒂格利茨等估计的，欧美主要经济体可能放弃 GDP 概念，那对中国的 GDP 主义者可谓釜底抽薪。

刘：在相关问题上，关注西方左翼是对的。但大家应该认识到，斯蒂格利茨虽然是左翼，但他不是真正的社会主义者，他的基本立场还是站在资本的一边，只不过是维护总体资本的利益，当然比哈耶克、科斯那些站在个体资本立场上说话的西方经济学家进步。他强调政府制定政策的目标应该是提升社会福利。我们认为政策目标是发展人，是提高劳动者的素质技能。这是我们和斯蒂格利茨们的根本区别，也是我们批判 GDP 主义的根本出发点。

（张兴无）

第三编

中国政治经济学的形成与发展

国度性是政治经济学的基本属性。英、法、德早期的经济学家对此都是不隐晦的，魁奈、斯密、李斯特等人的著作说明了这一点，只是对国度性与世界一般性的关系没有明确表述，而这一点恰为后来者掩饰政治经济学的国度性留下了伏笔。到19世纪末20世纪初，资本主义步入垄断阶段，并向全世界扩张，为此也就需求其政治经济学表现出世界性，一是指导资本扩张，二是让落后国家在观念上接受这种扩张。现在的大资本财团为主体的美国主流政治经济学，则把操纵全人类经济作为理念，所以故意掩饰其国度性。苏联政治经济学为了向全世界推行其"苏联模式"，也有意将之说成世界一般性的。

中国是在20世纪初开始引入英、苏、美政治经济学的，不仅这些国家的政治经济学著述者，就连引入者也都不愿承认其国度性，而是将它作为"放之四海而皆准"的"客观经济规律"的表述。这样做虽然有助突破旧观念，但也带来严重副作用。总结一个多世纪以外国政治经济学主导中国经济发展的经验教训，并对外国政治经济学进行系统研究，使我们明确了政治经济学的国度性，中国要摆脱美国大财团设计的世界秩序中的定位，必须自主发展自己的政治经济学，否则，按美国政治经济学指导，只能继续被大财团控制，在世界产业链的低端徘徊，以致衰败。

中国政治经济学有其逻辑和历史的根据，其形成和发展是中国经济矛盾的演化，是中国劳动者素质技能提高并争取社会主体地位进程的必然。这是一个艰难的探索过程，因而也会表现出曲折和阶段性。

中国政治经济学形成的历史与逻辑必然

几百年政治经济学的历史演化充分证明了主体的经济利益和意识是政治经济学的来源和出发点。不同的阶级、阶层、集团因其存在的国度和历史阶段的差异，都会通过其思想代表将自己的经济利益和意识概括于相应的政治经济学学说，表达对现实经济矛盾的态度和认识，政治经济学的主体性必然表现为国度性，阶级、阶层、集团的政治经济学学说，都受国度性的制约，或者说都在国家的范围形成和演变着。从这个意义上，我们看到了英国政治经济学、法国政治经济学、美国政治经济学、德国政治经济学、苏联政治经济学。在这些国度的政治经济学范围内，又有着不同的学派和学说，分别概括相应阶级、阶层、集团的经济利益和意识。中国政治经济学的形成是历史与逻辑的必然，是中国经济矛盾发展的内在要求。我们必须从中国的历史发展和经济矛盾去考察中国政治经济学，这也是政治经济学逻辑演进的需要与必然，它不是西方所谓的经济学"普遍真理"的中国化，而是由于中国的国度性矛盾而产生的，是内化而生而非西方政治经济学的"嫁接品"。与此同时，中国政治经济学作为对特殊国度经济矛盾的规定，体现着政治经济学的世界性及其发展逻辑。

一　中国政治经济学产生的必要性

润球：1776 年，亚当·斯密的《财富论》出版，标志着政治经济学脱离哲学正式成为一门独立的学科。政治经济学的产生与英国及欧洲资本主义经济的发展密切相关，是资产阶级利益与意识的集中概括。那么在谈到中国政治经济学之前，我们需要问政治经济学产生的原因？

刘：政治经济学是近现代产生的社会科学，它是商品经济和工业文明时代的产物，历史上形成的各国政治经济学体系有一个共同点，就是商品经济和工业文明的矛盾比较集中与突出。

润球：同时代的中国没有形成中国的政治经济学，是否是这个原因？

刘：可以这样说。我们可以看历史上政治经济学最早就诞生于世界经济的中心英国，也是世界经济发展矛盾最为集中的地方，同时代的中国还处于满清王朝统治之下，集权官僚制下的小农经济是中国经济的主要形式。中国之所以没有形成自己的政治经济学，基础性原因还在于商品经济和工业文明的滞后。但一百多年的历史又让中国人认识到必须发展商品经济和工业文明，否则就会被外国资本欺凌劫掠，这方面的教训太沉痛了。为了发展商品经济和工业文明，就必须有政治经济学的导引。

润球：新中国成立以后，大力发展工业，1978 年以后又大力发展市场经济，这应当有利于中国政治经济学的发展。

刘：这是两个阶段的问题，又具有连续性，通过实践的比较，我们不难发现其中的问题。1949 年中华人民共和国成立以后，加速展开工业化进程，特别是 20 世纪 80 年代以来，打破了对商品经济的禁忌，鼓励资本经济，由此使中国经济矛盾更为集中和突出。在这个过程中，不论是学习苏联政治经济学实行苏联模式，还是依从美国政治经济学而搞"市场经济"，都是将他国的经验或制度、体制直接看成一般经济规律，把他国指导经济发展的政治经济学当成了中国经济发展的真理，把中国视为以"普遍经济规律"进行演绎的对象。这个时期中国的政治经济学工作者一方面面对本国经济的落后，另一方面看到先进国家的繁荣富强，很少自主的批判性思考，所做的主要工作，就是尽可能引进、注释苏联或美国的经济学说，并以此为大前提，论说中国经济如何像苏联或美国一样，步它们的后尘以求未来达到它们现在的程度。其方法主要是归纳演绎，我们看这两个阶段，第一阶段的要点和总逻辑是：把社会主义经济与苏联模式的统制经济画等号，苏联模式就是社会主义经济的一般模式或样板，中国要搞社会主义经济，就必须以苏联模式为依据和标准；第二阶段的要点和总逻辑是：苏联模式失败后，认为市场经济是最为先进的，也是一般性的经济体制，市场经济就以美国经济为代表，中国要搞市场经济，就要按美国经济模式来"改革"。在这样总逻辑的引导下，凡是讨论经济必提苏联或美国，中国什么都是落后的，苏联、美国的"月亮都比中国的圆"，以此提出的各种实施方案，乃至具体措施，影响了中国经济，并把苏联或美国经济中的矛盾引入中国经济，成为中国经济矛盾的重要因素。然而，中国经济依然是中国经济，并没有因为从苏联或美国政治经济学的演绎而变成苏联经济、美国经济。20 世纪末，俄罗斯人按美国经济学进行"市场化"的"休克疗法"改革，其惨痛的失败也说明照搬外国经济学说的"改革"思路是错误的。

江荣：这样看来，中国在近现代的经济发展过程中并没有自己的政治经济学指导，只是在强国的后面亦步亦趋，并没有真正解决中国的问题，这主要是因为没有认清中国的主体性，也就是说没有搞明白中国的国度性矛盾。

刘：是的，一个多世纪，我们总是在学习、反思，但反思的结果并不是从自身出发，而是放弃了一国学说，又引进了另一国学说，总以为真理在国外，中国人不能发现真理，中国更不能产生真理。经过半个多世纪的曲折，在诸多沉痛教训和巨大损失中，我们才明白了一个道理：中国要经济独立富强，就必须变旧的小农经济为商品经济，从传统农业生产方式转化为现代工业生产方式，这个过程，需要政治经济学的导引，但政治经济学理论体系的形成是需要较长时间对现实矛盾的揭示、对国外已有政治经济的批判扬弃，需要比较长时间的实践证明。但在中国尚不具备根据本国实际，针对中国经济矛盾的政治经济学理论时，借用外国的政治经济学是不得已的，因此而产生的错误也在所难免。但这种"借用"和照搬外国经济学说的思路，不应该长期主导中国思想。经过一个多世纪，特别是 160 多年的教训，我们认识到形成以中国、中国人、中国劳动者为主体的中国政治经济学的必要性和必然性。

思远：对于什么是中国政治经济学，有一种说法是中国人所做的研究、所写的书和文章就是中国政治经济学，这是不准确的，是对学科定位的错误界定。实际上中国政治经济学就是指劳动社会主义指导下的政治经济学，是对中国劳动者利益与意识的集中概括，而其他的以西方经济学的"一般原理"，照搬照抄去解释中国经济的经济学都可以称其"伪经济学"。之所以这样说，是因为政治经济学是对经济矛盾的揭示，是阶级利益和意识的集中概括，而以西方经济理论论证中国经济，并不是揭示中国经济矛盾的国度性本质，相反却是掩饰、歪曲了中国经济矛盾，所以这样的经济学看似是在说明中国经济问题，但实际上是"舶来品"，本质是西方经济学在中国的演化，是对政治经济学的去国度性、政治化、去阶级化、去矛盾化。中国政治经济学应该是特指的劳动社会主义政治经济学发展的新阶段，是其国度性矛盾的具体展开，是具体到抽象，抽象到具体的过程。

刘：说到中国政治经济学形成的必要性，概括起来就是两点：一是中国经济矛盾发展的要求，二是劳动社会主义政治经济学发展的要求。这两点是统一的，中国政治经济学就是以中国现代劳动者为主体，概括他们的利益，揭示论证中国经济矛盾。劳动社会主义就是中国劳动者及全世界劳动者利益与意识的集中概括，我们在中国进行这种概括，必然是针对中国现代劳动者阶级利益的，也可以说首先形成中国的劳动者社会主义，进而与他国劳动社会主义者相联合，各自以本国劳动者利益的概括中形成的主义，经过特殊到一般的归纳，形成总结性的劳动社会主义。这是一个相当长的过程，我们这里做的中国政治经济学研究，是中国劳动社会主义的重要组成部分，也是继马克思之后开创的劳动社会主义政治经济学发展的必要环节。

二 中国政治经济学形成的历史必然性

润球：矛盾是历史演进的内在原因与动力，历史是矛盾运动的外在表象。揭示人类基本活动的本质原因必须从研究人类发展的历史开始，而想理解人类历史发展的阶段，就必须去解释其内在矛盾的产生、发展与转化的全过程，由此界定不同历史阶段、不同国家的本质特点。不同的历史阶段是具有联系性的，前一历史阶段是后一阶段的前因，后一历史阶段蕴含着前一历史阶段的因素。辩证地思考现代中国的经济矛盾必须以中国的历史为根据，探究中国经济发展的国度性经济矛盾，正是在中国的历史演进现实经济矛盾中，体现着中国政治经济学形成的历史必然性。

中国政治经济学是在中国进入商品经济和工业文明时代的要求，它所揭示的是中国现代经济发展的系统矛盾，但中国当代经济矛盾并不是偶然产生的，更不是与外国完全相同的，而是从中国历史发展中演化而来，中国国度性经济矛盾决定了中国政治经济学必须探讨中国历史的特殊矛盾。如何历史地看中国的经济矛盾？

刘：中国作为一个有五千多年历史的文明古国、大国，在其漫长的历史长河中形成了自身独特经济矛盾系统，历史上所形成的经济矛盾已经成为阻碍当代中国经济发展的根本原因，有了矛盾就必须要有解决矛盾的方法。在农业文明的发展中，中国一直领先于世，并建立了系统的集权官僚制和官文化，在这个制度控制下的小农经济也是手工劳动的农业生产方式中最为适当的形式。正是在这样的历史条件下，中国形成了以维持集权官僚制为核心的财政思想，并围绕财政思想形成了有关农业、商业、货币、手工业等的经济思想。"经济"一词，在古代中国比在从古希腊传承下来的欧洲有更深广的内涵，古希腊的色诺芬在《经济论》中对经济的定义是作为氏族和部落首领的奴隶主的理财、经营、役使奴隶、消费等；而中国古代思想家则将"经济"规定为对集权专制的大一统国家的管理，所谓"经邦济世"，不仅表示一种思想，也表示官僚才能。

也正是因为集权官僚制的"经济"，重农抑商成为历朝历代延续的基本国策，致使中国虽有高度发达的农业，却不能演化出发达的商业，更没有发展出商品经济和工业生产方式。而大一统国家中统治阶级的争权夺利，又使中国陷入长期的战乱，经济只能在简单再生产中缓慢发展。集权官僚制和小农经济所形成的官文化与小农意识，不仅阻抑了商品经济，也限制了中国经济思想的发展。两千多年的集权专制，除在财政思想方面有所演进和对具体税收、支出有所扩展外，理论层面比春秋时管仲的思想并无明显进展。

马博：我们国家在历史上曾经是非常辉煌的"天朝上国"，富极天下，历史上所形成的小农经济和集权官僚制有一定的合理性，但国家旧制度的中华民族在近现代遭受资本主义列强侵掠、欺凌的时候，才猛然醒悟，我们需要改变，但却常常出现失败，遭受挫折，我们所寻求的改变在实践中、在方法上是否都存在问题呢？

刘：是的，中华民族的先进分子开始反思本国的文化、制度，并勇于向自己的敌国学习，政治经济学由此而传入中国，并在一个世纪的大变革中发挥作用。进步是明显的，失误也是明确的。当我们总结中国经济在这一个世纪的演进时，没有理由将因为引进外国的政治经济学而造成的损失归咎于外国的政治经济学，它们是当时的英国人、美国人、苏联人为规定和解决本国的经济矛盾而形成的，它们的研究者并没有考虑中国（如考虑，至多也只是将中国看作其本国经济的一个外在因素，是商品的销售场和资源的提供地等），也从来没有想过解决中国的经济矛盾。是中国的政治经济学工作者和决策者、资本控制者主动将这些本来特殊性的学说看成"普遍真理""普世价值"，并从自己所代表的阶级、阶层、集团利益出发，以某外国经济学说将此利益包装，变成依循"普世价值"的体现。由此而造成的对中国经济的损害，怎能让外国的经济学家，特别是早已去世了的经济学家承担责任呢？

润球：刘老师在《中国经济矛盾导论》[①] 一书扉页上，曾题了一副对联：

以中医中药治中国病

择西法西方祛西域疾

我觉得用来反思中国在寻求解决中国问题上，真是非常贴切。

刘：这本书是 1993 年出版的。这副对联也是当时我集中考虑的问题。《中国经济矛盾导论》力图提出关于中国政治经济学的基本思路，但由于观念、方法上尚未清除苏联教科书的影响，对马克思的经济学说也没能很好定位，没能形成自己的主义和方法，因此，这本书并未达到目的。外国政治经济学的各派各家学说，就像药铺里卖的成药，可以从市场上买到，或者通过学术交流加以了解。它们既不是祖传秘方，也不是受"知识产权"保护的专利，而是公开传布的文化思想。中国经济有矛盾，有病，当然得买药医治，吃错了药，医坏了身体，责任不在药，而在买错了药却让病人吃下去的人。中国的问题是，自己的经济矛盾急切需要解决，但找遍所有药铺，都没有对症的药，而一百年来因吃错了药又使病情更为复杂。

---

① 刘永佶：《中国经济矛盾导论》，河南人民出版社 1993 年版。

　　这里的"中医中药"是一种隐喻，并非传统的中华医药，也不是以维护集权官僚制为目的的以财政为核心的传统中国经济思想，而是由作为主体的中国人对中国经济矛盾的理性概括所形成的中国政治经济学。创立中国政治经济学的过程，并不是封闭的，更不排斥对外国政治经济学的借鉴。但"西法西方"只是借鉴的对象，因此要有选择，不能照套照搬，不能以为只要运用外国人提出的那些"普遍真理"或"普世价值"，就可药到病除，中国经济也就变成生出"普世价值"的经济学说的外国经济。同时也必须注意，西方各国虽然在资本主义经济的发展中比中国先行了一步，但不是说已达尽善尽美程度，它们也有矛盾，而且是在资本主义制度范围内不可解决的矛盾。现在正在发生的经济大危机是其明证。所以，在有选择地借鉴西方政治经济学的时候，必须注意其中包含的缺陷，要注意防止西方国家的经济之病在中国蔓延。可惜，这二十多年的中国经济学界的"主流"，不仅反对形成中国政治经济学，更在按美国主流政治经济学来规划中国经济的过程中，全面深刻地将"西域疾"引进中国，并在附庸美国大资本财团的同时，使中国经济陷入其导演的大危机中。因此，研究针对中国经济矛盾的中国政治经济学，就成了医治中国经济之病的唯一药方，是解决中国经济矛盾，使其在健康发展商品经济和工业文明的过程中，建成劳动社会主义的公民社会，由此而复兴并领先于世。

　　江荣：不是拿西方经济学的原理去套中国的问题就是中国政治经济学了，刘老师是否可以讲一下您研究中国政治经济学的历程。让我们学习一下理论产生的研究方法。

　　刘：关于"中国政治经济学"的想法，是我在写作《政治经济学方法论》的过程中就初步形成，但由于对主体性的认识尚不明确，而且受当时学术氛围的阻抑，在此书中的提法为"政治经济学的中国化"，并以毛泽东"马克思主义的中国化"的提法作为立论依据。这样的提法，仍带有明显的演绎性，其大前提是有一个成熟的一般性的政治经济学，在这个前提下将一般性的政治经济学原理运用于对中国特殊经济矛盾的认识，形成对特殊性的中国经济矛盾的理论规定。虽然我在论证中力求突出中国的特殊性，但由于没有明确的关于国度性和主体性的认识，当时的思路和方法还未跳出演绎性的逻辑推论。"政治经济学的中国化"的思路是在《中国经济矛盾导论》中进行尝试的，此书已将中国经济矛盾作为一个相对独立的对象，并以马克思关于经济矛盾的基本观点为大前提展开分析，但仍未能明确中国经济的主体性，而且对国度性的认知并不清楚。所以这部总的说来是演绎体系的著作只是涉及了中国经济矛盾的特殊性，但不能系统地规定这种特殊性。对于我来说，这个"导论"，验证了"政治经济学的中国化"思路的缺陷，要真正地对中国经济矛盾做出规定，必须明确政治经济学的国度性和主体性，由此而从现实和历史中进行总体上归纳性的研究，同时对经济矛盾的系统和层次进行规定，在前人已有的相关认识，特别是马克思有关经济矛盾第一、二两个层次论述的基础上，形成对基本经济矛盾和商品经济矛盾的规定，以此为前提，集中分析中国经济矛盾。

润球：那您对中国经济矛盾的研究是如何展开的呢？

刘：这需要对中国的历史和文化有一个总体性的认知。应当说，关于中国历史和文化的研究成果是相当丰富的，大体可以归为两类或两个阶段。一是 20 世纪以前中国学者的研究成果，二是 20 世纪以来的研究成果。对此，我们都应当认真吸收，但中国的历史和文化并不是这些研究成果所能全部概括的，况且研究者的基本观点和方法的差异又会对同一历史事件与文化现象做出不同的界定。20世纪以前的中国思想界，以儒家道统为主导，以维护和论证集权官僚制为主要任务。其基本哲学观念是天命主义，从天命主义出发将社会的主体界定在体现天命的帝王将相，历史就是帝王将相的历史，文化就是以儒家道统为基干的官文化。20 世纪以来的中国思想界受欧美和苏联两种理论体系的影响，虽然这两个理论体系明显对立，但却源自同一个哲学观念，即唯物主义。前者的历史观以个人为本位，以财产所有权及资本增殖为核心；后者的历史观以总体生产力发展为根据，探讨总体性的生产关系，突出总体，忽视个性，要求个体服从总体，并以"唯生产力论"为导向。从这两种历史观对中国历史和文化的论证，虽然能够做出比从天命主义的解说更进一步的认识，但仍有诸多问题。

石越：那您认为已有的对中国历史界定与历史阶段本质特征认识上的主要问题是什么？

刘：经过多年的历史比较和国内外实践探索，我们可以看到以苏联教科书根据"欧洲中心论"提出的历史"五阶段论"对中国学术界的影响最为突出。在20 世纪 20 年代"五阶段论"刚传入中国时就出现了关于中国是否存在奴隶制的争论，但更大的问题在如何界定中国的封建社会，依循"五阶段论"的学者坚持把清朝界定为封建社会，并由清而上溯，或从周开始，或从秦开始，或从战国开始，总之是要依照同期欧洲的历史界定中国的封建社会。其中占主流的是"秦封建说"，它不仅将秦至清两千余年的中国界定为封建社会，而且将周朝八百年历史也归入奴隶社会。这样，就导致对中国历史性质认识上的混乱。史料清楚地记载，从秦开始，就"废封建"，实行中央集权的郡县制，废除了封建领主，解放农奴为农民。有人为了符合"五阶段论"，硬将比欧洲先进了一个历史阶段的中国集权官僚制社会拉退回封建领主制，势必导致理论界定与史料的不相符合，社会制度和重大事件得不到正确说明。然而，依循苏联教科书的学者们却硬要历史事实符合"五阶段论"，实在解释不清，就以将这段中国社会说成"畸形的封建社会"的提法来搪塞。如此思维与做法，不仅造成对中国历史的错误规定，更导致对现实矛盾认识的偏差，主要是将清末至中华民国时期的中国界定为"半封建半殖民地社会"，并把"反封建"作为社会变革的主要任务之一。殊不知，早在两千多年前"反封建"的任务就由秦始皇和汉武帝等完成了，而对实行了两千多年的集权官僚制及其官文化却视而不见，见而不论。以来自欧洲的关于封建领主制的概念批判中国的集权官僚制，无论从哪个角度说都是荒唐的，不仅不得要领，更使实际上对中国社会经济、政治、文化发展的主要障碍集权官僚制躲过了理论批判，并将行政集权体制冠以"社会主义"名义保留下来传续至今，而官文化仍然在现实社会中主导着部分官员和民众的意识，聚集了中国经济矛盾中官僚资本这个方面或势力。然而，由于将中国历史和文化界定为"封建"，统治中国历史两千多年的集权官僚制和官文化不仅没有受到应有批判，甚至不为人所知，任意肆虐。

马博：从以上您的分析，您认为以中国集权官僚制和小农经济的特殊矛盾，如何去界定中国这个的历史阶段？

润球：从过去、现在和未来考察，您觉得我们应该怎样批判苏联教科书，应该如何合理地划分历史阶段呢？

刘：马博提的第一个问题是这样的，我们不规定集权官僚制，就不了解中国的历史和现实；不批判官文化，就不知道中国传统文化及其在现代的作用。在没有规定集权官僚制，没有批判官文化的情况下所论述的中国经济，至多只能是一堆考古和统计资料的堆积，根本不可能对其矛盾做出切实的、本质性的规定。

而要对中国秦汉至清的社会性质做出正确的规定，不仅要有对这段历史的归纳、分析、概括其特殊性，还要在历史观层面对"五阶段论"进行修正。这也是对润球提的问题的回答。

这些工作是我在 20 世纪 90 年代着手至 21 世纪的最初几年进行的，主要体现在《中国现代化导论》《中国文化现代化》①《辩证历史》《中国官文化批判》《劳动社会主义》《劳动历史观》《中国经济矛盾论》② 等书中。基本上明确了中国秦至清两千余年的社会制度应为集权官僚制，并逐步发现欧洲近代史上也有过短暂（二三百年）的初级集权官僚制，是其从封建领主制向资本雇佣劳动制转

---

① 此二书由河北大学出版社于 1995、1997 年出版。

② 此五书由中国经济出版社于 1999、2000、2003、2004 年出版。

化的中介环节。当得出这些认识的同时，又对苏联教科书将马克思主义哲学规定为"辩证唯物主义和历史唯物主义"进行反思，这项工作从 20 世纪 80 年代中后期就已开始，主要在我承担的国家社会科学基金项目的研究中，这个项目研究大体经历了 9 年，直到 1997 年才出版了《劳动人道主义——马克思主义的原则》。在这本书中我严格地将"马克思主义"限定在马克思本人的著述范围，并发现苏联教科书对"马克思主义哲学"的界定很大程度上与马克思本人的思想不一致，甚至是相悖的，用"辩证唯物主义和历史唯物主义"来规定马克思的哲学是不确切的。马克思虽然也使用过"新唯物主义"术语，但他并非只是将辩证法运用于唯物主义观念的阐述上，而是受费尔巴哈的启发，将哲学的主体从物转到人，因此才有"真正的人道主义""彻底的人道主义"等提法。更重要的是，他从劳动规定人的本质，以劳动为立论的根据。因此，我将"劳动人道主义"作为马克思主义的原则。虽然此时未能明确马克思主义的哲学观念应为劳动人道主义，但已经认识到苏联教科书的错误。经过十余年的探讨，我基本上明确了：社会主义的哲学观念是劳动主义，而唯物主义则是资本主义的哲学观念。并且改变了以前所关注的"马克思主义哲学"的争论，认识到马克思作为一个历史上的伟大思想家，他的哲学就是他本人所阐述的观点和方法，后人不应该，也不必要将自己的观点硬贴在"马克思主义"之上。所谓"马克思主义者"的说法，马克思本人就是反对的，并说他自己就不是"马克思主义者"。但苏联教科书以及中国（至今依旧）的教科书，却都将编者所整理的领导人的言论归入"马克思主义哲学"。马克思是社会主义发展史上一个重要阶段，随着社会主义运动的演进，社会主义理论当然也必须会发展。总结一个多世纪的历史经验，分析现实世界矛盾，是发展社会主义理论的基础和根据。

对劳动主义的系统论证是在《劳动哲学》和《劳动主义》中展开的。这两本书大体内容一致，但前书刚出版，就发现有些论述不确切，包括书名，所以一年后出版后书。这是前一阶段研究成果的归纳总结，并以从抽象到具体的演绎体系加以论述。对此，在本书"主义"一章将做概括性论证。劳动主义的基本观念是以劳动为核心的，劳动既是人形成的原因，又是人存在和发展的根据，是人本质的核心要素，也是财富价值的唯一创造活动。人类社会生活以劳动为基础，并围绕劳动及其成果的支配形成各种矛盾。劳动的主体是劳动者，劳动者不仅是财富价值的创造者，也是文明的主体。然而作为劳动主体和文明主体的劳动者却在一定时期不能成为社会主体，而是被少数不劳动者支配其劳动、占有其劳动的剩余产品，社会于是分为阶级。人类历史的阶段性不能以统治阶级的变化为根据，也不能简单地按生产力水平来划分，而应以劳动者素质技能和社会地位来区分。我将人类社会基本矛盾界定为劳动者素质技能与社会地位的矛盾，这个矛盾也是经济矛盾系统的第一层次的矛盾。而苏联教科书上所说的"生产力与生产关系的矛盾"，实际上是劳动者素质技能与社会地位矛盾的表现。这样规定社会基本矛盾，明确了社会与历史的主体是劳动者，是以主体对社会及经济基本矛盾的规定。而苏联教科书的规定，似乎是要越出人类社会之上，进行"客观"规定。根据社会基本矛盾的规定，我将人类社会分为以下历史阶段：一是原始社会，二是奴隶社会，三是封建农奴社会，四是集权官僚农民社会，五是资本雇佣劳动社会，六是民主劳动社会。

江荣：六阶段论与五阶段论相比，更加符合历史的现实，并且中国作为一个世界中的大国，它在历史上形成的经济矛盾不应该被忽视，对于未来人类社会的走向，刘老师的基本哲学观念更加有理论根据。六段论对中国及中国政治经济学的形成的启示在哪里？

刘：与苏联教科书的"五阶段论"相比的区别，我关于历史阶段的划分，一是以劳动者素质技能和社会地位作为基本社会矛盾和划分历史阶段的根据；二是确立集权官僚农民社会为一个历史阶段，它不仅存在于中国两千多年，在欧洲也有短暂的存在，从而具有普遍性。以此为前提再分析中国历史及其在现实的传统，就能切实地把握历史的逻辑，并与现实相统一。历史上集权官僚制及其控制的中国经济，在外国资本入侵以后，曾演变出官僚资本，并一度主宰中国经济，虽然被以农民为主体的武装革命所否定，但不可能彻底根除，特别是由于未能深入批判集权官僚制和官文化，使保留下来的行政集权体制有可能在实行"市场经济"条件下，成为官僚资本复生的温床，而官僚资本的复生，是初级社会主义公有制经济内在的破坏势力，不仅严重阻抑了小农经济的改造和现代化进程，更会使中国经济依赖于廉价劳动力与初级资源粗陋组合的产业链低端。在外国资本财团从金融、技术、市场规则等各方面的控制下，官僚资本集团为了其自身利益，成为外国资本财团在中国的代理人。官僚资本是中国两千多年集权官僚制在现实经济矛盾中的传续，也是中国经济矛盾的重要方面。认识官僚资本在现代中国经济中的存在与作用，是中国政治经济学的一个必要内容，而这种认识的逻辑又必须与对中国历史经济矛盾的研究相统一。

三　中国政治经济学形成的逻辑必然性

润球：刘老师，您曾说过，在政治经济学的研究中，逻辑以历史为依据，逻辑服从于历史并集中反映历史的发展规律，并不等于说逻辑就是历史的附庸，只是机械地尾随历史的轨迹，亦步亦趋地反映历史。政治经济学的逻辑，作为概括阶级主体利益揭示经济矛盾规律的系统抽象思维，在原则上与经济史和经济思想史相统一的前提下，具有自己的能动性和相对独立性。那么考察中国政治经济学形成的逻辑必然性是要从哪里入手呢？

玉玲：我觉得逻辑必然性的根据在经济矛盾，而中国经济矛盾是在中国发展的历史中形成的。中国经济的现代化过程的主线体现为中国旧的经济矛盾斗争的演化形成了以劳动者为主体的社会主义势力，并通过武装革命夺取政权，建立了初级的社会主义公有制经济，从而奠定了中国工业化和现代化的基础。六十多年来，公有制经济作为中国工业化的主干，提高并发挥了广大劳动者的素质技能，同时也受到行政集权体制的制约，特别是因为未能对之进行改革所滋生的官僚资本势力的干扰和破坏，遇到了重大挫折。就如刘老师所论证的现存公有制经济与官僚资本的矛盾已成为现代中国经济的主要矛盾，其矛盾状况决定着中国经济的发展方向，也制约着小农经济改造与私有自由资本的存在。

刘：中国政治经济学的形成，其根据就在中国经济矛盾，在于主要矛盾双方及其他矛盾方面的存在与斗争。中国经济矛盾的各个方面，都由相应的阶级、阶层、集团的人群构成，这些阶级、阶层、集团人群的经济利益和欲求，不仅集合为经济观念，更要求其代表者对经济矛盾做出切合自己利益的论证。这也是现实中对各种经济问题都有分歧并产生争论的缘由。随着经济矛盾的演进，矛盾各方利益的思想代表也就逐步形成相应的经济思想，这些经济思想在相互论争中会逐步深化，而体现劳动者经济利益和意识的经济思想将随着劳动者素质技能的提高概括为理论，并形成针对中国经济矛盾的概念体系，中国政治经济学由此而形成。这是逻辑与历史相统一的必然结果，也是现代中国文化的重要组成部分。

历史上出现的英国政治经济学、美国政治经济学、法国政治经济学、德国政治经济学、苏联政治经济学，都是其国家特定阶级、阶层、集团利益的体现，是其经济矛盾的理论概括。这里并没有秘密可言，也不像资本化的"知识产权"那样受专利制度的保护。中国有经济矛盾，有构成经济矛盾的阶级、阶层、集团及其冲突，也就具备了形成中国政治经济学的内在条件，在这方面我们与上述各国政治经济学的形成相比毫不逊色，甚至更为突出。尤为重要的是，中国有着深厚的文化根基，使用着当今世界独有的传承了五千年的汉字，以及以《周易》《老子》等为代表的辩证思维传统。只要我们充分地运用这些条件，并承继外国政治经济学演化过程中体现的一般性，特别是马克思政治经济学的基本观点和方法论，全面、深入、系统地研究中国的经济矛盾，就可以在西方各国资本主义政治经济学理论生命终结的条件下，率先形成中国的劳动社会主义政治经济学。

润球：那我们是否可以理解为劳动社会主义政治经济学就是中国政治经

济学？

刘： 与资本主义政治经济学一样，劳动社会主义政治经济学也有特殊和一般。中国政治经济学是劳动社会主义政治经济学的特殊形态，其他各国也会形成其特殊形态的劳动社会主义政治经济学。总体上看，各特殊国度的劳动社会主义政治经济学是相继出现的，它们的发展中体现着一般性。第一阶段是马克思创立的阶段，第二阶段是第二国际对马克思理论的应用与实践，第三阶段是苏联模式及其政治经济学教科书。这三个阶段有着逻辑的演化过程。马克思是对劳动社会主义基本理念的创立和构建；第二国际是对马克思理论的应用，也有一些发展和丰富，但也有部分思想家对马克思的理解是偏离马克思本意的；苏联对马克思理论的应用完全是服从于苏联模式的需要，所以出现了许多问题。现在必须对马克思之后的一百多年，特别是苏联教科书及其体现的苏联模式进行反思。我们做中国政治经济学就是对苏联模式和苏联教科书进行反思和批判，要从逻辑上探讨它的弯路和缺陷，然后针对中国经济的矛盾，不断充实和完善。

中国政治经济学的形成，既是劳动社会主义政治经济学演化的一个阶段，也是政治经济学国度性的要求。不论以历史、文化还是人口，以至经济矛盾的特殊性，中国都应是政治经济学研究不可回避的大课题。就像以历史观规定人类历史阶段性来考虑中国，因而"五阶段论"有很大缺陷一样，政治经济学的研究如果不涵盖中国，它作为一门科学就是有缺憾的。政治经济学这门科学的发展、充实，要求对中国政治经济学的研究。虽然中国政治经济的形成已经落后于其他国家政治经济学，但我们是在新的时代进行政治经济学研究的，是代表劳动者利益的，因而，比起现在仍居"主流"的美国资本主义政治经济学，我们又是先进的，是现代世界潮流的体现。人类在资本主义统治下生活了几百年，资本主义从理论到制度都已沦落，它不再能带动人类发展，只能给人类制造更多危机和灾祸。尽管以共修会为核心的大资本财团在设计并推行着各种统治人类、甚至清除几十亿"多余"人口的计划，但它毕竟是反动的，人类要求的制度和文化，这只能是劳动社会主义，中国政治经济学的研究必然适应这一大的历史趋势。

（王润珠）

中国政治经济学发展的阶段性

中国政治经济学的发展，是以概念运动为核心主体，并以论述体系表现出来的。概念运动与论述体系是内在统一的，而统一的结果，就是总体的思想、观念、假说、理论四个阶段的演化，其最高成果为理论。作为概念运动和论述体系的统一，理论并非一下子就完成的，其发展是一个历史的过程，是从初级理性认识向高级理性认识的过渡、演变、发展。中国的政治经济学要经历思想、观念、假说等几个阶段，最后才能形成理论。

一　政治经济学发展中假说阶段的特征、内容和验证

贺痴：在政治经济学的发展中，假说是其中必不可少的一个阶段，也是在理论形成前最重要的一个阶段。它本身就包含了从思想到观念的全部概念运动，或者说，假说阶段是思想阶段和观念阶段的升华，它包括并进一步抽象了前两个阶段的思维成果。假说已经具备了"准理论"的特征，为下一步的理论发展创造了条件，是理论发展的重要前提。

刘：等一下，你怎么没有介绍思想和观念这两个阶段？在讨论中国政治经济学发展的阶段性这个问题时，不能忽略思想和观念两个阶段。思想和观念是中国政治经济学形成所必须经历的，不能跨越。

贺痴：可是您说过，"作为方法论的研究，我将政治经济学的理论发展分为两个大的阶段，一是假说阶段，二是理论阶段。假说之前的思想和观念，也是政治经济学研究所必经的环节，但并未构成总体性的阶段，只是在论述中指出其地位。"[1] 我是按照您的精神，才直接就到了假说阶段的啊。

刘：《政治经济学方法论纲要》中说的是方法论的一般，具体到国度性政治经济学，特别是中国政治经济学的发展还是要分四个阶段，对思想和观念都要分析，否则这一百多年来中国的情况很难说清楚。最初是思想，然后是观念，进而是假说，最后是理论。这四个阶段的划分，可以衡量历史所形成的各个派别的学说，同时也是中国政治经济学的形成所必需的。政治经济学的发展都要经过这四个阶段，哪个都不可跨越。你把假说阶段先拿出来论述是有道理的，因为假说可

---

[1]　刘永佶：《政治经济学方法论纲要》，河北人民出版社 2000 年版，第 529 页。

能是政治经济学发展中最重要的一个阶段，也是最复杂的一个阶段，有若干个假说会在同一时间共同存在于这一阶段。这就需要我们去充分认识各自的性质了。

马淮：政治经济学的发展是一个过程，在讨论阶段性这个问题时，只有考虑到思想和观念这两个阶段，才是一个系统化的认识过程，才可以清晰地看到政治经济学发展的过程。

润球：是的，思想和观念还是应该先交代一下的，否则开篇就是假说，显得非常突兀。

江荣：如果站在接受者的角度考虑问题。你读了书，片面理解思想和观念不成为阶段，于是直接去讨论假说。可是作为一个接收者来讲，他不会知道你这么开篇的依据，而一定会迷惑于怎么政治经济学的发展一开始就是假说阶段，似乎就和石头里蹦出来的一样。

贺痴：我同意大家的意见。那我再介绍一下思想和观念。按《政治经济学方法论教程》中的说法，思想是对经济矛盾的最初理性认识成果。这个时候概念还正处于形成的过程中，概念运动的主体性和系统性还都不太明显。然而，正是这时尚不明显的、处于潜在的、形成过程的概念及其初级运动，是经济思想得以形成和发展的内在核心和阶段性目的。

观念是介于思想和假说之间的过渡阶段。某种经济观念，是一定经济思想的凝结和概括，它已经是若干经济概念所构成的一个比较严谨的体系，同时在这个体系中已经有一个基本的核心概念。与经济思想相比，观念更为明确和集中，比较专门地反映了特定经济对象的内在矛盾，但与假说相比，它又显得不很充实和广泛，所涉及的对象相对来说比较狭窄。观念作为人类对经济矛盾的一个认识阶段，是从思想阶段向理论的又一进展。

刘：在政治经济学比较成熟的时候，思想和观念似乎不明显，但在人类历史上，有相当长的时间，是只有经济思想，不仅没有理论和假说，甚至没有明确的观念。只有到封建社会末期，资本主义出现，才有了比较明确的经济观念。重商主义、重农主义大体处于观念阶段。到斯密才开始形成系统的假说体系。而对研究者本人来说，真正属于他本人的思想和观念也要经历比较长的时间。今天讲经济学课或写文章、编书的人，说的都是假说或理论，但那是别人的，他本人的思想和观念又在哪里？而说到中国政治经济学，虽然中国有许多"著名经济学家"，但他们的书都是对外国学说的介绍或者是对政策的论证，甚至连自己的思想都没有，他们大多数都反对中国政治经济学，只宣讲美国或苏联的政治经济学。我之所以强调思想和观念两个阶段，是因为在中国政治经济学的形成期，思想和观念相当重要和必要。对此，我是深有体会的。

贺痴：这样，我们也明白您的意思了。下面我再重点从方法论上介绍假说。假说最大的特征，就在于它是假设性的，即其结论并未得到实践的验证。那么一个未经验证的假说有什么作用呢？

刘：假说在自然科学上是被广泛地承认并运用的。一种学说在刚提出来时，不论是提出者还是有关的学术界，都很明确地认为这是假设性的，只有经过实践及科学手段的验证，才能成为理论。比如哥白尼的日心说、牛顿的力学、爱因斯坦的相对论、天文学上的黑洞说等等。假说在自然科学中是对自然奥秘的有根据的猜测，它是人类洞察自然的能力和智慧的高度表现。科学的假说与宗教迷信是根本不同的，假说绝不是胡说。任何假说的提出都以一定的相关事实作为支持它的经验证据，也以一定的相关原理作为论证它的前提。假说作为一种猜测，是在科学知识的土壤里生长的。

贺痴：假说在自然科学上是比较容易让人接受的，可是到了社会科学，特别是政治经济学，却几乎没有人能够坦然承认自己的学说是假设性的，基本上都是自诩为理论了。

思远：这就是没有学好方法论的结果。世人都说物理化学是客观的，有严格标准，而政治经济学的可变性大。殊不知这就表示政治经济学要比物理化学更复杂，它的理论发展的阶段性更加突出。人为地否认假说的存在，不利于理论的发展。

刘：你说得对。政治经济学的假说是属于系统研究范畴的，它是以若干专题性研究成果为基础，以经济思想和观念的发展为前提的。从研究的范围和所要达到的目的来看，政治经济学的假说与理论是没有差别的，他们都要对某一系统的经济矛盾做出全面的论证，因而需要一系列的概念运动及其论述体系。然而，假说是先于理论的，它的形成所需要的条件和经历的过程，与理论是有差别的。相比之下，假说的要求并没有理论那样严格，因而它的形成也相对容易些。尽管如此，也有一些基本的条件是必备的。你们来说说都应该有哪些基本条件吧。

春敏：首先应该是研究对象的发展。政治经济学是研究经济矛盾的。刘老师刚才说过，假说已经是属于一个系统的研究范畴了。那么第一个基本条件是所研究的经济矛盾要发展到能够展示其系统性了。这应该是一个基础的条件，不可超越。政治经济学在诞生伊始就是研究资本主义经济，只有资本的原始积累达到一定程度，资本主义经济关系不仅在流通领域，而且在生产领域也得以发展的情况下，才能基本形成关于资本主义经济的早期假说。

玉玲：第二点应该是若干专题性研究已取得成形的成果。刘老师刚才说过，政治经济学的假说是对经济矛盾的系统探讨，而系统研究的基础是专题性研究的成果。在达到系统性的假说之前，对本系统范围内矛盾各方面、部分的专题研究已有成果应该是一个基本的条件。这些成果可以不都是假说提出者本人所研究获得的，完全可以借鉴前人，但成果应该以思想、观念和概念的形式存在。提出假说，在某种意义上是对这些专题性成果的总结和系统化，即按照某种逻辑顺序，将专题性成果集中表述。

兴无：在有了研究对象的发展和研究成果的基础后，第三个基本条件应该就是对研究者本人素质的要求了。刘老师说过，政治经济学的假说最重要的一个特征是系统性，那么如果一个研究者没有具备系统的研究方法，怎么能想象他能够提出一个系统性的假说呢？刚才玉玲说了，假说是对专题性成果的总结和系统化，需要逻辑的综合能力。这和专题研究是有区别的，研究者本人只有具备了系统的研究方法，才可能形成一个假说。

刘：这三点，研究对象的发展、研究成果的基础还有研究者本人的系统研究方法，就是形成政治经济学假说的必要条件。而这三个条件的有机结合，就是假说的形成过程，当然还要有研究者的努力和必要的时间。现在大家对政治经济学假说的特征搞清楚了么？还有什么问题？

贺痴：对什么是假说应该是清楚了。那么政治经济学的一个假说体系，它的基本内容都应该是什么呢？

云喜：第一个是得有一个核心概念。刚才刘老师说过了，假说是一个概念体系，那么这个体系里最关键的就应该是核心概念。《政治经济学方法论教程》中写道，政治经济学的假说是对一个系统的经济矛盾的揭示和论证，它必须能对该矛盾系统的本质进行规定，而核心概念就是这种规定的标志和集中表现。当然，核心概念对本质的规定不一定完全正确。但研究者本人必须明确自己所坚持的核心概念是什么。同时，这个核心概念也至少是他本人所认为的对经济矛盾的认识中关于本质的规定。政治经济学的研究是逐渐发展和深化的，对经济矛盾系统的认识，也不可能一蹴而就，一下子就到了本质，而应该是逐步从现象向本质规定进行过渡。也只有在这个意义上，咱们才说假说是政治经济学研究过程的必经阶段。

志燕：有了核心概念，第二点就应该是要有若干主干概念。政治经济学的假说是一个系统研究的成果。和一般的专题研究不同，除了应该具有云喜刚才说的核心概念，还要有对所研究的矛盾系统各方面、各部分、各层次的概念规定。这些概念从属于核心概念，从论述体系上看，是核心概念的展开；但从研究过程来看，又是核心概念得以形成的基础。对主干概念的数量并没有严格的要求，但至少要能展开核心概念的基本内容，同时对所研究的经济矛盾系统的主要组成部分和方面都有所规定，从而形成对该矛盾系统的总体认识。

马博：核心概念和主干概念都有了，还应该有必要的前导性概念和辅助概念。到目前为止，政治经济学的假说体系还都是针对某一国度特定社会形态的，要论证国度特殊性的经济矛盾，必须有对一般性的基本经济矛盾的抽象规定作为前提。对各社会共有的基本经济矛盾的规定和商品经济的概念规定，也就是经济矛盾系统的第一、第二层次，如生产、分配、交换、消费，生产力、生产关系、商品、价值、价格、货币等都不专属于某一特殊的国度经济形态，因而在以该特殊国度经济形态为对象的假说体系中，既不是核心概念，也不是主干概念，而是从抽象到具体概念运动体系的前导性概念。这是一个假说体系必备的要素。至于辅助概念，看起来似乎无关紧要，但却是建立假说体系必不可少的组成部分。作为一个政治经济学的假说体系，必须在由主体概念展开核心概念的本质规定的过程中，以各辅助性概念来具体论述，因此辅助性概念也是必不可少的。

润球：在各种概念都具备后，最后就应该要有一个系统的论述体系。一个系统的论述体系，对政治经济学的假说来讲，既是必要的形式，也是实质性的要素。只有按照一定的逻辑关系和原则将已有的概念，包括规定了的和改造了的概念，系统地论证并展示出来，政治经济学的假说才能成立，才能为社会所承认，并作用于社会，在社会实践中加以检验。实际上，几乎所有的假说体系，由于概念规定中的缺陷，在论述时都不十分严格和完善，但从其总体上看，又都力求遵循从抽象到具体这一概念运动原则。只要有了这一原则，这个系统的论述体系就可以称之为假说了。

刘：以上四点构成了一个假说的基本内容，同时这也和我们在方法论上一直坚持的"概念运动"和"论述体系"有机结合起来了。政治经济学的假说体系是对经济矛盾的论说。对于这些矛盾，它提出了一种认识和解决的方案，其中有相当多的合理成分，但也有缺陷和错误。政治经济学理论的发展，就是要在坚持已有的正确认识的基础上，不断地弥补缺陷、改正错误，因此，对政治经济学假说的验证、充实和发展，就成为方法论中必不可少的环节。对这一点你们再谈谈吧。

贺痴：我先说说政治经济学假说的验证吧。这包括了两个相互联系的方面，一是社会实践的检验，二是从逻辑角度的证明。

政治经济学的研究对象是真实存在的社会经济矛盾，研究的目的也是为解决这种矛盾提供理论上的根据。因此，假说的正确与否必须由实践来检验。但政治经济学和自然科学不一样，评价它的成果正确与否，不是单纯从一个方面和部门的经济活动就能检验出全部结论，而必须明确实践的主体性与研究主体性的一致，要由实践的主体在运用该假说解决经济矛盾的过程来验证，并要充分考虑空间性和时间性。政治经济学的假说大体上是以某一特殊国度、某一历史发展阶段的经济矛盾系统为对象的，实践的检验也应该以这样的范围和时限为根据。另外要抓住主要矛盾，不能以偶然性的枝节因素来推演总体结论。相对来说，被检验的假说对经济矛盾的认识范围越小、时限越短、检验活动就相对容易；认识范围越大、时限越长，那检验活动的难度就要增大。

实践是检验政治经济学假说的标准，也是确定它是否进展到理论以及如何进展的依据，但实践的检验如果离开逻辑的证明，也是不能进行的。逻辑证明既是实践检验的手段，也是分析政治经济学假说合理性与缺陷的必要因素。用逻辑证明来考察政治经济学的假说，依据首先是实践，然后是逻辑即方法论的各种基本原则和主要内容。逻辑证明就是要展开假说的体系，通过对有关经济现象的说明，来考察其正确与否。在这个过程中的关键是依据什么样的方法。一方面，要把握假说提出者的研究方法，理解其思维的逻辑；另一方面，又要有系统的科学研究方法，来比较和分析假说体系与经济现象之间的关系。

江荣：那我来说说政治经济学假说的充实吧。政治经济学假说的充实，是在实践验证的基础上，对发现了的缺陷进行补充以及对某些新矛盾或矛盾新方面的进一步研究。在概念运动上主要有四种表现：一是对核心概念的进一步完善规定；二是在主干概念层次上进行新规定或改造有关概念；三是对前导性概念的明确；四是对辅助概念的新规定和改造。四者有其一，就说明假说体系进行了充实，也就是对所研究的社会经济矛盾加深了认识。但要注意的是，区分究竟是不是一个假说体系的充实，最重要的标志就是核心概念是否发生了改变。只要坚持了核心概念，不管其他完善、规定或改造是由假说提出者本人还是由其他人进行，都还是属于充实的范畴。但如果核心概念发生了改变，那就是质变了，就脱离了充实的范畴。

石越：我谈谈政治经济学假说的发展。粗一看发展和充实是挺相像的，但仔细分析，它们的区别还是比较明显的。假说的发展主要表现于两个方面：一是核心概念的带有实质意义的改造和完善；二是研究范围的扩展或深化，使得主干概念发生了重大变化。这种重大变化既可以是新规定一些主干概念，也可以是对已经有的主干概念进行实质性的改造和完善。当然，这个界限在实际把握起来是很有难度的，我们还需要继续读书，好好理解。

刘：充实的累积就是发展，或者说由连续的、多层次的充实促成发展。发展是向前的，是对主义的精确，并以此为前提更加深入、系统地揭示矛盾，提出更为可行的解决矛盾的方法。好，关于政治经济学的假说，咱们就讨论到这儿。

二　政治经济学发展中理论的形成阶段

贺痴：政治经济学发展的最后一个阶段，就是理论的形成阶段。这里所说的"最后"是一个相对的概念。一个学说，不管是假说还是理论，都是具体针对某一特定经济矛盾的系统研究来说的，所谓的理论也就是说针对这个特定的经济矛盾系统，经过了实践的检验，基本可以认为是正确了的。至于政治经济学的总体发展，随着研究对象历史的变化和发展，也不断会有新的系统研究任务出现，那就不必提"最后"二字和"理论"一说了。

马淮：认定一种学说为理论应该并不是绝对的。也许它在一个阶段、一个层面上经过实践的检验，被认定为理论了。但经过一段时间，新的问题和新的矛盾暴露出来，发现这个学说又不能很好地解释实际，不能指导矛盾的解决，那就可以再退回去，还认定其为假说。

刘：实际上，理论阶段本身也是一个过程，理论也有从其雏形向成形进而成熟和确立的过渡，有对它的反复检验和论证，有它在实践中的运用及其结果的探讨。这是更为复杂、丰富的一个阶段，它以发展了的形式包含了以前各阶段的全部内容，同时又具有思想、观念、假说等阶段所不曾遇到的方法问题。

在政治经济学的总体研究过程中，理论既是对经济矛盾系统认识发展的总结，也是总体理论发展的一个阶段。政治经济学理论的提出，是假说阶段发展的必然趋势，同时也是众多假说批判继承和论争中的产物。理论体系虽然是由一个研究者创立的，但它却是以总体的假说阶段为前提和基础的。而且，提出理论体系的研究者，也要在自己的研究过程经历一个假说阶段。大家要特别注意理论与假说之间的联系和区别。

春敏：理论和假说的联系，第一是它们在方法和体系上具有许多相同点。理论和假说一样，是以系统的概念体系来揭示经济矛盾系统的。不仅研究主体的方式和方法是相同的，而且所研究的客体范围和领域也大体一致。比如说马克思的剩余价值理论和他的异化劳动假说就是一脉相承的，对象和方法都一样，区别只在于研究的深度。

玉玲：第二点联系应该是从理论和假说的关系来说。理论都是从假说发展而来，假说是理论的基础和前提。政治经济学的理论是对现实经济矛盾的正确反映，它不可能一开始就是成熟的，肯定得有大量的假说作为它逻辑和历史的前提。理论一定是在众多假说体系的基础上，经过了大量的论争和演化，才发展而来的。

思远：从理论和假说的功用上来说，它们都要经过社会的承认和实践检验以及逻辑的证明。这是任何一种政治经济学的体系都必须经历的，也只有这样，才能达到它所想要达到的社会目的，并在社会上发挥其应有的作用，反过来又能验证其科学性。同时这个过程，也就是从假说向理论的过渡。

刘：理论和假说之间的联系说得比较充分了，下面讨论一下它们之间的区别吧，这需要从方法论的意义上认真进行分析。

兴元：理论和假说最大的区别就在于它们概念运动的成熟程度上的不同。政治经济学理论成形的标志，是揭示了经济矛盾的规律，并能够系统地论证这一规律，它的概念运动也能够再现经济规律。理论的核心概念、主干概念、前导性概念和辅助概念之间能够形成一个有机的体系，而假说则往往达不到这种程度。一般而言，假说在概念运动的某个层次上，总会存在这样或那样的缺陷，而一个假说体系也容许存在这些缺陷。但对理论体系来说，这些缺陷都是必须克服的，特别是核心概念和主干概念两个层次上的缺陷，那是完全不应该存在的。如果出现了缺陷，就说明假说还没有达到理论的程度，只能说是一个假说了。

志燕：理论和假说第二个区别，应该是它们对经济矛盾现象中本质的认识是否深刻和明确。这其实是兴无所说的区别的更进一步深化。对于同一个系统的经济矛盾来说，它的本质在概念上是由核心概念来表示的。区别假说与理论的关键之点，也就在这里。就像恩格斯就马克思的剩余价值理论与他以前的利润假说进行的比较，剩余价值是在资本雇佣劳动关系出现时就已经存在了的。但是在马克思之前，所有人就局限于全部资本与这部分价值的关系，因而只是规定利润。而马克思"在前人认为已有答案的地方，他却认为只是问题所在"。[1] 马克思知道，"这里的问题不是在于要简单地确认一种经济事实，也不是在于这种事实与永恒公平和真正道德相冲突，而是在于这样一种事实，这种事实必定要使全部经济学发生革命，并且把理解全部资本主义生产的钥匙交给那个知道怎样使用它的人。"[2] 他将资本分为不变和可变两部分，并区分了劳动和劳动力，认为只有可变资本才购买劳动力，而价值是劳动力的使用所创造的，因此得出了剩余价值概念。用剩余价值的概念来规定资本主义经济现象的本质，不仅比利润概念深刻，更重要的是能够明确地解决之前的各种假说的问题，也包括马克思自己早期提出的异化劳动的假说。正是剩余价值概念的规定，各种关于资本主义经济矛盾系统的假说才过渡到、集合于剩余价值这一理论。

刘：说到这儿我就再强调一下，在政治经济学史上，很明确的只有马克思的

---

① 马克思：《资本论》（第二卷），人民出版社 2004 年版，第 21 页。
② 同上。

剩余价值理论可以称之为理论，在他之前的都是假说。还有一些自称的理论比如资本积累理论，实际都是剩余价值理论的一个部分，不能单独称为一个理论。大家一定要明确这一点。

云喜：理论和假说的第三点区别，就在于它们论述体系的完善程度不同。政治经济学的假说和理论都是以系统的论证形式出现的，都要有一定的体系，可是在论述体系的要求上有所差别。理论是对实际社会经济矛盾的正确反映，不仅核心概念、主干概念、前导概念和辅助概念的规定与改造要正确，对这众多概念关系的安排和论证也要正确。按照从抽象到具体的顺序，有机地论证各概念，使之成为一个科学的系统，这是政治经济学理论的必要条件和要求。但对假说而言，这种体系上的要求就没有那么严格了，只要规定了本质性的核心概念，并有相应的主干概念和其他概念，且按某种顺序将其加以论证，就可以称之为假说。有些假说论述体系很松散，逻辑上也有各种缺陷，但仍然可以称之为假说。

江荣：理论和假说的最后一个区别是我们熟悉的，也是最好理解的，就是是否经过社会的认可与实践的检验。理论是经过实践所证明了的，而假说则没有经过实践的证明，或者经过了实践检验，但未能证明。

刘：咱们认识理论，最主要的是要认识到理论具有主体性。评价一个学说是不是理论，也是根据它的主体性来进行评价的。我们认为的理论，有可能别人评价甚至连假说都算不上，直接就说是谬误。如果有人承认你的学说是理论，那他肯定就是站在你的角度，和你保持一样的主体性。因此，在政治经济学的研究中，不能追求让所有人都认可拥护的理论。理论是有主体性的，"客观真理"是不存在的，咱们做中国政治经济学研究，以中国劳动者为主体，因此，不论是思想、观念，还是假说、理论，都不可能得到与劳动者对立的那些人的认可。马克思的剩余价值理论就没有任何一个资本主义经济学家认为它是理论。同样，我们也不可能认可这些人的思想代表提出的思想、观念、假说。但要承认其思想发展的阶段性，并以阶段性来分析它，对于其中能反映那部分人利益和意识以及对经济矛盾的描述，都要认真对待，这些既是经济矛盾的内容，也是对我们劳动者主体利益和意识的反证。

贺痴：刘老师的《中国政治经济学——主体　主义　主题　主张》（以下简称《四主》）中写道："政治经济学是阶级经济利益和意识的理性概括，是以特定阶级意识对经济矛盾的规定和探讨。"[①] 政治经济学最重要的就是其主体性，即该学说是概括了哪个阶级的利益和意识，站在哪个阶级的角度来考虑问题。对于同

---

① 刘永佶：《中国政治经济学——主体　主义　主题　主张》，中国经济出版社 2010 年版，第 1 页。

一个政治经济学假说或理论，不同的阶级因其本身的需要不同，就会出现不同的认定状态。这根本的原因在于任何人都是从自己的阶级利益和意识来评价政治经济学的各种成果，进而又有社会阶层和集团的利益参与进来，因此认定状态必然就有差异。不同的认定主要有以下几种情况。"（1）对于适合本阶级利益和要求的，给予过高的评价，以至于将假说视为理论；（2）对于对立阶级的学说给以贬低，甚至会将理论贬为假说，甚至诬为谬说；（3）根据自己的阶级、集团乃至国家的利益，只部分地承认某种假说或理论，而对于其全部或更深刻的内容，则不予注意。"① 因此，当我们对一个学说判定其为假说还是理论时，首先应该明确自己所处的主体性，然后再用刚才咱们讨论过的假说和理论的定义标准来进行判定。要避免轻易盲从他人，特别是对那些所谓的"著名经济学家"的意见和主张，更是要好好分析他们的主体性，看看他们替谁说话，代表哪些利益集团。

石越：对我们来说，如何理解实践的检验是确认理论的标准呢？

刘：判定一个学说究竟是否可以称为理论，最关键的环节是看其是否能够经受起社会实践的检验。只有在社会变革或经济活动中接受了检验，同时结果符合学说的阐述，才可以说被检验的学说具备了理论的要求。

对政治经济学假说的实践检验，是受各种社会条件限制的，并不是所有的假说都可以被运用于实践，即便是被运用于实践的假说，也并非将其全部内容都在实践中得以应用，而往往是部分地被应用。政治经济学的阶级性及社会制度的差别，使政治经济学假说的应用范围受到局限。这似乎是不言自明的，在资产阶级占统治地位的资本主义制度下，不可能应用社会主义政治经济学的假说；同理，社会主义制度下也不能以资本主义政治经济学为理论基础。这是从总体上说的，对部分学说的某些方面，却可以在不影响或避开阶级性主体的情况下，根据本国、本阶级的需要来吸收改造、利用敌对阶级关于不同社会制度的政治经济学假说。

政治经济学的假说，是针对社会经济矛盾系统的，它本身也是一个概念体系。对它的社会实践检验，应当是针对其总体的，特别是它的核心概念和主干概念。在这里核心概念占有至关重要的地位，它对社会经济矛盾本质的规定，是该假说得以成立的关键，而这种规定正确与否又是检验该假说体系的主要环节。当社会实践证明其学说体系的核心概念是正确的，那么真理性基本上就可以保证了。进而再从总体上检验核心概念所展开的主体概念及其相互联系，如果检验的

---

① 刘永佶：《政治经济学方法论纲要》，河北人民出版社 2000 年版，第 563 页。

结果依然是肯定的，那么我们就可以说，这个体系到达了理论的程度。当然，如果它的前导性概念和辅助概念及全部论述体系都能经受得住实践的检验，那是再好不过的。即使这些环节存在某些缺陷，也不影响整个体系可以称为理论这一结论。相反，如果只是某些辅助概念或主干概念能为实践所证明，但其核心概念和大多数主干概念都没法证明的话，那就不能说该体系已经是理论了。

实践不等于实用。实用是实践的一部分，政治经济学的系统研究成果，当然要经过社会的实际应用才能被检验。但如何看待实用就是一个关键的问题。作为阶级利益、集团利益乃至个人利益集中反映的政治经济学假说，总会被社会从某种意义上有所应用，乃至得到或是对社会或是对某些集团和个人有利的效果的。不能因为有了效果就确定检验的结论。这里的主要依据不是当时舆论的反映，不是政府的认许，甚至不是短期的经济效益，而是社会发展的趋势，是劳动群众的利益，是对整个人类进步的作用。那些舆论反映、政府认许、短期经济效益，只有在符合了人类和社会发展这个根本依据时，才能被看作实践检验的环节。因此当我们考察政治经济学的假说向理论过渡的方法时，必须坚定地遵循历史的发展规律和方向。这是一个相当长的过程，也是非常复杂的过程。

假说向理论发展，有可能演化成，也有可能演化不成。这是有必要条件的。这里大家要认识清晰。

润球：能够演化为理论的假说，它的基本原则一定是符合揭示经济规律的。它的方法也一定是实证的、系统抽象的。它的核心概念和主干概念，应该是能反映社会经济的一般和特殊矛盾的。当然在假说阶段，允许概念和体系的不完善，但至少运动的方向应该是正确的。从假说向理论的过渡，既可能是后人在前人假说的基础上，沿着正确方向继续概念运动，从而逐渐到达理论阶段；也可能是同一个经济学家先提出某种假说，然后本人继续研究，克服发现的缺陷，充实新的内容，最后发展到理论。

马博：还有一类假说，从其自身的基本原则和主体内容上来看，是不具备过渡到理论的条件的。这主要是因为它概念运动的逻辑方向与揭示经济规律的目的不符，但这并不是说这类假说体系就一无是处了。任何假说体系都是对现实社会经济矛盾的反映，虽然它的大方向不正确，但不排除它在局部含有合理的部分。不能从假说演化成理论，在于其研究者的主体性与理论发展的方向不一致，但在具体问题的认识上，应该都有可以为我们借鉴的因素。对于这些因素，理论的发展应当是认真地加以吸收。

刘：由此说来，所谓从假说向理论的过渡，就是以第一类假说为主，同时吸收第二类假说中的合理成分，并对新的现象材料进行科学思维的过程。这个过程是以概念运动为主体的，在这个过程中，研究者要不断地调整自己的思维方式，使之达到比假说阶段更为科学的结合，进而在对更为充分的现象材料的抽象中取得新的成果。如果没有思维方法的进步，即便掌握了新的材料，依然不能完成从假说向理论的过渡。在改进思维方法的基础上，还有不断地适应概念运动的需要，调整和变动论述的体系。

三　中国政治经济学发展的假说阶段

贺痴：下面讨论中国政治经济学发展的假说阶段。

思远：中国政治经济学的演化可以分为三个阶段。第一个阶段是改革开放以前，就是所说的苏联教科书阶段。对中国来说，政治经济学最初是一个舶来品，先舶苏联的，再舶美国的，美国的就是第二个阶段。《四主》这本书里的主张可以作为第三个阶段。前两个阶段都是假说阶段，经过检验，被淘汰了。

贺痴：在讨论中国政治经济学时，首先我认为应该明确中国政治经济学的概念。中国政治经济学的"中国"，与中国经济的"中国"，这两个概念应有所不同。中国经济之"中国"，泛指这片土地，因此讨论中国经济，就可以上溯到远古时期。从春秋时期管仲的经济管理、战国商鞅变法、汉朝桑弘羊盐铁专卖、宋朝王安石变法，乃至资本主义萌芽等，都可以归入中国经济的范畴。但如果讨论的是中国政治经济学，我认为这里的"中国"应该狭义理解为"中华人民共和国"，即1949年新中国成立以后在国内出现的政治经济学。毕竟政治经济学的关注点在商品经济。有鉴于此，我和思远意见相同，认为中国政治经济学有两个主要的假说，即"苏联模式"和西方资本主义经济思想导致的GDP主义。

刘：只从新中国成立后才理解中国政治经济学太狭隘了。中国自先秦就已形成经济思想，但并未形成政治经济学。中国政治经济学的起点应该是在严复翻译《原富》时就开始了，从此中国人就开始了对政治经济学的认识，开始从政治经济学角度思考经济问题。最初一个阶段引进的是英国的经济学，主要是马歇尔的。后来引入了美国的凯恩斯思想。在这个阶段，引进的内容不论说是理论还是假说，从中国人的这个主体来说，对于中国人的经济学研究，虽然很初级，也很粗陋，但所针对的是中国，因而可以说是中国的经济思想。在这个阶段除了引进了资本主义的经济思想，马克思主义也经苏联进入了中国，也有人用它来研究中国经济，也是中国经济思想的一部分。当然这时候也出现了一些观念，例如马寅初，还有王亚南，他们在20世纪40年代都对中国的官僚资本进行了批判。这些外来的经济思想，诱发和诱导了中国初级的经济观念的形成。他们一是提出了如何在中国发展经济，包括走资本主义道路还是走社会主义道路；二是形成了对中国经济矛盾的初级认识。应该说在当时的历史条件下，在刚刚接触政治经济学思想的情况下，这些经济学家们就能够提出这些观念，是非常了不起的事情。

第二个阶段是在新中国成立以后，咱们国家把苏联教科书的内容引了进来。在此期间，他们所能形成的，也主要是体现于政策上的经济思想。到后期才逐渐有一些经济主张可以被称为观念，这其中的主要代表是毛泽东的《论十大关系》。这篇文章的内容实际上已经是从思想阶段向观念阶段进行转化了。后来"无产阶级专政下继续革命的理论"，即"文化大革命"的指导思想，字面上看是一种思想，实际上应该是一种观念。它还不是一个系统，没有达到假说的层面，但应该说已经是一个观念了。

20世纪80年代以后，中国又再次引入了美国的经济学，又开始形成一些思想，也出现了一些主张即观念，即所谓的"改革开放"，最后演化为GDP主义。GDP主义虽然用了"主义"的字眼，那只是咱们称呼的方便。它实际还是一种观念，并没有达到一个假说的高度。它可以表述为一套理论体系，但它用的概念主要是西方经济学里的概念。GDP主义是"苏联模式"和美国资本主义经济学说的结合，它已经达到观念阶段，对中国经济的危害相当深远。

咱们对政治经济学的研究是以中国和中国劳动者为主体，应该说现在都还不能被称为一个阶段，只能说是一个开始，一个探讨。大体就是如此。在讨论中国政治经济学时，"苏联模式"和GDP主义都没有概念体系，因此它们都不能被称为假说，而只能是思想和观念，也仅仅处在这个层面。虽然也编出了不少政治经济学或经济学的教材，但这些教材主要还是对外国的，即苏联和美国的经济思想进行介绍。在教材里可以看出一些思想和观念，但他们主要的思想和观念还是体现于政府的政策上，而不是教科书上。真正有一些特点的是"文化大革命"期间出版的《政治经济学》，那本书把"无产阶级专政下继续革命的理论"作为一个基本观念，改造了苏联教科书的内容，才真正有了点儿假说的意味。

贺痴：按您的观点，"苏联模式"和GDP主义都不是假说，而只能是思想和观念，那咱们在这个层次下，还需要再介绍"苏联模式"和GDP主义么？

刘：虽然说"苏联模式"和GDP主义不成为假说，但它们对于咱们的中国政治经济学，还是有重要意义的，还是应该简单地了解一下。

江荣：在中国革命夺取政权后，因为西方资本主义国家对中国的经济封锁，中国在经济上采取了"一边倒"的策略。"苏联模式"的经济思想成了中国思想界对"社会主义"的唯一认识。

"苏联模式"是在俄国特殊历史条件下形成的，是社会主义的一种初级形式。它的出现有合理性，是人类有史以来第一个在法律上规定以劳动人民为主体的理论、运动和制度，但也是有局限的、粗陋的、有缺陷的社会主义制度形式。问题不在"苏联模式"的形成，而在其形成以后应当及时改革却未能改革，更将初级形式的局限和缺陷视为完美，从理论上将其系统化，把本来是具有明确特殊性、局限性的"苏联模式"论说成世界社会主义的普遍真理，固化其制度和体制，排斥改革，从思想和行动上制止、清除不同政见。由此导致理论上的教条主义僵化，制度和体制中的缺陷逐步扩大，进而在内外反动势力的夹击下失败。

春敏："苏联模式"不是"普遍真理"，不是"放之四海而皆准"的。它是一个特殊的理论体系，并在一个特殊的国度指导了社会变革运动，建立了特殊的、初级的社会主义制度。只有明确了"苏联模式"社会主义的历史定位，也只有从这个意义上，才能对之做出历史和逻辑的评价，才能从其特殊性中发现社会主义的一般性。

志燕："苏联模式"社会主义的特点是强调总体、集体、国家对个人的掌控，个人服从总体、集体、国家的要求，实行生产资料和劳动力公有制，一党专政，行政集权。俄国劳动者在社会主义政党的领导下，在短期内能够以武力推翻资产阶级和封建、专制势力混合的反动统治，是因为这一特点；苏联在短期内能迅速发展工业和经济，成为与美国匹敌的大国，也是因为这一特点；而最后的解体和失败，还是因为这一特点。大概因为他们没有能够根据历史的发展和时代的变化，积极调整自身。

马淮："苏联模式"社会主义对中国政治经济学研究的影响，主要表现在以下几方面：一是以唯物主义为基本哲学观念；二是主张唯生产力论或生产力决定论，强调生产关系要适应生产力；三是方法上预定"客观经济规律"，以演绎推理展开"客观经济规律"，忽略矛盾分析；四是强调总体、集体、国家对个人的掌控，实行统制经济体制；五是将公有制规定为"生产资料公有制"，忽视劳动力个人所有权，排斥劳动者个人对公共占有的生产资料的个人所有权；六是不承认劳动者的民主权，排斥民主制在公有制经济中的内在机制作用。这六个方面的错误，都是我们今天在研究中国政治经济学时，所需要特别注意，并极力避免的。

刘："苏联模式"就简单说到这儿吧。"苏联模式"和西方资本主义经济学说，看起来好像一个是社会主义的，一个是资本主义的，似乎应该水火不容。但实际它们是一脉相承。承的是什么脉呢？就是"唯物主义"这个双方都秉持的基本哲学根据。哲学观念上一"唯物"，追求世界的物质性，并推论人的物质化，自然导致经济观就是"唯生产力论"了。"唯生产力论"在咱们国家演变成了 GDP 主义，这是"苏联模式"和美国资本主义经济学说奇异的结合，带来了无穷的危害。

在"苏联模式"的势力减弱后，咱们国家的政治经济学界就出现了主张以西方资本主义经济思想为"普世价值"的一派。他们对西方资本主义政治经济学并没有深入系统的认知，而是简单地把经济归结为GDP（国内生产总值），片面认为发展经济就是增加GDP，"普世价值"由此变成了GDP主义。GDP主义又与"苏联模式"下的行政集权体制相结合，或者说行政集权体制采纳了GDP主义，成了中国经济的主导意识。不仅制约了经济发展，也制约了政治、文化以及社会生活的发展与自然资源和环境的保护。

GDP主义者将GDP增长等同于经济发展，等同于发展生产力。进而，他们又把GDP增长说成是社会主义制度的唯一标志。于是，GDP主义经济学家就将唯生产力论变成唯GDP论，并主张把GDP增长作为党政机构的主要任务，确立了一个量化的增长目标体系，主导各级政府的工作。更严重的是，社会关系因此货币化，货币成了衡量人的价值的唯一标准。于是，本应由国家承担责任的教育、社会保障、医疗卫生及各种公共事业，都被货币化、市场化、产业化。由此导致收入分配不公、贫富两极分化、劳动者权利得不到明确规定和保障、环境恶化、资源破坏等。

把生产力等同于GDP，是GDP主义的理论支撑。然而，这个支撑完全是不成立的。生产力应该是劳动者素质技能发挥的社会表现，是"劳动生产力"，而非"物质生产力""货币生产力""资本生产力"。发展生产力的根本，在于提高和发挥劳动者素质技能，而提高和发挥劳动者素质技能的唯一途径，就在于提高劳动者社会地位。"苏联模式"之所以有其时代合理性，就在于它比它所取代的封建的、集权专制的制度提高了劳动者社会地位，从而为提高和发挥劳动者素质技能提供了比较适宜的社会条件。而其局限性，也在于不能随劳动者素质技能的提高改革既有体制和结构，进一步明确劳动者的个人权利，由此确立和保证劳动者社会主体地位。GDP主义者把矛头指向公有制，他们主张的"私有化"，看似要把权利交给民众，但实际上只是承认了劳动者的部分劳动力所有权以及农民对小块土地的使用权，却剥夺了全体劳动者对国有企业和集体经济单位的生产资料所有权，将之"私有化"给少数权贵。这样做，短期内会刺激农民的生产积极性，但时间稍长，个体小农经济又成了束缚农民素质技能提高和发挥的障碍。好在农民的劳动力可以自由出卖，加之"私有化"和吸引外来资本，形成了超低价格的劳动力出卖者，于是有了给全世界供应低端生活用品的"世界工厂"。农民工的劳动力所有权是完全没有保障的，其极低的收入和户籍限制使之不能成为真正意义上的工人，素质技能根本不能提高。现在中国的最大问题，就在于有比欧洲和美国加起来还要多的劳动者，但其素质技能却还处于工业化初级阶段水平。更危险的是，GDP 主义者依然奉行其剥夺劳动者权利，削弱劳动者地位，以专制和低价格来管制、雇佣劳动者，继续以低端产品参与"世界经济大循环"的既定思路。这样做，中国劳动者的素质技能得不到提高和有效发挥，不仅会阻碍生产力的发展，还会阻滞 GDP 的增长。

四　对《四主》一书的发展阶段的定位

贺痴：我认为《四主》一书在中国政治经济学发展阶段上，可定位在从假说阶段向理论阶段的过渡。说它至少是假说应该不成问题。该书建立了一个核心概念，即公共价值概念；同时规定了经济矛盾的八个层次，明确了研究对象；明确了主体即中国劳动者；围绕核心概念规定和改造了若干主干概念、前导性概念和辅助概念；建立了一个比较完整的、系统的概念和论述体系。这些都使得它具备了成为中国政治经济学假说的特征。再从其成书的历史背景考虑，其所研究的主要经济矛盾，即仍然保留的公有制经济与官僚资本的矛盾在当下已经撕开面纱凸显出来，成为当前急需解决的问题。作者本人也对政治经济学的方法论进行过系统的研究，形成了系统抽象、概念运动的辩证研究方法，作者在哲学、政治、经济、文化等各专题性研究方面取得的成果也都集合于该书。因此，我认为该学说至少已经达到假说的阶段。

但该学说尚不能称之为理论。除了公共价值这一核心概念在概念体系中不够突出，最主要的一点是因为本书中的大部分概念都还没有经过实践的检验。虽然我们坚信历史的发展趋势应是本书中指出的必然性，但是本着实事求是的精神，对于未经验证的学说，还是不要贸然称之为理论。

本书还提出了解决中国经济矛盾主张，我认为随着历史的推演和经济矛盾的不断演化，不仅对主张将根据实际的情况进行调整，而且也会再出现新的经济矛盾，需要提出新的概念。这个学说就好像一棵大树，在主干向上生长的过程中，会不断地横向长出树杈，而这些树杈都是在我们种树之前所预料不到的。只要核心概念正确，那么所需要做的工作就是依据和遵循这个核心概念，根据不同树干和树枝的走向，进行具体的处理。但要知道，所有的处理方法都基于一点，即养分是从树根树干这一条主线上来的，核心概念给我们一个认识问题的基本观念、立场和价值判断。假说向理论的演化有两条路线，我们坚信中国政治经济学的假说，一定能在不断的充实和发展中，结出丰硕的理论果实。

思远：《四主》这部书所提出的学说体系可以被称为是"假说"。

之所以说它已经超出于思想和观念，主要是因为两点：一是其已经明确了主体和主义，即中国劳动者和劳动社会主义；二是其已经提出了公共价值这个核心概念。从这两点考虑，相比思想和观念，它已经较为成熟。

之所以说它还没有到理论阶段，主要是因为在主张提出来以后，是需要经过实践的检验的。《四主》中的公共价值的概念还没有完全发挥作用。论述社会发展的"必然"趋势体现了一种理论自信，认为将来会按照这个方向发展。但不管自信与否，都还是需要经过实践的检验。也许到那时会再出来一个系统的公共价值理论、一个成熟的体系。

每个研究者都是努力往最高层次走，但是他摆脱不了所处时代的局限性，所有的人都躲不开。中国经济还是处于转型过渡时期，处于一个特殊的时期，还没有到达中国公有制经济的一个成熟形态。这一天还没有到来。

马淮：讨论《四主》一书的定位问题，首先应该说从假说到理论的发展，学理上是需要几个条件的。第一，能够转化为理论的假说，主要条件是它所代表的阶级主体利益应与经济矛盾发展和社会进步相一致。在这一点上，《四主》一书是符合这一条件的。它的主体非常清晰，就是劳动者。劳动者就是人类历史的缔造者，中国经济的发展就是中国的劳动者协同的发展。中国的劳动者就是中国经济发展的主体。所以从这一点上说，我认为《四主》一书具备从假说向理论发展的条件。第二，理论的形成是一个长期的理性活动过程，其结果是一个概念体系。我们不能认为，因为还在不断改善着，所以它就是假说。难道只有到最后不动的那天才能被称为理论么？实际上理论自身也存在一个完善和发展的过程，所以不能以学说是否还有某些概念在发展变化而作为它是否是理论的判定，关键的指标还在核心概念是否明确。如果核心概念明确，而且围绕核心概念也形成了一个概念转化体系，那么就可以被称为一个理论。只是后面存在着对于具体的一些概念的进一步完善，但已经属于一个理论的发展过程。所以鉴于《四主》一书在核心概念的界定是准确的，因此可以称之为理论。

我们今天看《四主》的写作也是一个思维不断发展的结果，是之前不断研究深化的一个结果。在政治、经济、文化层面，更为重要的是哲学体系的创设，非常关键。如果哲学体系没有形成的话，仅仅是在政治、经济、文化层面有一些概念的突破，还不能称之为理论的形成。而它之所以能称为理论的形成，关键在于它的整个哲学体系的建立。在这样一个哲学体系之下，进一步明确了政治经济学的一个核心概念，形成了以公共价值为核心概念的概念体系。这应该就是理论形成的重要标志，这与后面的进一步发展并不矛盾，它总要继续发展的。矛盾总要演化，而在具体层面，随着矛盾的发展，肯定也要不断调整自己的思维过程。

刘：我们这里只是对自己的研究做自我剖析，以利研究。对于其他研究者不作评判。如果要对我的研究进行发展阶段性的划分，那么思想阶段大概是在1995年以前。那个时候主要是在研究方法论，当时写过一个《中国经济矛盾导论》，似乎是想以自己关于方法论的研究成果对中国经济矛盾做出分析。但那时对基本经济矛盾的规定还是按照马克思对基本经济矛盾的界定，即生产力与生产关系的矛盾来进行的。在方法论上作了一些研究，但是在哲学思想和基本观念上都还没有创新。所以我把那个阶段称之为思想阶段，包括《资本论的逻辑》。这期间也涉及了一些中国经济矛盾，但实际上是思想刚刚开始时期。

观念阶段的标志是1995年《中国现代化导论》的出版。这个期间对包括公有制、占有权等概念都已经有了自己的规定，所以可以称之为自己的观念。这个阶段大体一直持续到写《中国经济矛盾论——中国政治经济学大纲》的2003年。此书2004年出版。在此期间对文化的研究、对哲学的研究，都可以看成对经济矛盾研究的准备，包括《政治经济学的主义 方法 主题》，重点是提出了主义，然后对主题进行了界定。那时主题包括现在所说的主张。然后是《民主中国 法制经济》，还有《民权国有》①。这些都是一些观念性的东西，开始相对系统，在向假说进行转化。

从《中国经济矛盾论》到《四主》，这是假说形成的阶段，但还没有到达你们所说的假说成形的阶段，更不能说是理论了。它只是假说在形成。《四主》比《中国经济矛盾论》更加明确一些，是对假说的更加系统化，但还属于假说阶段，还是一个形成过程。这期间我重点研究了哲学，把唯物主义明确定位为资本主义的哲学观念，并提出了劳动主义。由此论证了实践辩证法和劳动社会主义。以此为前提，系统了劳动社会主义体系，同时对政治民主进行探讨，并继续官文化研究。而对国有企业、农民权利、少数民族经济的研究，也加强了对中国经济矛盾的认识。所缺少的东西还是比较多的，近两年开始的对中国政治经济学方法论的研究，也是对中国政治经济学的假说充实的必要步骤。

方法是一个体系的重要组成部分，现在的难点就是如何把方法论和理论二者统一起来。咱们将来形成的政治经济学的体系，不仅是对矛盾的规定，而且包括如何规定；不仅仅是提出主张，而且要说明怎样提出主张。方法这里还需要进一步充实，这次讨论后，我还要进行中国政治经济学方法论的写作，这都是处于假说阶段的。假说阶段需一个比较长的时间，至于它能不能成为一个理论，还需要进行验证。

现在提出的这些基本命题，包括官僚资本等，能够看到是和现实相吻合的，

---

① 以上三本书分别由中国经济出版社于2001年、2002年、2003年出版。

但都不是很突出。特别是现在把公共价值作为核心概念，只在"主张"一节中出现，还没能在"主题"中进行明确，在分析矛盾时没有把公共价值这个核心概念放进去。概念体系还需进一步调整，一些概念规定也还不完善，不全面。

同时咱们还要知道，中国政治经济学是中国劳动者主体利益的要求，是中华民族发展的内在需要，随着中国经济矛盾的演化，更多的人会投入研究的。现在已有不少学者开始重视并讨论"中国经济学"，虽然意见并不统一，但毕竟已经开始。咱们的研究必须与关心中国政治经济学的学者密切联系，对于那些反对中国政治经济学的人，只要他们能对中国经济问题发表有见解的议论，哪怕是描述一切真实情况，都要认真借鉴。

因此大家应该有一个清醒的认识，咱们是处在假说形成的阶段，还不是已经形成了假说，这个过程是很长的。特别是一些更具体的东西，还需要大家进一步的共同的努力。你们要在咱们划分的经济矛盾系统上，抓住某一层次上的具体问题，集中重点突破，不要泛泛而言。

（贺痴）

第四编

中国政治经济学主体和主义

任何国家的政治经济学，在其国度性范围内，都是由主体、主义、主题、主张四要件构建的。所有政治经济学及其方法论的研究者都未指明这一点，但却不自觉地依从这四要件来建筑自己的体系，不过都走了许多弯路，导致体系的混乱。中国政治经济学研究，要从方法论明确主体、主义、主题、主张及其相互关系，克服外国政治经济学的基本方法缺陷。

"主"字在最早汉字中，就是一个"丶"。"丶"是汉字的基本笔划，也是写各种笔划的起始。《说文解字》"镫中火主也。从坐，象形；从丶；丶亦声。"《段注》："谓火主（炷）。""丶、主古今字，主、炷亦古今字。"主的本义，即灯的火炷，后衍为君主、君长；与客相对的主人；物的所有者；事主，当事人；根本，主要因素；主持，掌管；注重，主张。主的字形和字义充分表达了其地位和作用。感谢我们祖先留下宝贵、有效的汉字，我们用四个"主"：主体、主义、主题、主张表达中国政治经济学要件，而连接这四要件的，又是一个"主"——主线，即逻辑的内在统一。这四要件统一的根本和出发点都是主体。

以中国现代劳动者为主体，其主义之主是劳动者，其"义"则是劳动者的利益和意识集中概括的基本理念。

现代中国除劳动者之外，还有初步形成的资产阶级和官僚资本的掌控者群体，但资产阶级远未成熟，只是由其代理人依英、美政治经济学来申张、维持其利益，并不要求中国政治经济学，而其代理人又是反对中国政治经济学的。官僚资本掌控者是利用行政集权体制而谋取私利的，他们本人非常清楚其违法性，因此除利用权势在决策上做些手脚，或支使"宠物经济学家"提出"腐败促进改革"之类的观点，就是让人宣扬旧的儒家道统和官文化，他们根本不想把自己的利益和意识诉诸政治经济学理论。

只有现代劳动者才需要中国政治经济学，才敢于将自己的利益和意识集中概括为主义，即劳动社会主义，也可以称为劳本主义——与资本主义相对立并否定资本主义的新理念。

中国政治经济学主体的确立

政治经济学是阶级利益和意识的理性概括，是以特定阶级意识对经济矛盾的规定和探讨，其根据就在于主体性，主体的经济利益和意识是政治经济学的来源和出发点。不同的阶级、阶层、集团因其存在的国度和历史阶段的差异，都会通过其思想代表将自己的经济利益和意识概括于相应的政治经济学学说，表达对现实经济关系与矛盾的态度和认识。政治经济学的主体性必然表现为国度性，阶级、阶层、集团的政治经济学学说，都受国度性的制约。中国政治经济学是中国经济矛盾发展的内在要求，今天的中国，官僚资本和私人资本所体现的阶级、阶层、集团仍以套用外国某政治经济学学说为其既得利益的根据，并没有建立其政治经济学体系的动力和能力，唯有劳动者因其经济利益受到严重损害，迫切需要从理论上概括中国劳动者的经济利益和意识，揭示和解决现实中国的经济矛盾。

一　中国政治经济学主体性与国度性的统一

志燕：长期以来，我国经济学界似乎已经形成了一种共识，即政治经济学是像物理、化学那样的自然科学，而中国政治经济学不过是外国某学派在中国的应用。而您明确提出要创建中国自己的政治经济学，如何认识这个问题？

刘：政治经济学是与资本和近现代国家的形成发展相统一的，在西欧各国以集权官僚制否定封建领主制的过程中，严格意义上的国家得以形成，旧的部落和部落联盟被民族所取代。为了争霸而增长经济实力，为了增长经济实力而发展商业，尚未形成系统理论体系的重商主义作为商业资本家和国王共同利益的体现，其国度性是相当明确的。"政治经济学"这一术语就是法国重商主义者蒙克莱田于 17 世纪初发表的《献给国王和王后的政治经济学》中首次提出并使用的，其意在于国家对社会经济生活管理的理念和方法。其他重商主义者如托马斯·孟的代表作《英国得自对外贸易的财富》也都充分地体现着国度性。

也正是在重商主义政治经济学的导引下，欧洲展开了对封建领主制经济的变革，在三五百年的时间内经历了类似中国春秋、战国时期的巨大变化，形成了以商业资本为经济基础的几个大国。如果仅从政治的演化趋势看，很有可能是像秦吞并六国成大一统。但此时的欧洲与两千年前的中国相比，并非以重农主义为经济指导，而是以重商主义为指导，商业资本的强大使其与集权专制制度发生了冲突，资本为了追逐利润，势必突破刚刚建立的集权专制。商业资本向产业资本的转化要求政治革命，西欧各国从 17 世纪至 19 世纪相继完成了这场以资产阶级为主导的革命，建立了资产阶级的全面统治制度。就像各国的国王曾是相互对立的敌人，各国的资产阶级也是互相敌对的，它们以国家为界限，展开激烈的竞争和斗争。虽然也会有国家间的联盟，但这只是由于利益而形成的暂时的结合，并不消除各国资产阶级在利益上的对立。在这种情况下所形成的资本主义政治经济学，虽说在一般性上都是代表资产阶级的，但具体到各个学派、学说，又都有明确的国度性。斯密的《国民财富的性质和原因的研究》，从书名到内容，都充分体现着英国资产阶级的国度性，也正因此，以它为理论前提的萨伊的学说又体现着法国资产阶级的特点。而德国的李斯特和罗雪尔则干脆将国度性提到首要位置，强调以国家历史的特殊性为出发点。之后一个多世纪的时间内，资本主义政治经济学出现了更多的派别和体系，但每一个派别和学说都贯彻着国度性，即使那些否认国度性，甚至排斥政治，以"纯经济学"名义出现的各派学说，也并不比其前辈的国度性差。至于社会主义政治经济学这一大派系，其各学派和学说的国度性也是明确的。恩格斯曾强调马克思的经济学说是"德国的政治经济学"，后来第二国际的理论家之间的分歧在一定程度上来自其国度性。而最充分体现国度性的，莫过于 20 世纪 50 年代以苏联模式为根据的教科书。该教科书是以斯大林的《苏联社会主义经济问题》为理念和指导的，在当时的条件下，也主要是针对苏联模式经济制度和体制的。斯大林并不否认这一点，教科书的编者也只能据此而写作，但他们却要以论证世界一般性社会主义经济规律的名义说话，不仅造成自身逻辑的混乱，更强制性（通过"社会主义阵营"的政治力量）将之向各国推广，从而造成各社会主义国家因将其作为"放之四海而皆准的真理"而导致诸多失误，中国因此而受到的损失尤其沉痛。这就是我提出要创建中国政治经济学的原因。

石越：政治经济学的"国度性"，这是首次由刘老师您提出的，能否再详细说说这个"国度性"？

刘：国家是经济发展到一定阶段的产物，是对经济关系的界定，也是经济运行的必要形式和机制。自国家形成以来，经济就有了明确的国度性。国家发端于男系氏族联合体到部落的演化期，中国大体上是在夏朝开始，由于实行奴隶制，生产力水平有所提高，变原来的游农为定农，疆界固定，阶级分化，国家机器逐步成形，在本国范围内进行阶级统治，对外则既要保卫领土臣民，又会扩张侵略。夏、商之后，部落扩充为部落联盟，国家进一步完备，周朝八百年总体上实行封建领主制，这时的国家有两层含义，一是以周天子为名义的周朝，但它只在灭商时有其权威，至春秋时基本上已成一个牌位，到战国则已名存实亡；二是各诸侯国，周初它们还只是周天子的封国，是代天子领守国土的同姓子孙或功臣，但延续数代以后，诸侯中的列强开始兼并弱小封国，争霸称雄，由千余国并为七大国，各国疆界分明，自为政体，政策、经济各异。进而秦灭六国，成大一统王朝，集权专制，至汉而成熟巩固，国家对全体国民的控制不仅使部落联盟演变成民族，而且其对全体国民的总体控制使国内经济制度、体制、结构成一系统。欧洲的国家初始期比中国晚近千年，其在氏族联合体和部落形式停滞的时间又相对长，因而到 5 世纪才进入封建领主制的诸侯国，又过近千年，才历经类似中国春秋、战国的兼并争霸，集权专制的国家开始形成，到拿破仑专政时曾试图效法秦始皇建大一统王朝，他本人自称"一世皇帝"，但滑铁卢战败，致使欧洲的国家数量仍滞留于类似中国春秋、战国之交。虽然如此，但几个大国如英、法、德等都建立了初级的集权官僚制国家，其时间不过几百年，却是后来的资本主义国家的必要前提。

在集权专制的国家中，人们的经济活动服从国家的控制，不同国度的经济制度、体制、结构及其机制、经营管理都显现差异。而由资产阶级革命所建立的否定集权专制的资本主义国家，对经济的控制不仅不比专制国家差，而且更为深刻、全面、细致。作为资产阶级谋取利润的工具，资本主义国家采取资产阶级主导的民主形式，即由资产阶级按董事会的方式选举国家机器的负责人，他们按资产阶级及其特定阶层、集团的利益行使国家权力，控制全部经济活动。这一点，在 19 世纪以来所建立的各资本主义国家中都得到了证实，它们的作为，不仅在这些国家，而且迫使它们所涉及并冲击的世界各国都明确了国家对经济的干预、控制，可以说今天的世界，是国家控制经济最为充分的时期，经济的国度性也最为突出。至于苏联模式的初级社会主义制度所建立的行政集权的国家机器，对经济的控制以实行统制经济体制为首要环节，并由此而遍布经济结构及其运行机制，以至经营管理的全部细节。经济的国度性得到直接展示。

研究对象的国度性决定了政治经济学的国度性，这是一方面。另一方面，也是一个主要原因，就是其研究者所代表的阶级、阶层、集团都是在特定国度生存并谋求利益的，不论是处于统治地位还是被统治地位，他们的利益都离不开国家，并需要通过或夺取国家政权来实现。因此，政治经济学的主体性也决定了其国度性。只有那些处于全世界统治地位的国家统治阶级的思想代表以及死心塌地作为这些国家统治者附庸和代理人的落后国家统治阶级或集团思想代言者的所谓"经济学家"，才会不顾上述两个根本原因而否认政治经济学的国度性。然而，他们的这种否认，恰恰更为充分地表现了政治经济学的国度性。

国家的性质取决于本国特殊的社会经济矛盾状况，而国家性质决定的社会经济制度，既是其特殊社会矛盾的集中体现，又包含着人类历史发展的一般性。当我们根据人类历史的演化规定总体性的阶段时，所针对的就是其一般性。但一般性并非黑格尔所说的"绝对精神"的先验规定，也不是决定特殊性的"客观逻辑"，而是体现于各特殊性中的共性、普遍性。只有这样，才能解释为什么欧洲各国的封建领主制比中国要晚出现一千五六百年，而且取代其封建领主制的集权官僚制不仅比中国晚出现一千六七百年，还在实行几百年后就被资本主义制度所取代。同时也可以解释率先实行封建领主制和集权官僚制的中国，为什么当欧洲各国进入资本主义制度后依然还实行集权官僚制。更重要的是，即使从一般性上说都是同一经济制度的诸国，其具体形式又有明显差异，这也只有从国度特殊性来说明。

政治经济学的研究，是由特定国家的阶级、阶层、集团的思想代表针对其本国特殊经济矛盾的理性概括，从这个意义上说，是具有世界一般性的。而且，所有研究者都要涉及国际经济矛盾，都要对世界性矛盾有所规定，并以对这两个层次经济矛盾的认识作为前提。但所有政治经济学家所要解决的主要问题或者说他们的目的，都是根据其所代表的阶级、阶层、集团的利益来规定本国经济矛盾，探讨实现其所代表群体利益的途径和方式。即使是那些专题研究国际经济关系的人，其目的也是如此。也正是从这个意义上，我认为只要国家存在，国度性就是政治经济学的重要属性，并且制约着所有政治经济学研究者及其主义、主题和主张。

江荣：在过去的一个多世纪里，我国经济学界未曾明确政治经济学的国度性，以致一直在引用外国的政治经济学说，这对我国经济产生了怎样的影响？

刘：曾因率先实行集权官僚制而在农业文明领先于世的中国，自秦以来，就以普天下最发达者自居，其作为统治意识的官文化的理论基础儒家道统，也确曾是世界上最先进的思想体系，其中对经济，特别是财政的认识已经相当深刻，所以不认为外国的思想有什么可以吸取的。1840 年的鸦片战争打破了中国统治者和文人的这种自豪和自信，随着外国资本的侵入和掠夺，工业文明对农业文明的冲击日趋严重，引发了中国实现工业化以强国的思潮。在这种情况下，外国的各种学说，包括政治经济学被引入中国，它们都被视为普遍真理而传播着、应用着。而任何一种学说的特殊性，又都被传播者、论证者所掩盖，或者略而不谈。政治经济学的传入以严复译斯密《原富》的出版（1902 年）为始，迄今已有一个多世纪，几乎西方各国所有的经济学说以及苏联的教科书，都被中国学者引进，并作为富民强国的真理而应用于中国的政策乃至制度。当我们说今天的中国经济矛盾时，其中就已经包含这些外国经济学说的作用。

然而，刚刚从自大自尊的"老大天朝"地位几乎沦落于殖民地的中国，一些人开始意识到自己之所以在工业技术上不如外国人，原因在于传统的制度和文化，必须对之革命，才能振兴中华。源自西方的政治经济学往往被视作一般性的、通行世界的、"放之四海而皆准的真理"。人们在选择外国经济学说时只注重其阶级性，即不同阶级的思想代表根据其阶级利益有目的的选择，但却忽视了其国度特殊性，也忘记了中国的国度特殊性，从而在认识和解决中国经济矛盾时出现诸多失误——这种失误的责任，并不在外国的经济学说，而在于我们未能从国度性角度来认识外国与中国经济矛盾的特殊性。

至今，依然有相当一批中国学者抱着这样的信念：政治经济学或经济学——他们沿着美国主流派经济学者的思路，不再用政治经济学这个旧名，而用"经济学"，以示其"现代性"——是世界性的一般科学，这个科学是由西方人创立的，也是由西方人——确切说是美国人——来发展的。中国人应当像引进西方的工业技术那样，引进西方人的经济学，以它为指导，解决中国经济问题，或者说，按西方人的经济学，即世界一般性的经济学，来建立中国经济发展的"模型"，而为了这个"模型"的实施，就要制定相应的政策；为了制定相应的政策，就要改变法律；为了改变法律，就要改变社会制度。

不能说有这样信念的人其用意都是要"和平演变"中国的社会主义制度，即使得出这样的结论，那也只是西方经济学逻辑的要求，更准确地说是"客观经济规律"的要求。一些中国人就是直接将西方人的经济学视为"客观经济规律"的表述。按照他们的说法，中国要发展经济，必须遵循"客观经济规律"，在它面前，一切都得让路，一切都得按"规律"的要求来修正。"客观经济规律"就是新上帝，而论述它的西方经济学，就是唯物主义的"圣经"，全世界所有的人都是物质这个新上帝的创造与表现，也都要按"圣经"所论述的"客观经济规律"来行事。

类似的说法，在 20 世纪五六十年代也出现过，不过当时"客观经济规律"的论述者不是美国的经济学家，而是苏联的政治经济学家，是他们编写的《政治经济学教科书》。这个教科书虽然以"马克思主义"为名号，但其特点却是受俄罗斯传统的东正教影响的思维方式所概括的"苏联模式"。它也号称对"客观经济规律"进行了论述，并要求全世界——当然包括中国——的人都依其所论述的"规律"行事。

这样，我们荣幸地看到 20 世纪下半叶，西方基督教分化出来的两大派——基督新教和东正教在被唯物主义否定后所传续的思维方式，将"上帝"变成

"客观经济规律"后所形成的政治经济学或经济学，都在中国得以传播。这些传播都不同程度地影响了中国人的思维方式，进而改变了中国的经济。

志燕：那么，我们怎样评判外国政治经济学对中国的影响，进而，在中国政治经济学研究中又应该怎样对待外国政治经济学？

刘：我们并不否认外国政治经济学对中国经济变革的启发与促进作用，但必须清楚，这种作用主要是在其所包含的世界一般性上，但中国各派政治势力及其所代表的阶级、阶层、集团都否认从其特殊利益出发所选择的外国政治经济学的国度特殊性，因此也就导致诸多偏颇，严重地制约着中国经济的健康发展。否认外国政治经济学的国度特殊性势必将其本来具有的国度特殊性视作世界一般性，从而照搬于中国经济的运行中。这样做的结果，或许会对某阶级的阶层或集团有利，但却会从总体上损害中国经济的健康发展。比如，将苏联政治经济学教科书作为"放之四海而皆准的真理"，特别是到其积极作用消失、迫切需要改革的20世纪60年代中期，依旧固守苏联教科书所论证的苏联模式的那股势力，实际上就是行政集权的统制经济体制的既得利益者。而近年将美国新自由主义经济学说宣传成"普世价值"，声称"市场经济"是全人类共有的经济制度或体制的人，又代表着那些试图利用其在行政集权体制中的权位将庞大的公有资财攫为己有的集团和个人。如此看来，这些否认外国政治经济学国度特殊性的人并不是不知道国度差异，而是发现了其代表的特殊社会势力与相应的外国经济学说在利益上的统一性，进一步说，将这些外国经济学说政策化，就可以满足该社会势力的利益。这在近年中国经济的运行中表现得相当充分，不论是用新自由主义观念对公有制经济的私有化，还是将巨额外汇储备购买美国国债和"两房贷款"，以至金融危机大爆发后所采取的凯恩斯主义对策，实际上都是行政集权体制既得利益者的需要，而为其服务的经济学家们就应声将这些学说论证成世界一般性规律。

马淮：政治经济学是有国度性的，这个问题我们理解了。在现实经济矛盾中，我们也可以看到由于盲目引进苏联或美国经济学说所产生的影响，由此足见创建中国政治经济学的必要性和紧迫性。

刘：是的，我们可以对一个世纪以来引进外国政治经济学的做法提出各种评论，但它起码证明了一个道理：中国要自立于世界，必须变旧的小农经济为商品经济，从农业生产方式转化为工业生产方式，这个过程需要政治经济学的导引，在中国尚不具备根据本国实际、针对中国经济矛盾的政治经济学理论时，借用外国的政治经济学是不得已的，因此而产生的错误也在所难免。也正是从错误的教训中，我们认识到形成以中国、中国人、中国劳动者为主体的中国政治经济学的必要性和必然性。

　　创立中国政治经济学的过程并不是封闭的，更不排斥对外国政治经济学的借鉴。但"西法西方"只是借鉴的对象，因此要有选择，不能照套照搬，以为只要运用那些"普遍真理"或"普世价值"，就可药到病除，中国经济也就变成生出"普世价值"的经济学说的外国经济。同时也必须注意，西方各国虽然在资本主义经济的发展中比中国先行了一步，但不是说已达尽善尽美程度，它们也有矛盾，而且是在资本主义制度范围内不可解决的矛盾。现在正在发生的经济大危机是其明证。所以，在有选择地借鉴西方政治经济学的时候，必须注意其中包含的缺陷，要注意防止西方国家的经济之病在中国蔓延。可惜，这二十多年的中国经济学界的"主流"，不仅反对形成中国政治经济学，更在按美国主流政治经济学来规划中国经济的过程中，全面深刻地将"西域疾"引进中国，并在附庸美国大资本财团的同时，使中国经济陷入其导演的大危机中。

　　创建中国政治经济学，必须在借鉴前人已有认识基础上，集中分析中国经济矛盾，对中国历史和文化有一个总体性的认识。

　　历史上集权官僚制及其所控制的经济，在外国资本入侵以后，曾演变出官僚资本，并一度主宰中国经济。虽然被以农民为主体的武装革命所否定，但不可能彻底根除，特别是由于未能深入批判集权官僚制和官文化，使保留下来的行政集权体制有可能在实行"市场经济"条件下，成为官僚资本复生的温床。而官僚资本的复生，是初级社会主义公有制经济内在的破坏势力，不仅严重阻抑了小农经济的改造和现代化进程，更会使中国经济依赖于廉价劳动力与初级资源粗陋组合的产业链低端。在外国资本财团从金融、技术、市场规则等各方面的控制下，官僚资本集团为了其自身利益，成为外国资本财团在中国的代理人。官僚资本是中国两千多年集权官僚制在现实经济矛盾中的传续，也是中国经济矛盾的重要方面。认识官僚资本在现代中国经济中的存在与作用，是中国政治经济学的一个必要内容，而这种认识的逻辑又必须与对中国历史经济矛盾的研究相统一。现代中国经济之所以是"现代"的，主要原因在于旧的经济矛盾斗争的演化形成了以劳动者为主体的社会主义势力，并通过武装革命夺取政权，建立了初级的社会主义公有制经济，从而奠定了中国工业化和现代化的基础。20世纪60年来，公有制经济作为中国工业化的主干，提高并发挥了广大劳动者的素质技能，同时也受到行政集权体制的制约，特别是因为未能对之进行改革所滋生的官僚资本势力的干扰和破坏，遇到了重大挫折。公有制经济与官僚资本的矛盾已成为现代中国经济的主要矛盾，其矛盾状况决定着中国经济的发展方向，也制约着小农经济改造与私有自由资本的存在。

　　中国政治经济学的形成，其根据就在中国经济矛盾，在于主要矛盾双方及其他矛盾方面的存在与斗争。中国经济矛盾的各个方面，都由相应的阶级、阶层、集团的人群构成，这些阶级、阶层、集团人群的经济利益和欲求，不仅集合为经济观念，更要求其代表者对经济矛盾做出切合自己利益的论证。这也是现实中对各种经济问题都有分歧并产生争论的缘由。随着经济矛盾的演进，矛盾各方利益的思想代表逐步形成相应的经济思想，这些经济思想在相互论争中会逐步深化，而体现劳动者经济利益和意识的经济思想将随着劳动者素质技能的提高概括为理论，并形成针对中国经济矛盾的概念体系，中国政治经济学由此而形成。

润球：您这是从逻辑和历史相统一的角度来谈中国政治经济学的形成。中国政治经济学的国度性源于中国经济矛盾的特殊性，而中国经济矛盾的特殊性是否又是源于中国以及生活于中国这个地域内的人的特殊性？

刘：中国是什么？是地球上一个特定地域的名称，在地图上可以清楚地找到中国的位置。但是，为什么这个地域称为中国？或者说中国为什么存在于这个地域？

不论国家的版图如何切划，都不能改变地球自身的构成。也就是说地球的自然构成并未考虑国界的划分，这种划分是人为的。人为什么要将地球划分成多个国家，而且以严格的边界加以限制，从而使特定的人群只能在此疆域内生活？我们从地图上看到的中国，其全称是"中华人民共和国"，这个称谓只有60年多一点的时间，此前还有38年称为"中华民国"。再以前，则是清、明、元、宋……汉、秦各个朝代。"中国"只是"中华民国"和"中华人民共和国"的简称，此前各个朝代并无这个简称。我们是根据现代的名称来称谓历史上同一地域（也有诸多变化，但大体上是在这个区域）的，而现实是历史演化的结果，我们可以用现在的国名来称谓同一地域的历史，如"中国历史"，严格按"中国"名称来说不过百年，但我们可以上溯五千年，甚至更多，将历朝历代以及部落、氏族时期都包含于"中国历史"之中。之所以如此，就在于以前的历史都是"中国"的来源。"中国"理所当然地包含"中华人民共和国"和"中华民国"出现之前的历史。

因此，中国又是一个历史的存在。

历史是人的历史，是以人为主体的社会演化过程，是文明的进程。之所以说"中国五千年历史"，就在于有证据表明在今天称为"中国"的区域内人的社会活动。否则，按地球上这块地域的自然形成来计算，那也就不成其为"中国历史"了。历史的中国是今天的中国人的祖先生存、繁衍、矛盾、斗争所创造的，是他们社会存在的体现。正是由于历史，才有了现实的中国。这不仅是血统的传续，更是经济、政治、文化演变的结果。历史是以人为主体的，是以人的经济、政治、文化为主要内容的社会进程。

因此，中国又是经济的中国、政治的中国、文化的中国，是以历史和现实的中国人为主体的经济、政治、文化的统一，是以统一的经济、政治、文化为内容的中国人的社会存在形式。

中国作为中国人的社会存在形式，是以社会制度为基本框架的，经济、政治、文化都集合于社会制度，并受社会制度的制约。社会制度的演变，是作为主体的人素质技能与社会地位矛盾的集中体现，也是对人社会地位的界定，是人素质技能提高和发挥的社会限制与条件。中国作为中国人的社会存在形式，就具体化于社会制度的历史演变中。

中国的历史是劳动者创造的，中国劳动者应当是中国的主体。明确劳动者在中国的主体地位，是认识中国历史和现实的基本点，也是创立中国政治经济学的基本点。

孔丘删《春秋》，司马迁作《史记》，将帝王将相作为历史的主体。这是儒家道统基本观点的体现，是集权官僚制在历史观上的反映。而近代传入中国的资本主义的历史观，又将资本及资本化的生产力、物质生产资料视为历史的主体。

现在中国思想界，上述两种历史观是交织在一起的，不仅影响着对中国历史的研究，更制约着对现实经济社会矛盾的认识。也正是由于这两种历史观的存在，干扰和阻抑着中国政治经济学的形成和发展。

中国之所以有辉煌的历史，就在于劳动。然而，按照儒家道统所编写的历史，却把辉煌都罩在帝王将相头上，是他们的仁、义、礼、智、信、勇成就了历史，他们的相互征伐、谋略、争斗是历史大剧的主要内容。透过这些官文化了的历史，我们却可以看到：帝王将相们征伐、谋略、争斗的对象，形式上看是政治权利，但其实质就是劳动的成果、劳动的资料和劳动者。对劳动成果、劳动资料、劳动者的所有权和控制权，集中体现为政治权利。争夺政治权利目的在于争夺对劳动成果、劳动资料、劳动者的所有权和控制权。按儒家道统与官文化所编写的历史，不承认帝王将相们争夺的政治权利的实质，只把对政治权利的争夺看成历史。

我们是从劳动者的立场，依循劳动的社会观来研究历史的，那么，历史的根据和内容就在于劳动对文明的创造，中国文明的真正辉煌都是劳动的成就。中国的历史，就是劳动的历史。这些都体现了中国政治经济学的研究对象的特殊性。

石越：刘老师，您这里特别强调了中国劳动者在中国历史文明创造中的主体作用，可从实际情况看，不仅已有的历史认识没有明确这一点，而且似乎劳动者自身都没有意识到自己的主体地位，这是为什么？

刘：劳动者是文明的主体，也是历史的实际主体，但在中国历史上，由于儒家道统把帝王将相视为社会主体，劳动者反倒成了陪衬，是帝王将相为主体所构建的社会框架的填充物，既是统治的对象，又是需要驯化、治理的群氓。汉朝皇帝派往各州的长官名称为"州牧"，用意很清楚，所有的民，都是被"牧"的牛羊，而牧民的官不过皇帝的牧羊犬。劳动者之所以未能成为社会主体，根本原因在于素质技能的相对低下，阶级统治以社会制度、体制、结构和各种机制将他们孤立，但统治阶级却形成一个密切联系的统一体。这样，统治阶级人数虽少，却能结成强大的社会势力，并握有充分资源，以此对付人数虽多但被切割成每个个体的劳动者，就能占有绝对优势。而农民的小农意识恰恰迎合了这种态势，将自己囿于家的范围之内，不能形成统一的阶级力量。虽然在不堪忍受压迫时，农民也会铤而走险，聚众起义，甚至也有起义队伍夺取政权者，由此显示了群众组织的力量。但是，农民并没有变革社会制度的阶级意识，正如毛泽东所概括的"只反贪官，不反皇帝"。即使反了皇帝，也是由新皇帝换旧皇帝，并不改变集权官僚制度。因此，以农民为主的中国劳动者虽然以其劳动创造了辉煌的农业文明的中国，却不能成为自己所创造的中国社会的主体。只有在社会主义指导下，由毛泽东和中国共产党领导的革命，才将农民和工人等劳动者组织成阶级，形成伟大的社会变革势力，夺取政权，并在法理上成为新中国的社会主体。

二 当今中国除劳动者以外的阶级或群体均不需要也不能创立中国的政治经济学

志燕：中国经济增长过程中积累起来的各种矛盾，一定程度上都与我们未能从国度性角度认识外国与中国经济矛盾的特殊性以致盲目照抄照搬外国经济学说有关。所以，要想让中国经济健康发展，首先必须正确认识现实中国经济矛盾，必须创立中国政治经济学。刘老师，您刚才提到了要创建"以中国劳动者为主体的政治经济学"，可现实中国各种社会势力除了劳动者以外，还有资产阶级和以权谋私者以及外国大资本财团，这些势力为什么不能成为中国政治经济学的主体？

刘：这个问题问得很好。我们先说外国的大资本财团。清朝末期，已经工业化了的外国垄断资本开始入侵中国，它们以武装侵略夺取各种特权，既包括租借权、内河航行权和治外法权等明显不平等的权利，也包括貌似平等但实际不平等的各项权利，如在中国举借外债时被附加了许多损害主权的条件；利用在工商口岸设厂的特权，外国资本在中国进行投资，雇佣廉价劳动力和掠夺资源，由此控制了起步阶段的中国工业。为了更好地控制和操纵中国经济，它们采取了在中国扶植一个能够代表其利益、并能掌控政权的官僚资产阶级。新中国成立后，由于我国全面实行公有制经济，外国大资本财团及其国家视我国为其向全世界扩张的大障碍，打压封锁无所不用其极。

至 20 世纪 70 年代末改革开放，外国大资本财团得以再次进入中国。它们看中了中国极其廉价的劳动力和丰富的尚未开发的自然资源，还有庞大的市场，于是纷纷前来投资。这些资本财团投资的目的，已不仅仅是获取短期的超额利润，而是要使中国成为长期依附于"中心"国家的"外围"，始终充当它们的廉价资源提供者和产品及技术销售市场，甚至是资本投机和转移危机的场所。所以，活动在中国的外国大资本财团势力，是绝对不愿意看到一个发展了的中国，也绝不会有创建中国政治经济学的念头。

再看中国的私有资本所有者。中国的资产阶级出现于 19 世纪末"洋务运动"时期，20 世纪上半叶曾有所发展，但受外国大资本财团和国内官僚资本的挤压以及连续不断的战乱，未能形成强大势力，在中国社会大变革中始终处于依附地位。新中国成立后，一度容许其存在，但 50 年代中期的社会主义改造又取消了其存在；到 80 年代改革开放，容许和鼓励私人资本发展，这才形成了资本所有者群体，但制度、体制、政策的限制以及资本原始积累、社会关系、经营环境、个人素质等各方面原因，变数颇多。据有关部门统计，中国的私有企业，平均两年半倒闭一次。因此，资本所有者人数虽多，但真正形成稳定的资本和企业，并能持续经营的资本所有者还是有限的，因此，中国的资产阶级作为一个阶级还未成熟，其思想代表也不明确，只是有一些从事资本主义政治经济学研究和教学人员对私人资本的存在予以论证。再就是外国资本财团举办的各种基金会指派和捧起来的所谓"经济学家"，他们虽然为在中国实行资本主义而鼓噪，但所代表的并不是中国资本所有者，而是外国大资本财团。不论从中国资产阶级现在的状况，还是其各方代言人的目的和学识素养，都不可能要求和创建中国政治经济学。特别是其代言人，正把刚学到皮毛的资本主义政治经济学奉为"自然规律"和"绝对真理"，不仅不会认为中国应有自己的政治经济学，还拼命反对中国政治经济学的提出，强烈主张依照美国的资本主义政治经济学在中国实行"市场经济"。

至于志燕提到的以权谋私者，一是尚不能确定其已成为一个阶级；二是其界定不像私有资本那样明确，既包括官员私人所有的资本及企业，也包括他们以权势掌控和支配其资产、利润的国有和集体企业及私人资本企业；三是这个群体成员的社会身份大部分是现任或曾任党政军企的负责人，而其资本绝大部分是隐蔽的；四是这个群体分为若干"圈子"或集团，彼此之间既无公开竞争，也无明显联合。旧中国的官僚资本是集权官僚制的统治阶级在外国资本主义势力侵入后为适应新形势的转型，它作为中国革命的对象曾被打倒，但由于保留的行政集权体制未能及时改革，当革命精神减退并取消了"群众运动"对该体制的限制后，一部分党政机构或国有企业的负责人利用职务之权谋取个人私利，甚至形成资本，成为中国经济和政治中的一个强大势力，从各个方面制约着中国经济的改革和发展。以权谋私者群体是以行政集权体制为依托的，他们的资本和财产，即使按资本主义法律也是非法的，他们只能通过政治权力在官方文件上做手脚，或指使一些"经济学家"为之辩护，如前几年出现的"腐败有助改革论"，但不能也不敢将自己的利益概括成理论。这个群体中的个人，也都意识到自己的非法性和短暂性，因此不会要求以他们的利益和谋取利益的手段为根据的政治经济学，而是将传统的官文化与资本主义政治经济学相结合，作为自己的行动指南。由此可见，并不是所有中国现存势力都能成为中国政治经济学的主体，中国政治经济学的主体，只能是那些为争取自由发展而进行社会变革的劳动者，他们是中国劳动社会主义制度变革的主体，也是社会生产与社会的主体。

三　只有中国的劳动者需要而且能够创建中国政治经济学

志燕：中国的私人资本所有者和官僚资本掌控者将资本主义的政治经济学奉为"圣学"，而外国大资本财团也非常乐于将其所属集团所创立的经济学推而广之，实现经济文化的渗透，以更加便利于将落后国家及其人民作为资本增殖的工具。这也就很好地解释了为何 20 世纪 80 年代以来美国经济学在我国如此盛行。但这个过程中利益受到严重损害的恰恰是人数众多的劳动者。这里我有个问题："中国劳动者"应如何界定，或者说"中国劳动者"具体指的是哪些人？

刘：在历史发展的不同阶段，中国劳动者的构成也有所不同。中国古代的劳动者由三部分构成：农民、手工业者和知识分子。农民，这是自秦汉以来中国的主要生产者，是由西周时期的农奴，经春秋战国的社会变革、变封建领主制为集权官僚制之后，中国劳动者的主要组成部分。从秦汉开始到明清，这两千多年的时间内，中国的经济以农业为主，其主要生产者，就是农民。

手工业者是中国古代人数不多，但又非常重要的一个社会阶级。其权利和地位与农民是基本相同的，区别仅在于职业。中国古代的手工业很早就已出现，在春秋时管仲的"四民分业定居"论中，就已是四民（士、农、工、商）之一。手工业是从属于农业的，既为农业生产必要的工具，并对农产品进行再加工，同时也为官僚及其他阶级提供必要的非农业生活资料。与手工业者密切相关的，还有商人，其可分为个体或小商户（雇少量店员）以及大商人。除少数拥有大资本的商业资本家外，个体商人和小商户都应视为劳动者中的一部分，他们在地区之间、行业之间的经济交往中起着相当重要的作用。

中国古代文明主体的另一重要组成部分，是被统称为"士"的知识分子。当然，士作为一个阶层，与官僚是密切相连的，士的高层又是官僚的后备役，他们入则为官，退则为士，即所谓"员外"。士中的这一部分，除其在科技、艺术等方面有专长和贡献者外，不应属于劳动者的范畴。但古代知识分子的中、下层，更多的是在文化和语言、文字、艺术的传播中发挥着作用。在科举制度下，每个知识分子要登上官位，必经科举，而几乎每个知识分子又都要从事科举。但能通过多层次的考试而为官者，毕竟是少数，大多数科举不中者，又要从事教育工作，即作塾师，他们的作用，一方面是广泛传播统治阶级的价值观、思想和道德，同时又在传播语言、文字和艺术。他们在民众中的作用是普遍而突出的。中国古代知识分子的人数不多，但在文明的发展中，却起着先导作用，他们在文明的创新和传播、科学研究和教育等方面发挥着其功能。凡是在文明的发展中直接参与并起作用的脑力劳动者，都属中国古代劳动者的范畴。

到了近代，中国劳动者的构成主要是工人、农民和知识分子，从数量上来讲，农民占绝大多数。经过六十多年的工业化进程，中国工人不仅人数迅速增加，特别是近年出现的"农民工"，既增加工人阶级，又减少农民人口，中国的工人已经超过农民。与此同时，知识分子的人数也日益增加。因此，现今的中国劳动者结构已经发生了重大变化，基本上形成了工人为主干、农民为基础、知识分子为先导的劳动者结构。

马淮：是不是可以这样理解：中国的历史是劳动者创造的，劳动者是文明的主体，也是历史的主体，中国的劳动者之所以能够成为中国劳动社会主义政治经济学的主体，就在于劳动者在成为社会主体和经济主体的过程中，需要概括自己经济利益和意识的政治经济学，并对现实的经济矛盾做出系统规定。

刘：对，中国的劳动者之所以要成为中国政治经济学的主体，就在于他们作为中国革命的主体知道自己应有的经济权利没有落实，从而严重损害了他们的利益。他们要依照劳动社会主义原则，依据宪法对其权利的规定（虽然这种规定还是不充分的）来争取自己的权利，维护自己的利益。近些年来，农民的人口比例已大大降低，如果将两亿左右的农民工划入工人阶级，那么作为劳动者的农民人口已与工人相差不多。而知识分子的比例则在大幅度提升，其在经济生活中的作用也日益突出。在这种情况下，知识分子和工人对自己权力和利益的认知程度逐步提高，农民也在向往工业化和城市化的同时，逐步突破小农意识的束缚，争取自己的权利，维护自己的利益。

中国的劳动者有充分的条件能够成为中国劳动社会主义政治经济学的主体。在一些信奉"精英主义"的人看来，中国的主体是高官和富豪，平民百姓只是他们功业和财富的附属品，是不懂政治也不懂"市场经济"的，只是为了吃穿住行而碌碌行为着。"精英主义"者崇拜的是权力和财富，为此，他们将西方的资本主义政治经济学看成"管用"的工具。他们不需要也没有能力创立中国的政治经济学，更不相信也坚决反对中国劳动者将其经济利益和意识概括成政治经济学理论。在中国经济学界，反对中国政治经济学的，一是坚持苏联教科书观点的人，二就是这批信奉西方资本主义的"精英主义"者。然而，"精英主义"者没有看到，中国的劳动者在百余年的革命斗争中已经发生了革命性的变化，不仅其构成从农民为主干转化为以工人为主干，知识分子比例大为提升，更重要的是劳动者的社会主体意识和权利意识明显提升，能够从侵损自己利益的行为中认知体制、结构原因，并迫切要求进行体制和结构的改革。对于中国劳动者群体来说，将自己的经济利益和意识概括为理论，是内在需要。而作为劳动者的政治经济学理论工作者中，又有相当多的人是将个人利益与劳动者总体利益统一起来，他们既不愿做西方资本主义政治经济学的附庸，也能够克服苏联教科书的缺陷，在明确中国劳动社会主义政治经济学主体的前提下，准确、认真地概括现代中国劳动者的经济利益和意识，规定中国劳动者的基本经济观念，由此而研究中国经济矛盾，形成中国劳动社会主义政治经济学的主义、主题和主张。

现代中国劳动者作为中国劳动社会主义政治经济学的主体，也有明确而充分的经济利益和意识需要进行理性概括，将近十三亿中国劳动者，是世界上最大的群体，他们是现代中国的创造者，他们的经济利益是现实的、丰富的、复杂的，不仅与古代中国劳动者的经济利益有明显差别，也与世界上其他国家的劳动者有重大不同。他们的经济意识是经济利益的体现，既有对现状的认知，又有对未来的要求。概括中国劳动者经济利益和意识，是中国劳动社会主义政治经济学形成的首要环节和必要条件。由此而规定的中国劳动者的基本观念，是现实的，也是理性的。而现实中更为充分的，就是中国劳动者生存的经济矛盾，这也是当今世界最为丰富和复杂的矛盾，是任何外国的政治经济学家所不能想象的，更是他们的学说所不能说明的。我们以中国劳动者的基本经济观念为前提，揭示和规定现实的（也是历史形成的）中国经济矛盾，就是在创立中国的劳动社会主义经济学。

王：当今世界已有的政治经济学按其阶级性分为两大类：资本主义政治经济学和社会主义政治经济学，资本主义政治经济学以资本为主体，社会主义政治经济学以劳动者为主体。显然，以中国劳动者为主体要创建的中国政治经济学，必定不是代表资产阶级利益的资本主义政治经济学，更不是代表官僚资本主义集团利益的官僚资本主义政治经济学，而只能是劳动社会主义的政治经济学，这是以劳动者为主体的中国政治经济学的本质。中国要创建的劳动社会主义政治经济学，与 20 世纪 50 年代至 70 年代在我国广泛传播的苏联劳动社会主义政治经济学有何联系和区别？

刘：中国革命是受俄国革命的影响而展开的，中国共产党曾是苏联共产党所领导的共产国际的一个分支，在理论上必然要以苏联的经济理论为指导。新中国成立以后，也按苏联模式建立经济制度和体制，以苏联政治经济学教科书为指导理论。在这种情况下，势必将苏联政治经济学视为一般性社会主义政治经济学，全党、全国普及学习，特别是党校和大专院校均以该教科书为政治思想及经济学科的教材。这是空前的政治经济学大普及，其积极作用是使中国的官员和知识分子了解了政治经济学，但副作用是将苏联教科书视为一般性的社会主义政治经济学，不知道政治经济学的国度性，忽略了中国经济矛盾的特殊性，否认乃至排斥中国政治经济学，从而也否认以中国劳动者为主体。这个副作用的影响至今尚未完全消除。20 世纪 50 年代末，毛泽东在读苏联政治经济学教科书后，曾发现许多问题，并倡导编写中国的政治经济学教科书，但因尚未明确政治经济学的国度性，所以未提出"中国政治经济学"，也未明确以中国劳动者为主体。"文化大革命"中上海人民出版社于 1973 年出版了一部《社会主义政治经济学》，以当时的"无产阶级专政下继续革命理论"为指导，概述相应的经济思想，但仍以一般性面目出现，未能明确中国政治经济学及其主体。

苏联政治经济学与西方各资本主义国家政治经济学不同，它明确地规定了政治经济学的阶级性和党性，从而向规定主体前进一大步。但不论苏联的政治经济学教科书，还是东欧各国乃至中国以苏联教科书为楷模编写的教科书，往往都以"站在无产阶级立场"或"从无产阶级视角"来表示其阶级性。这些提法有两个问题：一是研究者还只是"站在"无产阶级立场上，不是作为无产阶级的一员对无产阶级利益进行概括，只是从无产阶级"视角"研究经济问题；二是由于不承认政治经济学的国度性，因此不能进一步规定国度的无产阶级（或劳动者）为该国政治经济学的主体。

应该承认，正是在马克思和恩格斯领导的国际社会主义运动中，社会主义政治经济学的国度性被淡化，国际统一性被突出了。进而，在第二国际及列宁领导的共产国际中，由于联合斗争的需要，进一步淡化了政治经济学的国度性及其主体上的差别。以至斯大林和苏联共产党领导的"社会主义阵营"明显地排斥国度差别，强求各国实行苏联模式。

然而，政治经济学教科书上的规定与要求，不能抹杀事实上存在的国度差异，更不能排斥各国劳动者的主体性。理论对现实的违背，必然损害社会主义运动和制度，苏联及"社会主义阵营"的解体，不能说与其政治经济学教科书的主导思想无关。因此，中国的政治经济学必须立足于中国特殊的经济矛盾，概括中国劳动者的经济利益和意识，而不能直接照搬他国的政治经济学。

四　中国政治经济学的主体——要求变革发展的中国劳动者

志燕：在 20 世纪的后五十年里，前三十年我们是直接照搬苏联的政治经济学，后二十年是借用美国的政治经济学。这期间似乎也有一部分研究者意识到这两种政治经济学对我国的不适用性，努力尝试对现实经济问题提出自己的独特看法，但终因未成系统而无法创建中国自己的政治经济学。这其中的原因是否与未能确立中国劳动者在中国政治经济学创建中的主体地位有关？

刘：是的，确立中国劳动者的主体地位，是中国政治经济学形成的根本。中国的政治经济学之所以成立，一是要有其明确的对象或客体，这就是实在的中国经济矛盾；二是要有明确的主体，即生活于中国经济矛盾中并要求解决这个矛盾的中国人。

今天的中国，并不是所有的人都从其利益上要求形成中国的政治经济学，中国政治经济学也不是以全部中国人为主体。如前面所说，以充当外国大资本财团买办为己任的官僚资产阶级，已经将自己的利益系于外国大资本财团，他们只需领会外国大财团的经济学，不需要也不可能成为中国政治经济学的主体，其"御用"的经济学家，是在中国全面推行以美国经济学主导中国经济的主力；中国的自由资本所有者，他们要求宽松的发展环境，在今天仍有进步意义，但他们始终没有成为中国社会进步的主体，而是在官僚资本与公有制经济的矛盾夹缝中委屈地生存，他们在观念上接受西方的资本主义经济学，但只能由他们及代表其利益的少数学者发出自己被压抑的要求，其根据也只有西方的资本主义经济学，他们无力也无能成为中国政治经济学的主体。

因此，只有迫切要求变革社会的劳动者，才是现代意义上中国发展的主体，或者说，他们才要求并体现中国的发展，才有揭示和解决中国经济矛盾的愿望。

石越：中国今天占人口多数的还是农民，有人说是由于农民的素质低，特别是小农意识严重，才造成中国的落后。当我们说中国政治经济学主体时，是否还包括农民？

刘：中国农民曾是中国革命的主体和主力，对这一点，苏联人一直有看法，认为不够"无产阶级"，不愿意承认中国革命的社会主义性质。现在依然有人从资产阶级的角度看农民，认为他们落后、自私、短视，只配做"农民工"，干低级工种。当我们说中国政治经济学主体时，一些抱有"苏氏"思维的人，也不愿承认农民能成为主体。如果从某个体农民来看，确实有小农意识，这对他们的生存是不可少的，但这不等于他们不要求变革和发展。正是农民现有的社会地位和生产方式，使他们深感经济矛盾的沉重。"家庭联产承包责任制"分给农民的土地使用权远不够他们个体生产、生活的需要，他们的生存状况是他们要求变革的根本原因。你们看进城的农民工，从个体来说，可能是只为了多挣点钱，但总体看，"农民工"这个特有名词就是他们从农业生产方式向工业生产方式、农村生活方式向城市生活方式转化的集中体现。问题在于社会为这种转化设置了种种障碍，变革就是打破这些障碍，农民是最希望打破这些障碍，因而是要求变革发展的。而当他们要求改变自己的生存状况，与工人和劳动知识分子联合起来的时候，才是中国社会变革和发展的主体，并因此而纳入中国政治经济学的主体。

江荣： 中国政治经济学的主体是实际存在的，但研究者如何明确这个主体，并使自己纳入这个主体，真正成为主体的思想代表，又是很重要的问题。

刘： 从研究者这个角度来讲，明确主体对于创建中国政治经济学也是非常必要的。政治经济学的内容包括两个方面：一是对主体的利益和意识的概括，二是对主体所处经济矛盾的揭示和论证。这两个方面是相互包含的，第一方面的内容往往不单独表述，而是体现于第二方面的论述之中。中国政治经济学的研究者，必须清楚自己是劳动者的一员，要有独立的人格和自由思维，不是跟着官方舆论跑，也不是受雇于某资本集团（如房地产商），而是从自己是劳动者的角度，为自己和整个劳动者阶级进行研究。

我们现在所看到的政治经济学著作，大都是以对经济矛盾的"客观"论证形式出现，很少有关于研究主体利益和意识的表述。而这些著作的写作者，也往往以一个独立的思想者面目出现，不代表任何社会群体，只是以自己的主观认识来再现"客观"对象。或者有人会以国家，甚至人类的总体利益的代表者说话，而实际上却只代表其中与自己利益相同的群体或集团。

这样就产生了一种假象，似乎政治经济学像物理学、化学那样，是单个研究者的思维与"客观经济规律"的关系，是个体研究者对"客观经济规律"的不带任何主观意志的论述。

这种假象必须揭破。几百年的政治经济学历史，恰恰是揭破这种假象的主要依据。正是那些宣称公正无私、"客观"研究的资本主义政治经济学家表明了其体系中强烈的主体性。资本所有者的利益和意识集中体现于其体系的各主要范畴中。比如，将劳动和劳动力说成与物质资料一样的"生产要素"或"资源"，将劳动定义为"负效用",将人与物同样"货币化"等等,如果其主体是雇佣劳动者,会这样规定吗?马克思的《资本论》将产业工人阶级视为主体,从而得出关于剩余价值的理论体系,他与资本主义政治经济学所针对的是同一对象,都是资本雇佣劳动制度,之所以从立意到主题、体系、结论都有明显差别,就在于马克思明确了自己的主体性。相比之下,那些声称自己是"客观经济规律"代表人的所谓"公正"论述,在掩饰自己主体性的同时,又暴露了其主体性。

我在读这些经济学家的书时,真替他们的思维窘境为难:既要替资本统治出谋划策,并掩饰其剥削,又要做出一副超脱俗世的样子,似乎外星来客评点地球上这些被称为"人"的生物的经济活动。但也没办法,他们也是地球上"人"中的一员,也要生活,并被雇佣来做这种经济学的研究,当然只好如此了。

志燕: 因此当我们提出创立中国政治经济学时,就必须明确它的主体,同时要将自己作为主体的一员,是从自己的切身利益来认知与我利益相同的社会群体,在概括我所处的这个群体的利益和意识的基础上,来揭示中国的经济矛盾。这样,对经济矛盾的研究,就有了一个立脚点和出发点,也有了一个明确的判断标准。

刘: 对主体的利益和意识的概括,首要的一点,就是研究者的自我"内省",即确立自己的价值观,由此来界定自己的人生目的和利益,进而发现与自己利益相同的群体,并通过广泛的调查研究,从理论上规定这个群体的利益和要求。在这个过程中,得出对群体意识或阶级意识的总体认识。

这种概括是政治经济学研究的基本点,但已有的研究者都未明确这一点,虽然他们实际上都在这方面做了相当大的努力,但在其著述中却往往没有表现出来。

我们在这里提出这一点,既是规定中国政治经济学主体的需要,也是方法论上一个重要环节。

明确中国政治经济学的主体是争取自由发展而进行社会变革的劳动者,但这个主体并不是全部都从事中国政治经济学的研究,而是由其中少数人来承担这项工作。研究者是个体的,因而其研究也有个体性,如何使个体的思维与其代表的总体统一起来,用个体思维来概括总体意识,是中国政治经济学得以形成的主观条件,也是研究的总纲和起点。

(吕志燕)

劳动者阶级意识与劳动社会主义的形成

阶级是人类历史特定阶段的社会结构形式，作为社会总体结构的组成部分，阶级包括经济、政治、文化三方面的内容。阶级是总体性的，是个体人经济、政治权利及文化观念的集合与分层。劳动社会主义是资本雇佣劳动社会向民主劳动社会转变及民主劳动社会的劳动者的阶级意识，它不仅要概括劳动者个体意识，聚合劳动者的分散力量为总体的变革势力，还要在废除资本所有权和政治统治权的基础上，建立由劳动者拥有人身权、公民权与劳动力和生产资料两个所有权以及民主权的社会制度，并在保证劳动者权利的同时，进一步提高并发挥其素质技能，以强化其阶级意识。劳动社会主义以劳动主义哲学观念为基础和出发点，通过实践辩证法的运用，劳动社会观的指导，展开于劳动社会主义理论体系的具体层次，并贯彻于劳动社会主义运动和制度中。

一　阶级意识与劳动者阶级意识

马博：阶级是人类历史特定阶段的社会结构形式，原始社会之后的各阶段都是阶级社会，存在着统治与被统治、剥削与被剥削的对立阶级，阶级矛盾是社会的主要矛盾。对立的阶级利益，又形成对立的阶级意识。阶级意识是阶级存在和阶级斗争的必要内容。马克思主义理论中对于阶级意识问题，形成了哪些代表性的观点？

刘：与资本主义政治经济学相比，社会主义政治经济学是晚起的，大约是在斯密创立了资本的政治经济学体系之后，以西斯蒙第为代表的早期社会主义者才开始从政治经济学来表述劳动者的经济利益和意识。直到马克思，在对资本主义经济关系和矛盾的系统论证中，概括了劳动者阶级的经济利益，提出了劳动者的阶级经济意识，创建了社会主义政治经济学的初级体系，初步确立了理论的主体、主义、主题和主张，以此与资本的政治经济学相抗衡，凝聚劳动者形成阶级势力，并为争取自己利益进行斗争，以至演化为世界性的社会主义运动。马克思关于阶级和阶级意识的思想，不仅体现于政治经济学研究，还在关于历史观、国家学说的探讨中表现着。正是马克思的这些基本观念，引发了列宁、卢卡奇等人对阶级和阶级意识的论证。

春敏：马克思从政治经济学的角度对社会阶级划分做出了阐释，虽然马克思本人并没有给阶级和阶级意识下过明确的定义，但在《德意志意识形态》《资本论》《共产党宣言》和《神圣家族》等著作中都有过相关论述。马克思在1852年写给约·魏地迈的信中明确提出自己对阶级学说所做出的三项贡献："一是阶级存在仅仅同生产发展的一定历史阶段相联系；二是阶级斗争的存在导致无产阶级专政；三是这个专政不过是达到消灭一切阶级和进入无阶级社会的过渡。"①马克思及与恩格斯在一些著作中对阶级和阶级意识问题的论述，为后来的革命家、理论家和研究者提供了丰富的阶级理论资源和基本框架。

马淮：另外，在《哲学的贫困》一文中，马克思对"自在阶级"与"自为阶级"这两个阶级概念进行了区分。"经济条件首先把大批的居民变成工人。资本的统治为这批人创造了同等的地位和共同的利害关系。所以，这批人对资本来说已经形成一个阶级，但还不是自为的阶级。在斗争（我们仅仅谈到它的某些阶段）中，这批人逐渐团结起来，形成一个自为的阶级。他们所维护的利益变成阶级的利益。而阶级同阶级的斗争就是政治斗争。"② 在阶级意识驱动下的工人的阶级行动，帮助他们不断完成自己的历史使命。根据这一逻辑，工人阶级的最终形成，有赖于阶级意识的产生，有赖于自在阶级转化为自为阶级。阶级意识是自在阶级向自为阶级转变的重要中介。

玉玲：还有在《路易·波拿巴的雾月十八日》一书中，马克思对法国农民阶级描述时说，"小农人数众多……数百万家庭的经济生活条件使他们的生活方式、利益和教育程度与其他阶级的生活方式、利益和教育程度各不相同并互相敌对，就这一点而言，他们是一个阶级。而各个小农彼此间只存在地域的联系，他们利益的同一性并不使他们彼此间形成共同关系，形成全国性的联系，形成政治组织，就这一点而言，他们又不是一个阶级。"③ 可以看出，阶级意识是随着生产的发展，特别是随着阶级斗争的发展而产生的从低级到高级的发展过程。同时，工人阶级阶级意识的真正形成主要表现在其组织成为独立的政党、自己掌握领导权、参与政治斗争、争得政治权利，而且也表现在其组织、参加活动时具有极高的热情，在活动中能够齐心协力。因此，只有阶级意识觉醒的阶级才是"真正的阶级"。

马博：在马克思主义的阶级理论中，首先明确对阶级定义的应该是列宁，那他关于阶级和阶级意识的观点是什么呢？

---

① 马克思、恩格斯：《马克思恩格斯选集》（第四卷），人民出版社1995年版，第547页。
② 马克思、恩格斯：《马克思恩格斯选集》（第一卷），人民出版社1995年版，第193页。
③ 马克思、恩格斯：《马克思恩格斯选集》（第三卷），人民出版社1995年版，第677页。

王：列宁在《伟大的创举》一文中明确规定："所谓阶级，就是这样一些大的集团，这些集团在历史上一定社会生产体系中所处的地位不同，对生产资料的关系（这种关系大部分是在法律上明文规定了的）不同，在社会劳动组织中所起的作用不同，因而取得归自己支配的那份社会财富的方式与多寡也不同。所谓阶级，就是这样一些集团，由于它们在一定社会经济结构中所处的地位不同，其中一个集团能够占有另一个集团的劳动。"①

列宁关于阶级的定义延伸了马克思在《资本论》第 3 卷最后一章《阶级》的思路，阶级划分是以在社会生产体系中所处的地位、对生产资料的关系（这种关系大部分是在法律上明文规定了的）、在社会劳动组织中的作用以及由于前三者所决定的分配方式（领得自己所支配的那份社会财富的方式和多寡）为标准的，深刻揭示了阶级形成的本质和原因，也是阶级划分最根本的、具有决定意义的标准（"区分阶级的基本标志是他们在社会生产中所处的地位，也就是他们对生产资料的关系"②）。

另外，在列宁的著作中，阶级意识的用法比较多，他通常使用"无产阶级的阶级意识""阶级自觉""资产阶级的阶级意识""工人的阶级意识""阶级政治意识""阶级觉悟""社会主义政治意识""自发的觉醒"和"自觉生活和自觉斗争的觉醒"等指代"阶级意识"。列宁在《怎么办？》一书中指出，社会主义意识形态是工人阶级的思想体系，然而工人阶级本身不能自发地产生社会主义意识形态，"各国的历史都证明，工人阶级单靠自己的力量，只能形成工联主义意识"③，工联意识的实际效果是反动的，因为它阻碍了对总体性的理解，必须从外部自觉地将社会主义意识形态灌输到工人阶级中去。之所以向工人群众灌输马克思主义阶级意识理论，因为只有革命的理论才能帮助工人阶级认识到自己的地位、作用和历史使命，形成自觉的政治意识。可见，工人阶级的政治意识只能是"一种从外面灌输到无产阶级的阶级斗争中去的东西"。④

兴无：关于阶级意识理论，比较有代表性的是卢卡奇，阶级意识理论是卢卡奇早期哲学思想的一个重要组成部分。他在《历史与阶级意识》一书中认为，马克思生前没有对阶级意识的内涵做出明确的阐释，更没有建立起系统完整的阶级意识理论，而"就在马克思要规定什么是阶级的时候，他的主要工作被中断

① 列宁：《列宁选集》（第四卷），人民出版社 1995 年版，第 11 页。
② 列宁：《列宁选集》（第七卷），人民出版社 1995 年版，第 30 页。
③ 列宁：《列宁选集》（第六卷），人民出版社 1986 年版，第 29 页。
④ 列宁：《列宁选集》（第一卷），人民出版社 1986 年版，第 255 页。

了，这对无产阶级的理论和实践来讲都是一种灾难"①。因此，卢卡奇声称要从马克思中断的地方开始阐明他的阶级意识理论，并且试图把革命理论纳入他的"总体性"范畴，其阶级意识理论也奠定在历史的主体和客体统一的总体性辩证法基础上。卢卡奇一方面恢复了马克思主义中的黑格尔成分，即"总体范畴"；另一方面，他强调辩证法在社会历史领域内的运用。基于这两个方面，他在《历史与阶级意识》一书中进一步阐述了由历史过程决定的属于无产阶级总体的政治意识，即他所谓的"阶级意识"。

思远：阶级意识理论是卢卡奇"历史辩证法"与"总体性"理论发展的必然结果。他对阶级意识的分析，是以对各阶级在生产过程中的地位的讨论为基础而展开的。在《历史与阶级意识》一书中，卢卡奇阐明了阶级意识的概念：阶级意识是作为整体的阶级对自己在社会经济关系中所处的历史地位及历史使命的认识。可以从两方面考察，一是从阶级意识的主体来看，它不同于单个阶级成员的意识，而是阶级总体的意识。"阶级意识既不是现成的单个人所思想、所感觉的东西的总和，也不是它们的平均值。作为总体的阶级在历史上的重要行动归根到底就是由这一意识，而不是由个别人的思想所决定的，而且只有把握这种意识才能加以辨认"。② 二是在分析阶级意识概念的基础上，指出了阶级意识的产生是一个历史的发展过程，主要表现为前资本主义社会的亚阶级意识、资产阶级的阶级意识和无产阶级的阶级意识三个时期，无产阶级的阶级意识只有到了资本主义社会才真正形成。

同时，卢卡奇的阶级意识概念与"物化"概念紧紧联结在一起，这是对马克思有关思想的展开。他认为，在资本主义社会中，最重要及最基本的现象就是"物化"。资本主义的物化结构，必然会越来越深入地渗透到人们的意识中，最终产生物化意识。无产阶级作为资本主义的产物，必然隶属于他的创造者的生存模式。这一生存模式就是非人类和物化。物化世界中的无产阶级，主要被归结为经济过程的客体，它的残存着的主体性只是一个消极的和直观的旁观者的主体性，这在卢卡奇的物化观点中有所体现。他认为，物化的含义主要表现在两个方面：第一，商品生产中人与人的关系表现为物与物的关系，即所谓"人的一切关系的物化"。人的关系被物的关系所掩盖，人的关系表现为物，如资本。第二，人的劳动的创造物反过来控制着人，"人自己的活动，人自己的劳动，作为某种

---

① ［匈］卢卡奇：《历史与阶级意识》，商务印书馆 1996 年版，第 100 页。
② ［匈］卢卡奇：《历史与阶级意识》，商务印书馆 1996 年版，第 105 页。

客观的东西，某种通过异于人的自律性来控制人的东西，同人相对立。"① 这种人与物之间物化的关系使人缺乏主体性，不能对现实进行自觉的改造。这种物化现象的集中表现就是商品拜物教。这正是"现代资本主义一个特有的问题"，即物化就是资本主义社会的普遍的、特有的必然现象。在物化意识的支配下，个体的选择只能走向因果决定论或神秘主义，陷入神话学的迷宫。由于认识不到自己所处的地位和应担负的历史使命，因而不可能对现存制度采取"批判行动"，革命被看成是与己无关的外在过程。这就是无产阶级"意识形态的危机"。革命的首要任务就在于克服这种"危机"，唤醒无产阶级的阶级意识。无产阶级要在思维方式上实现根本性转变，即恢复总体性的辩证法，把社会过程作为一个整体加以考察，揭示资本主义的本质，把阶级斗争的经济必然性提高为自觉愿望，提高为有积极作用的阶级意识，并认识到自身作为资本主义掘墓人的历史使命，如此才能形成无产阶级统一的阶级意识，无产阶级才能成为自为的阶级。

江荣：我读《历史与阶级意识》，觉得卢卡奇关于阶级意识的论述，还有两方面内容：

一是主客体统一。卢卡奇认为，无产阶级对资本主义社会的认识，是由被动、直观、表面走向主动、全面、内在的过程。这个转变是由无产阶级的主体性被挖掘出来，并与社会的客体形成辩证的统一而形成的。可见，主客体的结合正是形成自觉无产阶级阶级意识的决定因素。二是自觉意识。马克思认为无产阶级要寻找自身解放的道路，逐渐把"异化"中自我客体化的阶级意识上升为主客体统一的自觉的无产阶级意识，就需要挖掘自身发展过程的主体性。在卢卡奇的阶级意识理论中，他并没有过细地讨论无产阶级的自觉意识是如何形成的，而是重点强调这种自觉意识在社会革命中的作用。在他看来，"无产阶级的阶级意识，是一个不断在变化的主体运动的过程，变化的形式不是机械的，而是辩证的。只有当无产阶级的阶级意识，发展到实现理论和实践的结合，显示出无产阶级主体活动与阶级意识相结合的时候，无产阶级阶级意识的实践性、积极性，才能通过无产阶级的活动表现出来，并显示出革命的本质。"②

马博：劳动社会主义如何做到理论、运动与制度的统一呢？

思远：阶级斗争呼唤劳动阶级的阶级意识的形成。劳动者作为自在阶级形成以后，展开的斗争总是失败，失败以后就要反思，时代就呼唤主义的形成，有这个需要。没有阶级斗争实践，不能形成阶级意识。无产阶级阶级意识形成之前，

---

① ［匈］卢卡奇：《历史与阶级意识》，商务印书馆 2009 年版，第 153 页。

② 刘卓红：《回归与重构——卢卡奇哲学思想体系研究》，广州出版社 1997 年版，第 73 页。

有空想社会主义，现在谈到社会主义历史的时候，一定要提到它。它也在力图概括，甚至在劳动阶级还没有展开阶级斗争之前就开始有这方面的思想。在斗争当中还可以检验这些思想，马克思特别注重这个方面，1848年的革命在检验这个理论。在每一次大的斗争之后他都要检验，巴黎公社之后他又要检验，毛泽东更明显，每打一仗都要检验，更不要说大的历史阶段，大的斗争到来。理论在实践中接受检验，它是一个不断成熟的过程，也决定了劳动社会主义理论也不是不变的。马克思那个时代的概括我们今天还来讨论，阶级斗争形式不一样了，阶级地位本身也发生了变化，出现了一些新的革命，新的斗争，所以也需要进行新的概括。所以阶级意识的形成应该是一个过程，阶级意识的形成应该有条件。

春敏：这里我正好问一下刘老师，我看卢卡奇书的时候有这样一个感觉，是不是他的理论中还有很浓厚的黑格尔的痕迹？

刘：卢卡奇有一个阶级意识在先的思想，但他又不完全是这样。他对阶级意识的规定，是从阶级在社会中的地位来概括的，尤其重视马克思所说的经济关系。苏联人说他的阶级意识是"唯心主义的"，是没有根据的。卢卡奇确实受黑格尔的思辨方法影响，阶级意识概念的界定，正是他辩证的总结、思维方法的体现。我们不妨分析一下，黑格尔思想已包含了阶级意识的内容，马克思将它引发，卢卡奇再系统化。我不认为黑格尔是唯心主义者，而是思辨唯物主义者。当然，我们也注意到，卢卡奇的阶级意识概念没有强调对个体意识的概括，反倒是在总体上做出界定以后向群众个体去传播，去灌输。我反复强调，阶级意识是对阶级的个体意识的概括，这个概括不是不能做到，而是必须做到，也是通过调查方法可以达到的。我们做这些年的调查研究应该清楚，如果没有基本的调查研究，对总体的分析是不明确的，包括马克思，他是从政治经济学理论的角度，从阶级的总体的角度推论出工人阶级的阶级利益和意识的。这个过程是必要的，但不能忽略对个体人的意识的概括，认为是总体的阶级意识传播到这些个体意识中，是片面的。总体分析和个体调查、归纳、概括是统一的，二者缺一不可。我把"概括"这个环节看得很重，就是因为过去讲辩证法忽略了从个体的概括，带有浓重的思辨色彩。实证主义的方法则忽略了总体分析，因而有其严重的片面性。我说"实证基础上的抽象，抽象过程的实证"，就是要克服实证主义和思辨辩证法的片面性。

二　劳动者阶级意识与劳动社会主义的形成

马博：对阶级意识的概念和含义有了一定了解，我想问一个问题，阶级意识的形成除了经济条件，还需要什么条件？

刘：阶级意识的形成既有经济基础或者说经济条件，实际上还有理论条件。这个理论条件就是它必须有一个明确的理论和主义的概括。如果没有马克思的出现，无产阶级的阶级意识的形成可能还要晚。在马克思的时代，劳动者群体中已经形成阶级并开始组织其阶级势力，具备阶级意识的只有产业的雇佣工人，即无产阶级。

无产阶级与资本雇佣劳动制度所维护的资本所有者阶级的矛盾就成为社会的主要矛盾。马克思对无产阶级经济利益和意识的规定，主要就是针对这个主要矛盾及其展开的各具体矛盾的理论分析，论证了相应的理论体系。马克思承接费尔巴哈的人本主义，从人出发，形成了系统的共产主义学说，这是他政治经济学研究的主义，其核心概念是劳动，"共产主义"就是全人类共同劳动的主义。以主义为前提，他明确了以劳动为核心的主题。他所规定的人是以劳动为基本存在形式，以社会关系总和为本质的人。他对人的考察集中于劳动。劳动既是马克思哲学观念的基本，又是他政治经济学体系的起点和根据。从规定异化劳动概念形成异化劳动学说，到改造和完善劳动价值论，规定剩余价值理论，倡导无产阶级革命，探讨和主张公有制经济和无产阶级专政，劳动作为基本和根据贯彻于整个体系之中。

再者，马克思政治经济学研究的主题就是探讨无产阶级即产业工人阶级与资产阶级的经济关系，即劳动与资本的矛盾，也即资本主义经济的主要矛盾，从这个矛盾的规定中，探讨劳动解放的途径。为此，他在开始政治经济学研究时，就认识到劳动的地位。马克思对劳动价值论的改造和剩余价值论的论证，系统地概括了在资本主义经济矛盾中产业工人阶级利益之所在，明确指出只有否定资本主义制度，才能实现这种利益。在对这个主题充分、系统探讨和论证的基础上，他进一步提出了无产阶级为实现自己的利益必须进行革命，夺取政权，实行无产阶级专政，才能否定资本私有制，建立以劳动为根据，以全部劳动者为主体的"个人所有制"，即生产资料所有权归劳动者个人并由其主导、掌控的社会机构共同占有的制度。

也正是在这个意义上说，马克思从他所处时代经济矛盾的分析中，系统地概括了无产阶级，即产业工人阶级的经济利益和意识，在人类历史上第一次创立了劳动者阶级的政治经济学体系，为无产阶级革命及其带动的劳动解放运动提供了理论依据。

阶级意识就是对阶级中每个个体意识的集合，而主义是对它的概括。正是概括才起到集合的作用。如果让它自然地去集合，它汇拢起来就跟小农意识一样，一千万个小农意识也还是一个小农意识，这里必须进行理论概括，所以理论概括是阶级意识形成的一个很重要的环节。墨子在春秋那个封建领主制时代，他却能够把劳动者的一些意识概括起来，但因为当时没有农奴、平民为主体的社会变革，没有经济基础，所以这种概括也就散失了。这里还有一点，对卢卡奇阶级意识的理解，在20世纪二三十年代，苏联领导人和共产国际都在批判卢卡奇的阶级意识，认为他是唯心主义的，是黑格尔哲学。卢卡奇的阶级意识概念确实有些思辨成分，关于阶级意识怎样形成的，卢卡奇没有概括很清楚，似乎阶级意识就是应该先于阶级，是概念在先的。但看他的书又不完全是这样，实际上从马克思到列宁都在一定程度上对无产阶级中的个体意识进行过理论概括，卢卡奇本人也做过这方面的工作，但他没有系统、全面的调查研究，也没有说明这一点。而在论述上又借助黑格尔的思辨方式。无产阶级的阶级意识必须有思想家在理论上对个体意识进行概括，这样它就形成主义。主义是阶级意识的基本理念，是核心内容。包括所有的统治阶级的阶级意识，也是这样的，如果没有理论的概括也不能形成。

云喜：刘老师，我想问您个问题，为什么社会主义只能形成于工业文明和公民社会中，或者为什么说社会主义是工业文明和公民社会劳动者利益和意志的集中概括？

刘：社会主义只能产生于工业文明和公民社会，是这个社会劳动者利益和意志的集中概括。从时间上说，社会主义晚于资本主义；从逻辑上说，社会主义是对资本主义的否定。但二者又要在对立中共处相当长一个时期，相互斗争而又统一。总结社会主义的历史，其中一条重要教训就是要对社会主义做出明确的概念规定。社会主义也有国度性，它首先产生于率先进行工业革命的英、法等国，是这些国家工人阶级和劳动者阶级意识的概括。经过二者多年的渗透，世界各国都有了社会主义组织和各具特色的理论、运动。在这种情况下，迫切需要概括各国社会主义理论，对社会主义的概念做出一般性规定，即正其名，从理论上明确社会主义的一般性，进而在一般性概念规定的前提下规定各国、各阶段社会主义的特殊性。

社会主义是工业文明和公民社会劳动者利益意志的集中概括，这是我对社会主义一般性的认识。首先，社会主义是对资本主义及各种阶级统治的主义——奴隶主义、封建主义、集权官僚主义——的否定。这种否定的根本，在于主义的主体。阶级统治的各种主义及其表现的社会制度，都是以非劳动者——奴隶主、封建领主、官僚地主、资本家——为主体的，是他们的阶级利益和意志的概括。社会主义的主体只能是工业文明和公民社会中的劳动者，而非此前各种文明和社会形式中的劳动者。工业文明之前的文明形态主要有采集（狩猎）文明、畜牧文明、农业文明，其社会形式是原始社会、奴隶社会、封建社会、集权官僚社会，劳动者依次为奴隶、农（牧）奴、农民，他们受着极残酷的剥削和压迫，由于素质技能相对低下，而且生产方式又限制他们的联合，因而虽有个体的利益和意识，但不能形成统一的阶级意识，也就不能概括为主义。工业文明和公民社会中的劳动者的利益和意志根据是劳动，他们的目的是使自己从生产的主体变成经济的主体、社会的主体，消灭剥削和阶级统治，建立所有人都平等劳动的社会制度和社会生活。

其次，社会主义只能形成于工业文明和公民社会中，是这个历史阶段的劳动者利益和意志的集中概括。工业文明和商品经济的根本在于劳动者素质技能的提高与发挥，而劳动者素质技能提高与发挥的必要形式，就是分工与协作。正是在分工与协作的基础上，商品经济得以发展，并形成与之相应的公民社会。劳动者作为文明的主体，是工业文明、商品经济和公民社会形成和发展的根本，但在资本主义制度下，劳动者却未能成为社会的主体和主导，只能在资本所有者的支配下进行劳作。劳动者的自由发展受资本增殖的限制，不仅要忍受各种屈辱，更束缚了其素质技能的提高。正是作为工业文明主体的劳动者承担起了否定资本统治、发展工业文明和公民社会的历史责任。他们的利益意志集中体现为社会主义。社会主义哲学也就产生、体现、作用于对劳动者利益意志的概括中，并据这种概括来认知社会矛盾，形成社会主义理论，制定社会主义运动纲领路线，规定社会主义制度。

再者，社会主义是资本所有者统治对象的劳动者的主义，是与资本主义对立并以否定资本主义为目的的理论、运动和制度。与资本主义一样，社会主义也是根植于社会矛盾，并有现实的阶级基础和社会根据；与资本主义一样，社会主义也是人本质和人性的体现。资本主义是不劳动的资产阶级的主义，其根据是以对生产资料的掌控来操纵劳动者的命运，因而是人性中动物一般性的野蛮成分的集中体现。社会主义则是劳动者的主义，是根据劳动力所有权争取自主联合与自由发展，是克服人性中动物一般性野蛮成分，促进人性升华的集中体现。

可以看出，对工业文明和公民社会劳动者利益意志的集中概括，是从一般意义上对社会主义的规定，也即不论国度，不论处于工业文明和公民社会哪个时期，甚至不论处在哪个阶层的劳动者总体利益意志的规定。也正因此，社会主义要有自己的哲学观念，并由此而形成自己的一般性理论体系。在这个大前提下，不同国度、时期、阶层的社会主义者根据其特殊条件，可以提出具有特殊性的理论纲领和策略。

思远：我认为劳动者阶级意识还是一个总体意识，它使一个自在的阶级成为一个自为自觉的阶级。劳动社会主义的形成有一个生产方式的改革，这个非常重要，劳动者的权利及其形成、劳动者个体地位的确立，前提还有工业生产方式。工业生产方式非常重要，农业生产方式下的农民个体没有或很少交往，很难形成阶级意识。工业生产方式使劳动者在交往中联合，所以劳动阶级在这个时候才组织成为一个阶级。刘老师刚才讲了，需要思想家去概括，那么思想家的概括实际上不是把个体的意识加减，他是从劳动者阶级地位出发，在理论上概括这个阶级的利益，形成的这种意识才叫阶级意识。这一点我觉得很重要。某种意义上讲，劳动者是作为资本雇佣的对象在工业生产方式基础上形成的，首先是它有阶级地位才能形成阶级意识。

江荣：那应该如何把握社会主义呢？刘老师常说"社会主义"一词不准确，要以"劳动社会主义"来界定，为什么？

刘：对于这个问题，需要从几个方面分析和把握：

第一，明确社会主义的概念。二百多年来，社会主义成为哲学、社会科学中应用最多的一个词，不同国度、不同阶级、阶层、集团的代表人物对社会主义做出了各种定义。这些定义都体现着特殊的利益和意志，并成为特定人群行为的基本原则。由于"社会主义"一词在文字和定义上的模糊，在社会主义的名义下可以出现各色各样的派系，而且各派系都会以自己的特殊理由来定义社会主义。由此造成的理论混乱从 19 世纪延续至今，对社会主义运动的危害之大，不仅在于因分歧而导致的分裂，更在于因保留行政集权体制而使初级社会主义制度发生质变。"资本主义"是以资本为根据，以资本所有者为主体的学说。"资本"一词相当准确地概括了其性质和特点，而"社会"却不能体现其"主义"所根据的特点。如果说"社会"就是根据，那么，资本统治的社会、集权专制的社会、封建领主统治的社会、奴隶主统治的社会都是"社会"，是否都可以成为"社会主义"的根据？也正是在这种反思中，我发现"社会主义"一词并不能准确表示其应有的含义。由中国经济出版社于 2002 年出版的《民权国有》和 2003 年出版的《劳动社会主义》中都有分析，后来就以"劳动社会主义"来表达我所理解的近现代以劳动者为主体的社会变革及其理论、运动和制度。

第二，明确社会主义的主体和根据。必须在明确"社会主义"的主体的同时，明确其根据。这正是我提出以"劳动社会主义"取代"社会主义"的缘由。"劳动社会主义"明确了其主体是劳动者，根据是劳动。这样，其性质和特点也就都准确了。联想到马克思坚持使用"共产主义"，而不用"社会主义"一词，原因也应在于此。由于"社会主义"一词已成为通用术语，因此，在之前的论著中我还依习惯使用它，但内涵已是"劳动社会主义"。或许在其他论文中也不得不遵循大众语言习惯用"社会主义",但其实是"劳动社会主义"。

第三,明确劳动社会主义是劳动者个人主义的集合与实现。将"社会主义"理解为强调总体、集体的学说,是苏联教科书的基调,"苏联模式"贬低个体、排斥个性自由的弊端导致对个人主义的错误认识。劳动社会主义并不否认个人主义在历史和逻辑上的地位,但要分清以劳动为根据的个人主义和以资本为根据的个人主义的差别,在保证劳动者个人利益、权利、地位、自由的过程中,集合并实现劳动者的个人主义。

玉玲:我想这里还需要注意区别资本所有者的个人主义和劳动者的个人主义。

个人主义是在反对封建和专制的过程中提出的,最初是市民意识的体现,逐步成为唯物主义文化观的主要内容,它在演进中逐步与资本主义经济相统一,并成为资本主义文化的基础。初期的个人主义或"原始的"个人主义,是早期以资产阶级为主的市民意识,但却是以"全体个人共同的主义"的形式出现的。刘老师对它的基本内容有过总结:一是自然权利,包括人身权和财产所有权;二是个人自由;三是个人选择;四是个人竞争;五是个人平等;六是个人自立;七是个人隐私;八是个人思考;九是个人表现。从启蒙思想家到休谟和斯密,乃至现代的哈耶克,都不否认个人与社会的联系。但他们在方法上都有一个共同点,即否认个人的阶级性,因而试图论证一种没有阶级的全体个人都信从的个人主义。当他们做这种论证的时候,又往往是从抽象的个人出发,因此,他们说的个人是没有阶级,也没有社会地位差别的。若从逻辑上说,在这抽象的论证中,个人主义应是以个人的素质技能及其发挥为依据的个人本位主义,在经济上则以劳动为其自由竞争并占有物质财富的根据。然而,由于"私有财产神圣不可侵犯"和资本主义制度,他们所说的个人本位又以对财产的所有权为依据,这样,虽然在一般原则上还是个人主义的,但事实上已成为资本主义的,个人已成为资本的附庸:或是"资本的人格化"——资本所有者,或是由资本购买的劳动力使用权的所有者——雇佣劳动者。

刘:在成熟的资本雇佣劳动制度下,个人主义已分裂为两种:一是以人身权和劳动力所有权为根据的个人主义;二是以财产所有权为根据的个人主义。这两种个人主义的对立和统一构成资本主义社会文化和经济的基本矛盾。资本主义社会分为资本所有者和劳动者这两个主要阶级,他们都按自己的地位和利益信从个人主义,也就形成两种不同的个人主义。当资本所有者的个人主义与劳动者的个人主义相冲突,并压制劳动者个人主义的实现时,也就从这原始抽象的个人主义分化出两种具体的个人主义,前者是资本主义,后者是劳动社会主义。

资本主义是资本所有者个人主义的集合与实现,劳动社会主义是劳动者个人主义的集合与实现。资本主义是集合为阶级的资本所有者个人主义;劳动社会主义是集合为阶级的劳动者个人主义。由于资本所有者的个人主义在先并居统治地位,劳动者从其个人主义出发,也即为了其个性、人格、利益、自由,他们必须反对资本所有者的个人主义及其主导的制度,经过长期的努力和斗争,随着他们素质技能的提高,将逐步提高自己的社会地位,并由此而达到对资本所有者个人主义的否定,这也就是劳动社会主义——集合为阶级的劳动者个人主义的实现。如果突出与资本主义的本质区别,劳动社会主义也可以称为"劳本主义"。

德启:那劳动社会主义是否会否定劳动者的个人利益呢?

江荣:刘老师说的"劳本主义"与资本主义相对,可以表现劳动社会主义的本质。刘老师说过,劳动社会主义作为劳动者的个人主义并不否定个人利益,而是使个人利益的实现建立在充分尊重个体的人格、个性、尊严的平等的社会条件下,排除各种先天或后天的特权,为所有社会成员提供公平的发展和发挥自己素质技能的主义。前面的专题讨论过苏联模式社会主义的危害,"苏联模式"社会主义的特点之一,就是强调总体、集体的利益,将国家、集体说成是至高无上的,个体只是总体、集体的填充物,要无条件地服从国家或集体单位的需要。一个重要缺陷就在于忽视了个人的自由和创造精神,不承认个人对劳动力和生产资料的所有权,限制了劳动者素质技能的培养和发挥,严重地束缚了个人的积极性,从而抑制了整个社会的活力。这个体制排斥个性自由和个人权利,批判并反对个人主义。在苏联教科书中,"社会主义"是与个人主义截然对立的,要求个人只能放弃其个体意识和利益,绝对地服从掌握国家或集体单位总体权利的领导人的意志。这是"苏联模式"的局限和根本缺陷,是其未能体现社会主义本质和原则的集中表现,"苏联模式"的失败与之有密切关系。也正是针对"苏联模式"的这一特点,资本主义思想家迄今仍然以"违背人性和自然权利""集权专制"等来攻击社会主义。分析"苏联模式"的局限,反思已有对社会主义的理论规定。社会主义并不排斥个体利益和个性自由,而是要实现和保证个体利益和个性自由;社会主义并不简单地反对个人主义,而是在克服以财产所有权为根据和核心的个人主义的同时,争取并实现以劳动为根据和核心的个人主义。社会主义就是劳动者个人主义的集合与实现。

刘:以往论证社会主义时,往往是从自然物质和社会总体、从"历史规律"论起。"苏联模式"的缺陷,就在于把总体绝对化,把规律"客观"化、绝对化,从而贬抑个人权利和自由。劳动社会主义或劳本主义的论证,以人的存在和个体人格、价值、利益、权利、自由作为起点,即从劳动者个体,作为劳动者的

"我"论起。

我是一个劳动者，以自己的体力和智力作用于社会，在为人类总体的存在和发展做出自己的努力。然而，社会又是复杂的，不同的我有着不同的行为方式。我是劳动者，而且并不想因改变自己的行为方式而将我的本质异化。在这个前提下，我的利益就是：能够正常地、在与他人的平等的社会环境中提高我的体力和智力，并有适当的资源和社会条件发挥我的体力和智力，进而，我的劳动成果能够得到社会的确认，我能从社会得到与我所付出的劳动量相当的物质资料以及社会成员对我的价值认可。

劳动社会主义是劳动者的个人主义的集合、升华和实现。劳动者是人，是体现着人本质核心要素的人。劳动者当然有自己的私利，因为他们要生存，要自由，要发展。劳动者并不要求剥削和控制他人。劳动者只有依靠劳动来生存并实现自己的价值，才能保持自己的本性，一旦他们不去劳动，而是以某种特权和手段去剥夺他人劳动成果时，他也就丧失了劳动者的资格。当我把上述利益以理论进行表述的时候，就是我作为劳动者的个人主义。劳动社会主义不是为使少数劳动者变成新的非劳动的统治者的主义，而是使所有的人都根据人本质的核心要素而劳动存在，并在共同劳动中建立人的社会关系的主义，马克思所用的"共产主义"，即人人都共同劳动的主义，是比较准确的。当我在这里说"劳动社会主义"时，其基本含义就是"共产"，人人都劳动。这不仅表示一种学说，还表现为以此学说进行的社会变革运动，表现为运动成果所体现的社会制度，它是对所有阶级统治制度的否定。

春敏：我认为不是说个体有意识，然后自然生成整体意识，再形成主义。这个过程既有必然性，那就是前面说的各种历史条件，包括劳动者素质技能等，但这还不够，应该还有一个偶然性。比如说现在我们所谈的社会主义，如果没有马克思，社会主义可能要晚一些；今天我们谈到劳动社会主义也如此。劳动社会主义强调劳动者主体，这有着中国劳动者素质技能总体提高的背景，但为什么那么多劳动者都没有概括出来，只有刘老师概括出来？也和刘老师自己的经历、研究和理解密切相关。我们今天在这里讨论劳动社会主义，我觉得是很幸运的。我们本身就是当事人，是劳动者，在这里学习、研究劳动社会主义，既是中国劳动者总体行为的表现，也是我们自己的利益所在。

三　劳动社会主义的理论、运动、制度

马博：以往在说社会主义时，常把它与苏联、中国的社会制度画等号。刘老师提出劳动社会主义有理论、运动、制度三个环节，下面讨论这三个环节的

关系。

马淮：我认为劳动社会主义不仅是一种理论，还是一种运动和为建立劳动社会主义制度的所要建立的目标。刘老师的劳动社会主义，也即劳动主义，是以劳动为本位和根据的主义，是劳本主义，是劳动者个人主义的集合与实现。它的确立和系统论证，是对以往阶级统治制度和文化的批判，这种主义又必须凝聚起越来越多的劳动者，形成浩大的社会运动，才能逐步地实现，即建立劳动社会主义制度。同时，劳动者的劳动社会主义不仅需要劳动社会主义的劳动者，也要塑造劳动社会主义的劳动者。劳动社会主义作为理论、运动和制度，必然对社会中的个体人产生影响，并制约他们依循劳动社会主义的原则去思想和行为。劳动社会主义将使劳动者意识到人的本质，并为从事人本质核心要素的劳动而感到充实，劳动社会主义制度将保证每个劳动者的劳动得到相当的报酬和社会承认，从而也就使"劳动是人的第一需要"成为现实。劳动社会主义将改造旧的剥削者成为劳动者，他们也有体力和智力，也能从事劳动，并由此而实现其作为人的本质，他们曾有过的视劳动为"负效用"的观念将得到克服。人类社会在公认劳动这个人本质的核心要素的同时，改变其需要、交往和意识。劳动社会主义要求并促进人的自由发展，而自由并不是任意，自由是在遵循人本质及其发展规律，即劳动人道主义前提下的发展。劳动社会主义在给全体社会成员提供自由条件的同时，也对全体社会成员予以制约。

刘：这里讲的是劳动社会主义的理论、运动、制度，是三个层次或环节。现在人们说社会主义，很少是从理论层面说的，往往直接指制度，甚至等同于苏联和中国的制度。制度只是劳动社会主义的一个层次或环节，是理论和运动的结果，也是继续运动和发展理论的条件。劳动社会主义理论的形成过程跟运动有直接关系，运动就是卢卡奇讲的阶级斗争。说阶级斗争不如用劳动社会主义运动更准确一些，劳动社会主义理论是在运动中形成的。它有特定的经济条件、社会条件，这是必需的，没有这些条件是空想。再一个是要思想者进行概括。这两者只能作用于运动，在运动中才能形成，所以就有阶段性。空想社会主义，我有时叫它早期社会主义，它是一个阶段，那时有一些思想家对初步的运动中劳动者阶级意识进行概括。后来到马克思时期；整个运动达到一个比较大的规模，马克思从理论上做了一个总结。后来到 20 世纪，可以说是劳动社会主义处于一个应用和理论上停滞的时期。从列宁一直到中国，在这个阶段它已经广泛普及了，但是把马克思那些基本的核心的东西由于应用而忽略了。苏联的教科书就已经没有了马克思所说的基本的东西，甚至到今天来说，社会主义怎么说都行，只要能发展生产力，就是社会主义。这是理论上的停滞，甚至是修正、歪曲。20 世纪也有一个长处，就是它的运动，而且走向制度化，在制度化的过程中出现的这些问题，现在恰恰需要我们进一步地去反思，不仅要反思 20 世纪的社会主义运动，更要反思以苏联模式为代表的社会主义制度，这样理论才能进一步发展。

劳动社会主义并不是天堂，它只是人类漫长历史发展进程中的一个阶段。人的存在实践及其社会交往中的矛盾是永恒的，劳动社会主义不是消灭社会矛盾，而是改变了矛盾的内容和形式。所以劳动社会主义的理论、运动和制度都是由此而生的。当劳动社会主义成为全人类现实的社会制度时，曾经因它而产生的迷惑和分歧也将消失。但人的个性绝不会消失，而且随着素质技能的提高和自由发展，还会更为突出。在这种条件下，人们又会结成一种新型的、充满矛盾的社会生活和社会关系。未来的我和今天的我一样，还会对现实不满并希求变革，而这又会促成新的主义——劳动者自由发展的新理论、运动和制度。

劳动社会主义的主体是劳动者，这是它与以往各种社会学说的根本区别，不论封建主义、集权官僚主义，还是资本主义，虽然都在历史进程中起过进步作用，曾经是特定历史阶段社会变革的理论，并导引变革运动和贯彻于制度，但它们的主体都是非劳动者，所建立的社会制度也都是阶级统治制度。劳动者是人本质意义上真正的社会主体，是体现人性升华，克服人性中动物一般性野蛮成分的主体。

润球：劳动社会主义制度的建立，是否意味着用一个新的阶级统治取代旧的阶级统治？

刘：劳动社会主义不是要用一个新的阶级统治取代旧的阶级统治，而是要消除阶级统治。劳动社会主义不主张劳动者阶级变成新的统治阶级，放弃人本质核心的劳动，成为非劳动的剥削者。劳动社会主义主张消灭任何形式的阶级统治，它只是要求解除非劳动者对劳动者的控制和对劳动产品的无偿占有。劳动解放后的劳动者依然是劳动者，但是自由的劳动者，是人本质核心要素的实现。这样，就必须确立劳动者的社会主体地位，由此构筑真正人的社会。劳动者作为社会主体的根据是劳动，是人本质的核心要素，当劳动者以劳动来确立其社会主体地位时，那些非劳动的统治者也就只有两条路可以选择：一是将脑力和体力用于劳动，成为劳动者；二是因不劳动而被历史淘汰。只有确立劳动者的主体地位，才能建立和完善公有制与民主制，才能形成劳动者主体文化，才有劳动者的自由发展。劳动社会主义或马克思说的"共产主义"在劳动者主体地位和主体意识确立的基础上，使人的本质得以展现，人性得以升华。

只有在阶级统治重压下的劳动者，在劳动的过程中，缓慢地提高素质技能，发展生产力，进而争取提高社会地位，才能促进社会量的变化，使人性有所升华，而为明确和达到这一目的，劳动者成为社会主体是必要的前提，也只有成为社会主体的劳动者才能明确并争取实现这一目的。劳动社会主义的变革和人性的升华不能靠乞求统治阶级自我修炼消磨其动物性野蛮成分、放弃统治和压迫来完成，而应由劳动者意识自己的主体地位，确立主体意识，并在联合起来为争取和保护自己的权利的运动中，在建立、改革、完善公有制和民主制的进程中实现，这是劳动者自己明白这就是自己的利益，是作为人内在需要的自由发展的体现。

云喜：如何把握劳动社会主义的理论形成和发展呢？

刘：劳动社会主义是以劳动者联合起来争取和保护自己利益为内容的，其本质就是对这些内容中各要素内在联系的规定。首先，劳动社会主义理论是劳动者争取成为社会主体的社会变革的学说体系。代表劳动者利益的劳动社会主义的思想家们以自己的智力劳动，将劳动者的利益和意识做了理论的概括，形成了系统的学说体系，与统治阶级的意识形态相对立，并由更多的劳动社会主义者将之付诸实践，形成劳动社会主义运动，以期建立劳动社会主义制度。劳动社会主义首先是以理论出现的，理论不仅是劳动社会主义逻辑和历史的第一阶段，也是它的基本形态，在劳动社会主义运动和制度中，理论并不是消失，而是在实践中验证和发展。理论对于运动的每一步骤，对于制度的每一环节，都是必要的前导；理论的演进，又都要以运动和制度的实践为基础，来源于实践，指导实践。

当劳动社会主义以理论的形式系统地概括了劳动者利益和意识的时候，标志着劳动者已经摆脱了原来在意识上的个体性，确立了总体性，即形成了自己的阶级意识。阶级意识是阶级存在的反映，也是阶级存在的内在条件，在劳动社会主义理论出现之前，劳动者虽然有自己的阶级存在，但没有系统的阶级意识，从而也就不能组织成阶级来与统治阶级相对抗。奴隶、农奴和农民只是在经济和社会结构中的一个阶级，而他们的经济和社会地位又使他们分散地孤立存在。而阶级统治形成一个庞大而严密有力的机器，它面对的又是分散个别的被统治者，其优势是相当明显的。

劳动社会主义是工业文明时代劳动者阶级意识的理论形态，是在劳动者素质技能不断提高的基础上形成和发展的，它同时也是人类以劳动创造并发展自身以来，劳动者利益和意识的集中体现，是全部劳动者的意识的理论形态。既然劳动是人本质的核心，那么，劳动社会主义也就是人本质的理论形态，是人类经过几千年在劳动中的变革发展，对其本质的理性概括。劳动社会主义理论包括哲学观念、本质和原则，对资本主义及各种旧社会制度的批判，对社会主义运动和制度的论证，以至各国、各时代特殊矛盾的规定等内容。

尤其需要注意的是：劳动社会主义也有一般和特殊。从理论上说，劳动社会主义一般是人类社会发展特定阶段上劳动者利益和社会变革的抽象理论规定，而劳动社会主义特殊则是不同阶段、地区和国度劳动者利益和社会变革的具体理论规定。劳动社会主义一般是以劳动社会主义特殊为基础的，劳动社会主义特殊又是以劳动社会主义一般为前导的。这种关系只有在发展中才能表现出来。也只有辩证地处理好这种关系，才有劳动社会主义理论的发展。任何以理论形式出现的劳动社会主义体系，都是特殊的，是个别思想家在其特殊历史条件下对劳动者利益和社会变革的理论表述。劳动社会主义的一般就存在于这些特殊的理论体系之中。所有的劳动社会主义特殊理论都应遵循劳动社会主义一般，并充实和发展它。劳动社会主义一般既是原则，也是方法论。它不是空幻的，而是实在的。这种实在并不是孤立的，而是体现于各特殊体系的发展和演化中。

志燕：这里有个问题，如何理解劳动的解放就是人的解放呢？

刘：劳动的解放也就是人的解放，是人类从社会总体上为所有个体人的劳动及其自由发展创造条件的过程，也是在劳动的基础上创造与个体人自由发展相适应的社会关系的过程。现代劳动者的个体意识是劳动社会主义的基础，但并不直接就能成为劳动社会主义理论。劳动社会主义需要从劳动者的个体意识中进行理性概括，更需要对其作为阶级存在的社会关系和社会条件进行总体批判。个别的劳动者是从其个体存在来看待利益、形成意识的。在资本主义统治下，个别劳动者也会遵从资本主义，并将其利益放在摆脱自己的存在条件，甚至要求上升为资本所有者。但劳动者阶级总体，却不能以此为利益，其阶级意识也必须以消灭使自己作为阶级存在的社会关系为主要内容。

王：我想劳动社会主义运动及其制度化的过程不仅要经历很长时期，而且是在曲折中发展的，这样才能不断从劳动的解放中实现人的解放。劳动社会主义不仅是对资本主义的批判和否定，更是劳动者自由发展的理论。只有不断提高素质技能的劳动者才能批判和否定资本主义，也只有在对资本主义的批判和否定中，才能提高劳动者素质技能。劳动者素质技能的提高是其自由发展的内在要素，也是劳动社会主义的根据。

劳动社会主义制度是运动成果的凝结，又是进一步运动的起点和保证。劳动社会主义制度并不是固定不变的，它是运动的形式，而非运动的坟墓。劳动社会主义制度建立以后运动的主要内容，就是逐步确立、巩固、完善劳动者的社会主体地位，而制度的改革，就是适应这个内容而在形式上进行的改变，并保证内容的落实和理论的实现。劳动社会主义制度的根本，就在于确立并保证劳动者的社会主体地位，在这个根本之上促进劳动者素质技能的提高，并由此发展生产力和全部文明。从这个意义上说，劳动社会主义制度并不是凝固的，它不需要也不应该固守任何与劳动者社会主体地位相抵触、与劳动者素质技能提高和发挥相冲突的法律法规，而是根据劳动者素质技能提高和实现社会主体地位的需要，不断地变革。劳动社会主义制度是运动的、发展的制度。与之相应，劳动社会主义理论也要在制度的运动中不断变革和发展。

刘：所以理论只有付诸实践，才是真实的，也只有在实践的验证和推动下，才能发展。由劳动社会主义理论聚合的组织及其进行的社会变革运动，就是劳动社会主义运动。运动是理论的实践过程，也是理论形成、验证和发展的根据。理论是运动的前提和指导，但并不是说在运动之前理论已经完备，理论是发展的，是逻辑与历史统一的演进过程。初始的劳动社会主义理论，是从对其所代表的当时劳动者利益和意识及社会矛盾的理性概括中形成的，因而也只能是原则的、不完善的。而当由这初始的理论所促成的运动展开以后，不仅其原则在实践中有所体现，更使理论的局限和缺陷得以暴露，因而也就形成对理论发展的要求。由此而论，理论的发展就与运动内在统一，既要指导运动，更要根据运动的经验和需要而充实和丰富，乃至修正。劳动社会主义运动是一个长期的历史进程，劳动社会主义运动并不会因为陷入低谷而停止。人本质发展和人性升华的大趋势要求劳动社会主义运动的复兴。

马淮：这里我想还要注意一点：单个的劳动者并不形成变革社会的势力，只有组织起来，才能形成势力。劳动社会主义运动的基本条件，也是起点，就是对劳动者的组织。在组织中，充分体现了理论的作用，正是由于劳动社会主义的理论，或者说概括了的阶级意识，才能使劳动者认识到自己的共同利益，并由此而联合。劳动社会主义运动的组织以劳动者的工会、政党及其他社会团体的形式存在。正是这些组织，构成了现代人类社会变革的势力和运动。

刘：除了马淮提到的社会变革势力的形成和运动的力量外，劳动社会主义运动及其制度化也是有阶段性的，劳动社会主义理论也要与之相适应。这种阶段性的确立，根据就在劳动解放的程度和进一步解放的需要。随着劳动者素质技能的提高和文明的发展，劳动者的权利也在相应提高着。劳动社会主义制度在将劳动者人身权和对劳动力与生产资料的所有权做出明确法律规定的基础上，形成并规定劳动者的政治民主权利。这是比资本主义制度下的民主权利更为普遍和充实的民主权利。其根据不在于对财富的所有，而是创造财富的劳动。这是人本的民主，与资本的民主有着本质的区别。劳动社会主义的民主权利，是以人身权和公民权为基础的，不仅体现着劳动者对劳动力的所有权，还体现着劳动者对生产资料的个人所有权，同时也是对这两种所有权的保证。对劳动力所有权和对生产资料所有权的统一，使劳动者真正地、全面地摆脱了经济上的被统治地位，而民主权利则既体现了劳动者在经济上的主体地位，又使他们在政治上成为社会的主体。

云喜：刘老师，能就刚才提到的三个权利具体展开一些吗？

刘：劳动社会主义制度就是由劳动者人身权、对劳动力与生产资料的所有权和劳动者的政治民主权利三个权利为基本要素构成的，这三个权利中，劳动者对劳动力的所有权是核心，正是由于这个权利的规范和保证，才使劳动者对生产资料的所有权得以实现，使其民主权得到充分发挥。在平等的人身权和公民权基础上，以劳动者对劳动力的所有权为核心，组合成劳动社会主义的权利体系，而这个体系就是劳动社会主义制度的主体内容。正是这个权利体系，规定了劳动社会主义制度下劳动者的主体地位和相互关系，它保证劳动者以社会主体身份成为自己劳动和全部经济、社会生活的主导，同时，明确地排除了不从事劳动但又占有大量物质财富，并在社会生活中居支配地位的少数人的存在，消除了其阶级统治。在劳动社会主义制度下，所有社会成员都是平等的、自由的劳动者，他们之间的差别，不在于其出身和父祖辈的社会地位，而在于个人的素质发展和发挥的程度。

劳动社会主义制度的建立，并不是社会矛盾的彻底消灭，而是步入社会矛盾的一个新阶段，因此，建立了民主劳动制度，并不是劳动社会主义运动的结束，而是劳动社会主义运动在新阶段的继续，正是依据民主劳动制度所规定的劳动者的经济、政治权利，劳动者以其组织和运动与违反、侵害其利益的现象、行为进行斗争，并不断地克服阶级统治社会的旧文化，改革和完善民主劳动社会制度。这是民主劳动社会制度下的继续社会变革，它将贯穿于整个民主劳动社会形态。劳动社会主义的民主劳动制度只有在不断的运动中，才能发展和完善，而这又要求劳动社会主义理论的创新和演进。

四　劳动社会主义主要内容

马博：刘老师，劳动主义是劳动社会主义理论的哲学基础和出发点，它展开于劳动社会主义理论体系的具体层次，并贯彻于劳动社会主义运动和制度中，能就劳动社会主义的哲学观念、方法论和社会观作简要介绍吗？

刘：首先谈谈劳动社会主义的哲学观念。一种哲学观念的性质，取决于其提出者和信从者所代表的社会群体，哲学观念只是作为主体的某一社会群体利益和意志的集中概括。已有的成体系的哲学观念，从诸神论到上帝主义，再到天命主义和近代自然神论，以致唯物主义和质疑它的唯心主义（不过是上帝主义的回光返照），都是特定时代特定社会阶级主体利益和意志的概括。工业文明和公民社会中的劳动者，从总体上说是一个阶级，虽然其中还有不同时期的不同阶层的区别，但基本利益是一致的，从发展角度说，其意志也是共同的，社会主义就是以他们为主体，是他们利益和意志的概括。这种概括必然要集中体现于哲学观念上，即与以往的各种哲学观念，特别是唯物主义有本质区别的新哲学观念。马克思已经意识到了这一层，他以"新唯物主义"来表示与唯物主义的区别，以"完成了的人道主义""共产主义"来表达自己哲学观念的本质与内容。虽然尚不精确，但其中的基本原则和思路却是确立社会主义哲学观念的必要前提。依据对马克思思想的探讨，从对一百多年来社会主义运动及其制度化的经验教训的总结反思中，从对现代世界经济政治矛盾的分析中，我得出结论：社会主义的哲学观念是，也只能是劳动主义，确立劳动主义基本观念并建立其体系。

这里还需要重点掌握劳动主义与唯物主义及天命主义、上帝主义、诸神崇拜等旧的统治阶级哲学观念的本质区别。一是从人自身的本质，而非人之外的神或物来确定基础和核心；二是集合了大多数人，即劳动者的利益和意志，是群众的主义，"草根主义"而非"精英主义"；三是将人的生存和发展作为目的，而将物质财富的生产作为手段；四是以变革人的社会关系为人性升华的途径。

江荣：劳动主义基本观念应当包括什么内容呢？

刘：我接着说。劳动主义基本观念包括：对劳动概念的规定，劳动是人本质的核心，劳动是人性创造和升华的根据，异化劳动与劳动者，劳动的分类，劳动者与劳动物质条件的统一，理性的劳动，劳动的理性。

对劳动概念的规定。劳动是人之所以为人的根本，也是人的本质性活动，是人本质的核心要素，是人类从动物界提升为特殊的类并演化、发展的根据。劳动者阶级的思想家从劳动者作为劳动主体的角度来规定劳动，这是内在的规定，是劳动者本质和本原的体现，包含着劳动目的、技能经验、脑力和体力的支出、苦恼与愉悦。劳动是每个个体人和社会总体存在的基础，是社会关系和社会矛盾的缘由，是意识的动因和载体。综合而论，劳动是人为了满足需要在意识的导引下，在交往中以脑力与体力的支出改变物质或服务他人的活动。劳动具有目的性、计划性、社会性、多样性、演进性。

劳动是人本质的核心。人的本质，是对人存在与发展的基本要素内在联系的规定。人类的存在与发展集中体现于劳动、需要、交往、意识四要素，这四要素的组合，形成了错综复杂的社会生活和矛盾。其中，劳动是核心，是根本，需要、交往和意识都是在劳动的基础上，围绕劳动而形成和展开的，是劳动的必要条件，乃至内在因素。人的本质不是先验的，也不是静止的，而是随劳动的发展及需要、交往、意识的变化而发展着。

劳动是人性创造和升华的根据。人性是人本质的具体化，人性是以动物的一般属性为前提的，也是对动物一般属性的否定，即扬弃。通过劳动，人的动物属性已被改造为一种特殊的形式，人类的发展，也就是在不断的劳动过程中确立、充实人的本质，改造动物属性，创造人性并使人性不断升华的过程。人性作为人类特殊的本质属性，包括社会性、主体性、思想性、目的性、创造性。

异化劳动与劳动者。在阶级社会中，劳动在人本质中的核心地位及其作为人性的根据，却被掩盖、扭曲，并引发劳动的异化。劳动的异化集中体现于劳动被非劳动者所控制，劳动成果被非劳动者所占有，并作为继续控制劳动者的手段。也正因此，劳动者历史地表现为奴隶、农奴、农民、雇佣劳动者，这种身份的转变，是以劳动者素质技能的提高为根据的，而素质技能提高了的劳动者又必然要求改变其社会地位，从而内在地促进了人性升华和社会变革。

劳动的分类。劳动是个体的，也是社会的，从现代社会角度看，劳动可以分为生产产品的劳动、提供服务的劳动和科学知识研究传授的劳动三大类。

劳动者和劳动的物质条件的统一。这是劳动的两个要件，也是一对矛盾。劳动者是主体，劳动的物质条件是客体，是作为主体的劳动者的手段。劳动者是主动的、主要的矛盾方面，劳动的物质条件是被动的、次要的矛盾方面，它们因劳动者的劳动，才被作为认识对象、劳动对象，被改造为产品、工具和设施，也就是劳动者通过脑力、体力的作用而使自己对象化于相应的物质之中，它们是人劳动和生存的必要条件。

理性的劳动。劳动是理性的根据和体现，人是在劳动中逐步形成理性，而劳动就是在理性的规定和导引下进行的。人的劳动的特殊性，或者说与一般性动物活动的区别就在于理性。理性产生于劳动，作用于劳动。对于劳动者来说，理性不是外在的，也不神秘，是思维和行为的主体对自身及其与客体关系的认识，是对人及其存在的物质条件的本质性规定。

劳动的理性。在理性的劳动基础上，劳动者对自己和世界形成认识，在对劳动的界定前提下，提升自己素质技能，进而实现劳动者的社会主体地位，使存在和发展与劳动内在统一。劳动的理性首先要确定劳动者是劳动实践的主体、认识的主体、社会生活和社会关系的主体，进而确立实践与认识的统一、感性与理性的统一、主体与客体的统一。劳动的理性在以劳动者为主体的劳动实践中生成、演化、发展，其动因和动力在于劳动实践，其方法是实践辩证法。

云喜：那该如何理解和掌握劳动社会主义的实践辩证法呢？

刘：实践辩证法的主体是人，是体现着、实现着人本质核心要素劳动的劳动者。实践辩证法的实质，就在于导引人本质的发展和人性的升华。实践辩证法的根据在劳动，即以劳动者为主体的实践过程，既包括对主体的认识，也包括对客体的认识，是从发展着的劳动实践中概括的方法论。以劳动实践为根据，导引人类总体并制约所有个体依循人本质发展，促进人性升华。

实践辩证法的内容，就是对矛盾的规定和解决。其中，对主要矛盾和主要矛盾方面的规定，是认识和处理矛盾的关键。主要矛盾和主要矛盾方面这两个范畴，是实践辩证法得以形成并作用于社会主义运动、作用于人类生存和实践活动的关键，是劳动主义得以展开的必要环节。明确规定主要矛盾和主要矛盾方面的方法，涉及三个基本点和八个步骤。三个基本点是：第一，作为对象的矛盾的界定；第二，判断主要矛盾的标准；第三，认识与对象的关系。八个步骤依次是：明确主体性，确定矛盾系统；分析；对各矛盾分析的结果加以综合，形成对其对立统一关系的规定；对规定了的各矛盾进行比较，选择其中一个矛盾为主要矛盾；对选定的主要矛盾进行分析，进一步明确其主要方面和次要方面；规定并论证主要矛盾；对主要矛盾与各个次要矛盾的制约关系进行整体考察和规定；明确次要矛盾对主要矛盾的制约和影响。

润球：刘老师，劳动社会主义的实践辩证法还需要把握些什么内容？

刘：主要有三个方面：一要把握内省外化的系统抽象，要点有：主体利益和意识的概括；价值观思考和确立；主义之概括；充分占有材料；实证与抽象的统一；以概念运动为核心和主干；概念体系对矛盾系统的规定；在概念运动和体系中探究主要矛盾和主要矛盾方面，形成处理矛盾的方法。

二要把握逻辑与历史的统一是实践辩证法的原则，表现在以下三个方面：第一，逻辑首先是针对现实社会生活的，而现实既是历史的结果，又是历史过程的组成部分。逻辑对现实矛盾规律的揭示，也是对历史过程的集中规定；第二，逻辑要揭示现实矛盾规律，必须考察它的历史过程，认识现实矛盾各要素的历史来源及其关系；第三，逻辑进程与认识史进程相统一，依循认识史规律对现实矛盾进行研究。

三要把握矛盾规律是实践辩证法的基本原则和核心，它展开于各主干范畴，构成实践辩证的体系。范畴是规律的具体化，也是主干性概念，每个范畴都包括规定特定对象或矛盾层次的若干概念，是概念运动的关节点。因此，我们在规定实践辩证法的矛盾规律及其范畴体系时，是依循实践和认识的进程，按系统抽象的概念体系，体现逻辑与历史统一原则。这样，矛盾规律的范畴有：存在、内因、外因、质、量、主要矛盾、主要矛盾方面、现象、归纳、分析、综合、演绎、本质、抽象、具体、一般、特殊、内容、形式、可能、必然、生成、否定、发展。

兴无：刘老师，请您谈谈劳动社会观的主要内容？

刘：劳动社会观是劳动主义基本观念的具体化，是依循实践辩证法对人类社会生活和社会关系矛盾的规定。它包括对劳动者主体、个体人的社会存在、经济、政治、文化、社会历史阶段、阶级、国家与革命等范畴的规定。具体而言：

劳动者主体。劳动主义社会观首先要明确劳动者应当成为社会主体，这不仅是劳动解放的目标，也是规定社会矛盾及其历史阶段的根据。劳动者是个体存在并从事劳动的，从劳动者的个体性出发，才能认知其总体性。劳动者的个体性与总体性的统一构成其主体性，或者说，劳动者个体只有认知其总体性，从总体上形成阶级意识并联合起来，才能确立并争取其社会主体地位。劳动社会观就是以劳动者的主体性为基本点所形成的对社会生活、关系及其历史发展的规定。劳动者的素质技能与社会地位的矛盾，是社会的基本矛盾。劳动者素质技能的社会表现是生产力，劳动者社会地位的形式是生产关系或社会关系，二者的矛盾是劳动者素质技能与社会地位矛盾的展开，并在社会总体发展中得以具体化。

个体人的社会存在。社会是个体人的组合与存在形式，个体人的交往和相互关系是社会的内容。劳动主义社会观在以劳动者为主体的前提下，将个体人的社会存在作为起点，以人格、价值、权利、自由四个范畴规定个体人的社会存在。

经济、政治、文化。由人格、价值、权利、自由规定的个体人的集合，构成人类总体的社会生活，劳动者素质技能与社会地位的矛盾由此而具体化为经济、政治、文化三个层次。辩证地规定经济、政治、文化三个层次的关系，是劳动社会观的总体框架，是作为社会基本矛盾的劳动者素质技能与社会地位矛盾的具体化，也是规定社会历史阶段的前导。

社会历史阶段划分。划分社会历史阶段的根据与标准，是劳动的发展，是作为劳动主体的劳动者素质技能和社会地位矛盾演进的程度。人类历史的阶段，集中体现在社会制度的更替上，已有的历史阶段是：一是原始社会，二是奴隶社会，三是封建领主农奴社会，四是集权官僚农民社会，五是资本雇佣劳动社会，六是民主劳动社会。这六个阶段是从人类总体发展的界定，具体到每个国度，则不见得都经历了这六个阶段，但其演进的方向是向前的，而非逆向的。

阶级、国家与革命。上述六个历史阶段中，除第一阶段原始社会外，包括民主劳动社会的初级阶段，都是阶级社会，因而都存在阶级和国家，并以革命作为制度更替的关键。

马博：刘老师，能否简要介绍下劳动社会主义的本质、原则、劳动价值论、对资本雇佣劳动制的批判、公有经济、民主政治、自由文化等内容？

刘：好的，我们具体来看。

劳动社会主义的本质。劳动社会主义理论、运动、制度是内在统一的，理论、运动、制度的各要素的内在联系和发展趋势，构成了其本质。本质是内在于主体的，是劳动者主体利益和意识及其争取并保证社会主体地位的集中体现。我将劳动社会主义本质规定为：劳动者在建立、完善公有制和民主制的进程中，实现其社会主体地位和自由发展。

劳动社会主义原则。劳动社会主义原则是其本质的展开，是贯彻于理论、运动、制度中的基本精神和总方针，并具体化于路线、政策、策略、法律，乃至组织形式和管理过程。据此，我将劳动社会主义原则规定为：以民主促进并强化劳动者的自由联合。

劳动价值论。劳动社会主义是商品经济和公民社会中劳动者利益和意识的集中概括，而劳动价值论则是商品经济形态中劳动者的经济观，它是在分析、批判商品经济第一阶段资本雇佣劳动制经济矛盾中形成的，是对资本雇佣劳动制经济及否定它的民主劳动公有制经济的一般性矛盾的规定。劳动价值论所论价值，并不是物的价值，而是体现于交换关系中的人的价值，它可以表现为商品，也可以表现为服务，其根据就在于劳动。劳动社会主义所论的价值，并不是物的品质，而是体现于商品和服务中的人与人的关系。正是在这一点上，经济意义上的价值，与一般意义上的价值统一起来了——它们都是人的价值，区别体现于不同的逻辑层面。一般意义上的价值，是人与人关系中对人全部活动的社会评判，经济意义上的价值，则是在经济生活中从人与人关系对人的劳动的评判。而劳动作为人的本质活动，它所决定的人在交换关系中的价值，又是人在全部社会活动中的价值的基础和核心。劳动价值论，是以劳动为根据对交换关系中的人的价值的理论界定。劳动价值论的首要环节和核心，是对劳动创造价值的规定。

资本雇佣劳动制批判。劳动价值论是揭示商品经济两大阶段，即资本雇佣劳动制和民主劳动制经济矛盾的必要前提。资本雇佣劳动制历经统制经济、自由竞争、市场经济三种体制和阶段。现代资本主义市场经济体制的特殊性在于强化了国家对经济的总体干预和调整，形成了国家垄断资本。作为现代资本雇佣劳动关系在国家形式上的集合，国家垄断资本对于维持资本雇佣劳动制的延续，起到了决定性、主导性作用。但由于劳动者的素质技能提高及其争夺权利的斗争，形成了一股强大的社会变革势力，这股势力随资本的国际化而密切联合。虽然这股势力与国家垄断资本和国际资本相比仍是矛盾的次要方面，但其作用不断通过政治斗争而影响国家的法律和政策，从而为劳动者争得了局部利益。更为重要的是，国家垄断资本的职能和机制，不仅是当资产阶级占主导时维护其总体利益的工具，也可以成为劳动者制约并主导国家，乃至变革制度可利用的手段。

马淮：刘老师，您认为劳动社会主义制度中公有经济、民主政治、自由文化是统一的，如何实现内在统一呢？

刘：就公有经济而言，公有制的基本权利是劳动力所有权，归劳动者个人所有，由它派生的对生产资料的所有权，也归劳动者个人所有，并由所有权主体选举控制的公共权力机构行使其占有权，选聘经营者。劳动者的利益，一是按所付出劳动分配生活资料，二是素质技能不断提高，三是由公共价值所提供的公共设施和福利。公有制权利的根据是劳动，劳动者利益的根据也是劳动。劳动力所有权是基本和核心的权利，生产资料是劳动力的使用所创造的，因而它的所有权从属于劳动力所有权，但采取公共占有的形式。公有制的主要矛盾是劳动力和生产资料两个所有权主体与公共占有权行使机构的矛盾，公有制的矛盾主导并具体化为经济体制、经济结构与运行机制、经营管理、国际经济关系等层次的矛盾。公有制在不同国度的不同历史阶段有形式上的差别，但其基本权利关系都是保证劳动者的主体地位。公有制经济中劳动者个人所创造的价值，除去按劳动分配给个人的生活资料的剩余部分，加上协作劳动的"集体力"所创造的价值，构成公共价值。公共价值的所有权归全体劳动者个人，并由全体所有权主体派生其占有权、收益权、处置权、管理权，委托行使劳动力和生产资料占有权的机构以及行使行政权的机构来行使。公共价值用于生产和公共事业、公共福利，是公有制经济和民主制政治作用的重要内容，也是它们延续的必要条件。

就民主政治而言，公有制经济是民主制的经济基础，民主制是公有制经济和社会生活的政治机制。民主是以公民为政治主体，公民拥有相应权利选举公共权利机构，议论、决定政治制度和公共政治事务。只有明确并保证个体人的民主权，才能实现民主制。民主制就是规定并实现个人民主权，并据此派生和控制公共权利的制度。民主制的实现机制是法制。劳动社会主义的民主制是立足并作于公有制，体现和保证劳动者所有权的政治制度。它的核心权利，是公民的民主权，其基本权能派生为选举权和被选举权以及言论自由权、结社权、集会示威权等。

就民主文化而言，经济和政治是文化的基础，文化是经济政治的意识形态。劳动社会主义文化作为真正的、以人为本位的自由文化，是公有制经济和民主制政治的集中体现，也是公有制和民主制建立与改革的导引。自由文化的根本是确立和提升劳动者的主体意识，并由此来制约经济政治制度和个体人的行为。自由文化以自由为核心和原则，自由并非任意而为，并非对他人的支配，而是以劳动为根据，形成与之统一的需要、交往、意识。自由文化的确立和发展，既要以经济、政治制度的变革为基础，又要进行对传统文化观念的批判，并对自由文化进行系统论证与普及，导引劳动者的自我改造和提升。自由文化的内容，是以劳动为根据和出发点的价值观、思想、道德，是劳动社会主义理论、运动、制度的灵魂。

（马博）

主义对中国政治经济学研究的指导作用

政治经济学研究需要主义的指导。主义是一定阶级利益和意识的集中概括，是一种思想体系基本的和核心的观念。中国政治经济学研究不能以官僚资本主义、小农意识和资本主义为指导，因为这些主义概括的是官僚资本所有者、个体小农以及资产阶级的利益和意识，这些阶级、阶层都不要求或没有能力创建中国的政治经济学。只有现代劳动者阶级要求中国政治经济学，他们的利益和意识概括为劳动社会主义，中国政治经济学研究只能也必须以劳动社会主义为指导。

一 官僚资本主义、小农意识、资本主义不能指导中国政治经济学研究

玉玲：主义，是特定阶级利益和意识的集中概括，它是一种思想体系的基本和核心观念。这种核心观念会具体化于各个社会矛盾层次，政治经济学就是主义在经济学上的具体化。或者说，政治经济学是特定阶级经济利益和意识的理性概括，是从阶级意识对经济矛盾的规定和探讨。中国政治经济学研究需要主义的指导。

刘：中国政治经济学研究需要主义的指导，但官僚资本和私人资本所体现的阶级、阶层、集团仍以套用外国某经济学说作为维护其既得利益的根据，并没有建立其政治经济学体系的动力和能力。唯有现代劳动者阶级因其经济利益受到严重损害，迫切要求社会变革，揭示和解决现实经济矛盾是其存在和发展的根本。这种变革的要求体现在政治经济学上，就是要创建概括本阶级经济利益和意识，并由此揭示经济矛盾，探寻变革途径的政治经济学。而外国的政治经济学学说或是与劳动者阶级利益对立，或是因国度和历史阶段的差异而不能反映中国劳动者的利益和意识，不能指导中国劳动者所要求的经济变革与发展，在现实经济矛盾日趋尖锐、复杂的情况下，必须从劳动者阶级的共性上吸取由马克思创立的社会主义政治经济学的基本观念和方法，在明确国度和阶级主体的前提下，从理论上概括中国劳动者的经济利益和意识，充实和发展以劳动者为主体的主义，以揭示中国经济矛盾为主题，提出解决中国经济矛盾的主张。因此，要求进行中国政治经济学研究的，只有中国现代劳动者；能够指导中国政治经济学研究的，只有劳动社会主义。

江荣：古代中国文明曾经长期领先于世界，但是，中国并未形成自己的政治经济学，这其中的原因是什么？

刘：秦汉以来的中国社会，是集权官僚制社会。从制度上看，在全世界都是先进的。中国古代文明之所以领先于世界，是由制度的先进造就的。从政治而论，集权官僚制的主要特征在集权和委官。所集之权，首先是政治权力，进而是土地所有权。以暴力夺取政权，由政权控制土地所有权。所谓"打天下，坐江山"。政治权力是由各级行政机构组成金字塔形的官僚系统操纵并行使的。各级官员由以皇帝名义的中央政府委派，官职不得世袭，而是采取荐举、科举、军功等方式遴选。各级官吏在遵循中央政府的统一号令前提下，可以按自己的意志、思想、价值观、能力来处理政务。民众被罩在这庞大而严密的官僚系统之中，没有任何政治权利，只有无条件服从政治统治的义务。官僚地主阶级以政治的集权来保证对土地的所有权。土地的所有权属于以皇帝为名义的国家，即整个官僚地主阶级，任何一个官僚地主都没有对土地的所有权，他们只拥有皇帝以禄田、勋田名义的配给以及用掠夺、购买等方式兼并的土地占有权。此外，国家还以"均配土田"的方式，不定期地将非官僚地主占有的土地，按丁口（有时还包括耕牛）分配给农民，这样，就形成一个拥有少量土地占有权的"自耕农"阶级。那些无地或少地的农民，则以相当比例的剩余产品向官僚地主租其占有土地的使用权。

在上述政治、经济背景下，中国形成了以维持集权官僚制为核心的财政思想，并围绕财政思想形成了有关农业、商业、货币、手工业等的经济思想。

也正是因为集权官僚制的"经济"，重农抑商成为历朝历代延续的基本国策，致使中国虽有高度发达的农业，却不能演化出发达的商业，更没有发展出商品经济和工业生产方式。而大一统国家中统治阶级的争权夺利，又使中国陷入长期的战乱，经济只能在简单再生产中缓慢发展。集权官僚制所形成的官文化，不仅阻抑了商品经济，也限制了中国经济思想的发展。两千多年的集权专制，除在财政思想方面有所演进和对具体税收、支出有所扩展外，理论层面比春秋时管仲的思想并无明显进展，更不要说形成系统的政治经济学了。

马淮：作为制度的中国集权官僚制，是在外国资本统治的扩张下终结的。之后，官僚资本主义出现，为什么说它对中国政治经济学研究没有指导作用？

刘：与中国相比，欧洲直到公元 5 世纪才进入封建领主制，而此时中国已废除这个制度七八个世纪了。从 13 世纪开始，欧洲各大国的君主和先进思想家效仿中国的集权官僚制时，却因其所倚重的商业资本在重商主义导引下转化为工业资本而进入资本雇佣劳动制。以工业技术为利器，外国资本向中国的扩张严重冲击了中国的集权官僚制。集权官僚制中处于统治地位的官僚地主阶级，并未因外来资本的冲击而灭亡，这个经悠久统治历史形成深厚统治意识的阶级，面对新形势，找到了其虽不情愿，但又实用的自保之路——官僚资本和官僚资本主义。而官僚地主阶级也由此而转变为官僚资产阶级。对外投靠强大的资本财团，对内残酷镇压变革势力。中国革命的主要对象，就是延续了两千余年已经保守、腐朽、反动的集权官僚制及官僚统治在现代的变种——官僚资本。

如今被某些人宣传为"中国现代化开山者"的李鸿章、张之洞等人，是官僚资本主义的首倡者，也是中国官僚资本第一阶段的代表。他们以"洋务"为名，做出"开明"形象，试图通过学习、利用西方先进技术而壮大自己的势力，争取并巩固在政治上的主导地位，并以"官办""官督商办"方式建立了一批工业企业，作为维护集权官僚制的经济基础。第二阶段以袁世凯及其余党北洋军阀为代表，其趁"辛亥革命"之机窃取政权，恃仗军力，各自独霸一方，为了增加实力，不仅以官办形式投资经营企业，还由官僚私人办企业，对外国资本的依附性和买办性更为明显。第三阶段以蒋介石集团为代表，以美国大垄断财团为靠山，达成短期形式上的"统一"，利用政权，发展官办及官僚私办企业，垄断了全国的经济命脉，此为官僚资本的全盛期。

官僚资本统治，对内专制，对外卖国，致使国弱民贫。但劳动社会主义运动的大潮也随外国资本的入侵而涌入中国，毛泽东领导的以农民为主体的中国革命，推翻蒋介石集团统治，建立起新的革命政权。历经半个多世纪，在曲折中生发起强大的劳动社会主义势力，并处于社会主要矛盾的主要方面。然而，官僚资本势力并未彻底消失，依然以各种形式存在，作为主要矛盾的次要方面，制约着中国革命的进一步发展。夺取政权后的中国革命，其对象依然是这股官僚资本势力。

玉玲：在您刚才的论述中，提到了官僚资本，可否就此展开说明？

刘：官僚资本形成的历史根据，就是纵横两千余年的集权官僚制；官僚资产阶级作为官僚资本的"人格化"存在，是官僚地主阶级在现代的转型。中国官僚资本的来源主要是其垄断的政治权力，官僚们之所以要以政治权力占有财富，并投资于工业、商业、金融业，并不是要改变自己的政治地位，而是要维护集权官僚制，以攫取更多的剩余劳动产品来支撑其政治统治。因此，他们不可能像西方资产阶级那样要求民主，倡导自由，而是进一步强化专制。他们是中国商品经济和市民社会的主要反对者，也是历史进步的主要障碍。对中国的官僚资产阶级来说，政治权力是其固有的，也是拼命要维持的，并要传之于子孙万代的——官僚资本甚至比旧式地主的土地占有权更有利于传续于后代。

官僚资本的存在方式，一是官僚个人所有的资本，由其本人或亲属、亲信经营；二是官僚资产阶级以其政权所有的资本，表面上，它带着"国有""公产"的形式，但除其资金来自国家财政外，其剩余价值的收益权，资本的支配权，都属于中央或地方政府的独裁者，并用于维护其专制统治和骄奢淫逸的消费。这两种形式虽有一定区别，但有时界限并不清楚。官僚个人，特别是那些独裁者，往往可以通过简单的手续，就将"国有"的"公产"，划归其"私产"，或指派其子女、亲属、亲信掌握"国有""官办"的企业，任意调用其资产。更为突出的，就是利用其控制财政、金融、社会保障的权力，大量侵吞"国产""公产"。

官僚资本是在工业文明条件下形成的特殊经济关系，它的主体并不是资本所有者，而是官僚，但官僚又拥有资本，更掌握着以国家名义存在的资本的支配权。官僚资本主义制度下，雇佣劳动者并没有公民权和明确的劳动力所有权，也没有由此派生的民主权。既不能平等地与劳动力使用权的购买者交换，也不能组织自己的工会和政党在政治上争取其权力和利益。因此，他们很少有提高和发挥素质技能的积极性。与之相应，官僚资产阶级充当外国大资本财团买办和剥夺劳动者所得到的巨额财富，也主要不是用来扩大再生产，而是在肆意挥霍的同时，用于巩固和强化自己的政治权力。资本官僚化，从而阻抑经济的发展。而其政治专制，往往更为严厉，镇压民众的手段，也更加充分地利用"工业化"来武装——这是官僚资本统治下工业化的主要表现。

回到我们刚才的话题，讨论官僚资本主义。随着集权官僚制转化为官僚资本制，其意识形态也发生了变化。原来的官文化，转变为官僚资本主义。在坚持集权官僚制，保持官本位、官至上，以及愚民政策等方面，官僚资本主义与官文化并无差别，从这个意义上，它就是现代官文化。官僚资本主义是反动的，是官文化的存续，它固守着官文化的理论基础——儒家道统，坚持其方法论和全部统治术，并根据新的社会条件有所充实、发展。从理论性质而言，官僚资本主义并不属于资本主义范畴，而且是反对自由资本主义的。

官僚资本主义作为官文化的现代变种，是支撑行政集权体制的意识形态，不仅体现于少数官员的观念中，也弥散于民众的意识中，由此而成为阻抑民主、对抗劳动社会主义、甚至曲解社会主义的重要文化因素，是中国自由文化的主要对立面。

志燕：还有一个问题。讲到农民，他们也是劳动者，为什么小农意识不能概括为主义，也不能指导中国政治经济学研究？

玉玲：作为劳动者的农民，在旧中国官僚地主阶级或官僚资产阶级的统治下，呈现一盘散沙的状态，他们以家庭经济为基础，维持简单再生产。"小、分、散"的特征决定了农民虽然人数众多，但并非真正的阶级。相应的，也未形成真正的阶级意识，而只有与官文化相适应的小农意识。不能成为真正的阶级的农民，其所具有的小农意识不是真正意义上的阶级意识，这种小农意识也无法对中国政治经济学研究提供指导。

刘：这是很值得分析的问题。个体小农经济在中国已存在两千多年，并在个体农民那里形成了小农意识。但个体生产的分散性使农民被分割、被隔离，并不能形成总体的阶级意识。小农意识一直以个体意识形态存在，这是两千多年来虽有无数农民反抗、起义，但始终不能变革集权官僚制度、不能改变小农经济的重要原因。中国革命如果不以社会主义为指导，同样会与历史上农民起义的下场一样。我们这里强调"现代劳动者阶级"，是包括工人、知识分子和要求变革生产关系和生产方式的农民的。他们的意识已经变了，不再是传统的小农意识，而是现代劳动者的意识，更重要的是他们认识到自己的利益不在固守小农经济，而在现代生产方式。

玉玲：改革开放后，中国出现私有资本，其主义，应该是资本主义，那么，资本主义是否能指导中国政治经济学研究呢？

刘：主义，是一种思想体系的基本和核心观念，"资本主义"是关于资本的社会关系、社会制度及其实现运行的机理、体制、机制等理论系统的核心观念，因此也是这个理论系统的总称。需要明确的是，资本主义是资本主义政治经济学的主义，它不能指导中国政治经济学研究。

资本主义，是以资本所有者为主体，对资本所有者利益和意识的集中概括，从开始时的变革势力的意识形态，指导社会变革运动，进而贯彻于社会制度，成为统治人类的文化体系。作为资本主义理论系统的子系统，资本主义政治经济学是资本所有者阶级经济利益和意识的理性概括。资本主义政治经济学是随着资本的形成与发展、演变而形成、发展、演变的，它是资本主义理论大系统中的重要子系统，是资本统治文化的必要组成部分。从重商主义开始，资本主义政治经济学在五六百年的时间，与资本主义经济关系及其制度息息相关，既是资本主义经济制度的理论前导和基础，又为资本的统治和增殖出谋划策，全方位地作用于资本主义从制度到经济活动的各个环节，是资本主义经济的精神和灵魂。从经济的角度讲，资本主义就是资本主义政治经济学，或者说，在资本主义政治经济学中体现着经济的、基本的资本主义。

在资本主义理论系统中，资本主义政治经济学与资本主义政治学、法律学、伦理学等处于同一层次，而以资本主义哲学为前提和基础。资本主义哲学的基本观念是唯物主义。资本主义政治经济学是唯物主义在政治经济学的展开和具体化。按照唯物主义观点，资本是物质财富所有权自我扩张的集合，唯物主义从哲学上将资本增殖及其对社会的控制和主导论证为自然秩序。进而强调资本主义制度就是建立在物质自然规律之上的自然秩序，在这个制度中，唯一合理、应该的就是资本的增殖与统治，资本是主体，也是目的；是核心，也是领导。人类不过是实现这个目的的手段，所有人都应围绕这个核心，都要服从其领导。资本主义政治经济学就是在展开唯物主义这个基本观点的过程中形成的，是在这个观点的指导下，概括资本所有者利益和意识的理论体系。

资本主义政治经济学的主题是在对资本所有者阶级经济利益和意识概括的基础上，对经济关系和制度的规定。每个资本主义政治经济学家都在针对这个共同的主题展开他们的工作。然而，他们却没有一个人承认这一点，总是以上帝的使者名义，以"物质自然规律"代言人的身份，"客观"地向世人宣示公正的原理，讲解以高等数学计算的公式。但当我们审视这些原理和公式，特别是他们给政府和老板们所提的建议时，就会发现其明确的利益倾向和阶级、阶层、集团的主体性。特别是当他们以维护某一国家总体利益的语气说话时，我们必须明确国家无非是阶级统治的工具，认知该国家政权的性质，也就认知了这些政治经济学家的阶级属性。

兴无：在刚才的论述中，谈到资本主义哲学的基本观念是唯物主义，这是刘老师提出的。刘老师，您可否就此展开说一下？

刘：我在《劳动哲学》① 中，论证了资本主义哲学的基本观念是唯物主义，其要点是：唯物主义否定上帝造人创世的观念，认为世界本原和本体是物质，物质是自然的，有规律运动的。人是物质自然界的一部分，是和动物一样按自然规律或"丛林法则"生存的。意识是物质的人脑所特有的功能，是对人生存需要和外部条件的反映，而认知和占有物质财富，就是人的利益。从这个基本观念具体化的社会观，是以物质财富所有权为核心对经济、政治、文化的规定，从以物质财富所有权为主的自然权利、维护自然权利的社会契约和国家论起，主张对物质财富占有和竞争的"唯生产力论"，规定和保证物质财富所有权及其所有者自由的政治民主主义，论证以物质财富所有权为依据的价值观和道德的文化个人主义。这是逻辑一贯的哲学体系，也是资本主义的抽象规定，资本主义理论系统的各子系统，都是唯物主义这个抽象规定的展开和具体化。

春敏：您如何评价现代资本主义政治经济学的"经济人"假设和其整个体系？

---

① 　刘永佶：《劳动哲学》，中国社会科学出版社 2009 年版。

刘：现代资本主义政治经济学仍以斯密关于"经济人"的假设为基本点，将所有参与经济活动的人都设定为财富所有者，都在依据"丛林法则"自由竞争增长财富的所有量。每个人都是自私的，以追求"利益最大化"为目的，因而也是相互敌对的。在这个基本点上，现代资本主义政治经济学将供给与需求的矛盾作为出发点，整个体系也由此展开。体系构建者的逻辑大体是这样的：经济的基本和核心，是"经济人"占有物质财富，"经济人"不仅要生产，还要交换。交换使财富的价值得以实现，即货币化。每个"经济人"既是供给者又是需求者，由他们共同构成的社会经济，就是供给与需求双方对立而又联系的市场，从个体的经济行为，到总体的市场经济，都是供给与需求矛盾的具体形式，现代资本主义政治经济学就是以对这些具体形式及其必要条件的论证为主题。所谓"微观"和"宏观"两部分，前者是从个体、个量对供求关系的分析，后者是从国家、总量对市场的论证。"微观"部分所要解决的主要问题是个体（包括个人和厂商）如何处理供求关系，以达到利益最大化；"宏观"部分则是国家如何从总量把握市场的供求状况，进而运用国家权力，以财政和货币政策进行调控，制定相应市场规则和产业政策，以保证总体经济环境，为个体利益最大化提供必要条件。

这是一个高度理想化的体系，也是具有不可克服缺陷的体系。其理想就是每个"经济人"都能实现利益最大化，而且这个体系所要求和设计的过程都是在理性指导下进行的。而其缺陷，首先就是以理想掩盖现实经济矛盾。为了保证理想的实现，它把在现实中存在的阶级、阶层、集团，乃至国家、区域的矛盾统统排除，设定其不存在。其次，就是脱离实际，现代资本主义政治经济学力图将其学说描绘成自然科学那样的"科学"，除否认阶级性，还把其作为根据和对象的财富所有权及保证所有权的制度也在理想化后作为前提，不予论说，这样的体系，并不是对现实经济矛盾的分析，而是对资本所有者和想成为资本所有者的"经济人"的利益和意愿的概括。在资本主义政治经济学家看来，每个"经济人"都是资本所有者，或者已经将其所有的货币转化为资本，或是时刻准备成为资本所有者。"经济人"的理性就是资本的理性。

这是一个严重脱离实际的体系，但是现代资本主义政治经济学在中国的传播者却将它说成是"密切联系实际"的体系，而且被一些政要、老板乃至由这一学说所勾引起强烈发财致富欲望的青年学生所认可。之所以如此，一是在中国以"苏联模式"为根据的苏联教科书作底本的社会主义政治经济学已丧失了它揭示经济矛盾的功能，二是中国深重传统的官文化和小农意识与资本主义政治经济学在基本观念上的相通。"发财致富"作为官方倡导的主流观念，使受小农意识影响的人从这个体系看到了自己理想的概述，真的将自己想象成资本所有者并掌握了"致富"途径。一些通过上千次考试才走到大学读经济学的青年，发自内心地对"西方经济学"推崇与热爱，问其缘由，无非是从所受小农意识的影响来体会这个体系，从中发现了自己的希望——他们则将之表述为"联系实际"和"有用"。三是为迎合资本家和政府的需要所提的主张，不计后果，急功近利，不择手段地为实现"利润最大化"出谋划策。现代资本主义政治经济学以实用主义为原则，而其实用的标准，就是使资本获取"最大化"的利润。为此，无所不用其极，不仅榨取剩余劳动，而且肆意开采利用自然资源，破坏环境。特别是"创造"出虚拟货币、虚拟资本、虚拟经济这些怪物，使人类经济生活陷入全方位的矛盾。四是虽然极力掩饰，但却不能摆脱其作为资产阶级经济意识的本质。现代资本主义政治经济学家极力在标榜他们是在进行不受意识形态干扰的、与政治脱离的"纯经济"的研究，但实际上他们的学说是资产阶级意识的重要组成部分，具有极其强烈的阶级性、政治性。他们编写的教科书，实为资产阶级经济意识的宣传品。他们所说的"纯经济"是根本不存在的，这次金融危机和经济危机充分证明了政治在经济中的存在与作用。而他们所设定的每个"经济人"都是资本所有者，都可以获取利益和利润的最大化，也是与资本主义制度相背离的。五是在方法上已经丧失了理性思维所必需的观念和能力，这是其理论生命终结的重要原因。

马博：如何认识您所说的第五方面，即从方法上看，现代资本主义政治经济学已经丧失了理性思维所必需的观念和能力？

刘：按马克思的说法，资本主义政治经济学早在19世纪中叶就已开始庸俗化并失去了理性思维的观念和能力，演变至今，更为彻底。庸俗化的方法主要特点就是辩护性，辩护性也就是欺骗性。号称对"纯经济"进行科学研究的现代资本主义政治经济学家，他们本人已不再认为自己是"政治经济学"家，而自称"经济学"家，以此表明是超乎阶级、国家、意识形态的，但实际上他们要比其前辈斯密、李嘉图更加"政治化"，他们的学说更"实用地"为资产阶级的政治服务，其内容也更具政治性。他们将辩护性方法发挥到了极致，并贯彻于其主题和主张之中。其要点是：一是把资本所有者的利益说成全人类的利益，将每个个体人都视为资本所有者，进而从"经济人的理性"立论。二是将现行资本主义制度规定为"自然规律"，是天然合理的社会制度，是人的自私本性的集中体现，也是实现个人自私本性的唯一社会形式，相比传统的庸俗政治经济学家，他们在这一点上更加确定和绝对化。三是以现象描述代替本质规定，以片面的一般性抽象表述代替特殊性矛盾的分析，如将供求关系说成经济乃至社会的主要矛盾，以此掩饰阶级关系和社会矛盾。四是片面地强调数学化，将数学的使用程度等同于科学研究的程度，以数学公式的推演代替经济矛盾分析。进而以数学，特别是高等数学的设量推论来设计、论证经济政策，尤其是金融衍生品的设计，具有极大欺骗性和危害。有些人甚至将经济问题的研究变为数学的练习题。政治经济学的研究当然要应用数学，数学是必要工具，定量分析对规定经济矛盾的意义是明确的，设量推论也有一定功用，但将数学，特别是设量推论作为主要方法，势必导致脱离实际，在"科学"的假象之下，包含着对经济矛盾的无知和理性思维能力的退化。五是庸俗的实用主义，现代资本主义政治经济学家既缺乏理性思维能力，也没有理论创新的欲望和动力，绝大多数从业者都只是把它作为谋生手段，从而也就势必唯雇主意愿行事，或是为政府提供政策咨询，或是为资本财团的基金会做课题，或是在媒体发表言论。为了让雇主满意，竞相采取实用主义方法，不求探索矛盾，只讨雇主欢心。

现今正在展示的空前的经济大危机，说明了资本主义制度的腐朽，也说明资本主义政治经济学的没落，更暴露出其方法的低俗无能。不妨看一下近十年以来的著述，对于这场孕育已久的大危机，资本主义政治经济学家不仅几乎毫无觉察，反而大唱"资本主义好"的高调，对早已暴露的危机的态势推波助澜，极力主张实行以虚拟资本为核心的"市场经济"。不论"新自由主义"还是凯恩斯主义的现代追随者，实则都是这场危机的推动者。正是他们以其庸俗的方法掩饰矛盾，或是主张私人资本企业的无限自由扩张，或是不顾后果地动用财政和货币政策干预经济，特别是危机爆发后的疯狂"救市"，都表明其理念的险恶和方法的贫乏。但正是这样的政治经济学，却能发挥其诱惑和拉拢之力，将中国等资本不发达国家圈进资本全球化的陷阱和虚拟经济的旋涡，落入由美国金融资本财团和国内买办官僚合力设下的圈套。尤其突出的是资本主义政治经济学在这些不发达国家的追随者，以"主流"自居鼓吹参加全球化的"世界经济大循环"，为此，他们用其奇思妙想将本国的落后和劣势推演成"比较优势"，主张以廉价劳动力和资源去满足国际资本财团"利润最大化"的需求，导致本国经济畸形化，资源枯竭，环境恶化，劳动者生活贫困。甚至在危机大爆发后，他们既不能对之进行理性分析，又要从技术层面为美国金融资本财团辩护，其手法就是将问题限止于"次贷危机"，并用各种"技术"语言，论证危机只是表层的、短暂的。对于本国遭受的巨大损失竭力掩盖，依旧鼓吹倾本国之力去救美国的金融资本，而美国的资本财团则丝毫不领这个人情，在滥发货币，并用中国所买巨额美国债券和"两房债券"缓解危机的同时，不仅大肆制裁中国，更公然支持"台独"和"藏独"，甚至以武力威胁中国，挑动周边国家与中国的领海纠纷。种种样样，都说明现代资本主义政治经济学不仅在其宗主国，更在其"殖民地"都已丧失了理论生命力。虽然在金融资本和买办官僚的保护支持下，它还会在人类思想界占据一定时段的"主流"地位，但已经没有理论生命的学说，不过是统治者手中的玩偶和应声虫，是思想史上的僵尸，虽然还能骗人，却不能在科学上有任何作为。

志燕：对中国资产阶级，我们应该如何正确认识？

刘：中国的资产阶级出现于19世纪末"洋务运动"时期，20世纪上半叶曾有所发展，但受外国大资本财团和官僚资本的挤压以及连续不断的战乱，未能形成强大势力，在中国社会大变革中处于依附地位。新中国成立后，一度容许其存在，但20世纪50年代中期的社会主义改造，取消了资产阶级的存在。只是从80年代以来，容许并鼓励私人资本，才形成了资本所有者群体，但受制度、体制、政策的限制以及资本原始积累、社会关系、经营环境、个人素质等各方面原因，变数颇多，据有关部门统计，中国的私有企业，平均两年半倒闭一次。因此，资本所有者人数虽多，但真正形成稳定的资本和企业，并能持续经营的资本所有者还是有限的。在这种情况下，中国的资本所有者作为一个阶级，还未成熟。

春敏：中国的资产阶级，很多从事房地产业，并因此而积累起巨额资本。房地产业，并不需要高科技，而是随着政策变化而发财，可以说，中国的资本家，就是"政策资本家"。

刘：中国有资本所有者，是还没有具有明确阶级意识的资产阶级。如果有真正的资产阶级，他们首先要反对专制。现在的情况是，资本所有者及其代言人会借助"改革"之名，提出一些经济自由、私有化等主张，如国有企业私有化、土地私有化等，但他们很脆弱，可以影响政策，却不能主导政策。其思想代表也不明确，只是有一些从事资本主义经济学研究和教学人员对私人资本的存在予以论证。主张中国进行市场经济改革，实际上就是用资本主义的市场经济体制改变中国的社会主义经济制度。

江荣：我概括一下刚才讨论的内容，就是以资本主义为主义的资本主义政治经济学已经丧失了理论生命力。中国的资本所有者及其代言人能够做的，就是在保有西方资本主义政治经济学基本理论框架的基础上，以一些数据表明其中国化，但这不是中国政治经济学。资本主义不能指导中国政治经济学研究。

二　劳动社会主义是中国政治经济学研究的导引

玉玲：官僚资本主义和资本主义作为主义，都不能指导中国政治经济学研究，能够指导中国政治经济学研究的，是什么主义？

刘：只有劳动社会主义能够指导中国政治经济学研究。官僚资本掌控者群体和资本所有者不是不需要政治经济学，但他们不需要、也不能够创立中国的政治经济学。只有中国的劳动者需要中国政治经济学，而以劳动者为主体的中国政治经济学只能是劳动社会主义政治经济学，即只有劳动社会主义能够指导中国政治经济学研究。

润球：什么是劳动社会主义？

刘：劳动社会主义是中国和全世界劳动者利益和意识的理论概括。劳动社会主义的哲学观是劳动主义。劳动主义基本观念包括：对劳动概念的规定，即劳动是人为了满足需要在意识的导引下，在交往中以脑力与体力的支出改变物质或服务他人的活动。劳动具有目的性、计划性、社会性、多样性、演进性。劳动是人本质的核心。劳动是人性创造和升华的根据。在阶级社会中，劳动在人本质中的核心地位及其作为人性的根据，却被掩盖、扭曲，并引发劳动的异化。劳动可以分为生产产品的劳动、提供服务的劳动和科学知识研究传授的劳动三大类。劳动者与劳动物质条件的统一、理性的劳动和劳动的理性。

劳动社会主义的方法论是实践辩证法。实践辩证法的主体是人，是体现着、实现着人本质核心要素劳动的劳动者。实践辩证法的实质，就在于导引人本质的发展和人性的升华。实践辩证法的根据在劳动，即以劳动者为主体的实践过程，既包括对主体的认识，也包括对客体的认识，是从发展着的劳动实践中概括的方法论。以劳动实践为根据，导引人类总体并制约所有个体依循人本质发展，促进人性升华。实践辩证法的内容，就是对矛盾的规定和解决。

劳动社会主义的社会观是劳动社会观。劳动社会观也可以称为"劳动历史观"，是劳动主义基本观念的具体化，是依循实践辩证法对人类社会生活和社会关系矛盾的规定。它包括对劳动者主体、个体人的社会存在、经济、政治、文化、社会历史阶段、阶级、国家与革命等范畴的规定。

劳动社会主义的本质是劳动者在建立、完善公有制和民主制的进程中，实现其社会主体地位和自由发展。劳动社会主义的原则是以民主促进并强化劳动者的自由联合。劳动价值论是商品经济形态中劳动者的经济观。是对资本雇佣劳动制的批判，提倡公有经济、民主政治、自由文化。

劳动社会主义是现代人类发展的大趋势，它发端于西欧，扩展至全世界。中国因集权官僚制两千余年的统治，严重束缚了商品经济发展，限制了农业文明向工业文明的转化，并未形成资本主义。俄国革命的胜利震撼了中国，促使中国的先进分子接受劳动社会主义，探讨中国革命和发展的途径。近一个世纪的艰难思索和斗争，以陈独秀、毛泽东为代表的中国共产党人，开创了中国的劳动社会主义道路。中国的劳动社会主义运动，就是生活着的中国人在矛盾斗争中改变自己的生存方式、能力、意识和社会关系的过程。其动因和动力，是占中国人口绝大多数的劳动者素质技能的提高及其提高社会地位的要求和努力。

马博：我提一个观点，就是劳动社会主义应是发展的，它要随着劳动者素质技能的提高和社会地位的改变，不断以新的内容，概括劳动者的阶级意识，并将之充实进劳动社会主义，以指导其理论、运动和制度。

玉玲：对，劳动社会主义不能故步自封，应是发展的。

润球：中国政治经济学以中国劳动者为主体，我们之前的讨论，也曾提到政治经济学的国度性，那么我们该如何理解马克思说的"工人没有祖国"？

刘："工人没有祖国"从国际工人运动总体而言是确切的，全世界的工人及其他劳动者在基本利益上是一致的，他们相互间并不因为国度差异而形成剥削关系，在反对阶级统治、进行社会变革的总目标上，各国劳动者应当联合起来。但这并不等于各国劳动者相互没有差异，特别是在面对各自国内矛盾时，这种差异就更为明显。社会主义政治经济学开始时期也是从国度特殊性出发的，欧文和莱文斯顿、霍吉斯金等人，就是当时英国工人阶级的代表，西斯蒙第和普鲁东则是法国小生产者及由小生产者转化的工人的代表。只是到马克思，国度性才变得复杂，他出生于德国，早期曾是德国工人阶级的思想代表，后来又到英国，并以英国为主要对象研究政治经济学，虽然如此，恩格斯还是强调马克思的政治经济学学说是"科学的、独立的、德国的经济学"[①]。但也要承认，正是在马克思和恩格斯领导的国际社会主义运动中，社会主义政治经济学的国度性被淡化，国际统一性被突出了。进而，在第二国际及列宁领导的共产国际中，由于联合斗争的需要，进一步淡化了政治经济学的国度性及其主体上的差异。以至斯大林和苏联共产党领导的"社会主义阵营"明显地排斥国度差别，强求各国实行苏联模式，从而导致对社会主义政治经济学国度性和其主体性的排斥，似乎苏联的政治经济学教科书就是世界一般性的社会主义政治经济学，它代表了全世界无产阶级和劳动者的利益，是对人类共有的经济规律的论证，是"放之四海而皆准"的，各个国家的劳动者都要依照而行。

苏联政治经济学教科书上的规定与要求，不能抹杀事实上存在的国度差异，更不能排斥各国劳动者的主体性。理论对现实的违背，必然损害社会主义运动和制度，苏联及"社会主义阵营"的解体，不能说与其政治经济学教科书的主导

---

① 恩格斯：《卡尔·马克思〈政治经济学批判〉》（第一分册），《马克思恩格斯选集》（第二卷），人民出版社1995年版，第37页。

思想无关。而中国由于不能及时认识和解决照抄苏联政治经济学教科书的问题，忽略了中国的历史和现实矛盾的特殊性，进而不能确立中国劳动者的主体地位，对中国的经济矛盾不能做出正确的规定，片面地以斯大林的思想和苏联教科书的规定追求脱离劳动者利益和素质技能的"集体化"，将农民的人身权和土地占有权集中，从而抑制了农民的生产积极性和素质技能的提高。与此同时，以行政集权体制按苏联教科书所实行的"经济计划"，成了实现"长官意志"的工具，从而导致诸多失误和损失。尤为重要的是，按照苏联政治经济学，既不能确定中国劳动者的主体地位，也不能认知集权官僚制两千多年来的深厚传统，将行政集权体制视为社会主义制度的实现形式，并认为所集之权越多越好，由此剥夺了劳动者个人的经济、政治权利。

三　如何在中国政治经济学研究中坚持劳动社会主义的指导

玉玲：中国政治经济学以劳动社会主义为指导，关键的环节是什么？

刘：中国政治经济学以劳动社会主义为指导，首先就要求落实劳动者的主体地位。中国的劳动者应有的经济权利没有落实，从而严重损害了他们的利益。他们要依照劳动社会主义原则，依据宪法对其权利的规定（虽然这种规定还是不充分的），来争取自己的权利，维护自己的利益。经过六十年的工业化进程，与新中国成立前相比，现在中国的劳动者结构已发生了重大变化，基本上形成了工人为主干、农民为基础、知识分子为先导的劳动者结构。其中农民的人口比例已大大降低，如果将两亿左右的农民工划入工人阶级，那么作为劳动者的农民人口已与工人相差不多。而知识分子的比例则在大幅度提升，其在经济生活中的作用也日益突出。在这种情况下，知识分子和工人对自己权利和利益的认知程度逐步提高，农民也在向往工业化和城市化的同时，逐步突破小农意识的束缚，争取自己的权利，维护自己的利益。中国劳动社会主义政治经济学以中国劳动者为主体，就要概括中国劳动者的经济利益和意识，并由此规定中国经济矛盾。也只有做出这样的概括和规定，才能形成中国的劳动社会主义政治经济学，并随着中国劳动者素质技能和社会地位的不断提高，充实和发展中国的劳动社会主义政治经济学。

中国的劳动者有充分的条件能够成为中国劳动社会主义政治经济学的主体。在一些信奉"精英主义"的人看来，中国的主体是高官和富豪，平民百姓只是他们功业和财富的附属品，是实现他们目的的手段、"要素"，是不懂政治，也不懂"市场经济"的，只是为了吃穿住行而碌碌行为着。"精英主义"者崇拜的是权力和财富，为此，他们将西方的资本主义政治经济学看成"管用"的工具。他们不需要，也没有能力创立中国的政治经济学。更不相信，也坚决反对中国劳动者将其经济利益和意识概括成政治经济学理论。在中国经济学界，反对中国政治经济学的，一是坚持苏联教科书观点的人，二就是这批信奉西方资本主义的"精英主义"者。然而，"精英主义"者没有看到，中国的劳动者在百余年的革命斗争中已经发生了革命性的变化，不仅其构成从以农民为主干转化为以工人为主干，知识分子比例大为提升，更重要的是劳动者的社会主体意识和权利意识明显提升，能够从侵损自己利益的行为中认知体制、结构原因，并迫切要求进行体制和结构的改革。对于中国劳动者群体来说，将自己的经济利益和意识概括为理论，是内在需要。而作为劳动者的政治经济学理论工作者中又有相当多的人是将个人利益与劳动者总体利益统一起来，他们既不愿做西方资本主义政治经济学的附庸，也能够克服苏联教科书的缺陷，在明确中国劳动社会主义政治经济学主体的前提下，准确、认真地概括现代中国劳动者的经济利益和意识，规定中国劳动者的基本经济观念，由此而研究中国经济矛盾，形成中国劳动社会主义政治经济学的主义、主题和主张。

现代中国劳动者作为中国劳动社会主义政治经济学的主体，也有明确而充分的经济利益和意识需要进行理论概括，十三亿中国劳动者，是世界上最大的群体，他们是现代中国的创造者，他们的经济利益是现实的、丰富的、复杂的，不仅与古代中国劳动者的经济利益有明显差别，也与世界上其他国家的劳动者有重大不同。他们的经济意识是经济利益的体现，既有对现状的认知，又有对未来的要求。概括中国劳动者经济利益和意识，是中国劳动社会主义政治经济学形成的首要环节和必要条件。由此而规定的中国劳动者的基本观念，是现实的，也是理性的。而现实中更为充分的，就是中国劳动者生存的经济矛盾，这也是当今世界最为丰富和复杂的矛盾，是任何外国的政治经济学家所不能想象的，更是他们的学说所不能说明的。我们以中国劳动者的基本经济观念为前提，揭示和规定现实的（也是历史形成的）中国经济矛盾，就是创立中国的劳动社会主义经济学。

总之，只有现代劳动者的主义——劳动社会主义才能正视和揭示现实中国经济矛盾，劳动者不需掩饰矛盾和为矛盾辩解。其他主义，包括官僚资本主义和资本主义，都是和社会发展趋势相背离的，为保有其既得利益，会尽可能掩饰现实矛盾。但掩饰则不能揭示矛盾，也不能解决矛盾，更无法形成经济理论。即使是以经济理论的面目出现，也不是真正的经济理论。中国政治经济学不能靠掩饰和辩解而生成、发展。中国政治经济学需要的是在主义指导下对经济矛盾的揭示和论证矛盾的解决，而不是掩饰和辩解。能够指导中国政治经济学研究的，只有劳动社会主义。

（王玉玲）

中国政治经济学对现代劳动者利益和意识的理论概括

随着劳动者阶级意识和劳动社会主义的形成，人类面临着新的变革。这是比资本主义制度取代封建领主制度和集权专制制度更为伟大、更为深刻的变革。正是在这个大变革中，要求并培育着中国劳动社会主义政治经济学。这是在继承马克思所提出的基本观念、原则前提下，进一步明确了以劳动者为主体形成中国政治经济学的主义，为概括现代劳动者阶级经济利益和意识，反思苏联教科书和其他各派社会主义经济思想，批判资本主义政治经济学，揭示现代经济矛盾的前提和出发点，并由此对解决中国经济矛盾变革进程和建立新型经济关系进行探讨。

一　劳动与劳动者

马博：劳动是人之所以为人的基本，也是人本质性的活动，是从人类形成就存在的，是人类从动物界提升为特殊的类的根据。劳动作为一个范畴，以往是如何规定的呢？

思远：劳动作为一个范畴，是进入工业文明和资本主义经济之后才被重视并规定的。对原始社会来说，人们没有概念的理性，不可能规定劳动范畴，但他们肯定有对劳动经验的意识，不过没有文献记载罢了。而有文献记载的奴隶社会、封建社会、官僚集权社会，虽然其中劳动者，特别是体力劳动者占绝大多数，但是他们地位很低，由他们承担的劳动并不能引起思想家们的重视，甚至被看成是"上帝对人的惩罚"，是下等人所从事的"苦役"。直到早期资本主义思想家开始反对封建主义的时候，才将劳动作为一个范畴提出来。唯物主义者把劳动看成改造自然物的手段，也是财富所有权的根据之一，洛克等人在这方面的论证，使劳动这种"下贱活动"成为其社会观中的重要内容。但唯物主义者，尤其是以唯物主义为前提的经济学家，只是将劳动作为制造物质财富的手段，是生产的"要素"和"资源"，而且是与人本质和人性冲突的，是"负效用"，任何人都不愿从事，只有那些在自由竞争中处于劣势的人才不得不为了活命而劳动。

春敏：可见，非劳动的统治者虽然离不开劳动者的劳动产品及劳动服务——他们是劳动产品的主要占有者和劳动服务的主要享受者，但从占有者和享受者的角度，是不可能对劳动做出正确、全面规定的，对于劳动的意义，也只能从占有和享受中才能有其感觉，并从这种感觉的反面来规定劳动。劳动是财富的"生产要素""资源"、劳动是"负效用"等观点，也就成为阶级社会的流行观念、而阶级也正是从对劳动及其成果的占有和享受上得以界定。以非劳动的方式占有和享受他人劳动成果与服务，是阶级存在的标志，也是阶级统治的主要内容。不劳动的统治阶级对劳动的认知，只是劳动负的或消极、被动的一面，这一面因阶级统治而强化，统治者因这种认知而厌恶劳动、贬低劳动，但却积极主动地占有劳动成果、享受劳动服务。他们的哲学，从诸神崇拜到上帝主义到天命主义到唯物主义，归根结底都是占有劳动成果、享受劳动服务的意识之集中概括。因为不劳动，也为了不劳动，他们从人之外的神或天、物来规定世界本原和本质，并从这些本原和本质推论他们不劳动但占有劳动成果、享受劳动服务的合理性。以这样的哲学为基本和核心所构造的意识形态，全面充分地贯彻着不劳动而占有劳动成果、享受劳动服务的意识，其中以资本主义经济学最为典型。

这里想请教刘老师，谁才能有资格和能力规定劳动呢？

刘：只有劳动者才有资格和能力规定劳动。劳动者是劳动的主体，他们从主体的角度对劳动的认知，是内在的认知。他们亲身体会着劳动的目的、技能和经验、脑力和体力的支出、苦恼与愉悦，更知道劳动成果的形成及其效用。劳动是劳动者的生命，是劳动者的本原和本质的体现。劳动者的思想家所要规定的第一个范畴，也是核心范畴就是劳动。如果说早期社会主义者还是从人的一般性和平等来为劳动者争取利益，那么马克思则直指问题的实质，从劳动出发，并将劳动作为核心来论证劳动者的利益和意志。马克思这里主要是从经济学的意义上规定劳动，但他的方法对于我们从哲学，即更为抽象地规定劳动予以启发。现代劳动是劳动历史的集合，历史上各个阶段劳动的经验和技能，通过改造、否定而存在于现代劳动者的素质技能之中，而历史的劳动所创造的生产设施和劳动工具，也是现代劳动的必要条件。现代劳动者是历史劳动者的继续和提升，不仅在经验和技能上承继着历史上的劳动者，更体现劳动演进的方向，并为未来的劳动者创造前提。因此，以现代劳动者为主体，以现代劳动为对象和内容，规定劳动范畴，是劳动主义哲学观念的首要环节和核心。

马淮：我认为还需要注意，马克思关于劳动为核心的思路，被"马克思主义者"以越来越多的"科学"言词，特别是"国家""党""集体""社会"等总体利益所取代，甚至被"唯生产力论"和资本主义经济学的范畴、指标所排挤。劳动在"马克思主义"体系中也变成了"要素""资源"和"负效用"。即使是那些从正面规定劳动的著作家，他们论证劳动时也将重点放在人与动物的区别上，并努力探索原始人的最简单的劳动。当我们说劳动是人的本质性活动时，并不是只为了找到人与动物的区别。人与动物的区别只是人本质规定的外延，其内涵是人存在的要素及其内在关系。因此，对劳动的规定不应该从原始人那里去追寻——这只有考古学的意义。这里想请教刘老师一个问题，如何从现代的、发达的劳动形式及其社会矛盾中去概括劳动呢？

刘：劳动的一般不在于最简单的劳动形式，而是对发达的、复杂劳动的抽象。劳动是人区别于动物的本质特征，是人类形成的根据，是每个个体人和社会总体存在的基础，是社会关系和社会矛盾的缘由，是意识的动因和载体。综合起来说，劳动是为了满足人的需要而在意识导引下，在交往中进行的脑力与体力统一的活动。劳动是人类生存和发展的本原，是人本质的核心。对劳动的规定，是劳动者为主体的社会主义哲学及其全部学说的基本。

人是物质世界的一部分，是动物界的一类，这是唯物主义所达到的认识。劳动主义承认这一点，并把这作为前提。但不是直接从物质性来规定人性，也不是将人等同于动物。而是在这个前提下，把自然物质作为人生存的必要条件，探讨人的特殊性。正是劳动使人区别于动物，劳动是人特殊性的首要环节和集中体现。但劳动又包含动物的活动和物质的运动一般性，是一般的特殊，也是人的物质存在与自然联系、统一的中介。劳动使人与自然界分别，劳动又使人与自然界相互转换，它将人的意识作用于自然物，使之改变形态和结构以适合人的需要，进而转化为人身体的一部分或作为人的生存条件。人通过劳动进一步认知自然物质，从而改变自己的生存方式以适应自然。劳动还包括直接服务于人的活动，人与人互为劳动对象，服务劳动是改造物质劳动的转化形式，是更为直接的社会活动与社会关系。随着劳动社会化程度的提升，服务劳动的比重逐步增加。对劳动概念的规定，也要考虑服务劳动这种形式。

概括来说，劳动是作为生物的人为满足需要而在意识的支配下以体力和脑力的支出改变物质或服务于人的活动。劳动具有如下性质：一是目的性；二是计划性；三是社会性；四是多样性；五是演进性。

玉玲：刘老师，历史上出现的上帝主义社会观的主体是代表上帝行使统治职能的贵族，天命主义社会观的主体是天命所"委任"的皇帝和官僚地主，唯物主义社会观的主体是拥有财产所有权的资本家或掌控财产所有权的"领导"。正是由于这样的主体，才有了与之相应的范畴体系。特别是唯物主义社会观将物质财富规定为社会的本体和主要内容，人不过是物质财富形成、运作和保存的手段。资本所有者作为资本主义社会的主体，所起的作用仍然是"资本的人格化"。以唯生产力论为基础的唯物主义社会（历史）观，在它所主导的世界经济和社会矛盾中，充分展示了其局限和缺陷——在于它所规定的主体及由这个主体而论证的社会基本矛盾，那么，劳动主义社会观是否也从主体的规定和基本矛盾的论证开始确立自己的范畴体系？

刘：劳动者主体反映了素质技能与社会地位的矛盾，哲学社会观是从基本观念出发，依照方法论对人生和社会关系的总体一般性规定，其首要环节和根本点，在于确定主体，再由主体的规定来探讨社会基本矛盾及人生、社会关系的各范畴。劳动主义社会观从其基本观念出发，运用实践辩证法，将主体确定为劳动者。劳动者是劳动的主体，是生产力的主体，也应当是社会的主体，但由于阶级统治，原始社会以后的各社会形态中，劳动者都不是社会主体，而是被作为主体的统治阶级的统治对象和工具。劳动社会观将劳动者确定为主体，首先在于它是劳动者利益和意识的集合；其次是论证劳动主体、生产力主体成为社会主体的应该与必然；第三是从劳动者主体角度规定社会基本矛盾和各层次的矛盾。

需要注意的是：劳动者是个体存在的，他们的劳动也是个体从事的。必须明确劳动者的个体性，只有从劳动者个体性出发，才能认知其总体性。作为劳动主义社会观主体的劳动者，是个体与总体的统一。从劳动者主体出发，人生和社会矛盾都是劳动者的存在和实践中的矛盾，都要从劳动者主体的角度对之进行规定。而这就是劳动社会观的全部内容。在确定劳动者在劳动社会观中的主体地位之后，我们将劳动者素质技能与社会地位的矛盾规定为劳动者存在与社会的基本矛盾。

润球：刘老师，以劳动者为主体对社会基本矛盾的规定，只能从劳动者的素质技能和社会地位中去认识，作为人本质核心要素劳动的存在形式，该如何理解劳动者素质技能呢？

刘：劳动者素质技能，是人本质核心要素——劳动的存在形式。首先，并不存在作为主体的人之外的生产力，就像不存在非人的生产关系。这两个范畴只能在人本质的规定这个大前提下，从劳动者素质技能和社会地位的矛盾中，才能得以规定。其次，当我们论述劳动者的素质技能时，就是在论述全体人的素质技能，只有这种素质技能的发挥，才形成生产力。再者，人的素质是由身体素质、技能素质和文化精神素质三个要素构成的。

通过对"素质技能"概念的规定，可以看到：生产力是劳动者素质技能的社会表现，生产关系则是劳动者社会地位的形式。任何时代、任何形式的社会生产，都是以劳动者为主体的，是他们劳动力的发挥过程。劳动者的素质技能是生产的根据，是生产力的内容。但其素质技能的提高与发挥，又要受社会制度和结构的制约。这种关系，是我们认识社会基本矛盾及其具体化的各种矛盾时，首先，也是主要应当重视的。

兴无：刘老师，我认为社会制度和结构的基本点，是权利，基本的权利是人身权，在经济上，主要权利就是劳动力和生产资料的所有权。有无人身权和两个所有权，是劳动者社会地位和经济地位的标志。而由人身权和所有权派生的民主权，又是劳动者政治地位的标志。

刘：兴无讲得很正确。劳动者的人身权、所有权和民主权是其人格的社会界定，也是其价值的标志，又是其自由的体现和条件。只有具备这三种权利，劳动者才真正从生产的主体变成社会的主体。而自从人类形成了所有权及其所有制以来，大多数劳动者就没有完全地拥有人身权、劳动力所有权和生产资料所有权，因此，也没有完全的民主权。我们是根据劳动者的人身权和所有权拥有程度及与之相应的民主权来确定劳动者社会地位和社会制度的，进而根据社会总体上大多数劳动者的社会地位来规定历史阶段的。

首先，劳动者拥有人身权、所有权和民主权的程度，即其社会地位的高低，是与其素质技能的形成与发挥成正比的。劳动者素质技能是其社会地位的基础，劳动者社会地位又是其素质技能形成和发挥的形式。其次，生产关系中还包括劳动者的分工、协作等关系，这种关系的形成，是以劳动者的素质技能和社会地位为前提和依据的，或者说是这二者在劳动过程中的体现。最后，明确只有从劳动者素质技能与社会地位的矛盾的前提下，才能规定生产力与生产关系的矛盾，并将生产力的发展要求和促进生产关系的变革，理解为劳动者素质技能的提高使其要求并争取社会地位的提高，即扩大和强化劳动者的人身权、所有权和民主权，由此增加其自由度，并创造和实现更多价值，以保证和充实人格。

从历史上看，已有的几次大的生产关系变革，都是以劳动者素质技能的提高为依据的变革势力奋争的结果，而变革后所形成的生产关系，又会在一定时间内为劳动者素质技能的提高和发挥提供比较适宜的条件。与劳动者权利的增加相对应，非劳动的统治者权利也会有所缩减。而这种生产关系经历一段时间后，又会阻抑劳动者素质技能及其生产力的提高，于是又由新的变革形成新的生产关系。人类社会的历史阶段，也就以劳动者素质技能与社会地位的矛盾及其具体化的生产力与生产关系的矛盾为依据来划分的。而人格、价值、权利、自由等个人社会存在的界定，乃至社会的经济、政治、文化关系及阶级、国家等范畴，也都是劳动者素质技能与社会地位矛盾的展开。

二　中国劳动者

志燕：刘老师，我认为中国是劳动者创造的，中国存在与发展的根据是劳动。中国的主体应当是劳动者，但以往的历史并没有确立劳动者的主体地位，因而是扭曲的历史。明确劳动者在中国的主体地位，是认识中国历史和现实的基本点，也是创立中国政治经济学的基本点。

江荣： 现在的中国思想界，有两种历史观交织在一起，不仅影响着对中国历史的研究，更制约着对现实经济社会矛盾的认识。也正是由于这两种历史观的存在，干扰和阻抑着中国政治经济学的形成和发展。孔丘删《春秋》，司马迁作《史记》，将帝王将相作为历史的主体。这是儒家道统基本观点的体现，是集权官僚制在历史观上的反映。而近代传入中国的资本主义的历史观，又将资本及资本化的生产力、物质生产资料视为历史的主体。

刘： 志燕和江荣理解得很正确，但还需要注意几点：

首先，中国之所以有辉煌的历史，就在于劳动。然而，按照儒家道统所编写的历史，却把辉煌都罩在帝王将相头上，是他们的仁、义、礼、智、信、勇成就了历史，他们的相互征伐、谋略、争斗是历史大剧的主要内容。透过这些官文化里的历史，我们却可以看到：帝王将相们征伐、谋略、争斗的对象，形式上看是政治权利，但其实质就是劳动的成果、劳动的资料和劳动者。对劳动成果、劳动资料、劳动者的所有权和控制权，集中体现为政治权利。争夺政治权利目的在于争夺对劳动成果、劳动资料、劳动者的所有权和控制权。按儒家道统与官文化所编写的历史，不承认帝王将相们争夺的政治权利的实质，只把对政治权利的争夺看成历史。

其次，我们是从劳动者的立场，依循劳动的社会观来研究历史的，那么，历史的根据和内容就在于劳动对文明的创造，擦去蒙在中国历史上的政治尘埃，就能看到中国文明的真正辉煌都是劳动的成就。中国的历史，就是劳动的历史，那些帝王将相不过是依附劳动之上控制劳动、吸食劳动成果的动物而已。虽然有帝王将相们对劳动的控制和对劳动成果的无偿占有，中华大地上世代传续的劳动者还是创造出了丰厚而辉煌的农业文明。中国的农业生产，从春秋战国开始到明、清两千多年的时间里，始终在发展和延续。这与社会制度和社会结构密切相关，同时也得力于中国农业自身的特点与农业技术的先进。

其中，科学技术的研究、发明、创造，是劳动的重要组成部分。中国古代的科学技术，主要是为农业生产服务的，是围绕农业生产的发展进行的。与此同时，战争、政治、生活的需要等方面，也都对科学技术的发展提出了要求，并促进了科学技术的发展。中国古代的科学技术成就，几乎遍及各个领域，从数学、物理、化学、天文、地理、生物、医学等科学分支，到建筑、农业、冶金、纺织、机械、造船、航海、造纸、印刷、陶瓷等技术领域，都取得了突出的成就，其中相当多的科学和技术，在历史上都处领先地位。

综上，我们必须明确这个伟大文明是劳动的结果，是劳动者创造了古代的中国。当我们承续着祖先的劳动创造今天的中国时，需要认真汲取的，就是劳动的精神。劳动者是中国历史的创造者，劳动者才是历史的真正主体。

德启：刘老师，从长城、运河等伟大的工程遗迹中，我们能够想到的正是古代劳动者的勤劳、智慧和创造性。中国古代的劳动者除了农民外，还有其他吗？

刘：中国古代的劳动者由农民、手工业者和知识分子三部分构成。

农民，这是自秦汉以来中国的主要生产者，是由西周时期的农奴，经春秋战国的社会变革，变封建领主制为集权官僚制之后，中国劳动者的主要组成部分，也是在长达两千多年的古代史上中国所特有的社会阶级。农民是以个体劳动为基本生产方式、以家为生活单位的。勤劳和节俭是中国古代农民在特定的生产方式和社会制度下所形成的基本素质，也是他们在这种生产方式和社会制度下延续与发展的内在条件。两千余年中国古代农业文明的保持，与此密切相关。当然，农民的社会地位又决定了他们的自私自利和不求创新，以及平均主义等级观，这构成农民个体普遍性的小农意识，这是农民应对集权专制制度和官僚地主阶级统治的要求，但也决定了他们不能在整体上形成阶级势力和变革意识，虽然不断有反抗斗争，甚至某些农民领袖还可能当上皇帝，却不能有制度变革，造成中国社会不能有突破性发展。

手工业者，这是中国古代人数不多，但又非常重要的一个社会阶级。其权利和地位与农民是基本相同的，区别仅在于职业。中国古代的手工业很早就已出现，在春秋时管仲的"四民分业定居"论中，就已是四民（士、农、工、商）之一。手工业是从属于农业的，既为农业生产必要的工具，并对农产品进行再加工，同时也为官僚及其他阶级提供必要的非农业生活资料。由于农业的发达，中国古代手工业也相当发达。手工业所涉及的几乎遍布人们生活的各个方面，所谓"三百六十行"中大多数是手工业。

中国古代文明主体的另一重要组成部分，是被统称为"士"的知识分子。士在中国古代是以协助政务、治理国家为本业的。当然，士作为一个阶层，与官僚是密切相连的，士的高层，又是官僚的后备役，他们入则为官，退则为士，所谓"员外"。对士中的这一部分，除其在科技、艺术等方面有专长和贡献者外，不应属于劳动者的范畴。

需要注意两点，其一，与手工业者密切相关的，还有商人，其可分为个体或小商户以及大商人。除少数拥有大资本的商业资本家外，个体商人和小商户，都应视为劳动者中的一部分。他们在地区之间、行业之间的经济交往中，起着相当重要的作用。其二，中国古代知识分子的人数不多，但在文明的发展中，却起着先导作用，他们在文明的创新和传播，科学研究和教育等方面发挥着其功能。凡是在文明的发展中直接参与并起作用的脑力劳动者，都属中国古代劳动者的范畴，而广义"士"中的高层，是为官僚，不属劳动者范畴。

王：此外，我认为劳动者是文明的主体，也是历史的实际主体，但在中国历史上，由于儒家道统把帝王将相视为社会主体，劳动者反倒成了陪衬，是帝王将相为主体所构建的社会框架的填充物，既是统治的对象，又是需要驯化、治理的群氓。

劳动者之所以未能成为社会主体，根本原因在于素质技能的相对低下，阶级统治以社会制度、体制、结构和各种机制将他们孤立，但统治阶级却形成一个密切联系的统一体。这样，统治阶级人数虽少，却能结成强大的社会势力，并握有充分资源，以此对付人数虽多但被切割成每个个体的劳动者，就能占有绝对优势。而农民的小农意识恰恰迎合了这种态势，将自己囿于家的范围之内，不能形成统一的阶级力量。虽然在不堪忍受压迫时，农民也会铤而走险，聚众起义，甚至也有起义队伍夺取政权者，由此显示了群众组织的力量。但是，农民并没有变革社会制度的阶级意识，正如毛泽东所概括的"只反贪官，不反皇帝"。即使反了皇帝，也是由新皇帝换旧皇帝，并不改变集权官僚制度。

因此，以农民为主的中国劳动者虽然以其劳动创造了拥有辉煌农业文明的中国，却不能成为自己所创造的中国社会的主体。只有在社会主义指导下，由毛泽东和中国共产党领导的革命，才将农民和工人等劳动者组织成阶级，形成伟大的社会变革势力，夺取政权，并在法理上成为新中国的社会主体。

三　中国现代劳动者与中国社会变革

马博：中国现代劳动者要争取成为社会主体，必须以中国社会的大变革来实现。从"大秦帝国"到"大清帝国"，两千多年的时间，"中国"的国名是革命的体现和结果，这个国名的出现，是对集权官僚制的否定过程，也是中华民族走向现代化的标志。"革命"，是在三千年前就出现的术语，"武王革命"，即周对商的革命，不仅是政权的变更，也是制度的变革，又是哲学和文化的变革。中国历史上，可以称为革命的，还有秦始皇并六国，废封建，实行集权官僚制。此后两千余年中，虽有多次政权变更，但没有制度变革。

思远：对，只有到 20 世纪初，孙文首倡"革命"，并由其追随者发动武昌起义，建立中华民国，这是一场以资本主义为导引的革命，但由于中国并没有强大的资产阶级，资本主义不仅受到集权统治势力的阻挠，更有新旧官僚利用其权势转化为官僚资本，加之军阀混战，外寇入侵，资本主义革命的失败注定无疑。代之而起的，是以社会主义为旗帜，以广大劳动者为主体的革命，这才是真正意义上的中国革命。

春敏：这里，我认为中国革命所要变革的集权官僚制历史太久，根深蒂固，短短几十年时间并不能彻底铲除旧势力和旧文化。从革命一开始，这股旧势力和旧文化就从外部对抗革命的同时，潜入革命队伍，进而又依附于不得不保留的国家机器——行政集权体制上，成为革命运动的内在反对力量，当它未能被有效抑制并逐步扩展后，就生出了新的官僚资本势力。当这股势力所豢养的学者拼命鼓吹"告别革命"，以为其主导中国命运制造舆论时，恰恰表明革命远未成功。英国革命历时二百年，才逐步清除了封建和专制势力，但还不得不保留国王这个旧制度的标志；法国革命近一百余年才成就了共和制；俄国革命夺取政权七十多年后，因为不能有效地抑制和克服存留于苏联模式中的封建与集权专制两股传统势力而失败。这里想请问刘老师，中国革命比这些国家的革命沉重得多，因此遇到曲折也正是中国社会矛盾的必然表现，是否意味着中国革命没有进步呢？中国革命的主力应该是谁呢？

刘：应当说，人类在进步，中国人也在进步。进步的根据，就是劳动者素质技能的不断提高和要求成为社会主体的斗争。革命是进步的集合，也是进步的关键。这里需要注意几方面内容：

第一，中国革命，不同于近代英、法两国的资产阶级革命，也不同于马克思所号召的无产阶级革命，而是在社会主义导引下以农民为主体的推翻集权官僚制的社会变革。中国革命的性质，是由中国社会的特殊性决定的，由革命的对象和革命的主义、主体等各方面因素综合而成的。

第二，中国革命，从政治上说，是变集权专制为民主；从经济上说，则是变小农经济为发达的以工业化为导向的商品经济；从文明形态上说，是变农业文明为工业文明。这是一场全方位的社会变革，不容置疑，在这场社会变革中，作为中国文明主体的农民，应是革命的主体和主动因素，他们应在政治、经济、文化变革的过程，成为反对旧制度、旧势力的革命力量，同时也不断地提高自身的社会地位和素质，成为与新文明相适应的社会主体。工人和知识分子虽然人数少，但都参与了变革，是必不可少的革命力量。如何将他们聚合于劳动社会主义旗帜下，形成浩荡的革命势力，是中国革命现实而迫切的历史任务。

第三，夺取政权，并不是中国革命的结束，而是武装斗争阶段的成果，也是制度变革阶段的开始。制度变革的主要任务，就是使劳动者从法律和实际上成为社会的主体，在这个过程中，促进经济和社会发展，实现从农业生产方式向工业生产方式的转变，这是比夺取政权更为艰巨、复杂的历史过程，更需要明确主体。从社会主义制度本质来说，其主体就是劳动者，也只有确立劳动者的主体地位，才能建立社会主义制度。

马淮： 在中国革命的道路上，我认为还应当注意两点：一方面，中华人民共和国的成立，标志着从法律上确立了全体劳动者的社会主体地位。然而，劳动者的主体地位并不只是宪法上的原则规定，而是要具体化于各层法律；另一方面，明确和保证、实现劳动者的权利，是中国革命在夺取政权之后的主要任务，革命的主体，依然是工人、农民、知识分子。夺取政权之后的社会主义制度，就是明确劳动者个人权利，并由劳动者以其个人权利派生、集合为公共权利，选举、监督行使公共权力机构的负责人。

江荣： 行政集权体制是集权官僚制的政治体制和实现形式，它在中国两千多年的历史中得到充分体现，依它所建立的政权，牢牢地掌控着全国的土地所有权和人身权，农民只有由国家均配的土地占有权和相对的人身自由，但没有任何政治权利，而庞大严密的行政集权体制又以其官僚机构和机制控制全体民众。中国革命以暴力夺取政权，也就等于夺取了原来由官僚资产阶级和地主阶级掌控的国家权利及其行使的机器，但如何将国家机器所集中掌控的本应属于劳动者个人的权利归还给劳动者呢？

兴无： 我认为包括两个方面：一是执政者要明确社会主义制度与集权官僚制的本质区别，执政者不是将所有权集中于国家，而是在法律和制度上明确生产资料的所有权、人身权都属于劳动者个人，进而，由人身权派生劳动力所有权和公民权，由劳动力所有权派生劳动力占有权，由公民权派生民主权，由生产资料个人所有权派生占有权。再者，国家不过是由个人权利派生的公共权利的集合与行使机构，这包括劳动力所有权派生的占有权集合而成的公有制企业，公民权派生的民主权选举产生的国家机构，并以法制保证劳动者对公有制企业和国家机构的监督。只有这样，才能建立起真正的社会主义公有制和民主制，并使二者内在统一。

王： 兴无讲得很对，我再谈谈我的理解：

第一，社会主义公有制和民主制建立的过程，是比夺取政权更为深刻、全面的革命。这也是确立劳动者社会主体地位的过程，因此，这个阶段的革命更应以劳动者为主体，而且要比夺取政权阶段更为普遍地动员全体劳动者为争取自己的权利参加社会主义制度的建立与改革。

第二，劳动者作为革命主体对自己社会主体地位的意识和争取社会主体地位的主动性。两千多年的集权官僚制，不仅造就了官文化，也造就了小农经济和小农意识。统治者认为自己是天命的化身，只要用武力夺得政权就拥有了一切权利；被统治的农民和其他劳动者也被迫屈从"天命"安排，认可统治者对权利的掌控和自己的无权，只在统治者容许的范围内生存。因此，提高劳动者的主体意识和权利意识，进而认识到个人权利与公共权利的关系，自觉地行使自己的经济、政治权利，同样是社会主义制度建设和改革的必要内容。

第三，中国革命在社会主义制度建设阶段的任务，或者说劳动者成为社会主体的历史转变远未完成，行政集权体制与劳动者社会主体地位的矛盾，是现阶段必须解决的矛盾。

因而，如何坚持劳动社会主义原则，进一步明确劳动者的社会主体地位，提高劳动者的社会主体意识和权利意识，以民主法制改革行政集权体制，依然是中国革命的首要和核心任务。中国劳动社会主义政治经济学主体的明确，是从属于中国革命的核心任务的，也是劳动社会主义经济改革发展的前提，是中国劳动社会主义政治经济学形成的根本。

四　概括中国现代劳动者经济利益和意识

马博：前面对劳动、劳动者、中国劳动者、中国现代劳动者和中国革命等问题进行了热烈的讨论，在此基础上，还要通过科学思维的理论和方法概括中国现代劳动者的经济利益和意识。这就需要明确：中国的政治经济学只能是劳动社会主义政治经济学，而中国劳动社会主义政治经济学的主体，必须是中国的劳动者。

玉玲：中国的资产阶级作为一个阶级还未成熟，其思想代表也不明确，只是有一些从事资本主义政治经济学研究和教学人员对私人资本的存在予以论证。再就是外国资本财团举办的各种基金会指派和捧起来的"经济学家"，他们虽然为在中国实行资本主义而鼓噪，但所代表的并不是中国资本所有者，而是外国大资本财团。不论从中国资产阶级现在的状况，还是其各方代言人的目的和学识素养，都不可能要求和创建中国政治经济学。

江荣：我认为还需要注意一点，就是中国革命是受俄国革命的影响而展开的，中国共产党曾是苏联共产党所领导的共产国际的一个分支，在理论上必然要以苏联的经济理论为指导。新中国成立后，也按苏联模式建立经济制度和体制，以苏联政治经济学教科书为指导理论。在这种情况下，势必将苏联政治经济学视为一般性社会主义政治经济学，不知道政治经济学的国度性，忽略了中国经济矛盾的特殊性，否认乃至排斥中国政治经济学，从而也否认以中国劳动者为主体。这个负面影响至今尚未完全消除。

润球：我同意江荣的看法，另外再谈谈我的认识。苏联政治经济学与西方资本主义政治经济学不同，它明确地规定了政治经济学的阶级性和党性，从而向规定主体前进一大步。但不论苏联的政治经济学教科书，还是东欧各国乃至中国以苏联教科书为楷模编写的教科书，往往都以"站在无产阶级主场"或"从无产阶级视角"来表示其阶级性。这些提法有两个问题：一是研究者还只是"站在"无产阶级立场上，不是作为无产阶级的一员对无产阶级利益进行概括，只是从无产阶级"视角"研究经济问题；二是由于不承认政治经济学的国度性，因此不能进一步规定国度的无产阶级（或劳动者）为该国政治经济学的主体。这两点，都直接制约着中国劳动社会主义政治经济学的形成。

刘：通过讨论，可以看出，中国的政治经济学，只能是中国的劳动社会主义政治经济学，它的主体，是中国的劳动者。这是一个简单不过的命题，也是一个根本性命题。只有从这个根本开始，中国政治经济学才能形成和发展。

首先，中国的劳动者之所以能够成为中国劳动社会主义政治经济学的主体，原因在于中国的历史是劳动者创造的，劳动者是文明的主体，也是历史的主体，劳动者在成为社会主体和经济主体的过程中，需要概括自己经济利益和意识的政治经济学，并对现实的经济矛盾做出系统规定。

其次，劳动社会主义政治经济学要探讨全世界劳动者的共同经济利益，但这种探讨必须是以对各国劳动者的特殊经济利益和意识为基础的，是从特殊中概括一般，而非从空洞的一般议论演绎实际的特殊。

最后，政治经济学教科书上的规定与要求，不能抹杀事实上存在的国度差异，更不能排斥各国劳动者的主体性。

王：我还想谈谈我的理解：

首先，中国的劳动者之所以要成为中国政治经济学的主体，就在于他们作为中国革命的主体知道自己应有的经济权利没有落实，从而严重损害了他们的利益。他们要依照劳动社会主义原则，依据宪法对其权利的规定（虽然这种规定还是不充分的）来争取自己的权利，维护自己的利益。

其次，中国的劳动者有充分的条件能够成为中国劳动社会主义政治经济学的主体。

最后，现代中国劳动者作为中国劳动社会主义政治经济学的主体，也有明确而充分的经济利益和意识需要进行理论概括。我们以中国劳动者的基本经济观念为前提，揭示和规定现实的（也是历史形成的）中国经济矛盾，就是在创立中国的劳动社会主义经济学。

（马博）

第五编

中国政治经济学主题：
规定中国经济矛盾系统

主题是主体据其主义对所遇到问题的研究与规定。中国政治经济学主题之"主"，也是现代劳动者，其"题"，就是现代劳动者自由发展中遇到的问题，即对确立社会主体地位，提高并发挥素质技能进程中矛盾的研究。主题不是"客题"，研究也是主观而非"客观"。以"客观"名义的研究是不可能的，"客"是研究对象，从未有对象自己研究并得出结论供主体使用的。任何研究都是主体对客体的认识。"客观"，不过是某些研究者为掩饰其主体性而提出的一种说法，不仅与实际不符，而且会因掩饰主体性而导致逻辑混乱，美国政治经济学的体系充分表现这一点。

中国现代劳动者的利益与中华民族现代化是统一的，作为主体，劳动者没有任何需要掩饰的利益和意愿，而是要公开、明确地表达。中国政治经济学的主题就是对中国经济矛盾系统的规定。与自称"客观"的研究者不同，我们并不是站在经济矛盾之外对它的考察，而是从劳动者利益和意识集中概括的基本理念，即劳动社会主义来界定包括劳动者在内的经济矛盾。首先是对经济矛盾系统层次的分析，是以劳动者作为主体为根据的规定，这是"客观"认识论永远认识不到的。进而从体现劳动者社会主体地位的劳动力和生产资料所有权以及其派生的占有权、使用权、经营权、管理权、监督权、收益权等一系列权利关系，分层次系统地研究，揭示这些权利关系对提高和发挥劳动者素质技能的制约，探讨改革完善制度、体制、结构和机制、经营管理、对外交往，促进劳动者素质技能提高和发挥，也就是解决中国经济矛盾的途径。

｜ 经济矛盾的层次和系统性

人类的经济思想，乃至系统的政治经济学学说，都是针对经济矛盾的。经济矛盾是实际存在的，也是错综复杂的，必须对其进行系统的规定，这是人类理性的集中体现。刘老师在《政治经济学方法论教程》中，从实践辩证法的系统性，从一般与特殊、抽象与具体相统一的角度，汇集经济思想史的成果，根据对现实经济矛盾的分析综合，将经济矛盾进行层次划分，明确了经济矛盾的层次和系统性①。这既是方法论上的，也是理论上的，对于政治经济学的研究，特别是中国政治经济学的创立，是至关重要的。

一　经济矛盾的层次

春敏：我先把《政治经济学方法论教程》中关于经济矛盾层次的规定概述一下：

第一层次，基本经济矛盾。在各个国家、各社会形态及各种具体的经济活动中都普遍存在，是人本质要素劳动、需要、交往、意识展现的第一个环节。其中，劳动是核心要素，劳动与需要的矛盾又是最基本的矛盾。劳动者的素质技能与其社会地位，是经济矛盾的核心，它表现为生产力与生产关系，以及生产与交换、分配、消费的矛盾。这一层次的矛盾，是人类形成时就具有的，也是经济发展的内在根据，并在各国历史地出现的各种经济形态中具体化为以下各层次的矛盾。

第二层次，商品经济的矛盾，它是基本经济矛盾的直接展开。大约在原始社会末期，即当氏族、部落间的产品稍有剩余，并开始产品的交换以满足扩大了的需要时就已形成。在奴隶社会和封建领主农奴社会、集权官僚农民社会逐步发展，成为当时社会主要经济矛盾的必要辅助形式。商品经济的演进，导致农业生产方式向工业生产方式的转变，并形成了普遍化的商品经济——资本主义经济，人类由此进入资本雇佣劳动社会。否定资本雇佣劳动制的民主劳动社会，依然要保留商品经济的一般性。商品经济在上述各个社会形态中都有其特殊性，但又有共性，即交换（产品或服务）的等价性，价值由劳动创造，交换价值表现为价格，交换以货币为中介，并形成市场等。

---

① 刘永佶：《政治经济学方法论教程》，中国社会科学出版社 2012 年版，第 181—183 页。

　　第三层次，国度性经济矛盾。国家是特定历史条件下形成的，是对特定区域内人的经济和社会关系的总体界定。国度性经济矛盾是上述两层次经济矛盾的集合，也是其具体的存在形式。国家集中体现了统治阶级的利益和意志，它既是一个政治范畴，又是一个经济范畴。国家不仅是世界经济矛盾存在的一个单位，也是从政治上对该单位范围内全部经济关系的集中概括和制约。同时，国家又是文化存在及作用的界定，文化对经济的作用，也在国家范围内体现。国家是历史的产物，也是不断变化的。政治经济学的研究，是针对现实的国家经济矛盾的，也要充分考虑其历史的演变。政治经济学形成于近代资本主义国家，所有的研究者都在国家的制约下，对国度性经济矛盾进行探讨的，因此政治经济学表现出明显的国度性。正是从国度性经济矛盾入手，才得出上述两个层次的一般性经济矛盾的规定，并以此为前提，探讨以下各层次的经济矛盾。

　　第四层次，制度性经济矛盾。这是国度性经济矛盾在不同社会形态的体现。并存在于各社会形态及其各个领域。其首要和根本的矛盾是所有制的矛盾，所有制由劳动力所有权和生产资料所有权两个基本权利，及由其派生的占有权、经营权、使用权、收益权、处置权、管理权、监督权等一系列权利构成，并据此来界定经济地位、经济利益和经济关系。所有制是划分社会形态的根据。以所有制为根本的经济制度，通过对人社会地位的界定，将人分为阶级、阶层或不同的利益集团，由此构成总体经济关系和社会关系，制度是这些关系的集合，是阶级之间的制衡。而每个个体人又都要在这总体关系中生存，并受其制约。

　　第五层次，各社会制度中不同发展阶段经济体制的矛盾。社会形态的制度在其演化中表现为若干阶段，这些阶段都有其特殊性，制度具体化为体制。以资本雇佣劳动制为例，其制度性的矛盾是资本所有权主体与劳动力所有权主体的矛盾，但在不同阶段，又表现为不同的体制性矛盾，已有统制经济体制、自由竞争体制、市场经济体制。在这三个阶段，制度的性质未变，但资本所有权主体与劳动力所有权主体之间的关系，却有局部的变化，特别是在占有权和经营权的关系上，以及国家的作用等方面，表现出经济关系和经济利益的调整，即其矛盾的演化。民主劳动社会经济制度也有其阶段性及其体制特殊性矛盾。

　　第六层次，经济结构及其运行机制的矛盾。这个层次是特定国度内存在的经济制度在特定体制下的具体表现。经济结构是经济权利及其关系的总体存在形式，它不仅包括权利主体的关系，还包括权利所有和支配的劳动力、资金及资源等。大体上说，有劳动者素质技能结构、投资结构、产业结构、就业结构、产品结构、交换结构、分配结构、消费结构、区域结构等。经济结构相互间的制约和作用，就是经济运行机制，它直接体现于具体的经济矛盾中。

　　第七层次，经营管理的经济矛盾。这个层次中还可再细分为几个层次，但在规定总的经济矛盾系统时，归结为一个层次，包括企业及个人经济行为等。这个层次的经济矛盾是人们可感知的，或者说是人们日常经济活动的具体形式。政治经济学的研究注重从总体上对本层次的经济矛盾关系的探讨。

　　第八层次，国际经济矛盾。这是从国际关系的角度，对经济矛盾的总体性研究，而国际经济关系也就构成经济矛盾的一个特殊层次。国际经济关系汇总、体现了各国在制度、体制、结构及其机制、经营管理各层次矛盾的特殊性，形成一个新的矛盾关系。这是相当错综复杂的经济矛盾，政治经济学的研究应从总体上概括不同国家经济的矛盾，并与以上各层次经济矛盾的研究相呼应。

　　经济矛盾的八个层次，是从简单到复杂，从抽象到具体的。它们并不是各自独立存在的，而是相互包含的统一体，是逐步从抽象规定具体化的系统。在具体的层次上，抽象层次的矛盾不是消失了，更是以具体的形式展开。具体层次的经济矛盾包容着、体现着抽象层次的矛盾。也可以说，各个经济矛盾层次，都是其总的系统的存在形式，现实经济矛盾是统一的，它的系统性就存在于实在性中，只有从统一中把握系统，才能规定其各个层次，对各个层次的研究又是认知系统的必要环节。

　　对经济矛盾系统性和层次性的规定，是刘老师长期研究的成果。除了对国度性经济矛盾所处层次的理解有些困难外，理解其他层次经济矛盾的划分相对容易。对国度性经济矛盾处于的层次，刘老师自己曾经有过反复。在《政治经济学方法论纲要》① 中，将制度性经济矛盾列为第三层次，国度性经济矛盾列为第四层次；在《中国经济矛盾论》② 中，将国度性经济矛盾列为第三层次，制度性经济矛盾列为第四层次；在《政治经济学大纲》③ 中，将制度性经济矛盾列为第三层次，国度性经济矛盾列为第四层次；在最近出版的《中国政治经济学 主体 主义 主题 主张》④ 和《政治经济学方法论教程》中，又将国度性经济矛盾列为第三层次。为什么最后把国度性经济矛盾放在了第三层次？

　　玉玲： 我觉得对经济矛盾八个层次的规定没有一个固定的排法，要看你研究的问题是什么？所以我认为今天讨论的这个题目就应该改为"中国政治经济学研究视角的经济矛盾层次与系统"。你看，第三层次的国度性经济矛盾，是研究中国的经济矛盾，第四层次的制度性经济矛盾，包括中国这个社会主义制度的国

---

① 　该书由河北人民出版社 2000 年出版。
② 　该书由中国经济出版社 2004 年出版。
③ 　该书由中国经济出版社 2007 年出版。
④ 　该书由中国经济出版社 2010 年出版。

家，也包括其他社会主义制度的国家。在研究中国经济矛盾的时候，范围已经确定了，所以国度性经济矛盾在先，制度性经济矛盾在后。只有研究中国的政治经济学，才有这样的排列顺序。

润球：经济矛盾若是有一般性的话，首先是人的经济矛盾，所以还是应该从人出发来理解经济矛盾层次的顺序。

思远：从人出发理解经济矛盾，对前两个层次的理解应该没有问题，这里关键是在国度性经济矛盾和制度性经济矛盾这两个层次，到底把哪个矛盾层次放在前面。

刘：可能由于我的论述中有反复和变化，才造成你的理解上的困难。

玉玲：之所以在您的规定中有变化，是因为这个层次本身就是不固定的。

思远：按照马克思《政治经济学批判》的六册结构，第四册才写到国家，第五册也许才能写到中国。当然那本书也不是专门写中国的。

玉玲：所以我认为经济矛盾层次的划分应该是有前提限制的，我还是坚持从中国政治经济学角度来理解国度性和制度性矛盾的层次。

刘：我不是从研究中国政治经济学的角度来划分经济矛盾层次的。原来把制度性经济矛盾层次放在国度性经济矛盾层次前面，实际上是受苏联教科书中唯物史观的影响，好像经济制度顺序已经事先设定了，不管是哪个国家，都应该按照经济制度的顺序来建立自己的制度。历史是先验地设计好的，要经历几个阶段，各个国家都要按这个顺序。这有制度决定国家的意思在内。这种历史观的典型表现是在 20 世纪 20 年代关于中国奴隶社会和封建社会阶段的讨论，产生类似观点的基本原因是把制度作为前提。在苏联教科书中，有这样一种观点：好像全世界有一个共同的制度，这个制度属于一般，然后才有国度。但是在历史过程中，恰恰不是这样，不是先有制度，而是先有国家，先有国度。不是先有一般的制度，而是在各个国家的特殊制度之中有一般性。任何一个制度都是在某一个国度内产生的。到了《四主》① 和《政治经济学方法论教程》写作的时候，我把国度性经济矛盾放在第三层次，制度性经济矛盾放在第四层次，不是因为写中国经济矛盾，就国度性经济矛盾在先，写政治经济学，就制度性经济矛盾在先，而是我本人认识的转变。其中原委，就在《劳动哲学》② 和《劳动主义》③ 对唯物主义的反思，由此确立了劳动社会观。

而苏联教科书中的唯物史观是对黑格尔绝对精神决定历史的套用，是对马克思关

---

① 这是《中国政治经济学——主体 主义 主题 主张》一书的简称。
② 该书由中国经济出版社 2009 年出版。
③ 该书由中国经济出版社 2011 年出版。

于生产方式演进阶段的庸俗理解。更重要的是,苏联领导人将自己视为世界革命的领袖,通过宣传这样的历史观,强调各国共产党要按其意志和苏联模式进行革命。

历史上确实存在过"制度在先国度在后"的思维,苏联先建立了社会主义制度,然后中国、东欧、古巴、朝鲜也相继建立了社会主义制度,苏联就要求后来建立社会主义制度的国家都应该按照"我"的模式来做,建立社会主义"阵营"。但整个资本主义制度演化过程恰恰不是这样,英国的资本主义制度、美国的资本主义制度、法国的资本主义制度,并不是他们有一个资本主义阵营、一个资本国际、一个共同的领袖、一个共同的党。这些国家内资本主义制度的不同状况,是由各自国度内不同的阶级矛盾造成的,在这些国家资本主义发展过程中有一般性,那就是资本主导的工业化,但这个一般性不是事先设定好了的。

对经济矛盾层次的规定,我经过了二三十年的思考,先是四个,又是六个,后来是八个,但在国度性层次和制度性层次的排位总拿不准。到现在把国度性层次的经济矛盾和制度性层次的经济矛盾的关系弄清楚了。也就是说,国度性经济矛盾是先出现的,制度性经济矛盾是从属国度性经济矛盾的。我们这里所说的制度首先是一个国家内部的特殊的制度,不是一般的制度,不是用一般的制度向下推演,而是从特殊的制度里发现、概括和你这一个国度相近、相似的一般性的制度,基本就是这样一个关系。

思远: 将来社会主义国家多了,各社会主义国家在制度上应该有一般性。

刘: 从历史上说,先有国度,后有制度。国家形成制度,不是制度制约国家。泰国就很有意思,号称自己是民主制度,但现在的"民主党"及其拥护者,硬是要以群众示威游行方式瘫痪政府,瘫痪曼谷,反对议会选举,要通过示威来夺权。很像中国"文化大革命"在1967年造反派夺权。乌克兰、埃及等国家也都号称民主制度,同样反对民主选举的政府,甚至发动军事政变。但这些国家呈现出来的矛盾又都不一样,这是不同国度内各种阶级势力斗争造成的。阶级矛盾和阶级势力的斗争构成国度,制度就是这个矛盾势力对比的相对规范和相对固定化。不要把制度先天设定好,制度都是现实利益关系的表现。美国的资本主义制度、日本的资本主义制度和法国的资本主义制度有很大差别,并不是因为奉行资本主义制度才有差别,而是由于各国的特殊矛盾才有差异。这个差异中有一般性,这个一般性才是资本主义制度。

二　经济矛盾层次的系统

春敏: 经济矛盾的层次性是内在统一的系统。明确经济矛盾的层次系统,是以劳动者为主体的劳动社会主义政治经济学的基本观点和方法,是系统抽象法的重要内容。但苏联政治经济学教科书和西方经济学都没有明确对经济矛盾层次的规定，下面讨论一下如何看待苏联政治经济学教科书和西方经济学的这种情况。

刘：政治经济学就是对经济矛盾论的理论探讨和规定，首先解决的问题就是必须分清经济矛盾的层次。虽然原来进行政治经济学研究的人对经济矛盾层次性的规定并不系统，但还是有一些相关阐述。在马克思那里，他实际上对经济矛盾层次进行了划分。生产、交换、消费、分配，是四个环节，也是四个层次。原来苏联和中国研究《资本论》体系的研究者们，对《资本论》注释大多也是按照这个层次来划分和展开的。苏联政治经济学教科书没有对经济矛盾层次划分，关于社会主义经济，提出了"五大规律"：社会主义基本经济规律，国民经济有计划按比例发展的规律，劳动生产率不断提高的规律，价值规律，按劳分配规律。这五大规律也可以看成是五个经济矛盾。西方经济学同样也有经济矛盾层次的认识，划分相对简单，即微观经济学层次和宏观经济学层次。

这三种经济矛盾层次的划分都是有局限的性。马克思所做的经济矛盾层次划分是按照横切面的方法来进行的，他所划分的经济矛盾都在同一切面上，是按产品的运行顺序，先生产，再交换、分配，最后是消费。这种划分在斯密和萨伊那里也有，他们是以资本运动的顺序，如萨伊的"三位一体公式"，但他否认经济矛盾。苏联政治经济学教科书对经济规律的划分虽然体现了经济矛盾层次，但把划分出来的经济规律看成是先验的，只要建立社会主义制度，不管哪个国家，不管什么样的历史，不管什么现实矛盾，都应该按照这几个经济规律来行事，以这"五大规律"为框架构建的经济学说体系，无疑带有浓重的先验性和强制性。这是对黑格尔"客观逻辑"方法低水平的模仿，苏联政治经济学教科书编写者在方法论上压根就不理解马克思的辩证法。然而，这种方法随其教科书传入中国以后，却成为中国政治经济学研究的主导方法，不仅教科书以"五大规律"为框架，就是对实际经济问题的论证，也都以"五大规律"为依据和出发点。西方经济学对经济矛盾层次的划分很简单，是从现象上进行的划分。萨伊把斯密二重方法中的现象描述法加以扩展，将政治经济学的对象说成财富的生产、分配和消费，从现象来规定经济矛盾。在他的研究层次中，将生产、分配和消费并列，把对象平面分割。后来的微观经济学和宏观经济学的划分也是方法论中现象描述的表现，都不足以把握经济矛盾，层次容易错位。现在资本主义政治经济学家也认为应把系统论、控制论等运用于经济学研究，但由于他们否认根本性的经济矛盾，因而，系统论在他们手上，也只能成为表述现象、掩饰经济矛盾本质的工具，最多只是在解决一些术和技层次问题上起一些作用。

我们这里规定的经济矛盾八个层次，基本体现了这次讨论的第一个题目中人类学识的道和法内容。前两个层次是一般，任何国度的政治经济学研究都要涉及，问题在于有人讲这两个一般层次混杂于本国特殊矛盾，不能体现其一般性的指导意义。所有的政治经济学研究都以某一特定国度为外延，这是第三层次。但他们对前两个层次的不同认识，也可以说是基本观点不同，这制约着他们对本国经济矛盾的研究。后面的五个层次，制度性经济矛盾、体制性经济矛盾、经济结构和运行机制的矛盾、经营管理的矛盾和对外交往的矛盾，恰恰是国度性经济矛盾的内涵。现在的经济学界对经济体制和经济制度的分析基本没有。首先，没有国度性分析，一些人虽然谈美国和中国的经济，但两个国家的制度和体制可以混用，实际上是用美国的经济制度和经济体制相关理论和做法来演绎中国改革；二是经济制度和经济体制混用，特别体现在改革上。中国今天的改革应该是坚持公有经济制度前提下改革经济体制，但现在改的都是经济制度，却又叫经济体制改革。现在又说在社会主义市场经济中，市场在资源配置中起决定性作用。到底社会主义和市场是什么关系？社会主义制度是什么？完全没有层次的划分。

经济结构层面的矛盾是经济体制层面矛盾的表现。说经济结构有问题，好像经济结构就是经济结构的问题，实际上经济结构问题也是经济制度上、经济体制上问题的表现。现在把经济结构孤立出来，原来每年 GDP 要保八，现在要保七，用这种思维谈经济结构调整，调整什么？

这些现象都充分说明经济矛盾层次的划分对经济学研究很有意义，我们编的《政治经济学大纲》的教材和《中国政治经济学——主体 主义 主题 主张》大体上是按照这个层次来进行安排的。其中对第一层次基本经济矛盾的规定，明确了劳动者素质技能和社会地位的矛盾是基本经济矛盾的核心。这是以劳动者为主体的要求，也是主义的基本设定。以下各层次都是这个核心的展开，而经济矛盾系统也依此而形成。

志燕：经济矛盾的层次和系统，是对象本身有层次还是研究主体的主观看法？

刘：是我们对经济矛盾层次的基本规定。

志燕：那问题是别人不觉得你划分的是对的，人家西方经济学也有自己的划分，他觉得自己划分得很正确呀。他会说没有必要对经济矛盾层次划分，只划分宏观经济学和微观经济学就可以了，反正我就注重术和技呀。

刘：我们不要求他同意。我们按照自己的道来确定方法。我们只能说他们的局限。你不要指望人家改变，由于所代表的阶级、国度差异，人家才不听你的呢，他们要听老板，也就是美国资产阶级的。

思远：马克思的经济矛盾层次划分，实际上是缺少动态的划分。资本积累是动态的，动态的东西用静态的方法搞不清楚。

刘：这个问题不展开。所有的政治经济学者都没有系统对经济制度的论证。马克思也没有对资本主义制度进行明确的规定，他的《资本论》从商品出发；西方经济学也没有对资本主义制度的明确规定，从供给和需求出发。经济体制层面的论证也几乎没有。我们的研究从人出发，以劳动者为主体，分为八个层次的经济矛盾。系统性就是这几个层次之间的关系，是从抽象和具体的关系，是内在的联系和制约。基本矛盾以下各层次的矛盾都是基本矛盾的展开，特别是劳动者素质技能与社会地位的矛盾，都具体化于各个层次。把握这一点，是认识经济矛盾系统性的关键。我们的研究有基本的方法，在看待经济矛盾时，要能够明白自己研究问题所处的层次。

春敏：西方经济学对待经济制度的态度，是把经济制度作为前提，但不论证，而是隐含在很多经济学家的著作中，把资本主义制度当作"上帝"。他们的"资源配置"经济学，从经济人假设开始，说人是自私的。实际上，当他们说人是自私的时候，已经隐含了资本私有制的前提。刘老师，您能不能对《资本论》的经济矛盾层次再说明一下。

刘：《资本论》没有对经济矛盾做层次划分，只有概念运动的划分。苏联人和中国人走社会主义道路时出问题和《资本论》有关系。从而受到以科学名义的资本主义经济学家的制约，即批判对手的体系的制约。没能继续他在《1844年经济学—哲学手稿》中的创造性思路。《资本论》从商品出发对资本主义经济进行研究，在研究中，马克思力求科学。《资本论》和马克思原来著作相比的长处就是"科学"，缺点也是"科学"。后来的教条主义的传统和从商品出发的逻辑有关系。今天的很多研究者依然还有苏联教科书"客观"真理的思维方式。经济矛盾是人的矛盾、社会的矛盾。经济矛盾的主体性与其"主观性"并不是一码事，那种以"物自身"的运动为依据的"客观经济规律"恰恰是不存在的，是真正的"主观臆造"。物本身是没有意识的，它作为研究对象的"客"也不可能"观"。经济矛盾以人为主体，是人与人之间的关系，而人又要以自己的意识去"观"经济矛盾，去指导人的经济行为，这才是实在的经济过程和经济矛盾。只有明确经济的主体性，才能认识经济矛盾的实在性，并对之进行系统的规定和论证。经济矛盾的系统性是经济矛盾实在性的展开，经济矛盾的层次又是内在于经济矛盾系统的。这几个关系是内在有机统一在一起的。

春敏：我觉得刘老师提到的这个问题在今天的很多人心中还是根深蒂固的。破除"客观"的思维方法，确立主体性思维，进而理解经济矛盾的实在性、层次和系统，既是研究者个体的事，也是创建中国劳动社会主义政治经济学的首要环节。不破除这种思维方式，我们的腰都直不起来，还谈何创建中国劳动者的政治经济学，只能跟在资本主义政治经济学后面做个跟班，甚至连这个资格都没有。

三　经济矛盾层次和系统规定的必要性

春敏: 关于经济矛盾层次和系统的规定对我们学习和研究政治经济学的必要性和意义,我觉得可以从三个层面来理解。第一,明确经济矛盾的层次与系统,能够准确把握经济思想史,进而理清经济理论发展的总体脉络。经济思想史上的斯密、马克思、凯恩斯等人,在各自的系统研究中,虽然没有明确经济矛盾的层次,但他们的研究还是针对经济矛盾的,也有一定的层次。通过我们对经济矛盾层次和系统的研究和规定,能够从他们所在国度、所代表的阶级、所处的时代、所面对的经济矛盾以及所建立的概念或范畴体系,发现他们研究的主要任务和研究的层次,进而评价他们在经济思想史中的地位和贡献。如斯密、马克思的研究重点在经济制度层次,而凯恩斯等人的研究在于经济体制层次,"二战"以后的资本主义经济学家大多研究的是经济结构及其运行机制、经营管理以及对外经济交往等层次的矛盾。从经济矛盾层次性角度分析经济思想史,以历史与逻辑统一为原则,能够促进我们对创建中国劳动社会主义政治经济学所遇到的一系列问题的认识,有助于作为研究者个体的我们与所代表的劳动者阶级总体的统一,概括包括我们自己的劳动者阶级的经济利益和意识,依据劳动者自由发展目的,揭示经济矛盾,提出解决矛盾的主张。第二,明确经济矛盾的层次和系统,有利于破除经济理论中的技术主义和教条主义的倾向。技术主义者从自己的利益出发,不承认矛盾,把矛盾对象用手术刀分离开,先把抽象层次的经济、政治和文化分开,进而把经济矛盾内部之间的关系分开,铁路警察,各管一段,几十年来,搞出来上百个经济学科。学科的分化本来是为了从不同角度研究对象,为了研究更深入,但不是把研究的对象分开,分开的后果就是看不清矛盾的本来面目,掩饰了问题。这是居于社会统治地位的阶级的利益要求,但对要求社会变革的劳动者是极其不利的。同样,教条主义者也不承认矛盾,在研究中也不从矛盾出发,而是从条条出发,用"规律"去演绎现实。可以说,不掌握系统研究方法,就不能看到经济矛盾的本来的面目,不能揭示经济矛盾的本质。不分清经济矛盾的层次,研究者都按自己的观点随便找一个突破口,东一锤子西一棒槌,互不联通,成了盲人摸象。第三,理解经济矛盾的层次和系统,对于经济理论的研究者来说具有非常现实的意义,促进研究者寻找合适的研究切入点,明确自己研究的层次,准确把握自己研究领域的总体研究水平和研究状态,在对经济矛盾的认识上做出切实的成果,并能与其他研究者相联通。

刘: 刚才提到的技术主义的问题,从经济矛盾层次规定中更容易看得明白。八个层次经济矛盾的划分,把经济中的政治和文化因素也包括进来了。近代西方国家所形成的并扩展于全世界的自然科学和社会科学,也包括经济学,在方法上的一个特点，就是"分而不合"，这是实验科学的实证方法的表现。社会科学中的"分门别类"以及对学科界限的严格划分，短期内有助于对社会矛盾的深入认识，但它破坏了社会矛盾的总体联系，不能揭示社会矛盾的统一运动规律。与之相应，19世纪以来的资本主义主流经济学，坚决主张"纯经济"的研究，将政治、文化等排斥在经济学研究之外。这种"只分不合"的方法也渗透于苏联、中国的学术界，导致将经济、政治、文化割裂，并进而再把其分成更为细小的学科。

在经济矛盾的八个层次中，第一层次就是基本经济矛盾。把基本经济矛盾规定为人本质要素劳动、需要、交往、意识展现的第一个环节，其中的交往展开为政治、意识展开为文化，从这个层面出发，政治和文化都是内在于经济的。这个关系在第三层次的国度性经济矛盾中也能体现出来。进一步看，国家既是一个政治范畴，又是一个经济范畴。国家又是文化存在及作用的界定，文化在经济中的作用，也在国家范围内体现。这里的关键是主体，是人，在人的存在中，劳动、需要、交往、意识要素是统一的，归结于总体的阶级及其国度经济矛盾，也必须是由政治为机制，以文化为导引。

思远：在提到划分经济矛盾层次性意义的时候，我觉得对经济矛盾总体的理解，对于构建政治经济学的篇章结构和具体安排都是必要的依据。思维上把经济矛盾从抽象到具体的方法来分层次，相应的政治经济学体系也是从抽象到具体来安排篇章结构。

春敏：今天主流经济学用技术主义的方法来安排篇章结构，由问题的提出、现状、问题、问题的原因、解决的办法等几部分组成。我感觉好像大多数的论文都在用这个结构。

马淮：我们前面在谈到道、法、术、技四个层次的时候，实际上和经济矛盾层次和系统也具有相关性，经济矛盾的层次性是对象的层次，道、法、术、技是思维的层次，二者应该是相联系的。

刘：道、法、术、技四层次是关于人类学识的层次性规定；经济矛盾层次是专门针对经济的。大家还要注意另一个层次划分，就是主体、主义、主题、主张，也是四个层次。这三种关于层次的划分，有一个共同点，就是系统性。每一个层次都与另一个层次内在统一。如何在思维中把握并处理好这三种层次划分的关系，是研究中国政治经济学，也是研究政治、文化，乃至哲学，以及各具体科学的基本方法，也是使思维明晰，并能在逻辑上验证研究成果、进展的必要依据。

石越：经济矛盾的层次并非是经济矛盾自身展现出来，而是作为变革主体的劳动者思想代表对经济矛盾的基本认识。

春敏：我这里再谈一点认识。在规定经济矛盾第一层次的基本经济矛盾时，必须明确矛盾的主体是人,而人又是政治经济学研究的主体。西方思想家喜欢用真理这个概念。在上帝教存在背景下,真理就是符合上帝的思想。当上帝被打倒之后,真理就要符合"客观"实际,但"客观"实际确实就在那里,到底我们的认识符合不符合"客观"实际,没有一个上帝来给我们做裁判。这样,不同的主义、不同的学派就发明了很多标准,比如所谓的证伪,所谓的以自然科学方法来判断社会科学等,到了今天,各自领域里制定了一套套的学术标准,符合标准的就是真理。刘老师在对基本经济矛盾的规定中,强调了主体性,并以主体性展开对历史上思想家包括马克思等人思想的总结和梳理,最终确立自己的理论体系,把揭示经济矛盾本质作为科学的基本根据。

主流经济学从其代表的总体利益出发,只谈某一个问题,不从系统角度揭示经济矛盾,不会认同经济矛盾层次的划分。从这个意义上说,经济矛盾层次和系统的规定对看清主流经济学的主体、主义、主题和主张及其方法等更有帮助。现在中国的主流经济学家,从一个既有的美国经济学概念出发,来演绎中国现实经济。他们心中确实有一个"上帝",那就是美国大资本财团。一切国家一切制度,都应该把他们心中的"上帝"作为标准,都要符合"上帝"的要求。为了全世界都能与美国"大同",想方设法来掩饰经济矛盾。如在对国有企业的研究中,先验的拿出一个所谓的产权理论,揭示国有企业的弊端,把国有企业搞臭,最后就用杀死就能消除病症的逻辑,提出私有化的方案。比如有人说,"科斯定理最大的贡献,是提醒我们在实践上分析经济制度时一定要考虑到那些客观的交易或非生产的费用。我们二十多年来的研究,证实资料堆积如山,所得到一个主要结果,就是只有在私产制度下,人类才会为自利的缘故设法将这些费用的比重尽量减低。这是从科斯的理论所演变出来的对国有制的最大贡献。"[1] 他们先只是说对国有企业进行经营管理改革,建议实行"现代企业制度",但又不从经营管理层次提出自己的建议,反而用私有化的主张,要求改变国有企业的公有制度,以"明晰产权"这个本身就不明晰的概念,说是改革经营权,实际改变所有权,将国有资产(即全民的个人资产)变成少数人的资本。明修栈道,暗度陈仓。当然,还有一个认识能力的问题。很多坚持社会主义的研究者确实想提出有利于劳动者利益的国有企业改革方案,但由于不明白经济矛盾的层次,从现象层面上研究国有企业,只能说"国有企业好""国有企业重要",不能提出切实可行的改革主张。

江荣:在我们日常学习、参加讨论和看待社会经济问题时,如果不理解经济矛盾的层次,就会陷入思维困境。一是不知道很多人针对的问题和其观点的实际

---

① 张五常:《卖柑者言》,四川人民出版社 1988 年版,第 127—128 页。

意图；二是不明白不同研究者观点之间的区别和联系；三是面对大量的观点和材料的时候，无法理清总体逻辑和大的线索。

石越：作为一个学生，如果说辩证法以及辩证法的运用在理解上确实存在一定的难度，好像和我们的政治经济学学习还比较远的话，经济矛盾层次和系统理解起来更方便、更实用。

春敏：很多学生在课堂讨论的时候，也都提到这一点，觉得理解了经济矛盾层次性，较为混沌和混乱的思维变得清晰，促进学生既能从总体角度思考问题，也能提高分析问题的针对性和能力。

云喜：明确经济矛盾的层次和系统是理解中国劳动社会主义政治经济学的前提。中国劳动社会主义政治经济学研究的总体思路就是在对经济矛盾第一、二两个层次做出基本规定的前提下，从第三层次入手，集中探讨第四至第八层次的经济矛盾。在方法上，要注重对中国现实主要经济矛盾和主要矛盾方面的探讨和规定，以此为纲，探讨和规定各矛盾层次，并对中国经济矛盾系统做出规定。研究目的是主体、主义与研究对象的统一，以揭示中国经济矛盾规律作为中国政治经济学的研究目的，是劳动社会主义的体现，也是解决现实中国经济矛盾的要求。对中国经济矛盾的系统规定，也就是在规定中国经济矛盾规律。对研究对象和研究目的的辩证研究，就构成中国劳动社会主义政治经济学的主题。

春敏：记得在前几年我讲授"当代中国经济理论"时，用的还是刘老师《中国经济矛盾论》那本书。由于这本书知识点较多，逻辑性强，好多初学者包括研究生们对这本书的研究方法、知识体系等的理解总是有些困难。为了使学生能够准确理解知识点和逻辑关系，我画了一个图表。从中国经济矛盾层次的国度性开始，到经济体制矛盾、经济结构和运行机制的矛盾、经营管理的矛盾、对外交往的矛盾，横向列出来；纵向上我对应着列出 20 世纪 50 年代到 80 年代、20 世纪 80 年代到目前、未来的改革，三个时期；横纵交叉，结成一张网，网上的结点就是范畴。每一个范畴，在图表上，和它直接相连的就有上下左右四个范畴。经济矛盾的层次和系统，在中国经济矛盾的研究中，直观的展示出来。对于学生理解，很有帮助。

刘：《中国经济矛盾论》已经十年了，现在《四主》出来，你在上课时也用这本书，可根据《四主》再画个新图，对于学生是有好处的。

刚才讨论的经济矛盾层次和系统，是对经济的总体性把握，也是研究方法的基本内容。也正是在经济矛盾层次和系统的规定中，我们看到经济理论和方法论的统一。方法论就是政治经济学的必要组成部分，它内在于对经济矛盾各层次的探讨，内在于各层次的系统之中，而经济理论就是对经济矛盾各层次的系统规定和论证。

（张春敏）

| 政治是经济的内在机制

经济是人的经济,人的经济活动不可能是"纯经济"的,而是人生和社会矛盾在经济这一层面的集合。由人生而构成的社会矛盾,是个体与总体的统一,是一个大系统。因为研究的需要才从逻辑上将其分为经济、政治、文化三个层次,在这个大系统中,经济是基础,政治是经济的内在机制,文化则是对政治和经济的意识和导引。

经济的主体是人,在经济活动中,人本质的四要素劳动、需要、交往、意识都存在并发挥作用。政治,作为交往的集中体现,主要在人与人的社会关系上发挥作用。经济的出发点、过程和归结点,都是人,是以劳动者为主体的人的社会活动。政治不是外在于经济的,而是内在的、对经济生活中人的关系及其活动的制约。政治是人的经济利益、经济关系的集合,也是调整经济利益和经济关系的社会机制。

一 政治与经济的关系

德启:对于政治与经济的关系,通常的说法是:经济是政治的基础,政治是经济的集中表现。这种说法的主要问题是忽视了经济与政治是同一主体。从主体出发看政治与经济的关系,二者不是外在对立,而是内在统一的。

刘:确定主体对于研究经济与政治的关系至关重要。人类的思维有个习惯,在对事物做出概念性规定以后,在使用这些概念时,往往认为概念是单纯存在的,特别是在对同一事物进行分层规定时,这种情况更突出。经济、政治、文化是人社会关系和社会活动的内容,经过几千年的探讨,人们对经济、政治、文化分别做了概念规定,这是认识的大进步,但随之而来的问题是在使用这三个概念时,又似乎觉得它们都是独立存在的,是特定的"领域"。这是"只分不合"。政治在经济中的存在与作用,或者说它作为经济的内在机制,主要表现就是:政治的总体形态是阶级关系和阶级斗争,它既是经济权利和经济关系的集中体现,又制约着人们的经济生活和经济发展。

春敏:德启首先应该对现有的一些研究方法中,把政治和经济割裂开的现象做一个举例。尤其是今天的西方经济学比较明显,"苏联模式"的政治经济学也存在这个特点。好像各自都是铁路警察,各管一段,探讨问题时把对象割裂开,这个是经济学的问题，那个是政治学的问题，在当前这两种政治经济学方法中，"只分不合"的教条主义都是存在的，而且非常普遍，所以要回到主体。经济也好，政治也好，都是人的关系在不同层面的表现形式。从人这个主体出发，再来看研究方法，我们就能系统理解这个概念。统治者不需要辩证法，系统抽象法作为辩证法的具体化，是要求变革的劳动者才需要这种方法。获得了统治地位的阶级，他们不希望变革，就是想稳定现有的秩序，他们从自身的主体、主义出发，就不希望把矛盾弄清楚，因此，他们主张"纯经济"，将政治、文化都排除在经济学研究之外。

思远：对于政治经济学的"纯经济化"或者"去政治化"，把政治经济学变成一个"纯经济学"，割裂政治和经济的内在联系，还有一种表现就是将经济学数学化，经济学本身被当成自然科学，这样就把政治排斥在外了。

刘：伯卿要谈的文化与经济的关系，也有同样的问题，应该注意。当人们使用"上层建筑"来表示政治，并谈论"上层建筑与经济基础的关系"时，往往将政治与经济规定为两个"领域"或"部分"，似乎政治是与经济分离存在的一个特殊实体，它与经济的关系，只是外在的联系或制约。如果只是在概念中的规定，政治概念与经济概念、文化概念当然是可以分开并独立存在的。然而，现实毕竟不是由概念决定的，更不是概念体系的"外化"形式。概念只是对现实矛盾的理论规定，是思维对现实矛盾所反映的现象材料的概括。概念能否准确地规定现实的矛盾以及规定的程度，并不在于现实矛盾的存在，而在于认识主体的目的和方法，也正因此，才有对同一对象的若干不同的概念规定。在概念上将政治与经济、文化作为相互外在的，是很容易的，也可以从概念的外延上谈它们的相互关系，但这并不等于在现实中真的分别存在各自独立的经济、政治、文化。

近代西方国家所形成并扩展于全世界的自然科学和社会科学，在方法上有一个特点，就是"只分不合"。这种"只分不合"的方法也渗透于苏联、中国的学术界，导致将经济、政治、文化割裂，并进而再把其分成更为细小的学科。这种方法是导致社会科学停滞，乃至倒退的重要原因。

实践辩证法是总体的系统方法论，它在政治经济学中具体化的系统抽象法，就是要在总体内在联系中揭示经济矛盾。克服"只分不合"方法，明确政治、文化在经济矛盾中的存在和作用。

人生和社会发展是统一过程，人本质的四要素有机结合，形成社会矛盾，并在个体人格、价值、权利、自由中综合体现。经济是人生和社会发展的基础，但这个"基础"并不是像盖房子的地基，而是强调其根本性和普遍重要性。经济贯彻于人生和社会发展的全过程,并对政治、文化活动提供基础和保证作用。同样的,政治、文化也都贯彻于人生和社会发展的全部,作用于经济的全过程。

德启: 政治主要是以哪些形式参与经济生活的?

刘: 政治以国家和政党为形式,参与并控制全部经济生活,调节经济关系。

德启: 刘老师,您说以国家和政党为形式参与和控制全部经济生活,这是不是太绝对了?因为上边说了,它是人的本质四要素中其中一个要素交往的集中表现。所以这儿不太理解,它有没有控制全部的经济生活?

刘: 政治在总体上集中于国家,国家不仅是政府,而且是全部政治权利的集合。它以立法、执法、司法、行政等机构,制定法律和政策,控制全部社会生活,其中主要的就是经济,政党是资本主义社会以来的政治组织,它与现代国家是统一的,既在总体上作用于国家的法律和政策,又具体活动于社会的基层,做各自代表的群体的工作,并将该群体中的个体利益集合起来,形成政治纲领,体现于其政治活动中。

政治的根据,在于人性的社会性,在于人本质中的交往要素。社会性的交往和交往的社会性,是人类得以形成社会并为个体人提供总体生存条件的保证。政治之所以成为社会矛盾大系统的一个层次,就在于交往所结成的社会关系,政治的作用,体现于对交往关节点的界定和控制。人与人的交往结成错综复杂的矛盾,交往的各个关节点,都是矛盾的集合,从总体上界定、控制、调节这些关节点,是社会生活有秩序展开的机制,也是政治的内容。政治是以人格、价值、权利等为前提,在从总体上对权利规定的基础上,控制和调节人的交往,从而制约和协调社会关系的。这样,就形成以法律为框架的社会制度和以政策为导向的运行机制。政治作用的范围,法律和政策的主要内容,是经济,对经济权利的界定和对经济利益的调整,历来是政治的社会功能所在。从这个意义上说,政治是内在于经济的要素,脱离经济就没有政治的存在。同理,经济本身就是包含政治的,是在政治的作用下运行的,脱离政治的经济,实际上是不存在的。我们看现实的经济活动,有没有一个层面、环节不受法律和政策的制约?没有的。经济生活的任何细节,都体现着政治的作用。即使是违背法律和政策的经济活动,也受政治的制约,就是不被追究,当事者也深知法律和政策的存在。不论是制造、贩卖假冒伪劣商品,还是公款消费,之所以偷偷摸摸,就是因为当事人知道违背了法律和政策。由此我们可以说,现代资本主义经济学家所鼓吹的以数理为原则、摆脱政治和文化的"纯经济",是完全脱离实际的,他们之所以这样做,绝非只是方法问题,而是掩饰资本家剥削劳动者剩余价值的必要方式。

在作用于经济过程的同时,政治还制约着以经济为基础的伦理、国际关系、人口、环境等社会生活各方面，制约着文化的各个环节。这种制约，以法律和政策为主要方式。只有从人生和社会发展的全过程，才能认知政治，也只有充分考虑政治的作用，才能规定经济和文化的矛盾与发展。

德启：政治的内容有哪些？

刘：政治是人生和社会发展的重要内容，它规定着人的社会地位并导引社会发展。政治集中体现于对人的权利的界定以及对社会关系的调整。政治的主要功能，就是规范和制约人的利益和行为。原始社会的家族关系及其首领对家族成员的组织、协调以及处理与外部家族的关系，是初始的政治，演变到阶级社会，国家出现，政治就集合于代表阶级利益的国家和构成它的集团的规则、行为。近代以后，又出现了政党和各种团体，政治关系更为错综复杂。国家、政党、团体等总体政治形式，将个体人的分散的个别权利集合起来，形成社会势力，各社会势力之间的关系和矛盾，就成为政治的内容。

伯卿：刘老师，现在西方国家有很多经济学家都是主张市场自由竞争，反对政府干预的，这个怎么理解？

刘：政治的作用并不仅是政府的行政干预。"自由竞争"作为一种体制和政策主张，本身就是政治的形式，减少政府行政干预，并不等于不受法律、政策的制约，而是以法律、政策保证并推行其主张。这里所谈的话题不是单指中国现实，而是一般层面。从人类历史产生以来都是这样，实际政治就是对人际关系的界定，人们往往把政治理解的面非常窄，实际它的范围是非常广泛的，任何经济活动，只要是人活动，都要受到政治的制约。纯经济是不存在的，纯政治也是不存在的，它们两个是同一个问题的不同的层次，或者是人在逻辑上对它们的一种分析，在现实中，所有的经济都有政治的内容。

西方国家好像是经济摆脱了政治，它恰恰不是，它可能是摆脱了政府的行政作用，或者说政府的行政干预小了，但是法律的作用是加强了。而且不见得说要有执法、司法机构天天去管你，当你自觉守法的时候，法律也在起作用，不是违法的时候才有法律。你看国外偷税漏税的特别少，害怕，就是法制普及强化了，而这个就是政治。人类社会从一开始到现在不可能摆脱政治制约，在经济学研究中硬要把政治这个因素排除出去，那经济就不存在了。这个问题有些类似把西红柿烘干，一个西红柿烘干了它的水分，它已经不是西红柿了，或者把西红柿里的某一个元素拿掉，它也不是西红柿了，它是一个整体。这不是概念决定的，人们往往是从概念到学科，在学科上是完全可以把经济、政治分开的，但已经脱离了实际，这个实际首先就是人。只要你把问题归结于人这个主体，政治、经济、文化内在统一的关系就明显了，也只有从这种统一的关系中来认识经济，才能揭示经济矛盾，否则的话，那就不是经济矛盾，而是一种概念性的游戏。

二　政治是经济的内在机制

德启：政治在经济中的存在与作用，是通过什么样的机制实现的，国家和政党是如何制约经济生活的？

刘：国家是阶级统治的工具，也是基本和主要的政治机构。国家作为一个机构或机器，它由占社会主要矛盾的主要方面的阶级势力所掌控，维护其阶级利益，协调本阶级内部关系，并结成统一的社会势力以统治民众，从本阶级利益出发规范、导引社会的演化。国家是居主要矛盾方面的统治阶级支配社会生活的手段，但次要矛盾方面的势力也并不是无，而是有，它的存在对主要方面的势力是一种制约，这种制约也会通过国家，或在国家形式上得到体现。即令专制君主或封建领主，也都会考虑民意、民生。中国集权官僚制下的所谓"民本"观以及"水能载舟，亦能覆舟"的说法，都表现着这一层。到资本主义社会，被统治阶级的力量及其对统治阶级在政治上的制约尤为明显。马克思曾有一个提法"资产阶级社会在国家形式上的概括"，他计划以此题做《政治经济学批判》的一篇，来概括资本主义国家与资本雇佣劳动制度的关系（相关具体论述主要是《资本论》的内容），这个提法本身就已说明国家在社会中的地位和作用。马克思的这个观点源自黑格尔的法哲学。在黑格尔那里，国家是市民社会的概括，而市民社会又是法律及其基本权利——所有权的概括。虽然黑格尔的论证是以绝对精神为依托，并带有很大的思辨性，但国家是对社会的概括、社会是对权利的概括的思路，却是理解人类社会各层矛盾的正确思路。资产阶级的统治通过国家展现，被统治的劳动者也以政党、工会等团体组织起来，形成社会势力，并以各种斗争形式作用于国家，从而制约资产阶级统治，维护和争取劳动者利益。

德启：您再细说说政党对经济的作用机制又是怎样的呢？

刘：政党是在资本雇佣劳动制社会才出现的政治形式，是公民结社权的集合。如果说国家在形式上还有一种超阶级的表象，或者说握有统治权的那部分人还试图掩盖国家作为阶级统治工具的实质，那么，政党的阶级性甚至集团性就相当地明显。政党的组成，是阶级联合的体现，"人以群分，物以类聚"，政党是自行成立的，其参加者也是自愿的。党的纲领、章程、政策等，都集中反映了一定阶级或阶层的总体利益，并得到参加者在意识上的认可。

政党是政治权利所规定的结社权的联合形式，在资本雇佣劳动制度中，资本所有者不仅有其依资本统治而行使的寡头政治权利，还与雇佣劳动者一样，拥有公民权，并以此来组织政党。资产阶级政党是先于劳动者政党出现的，一是因为其资本统治的需要；二是资本所有者先于雇佣劳动者拥有选举权（有关选举权的财产限制到 20 世纪才逐步取消）；三是他们有充裕的经费来组织政党活动。不同阶层、集团的资产阶级政党，将其集合起来的政治、经济权利及支配的财力，形成社会势力，参与政治活动，在立法、行政等环节发挥作用，以维护本阶级、阶层或集团的利益。后来，雇佣劳动者及其他劳动者也在拥有民主权之后，组建合法的政党（以前曾有不公开的"非法"组织），并参加选举，参与立法和行政，为劳动者争利益。

无论哪个阶级及其阶层、集团的政党，都有自己的纲领、章程、政策，并以此来凝聚群众，形成社会势力，进而通过议会立法作用于经济社会生活。一是其政党能够参与立法，其纲领、政策中的一些内容就有可能纳入法律；二是当其政党能够执政或参与执政时，还可以将本党的纲领、政策变成政府的政策，直接对经济社会生活进行干预和控制。

德启：从政治对经济的具体作用来看，法律和政策的制定、实施有很强的经济后果。法律是国家对经济和社会生活进行控制的基本方式，也是集中概括于国家的阶级关系、势力对比的均衡态相对固定的表现。政策则是政党和政府控制、调节经济的主要方式，也是政治在经济社会中的存在与作用的重要手段。

刘：法律是由立法而形成的。立法权是政治权利的集合，它或由最高统治者——皇帝或国王——行使，或由贵族寡头、民选议员、代表等组成的立法机构行使。立法过程是各种矛盾势力的斗争与制衡，这在立法机构的讨论、争论以及被少数服从多数原则的通过中充分体现着。而以皇帝和国王名义的立法，实际上也事先经过反复的争论和权衡。法律是阶级关系、集团及个人利益矛盾的集合。它的施行，目的在于规定个人权利和地位，规范个人的行为，调节利益关系。统治阶级的利益，在权衡了被统治阶级利益及其势力的基础上，集中体现于法律，并颁布于众，同时设立相应的执法和司法机构以及行政、军事等机构，保证法律的实施。无论哪个国家，也不论是阶级社会的哪个阶段，法律的主要内容都是对个人利益和关系的规定，其基本形式就是权利的规范。而首要的权利，就是人身权和所有权，所有权包括对物质资料（包括自然资源、生产资料、生活资料）的所有权和对劳动力的所有权。在人身权和所有权的基础上又会规定由所有权要求并派生的政治权利，它表现为专制权、参政权、民主权等形式。民主权是资本主义及其以后社会中的基本政治权利。由法律规定的人身权、所有权及其派生的政治权利以及由它们展开的经济、政治权利体系，构成基本的社会制度。以所有权为基础和核心的经济权利体系，是所有制或经济制度；由专制权、参政权、民主权等为基础的政治权利体系，是政治制度。

　　资本主义制度是由一系列法律规范的，几乎所有的经济矛盾层次和社会生活、文化活动，都有相应的法律予以规范。而其核心，就是对资本化的生产资料的所有权。这虽然只属于少数人，但在法律上，却以"私有财产神圣不可侵犯"的名义出现，并包括对全部物质财富的所有权的规定与保护，而且，"法律面前人人平等"，任何人都可以拥有资本的所有权——只要你能拥有足够的货币并转化为资本，法律就保护你的所有权，而不论该所有权归谁。这表面公平的法律实则规定并保护相当不公平的经济关系。法律同时保护为取得生产资料和各种财富的所有权而进行的竞争。正是这样的法律，激发并保证了人格化了的资本的竞争与增殖。在保护财产所有权的同时，经广大雇佣劳动者的联合斗争，法律也承认并规定了劳动力的所有权，当劳动者作为劳动力所有权主体出卖其使用权时，不仅有自由，也有竞争。素质技能高，或者说劳动力的质量高，所卖的价格也高，即得到较多的工资，这不仅可以提高生活水平，还可以用于提高素质技能，甚至可以作为资本。这样，就促进了劳动者素质技能的提高。资本主义的法律，在规范并保护资本所有者为增殖资本而进行竞争的同时，也规范并保护了劳动力所有者之间的竞争，由此促进了劳动者素质技能及其生产力的发展。在规范和保护所有权的基础上，资本主义的法律还规定了所有权派生的占有权、使用权（经营权）、收益权、监督权、管理权等权利。这些都是其经济关系的关节点，法律对这些权利的规定，制约着经济关系及其运行。与之相应，法律还对各种产业、行业的经营、生产以及交易行为按权利关系进行规范，从而使经济活动全部纳入法律体系之中，或者说法律体系已成了经济活动的内在机制。在立法的同时，还建立了严密的执法、司法、行政体系，并使经济活动中的个人知法、守法，从而达到法制。资本雇佣劳动制也就以此为支架而确立和延续。

　　在资本主义制度的法律中，包括关于民主权及一系列政治权利的规定，它同样作用于经济权利和经济关系，由此制约经济活动和全部社会生活。资本雇佣劳动制中的政治权利，名义上是以公民个人的民主权为基础的，但在实际运行中，资本所有权所能派生的政治权利，一直在起主导作用。这表现在以雄厚财力对选举过程的操纵，组建政党及竞选机关，乃至收买选票、控制舆论等各方面。资本所有权的政治权利表现，实为寡头政治，即若干大资本所有者操纵政治机器。这在资本统治初期表现得相当突出。后来，随着对劳动力所有权的法律认可，劳动者以其联合斗争不断要求政治权利，终于迫使资本统治势力让步，实行普选制，由此，劳动者也有了选举权等基本政治权利。这也就开始了民主权的历史。劳动者依据其民主权，组织政党，参加选举，参与议会，以至政府的活动，在立法、执法、司法、行政等环节发挥一定的作用。通过这些政治活动，来维护劳动力所有权主体的利益，并与资本所有者相抗衡。在经济和社会活动的各个环节，都可以看到民主权及依民主权而组织的政党的作用。

春敏：中国的文字有悠久的历史，凝缩了我们的哲学思想。西方只有字母，没有文字，从 ABCD 中能看出什么哲学？中国文字不同，从文字本身就能反映出字里面所蕴含的深意。说到政治一词，《说文解字》，比如政治的"政"字，左边是"正"，右边是"文"，"以文来正"。"正"是什么，其实很简单，"正"就是"以一止之"。"一"是什么呢，"一"就是规范，刚才你讲的政策、法律就是这个"一"。从这个层面来讲，咱们也可以通过"政"字理解政治的作用。

德启：这个挺有意思的。我觉得刚才刘老师说的还都是法律层面的，政策还没怎么涉及。其实在很多国家，尤其是中国，政策比法律有效。

伯卿：对，所以现在都提我们要建设法治国家嘛，因为政策比法律有效，政策变化太快，让人跟不上政府的节奏。

王：对，而且中国、苏联很多的经济学家就是搞政策分析，经济学在这些人中成了时效性的学问。

刘：政策是政党和政府控制、调节经济的主要方式，也是政治在经济社会中的存在与作用的重要手段。与法律相比，政策的作用是短期的，有时带有局部性。政策比法律更具阶级的倾向性，但也会体现对立阶级的制衡。在一般情况下，政府的政策都是符合法律的，是依法行政，也就是在不改变既定权利格局和阶级关系的前提下，局部调整利益关系，并以政策导向干预经济发展。而政党的纲领中，特别是雇佣劳动者阶级的政党纲领，则包含着改变法律、变更权利关系的内容，但这些都是其长期的奋斗目标，在短期的政策中，往往还要以合法的形式出现，为雇佣劳动者争取近期利益。

劳动社会主义制度是劳动者政党的纲领中有关变革权利关系的长期目标的实现，当然，在建立制度时，纲领中的有关内容肯定会有所变动，但其基本原则和主要内容，就是建立劳动社会主义制度，从根本上体现并保证劳动者利益，其要旨是确立劳动者的劳动力和生产资料所有权以及由所有权派生的民主权。以所有权与民主权为核心和基础形成的权利体系，就是公有制和民主制，在社会主义制度下，政治在经济中的存在与作用，也以立法权所制定的法律以及政党和政府的政策为主要表现方式。由此而形成公有制经济的内在机制。

德启：刘老师，上面提到的国家、政党通过法律、政策来参与和控制经济生活。但像美国这样的国家，还不时地发动战争，这是不是也属于政治对经济的作用。美国人在伊拉克、阿富汗发动战争，目的在于对中东石油的控制。

刘：军事或武装暴力这种特殊的政治形式在社会中的作用也必须说一下。军事是人类未摆脱"史前时期"的突出表现，也是人性中动物一般性野蛮成分的集合。这样说，似乎有些过于片面、武断，军事或武装的暴力是阶级统治的手段，同时也是被统治者反抗统治的必要方式，对此必须加以分析。被统治的阶级不得已用武装的暴力来反抗武装暴力的统治，实则是社会进步的关键环节，它虽然也是野蛮的，但却是人性升华的要求，是以野蛮的方式对野蛮的克服。然而，大多数的武装暴力都是统治者针对被统治者的，即使并未杀人，统治者掌控的庞大军队和警察等武装，也是以暴力维持其政治地位，进而保证和取得经济利益的手段。几千年的文明史，实则是武装暴力所支持的政治驭人、杀人的历史。军事本身也要以经济为基础，它甚至就是经济行为，对军事物资的耗费、对民间乃至他国的经济掠夺、对人的杀戮和对生产的破坏，都充分表明这一点。日本人就把战争当作重要经济行为，明朝时倭寇的侵略是其生财之道。明治维新后的日本天皇和政府则将对外侵略战争作为基本国策，靠战争来发展经济。经济就是军事，军事就是经济。对此，今天的日本大财团及其代理人依然固守着，只要外部限制放松，它的军国主义就会复活。军事同样对社会生活的其他方面、对文化都有重大影响。虽然武装的暴力表现得很血腥和悲壮，但其实质依旧要归入政治，是政治的一种方式。虽然反抗阶级统治的武装斗争在历史上起过进步作用，而且今后还会起这种作用，但必须明确，人类只有消灭了武装的暴力，才进入真正人类的历史轨迹。

德启：马克思、毛主席都主张用暴力的革命反抗暴力的反革命，"造反有理"。

思远：资本主义国家的战争不仅掠夺别国财富，本身也开辟了不同于第一、第二部类的第三部类产业。军工生产的军品既不是生产资料，也不是消费资料，但为资本增殖提供了一个巨大的投资领域。主要资本主义国家的庞大军事工业体系是政治作用于经济的最直接的产物，它既是资本主义政治的需要，同时也是资本主义经济的重要组成部分。每当市场需求不足时，战场需求总是被启动。

刘：这里我再说一下马克思的无产阶级专政学说。马克思根据对资本主义经济及社会矛盾的规定，主张通过无产阶级革命来解决这个矛盾，从而使社会发展到一个新阶段。无产阶级革命后的政权形式是无产阶级专政，它是保证革命成果和人类进步的必要形式。无产阶级革命和无产阶级专政的学说是"真正的人道主义"成熟的标志，也是马克思哲学观念中政治观的主要内容。

社会革命是改变世界的关键性环节，是人类总体发展中的质变，是辩证的否定，是人类解放的必由之路。马克思认为，已有的人类历史，还是真正人的历史的"史前时期"，在这个阶段人性还是不成熟的，还受动物的一般属性的严重束缚。阶级、阶级统治、劳动的异化和人本质的异化，都是人性不健全的表现。革命，基本的含义就是人本质的改变和人性的升华，这并不是个人所能完成的，而是社会的总体变革运动。社会变革是从量变到质变，经过缓慢的量变，生产力和全部文明得以发展，为人类自身的更新，或者说人类从自然状态的解脱和社会关系束缚中的解放创造了必要条件，社会革命是实现人类解放的必要方式，已有的几个历史阶段的过渡，实际上都是社会革命的环节，而最重要，也是最现实的革命，就是无产阶级的革命，这是对资产阶级革命所建立的资本主义制度的否定，是人性升华的至关重要的一步。

资产阶级革命是人类解放的重要步骤，这在启蒙思想家的著述中充分表现出来。封建主义以神性否定人性，以神的意志统治人的意志，是对人类发展的严重束缚，这是农业文明的表现，上帝是人和大地万物的创造者，而土地是主要的生产资料，上帝派封建领主来管理土地和人。封建主义意识及其制度严重限制了人的主动性和素质的提高，限制了文明的发展。它是人以手工劳动从事农业的文明状况的社会形式，它的利益结构和社会结构又要求永远停留于这种生产方式和文明之上。封建领主制度虽较奴隶制度有所进步，但封建领主制度本身，也是以不承认劳动者的主体性为原则的，是以暴力这种遗传于动物界的属性对人性发展的限制。启蒙思想家以人的个性解放为目标，提出了反对封建统治及其意识形态的口号，虽然推翻封建和专制统治的主要力量是资本，但资本又是以个性解放以及人权、民主、自由等为条件的。资本主义制度下劳动仍被异化，私有财产依然存在，但人类自身的社会结构却发生了重大变化，从而促进了生产力和整个文明的发展。从对生产力和生产关系矛盾的规定出发，马克思认为无产阶级是资本主义社会生产力的主体。革命就是解放生产力，也是解放无产阶级自己，因此，革命的主体是无产阶级。无产者因被资本家雇佣而组织为阶级，因共同的利益而联合，进而组成政党，共产党是无产阶级政党中最坚决的、推动所有其他部分前进的部分。无产阶级革命的第一步就是使无产阶级上升为统治阶级，争得民主。

马克思对无产阶级革命的理念是以他对哲学"改变世界"这个主题为前提的，是以实践、劳动为根据的，是对人本质、人性、价值、人权、平等、自由、解放等范畴规定的综合，是对社会基本矛盾和历史阶段规定的展开，是他革命的辩证法的集中体现。他有充分的理由坚信无产阶级革命的必然胜利。马克思之所以将他的理论和理想称作"共产主义"，并不是反对社会主义，而是要与当时以"社会主义"名义出现的各种思潮和派别加以区分。在《共产党宣言》中，他分析了"反动的社会主义"，包括"封建的社会主义""小资产阶级的社会主义""德国的或真正的社会主义"和"保守的或资产阶级的社会主义"与"批判的空想的社会主义和共产主义"。他认为共产主义是以无产阶级为主体的主义，是由无产阶级革命建立"自由人联合体"的理论体系。这个理论体系集中了无产阶级的利益和意志，在无产阶级革命的作用下，必然成为现实。但是，历史的演变又有一个过程。"在资本主义社会和共产主义社会之间，有一个从前者变为后者的革命转变时期。同这个时期相适应的也有一个政治上的过渡时期，这个时期的国家只能是无产阶级的革命专政。"①

贺痴：这里必须注意劳本主义的民主观和资本主义的民主观是有本质差别的。刘老师的三大主张：公有经济、民主政治、自由文化三者是统一的。

刘：资本主义的民主观是唯物主义的民主观，咱们的民主观则是劳动主义的民主观，是继承并改造了资本主义民主观的。唯物主义的政治民主观，是自然权利、社会契约、国家三个范畴的集合，虽然形式上主张以自然权利为政治权利的基础，因而是平等的，但由于其认为主要的自然权利是所有权，政治权利是以对财产的所有权为依据的，是所有权派生的权利，并在实行中以对财产占有的量为标准规定选举权等政治权利，因此唯物主义所主张的政治民主，实则政治"资主"或"财主"，至于拥有选举权等政治权利的个人，只是资本或财产的人格化代表。劳动主义必须批判和克服唯物主义将民主权利与财产所有权统一的观点，但要改造和吸收其关于权利平等及消除政治上各种血统特权的观点，将之纳入劳动社会主义的政治思想体系和制度，明确政治权利的根据在于人身权的劳动，它所要保证的，就是平等前提下每个人以劳动为根据的参与公共事务的权利。进而改造和吸收唯物主义关于社会契约及个人权利派生并支配国家权利的观点，强调公共权利来源于个人权利，并以民主法制来制约、监督公共权利的行使。更为重要的是，要在强化民主权利和法制的进程中，不断改造国家机器，使之真正成为民主的公共权力机构。

石越：这还是外国资本主义传进来的"民主"，中国传统的官文化，比如"为民做主"这些观念还大量存在，很多人把这个也作为"民主"来说，这在很多劳动者心目中也是认可的，对这一点也要做出批判和纠正。

刘：民主的实质，不是"为民做主"，而是"由民做主"，是民对行使由其民主权派生并集合的立法权及执法权、司法权、行政权机构的控制及其中公职人员的制约，并由此而制定、实行体现并保证作为所有权主体的全体公民利益的规则，协调他们之间的关系。而非只要求民守法，履行法律对民所规定的各种义务。直到今天，一些党政官员还在以"高标准"来要求自己"为民做主"，并认

---

① 马克思：《哥达纲领批判》，《马克思恩格斯选集》（第三卷），人民出版社1995年版，第314页。

为这就是民主了。

还有人强调"市场经济就是法制经济",就要大量地立法。这话不错,但关键在于由谁来立法,立什么样的法。不明确和保证民主权,就不能有民主制的立法权,所立的法很难保证作为经济主体的所有者的利益。劳动社会主义法制只有在民主权确定的情况下,才能形成体现所有权主体利益的立法机构并制定颁布法律。需要明确的是,劳动社会主义制度中并不包含"市场经济"体制,时下人们所说的"市场经济",如果理解为经济制度或经济体制,显然是错误的,只有将其理解为更为一般的商品经济形态,才能明确其与法制的一般关系。

王:这一点不只受中国传统的官文化影响,"苏联模式"也有很大的影响因素,而且现在"苏联模式"的影响还在,也正是这种行政集权,才使得很多人迫切地想要接受"市场经济"体制。

刘:"苏联模式"的行政集权体制,行政权的权势过大,不仅包括了执法权和司法权的一些职权,更将国有企业的所有权也归之于行使行政权的政府。这样,由一党执掌的政府,不仅是一个行政单位,而且是国有企业的所有者;不仅对经济社会生活进行管理,还行使相当一部分执法和司法权力。这种情况,有人概括为"党政不分""政企不分",是比较确切的。还应加上一条,就是"(行)政监(督)不分"。从而造成高度行政集权体制,行政权在某种程度上甚至超乎于立法权之上,立法权成了行政权的工具,法律成了政策的手段。这样的行政集权体制,不仅必然产生以权谋私的腐败,而且不利于发展公有制经济。国有企业的衰败,就是这种体制的必然结果。

民主要以法制来实现,法制是民主制的实现机制。一种政治制度是否民主,不仅在于它的原则,更在于以相应的法制来保证民主原则,实现民主权利。在取消了资本家及其他非劳动者的阶级统治的社会里,能够对劳动者的民主权和所有权构成威胁,或者说造成侵害的,主要就是立法权及执法权、司法权、行政权等公共权力机构和行使国有企业、合作(集体)企业占有权的机构中的负责人和公职人员以及这些企业的经营者,他们利用因法制不健全而导致的这些公共权力规范中的弊端,将这些机构和企业的权利变成个人的权利。无论是在文化上、政治上,还是经济上,都会有这种侵权行为。这些行为若不及时制止和惩处,势必导致官僚资本,演化成新的统治阶级。这种危害,马克思早在19世纪70年代就已预见到了,为此,提出了无产阶级专政学说,毛泽东在20世纪60年代也从"苏联模式"的历史教训中,现实地、严重地指出这一点。虽说毛泽东的解决办法,即"群众运动"尚显初级和粗陋,但他对问题的揭示更接近实质。

劳动社会主义法制是民主制的展开,也是以民主权为核心的权利体系的规定和实现。以法律规定权利和相应的义务，规范权利主体和行使公共权力机构及其公职人员的行为，明确其相互之间的关系，并以必要的社会机制保证法律的实施，切实惩处违法行为，纠正其造成的损害。

王：这里提到这个法制，我觉得有必要谈一下"法制"与"法治"的区别，不能把这两个混淆着用了，区别很大的。

刘：法制，不同于法治。今有好事者，常以法治取代法制，强调"以法治国"，其要旨在于以并未充分体现民主权控制立法权条件下所立的法律来治理社会，治理民众。一言以蔽之，"以法治国"者，以法治民也! 其所谓"国"，是指国内之民也。法制，是一种制度形式，它的特点在于以法律为制度的主干，以法律规定权利义务，以法律规范行为，并确定系统的执法、司法机制。以此标准，人类只有进入公民社会、实行民主制以后，才有法制。法制是民主制的体现。劳动社会主义法制是比资本主义法制更为进步的制度形式，它是劳动社会主义民主的体现。其要旨，在于民主权对立法权的控制使所立之法真正体现民主。进而是对执法、司法、行政等公共权力行使机构的控制与监督。二者的区别，根本还在民主权的所有权根据，这在前边已论及。法治，则是以法律为依据的统治、治理，是一种政策取向，并非制度形式。当然，在法制社会，也有法治，但此时的法治，只是法制的展开和运用。而在非法制社会，法治只是统治的一种方式或手段，中国战国时法家所主张的，就是这种方式，而古罗马也曾是"以法治民"的典型。实际上，古代凡是有国家的地域，统有"以法治民"，不过运用程度和范围不同而已。

那些自认为发现了"法治"高于"法制"，并主张以"法治"代替"法制"的人，大概不知道上述历史事实。这也无所谓，但他们企图用"法治"代替"社会主义法制"的现实危害，即将政策高于法律，以政策统驭法律，排斥法制，进而排斥民主，却不可不加注意。只有坚持劳动社会主义民主，才能建立健全法制;只有在法制中的"法治"，才能有助于国有企业和合作（集体）企业改革，有助于个体经济和私有企业的发展。

伯卿：其实刘老师给资本主义民主起名叫"资主"或"财主"，我感觉还是很形象准确，很多人觉得特别不可思议，一直觉得美国的民主才是民主，咱们要向他们看齐呢!

刘：美国还是有很多政治形式和经验值得我们借鉴的。但是，美国资产阶级本意可不是建立什么民主。资本雇佣劳动制以资本为主导的资本主义民主制为其政治制度。17、18 世纪，资产阶级革命就以民主为政治口号，号召以资本家为领导的第三等级参与和主导政治。这在当时是革命的，也是政治与经济进步的集中体现。资产阶级革命开创了公民社会，并为商品经济发展创造了社会条件。但资产阶级的局限性，又导致其革命取得政权后，由其掌控的立法权明确规定了选举权的财产和性别限制以及在本国、本地居留时限等限制。这实际上是将广大的工人、农民和全部妇女以及移民都排斥于选举权之外，不仅如此，法律还限制了他们的言论、结社、集会等权利。如果说这种制度是"民主"的话，那么，拥有"民主权"的只是那些拥有大量资财的人，而他们之所以能拥有"民主权"，并不是因为他们的血统——如果按血统来拥有"民主权"，则与旧领主专制无异——而是因为资财。法律所承认的政治权利，不是根据人，而是根据财产所有量。也就是说，一个人能否有政治上的"民主权"，就在于他对财产的所有权。"民主权"是财产所有权的政治形式。这可以说是资产阶级"民主制"的基本形式或"原生态"，虽然拥有大量财产的人不见得都是资本所有者，但其主体是资本所有者，而那些非资本所有者的富人——旧贵族、地主等——也可以随时将其财产转化为资本。这样，在资产阶级革命夺得政权，资本统治确立其政治制度时，虽然名义上还沿用革命中的民主口号，但其实质已经是"资主"或"财主"。资产阶级的国家政权成了"管理整个资产阶级的共同事务的委员会"（马克思语），这个委员会以政党和立法、执法、司法、行政、警察、军队等政权机构的形式存在，它们的表现，可能样样种种，但归结起来，目的只有一个：维护资本所有权，保证资本的增殖。二百余年来，虽有多种变化，实质依然。

西方国家现在是有民主，但它是资产阶级主张的以财产所有权和财产量限制的资主，而不是劳动者在社会主义政党领导下进行艰苦斗争才取得以人为单位的民主。这里的差别在于对民主的界定上，在资产阶级看来，如果没有一定量的财产，就达不到"民"的标准，因而不能拥有民主权，只有达到一定量的财产，才是"民"，才有政治权利。社会主义政党领导的社会主义运动经过一百多年的斗争，才争得以人为单位的政治权利，或者说才保证大多数劳动者成为法律认可的"民"。现在西方国家的政治，实质是占统治地位的资主与劳动者的民主的对立统一。

任真：但是我们不能否认现在西方的资本主义国家民主确实比我们做得要好，尤其像欧洲这样的资本主义国家，社会保障、社会福利、民众对政治权利以及对政府的监督控制都比我们做得要好。

石越：这些成果应当说大部分都是社会主义运动取得的，没有劳动者的联合，没有历史上社会主义运动，资产阶级统治者是不会主动给你这些权利和保障的。

刘:在资本雇佣劳动制的经济关系中,我们不能忽视劳动力所有权也是一个基本权利,虽然这个权利的确定经过了相当长的时间,但劳动力使用权作为商品与货币资本的交换,已使雇佣劳动者意识到自己应有的权利,并据此争取利益。当他们从个体的争取到联合的斗争,逐步迫使法律认可了劳动力所有权主体依据这个权利而组成的联合体——工会以后,就又展开新的斗争,要求从公民权和劳动力所有权派生出保证劳动力所有权的政治权利。也正是在这一点上,资产阶级反对封建专制的民主思想被雇佣劳动者阶级所继承,这里最突出的,就是发生于19世纪初、中期的英国“宪章运动”,明确提出要求普选权及相应的民主权利。在工会等组织的基础上,要求普选权的斗争自“宪章运动”以后,一浪高过一浪,而成立政党,则是这个斗争的必要形式。在雇佣劳动者阶级政党的建立过程中,马克思和恩格斯的《共产党宣言》是一个关键环节。这个宣言宣布了劳动者政党的理论、原则和纲领,也是劳动者联合起来争取民主权的基础。从19世纪中期至20世纪初,西方各国以社会主义为旗帜的政党纷纷成立,并展开了艰难的斗争。这种斗争不仅明确了劳动者的公民权和劳动力所有权,而且逐步争得了一些政治权利。到20世纪中期,西方各国被迫取消了对有关选举权的财产和性别限制,实现了普选制。选举权和被选举权是民主权的重要组成部分,是公民身份的体现。选举权是劳动者联合斗争的结晶,也是他们继续联合斗争的手段。

民主权中还包括结社权、言论自由权、示威权等权利。政党就是结社权的社会体现。正是依据并运用结社权,劳动者才组织了自己的政党,并由政党集合劳动者民主权中的选举权、言论自由权、示威权等,形成政治势力和政治运动,在更大范围内争取和维护劳动者的利益。经过两个世纪的艰苦斗争,特别是20世纪下半叶以来由社会主义政党组织的变革运动,西方国家中的政治民主因素在增长着,虽然并未改变其资本主义性质,但社会主义势力在其中所占比重日益增大。现代资本雇佣劳动制中的政治制度,已是体现资本所有者利益的资主权与体现劳动者利益的民(劳)主权的矛盾制衡态,其中资主权占矛盾的主要方面,决定着政治制度的性质。但居次要方面的民(劳)主权,也对资本统治予以制约。西欧社会民主党与共产党、绿党等的联合执政以及在议会中的斗争,明确了劳动者的民主权利,强化了社会保障,干预并协调工资制度,切实地维护了劳动者的利益。资主与民主的矛盾,也都体现于经济生活,法律和政策的制定、施行过程,都有政治斗争在制衡。当然,社会民主党的渐变改良路线,也滞缓了制度变革,从而使劳动者在总体上还处于被统治地位。只有在集合了劳动者民主权的政党的正确路线导引下,才能不仅争取局部利益,还要为长远利益而进行制度变革。

三　经济活动需要政治对权利的界定

德启： 经济生活实际上是建立在所有权基础上，两个所有权——劳动力和生产资料所有权，对它们的界定其实就是政治。不同历史阶段，生产资料和劳动力所有制实际上是不一样的，然后在所有制基础上再展开的各个关系包括占有权、经营权、管理权、使用权等，都是需要政治参与进来的。

刘： 人的经济活动和关系是以权利为依据的，到现在应该说所有的经济活动都离不开权利，对权利的界定就是政治，也就是对人与人关系的规定。我们从劳动公有制经济与民主法制的关系中可以看出来。劳动公有制经济改革和发展的关键，就是民主法制。当我们说劳动者的劳动力和生产资料所有权及其派生的占有权时，必须有民主权介入其中。民主权是民主劳动社会的基本政治权利，其基础是公民权，是劳动力所有权和生产资料所有权作用的内在机制，这两个所有权派生占有权的同时，也就派生了行使占有权的民主权，它体现在对行使集合了的公共占有权的机构设置及其负责人的选择、监督以及公共占有权派生经营权和经营权的行使中。法制是民主权规定和行使的机制，在劳动公有制经济的权利体系中，法制都贯彻其中。脱离了民主法制，劳动公有制经济的本质就不能体现，劳动者的所有权也只是一句空话。苏联模式初级公有制的主要缺陷就在这里。也是因为缺少民主法制，才会滋生腐败和官僚资本。现在仍存在的国有企业并没有解决这个问题，而且因为实行对职工的雇佣制，使其更加缺少民主法制的控制与监督，因而存在更多危险。

劳动公有制经济的改革与发展，首先要解决的问题，就是以民主法制确立国有企业劳动者的劳动力所有权和生产资料所有权，规定其对派生的占有权行使机构及其负责人的控制、选择和监督，以至对经营权和经营过程的监督机制。在国有企业改革中，理解政治与经济的内在统一关系，明确政治是经济的内在机制，是逻辑前提。割裂政治与经济，国有企业改革的方向就会出问题，劳动者的利益就不能保证，更谈不上劳动者的发展。

思远： 从最基本的矛盾层次开始，到最具体的对外经济矛盾层次，都涉及交往，经济活动对政治的需要，根据在于任何经济活动都是在交往中进行的。人们从事经济活动是为了获得一定的经济利益，这是经济活动的动力和动机，经济利益是由经济关系界定的，对个人来说是他的经济权利的实现。经济关系和经济权利是政治发生作用的关节点，没有政治对权利的规定，个人之间就无法进行经济交往。从最简单的商品交换来说，必须有政治和法律制度来保护商品所有者的所有权，必须为交换契约的履行提供保护，必须规定商品质量标准和安全标准，必须提供有信用基础的货币,必须打击各种不平等的交换行为,必须对进入市场的交换主体进行资格审查,如此等等。从国度性矛盾到制度,都体现着政治对权利的规定。这就说明连最简单的交换行为,也需要政治和法律对权利的规定和保护。

刘:经济权利是需要法律规定,并由法律保证的。从奴隶制开始,权利关系就已很明显,实际上原始社会也有权利,比如氏族与氏族之间的交往,都体现某种权利关系,但那时还没有成文法,而是依习惯在观念上认可。奴隶制度下成文法出现,人们的身份、地位、权利,都有明确的规定。这在古罗马法中表现得很突出。也正是由于法律对权利的规定,才形成了国家。国家实际上就是一个权力体系,是以政治对经济权利的规定和保证,制度是国家权力体系的首要环节,它主要规定人身权、公民权、所有权,经济上就是劳动力和生产资料的所有权,从奴隶制到封建领主制、集权官僚制、资本雇佣劳动制、民主劳动制,区别就在这些权利的规定上。经济体制则是制度的展开,也是所有权行使的具体形式,主要表现是所有权对占有权的派生与控制。经济结构和运行机制,是所有权派生的占有权支配经营权的社会形式。经营管理层次主要是占有权再派生的经营(使用)权的行使。对外经济交往则在经营权的行使中包含了结构和机制、体制、制度各层权力。《四主》中就依此展开对矛盾的分析,大家读书时要注意,更要在研究问题时注意不同矛盾层次的权力关系。

(郭德启)

| 文化对经济的意识与导引

文化，是关于人生和社会关系的意识。它既是个人对社会总体关系与矛盾的认识，也是社会总体矛盾的集中反映及其对个人意识的制约，并由此支配个人的行为。文化由价值观、思想、道德三个环节构成。在历史进程中文化随社会矛盾的演化而演化，因而显现出阶段性和阶级性，但不论哪个国家在哪个历史阶段，也不论哪个阶级的文化，其主要内容对经济的意识，其作用则是对经济发展的导引。

一　怎样看文化与经济关系

伯卿：有人说经济学应该是"纯经济学"，在研究中把经济中的政治和文化因素抛开。实际上，经济、政治、文化是内在统一的关系，其中，经济是基础，政治是内在机制，文化是意识和导引。德启已经谈了政治是经济的内在机制，我们这里要谈的是文化与经济的关系。刘老师在《官文化批判》《劳动主义》① 等著作中，是将政治经济文化结合起来谈的。为什么研究经济必须涉及文化？

春敏：将经济和文化割裂开来，是目前学术界的普遍现象。即使有人承认文化与经济有关系，也是把文化看作是外在于经济的。

马淮：造成这种情况的，主要是西方主流经济学家的"纯经济"观念，他们认为经济与文化、政治是截然分开的。在中国，"主流经济学"的推销员们进一步鼓吹"经济没文化""经济不讲道德"等。

思远：我们这里文化是对经济的意识和导引。这是刘老师比较早期的一本书《经济文化论》② 就提出的。

刘：将经济与文化、政治割裂，是不利于政治经济学研究的。政治经济学本身就是文化，而文化是意识的社会体现与集合，马克思曾用"意识形态"来表示对应"经济基础"和"上层建筑"的"法律的、政治的、宗教的、艺术的或哲学的"那个层次。这个提法很容易引起误解，或者说是不很清楚的："法律的""政治的"两个内容，如果将它们理解为法律和政治，应属于"上层建筑"，

---

① 这两本书由中国经济出版社 2011 年出版。
② 此书由中国经济出版社 1998 年出版。

就是政治,不能与"宗教""艺术""哲学"同属一个层次。为了消除上述误解,我们可以这样解释:"法律的"和"政治的"并不是指"法律"和"政治",而是指"法律的"和"政治的"意识或思想。当然这只能是一种设想,至于马克思如何界定已不重要,重要的是他将社会矛盾作为一个系统,并分出三个层次,这对于从总体上规定社会矛盾是一个必要启示和前提。我们将社会矛盾系统从总体上分为经济、政治、文化,其中文化大体上相当于马克思所说的"意识形态",但又有所区别。

"意识形态"这个词所表示的,是意识所呈现的形态。如果将意识与文化等同,就会得出文化就是意识的结论。然而,并不能将全部意识都规定为文化,特别是对自然物质的意识及由之形成的自然科学以及技术科学,这部分内容是知识,是技能,但不是文化。有人就曾将知识、技能等同于文化,甚至将政治制度和活动都说成文化,这不是分析,而是混杂。用这种观点是不可能认识文化与经济关系,也不能认识文化的。我将文化定义为对于人生和社会关系的意识,是社会经济、政治矛盾在意识中的集中反映,也是人生和社会发展的导引。

我们这里是从方法论角度来看政治、文化在经济活动中的作用的。这个问题的核心在于经济的主体是人,而人是以他的意识、观念来参与经济活动的,他的经济利益要体现在经济意识上,他有什么样的价值观、思想和道德都会直接影响他的经济行为。从这个意义上说,文化是经济发展的一个重要因素,同时也导引着经济发展的方向。所以政治经济学也必须把文化作为必要因素进行研究。

二　文化的主要内容是经济意识

刘:我将经济定义为:人以劳动在交往中有意识地满足需要的社会活动。与其他有关经济的定义相比,这个定义主要的特点就在于明确了劳动者的主体地位,并把劳动视为经济的核心。这与将封建领主、官僚地主或资本所有者视为经济主体,将贵族血统、官位政治和资本(财富)视为经济核心的封建意识、官文化或资本主义的定义的差别是明显的。劳动社会观对经济过程及其矛盾的研究,也就以此为基点展开。而文化作为关于人生和社会关系的意识,文化的主要内容就是经济意识。经济意识,就是人对经济活动中动机、利益、关系等的意识及对经济矛盾、经济发展机制等认识的集合。它包括个体人的自我经济意识,也包括对社会总体经济过程的理论规定。经济意识作为文化的基本内容,在价值观、思想、道德三个层次都有所体现。

伯卿:我看很多资料上说文化有狭义广义之分。广义的文化既包括物质文化又包括精神文化,人类文明的一切成果都可以称作文化。狭义的文化主要就是精神文化。

刘： 那种"泛文化"观点实际是思维中没有分析的体现。用他们的思路，还可以得出一切都是经济，或者一切都是政治的结论。文化是对人生和社会关系的意识，但如果去掉"人生和社会关系"，将文化说成全部意识，而所有人的活动又都是有意识的，不就得出一切都是文化的结论了吗？问题在于，这样的结论有什么意义？又怎样体现于具体的科学研究？按他们的观点，经济学、政治学和一切社会科学、自然科学都不必要，遇到问题，只说文化就行了。这样不加分析的混杂文化观，对科学发展只能起搅乱作用。文化的内容，是按其定义来界定的，包括价值观、思想和道德，是人本质中意识要素的集中体现，是人文化精神素质的集合，是生存于经济、政治矛盾中的人对矛盾的认知和态度。也就是说，文化的主要作用，是对经济、政治关系的认知和处理，脱离经济、政治的文化是不存在的。正是在经济、政治生活中，人们不断地以其价值观、思想和道德来支配自己的行为，处理与他人的社会关系。在总体上，文化又通过政治而制约经济生活，法律、政策不是文化，但作为一定文化的体现，是经济生活的准则和规范。

德启： 请您具体阐述这三个环节。

刘： 价值观是文化的基本层次，是个体人对其社会地位和作用的界定，也是社会总体对个体人制约的体现。个人的动机、利益、关系，都会体现于意识上，这是价值观的基本，也是支配个体人行为的动因。价值观是针对全部人生的，其中在经济上的作用是基础性的。价值观同时又是人素质技能的要素。价值观充分体现着内省外化的特点。价值，是对个体人社会作用的认可，在不同的历史阶段，不同的阶级那里，是有不同内容和标准的。确立了主体性的劳动者的价值观，与各统治阶级的价值观以及未确立主体性的奴隶意识、农奴意识、小农意识中的价值观有明显的区别，即将价值归结于人的存在和本质，以劳动这个人本质的核心要素作为价值的依据。而统治阶级的价值观，则以暴力和对财富的所有权为依据和标准。未确立主体性的奴隶意识、农奴意识和小农意识的价值观，虽然是劳动者的，但却不能以劳动为依据，反而认同统治阶级的价值观，是以屈从统治为生存的观念。

以暴力为根据的统治阶级价值观，是以拥有政治权力为标志的，这在中国的官文化中表现得最为突出，即"官本位"和"官至尚"。"官本位"是按官的等级确定社会地位。官大位高，位高权大，在官位，就有权力，就可治人管事，就能以其来标志价值，光宗耀祖，显赫乡里。官至尚，是官本位的延伸，官是高尚于人的，是特殊人，他的价值、名誉、财富，乃至社会作用，都取决于其官位。

官场中又有许多礼仪,不同等级的官,其服饰、车轿、住宅、仆佣等都有不同,这些都是其价值的表现。信从官文化者,势必以追求这些为其价值观,因此趋炎附势,巴结逢迎、弄权钻营、拉帮结派。官场中种种陈规陋习,都由这种价值观而生。官对民,是一种绝对的统治与被统治关系,官之"威"与民之"畏",官之正确英明与民之愚昧,已成为定见。不仅官本身如此看,民也认可这一点。"官至尚"作为价值观,就成了权威、才智、财富、荣誉的综合体现。

以财富为根据的价值观,以资本主义文化为典型。对财富的贪欲和崇拜,在于财富作为人类劳动的产品,集中体现着社会的劳动所创造的价值,而对财富的占有和运用,又可以控制他人的生活和行为。财富,特别是表现为资本的生产资料,不仅是物质产品和物质资源所有权的体现,更可以运用这种权利,来支配他人,这种支配,表现为一种权力,由此来满足权力欲,并显示自己的威力和荣耀。当一个资本所有者支配着一群雇佣劳动者按其意志来劳动时,他所得到的,不仅是剩余价值,还包括因支配他人所满足权力欲的快感:这些人都成了我占有财富和实现意愿的工具,我是多么伟大圣明!对财富的崇拜,作为资本主义价值观的典型,不仅使资本所有者将自己变成"资本的人格化",更造成劳动的异化和社会关系的异化,进而是人的物化和货币化。

任真:确立了主体性的劳动者的价值观应该是以劳动为依据的价值观吧?

刘:劳动者主体价值观,将人的价值定位于个人行为对社会的作用,明确非劳动的欺骗、暴力及由此得到的财富所有权是违背人本质,是人性中动物一般性野蛮成分的表现,排除对权力和财富的崇拜,论证与普及以劳动为根据的价值观。劳动者的价值观,是以劳动为依据的,也就是人的价值观,是与人本质相统一的。其要点,就在于把人的价值定位于其生命活动,同时要建立相应的社会评判机制。通过思想的论证和道德的规范,使每个人都确立这样的价值观:个人的价值是其劳动为主的活动在社会总体中作用的体现,而且社会也会公正地做出这种评价。对于每个个体人来说,提升其价值的唯一方式,就是提高和发挥素质技能,为自己、为他人、为社会提供产品和服务。这是劳动者主体价值观的基本内容,它与作为劳动者经济观的劳动价值论是统一的,劳动价值论可以说是劳动者主体价值观在经济关系中的具体化,但它又先于劳动者主体价值观而形成,是劳动者主体价值观得以系统的基础。

伯卿:所以一定意义上我们可以说劳动者的主体价值观就是劳动价值论。

刘:劳动价值论可以说是劳动者主体价值观在经济关系中的具体化,但劳动者主体价值观又不同于劳动价值论,它不仅包括经济价值,还包括经济交换关系之外人的作用与交往。经济交换中的价值,体现于生产物和服务上,因而都是有效用的；非经济交换中的价值，还包括有效用的物品馈赠以及抚育、赡养等支出和相关的服务性劳动，这些都不是通过交换体现，而是由接受者本人及社会评判的。如捐助、见义勇为以及抚育子女、赡养老人等，都是个人价值的实现。再有就是一个人在社会生活中表现的品德、风度等，也是价值评判的重要内容，而这些又都是以劳动为基础的。

另外要注意一点，在劳动者价值观中，还应包括一个内容，那就是"负价值"，即对源自人的动物属性中野蛮成分的损害他人行为的评判。这种行为在人类社会中是普遍存在的，从原始人的杀俘为食，到今天布什为了大资本财团的利益而去以高科技的大规模杀伤性武器屠杀伊拉克人民，都是如此。除杀人这种极端行为外，更多的是骗人、压迫人、伤人、侮辱人等行为，它们给他人、给社会造成的结果是负面的，是真正的"负效用"。劳动者主体价值观将之规定为"负价值"。确立和论证以劳动为根据，对他人有益的行为是人的价值，明确以暴力、欺骗手段损害他人的行为是"负价值"，弘扬前者，克服后者，是劳动主义价值观的基本，它的思想和道德，也由此生发。

伯卿：刘老师，再说一下思想和道德吧。

刘：好，我接着往下说。思想是文化的第二层次，是在价值观的基础上对人生和社会关系的理性认识。思想是个体人对总体关系的认识，是从个体利益和价值观出发对社会矛盾的规定，因此，思想具有系统性，并以相应的概念和语言系统表述。思想具有公开性和交流性，它不同于已经资本化的技术专利，并不需要保密和出售，而要通过广泛传播影响个体人的意识和行为。思想是人类特有的理性思维的体现，它以概念、判断、推理等思维形式对人自身的感受和经验进行概括，并以语言及文字表述，在一定的人群中传播、讨论，乃至接受、反驳。思想是对人生和社会关系的反映，又制约着人生和社会关系。

思想有众多层面，其传播和作用的范围也受历史条件及思想的程度制约。总体上说，思想有主体性、阶级性、历史性、国度性、民族性，这同时也是思想产生和传播、作用的范围。思想的各种性质，集合起来就是阶级性，并以总体的阶级的主义概括。卢卡奇曾提出"阶级意识"这个概念，这对于认知文化的阶级性是相当重要的。"阶级意识"集中体现于思想的主义之上。

伯卿：思想是不是就是主体的主义？总体上概括起来说就是阶级意识。比如中国古代集权官僚制社会中，官僚地主阶级的阶级意识官文化就是官僚地主阶级的思想，与之相适应的小农意识作为个体农民的意识其实接受的还是统治阶级的思想，也就是官文化的。资本主义是资产阶级的思想，就是一切以物质财富的占有为根本，强调以资为本，以物为本，不仅资产阶级接受这种思想，很多的劳动者也认可和接受这种思想。

贺痴: 我觉得也不能直接说思想就是主义,应该说每一种主义都有它的价值观、思想和道德,刚才伯卿是谈到了官文化和资本主义文化的思想,那劳动主义文化的思想具体是怎么样的,它又是什么时候开始出现的? 比如刚才伯卿谈到的小农意识是不是属于劳动主义文化的思想? 它又是不是劳动者的思想呢?

石越: 我觉得每一个主义都有它的思想,这个思想首先应该是一种主体思想,比如官文化就是官僚地主阶级的主体思想;资本主义文化的思想当然也应该是资产阶级的主体思想。劳动主义的思想首先应该是劳动者的思想,而且应该是劳动者的主体思想,刚才提到的小农意识虽然是劳动者的思想,但集权官僚制下的个体小农是依附于官僚地主阶级的,小农意识也是官文化的附属品,所以它不是劳动者的主体思想,自然也不能说是劳动主义的文化的思想。

刘: 主义应当是阶级意识的集中概括,是基本理念,而思想是主义的来源,也是主义的展开。不能简单地将二者说成是同一的。它们的差别,是在思维层次上的。劳动主义文化的思想,是在人类进入资本雇佣劳动社会以后,劳动者以其价值观为基础,对其利益和社会矛盾的规定。它始发于资本雇佣劳动关系及工业文明发达的西欧诸国,以后逐步向全世界扩展,在不同国家和民族又有其特殊性。劳动主义文化的思想,是以雇佣劳动者的阶级意识为主要内容,反映其利益和要求,包括对其他劳动群体向往工业文明、改变自己生产和生活方式的利益与要求,由此对社会矛盾的系统认识。迄今为止,这个系统的理论论证,仍以马克思在 19 世纪六七十年代的著述为典范。虽然历史已过一百多年,但马克思学说的基本原则和方法、体系,因其逻辑的深刻、系统,仍是劳动主义思想的经典。对于今天的社会主义思想者来说,承继马克思学说的基本原则和方法,概括现代劳动者的利益和需求,表述其价值观,探讨现代社会矛盾,是主要的任务,也是自由文化思想发展的内容。

劳动主义文化的思想,其主体是劳动者,因而可称为劳动者主体思想,这是必须明确和坚持的。从劳动者的立场,以劳动为根据,展开劳动者主体价值观,概括劳动者利益和意识,分析和论证社会矛盾,解决社会矛盾,同时也就是实现劳动者价值观,保证其利益,促进其自由发展。这既是劳动主义文化的特点,也是其主要内容。劳动者主体思想的基本点,就在于争取和维护劳动者的社会主体地位。由主体而生主动,由主动论证主义。人与其他动物的区别,就在以劳动来主动地改造世界和自身,主体性由此而形成,对主体性的意识和论证,是劳动者主体思想的功能,并贯彻于其总体系统和个体观念中。

德启: 那劳动主义文化的思想或者说劳动者主体思想有哪些内容? 我们以后

再见到说自己是代表劳动者利益的，也好判断是不是符合劳动者主体思想。

刘：劳动者主体思想主要包括：第一，对劳动及劳动者主体地位的认识；第二，对劳动者主体价值观的系统表述；第三，对劳动者利益和要求的论证；第四，对与劳动者利益密切相关的社会矛盾和社会制度的分析；第五，劳动者联合与组织进行斗争的方针、策略；第六，劳动者作为社会主体应有的权利及相应制度的论证。劳动者不仅是劳动的主体还应该是社会的主体，所以劳动者的利益和要求就是提高劳动者素质技能和社会地位。对与劳动者利益密切相关的社会矛盾和社会制度的分析，这是劳动者主体思想得以确立，并与非劳动的统治者思想对立，进而斗争的标志。劳动者主体思想，不仅要"知己"，还要"知彼"——与自己对立并危害自己利益的非劳动统治者。"己"与"彼"双方，构成阶级社会的矛盾。从劳动者立场来分析这种矛盾及其制度，使劳动者个体联合成统一的社会势力，并明确斗争的对象，由此展开劳动者争取社会主体地位的社会变革。劳动者主体社会地位确立以后，并不等于消除了社会矛盾，损害劳动者利益的个人和行为还会因社会制度的不完善而存在，因此，仍需要深化社会矛盾和制度的分析。这种分析还有一层意义，就是探讨劳动者之间的矛盾，寻求解决这种矛盾的途径。

劳动者联合进行斗争的原则、方针、路线，这是劳动社会主义文化作用于社会，即从意识形态转向社会运动的环节。当人们说社会变革、社会运动的时候，往往会觉得它是外在的，是别人的事，但如果大家都这样认为，社会变革又怎么进行？劳动者为主体的社会主义运动并不是像暴风雨那样的外来力量，而是每个劳动者从自己利益出发，追求自由，实现价值，争取社会主体地位的联合运动，这是有组织的个体行为。为此，就应在对社会矛盾分析的基础上，对劳动者联合与组织进行斗争的原则、方针、路线等进行探讨，形成明确的思想，将之传播于劳动者的个体意识，由此凝聚人心，统一行为。

劳动者作为社会主体的权利界定以及它的制度化，是其思想的具体层面，它集合了前五个层面的内容，并由此形成系统的理论。制度是运动的结果，权利是制度变革的集中体现。劳动者主体思想中的社会制度，主要是公有制和民主制，其基本权利，是劳动者的人身权、劳动力所有权和对共同占有的生产资料的所有权与民主权。劳动者所有权和民主权是劳动者社会主体地位的体现和保证，也是公有制和民主制的基础与核心，围绕这个核心，派生一系列的权利，构成权利体系，这就是制度。思想要从多层次、多角度全面地论证权利及其体系，并将相应的理论普及，使劳动者和全体社会成员认知，由此而在文化上规定权利和制度，通过对社会意识形态及个人意识的导引，作用于法律和道德，制约和保证劳动者主体地位的实现。

伯卿：道德层面资本主义文化与劳动主义文化应该是有共性的吧？感觉什么社会都要讲道德。

刘：道德是价值观和思想的集合，是社会总体意识对个体人意识和行为的制约。道德以思想和舆论表现出来，并作用于价值观。道德包括义务、良心、信誉、幸福等范畴，它体现于人的品质、修养，道德的形成要经过教育和社会机制的制约，在个体人身上表现为意识和行为，在社会总体又表现为道德规范和评价。

道德具有一般性，又有特殊性。其一般性，既表现在范畴的形式上，又体现于各阶段演化的趋势上，虽然已有阶级社会的道德，都由统治阶级意识主导，但在其否定和发展中，却贯穿着人性升华的大趋势。劳动主义文化中的道德，正是这种大趋势的必然，是人性升华新阶段的具体文化形态。劳动主义文化中的道德，与历代阶级统治社会道德的根本区别，就在于其主体是劳动者，是劳动者主体道德，并由劳动者道德主导社会总体道德。劳动者主体道德的根据和出发点，是劳动。劳动者从其价值观和思想所形成的对个人主体存在和地位存在的意识，确定其个人应有的追求和交往观念，并在明确和提升人格的过程中，规范总体道德观，进而普及于个体人，由此制约人们的意识和行为。劳动者主体道德，是在劳动者争取并保证其人身权、公民权、所有权和民主权的进程中形成的，并服从于这些基本权利的。

贺痴：从总体上，资本主义的文化与劳动社会主义的文化区别在哪里？

刘：资本是一种社会关系，要求并形成与之相应的文化。资本文化是对资本家利益及资本雇佣劳动制社会关系的意识，它体现为价值观、思想和道德，全方位地支配资本所有者的意识，并主导社会意识。资本文化的主体是资本所有者。作为个体人，他们与普通人没有什么差别，也有劳动能力，会思维，有各种生理和心理欲求。然而，当他们成为资本的所有者，就成了"资本的人格化"，他们的劳动能力，不是用于劳动，而是执行"资本的人格化"的职能；他们的思维，也遵循资本增殖的逻辑；他们的生理和心理的欲求，不仅要通过资本的增殖过程来满足，而且资本增殖成了他们主要的欲求。资本文化的价值观，集中体现为对财富的贪欲和崇拜，并以所占有的财富量来衡量人的价值。资本文化的思想，是其价值观的展开，是从资本所有者的立场对经济关系与矛盾的认识。其基本内容，就是资本主义经济学，从重商主义开始，它的宗旨就已明确，即通过对经济关系的认识，贯彻资本所有者的价值观，实现其利益，保证资本所有权对经济活动的支配。资本文化的道德，是其价值观经思想而达到的对人们行为的具体规范。资本主义的道德，表现为义务、良心、信誉、幸福等范畴。其义务是与权利对应的，是对权利的意识和运用，主要就是如何认知资本所有权并实行"资本的人格化"的各种义务。良心和信誉，则要求人们服从所有权的支配，并按所有权的规定，来处理人们的社会关系。以资本的增殖为幸福，是资本主义道德的最高层次，而且，这种增殖不仅是合法的，也是合乎义务、良心、信誉的。资本所有者因其资本量，也即所有权的增加而感到幸福，社会因此而承认其价值。这些，就是资本文化的主体。

与资本文化相对立的，是劳动文化，也可以说是"劳本文化"，主体是近现代已经具有自主意识的劳动者，首先是雇佣劳动者。劳动社会主义文化是人类有史以来首次以系统的阶级意识所表现出来的劳动者的文化。资本雇佣劳动社会以前的阶级社会中，虽然也有奴隶意识、农奴意识、小农意识，但都没有形成独立的阶级意识，而是从属于统治阶级意识的，是对奴隶主文化、封建领主文化、官文化的认可与屈从。只有当劳动者具有了劳动力所有权，并在与资本所有权的矛盾斗争中，才逐步形成了与资本文化相抗衡的劳动文化，其系统就是劳动社会主义的自由文化。劳动文化也由价值观、思想和道德构成。即劳动者主体价值观、劳动者主体思想、劳动者主体道德，它们是内在统一的层次。劳动者主体价值观是劳动文化的基本环节，这也是真正以人为本位，以劳动为标准的价值观。从个体而言，努力提高和发挥素质技能，是创造价值的内在根据；从总体而言，则应为个体提高和发挥素质技能提供必要条件，并形成一个公正的评判个人价值的社会机制。这是劳动者主体价值观的核心。在资本雇佣劳动制度下，这个机制并不具备，劳动者主体价值观是批判资本统治的出发点，进而在劳动者联合中起内在的凝聚作用。劳动者主体思想，是在展开劳动者主体价值观的基础上，对现实经济矛盾和社会矛盾的系统认识。在劳动者尚未实现社会主体地位时，其重点在于批判资本统治及其他旧势力统治的社会制度，论证劳动者的公民权、劳动力所有权及其利益，进而说明社会矛盾的状况及其演化趋势，以指导劳动社会主义运动。建立公有制和民主制，也以劳动者主体思想为指导，进而根据其演化和劳动者素质技能的提高，不断探讨改革与发展——其实质在于强化劳动者社会主体地位——公有制和民主制的途径。劳动者主体道德集合并具体化了劳动者主体价值观和思想，是劳动文化从总体上对个体意识和行为的规范。这是与资本道德相对立的，它的义务、良心、信誉和幸福，都是以劳动为根据，并在平等的交往中实现的。在劳动社会主义运动尚未制度化时，劳动者主体道德既是批判资本道德的准则，又是联合劳动者的内在机制；制度化以后，则与法律相辅相成，在保证劳动者的社会主体地位，改革和完善公有制与民主制进程中发挥其规范导引作用。

　　资本文化与劳动文化的对立,是资本雇佣劳动制中资本所有权主体与劳动力所有权主体、资主权与民(劳)主权矛盾的表现,它们的对立构成的统一体成为资本雇佣劳动社会意识形态的主要内容。而劳动文化的实质,就是体现人本质发展和人性升华的自由精神,从而是真正的自由文化,由其导引的劳动社会主义运动,也就成为社会变革的推动力。

　　伯卿:我这样理解:文化的三个层次,从价值观到思想到道德都是以经济为基础,主要内容也是针对经济的。文化的历史演变,也是因经济的变化而变化的,是经济发展的必要导引。

　　刘:你的理解是对的。文化的基础是经济,同样文化也存在并作用于经济矛盾中,文化的主要内容就是经济意识。从价值观到思想到道德,其中相当一部分都是针对人生的经济活动和利益的,是对经济中的人格和权利的意识与维护、要求。也正是由于经济活动,人逐步形成有关人生和社会关系的意识,并从个体意识达成共识,概括成文化或意识的形态。文化在经济中的存在和作用是实在的,它不仅存在于人的概念,作用于人的经济行为,而且存在于人以劳动将自己对象化了的物质财富中。物质财富之所以不同于自然物,就在于它由人的劳动而注入了人的意识,体现着文化。文化的实在,首先就体现于人的经济意识上,经济意识是文化的基本内容。经济意识,就是人对经济活动的动机、利益和权利等的意识及对经济矛盾、经济发展认识的集合。它包括个体人的自我经济意识,也包括对社会总体经济过程的理论规定。

　　动机,是人的生理和心理需要的集中体现,也是价值观的内在依据。对于个体人来说,生理需要是基本的,其中食欲又是最基本的。但就是生理需要,也已经注入了文化因素。人的需要已非动物的本能,而是包含了生理自然属性的社会范畴。动机既受内在需要的驱使,又受社会环境的制约,包括道德的制约。而动机作为主动的意识,又会促使人不断尝试突破既有限制,以满足人的需要。任何个体人,都会,也都要对自己的动机、财富、价值、利益、权利形成相应的意识,它是内向与外化相统一的,是文化的基本内容,并集中表现于价值观、思想和道德上。

　　价值观是针对全部人生的,其中在经济层次上的动机,是基本内容。价值观又是人素质中的重要环节,文化精神素质是价值观的具体表现。在人的经济活动中,价值观的制约作用是直接和明显的。文化在经济中的存在与作用,还体现于社会总体的经济发展机制上,文化对个体人的作用,又汇总于社会总体经济发展中。无形的经济发展机制,在物质财富上是看不到的,但在人们的意识中,却是明确的。从一定意义上说,只有形成文化,经济发展机制才是实在的,这个机制本身，又是以人为主体的。

三　文化对经济的导引

伯卿：文化与经济的关系，除了文化对经济的意识之外，还有一个就是文化是经济的导引。关于文化对经济的导引作用，文化通过价值观、思想和道德导引着人的行为，主要就是经济行为。而且文化对整个社会的变革都有一种导引作用，一个社会的变革总是由文化上的变革开始的，文化对经济的导引作用当然也要体现在文化对经济变革的导引。

刘：文化对经济的导引作用，集中表现为文化变革对经济变革的导引。当人的素质技能逐步提高，其经济动机也随之变化，经济利益上的新要求在受旧经济关系的制约不能实现时，就会对经济关系及其制度产生不满和怀疑，进而形成改变经济关系以实现其经济利益的观念。这些初级的、个体人的观念，集合起来，并由代表要求变革的社会群体的思想家进行概括，形成一种新的文化体系，聚合为变革势力的意识形态，即新的阶级意识。在这个新的文化体系导引下，变革势力中的个体人，对自己的利益有了统一的认知，并对旧的经济关系及其制度有了总体性批判，进而将新文化体系中有关变革后的经济制度、经济关系的设想与自己的利益统一起来。以新文化为核心，逐步形成并壮大变革的社会势力与运动。文化变革实际上是新旧两种经济社会关系矛盾的反映和要求，它表现于文化层面，植根于经济矛盾。文化变革是新的经济关系及其制度诞生的前奏，而新经济关系和制度对旧关系旧制度的变革，又是文化变革的载体。这个过程不但从总体上改变社会的文化矛盾，即新的文化体系将居主要矛盾方面，而且将具体改变人的价值观、思想和道德。这种变革又会体现于新的经济关系和经济活动中。人类的经济，因文化的导引而形成和发展，文化的作用，也贯注于基本经济矛盾及整个经济矛盾系统中。

思远：要重视文化对经济的作用，马克斯·韦伯有一本书《新教伦理与资本主义精神》，他是从资本自身增殖的需要出发，看到了新教伦理的几个原则对资本增殖、对资本主义经济发展的作用。应当说他看到了经济与文化的关系，这一点是值得肯定的。但是它也有个问题：它是为了论证资本主义只能在西方文化、新教文化当中产生，以此来论证西方的经济地位；还有，它是为资本服务的。我们现在要做的是要用劳动社会主义文化来引导公有制经济发展，这是我们文化的内涵，我们文化引导经济的性质跟它是不一样的。

此外，还应该结合新中国成立以来和社会主义经济发展的历史来谈一下，这个也可以从阶段来说，我们所处的阶段不同，我们国家的统治文化不一样，经济的发展也不一样。新中国成立初期强调自力更生的精神、艰苦奋斗的精神、爱国主义精神，这种社会主义新文化很重要，对于我们当时在一穷二白的基础上迅速地展开社会主义工业化建设，比如三大改造、初级公有制的建立、完整工业体系的建立都有很大的作用。后来逐渐把这一部分文化因素给丢掉了，只崇尚一种我们前面提到的比如"金钱万能"这样一些伦理道德和价值观。这种文化深深地影响了中国的经济。

春敏： 从总体上，文化对经济的导引是明确的。基督教、佛教、伊斯兰教都是农业文明时期的产物，但是为什么只有基督教现在更适合于欧美资本主义？就是通过新教的改革，使得个人主义成了资本主义的经济意识，更适合资本主义生产关系的发展。另外，从具体环节来说，价值观、思想和道德，不管是个体的人还是总体的人，都内在的制约着经济活动，以价值观为例，主动想做事和被动的做事，结果是不一样的。

刘： 这里讲文化对经济的导引作用，是说文化在经济中的作用，并非被动的，而是主动的。人的本质决定了人在行为之前和行为之中，都要受相应价值观、思想、道德的制约和导引。这种制约和导引是全方位的，不仅体现于文化与经济的关系中，也体现于文化与政治的关系，并通过政治再作用于经济。文化也是矛盾的，随着经济、政治矛盾的发展而演进而变革。文化变革不仅以经济矛盾的发展为基础，还是经济、政治变革的前导，而文化变革又必须在经济、政治的变革中得以实施。

伯卿： 文化不仅是对经济有导引作用，对整个社会的变革都有导引作用。比如中国古代以儒家道统为基本理论的官文化的确立，作为当时世界上最先进的文化体系使得中国保持了在农业文明的先进。但近代的资本主义文化作为比官文化更为先进的文化引导欧洲推翻封建制度、建立资本主义制度、发展资本主义经济，中国则因固守官文化而走向没落。因此，如果中国真的还想重新先进，必须进行文化上的变革，资本主义已经证明不能改造官文化，反而被官文化吸收，变种成为官僚资本主义文化，这样的文化只能使中国沦为列强的附庸。批判官文化，并使中国重新领先世界的文化只能是劳动社会主义文化，刘老师把它概括为自由文化。

刘： 劳动社会主义文化既是公有制经济和民主制政治的集中体现，也是公有制和民主制建立与改革的导引。与以前的阶级统治文化不同，劳动社会主义文化是自由文化，它不是要求劳动者如何服从统治，而是确立和发展劳动者的主体意识，并由此来制约社会的经济政治制度及个体人的行为。劳动社会主义文化是自由文化，是依据劳动社会观，确立劳动者主体意识，并将这种意识体现于经济、政治及人们的全部社会生活中。劳动社会主义文化的主体是劳动者，在确定劳动者社会主体意识的同时，导引其自由发展。

总结一个多世纪劳动者争取社会主体地位的斗争经验，我将劳动社会主义文化规定为自由文化，其实质是劳动者主体意识的确立与发展。劳动社会主义文化，以自由为核心，以自由为原则，是真正的自由文化。自由意识是劳动者主体意识的展开，也只有在劳动者成为社会主体的条件下，才能实现全人类的自由。自由并非任性，并非我行我素，并非对他人的支使和控制，而是由人本质核心要素作用与导引，并以劳动为根据，形成与之统一的需要、交往、意识。对于个体人来说，他的素质技能及其作用，即在社会生活中表现其价值，就是他自由的根据和实现。从社会总体而言，自由是以保证个人的社会主体地位为条件的，只有具备社会主体地位，才有自由的可能。然而，统治阶级虽有社会主体地位，但当他们以不劳动而占有他人劳动成果，并压迫、限制他人时，他们也就丧失了人本质和人性，丧失了自由。真正的自由，必须以所有人都成为劳动者，必须以劳动者平等的社会权利和主体地位为条件，也就是说，社会要为每一个劳动者都提供自由发展的条件。在这种情况下，才能充分地体现平等社会权利下的劳动与其价值的不平等，才有为争取更大人生价值和提升人格而努力劳动，才有为创造人生价值自觉的素质技能的提高。这样的每个人的自由发展，也就是社会全体成员自由发展的条件，同样，社会全体成员的自由发展，也是每个人自由发展的条件。

石越：对于社会主义文化的认识，出现过很多的偏差，这种文化理解上的偏差也对经济、政治乃至整个社会产生很不好的引导。所以，我觉得刘老师对劳动社会主义文化或者自由文化的论证是很有必要的。

伯卿：这个题是从文化与经济的关系谈起，文化是经济的意识，文化是经济的导引，又谈到了社会主义的文化，刘老师说的自由文化。

刘：劳动社会主义的自由，是以人为单位、以劳动为根据的全体社会成员的自由。劳动者的主体意识，作为自由文化的核心和原则，是劳动社会主义运动的灵魂，也是其制度化后公有制和民主制的内在精神。是否明确这一点，是验证劳动社会主义文化及其经济、政治制度的重要标准。20世纪初级公有制和民主制的建立，是自由文化所导引的劳动者追求自由的结果，其中的缺陷在于未能确立并贯彻自由民主原则。"苏联模式"的失败则在于背弃了这一原则，从而使官僚资本得以复兴并暂时占据了统治地位。

劳动者为主体的自由文化的确立，也是一个过程，从争取建立劳动公有制和民主制，到公有制和民主制建立以后的改革与完善，都是劳动者自由文化确立并逐步发展的进程。劳动公有制和民主制是劳动者自由文化的体现与发展条件，但只有制度上的条件,不等于劳动者自由文化的真正确立与发展,还需要在思想层面,不断地与旧社会传统下来的各种观念和意识进行斗争。而且对于社会主义这个概念的不明确导致对社会主义文化理解的一些偏差也会在历史上有一定的反映。

伯卿:刘老师对社会主义概念的明确对我们启发挺大的,刘老师在这儿能不能再具体谈一下。

刘:这个问题说得比较多了,其实是在对"苏联模式"的这种反思中,我发现"社会主义"一词并不能准确表示其应有的含义。在《民权国有》①一书的前言中,我对此做过分析,后来就以"劳动社会主义"来表达我所理解的近现代以劳动者为主体的社会变革理论运动和制度。

汉字中的"社",意为土地之神,衍指土神之所,即社庙、社官,进而称古代地方基层行政单位,相当于"里"。社仓、社学也简称为"社"。"会"即集合,众人集合的活动。"社会",古时社日,里社举行赛会,后泛指演艺集会。另,民间还有将家族、亲朋间临时性互助称为"社会"的,如"起社"、"请会",有特殊困难者经族长、族尊同意,在特定范围内请人资助,而当"社会"中其他人有困难时,此人也要出相应资助,这大概是民间共济的重要形式。而拉丁语中 Socialis(同伴、同伙)和 Socius(社交),都有共同、集体活动之意,以"社会"译之,使其义更为准确。现代汉语中的"社会",无疑是从对西语上述两词的翻译确定其义的,"社"为范围,"会"为人们集合性活动。"社会"既可以表示群体的存在,又可以表示人与人之间的相互关系。

"主义"是指学说、理论、观念。"社会"加上"主义"所构成的"社会主义"一词,是很令人费解的,一可以理解为关于总体、集体、群体的学说;二可以理解为探讨人际关系的学说;三可以理解为从总体、集体、群体立论的学说;四可以理解为以总体、集体为主的学说。第一、二种理解是最贴近词义,也是一般性的,按照这两种理解,"社会主义"就是关于社会和人际关系的学说,而所有的社会学说,无论哪一门派都是如此。"社会主义"等于"社会科学"和"社会学说"。第三种理解比较能反映问题的实质,也是从圣西门、傅立叶、欧文以来主流社会主义的本意,但"从社会立论"还是不明确其主体的,是谁从社会角度来立论?所以又有马克思所批判的"封建的社会主义"之类派别出现。第四种理解是"苏联模式"的理论依据,突出总体,贬低个体;强调集体,要求个体服从集体;强化集中,排斥个性自由。而总体、集体又由少数个体为代表、

---

① 该书由中国经济出版社 2003 年出版。

为领导。

这四种理解囊括了关于"社会主义"一词所包括的全部含义，但它们有一个共同点就是以"社会"为主语、为主体。然而，社会可以作为主语，却不能成为主体。社会是总体的形式，总体并不是绝对的同一，而是分成阶级的矛盾体，"社会主义"是以社会总体中哪个阶级为主体的学说？"社会主义"一词并不能明确其主体性，如果以"社会"为主体，等于以总体形式为主体，也就等于没有主体。而以总体、集体为主体又会导致"苏联模式"的弊端，即最终以总体、集体的"领导"为主体。

不仅没有明确主体，"社会主义"一词也没有明确其根据。与"资本主义"相比，这一点相当明显。"资本主义"是以资本为根据，以资本所有者为主体的学说。"资本"一词相当准确地概括了其性质和特点，而"社会"却不能体现其"主义"所根据的特点。

必须在明确"社会主义"的主体的同时，明确其根据。这正是我提出以"劳动社会主义"取代"社会主义"的缘由。"劳动社会主义"的主体是劳动者，根据是劳动。这样，其性质和特点也就都明确了。联想到马克思坚持使用"共产主义"，而不用"社会主义"一词，原因也应在于此。

马博："苏联模式"的缺陷跟对社会主义文化的理解偏差也是有很大的关系的。

刘：对，"苏联模式"社会主义文化的特点之一，就是强调总体、集体的利益，将国家、集体说成是至高无上的，个体只是总体、集体的填充物，要无条件地服从国家或集体单位的需要。排斥个性自由和个人权利，批判并反对个人主义。在苏联教科书中，"社会主义"是与个人主义截然对立的，要求个人放弃其个体意识和利益，绝对地服从掌握国家或集体单位总体权利的领导的意志。这是"苏联模式"及其文化的局限和根本缺陷，是其未能体现社会主义本质和原则的集中表现，"苏联模式"的失败与之密切相关。也正是针对"苏联模式"及其文化的这一特点，资本主义思想家迄今仍然以"违背人性和自然权利""集权专制"等来攻击社会主义。

不容否认，"苏联模式"是俄国、中国等资本主义不发达国家社会主义运动及其制度化的必要形式，在短期内保留行政集权体制、强调总体发展是有一定合理性的。但这样做的同时，必须明确其短暂性和改革的必要性。可惜的是，"苏联模式"的设计者并没有认知这一点，而是将不断高度集权作为目标。至于这个体制的既得利益者则进一步把行政集权作为其生命线，坚决反对改革，并废除保证民众发表意见的法律条文，制止和镇压民众对"领导"的批评。这样，"苏联模式"所包含的并不充分的社会主义文化原则就被清除，"苏联模式"被新的官僚资本主义所取代。实际上，社会主义不仅不排斥个体利益和个性自由，而是要实现和保证个体利益和个性自由；社会主义并不简单地反对个人主义，而是在克服以财产所有权为根据和核心的个人主义的同时，争取并实现以劳动为根据和核心的个人主义。社会主义就是劳动者个人主义的集合与实现。

四　官文化和小农意识对中国经济的制约

伯卿：我觉得对于中国来说，不管是新中国成立后非常顺利地接受"苏联模式"，还是刘老师上面说到的当前的官僚资本主义的出现，其实都与中国传统的官文化有很大的关系。

云喜："苏联模式"最大的特点就是集权，这与中国两千多年的集权官僚制度下行政集权体制不谋而合，能那么容易移植并且接受"苏联模式"必定跟集权官僚制下统治阶级的意识形态——官文化有很大的关系。官僚资本主义则是官文化的现代变种。

伯卿：现在中国经济社会出现的一些问题，比如假冒伪劣产品、坑蒙拐骗等现象以及政治腐败等等，人们大都归结于道德沦丧，然后就提出要复兴传统文化，尤其是儒家文化来弥补这种不足。刘老师，对于这种复兴传统文化的思潮您怎么看？

刘："传统"，是旧制度、旧文化的一些内容和因素在新社会的存留。当人们说"传统文化"时，往往指旧社会的全部文化，这是不确切的。对于中国来说，现代文化中有旧的官文化的残余，是仍然"活着"的意识形态，是"文化传统"，而非在现代中国文化之外，单独存在着一个"传统文化"。文化作为对人存在及其社会关系的意识，是植根于经济、政治之中的，是与制度相统一的，不可能有脱离时代，不涉及经济、政治的文化，更没有超越制度的文化。总之，文化是现实的、活人的意识，旧时代的文化，只有与现时代、制度相符合，只有在现实经济、政治中有其内容，才能成为现实文化的一部分，或者说可以被现在的活人接受并体现于他们意识中。那些没有现实经济、政治基础的旧文化，已被时代洪流荡涤淘汰，或许会留下一些书籍和其他文字，但它只是文献，而非文化，是历史研究的对象。官文化的坚守者将儒家道统说成是"中国文化""国学"甚至"种文化"，鼓吹"保护弘扬传统文化"，目的在于为行政集权体制的既得利益者提供文化上的论据，并对抗文化变革。

主张"弘扬传统文化"的人，有一套独特的逻辑。第一，先将文化与政治、经济割裂，绝对地分开，似乎文化是独立存在并自行传统的；第二，将文化说成民族、人种的特有意识、思想、价值观，即"族文化""种文化"，只要这个民族存在、人种存在，其文化就永远不变，如果有人试图改变，就会导致"民族消失""人种灭亡"，亨廷顿《文明的冲突》就是持这种观念的，他的书给"弘扬传统文化"论者以"外援"；第三，从儒家学说中抽取"仁""义""礼""孝""智""信""诚"等术语，不顾时代差别，否定其阶级主体性，剔除其中的政治、经济制度内容，以己之愿做出新的解释、定义；第四，宣称这些术语是"中国传统文化"的精华和主要内容，强调它完全适用于今天的中国，是保族保种、"振兴中华"的精神支柱、指导观念。

他们根本不了解或不承认儒家道统是官文化的理论基础，儒家道统正是展开于官文化中才发挥其作用的，二者是同一的。"弘扬儒家道统"，也就是弘扬官文化，而弘扬官文化的实质就是保持、固守行政集权。

现在鼓吹"复兴儒家传统"、弘扬"传统文化"的人也有不少人是真诚地以为时下所出现的政治腐败和种种歪风是因为忘记了儒家道统所致，因此认为弘扬传统文化，是净化社会、"振兴中华"的必要条件。但是，只要稍微了解一点中国历史就会发现，正是以儒家道统为统治文化的两千多年里，中国的官僚地主阶级都在"合法"地剥削和压迫中国民众，也正是从这儒家道统导引出的官文化支使着官僚的贪污和受贿，以致有人干脆说，两千多年的中国史就是一部贪污史。企图以导致贪污腐败的集权专制理论基础儒家道统来治理现时的腐败，简直是以油浇火。今天一切腐败现象的原因在行政集权，它的文化根源还在官文化。清朝统治者因固守儒家道统、官文化而在外国侵略者面前屡屡失败，以致丧权辱国被列强瓜分，难道今天弘扬儒家道统就能发展生产力、"振兴中华"？

德启： 刘老师，也是由于中国古代集权官僚制和官文化的确立，使得中国长期领先于世界，所以官文化和与它适应的小农意识也在一定程度上促进了中国古代的经济发展吧？

刘： 集权官僚制控制的小农经济，是手工劳动时代最为先进合理的农业生产方式，它以秦汉以来形成的汉民族为中心，逐步扩散，融合了周边的各部族联盟、部族、氏族，是中华民族统一和发展的基础。但是集权官僚制及其小农经济的局限严重抑制了农业生产方式向工业生产方式的转化，蒙古部族联盟和满洲部族联盟入主中原后对其制度传统的保守，加重了对生产方式转化的障碍。其实中国很早就有了商品交换和商品生产，但正是由于集权官僚制和小农经济，中国并未进入资本经济形态，也没能改革手工劳动的农业生产方式而进入工业生产方式，长期滞留在以农业为主的产品经济阶段，严重制约了中国劳动者素质技能的提高和社会变革。1840年的鸦片战争及其失败宣告了集权官僚制的没落与腐朽，也宣告了以儒家道统为核心的官文化的没落与腐朽。

伯卿:刘老师能不能给我们具体说一下为什么中国文明发达两千多年,并领先于世,但为什么一直停留在农业文明阶段,而且中国的社会经济、政治制度基本一直没有变化?

刘:我把从秦至清这段历史的社会制度称为集权官僚制,为什么延续这么久?学界争论多年,之所以不能正确地回答这个问题,在方法论上有一个重要原因就是没有将政治、经济、文化三者统一起来进行研究,尤其是忽略文化的作用。当然我们也不是要把文化说成是历史的决定因素,但文化的作用,尤其是在社会制度方面的作用,绝非简单的随经济制度变化而起的辅助作用,而是经济矛盾中的一个内在要素。官文化对官僚地主经济和小农经济的维系,就是这个经济制度得以长期存在的重要原因,而其具体的表现就是重农抑商意识及其政策化。

中国的商品经济出现的时间是相当早的,起码在商朝就已经形成一定规模的商品交换,并有了固定的市场,到周朝时,商业已成为一个重要职业,商人已经是社会的重要阶层。管仲治理齐国的一个重要政策就是发展商业,以此建立霸业,这一思路在一些诸侯国都推行过,并且出现了资本比较雄厚的大商人。这一思路与欧洲 15 世纪、16 世纪的重商主义有相似之处,不过实施的程度和力度比较弱。更重要的是,与这一思路几乎同时出现的还有法家的重农抑商思路,将农战相统一,并在日后成为秦国争霸和统一天下的主导思想。农战为一,既可以发展农业又可以将农民固定于土地之上。战时按户抽兵,平时安心事农,兵源足粮草亦足,为此就需要对从事工商业者给以压抑和限制,商鞅的"农战"政策其实已包含抑商在内。

任真:刘老师,这个重农抑商并不是儒家道统的思想啊,孔子孟子他们也没有这种系统的重农抑商意识,要说重农抑商也是法家的思想,怎么能说是以儒家道统为核心的官文化的表现呢?

刘:在孔丘那里确实对于抑商没有过多的论述,创始阶段的儒家也确实还没有系统的重农抑商意识,当时他们关注的是礼制,即建立以天子为核心的社会制度和秩序,其中包含重农的思想,但对抑商的政策很少涉及,这个问题还不是主要问题。但到汉武帝"独尊儒术"以后,法家的"重农抑商"思想不仅没有被"罢黜",反而吸纳进儒家道统,被提到"基本国策"的重要程度。"重农抑商"意识就像"以刑配德"一样,被纳入了儒家体系,"重农抑商"意识从此成为官文化的重要组成部分,并政策化为对经济的主要制约形式。

还得注意一点,中国集权官僚制度下的重农抑商和法国 18 世纪的重农主义又是有本质不同的,法国的重农主义是早期资产阶级的思想代表强调资本主义农业的发展；而中国的重农抑商则是官僚地主阶级意识的表现，农业作为"本"，是官僚地主阶级存在的根本，也是其利益的根本保证，官僚地主阶级的统治就是以土地的所有权和占有权为依据的，正是这个经济上的权利，决定了他们政治上和文化上的统治地位，官僚地主阶级所重之农，一是官僚地主经济，二是不以生产力发展为目的。不是说中国官僚地主比资产阶级贪欲小，而是中国的官僚地主从总体的阶级意识上认识到：他们最根本的利益是保住政权，有了政权就有了江山和子民，也就有了税收和地租；如果片面强调求富，并以此而鼓励工商业发展的话，那就会造出一个新的阶级，他们即使不掌握政权，却占有大量财富，这就是对自己统治最大的威胁。正是基于这种总体阶级意识的考虑，才有了"重农抑商"意识及其政策化。

由于抑制商业，文化上贬低商人和商业，政治上压制商人，所以即使是大商人也是拼命捐官，或者买土地盖豪宅；官僚地主们则是大量兼并土地，很少去投资。这样，商业资本不能扩充，也很难转化为产业资本，所以中国两千多年的历史上虽产生过不少有名的商人，但却没有形成一个强大的政治、经济势力，也没能因为商业的发展导致资本主义的产生。

而欧洲15世纪、16世纪的君主专制，是以发展商业为经济基础的，是与商业资本家的"联盟"，只能重商抑农、损农，由此导致资产阶级的壮大并进行推翻君主专制的革命。相比中国的集权官僚制，欧洲的君主专制太初级、幼稚，没有意识到重商会生出一个新阶级，这个阶级又会根据自己的利益推翻君主专制，建立资本主义制度。

官文化和官僚地主阶级的统治能在中国持续这么多年也主要是因为有能够适应这种统治的小农经济和小农意识。如果劳动者有自己的与官文化对抗的阶级意识，并联合起来总反抗的话，它也不能持续这么长时间，政治经济制度基本一点没变。

马博：官文化本来就是以统治民众为目的的，统治的结果也就是小农意识的形成。

刘：官文化是集权官僚制的意识形态，是官僚地主阶级的阶级意识，是儒家道统逻辑与历史地展开于集权官僚制进而作用于社会的具体表现。集权官僚制是儒家道统的本体，儒家道统是集权官僚制的精神灵魂，二者的关系可谓是"官为儒体，儒为官魂"。现代新儒家之所以强调儒家道统具有现代意义，其重要论点就是说儒家以"内圣外王"为精髓，"内圣外王"是对官及其后备军士阶级的总体价值观和思想、道德的规定，要求他们只有修炼好"内圣"功夫，才能去"外王"，才能治国、平天下，其目的就在于维护和巩固集权官僚制。在官文化中，社会是由人构成的，人与人之间的关系和矛盾只能由人按天命来治理。一个得到"内圣外王"要旨的官，是治理一个地方、处理其中人与人关系与矛盾的关键，这里充分体现着"人治"思想，就具体方式来说则是"以刑配德"，以德捆缚民心，以刑制裁民身。为了让占人口大多数的被统治者服从于占人口少数的治人者，统治阶级实行的是愚民、牧民的政策，以惑、禁、隔、阻、压的方式对待被统治阶级。

当然，官文化不仅是管民的，也是约束官的，官是个大队伍，官的等级及相应权、位、职、责都有相应规定，并且一旦被规定，就要被认可，要自觉地遵守，久而久之，也就成为固定的、似乎先验的意识，这就是官本位的观念。官本位作为官僚地主阶级的社会观，既是集权官僚制的实现形式，又是官们以政治权力谋取个人利益、实现个人价值的依据。官本位的历史观进一步具体化，就是官至尚，即官文化的价值观。作为价值观，官至尚是儒家道统所规定的儒家弟子的出路，也是他们个体及整个儒家大团伙的根本价值与利益的表现，所以才有"万般皆下品，唯有读书高"的传统，因为只有读书才能做官，只有做了官才有"高"于民的位，才能在社会中发挥作用，实现自己的价值。实现官至尚这一价值观的方式有两种，一是忠君为"公"，二是为"私"，即为自己和"家"谋取荣誉和财富，由此可以看出官财是一体的。在孔丘创立儒学时，就已经明确，"利禄德"是制度对官个体的吸引和制约。所以从一定意义上说集权官僚制就是靠贪污腐败维系的，只有这个制度，才能保护贪污腐败，而贪污腐败者也只有维护这个制度，才能生存、延续。做官既有"利""禄""德"，又可以荣华富贵，不仅能够显示自己价值，还能左右他人命运，所以人人都想为官。但是官毕竟是少数的，所以在选官时有一套制度，即依靠科举制度从读书人中择优录取，奉行的是"学而优则仕"。虽然求官的"正途"在于选官与科举，但如果没有处理上下左右关系的本领，又是不可能成功的，所以求官和为官的技能，是与儒家道统相呼应的，也是官文化的重要内容。官场就是个利益场，是个污浊有序的大"酱缸"。

小农意识是中国在小农经济条件下形成的与官文化对立统一的一种意识形态，是在官文化的制约下存在和演变的，也是小农经济的内在条件。在中国两千余年的集权官僚制下，在经济上的基本制度就是土地所有权归国家。国家对土地的所有权是属于皇帝名义的整个官僚地主阶级的，这是其阶级统治的根据和基础。而集权官僚制优于封建领主制的地方，就在于它从土地所有权派生出土地占有权，并将占有权以"均配土田"等方式交给农民，使农民拥有了相对独立的经济地位。在时断时续的"均配土田"以及鼓励农民垦荒和购买而取得占有权的政策下，使中国出现并存续了一个"自耕农"阶层，即在自己所占有的土地上进行耕作，收获物除交税及政府所收其他赋捐外归自己家消费的农民。在那时，农民中除了自耕农还有佃农，即没有或有很少土地占有权，为了生计，只得从地主那里租地的农民。自耕农和佃农所构成的以家为单位的个体经济就是我们说的小农经济，而农民的小农意识也是在这样的经济形态中形成的。

个体生产的小农经济使广大农民各自孤立，其各自的利益也是分开的，很少有联合的条件，在这样的情况下官文化的愚民政策很容易成功，而且必然形成个体精明而总体愚昧的农民阶级。历史上的农民起义也有很多，但最后的结果不是被剿灭就是被"招安"，根本原因就在于小农经济条件下这种小农意识的局限。农民的反抗只要形成规模势力，并建立起一定的权力机构时，小农意识已不能为这种势力及其权力机构提供指导和制约。也正是在这时，反抗活动的参与者就会求助于官文化，组织者不是被外来的官僚或士人所取代，就是转变成新的官僚，他们又会组成新官僚机构。这就是为什么官文化和官僚地主阶级的统治能在中国长久存在的原因了。

总的来说，古代中国文化就是官文化和小农意识。不谈官文化，不知道、不涉及小农意识，就没有古代中国文化。那些"弘扬传统文化"的人，正是如此。他们自己也不清楚，他们所说的"中国文化"到底是谁人的文化，它又如何在历史和现实中存在与作用，它的内容是什么。只是空洞地议论一些不着边际、脱离时代、与经济、政治无关的抽象术语，并戴上一顶吓唬人的"爱国""保种""兴族"的高帽。这样的"弘扬"，不是别有用心，就是无知无解，对解决现实矛盾是没有意义的。

伯卿：刘老师，小农意识到底是一种什么样的意识？它有哪些具体表现呢？

刘：在集权官僚制下的小农经济是一种"家经济"，而如何维持这个"家经济"，就是小农意识的基本点。集权官僚制下的农民及手工业者、小商人，无权也无力去制约官僚地主消费，为了自己的生存，他们只能自我约束消费。因此，小农意识首先表现为农民的勤俭持家观念，这也体现出了农民对集权官僚制经济制度的顺从。在政治上，集权专制剥夺了农民和其他劳动者的所有政治权利，安分守己体现了农民对集权官僚制政治制度的认可。除了这些，还有农民在以"家"为单位的封闭性生产中所形成的自私自利观念、在天命主义影响下"只反贪官，不反皇帝"观念以及表现其对公共活动和总体社会环境的理想的平均主义和等级观念。

德启：从我们的日常生活中其实也可以看到，小农意识好像并没有随着社会的发展而消除，反而越来越广泛地发展起来，这些小农意识在现在农民身上表现得还是很突出。为什么会出现这样的情况呢?

　　刘:这就是官文化的高明之处。全部官文化就不包括促进劳动者素质技能及其生产力这一内容,和重农抑商思想一样,不提高劳动者素质技能,不促进生产力的发展,基本保持经济生活的静态平衡,这正是集权官僚制得以维持的重要条件。将农民固定于"活着""过日子"的范围,以各种方式限制他们从事工商业,并且限制他们接受教育,在这种情况下,农民只得安分守己地在"家"的范围内世代简单地生存,不可能有自由的发展。因此,直到今天,农民自身也不能摆脱小农意识对其思想的束缚,甚至现在很多城市中人都不知不觉地接受了小农意识的现代变种小市民意识,小农意识的范围不仅没有缩小,反而有日益扩大的趋势。

　　伯卿:还有一个问题,近十多年在中国出现了以"复兴国学"为名义的一种思潮,一度甚至很热,有人称为"国学热"。主张"复兴国学"的人中有一部分人认为,只有恢复"国学",才能坚持中华民族的传统,才能发展经济,使中国富强。我们应当怎样看这种思潮?

　　刘:"国学"这一称谓,大体上从清末说起,是相对于"西学"而言的。一个多世纪以来,"复兴国学"的口号延续不断,也有一些学者著文演说鼓吹。不可否认,其中一些人对古代中国的思想、文化研究是有成就的,必须肯定。但以"复兴国学"来对抗"西学",虽有爱国情结,却不免步入守旧,以至被集权官僚及行政集权体制的既得利益者所利用。而"国学"的范围之广、历史之长,几乎没有人能全面把握,在"国学"这个名目下,似乎可以说许多话,诸子百家、经史子集面面俱到。但其中主导,仍是儒家道统。20世纪台湾、香港以至后期大陆一些学者主张的"新儒学"可谓典型。我在《中国文化现代化》①中曾用"误入海市蜃楼"为题,专门分析了新儒学。"国学"的弘扬者,虽各自角度不同,却有一个共同点,就是脱离经济、政治谈学术,舍去历史论思想,更不谈阶级统治与制度,将"国学"说成是超时空、超阶级的抽象"中国"的学术。这是严重脱离实际的,这样的"国学"只在论说者的头脑和嘴巴上存在,而历史演化的中国思想、学术,则是与当时的社会制度、社会矛盾、经济政治状况相统一的,是统治阶级意识的体现,虽也有一些民间学术,如墨家学派,但很少被人注意,尤其是对延续两千多年普遍存在的小农意识根本不知道、不涉及。这样的"国学"怎么说都可以,甚至有人在电视上把"儒学"讲成超时空的"普世价值",像托儿所阿姨哄孩子一样要现代中国人信从它。但中国毕竟已进入工业

---

　　① 刘永佶:《中国文化现代化》,河北大学出版社1997年版。

文明，中国的发展在于现代化。我说的"现代化"不是"西化"，而是中国内生的发展，是在对旧制度、旧文化的批判基础上，确立以现代劳动者为主体的新制度、新文化，是在不断提高劳动者素质技能的进程中发展工业文明。我们要学习西方思想和学术，但不是盲目照抄照搬；我们也要继承中国文化传统，但要通过历史的、制度的、经济的、政治的分析，批判其特殊性的统治阶级意识，从批判中发现、概括能被现实所吸收、借鉴的一般因素。这个话题太大，今天只说要点，以后有时间再细说。

现代中国需要现代中国文化，这既不是旧中国文化在现代的复生，更不是"全盘西化"，用西方的基督教或资本主义文化主导中国人的意识，而是以现代中国劳动者的利益和意识集中概括的劳动社会主义主导经济、政治制度变革中创立、发展的与公有经济、民主政治相统一的自由文化。这是现代中国的灵魂，也是中华民族屹立于世界民族之林，并继续领先于人类发展的精神。儒家道统和官文化曾在农业文明时代领先两千年，这是相当了不起的，我们为自己祖先骄傲。但它不适应工业文明，是中国近现代落后的文化原因，必须批判儒家道统和官文化，从中吸收可以纳入现代中国自由文化的因素，但绝不能固守它、弘扬它，那样做，只能导致中华民族在守旧中的衰败。一百多年的历史也充分证明了这一点。"振兴中华"，并不是振兴已经过去的中华，而是振兴现代的中华，其根本就在于确立劳动者的社会主体地位，由此提高和发挥其素质技能。导引确立劳动者主体地位的经济、政治制度，是自由文化形成并作用的意义所在，也是自由文化发展的根据。我们所要弘扬的，就是批判继承传统的现代中国文化——自由文化。

（尹伯卿）

中国政治经济学的主题

中国政治经济学的主题,就是在劳动社会主义理论指导下规定中国现实经济矛盾系统,探讨劳动者社会主体地位的实现和素质技能的提高与发挥。这是以劳动者为主体的研究,是与资本主义政治经济学有本质区别的。劳动者社会主体地位的实现和素质技能的提高与发挥,是中国经济发展的根本,体现于经济矛盾的各层次,是规定经济矛盾的核心和纲要。以规定中国经济矛盾系统为中国政治经济学的主题,是研究目的与对象相统一的集合。中国经济矛盾的特殊性决定了中国政治经济学主题的特殊性,只有在劳动社会主义理论指导下,才能揭示中国现实经济矛盾系统中各层次的矛盾。

一 主题是主义的展开和具体化,是研究目的与对象的统一

王:主义是主题的核心、根据、前提,主义不是外在于主题的,而是内在于主题,展开并具体化于主题之中。当我们说主题是主义的展开与具体化时,并不是说先要专门研究主义,然后再确定主题。主义是抽象,主题是具体,这是从逻辑关系上讲的,在实际研究中,二者是统一的,主义是在主题的不断研究中逐步确立的,一旦确立就会作为主题研究的指导并展开于主题,在主题研究的深入发展中不断地充实主义。

现在一些人又在提倡胡适在"五四"前提的"少谈些主义,多研究些问题"。政治经济学研究是否可以不谈主义只研究问题?

刘:一些政治经济学者可能会故意不承认自己的主义,或者真的不清楚自己的主义,但他的著述却不可能没有主题,他也不至于不承认自己著述的主题。而只要有主题,我们就可以从他的主题中推论出其主义。

资本主义政治经济学作为资产阶级经济利益和意识的集中概括,已经形成二三百年,其中因时代、国度及阶层、集团的差异,分为若干支派,相互分歧甚至争论颇多,但这并不影响它们有一个共同的主题,这就是:如何使资本增殖,有效配置和利用劳动力、资本、自然资源实现利润最大化。各学派、各经济学家的分歧和争论,是因时代、国度、阶层、集团的差异以及研究者主观条件的不同,而对同一主题产生的歧异。也就是说,二三百年来,数以十万计的资本主义政治经济学的研究者,都在针对同一主题做文章。

春敏：资本主义政治经济学研究者所反复论证的主题实际上就是从对经济矛盾的认知中，探讨如何最有效地实现资本所有者的利益。虽然资本主义政治经济学家往往不愿意或不能准确地使用"经济矛盾"这个术语，但经济矛盾是现实存在的，也是他们所能面对的唯一对象，他们都是针对经济矛盾的某一层次或环节进行研究。不论差异多大，都是同一大主题中的各个小的分题，也正是这众多分题的探讨与论证，才使总体大主题不断实现和充实。

刘：之所以如此，根本就在于主体和主义。尽管资本主义政治经济学并不愿意承认，甚至掩饰其主义，但他们都相当明确自己及其所代表的社会群体的利益。这就足够了。把握了利益，也就把握了主义；明确了目的，也就明确了主题。即令在最枝节的问题上发表议论，也是符合主题的。这一点，所有的资本主义政治经济学家都知道并做到了。至于在总体资本主义框架内，还会分出若干属于各支派的"支主义"，从而又有支主题，如凯恩斯主义、新自由主义、制度主义等等都有自己小派别的支主题。正是支主题的研究对其支主义的展开与具体化，才使资本主义政治经济学的总主题得以实现，使其总主义得以充分地展开于具体的论证中。西方许多经济学家都不承认自己是信奉资本主义的，他们或者是以"客观的、自然的规律"将优胜劣汰的"丛林法则"作为规定经济关系的根据，或者更具体地论说"利润最大化"的方式方法，或者从总体上为资本化的国家提供政策建议。只要他们的主题是为资本所有者阶级谋利益的，那么他们的主义必定就是资本主义的。

资本主义政治经济学如此，社会主义政治经济学也是如此。从西斯蒙第开始的社会主义政治经济学，经英国早期社会主义者，虽然在概念体系上尚未摆脱英国资本主义政治经济学的逻辑，但在主题上却与之有了质的差别，他们不是把探讨增加利润、增殖资本作为主题，而是将从经济矛盾的分析中探讨维护劳动者利益作为主题。这种差别是由主体和主义决定的，并体现于对由资本主义政治经济学家斯密、李嘉图所提出的概念的改造上。马克思明确地从劳动者（无产阶级）主体确定主义，并由主义展开主题，创建了社会主义政治经济学概念体系。马克思政治经济学研究的主题是揭示资本主义经济矛盾规律，探讨变革资本统治制度，建立"自由人的联合体"的途径。以《资本论》为主干的理论体系是这一主题的论证，并以此确立了与资本主义政治经济学相抗衡的社会主义政治经济学。

在"马克思主义"的名号下形成的一派政治经济学，从第二国际理论家和列宁及"苏联模式"教科书的信从者，在总体上说还都力求依循马克思所确立的主题，根据具体情况展开研究，但由于对主义的理解已有偏颇，因此他们确立的支主题在一定程度上与总主题有些出入。其中比较突出的是第二国际的伯恩斯坦和"苏联模式"教科书。伯恩斯坦是第一个明确地从唯生产力论修正马克思主义的人，他从唯生产力论反对变革资本主义制度的暴力革命。而"苏联模式"教科书在主题上的缺陷，也在唯生产力论，虽然早期在维护劳动者利益和巩固政权上尚有合理性，但随着政权的巩固及行政集权体制既得利益者对它的固守与利用，这种合理性也就消失，代之更为露骨地将唯生产力论解释为"唯利润论"，以致放弃"马克思主义""社会主义"，将为官僚资本的集权专制进行论证作为主题。这种变化体现于20世纪末苏联部分政治经济学研究者主题的转变上。中国的GDP主义经济学家将西方资本主义奉为"普世价值"，放弃了社会主义，也就放弃了马克思提出的政治经济学主题。

今天中国的一些"著名经济学家"也往往以"只研究问题，不论主义"的姿态出现，或者还会以"社会主义"名义说话，但只要弄清他们所论主题，就可以清楚其所宗主义是什么了。那些"私有化"论的鼓吹者，常从"国家富强"的角度发表高见，什么"腐败有助改革""农民工低工资是中国国际竞争优势""高房价是市场经济的必然要求""教育产业化""医疗市场化"等。只要了解了他们的主题，并从中认知其是为哪些人谋利益的，就不难看出其中贯彻的主义。也正是他们所代表的社会群体利益所概括的主义，主导他们去发这些主题的论说。

我们不讳言主义，更不能空谈主义。主义只有展开、落实于主题，才是真正的主义，有生命的主义，开花结果的主义。

王：如何理解中国政治经济学的主题是其目的和对象的统一？

思远：中国政治经济学的主题，不是资源配置，这是基于西方经济学来讲的；也不是注释政策，而是揭示矛盾。不同的主义在主题上是有所体现的，西方经济学规定经济学的主题是资源配置，而苏联教科书中的政治经济学的主题实际上是注释政策。

刘：目的性是政治经济学的重要属性，是主体性的集中体现。主题不是凭空设定的，必须有切实的研究对象。对于中国劳动社会主义政治经济学的研究来说，对象就是现实存在的中国经济矛盾。然而，单有经济矛盾还不能构成主题，对于各个学派的研究者来说，不论依循什么主义，对象都是中国经济矛盾，但主题却不同。客体对象不能直接成为主题，主题的规定，必须是研究目的与对象的统一，也就是说，按照特定目的对作为对象的中国经济矛盾进行研究。研究目的，是主体从其主义出发形成的，是展开和实现主义的主动因素。研究目的对研究者的研究活动的指导，贯彻于收集现象材料到全部思维过程，从而体现于对研究对象的界定上。这也就是为什么针对同一个研究对象，不同的研究者会形成不同主题的原因。

以中国经济矛盾为研究对象，以揭示经济矛盾规律为目的。将研究对象确定为中国经济矛盾，是政治经济学国度性的体现和要求，也就是说，我们的研究是在对经济矛盾第一、二两个层次做出基本规定的前提下，从第三层次入手，集中探讨第四至第八层次的矛盾。在方法上，要注重对中国现实主要经济矛盾和主要矛盾方面的探讨和规定，以此为纲，探讨和规定各矛盾层次，并对中国经济矛盾系统做出规定。研究目的是主体、主义与研究对象的统一，以揭示中国经济矛盾规律作为中国政治经济学的研究目的，是劳动社会主义的体现，也是解决现实中国经济矛盾的要求。对中国经济矛盾的系统规定，也就是在规定中国经济矛盾规律。对研究对象和研究目的的辩证研究，就构成中国劳动社会主义政治经济学的主题。

劳动社会主义政治经济学研究者与 GDP 主义者都是面对中国经济矛盾的，而其主题却有明显的差异，甚至是对立的。GDP 主义的主题，是用各种方式增加GDP，以此巩固行政集权体制及其既得利益者的利益。在他们的观念中，劳动者只是增加 GDP 的"资源""要素"和手段，其利益只在于能够维持最低生活水平，至于什么社会地位，什么权利，什么素质技能的提高，都不属于劳动者，也不在 GDP 主义经济学家的主题之内。也正因此，GDP 主义经济学家所注意的经济矛盾是以体制既得利益者为根据的，他们并不去分析因体制而引发的一系列问题，而是努力掩饰矛盾，甚至为矛盾进行辩护。更多的，则是为巩固体制献计献策，如何排除不利于体制稳固的因素，如何能够使私有企业利润最大化，以刺激、保证老板们对体制的拥护。

劳动社会主义政治经济学则应按其主义的要求，以劳动者为主体去研究包括劳动者在内的社会经济矛盾，其对象与 GDP 主义经济学家是同一个，但目的却有不同。劳动社会主义政治经济学的目的在于如何维护和实现劳动者的利益。注意，是劳动者作为劳动者，而不是使劳动者变成非劳动者，因此，不能以规定非劳动的剥削者的标准来规定劳动者的利益，劳动者有自己的利益标准。GDP 主义经济学家及其所推崇的资本主义"普世价值"，是将占有物质财富的量作为衡量利益的唯一标准的。由于这个标准是现代文化的主导并通行于世，因此，劳动者本人也会用这个标准来规定自己的利益，据此，他们看到了不平等。从这个意义上说，也是能在一定程度上揭示现实经济矛盾的。GDP 主义经济学家也注意到了这种不平等，为了缓和矛盾，消除劳动者的不满情绪，就诈称只要蛋糕做大，劳动者也能和权贵、资本所有者"共同"富起来。这是连他们本人也不会相信的鬼话,但他们就是坚持用这些话来掩饰矛盾。劳动社会主义是从劳动者作为劳动者来规定其利益的,因此注重的是发展人,而非占有物。人的发展,就是人作为劳动者的发展,从这个意义上说,只有劳动才能发展人,只有劳动者的发展才是人的发展。

思远:卢卡斯写过一本"经济学的性质",他甚至提出"资源配置是经济学的永恒主题"。

春敏:是罗宾·卢卡斯,这是 1930 年写的。

思远:针对"永恒"我还得说几句,主题是矛盾的变化,主题是变化的,这就是刚才刘老师讲的把最抽象层次的矛盾作为主要矛盾。经济学的主题不是永恒的,它也是变化的,这说明卢卡斯的经济学是非历史的经济学,而政治经济学应该是一门历史科学。历史阶段并没有过去,经济矛盾并没有解决,主题并没有解决。而提一个新概念,一个时髦的词,政策一提出,马上就注释。经济一热,马上就注释,它追求的是经济的时效性。

王:我们要运用系统抽象法揭示现实中国经济矛盾系统,规定中国政治经济学的主题。

云喜:我觉得在这个层面还应该探讨主题确立的方法,因为主题涉及对矛盾的揭示和论证,与之适应的方法就是系统抽象法。矛盾揭示的过程在于主体决定主义,主义也就是主体的利益最后决定了你对现象背后本质的揭示,矛盾揭示的过程是系统抽象法运用的过程,这是一个内在统一的过程。所以,确立主题的过程恰恰是系统抽象法运用的过程。

刘:云喜讲得有道理。但你用了一个人们习惯的词句——"现象背后的本质"。原来我也不太注意,但总觉得别扭,我不用。现在分析一下,这个词句是不通的。"背后"是说另有一个东西,本质在背后,现象在背前,这是什么关系?本质并不是独立存在的,本质只是现象中的内在联系,现象之外没有本质。现象和本质是同一对象在人认识中的两个阶段,因此,不是"现象背后的本质",而是"现象中的本质。"

关于方法,有人认为方法是在政治经济学之外单独存在的,就像一个工具,比如钳子、扳手,使的时候拿来作用于对象,不用就放在一旁。政治经济学的方法是政治经济学的内容,方法论是政治经济学的组成部分,体现于从主体确定到主义、主题、主张的全过程。在主题,即揭示矛盾中更为充分。

研究的目的主导着研究的方法,GDP 主义经济学家从其目的出发,在方法上掩饰日益尖锐的经济矛盾,甚至用伪造统计数字的手段,将损失说成效益,将对立说成和谐。同一个经济矛盾,在他们的观念和话语中,是与劳动社会主义者不同的。劳动社会主义政治经济学的目的要求不回避任何矛盾，并以辩证的系统抽象法揭示矛盾，规定其规律，探讨提高劳动者社会地位进而成为社会主体，由此提高和发挥素质技能的途径。

揭示现实中国经济矛盾系统就是运用系统抽象法规定中国政治经济学的主题。劳动者素质技能与社会地位是人类社会的基本矛盾，劳动者素质技能与经济权利的矛盾是经济矛盾系统第一层次即基本矛盾的核心和首要内容，并具体化于经济矛盾系统的各层次，中国经济矛盾也是劳动者素质技能和经济权利矛盾的具体形式，其制度、体制、结构和机制、经营管理、对外经济关系各个层次的矛盾，都是劳动者素质技能与经济权利矛盾的展开。因此，当我们将中国经济矛盾规定为对象，并以提高劳动者社会地位和素质技能作为研究目的时，目的既是主观的，又是对象矛盾演化的内在要求。劳动者作为劳动、生产的主体，本应是经济和社会的主体，但由于劳动者素质技能的相对低下，在历史的特殊阶段出现了阶级统治，统治的、主导的经济权利被非劳动者阶级所掌控，劳动者作为被统治者从未拥有主导经济的权利。经过几千年的努力，劳动者素质技能逐步提高，并据此斗争逐步增加经济权利，以与素质技能的提高和发挥相统一，经济历史就是这样发展的。对中国经济矛盾的研究，就要以历史的发展为前提，揭示现实经济矛盾各层次中劳动者素质技能与经济权利的矛盾及其具体形式，探讨提高劳动者经济权利、成为经济主体和社会主体的途径，以提高和发挥劳动者素质技能。而这也就是中国劳动社会主义政治经济学的主题，它是主义的展开和具体化，也是主张的根据。

二　经济生活的国度性决定了中国经济矛盾的特殊性

王：有些政治经济学研究者往往忽略国度性，似乎可以超乎国度而论说一般性经济问题，或者认为本国的经济问题就是全部政治经济学的问题。这里讨论规定中国政治经济学主题为什么要坚持国度性？

刘：国家是特定历史条件下形成的，是对特定区域人的经济和社会关系的总体规定。国家集中体现了占统治地位阶级的利益和意志，它既是一个政治范畴，又是一个经济范畴。国家不仅是世界经济矛盾存在的一个单位，也是从政治上对该单位范围内全部经济关系的集中概括和制约。政治经济学的研究，是针对现实的国家经济矛盾的，也要充分考虑其历史的演变。政治经济学形成于近代资本制国家，所有的研究者都是在国家的制约下，对国度性经济矛盾进行探讨的，因此，政治经济学表现出明显的国度性。

中国经济矛盾是现实的存在，具有特殊性，它是活着的中国人利益和意志、人格与权利、交往与关系对立统一的集合。现实的中国经济矛盾又是历史的中国经济矛盾演变的结果,历史上的经济矛盾因素,有的已经消失,有的仍以变化了的形式存在并作用于现实。中国经济矛盾因中国人而生,也只能由中国人从其存在和关系中进行归纳、分析、综合,才能得出内在的规定。中国经济矛盾的特殊性决定了中国政治经济学主题的特殊性。

经济生活的国度性决定了中国经济矛盾的特殊性,中国经济的国度性是历史形成的,早在两千多年前,中国就有了严格、严密的中央集权的国家,并对经济起着总体制约作用。

马博:中国经济矛盾的历史成因,在于集权官僚制和小农经济,阻抑了中国商品经济的进一步发展,严重制约了劳动者素质技能的提高。

刘:你说得对。现实中国经济矛盾的历史成因,在于历史上的集权官僚制和小农经济。秦汉以来两千余年,中国的基本制度是集权官僚制,这是以武力为基础的大一统专制,主要生产资料土地的所有权由国家掌控,其派生的占有权则由国家分配给官吏和农民,而且可以买卖。土地占有权还派生出使用权,由地主租给无地少地的农民。由于废除了封建领主制,农民拥有了相对独立的人身权,除了皇帝在总体上对全体臣民的人身统治权外,农民并不在人身上依附于官吏和地主,只有少数奴仆的人身权还归贵官豪门。农民的劳动力主要用于由自己占有或租来使用的土地上,其收获物除了交租和税之外,就归其家庭消费,形成以家为单位的小农经济。虽然农民有相对自由的人身权,但他们的劳动力不是作为商品,而是用于自家占有或使用的土地上,因而不表现为所有权。

中国很早就有了商品交换和商品生产,但由于集权官僚制和小农经济,并未进入商品经济形态,也未能改革手工劳动的农业生产方式而进入工业生产方式,而是停留在以农业为主的产品经济阶段,从而严重制约了劳动者素质技能的提高。

鸦片战争的失败,宣告了集权官僚制的没落与腐朽,而工业化了的外国资本主义经济的入侵,也严重冲击了传统的小农经济,彻底改变了旧有的经济矛盾态势,形成了新的矛盾。

王:中国官僚资产阶级与其官僚资本的形成使中国经济矛盾具有了新的内涵。规定中国现实经济矛盾,必须抓住官僚资本这个关键。

刘:19世纪末到20世纪上半叶,中国经济矛盾由以下几方面势力所构成:一是官僚地主阶级中的"开明"派或"识时务"者转化的官僚资产阶级;二是外国垄断资本对中国的渗透与控制;三是仍旧存在的地主阶级;四是私人资本家;五是在传统的小农经济中生存的农民和个体工商业者;六是初步形成的工人阶级；七是中国共产党领导的革命武装根据地中的少量公有制经济。

这七方面的矛盾势力可以组成若干矛盾，其中主要矛盾就是官僚资产阶级的官僚资本与农民和工人、个体工商业者之间的矛盾，它表现为依附外国垄断资本势力巩固集权官僚制，阻碍劳动者社会地位和素质技能的提高，阻碍中国的工业化和现代化。

中国的官僚资产阶级与其官僚资本大体经历了三个阶段：一是以李鸿章、张之洞为代表的"洋务派"；二是以袁世凯为首领的北洋军阀统治；三是以蒋介石为核心的国民党统治。官僚资本的存在形式，一是官僚个人所有的权贵资本，由其本人或亲属、亲信经营。它的运行和效益主要从属于其所有者的政治地位和活动，受其政治生命和政治斗争的支配，充分体现出"官财一体"。二是官僚资产阶级以其政权所有的国家资本。这部分资本，名义属于中央或地方政府，其资金来源主要是财政收入，是社会各阶层劳动群众剩余劳动所创造的价值，由政府以税、捐等名义聚合并投资于关乎国民经济命脉的要害部门，如金融、交通、军工、能源等。表面带有"国有"的形式，但其剩余价值的收益权和资本的支配权都属于特定官僚集团，主要是维护和巩固该集团的总体政治权力。其经营管理也按官僚政治的机制，经营者、管理者都有行政级别，并由政府任命，实际上已成为官僚机构的一部分。三是以政治权力参加和控制私有资本，拥有其股份来分红，或干脆不投资直接收取利润。四是参与外国资本为之提供获取资源和经营便利，收取回扣或分红。

思远：官僚资本的突出特点，就是垄断性。官僚资本充分利用了两千多年集权专制的优势，努力排斥商品经济的竞争机制，而以政治专制来保障其垄断。

春敏：官僚资本的主体是官僚，它的根据在于政治专制，而非资本经营。它是旧制度在现代的变种，而非资本主义商品经济和工业化的先导。官僚资本以其政治专制和经济垄断，严重阻碍着中国经济的发展，激化了经济矛盾，甚至危及中华民族的延续。

刘：大家知道，中国历史的主体并不是占总人口不到百分之一二的官僚资产阶级，而是占人口百分之九十以上的劳动者。官僚资本以其掌控的国家主权换取外国垄断资本的扶持，不仅损害了农民、工人、知识分子的利益，也压制了私人自由资本的发展。作为中国经济矛盾主要方面的官僚资本，与中国经济矛盾的各方面的对立都已激化，在这种情况下，劳动者中的先进分子以社会主义为旗号，组织、领导了以农民为主体的中国革命。中国革命的武装斗争阶段推翻了官僚资产阶级的统治，夺取了政权，建立了初级的公有制和民主制，为工业化和经济现代化创造了必要前提。

因此,官僚资本是现代世界经济矛盾制约中国经济矛盾的集中体现,也是现代中国经济矛盾特殊性的集合。官僚资本是现代中国经济矛盾系统中主要矛盾的一个方面,新中国成立前是主要矛盾方面,新中国成立后它并没有消失,而是潜在于行政集权体制中,条件成熟后,它就会利用各种机会萌生,并迅速扩展,成为主要经济矛盾中的次要矛盾方面。规定中国现实经济矛盾,必须明确中国经济矛盾的特殊性。

三　在劳动社会主义理论指导下,揭示中国现实经济矛盾系统中各层次的主要矛盾

春敏:当我们说中国政治经济学揭示中国经济矛盾系统的时候,其实就已经包括了从制度到体制到结构与运行机制再到经营管理及对外经济关系这五个层次,也就是说要揭示中国的国度性的经济矛盾。

思远:中国经济矛盾属于经济矛盾系统中的国度性矛盾,它包含制度、体制、结构与机制、经营管理、对外关系等各个层次,同时体现着基本经济矛盾和商品经济矛盾两个一般性层次的矛盾,是这两个一般性层次矛盾的特殊形态。从这个意义上说,中国经济矛盾的基本内容,就是劳动者素质技能与社会地位的矛盾及其表现的生产力与生产关系的矛盾,是商品经济矛盾各范畴的具体存在。

马博:政治经济学的主题是对经济矛盾的揭示,经济矛盾有八个层次,八个层次中属于中国政治经济学主题的是从第三层次开始的,就是从一般到特殊、从抽象到具体的系统规定中去揭示这几层矛盾之间的关系。

刘:作为中国政治经济学主题所涉及的这几个矛盾层次,它本身是一个系统的存在,所以,对它的矛盾系统的研究正好是与方法上的系统抽象统一的。这五个层次本身就是从抽象到具体的过程,这五个层次的规定也是用系统抽象法研究中国经济矛盾问题得出的一个初步的结论,然后再把这个初步的结论具体应用于对这五个层次之间关系的研究。先研究五个层次再探讨相互之间的关系,这样就构成了中国政治经济学的主题。这个主题就是通过方法对对象有目的的研究。主题里面首要的环节也是核心的环节,是制度层面的,它统帅着、制约着以下各个层次的矛盾。

(一) 现实中国经济制度层次的主要矛盾

王:中国现实经济矛盾系统中第四层次的制度性矛盾,其首要和根本的矛盾是所有制的矛盾,所有制由劳动力所有权和生产资料所有权两个基本权利及由其派生的占有权、经营权、使用权、收益权、处置权、管理权、监督权等一系列权利构成,并据此来界定经济地位、经济利益和意识、经济关系。所有制是划分社

会形态的根据。以所有制为根本的经济制度，通过对人社会地位的界定，将人划分为阶级、阶层或不同的利益集团，由此构成总体经济关系和社会关系，制度是这些关系的集合，是阶级之间的制衡。而每个个体人又都要在总体关系中生存，并受其制约。

刘：公有制经济是 20 世纪人类最伟大的创造。中国革命使中国劳动者有幸参与这一伟大的创造过程，并由此展开了工业化和现代化。然而，由于历史的经济矛盾的延续以及武装夺取政权后依照"苏联模式"所保留的行政集权体制，中国的初级公有制是相当粗陋的，有诸多缺陷，体现出其特有的矛盾。规定中国初级公有制经济矛盾，既是对其理论上的总结，也是认知现实经济矛盾的必要前导。

由革命夺取政权所主导的初级公有制，是"民众的大联合"继续革命的必然和必要形式。中国革命是以苏联的社会主义为导向和号召的，建立公有制是其目标之一，也是改造小农经济、实行工业化的必要制度形式。不论其有多少缺陷，也不论其出现过多大失误，初级公有制在中国工业化和构建基本工业体系框架上都起到了不可替代的作用。

江荣：当我们肯定初级公有制对中国历史发展的伟大贡献时，不能否认它的局限和缺陷，而它的局限和缺陷又正是其矛盾所决定的。

刘：中国在社会主义阶段，是以公有制为主体的，其经济主要矛盾是初级公有制的权利关系的体现，从一般意义上说，就是理论和法律上拥有劳动力和生产资料所有权的全体劳动者与掌控全部经济权利的国家机构的矛盾，只要社会主义制度还存在，并处于初级阶段，这个主要矛盾就存在，但在不同时期会有不同的表现。

王：初级公有制经济的主要矛盾在国有制经济和集体所有制经济中的表现有何差异？

刘：国家所有制是初级公有制的主要形式，它是中国起步阶段工业化的主导和主干。"国家所有制"的明确提出和论证，是从苏联开始的。20 世纪 50 年代苏联的《政治经济学教科书》认为，"社会主义的国家所有制是以工农社会主义国家为代表的全体苏联人民的所有制。"[①] 这个提法为中国政界、经济界、学界所接受，并沿用半个世纪。而且，还将"全民所有制"和"国家所有制"通用。然而，这两个提法，都是不确切的。其一，国家作为一个阶级统治的工具，一个协调社会关系的公共机构，是不可能，也不应该成为所有权主体的；其二，把全

---

① 苏联科学院经济学研究所：《政治经济学教科书》，人民出版社 1955 年版，第 424 页。

民所有制中的"全民"理解为一个总体性的主体，但"全民"不可能以所有权主体的身份来行使其权利，只能由国家这个机构来代表，国家由此成为所有权的主体。这在逻辑上似乎不矛盾的推论，实际上包含着重大缺陷。这一缺陷也证明了"国家所有制"和"全民所有制"提法的不确切。

春敏：国有企业的第一所有权，是劳动力所有权，这是由其公有制的性质决定的。然而，有关国有企业的教科书和法律上，却都没有关于职工劳动力所有权的规定，因此，也就没有劳动力占有权的明确法律规定，但其占有权实际存在着。

刘：这就是所谓国有企业职工的"企业所有制"或"单位所有制"。实际上就是以半军事化的方式，将国有企业职工的劳动力占有权集中于国家机构，同时又不承认其所有权，这就与生产资料的"全民所有即国家所有"的提法相呼应，将"企业的主人"变成"由企业做主的人"。国家及企业对职工的控制，不仅表现于劳动力的占有权和使用权，还表现于所有权，比如职工的工作调动以及工资、福利等利益，都是由国家或企业决定，职工无权也无法提出要求。这在国家所有制初期，或许不显现为矛盾，但长此以往，就日益突出，制约职工素质技能的提高与发挥，影响其劳动的主动性。

这样，在国有企业的权利体系中，首先形成的矛盾，就是劳动力所有权主体即职工与行使其劳动力占有权并否认其所有权的国家机构之间的矛盾。

云喜：国有企业的矛盾，进一步表现于生产资料所有权上。从苏联到中国，从理论到法律都明确规定国有企业的生产资料属于全民所有。生产资料所有权作为基本的权利，它的主体既然已经是"全民"，那么，就不应再有其他的主体，国家机构只能是作为"全民"的代表，受所有权主体的委托，来行使所有权派生的占有权，这是一种"委托—代理"关系。

刘：是这样。国家机构作为"全民"拥有其所有权的生产资料占有权的行使机构，是代表所有权主体的，不是取代所有权主体的。然而，在现实中，对"全民"中每个人的所有权及其如何行使却没有任何规定，更没有任何行使的机制，而是直接用"国家"取代"全民"。"国家所有制"与"全民所有制"是同一个范畴，在理论和法律上都将二者直接同一，没有对其区别的任何规定。因此，在国有企业生产资料的所有权主体与行使占有权的国家机构之间就形成矛盾。这种矛盾和劳动力所有权主体与其占有权行使机构——也是国家——的矛盾相结合，构成统一的所有权主体与占有权行使机构的矛盾，这个矛盾是国家资本及其国有企业的基本矛盾，也是主要矛盾。其矛盾的状况取决于所有权主体的素质技能，特别是权利意识和掌握权利的能力、行使权利的义务以及对占有权行使机构的法律规范，该机构负责人是否能够代表所有者的利益，是否以权谋私等。

马淮：比国家资本稍后形成的，是中国农村的合作制经济，但当其由政权支配而在全国范围普及以后，却发生了大的转型，即变为"集体所有制"经济。

刘：集体制是畸形的合作制。其权利体系的矛盾，也导致所有权主体的虚置，并纳入国家集权控制系统，从而使合作制的优越性被抑制。受"苏联模式"及其政治经济学教科书的制约，特别是行政集权体制的作用，中国政治经济学界片面地将经济规模作为衡量公有制发展的标准，将合作制视为低级的、仅作为集体所有制的准备形式，而集体所有制又是国家所有制的准备形式，要向国家所有制过渡，以形成大一统的国家所有制。不仅使合作制刚一出现就被集体所有制取代，更严重的是将国家所有制作为集体所有制的发展方向，致使集体所有制从一开始就包含着它不可克服的缺陷，在国家的行政集权控制下，这个缺陷日益突出，以致失败。

农业集体所有制实质是国家通过其掌控的土地所有权，对农村社会经济进行统一控制的权力系统，人民公社是最基层的行政机构，又是最高层的集体单位。生产大队或生产队不过是公社的内部组织形式，其负责人只能按公社所秉承的上级国家机构的意图和指令行事。"政社合一"，集政治与经济为一体。这种权力系统，无疑有益于刚开始的工业化和社会稳定，也会对初级阶段农业机械化及大规模的农田水利建设等发挥促进作用。然而，劳动者的所有权主体地位被虚置，势必严重损害其对集体经济的责任心和义务感。虽然与国家所有制在形式上有所差别，但集体所有制经济的主要矛盾，依然是作为所有权主体的劳动者与集中掌控经济权力的国家机构之间的矛盾。

思远：手工业和商业的集体所有制，在权利体系矛盾上大致与农业集体所有制相同，区别是它们并不涉及土地权利，因而更为简明。城镇中集体企业的权利关系，主要为：劳动者的劳动力所有权不明确，但其占有权属集体企业，生产资料归集体单位所有，企业归地方政府领导，企业经营者由政府任命，并行使经营权；职工有尽其所能劳动的义务和领取劳动报酬、享受福利待遇等的权利以及对企业经营的建议权等权利。

刘：总之，中国初级公有制的主要矛盾，贯彻于两种所有制形式之中，主导着 20 世纪 50—70 年代的经济生活，现实的中国经济矛盾是其演化的结果，并承继展开了其中的基本内容。

王：中国制度性经济矛盾的第二个阶段，现实中国经济主要矛盾中次要矛盾方面的国家机构中部分以权谋私者成为与广大劳动者对立的一方面。

刘：当前正在进行的反腐败斗争充分展示了以权谋私者是如何利用国家机构

的权力谋取私利，上至中共政治局常委，下至科级干部，乃至村官，几乎每个层次都有贪腐，已经揭露出来的只是少数，随着反腐的深入，将会有更多的以权谋私者被抓出来。其严重程度，有一个词相当贴切："塌方式腐败"。中央主要领导人用"利益集团"来表示以权谋私者相互勾结，集体行为。从中央派出的巡视组所写的通报中也能看出以权谋私利益集团的危害。如果再不狠抓，真的会"亡党亡国"。不过20多年的时间，就形成如此严重的以权谋私，说明在制度、体制层次的矛盾必须充分认识和解决。而对国有企业的侵害，国有资产的流失，巨量资产逃到国外，将国有资产和资源的视为自家私产，真叫人害怕！这样，军队怎么能卫国打仗？

王：现实中的以权谋私者或者腐败分子所构成的利益集团是对公有制经济的异化，是初级公有制经济主要矛盾演化的结果。以权谋私利益集团的出现及其扩张，使之成为与公有制经济对立并不断吞蚀公有制经济的势力，并以各种形式存在并作用于中国经济。

刘：公有制经济虽因自身矛盾导致以权谋私利益集团的产生和扩张，并因而衰落，但它并未被消灭，而且顽强地存在并发展。至今庞大的中国经济仍然是公有制经济在支撑着，特别是保留下来的国有企业作为中国经济的主干，在广大仍坚持共产党信念的领导干部和经营者的努力下，在工人和技术人员的艰苦劳作中，与以权谋私利益集团展开了各种形式的斗争，为中国保住了生命线。国有企业不仅抵御了强大的金融风暴的冲击，而且顽强地坚持并发展。

（二）经济体制的矛盾

王：这是经济矛盾系统中的第五层次，各社会经济形态中不同发展阶段的特殊矛盾，也即经济体制的矛盾。社会形态的制度在其发展中表现为若干阶段，这些阶段都有其特殊性，制度具体化为体制。

经济体制是对一个社会形态中不同阶段特殊经济关系性质的规定，也是阶段性经济矛盾的集中体现。经济制度是一般，是总体，经济体制是一般中的特殊，总体中的阶段。

现在流行的说法，将20世纪50—70年代的中国经济体制称为"计划经济体制"，将80年代以来的经济体制称为"市场经济体制"。

刘：这两种说法都是不确切的。中国初级公有制的矛盾与缺陷，集中体现于其体制，即统制经济体制上。现时的中国经济学界以"计划经济体制"来界定中国初级公有制的经济体制，是不准确的。而"计划经济"的提法，是西方资本主义主流派经济学家对苏联和中国初级公有制的称谓，其含义不仅是指体制，还包括制度。与之相应，他们称其本国的经济制度和体制为"市场经济"。这样做，避开了"社会主义"与"资本主义"两种主义和制度的本质差别，不仅使中国经济学界便于接受，也将制度性内容贯彻于"改革"之中，对公有制经济的"私有化"就是如此。

计划，不仅在理论上，而且在苏联和中国的经济体制，在实际经济活动中，都可以感到它的存在。计划曾被马克思作为否定资本主义经济制度之后所建立的"自由人的联合体"经济中的一个重要因素，苏联教科书甚至将"有计划按比例"称为社会主义经济规律之一。国家制订的经济计划甚至具有法律、法规的权威。虽然如此，当时的经济体制也不是"计划经济体制"，计划并不是这个经济体制本质的规定。作为在特殊历史条件下建立的初级公有制的经济体制，是高度集权的国家以行政方式对经济全面控制的必要形式，计划只是其中的一个要素和手段。对这种经济体制的概念表示，显然不能用"计划经济"，而应用"统制经济"。其全称应为初级公有制的统制经济体制。

王：公有制初级阶段统制经济体制的矛盾是什么？

刘：公有制初级阶段之所以采取统制经济体制，是由中国经济矛盾的历史演化决定的，这里当然有"苏联模式"的影响，但它只是外因，内因是中国的政治经济矛盾。

中国公有制初级阶段统制经济体制的矛盾，就是行政集权机构掌控经济生活的全部公共权利，由此控制所有权，以行政性管理制约经济结构及其运行机构和企业经营管理。

经济体制层次的矛盾是制度层次矛盾的具体化，是主要经济矛盾的展开。半个多世纪以来，中国经济制度层次的矛盾经历了一个否定之否定的过程，先是新中国成立初期的多种经济成分共存，后有二十余年只存在公有制经济两种形式，再就是以家庭承包土地使用权恢复个体小农经济，并鼓励私有资本，以至官僚资本的再生。这已不是简单的回复，其中主要差别则是官僚资本的被没收与再生。而其原因，就是行政集权体制的存在与作用。半个世纪以来，行政集权体制是一个重要的因素，所有制成分的变化，都是受这个体制制约的。而所有制层次的各矛盾方面，特别是其主要矛盾两方面的斗争，也势必展现于经济体制层次。统制经济体制也是一个矛盾体，其中各因素在斗争中演变着。

对统制经济体制矛盾的认识，迄今为止，几乎没有展开。对经济体制的认识，一是停留于"计划经济"这个不准确的提法上；二是或全面肯定，或全面否定；三是不能将经济体制作为一个矛盾层次。当我们从矛盾分析来规定统制经济体制时，首要的一点，就是明确行政集权体制在其矛盾中的主导地位。官僚资本势力努力固守行政集权体制，以求进一步扩大官僚资本，为此，它坚决反对民主原则指导下经济体制层面的改革与法制。行政集权体制不变,统制经济体制也就依然保存着。

将初级公有制经济的统制经济体制称为"计划经济体制",以"市场经济体制"对"计划经济体制"的批判,由于没有准确的概念界定,其对象是不确定的,批判往往无的放矢,既有对属于制度层次的公有制的损伤,又没能揭示统制经济体制矛盾的实质。① 这些不准确的批判,并未揭示公有制初级阶段统制经济体制的矛盾,也就不能从中发现解决矛盾的正确途径。因为是以简单的对比发现了中国经济与西方资本主义发达国家经济的差距,于是得出结论:放弃自己的经济体制(甚至制度),效法西方国家的经济体制(甚至制度)。名之曰"转轨"。直接取来西方经济学家所使用的"市场经济"这个术语以及相关的论证,就成为"计划经济""转轨"的目标。

"转型"是做了,但行政集权体制未变,统制经济体制依然。"转型"的同时,还有一个提法,曰"接轨",即与"发达市场经济国家接轨"。"接轨"似乎比"转型"更为形象地表示了主导者的意图。

玉玲:以"接轨"表示经济体制的改变,其用意也很明确:"参加世界经济大循环",加入世界贸易组织和货币基金组织以及"筑巢引凤"引进外国资本等,好像真的实现了"接轨"和"转型"。但是,机车未变,车厢未变,行驶的依旧是行政集权体制主导的统制经济体制。

刘:依然如故的统制经济体制在内容上也发生了一些变化,其中一个重要因素就是GDP主义的介入,这就使"转型"中的统制经济体制在强化其行政集权的同时,将GDP增长作为经济发展的唯一目标,以行政集权的方式,动用各种资源和劳动力,不惜代价,不计后果地增长GDP。不仅严重压低劳动力价格,破坏环境,浪费资源,更导致经济结构极端不合理。在短期GDP"大跃进"的凯歌声中,为以后经济发展制造了巨大隐患。而统制经济体制所驾驭的"市场经济",既有"市场失灵",又有"政府失灵",东掊西堵,漏洞不断。房地产业的混乱,突出地反映了统制经济体制"转轨"中的矛盾,其实质是以强化行政集权体制为内核和主干,以GDP主义导引的"市场经济体制"为外围和手段的矛盾。类似房地产业的问题,在能源、冶金、制造、外贸等各个行业都存在。这就是经济体制矛盾在经济结构及其运行机制上的具体表现。

---

① 刘永佶:《中国政治经济学——主体 主义 主题 主张》,中国经济出版社2010年版,第307—308页。

（三） 经济结构及其运行机制的矛盾

王：这是经济矛盾系统第六层次经济结构及其运行机制的矛盾。这个层次是国度性经济矛盾的具体存在，它是特定国度内存在的经济制度在特定体制下的具体表现。经济结构是经济权利及其关系的总体存在形式，它不仅包括权利主体的关系，还包括权利所有和支配的资金及资源等。大体上说，有劳动者素质技能结构、投资结构、就业结构、产业结构、产品结构、交换结构、分配结构、消费结构、区域结构等。经济结构间的制约和作用，就是经济运行机制，它直接体现于具体的经济矛盾中。

刘：经济结构在总的经济矛盾系统中，是第六层次，它本身又是一个小系统。这个小系统是动态的、发展的，其中各环节都是系统的必要构件，是有机地存在于该系统之中的，它们相互制约、相互转化，并由此而发挥其功能，即以运行机制作用于社会总体经济运动。经济结构系统的各环节不是平列的，而是有机地按一定层次构成的。经济结构中的基本层次，是所有权结构，它在阶级社会表现为阶级结构，在无阶级社会可能表现为阶层或群体结构。它涉及劳动力所有权和生产资料所有权以及生产物的所有权（即收益权）和处置权。这个基本层次，正是经济制度的体现。在所有权结构的基础上，有劳动者素质技能结构（也可以说劳动力结构）和生产资料结构，其中，生产资料结构在现代社会表现为投资结构。这个层次的展开，为就业结构和产业结构；再展开，就是产品结构；进而是流通（市场）结构、分配结构、积累、消费结构与区域结构。这是一个从抽象到具体的系统，其中各层次，都不是孤立存在的，而是在相互制约中发挥作用的。也可以说，经济结构本来就是一个，之所以将它分为若干层次，是为了从逻辑上如实地再现它、规定它、把握它，进而促使它有效地发挥作用，并在适当的时候，对其进行总体调整。

经济结构是经济体制在总体经济运动过程的存在形式，运行机制则是经济结构动态运作功能的发挥。经济结构与运行机制的矛盾，是经济制度矛盾通过经济体制矛盾的进一步展开。现实中国主要经济矛盾在经济结构及其运行机制中的具体化，制约着经济生活的全过程，直接关系企业和经济单位的经营管理，并体现于对外经济关系。经济结构的内容，依然是人们的经济权利。经济结构涉及的权利主要有占有权与经营权的关系，以及收益权、处置权、监督权、管理权的相互作用。

经济结构相对于运行机制来说，是静态；运行机制则是经济结构的动态。并不存在经济结构之外的运行机制，运行机制就是经济结构的运作。这就像一台机器，或一辆汽车（可以行走的机器），它的运行机制就取决于它的构造，构造的形式决定其运行的功能。不同构造的机器有不同的功能,其构件的完好程度也制约其功能的发挥。但经济结构是以人为主体的,是一个有机体,因此,又与机器的结构与功能不同。经济结构及其运行机制更类似生物有机体,而且是人的有机体。经济结构的演进,不可能靠外力推动,只能由其运行机制在发挥功能时对各经济因素的具体作用,再反作用于经济结构,才能实现。运行机制作为经济结构功能的动态发挥,也是对经济结构的检验过程,通过运行机制发现结构中的问题,并探讨解决问题,改进经济结构的途径。

王:在《中国经济矛盾论》中将中国 20 世纪 50—70 年代的经济结构称为集约转化型经济结构,其机制是政治主导式运行机制;把 80 年代以来的经济结构称为集权开放型经济结构,其运行机制是非均衡趋利式运行机制。

思远:统制经济体制因政治局势变化而出现的"转型",体现于经济结构及其运行机制上,就是以集权开放型经济结构取代集约转化型经济结构,随之而来,以非均衡趋利式运行机制否定政治主导式运行机制。这是在未改变行政集权体制条件下,经济制度和体制上的变化在经济矛盾中的总体表现,也可以说是中国经济矛盾的具体形式。

刘:集权开放结构是一个二重结构,它的集权是相当严格的,一直到现在,国家机构对国有企业的集权控制依然没有放松。而在对国外国内私有资本的态度上,又是相当开放的,甚至不惜以损害公有制经济为条件,欢迎外国资本,鼓励本国私有资本的发展。这种所有权层次的二重结构,一直扩展到全部经济结构各个层次及整个系统。这是当前中国经济结构的基本特点。

集权开放型结构的运行机制,是非均衡趋利式的。非均衡,是指在各层结构中,都通行二重或多重标准,由此造成不平衡。对利润的追求,不仅是对企业而言的,更是对国家而言的,即增加财政收入。国家的"趋利",主要表现为尽最大可能增加财政收入,而为了增加财政收入,就要增加国内生产总值(GDP),为此努力引进外资和发展私有资本,在增加 GDP 的同时,增加税收,这成了非均衡趋利式运行机制的原则。

集权开放型经济结构的矛盾有:其一,集权与开放的矛盾;其二,集权开放结构因其非均衡趋利机制,扩大了劳动者素质技能结构与投资结构之间的矛盾;其三,就业结构的矛盾激化;其四,产业和产品结构的矛盾;其五,分配结构的多元化及由之引起的矛盾;其六,流通结构的矛盾;其七,积累和消费结构的矛盾;其八,区域经济结构差异与矛盾;其九,金融业与国民经济总体发展的矛盾；其十，财政与经济结构和运行机制的矛盾。①

（四）经营管理的矛盾

王：这是经济矛盾系统第七层次，具体的经济矛盾。这个层次中还可再细分为几个层次，但在规定总的经济矛盾系统时，归结为一个层次，包括行业、企业及个人经济行为等。这个层次的经济矛盾是人们可感知的，或者说是人们日常经济活动的具体形式。现实中国的经营管理包括两个层次，一是国家从总体对全国和各行政区域的管理以及对国有企业的管理；二是企业或集体单位和个体经济的经营管理。

刘：国家对经济的总体管理是经济体制在经济结构中的展开，是运行机制的主导。中国现实集权开放型经济结构和非均衡趋利式运行机制，充分体现于对经济的总体管理之中：

国家以行政方式对经济总体的管理，是行政集权体制的要求，也是集权开放型经济结构中"集权"的集中表现，这无疑是与"开放"相对立的。但由于"开放"也是以行政集权体制为前提的，是统制经济体制"转型"的要求，因而"开放"与"集权"又是统一的。"开放"的重要标志，一是容许国内私有企业的存在；二是将大部分国有和集体企业私有化；三是引进外国资本；四是加强对外经济交往，包括贸易和对外投资。这些都是以"集权"为前提，由国家总体管理的。因此，在"开放"初期，私有企业和外资企业以及对外贸易和投资，都需要依靠国家的总体管理，虽然有冲突，但并不尖锐。但随着"开放"程度的扩大和时间延续，私有企业和外资企业与国家总体管理间的对立加大，这些企业不满意国家管理对其束缚，会以各种方式，包括收买党政官员，暗里明里对抗，以及逃税、违规经营等，以至公然反对政府的政策。近几年中央政府对房地产市场的调控，不仅没有成效，反而越调房价越高，充分表明房地产企业及地方政府与中央总体管理的对立关系，以至房地产商不仅以扛价对抗，甚至支使其代言人批判国务院的调控政策。至于国家总体管理与国有企业的矛盾，虽然不那么尖锐，而且国有企业管理者又都是党委任命的，他们不敢公开反对政府的管理，但却可以在自己的权限之内，有限度地与政府抗衡，并谋取个人的私利，给自己发高出同一级别的党政干部工资十几倍、上百倍的薪酬，就是其明证。

春敏：国家对经济总体管理中的矛盾，势必制约企业和个人的经营管理，而中国在经济管理这个层次的矛盾也就更为直接地展示出来。

---

① 刘永佶：《中国政治经济学——主体 主义 主题 主张》，中国经济出版社2010年版，第321—330页。

刘：20 世纪50—70 年代，中国初级公有制企业中，虽然没有明确劳动力的所有权，但国营企业中职工的身份，却也保证了他们不会被随意除名（犯罪或犯大错者除外）。

经营管理责任制造成了企业经营者与职工之间的矛盾，这个矛盾的不断演进，势必导致对职工的"合同制"管理。在这个矛盾中，主要矛盾方面是经营者，为了使职工服从其管理，同时减去因职工数量过多（这是旧体制下企业的通病）而形成的工资、福利等负担，承包经营者要求国家改变职工身份及对其管理方式，其中首要一条，就是取消国有企业职工的"铁饭碗"和"终身制"，实行"合同化管理或者全员劳动合同制"。"合同"关系实质就是经营者与职工在劳动力使用权及其报酬上的买卖关系。这一层，在西方国家私有资本企业中是相当明确的：职工向企业出卖其劳动力使用权，并与企业经营者签订相应合同，规定劳动力使用权的价格（工资）及相关福利、保险以及出卖的时间、出卖的方式、职工应尽的义务等。这是买卖双方的契约，是劳动力所有权主体与劳动力使用权购买者之间的法律文书。而公有制企业至今并不承认劳动力的所有权，也不承认职工与企业是劳动力使用权的买卖关系，因此"以合同化管理或者全员劳动合同制"的提法是很模糊的。提法上虽然模糊，但做起来却是明确的，这就是在国有企业招收新职工时，要签订合同，后逐步扩展到老职工，即"全员合同制"。更为重要的是"企业有权依照法律、法规和企业规章，解除劳动合同、辞退、开除职工"。依据企业规章解除合同、辞退、开除职工的主动权在承包经营者手中。合同制的实行，宣告了原来国有企业与集体企业职工的身份已经结束，他们实际上在向承包经营者出卖其劳动力使用权。但与西方的私有企业不同，中国现时期公有制企业职工的劳动力所有权并没有得到法律的承认与保证，也没有权利将其劳动力所有权派生的占有权集合起来，以工会组织来与经营者谈判，或采取集会、罢工等抗议形式。合同制的实行，对于承包经营者来说，在对职工管理上，也就占了绝对的优势。在这方面是明显落后于西方的经营管理的，现在西方各国对职工的管理已在强调"人性化""行为管理""价值管理"等，而中国公有制企业的承包者大都通用20 世纪上半叶泰勒的"科学管理"，即将职工的活动与机器的运行相适应，并制订各种具体的指标。有的则更落后，大体相当于西方19 世纪末的管理水平。

王：集权开放型经济结构中私有资本企业的特点是：第一，家族式，不论人、财、物，都要倚仗其亲属管理，由此形成了家族式的经营管理特点；第二，只重视经济效益，忽视乃至不顾社会效益；第三，以低工资购买劳动力使用权，高强度、长时间地使用；第四，投资和经营中的短期行为，大都投资劳动力密集、低技术水平的行业，其经营管理也只注重短期效益；第五，偷工减料、假冒伪劣、污染环境、破坏资源的现象屡见不鲜；第六，财务管理中弄虚作假，偷税、骗贷、逃债、不讲信用；第七，拉拢腐蚀党政及执法、司法机构负责人和公务人员。

刘：上述情况在 20 世纪末相当普遍，这也是蜂拥而起的私有资本企业迅速倒闭的重要原因。21 世纪以来，私有企业的构成发生了一些变化，一部分原来在事业单位和行政机构中的工作人员从"下海"到成为资本所有者，其自身素质和所办企业的技术层次相对较高。而"民营企业家"经过淘汰，剩下的也是素质较高者。从自身的学识和经验中，他们意识到提升经营管理的必要性。虽说尚处起步阶段，其所引入的西方经营管理方法，也以"科学管理"为主，但对于中国的私有企业来说，毕竟是一个良好开端。在资金、成本、财务、技术、质量、营销等环节的管理上，西方经营管理学及其企业经营管理经验，是有许多可供中国私有企业学习、借鉴之处的。少数中国私有企业主和经营者在这方面的努力，不仅对其企业，而且对提升中国企业的经营管理水平，都是有益的。

至于小农经济的个体经营以及个体工商户的经营管理，基本上保持传统方式。

总之，中国现实经营管理层次的矛盾是从农业文明向工业文明转化期的表现，其改进和完善必须以改革统制经济体制为基础，在调整集权开放式经济结构中展开，但在本层次亦有许多可以更新、创造之处。至于私有资本企业的经营管理，则应在以民主法制改革经济体制和调整经济结构的进程中，不断总结经验教训，同时吸收借鉴西方国家私有资本企业的经验，特别是在尊重劳动者权利和人格方面，不断改进提高。

（五）对外经济交往中的矛盾

王：对外经济交往中的矛盾，是处于经济矛盾系统第八层次也是最具体层次的。是从与外国的经济关系中国内各层次经济矛盾在国际经济关系中的集合性体现。

刘：中国的对外经济交往，是以中国总体作为主体，以中国经济发展的需要与外国发生的经济关系。对外经济交往的要素，一是制度，二是实力。制度包括经济制度和政治制度，其要点在劳动者的社会地位，具体表现在劳动者的所有权和民主权以及经济政治体制、经济结构及其运行机制、经营管理等。实力是劳动者素质技能及其人数、技术水平、创造力、文化形态、产值和产量、国土资源等各种因素的综合。制度和实力是统一的，制度以实力为基础，实力以制度为根据。制度与实力的统一，构成一国经济的总体，在各国之间的经济交往中，制度和实力的统一集中表现为主权。

从 20 世纪 50 年代到 70 年代中国的对外经济交往，受集约转化型结构及其政治主导式运行机制的制约，目的在于巩固新生的革命政权，实行工业化。70 年代与美国的交往，是策略层次上的大变化，同时也坚持了原则，实现了目的。更为重要的，是由此为以后广泛的对外经济交往，创造了历史的前提。

20 世纪 80 年代以来中国的对外经济关系，是服从集权开放型结构和非均衡趋利式机制的，力图淡化制度差异和意识形态色彩，努力扩展与外国，特别是发达资本主义国家的经济交往，目的在于通过对外经济交往，促进本国经济的增长。

春敏： 自从资本统治形成以来，它雇佣的政治经济学家就在宣扬这样一种观念：自由贸易、自由竞争是"经济人"的天性决定的，不仅在国内如此，在国际上也应如此。只要开放国门，落后国家就可以逐步发展，赶上或超过发达国家。然而，几百年的历史却显现了相反的趋势，那些淡化或放弃主权的国家，只能被动地适应发达国家垄断的"自由贸易"，不可能与之展开自由竞争，它们的经济命脉操控在外国垄断资本财团手里。

刘： 这些国家也有少量政治权贵由外国资本财团扶植成富翁，但他们是听命于、依附于外国大资本财团的，他们占有的财富，相当一部分是不能转入再生产的消费品和奢侈品，即使是作为资本，也是投入获利虽高，但并非支柱性行业的房地产、证券、服务业以及为外国公司做代理。这些权贵及其官僚资本，在形式上也掌握着领导权，但这不是对外国的主权，而是对本国民众的统治权。没有主权就没有国格，就不可能有效地保护本国的企业及其他经济实体，不可能形成自己的支柱性行业和合理的经济结构，只能越来越依赖外国大资本，从生产到消费的全部结构，都是从属于外国大资本的，既为其提供廉价资源和劳动力，又为其提供高耗能、高污染、低价格的消费品。这种没有国格的国民经济，是不可能发展的。"富者日壅，贫者日倾"，资本主义政治经济学所主张的自由贸易，结果就是如此。

江荣： 这是资本全球化的逻辑。也正是随着资本统治的全球化，引发了社会主义运动的全球化，落后国家的劳动者为了对抗资本的直接和间接统治，逐步地联合起来，开始从自己的立场来思考经济矛盾，形成了相应的对国际经济关系的规定。在这方面，阿根廷的劳尔·普雷维什起了开创性作用，他于 20 世纪 50 年代提出了关于世界经济的"中心—外围"论。之后，巴西的多斯桑托斯等人，又进一步形成了"依附论"。

刘： 时间又过了三十多年，多斯桑托斯的"统治—依附"论，与五十多年前普雷维什的"中心—外围"论，不仅被世界历史的演进所证实，而且更加充分地展示了其理论生命力。与五十年前或三十年前相比，"中心—外围""统治—依附"的关系更为突出，其间一大变化是"社会主义阵营"因苏联模式的缺陷和内部矛盾而瓦解，美国大资本财团成了这个世界唯一的中心和统治者。中国的对外经济交往，必须面对这个事实。

对于在工业生产方式发展中落后了的中国，密切与世界各国，特别是发达资本主义国家的交往，是必要的，这是加快工业化和现代化的重要外部条件。但是面对大资本财团统治的世界，中国的对外交往不可能是顺利的，不仅会遇到外国大资本财团的阻碍与欺凌以及政治、文化各种因素的制约，还会因对外交往而激化国内经济政治矛盾。其中比较突出的，就是引发国内官僚资本势力及官僚资本主义与殖民地意识，从而导致经济制度和文化上的变化。这不仅是理论上的分析，更是现实的存在，并在历史上出现过。对外经济交往不可能只是物质上、技术上的，而是与外国人的交往。外国大资本财团控制全世界的企图，是资本的本性决定的，它必须要利用其技术和物质上的优势，在中国物色其代理人。

官僚资本主义是官僚资本的意识形态，是以官文化为主干并结合资本主义而成的一种特殊理念，它不仅从理论上论证官僚资本专制统治的合理性，还要为外国大资本财团对中国的干涉、控制辩护。与官僚资本主义同时出现的是殖民地意识，这是从崇拜西方国家的技术到文化，再到生活方式，以至语言的全方位的观念。其特点是丧失本民族的自尊和自信，认为本民族已无创造力和发展力，屈从以至盲从西方国家的一切。殖民地意识是一种总体性的奴隶意识，中国的殖民地意识是官僚资本统治的副产品，同时也是官僚资本为外国大财团代理的必要条件，从推销外国商品到崇拜外国文化，再到服从外国大资本的控制，官僚资本都需借助殖民地意识。

对外经济交往过程是一个中外制度和实力较量的过程，外国大资本财团必然要求中国适应其利益的需要改变制度和体制，进而调整经济结构。制度层面，主要是扶持官僚资本，并实行对公有制经济的私有化。在体制上，则要求适应其利益的需要，实行自由竞争和市场经济体制。这在美国和其他西方国家的统治集团那里是相当明确的：你要跟我交往，就必须是"市场经济国家"，否则我就给你各种限制和制裁，而为了满足其要求，就得对本国经济体制、制度做调整，甚至是全面的改变。它们对所有"新兴市场经济"国家都是这样要求的，对中国也是如此，而且更为严厉。虽然中国已应其要求做了诸多调整，但它们认为还不够，还对中国实行高新技术及其制品的禁售，并不时以其国内法律制裁中国涉外企业。而为适应其要求做出的对中国经济体制的调整，也必然造成中国经济体制的矛盾，并扩展至经济结构上。

对中国经济矛盾系统的揭示，是中国政治经济学的主题，以上所谈的，是研究方法的原则和程序，是对主题基本内容的规定。在实际研究中，明确矛盾的层次和系统是必要的，这可以使我们少走许多弯路。但也不要以为在研究中能完全将这些层次分开，先从抽象层次一步一步地分析论证，研究过程是复杂的，对现象材料的收集和整理也不可能完全按我们的需要进行，更重要的是现实矛盾是不断变化的，会有许多新材料充实进来。因此，在确定了主题之后，不仅要分层次地收集、处理现象材料，更要清楚具体与抽象的关系。它们并不是各自孤立存在的，而是相互包含的统一体。在具体的层次上，抽象层次的矛盾不是消失了，而是以具体的形式展开；具体层次的经济矛盾包容着、体现着抽象层次的矛盾。也可以说，各个经济矛盾层次，都是其总的系统的存在形式，对每一个层次经济矛盾的研究，都应体现系统的各层次的统一关系，以整个系统为前提，并明确其在系统中的地位。

（王玉芬）

阶级分析在中国经济矛盾规定中的运用

尽管很少有哪个概念像阶级那样在政治经济学中那么重要，但时至今日，它依然颇具争议。经济学家们不但在阶级的定义上没有达成共识，而且对其在经济学说中的地位，特别是对当代中国社会的经济学研究中是否应该承认阶级概念及进行阶级分析都有不同见解。一些人认为在现代社会中，阶级已经在很大程度上被消解了；而另一些人则坚持阶级依旧是体现社会不平等及社会权利的重要表征。经济矛盾归根结底是阶级矛盾，政治经济学上的阶级分析是矛盾分析方法的一个环节。中国政治经济学研究如何看待阶级和阶级分析，是方法论避不开的关节。既必要，也必须对经济矛盾作阶级分析。

一 阶级分析

云喜：马克思主义关于"阶级的存在仅仅同生产发展的一定历史阶段相联系"的观点；关于阶级社会的基本矛盾必然地表现为阶级和阶级斗争的观点；关于阶级斗争是阶级社会发展的"直接动力"的观点；关于无产阶级反对资产阶级的阶级斗争的"最高表现就是全面革命"的观点；关于"阶级斗争必然导致无产阶级专政"的观点；关于无产阶级专政"是阶级斗争在新形势下的继续"的观点；关于无产阶级专政"不过是达到消灭一切阶级和进入无阶级社会的过渡"的观点；关于无产阶级的阶级地位、历史使命和它自身只有组织成为革命政党"才能作为一个阶级来行动"的观点；关于"只有承认阶级斗争、同时也承认无产阶级专政的人，才是马克思主义者"等等观点，构成了马克思主义的"阶级斗争学说"。而运用这种关于阶级和阶级斗争的学说及其基本观点，来思考、认识、分析、解决相关的社会现象和社会问题，就是马克思主义的阶级分析方法。也就是说，阶级分析方法是指在承认人类社会发展到一定阶段划分为阶级并由此产生阶级斗争的前提下，运用马克思主义的阶级观点，从阶级对立和阶级斗争的角度分析社会历史矛盾的方法。

刘老师曾经提出过主体辩证法或者说是主体分析法，主体分析与阶级分析是什么关系？阶级分析的本质在于对阶级利益的维护和实现，是这样吗？

春敏：主体分析包括阶级分析，在不同的历史阶段，有不同的主体，同时主体也分为不同层次，比如从国度层面看，不同国度有不同主体；从民族层面看，不同民族有不同主体，主体分析方法比阶级分析方法的外延要大得多。在阶级社会中，核心的矛盾是阶级矛盾，在阶级社会中，对经济社会矛盾进行阶级分析，这恰恰是对主体分析法的内容。

马博：应该对阶级分析的产生和发展进行历史考察。阶级分析方法也有其历史演变。阶级分析方法应该明确人的主体地位。

刘：阶级分析，是在资本主义启蒙运动中提出的一种方法和观点，比如"三个阶级"，即贵族、僧侣、平民的划分，是资产阶级革命运动的重要理论依据。与之相应，早期的经济学家，从洛克、重农学派、斯密、李嘉图等，都已经分出了阶级。阶级分析是早期资本主义政治经济学很重要的一种方法，原来资产阶级运用这种方法，目的在于反对封建专制的制度，同时论证其自身的利益，从这个角度说，阶级分析是资本主义政治经济学方法论的重要内容之一。马克思曾说过他的功绩不在于规定了阶级，而在于规定了无产阶级专政。阶级斗争是资产阶级反复运用和强调的，应该将阶级分析作为政治经济学产生以来一直存在并且被运用的方法，在斯密那里，资本家、地主和工人作为三个阶级已经存在了。他们的体系就是以对这三个阶级的分析展开的。马克思将这种方法继承下来并发扬光大。

阶级分析方法随其研究主题的变化而变化。资产阶级思想家以唯物主义为指导，他们的阶级分析注重物权或财产权。马克思开始转向对人的分析，但依然要以财产所有权为依据。中国革命中强调阶级斗争，阶级分析是重要理论和方法，特别是新中国成立后划阶级成分以及毛泽东强调"以阶级斗争为纲"，都使阶级分析的重要性突显。现在又不提阶级，不进行阶级分析，与前一阶段反差很大。

二　中国社会阶级的现实存在与阶级分析的必要

云喜：在阶级社会中，人们都属于一定的阶级，处于一定的阶级关系之中，阶级斗争贯穿于社会生活的各个方面，影响和制约社会运动的全过程。用阶级和阶级斗争的观点观察和认识阶级社会的一切现象，是马克思主义对待阶级社会历史和现实的基本方法。只有用阶级分析方法，才能认识阶级社会的迷离混沌、纷繁复杂现象的本质，发现阶级社会发展变化的规律性。自觉运用阶级分析方法研究阶级社会各种现象是马克思主义的基本要求，是制定正确路线、方针、政策的依据。

在新民主主义革命时期，毛泽东运用马克思主义的阶级分析法，按照人们的经济地位，将中国社会的阶级区分成地主和买办阶级、民族资产阶级、小资产阶级和半无产阶级等几个不同的阶级。新中国成立以后，对中国社会阶级进行了划分。1950 年，中央人民政府政务院通过了《关于划分农村阶级成分的决定》，后来又颁发了一些补充决定，将当时中国社会的阶级成分划为地主、资本家、开明绅士、富农、中农、知识分子、自由职业者、宗教职业者、小手工业者、小商小贩、贫农、工人、贫民等 13 种。1956 年底，我国生产资料社会主义改造基本完成以后，理当对我国的阶级结构做出新的划分。但种种原因使新中国成立之初的阶级成分划分被保留下来。十一届三中全会后，将知识分子确认为工人阶级的一部分。同时在农村给那些被定为地主、富农分子的社会成员摘去了"帽子"，在城市恢复了原工商业者的劳动者身份。这样，我国的社会结构就划分为"两阶级一阶层"（工人阶级、农民阶级和知识分子阶层）。然而，新的历史条件下，仅用传统的阶级分析法来分析我国社会阶级阶层结构的巨大变化，已经远远不够。于是，理论界引进了一些新的分析手段。其中，最常见的方法有三种：一种是身份分析法，即根据人们在经济、政治和社会生活中的不同地位，将社会成员划分为若干群体。最为典型的，就是按照人们户籍的不同性质以及在国家劳动人事制度中的不同编制，将社会成员分为工人、农民和干部三大群体。另一种是利益分析法，即主要根据人们获得的不同经济利益，将社会成员划分为若干利益群体。如有的学者根据人们在改革开放中的利益得失，将我国社会成员划分为特殊获益者群体、普通获益者群体、利益相对受损者群体和社会底层群体。还有一种是阶层分析法。这种方法以职业分工等多种因素为依据，对社会成员进行阶层划分。如有的学者将我国社会成员划分为农民、管理干部、工人、知识分子等阶层。在上述三种分析方法中，又以阶层分析法最为流行。社会分层法的广泛运用，明显与传统的阶级分析法有差异。对此，我国学者或者不去考虑社会分层法与阶级分析法的关系；或者坚持阶级分析法的理论基础和方法论基础，同时借鉴西方社会学社会分层理论中的合理成分；或者认为生产资料和劳动的占有状况不能作为当代中国社会阶级阶层结构的划分标准，应当以职业分工为基础，按照社会资源的占有状况及其他因素来划分。①

我们强调马克思主义的阶级分析法，并不表示它能够解决当代中国社会阶级阶层结构分析的一切问题。事实上，为了能够对当代中国的社会阶级阶层结构做出准确的、细致的分析，引进和运用其他新的分析方法，特别是阶层分析法还是十分必要的。

首先，从理论上讲，阶级分析法与阶层分析法并不矛盾，而是相辅相成的。阶级分析的优势就在于能够科学地揭示阶级之间的关系，而阶层分析的长处就在

---

① 郭榛树：《当代中国社会阶级阶层结构的分析方法》，《中共中央党校学报》2003 年第 1 期。

于能够深入阶级的内部,具体地揭示某一阶级的全貌。所以,阶级分析是社会阶层分析的前提和基础,阶层分析是社会阶级分析的深化和发展。正因为如此,马克思恩格斯在使用阶级分析法时,从来就没有反对过阶层分析,没有否认过阶级内部有分层。在《共产党宣言》中,马克思恩格斯明确指出:"在过去的各个历史时代,我们几乎到处都可以看到社会完全划分为各个不同的等级,看到社会地位分成多种多样的层次。在古罗马,有贵族、骑士、平民、奴隶,在中世纪,有封建主、臣仆、行会师傅、帮工、农奴,而且几乎在每一个阶级内部又有一些特殊的阶层。"① 他们也从来没有否定过基本阶级以外的社会阶层的存在,而是认为"实际的社会结构——社会决不仅仅是由工人阶级和产业资本家阶级组成的"②。当时,马克思恩格斯虽然没有对各个阶级的内部阶层作过深入研究,但上述思想无疑为我们今天分析各个阶级的内部分层奠定了理论基础。

其次,从实践上讲,阶级分析法已经无法针对两大基本阶级的内部结构进行深入分析,更不能解释我国社会成员在改革开放中形成的经济差距。在改革开放之前,我国社会处于统制经济体制的控制下,社会分层并不复杂,运用阶级分析法能够说明当时中国的社会结构。改革开放之后,我国社会不仅形成了一些新的阶层,如个体户、私营企业主从农民阶级、工人阶级中分离出来,而且在农民阶级内部、工人阶级内部也出现了明显的分层。在农民阶级内部,已经形成了农业劳动者、农民工、乡镇企业工人、农村管理者、乡镇企业管理者、私营企业主、个体劳动者和个体工商户等不同的阶层。在工人阶级内部,也不能像过去那样简单地划分成干部和一般工人,而是出现了国家与社会的管理者、企业管理者、产业工人、专业技术人员、私营企业主等不同的分层。由于社会主义市场经济的发展和个人分配制度改革的深化,社会成员的收入差距逐渐拉大,经济分层也越来越明显。阶级分析法对此往往鞭长莫及。只有引进和创新其他一些分析方法,如阶层分析、利益群体分析等方法,才能够对当代中国的社会结构做出深入的、科学的分析。

现在网上还开始流行中产阶层的标准,中产阶层的提出和划分恰恰体现着社会阶层分析方法对阶级分析方法的冲击和取代,又该如何认识阶级分析方法与阶层分析方法的关系?

马博:在美国曾经也存在同样的问题,即美国是否存在阶级。一个国家是否还存在阶级不在于这个国家的统治者或者说是管理者是否承认,而在于不同主体

① 马克思、恩格斯:《马克思恩格斯选集》(第一卷),人民出版社1995年版,第272—273页。
② 马克思、恩格斯:《马克思恩格斯全集》(第二十六卷),人民出版社1973年版,第562页。

的利益是否截然对立。

江荣：阶级不仅仅是社会学上的概念，刘老师在其著作中曾经明确提出，阶级是人类发展中特定时期社会关系的总体形式，它是人的素质技能及其表现的生产力与人的生产关系间矛盾的集中体现。在政治经济学上，阶级主要以生产关系的方式体现出来。在当前的中国仍然存在着阶级，因此运用阶级分析中国经济社会矛盾仍然是必要的。

春敏：论证中国当前是否还存在阶级，首先要弄清楚阶级的概念。现在大家通常运用列宁对阶级的规定，即"所谓阶级，就是这样一些集团，这些集团在历史上一定社会生产体系中所处的地位不同，对生产资料的关系（这种关系大部分是在法律上明文规定了的）不同，在社会劳动组织中所起的作用不同，因而领得自己所支配的那份社会财富的方式和多寡也不同。所谓阶级，就是这样一些集团，由于它们在一定社会经济结构中所处的地位不同，其中一个集团能够占有另一个集团的劳动"。① 我觉得，其实应当从权利和利益关系的角度对阶级进行界定和划分。在这个基础上再探讨中国当前是否还存在阶级，就更加明确。

云喜：是不是可以这样理解，阶级差别和阶级矛盾是实际存在的，不是人脑臆想的产物，不管人们是否认识它、承认它，必然按其本性发挥影响和作用。有差别就有矛盾或对立，就会产生摩擦或者斗争。阶级矛盾和斗争始终存在于阶级社会。马克思主义有关阶级的理论不过是现存的阶级斗争、眼前的历史运动的真实关系的一般表述。今天，在为构建社会主义和谐社会而努力的时候，也需要以正确认识和处理阶级关系为重要前提。

刘：政治经济学的主体性和阶级性不是某些研究者"制造"出来的，而是由其主体存在及研究对象中经济矛盾的阶级性质决定的，是研究者受经济矛盾的阶级性制约，并由对立的阶级及其斗争所促成的。承认政治经济学的主体性和阶级性，进而明确自己的主体性和阶级归属，是政治经济学研究者起码的知识，也是方法论研究的基本点。

阶级作为一个范畴，就像经济一样，是历史和现实的存在。划分阶级的基本的根据是经济权利和经济结构，从制度层面和体制层面上，尤其是所有权拥有者层面上进行划分。阶级分析的实质是权利关系的界定，包括劳动力和生产资料的所有权以及其派生的占有权、使用权。同时还要分析政治权利关系，对经济与政治权利综合规定。中国今天的情况下，所有权已经分为若干种形式，资产阶级仍然存在着，农民和工人也都有自己特定的权利，这里划分阶级，一个是劳动者是

---

① 列宁：《伟大的创举》，《列宁选集》（第四卷），人民出版社 1995 年版，第 10 页。

一个总体的大阶级,其内部还可以划分为农民、工人和知识分子三个小阶级,或者说是划分为三部分。阶级的存在,不是理论上是否进行规定的问题,资本家作为一个阶级是现实存在的,因为法律上已经明确规定了其所有权,就等于承认了这个阶级的存在。比较困难的是对以权谋私者的规定,中央主要领导用了"利益集团"的提法,其作为一个阶级还不明显,因为还没有明显的社会的表现,我们这里用以权谋私利益集团来表示,但它已是一个潜在的阶级,其存在不以理论上是否承认或者规定为转移。

再有就是阶级斗争。一提到阶级斗争,往往很多人会认为阶级斗争本身就是一个巨大的错误。理论界有一个误区,认为阶级斗争单指被压迫、被剥削阶级反抗统治阶级的斗争,实际上,统治阶级对被统治阶级的压迫也是阶级斗争,而且是几千年一直延续的主要的阶级斗争。正如马克思所讲的,人类有阶级社会以来,阶级斗争就一直存在着。统治阶级历来就是"以阶级斗争为纲"的,这是阶级统治的实质所在,统治阶级从来就没有放松过对广大劳动者的阶级斗争。没有被统治阶级反抗的时候,阶级斗争依然存在,阶级统治本身就是阶级斗争。奴隶主对奴隶的管束,封建领主对农奴的掌控,地主向农民收租,资本家占有工人剩余价值,就是阶级斗争,不过是以合法形式表现出来。既然当前中国仍然存在着阶级,那么阶级斗争当然仍然存在。作为党的工作,是否以阶级斗争为纲,这是另一个层面的问题,但阶级斗争是存在的,而且是严重存在的。那些以权谋私利益集团的所作所为,不是对全国劳动者的阶级斗争又是什么?资本家(现在称作"企业家")对农民工的盘剥、恶意欠薪本身也是阶级斗争,再有就是通过合法的经济渠道,维护被统治者或称弱势群体的利益本身也是阶级斗争的体现。在强调阶级分析和阶级斗争的时候,一定要把统治阶级对被统治阶级的斗争作为一个主要内容进行,这种方式的阶级斗争在人类历史上是占主导地位的,被统治阶级反抗统治阶级的阶级斗争在人类发展历史长河中是相当少的,只有在历史变革时期才表现出来。

云喜: 刘老师您刚刚讲到,把劳动者作为一个大阶级,这个大阶级内部还可以划分为三个小阶级,其实这三个小阶级就是三个阶层,这样的话,是不是在承认阶级分析必要性的前提下,也承认了阶层分析方法的必要性,阶级分析和阶层分析是可以统一的。

刘: 是这样的,阶层是阶级内部的层次划分。但从阶级分析这个角度,应该是将劳动者这一阶级作为一个整体,来看与其对立阶级的关系。将劳动者作为一个阶级整体来进行阶级分析,可以让人充分看清把工人和农民、工人与知识分子对立起来的观点的谬误。

三 阶级分析在中国经济矛盾规定中的运用

云喜：刘老师对当前中国经济矛盾的规定是劳动主义展开的结果，而劳动主义形成的根本在于明确劳动者社会主体，劳动者社会主体地位的明确恰恰是阶级分析方法运用的结果。当前中国的经济学界，有一批人本身就不承认阶级，所以也就不承认阶级层次上的矛盾，更不同意阶级分析。

思远：中国经济学界的主流不用阶级分析方法，但阶级的现实存在必然在研究问题当中有所体现。比如，我们常见到关于强势群体和弱势群体的划分、富裕阶层与贫困阶层的划分，还有权贵资本、民营资本等概念的提出，恰恰是因为无法回避阶级的存在，只不过用不准确的非阶级的概念去取代准确的阶级概念。经济学界还发明了"民工""员工""社保对象"来指称工人阶级，而资本家阶级则用"企业方""厂方"代称，连"资方"都不敢说。这也折射出阶级的存在和阶级分析方法的必要。

刘：有些研究者无力改变阶级的存在，往往就去改变体现阶级存在的概念，因为使用这些概念时，有些人是从批判的角度使用，有些人是从辩护的角度使用。从辩护角度使用的人，往往连思远说的那些词都不用。在斯密那里对阶级分析方法运用是非常重要的，并且很具体，资本主义政治经济学演化到今天，就不再做阶级分析，从"道""法""术""技"四个层面看，现在资本主义政治经济学只是在"术"和"技"的层面进行研究。在中国传播西方经济学的人也完全可以不用阶级分析的概念，以掩饰现实中国经济矛盾。阶级现实存在着，有些人之所以对其否认，恰恰是由于其特殊利益决定的。谈不谈阶级和阶级矛盾，完全可以作为一种方法上的评判标准，衡量一个经济学说是否具有主体性和科学性，这里又回到科学性的问题，科学性就是对矛盾的系统揭示。经济矛盾中有阶级关系，你不谈阶级，不去分析阶级关系，科学性在哪里？用数学习题是代替不了经济矛盾分析的，也没有任何科学性。数学的术、技只有纳入经济矛盾的分析中，在道、法的统率下才有其科学性。

春敏：可不可以说，不谈阶级或者否认阶级，本身就是阶级性的表现？

刘：不谈阶级或者否认阶级恰恰是其特殊阶级利益所要求的，是符合其阶级利益的。

云喜：在中国政治经济学研究过程中，应当怎样运用阶级分析方法？或者说在分析中应当注意哪些环节和方面？

思远：在中国政治经济学研究过程中，要明确主义主导方法、方法实行主义。政治经济学领域中的主义，是这门科学的性质所决定的。主义，是阶级利益和意识的集中概括,它体现在哲学和全部社会科学之中,在政治经济学这门研究经济利益和关系的科学中尤为突出。

主义是一种学说的基本理念和原则,它是该学说概念体系的集中概括,又是学说概念体系的基本依据,学说概念体系是主义的具体化,正是在学说概念体系中贯穿着主义。这里所说的"主义",是指政治经济学领域的两大主义:资本主义和社会主义。

社会主义政治经济学的主义对方法的主导,在马克思那里表现得相当突出。马克思以前的社会主义者,力图从"理性"来批判资本统治制度,证明废除私有制的必然性。他们所说的"理性"与资产阶级启蒙思想家批判封建和专制制度及其宗教"神性"时所依据的"理性"是相似的,或者说,新建立的资本统治制度也是以"理性"为依据的,社会主义者不可能从"理性"揭示资本关系的本质,但他们的批判精神揭露并论证了资本统治下的诸多矛盾,为人类展示了一个可能的发展前景。不成熟、不明确的社会主义所主导的方法也是不成熟、不明确的,以这种方法对主义的论证,不可能彻底,也不能真正说服人。马克思看到了以前社会主义者的这种局限,他对社会主义的论证,重点不是设想摆脱了现实的苦难之后如何好,而是力求揭示现实社会的矛盾,发现其演化的规律,找到改造现实社会的动力及其途径。

刘:在这里用"阶级分析",不用"阶级分析方法",因为阶级分析是政治经济学矛盾分析的一个环节,其并非与矛盾分析并列的一种方法。阶级分析与矛盾的系统抽象、概念运动是统一的。阶级是经济矛盾的重要内容,当你规定任何概念的时候,其中都包含着阶级这个因素。阶级分析是系统抽象的一个重要元素或者内容。

运用阶级分析首先要明确政治经济学的研究方法是特定主义主导的,主义是一种学说的基本理念,是特定主体利益和意识的集中概括。主义主导方法,方法实现主义。政治经济学是随资本这种经济关系而形成的,它的发展,也与资本统治的确立及演化内在关联着。与资本所有者同时出现的,是雇佣劳动者,二者在利益上的对立统一,构成近现代几百年人类经济和社会发展的主要矛盾。资本所有者的利益和意识集中概括为资本主义,劳动者的利益和意识集中概括为劳动社会主义。政治经济学首先是资本统治的代表者为争取和维护其统治而创建并推进的,这就是资本主义政治经济学;劳动社会主义政治经济学在马克思那里创始,《资本论》是雇佣劳动者或无产阶级利益的集中表述,揭示了资本经济关系的矛盾和规律。资本主义与劳动社会主义的对立,是现代思想界的主要矛盾。政治经济学的研究方法必然受特定主义的主导,这是政治经济学方法演化的前提,也是方法论的首要环节。

政治经济学家不是"上帝"派来的使者，那些宣称自己不带政治偏见、以"上帝"派来的使者自居的政治经济学家们，却有着非常强烈的阶级性。他们或许不承认这种阶级性，甚至不承认或不清楚阶级这个概念，但他们都不否认自己的社会存在，不否认自己的利益，甚至为了私利而不择手段。这些政治经济学家的个人私利，首先就是要被能够给他们带来利益的社会群体承认为政治经济学家，即具有为这个群体的总体利益进行辩护和论证的资格。只有这样，他作为政治经济学家的利益才能实现，才能得到基金会的资助，他的著述才能发表并得到相应的报酬，他才能登堂入室参加各种学术会议，才能到大学授徒讲课，才能与权贵们交往，才能给政府和大财团献计献策，才能得到丰厚的报酬。自斯密开始，几乎所有的资本主义政治经济学家，都是按这样的路数走向政治经济学这个"专业"的。他们个人的家庭出身多种多样，并不见得都来自资产阶级家庭，但在总体上，又必须为资本统治服务。从职业论，资本主义政治经济学家不过是被雇佣的脑力劳动者，其雇主——资产阶级也是这样看，并根据阶级利益来培养和选择他们。资本主义政治经济学家确实在观念上有一个"上帝"，他们就是秉承这个"上帝"的旨意来维护资本统治制度的。这个"上帝"就是资本。

云喜：社会主义政治经济学也有一个"上帝"，那就是劳动。

刘：社会主义政治经济学是近现代劳动者阶级利益的集中体现，从早期社会主义者到马克思，他们在创建社会主义政治经济学时，充分体现出高尚的品质和无畏的斗争精神。如果说早期社会主义者还时常自称是人类理性的化身，要以理性来拯救人类的话，那么，马克思则明确宣布自己是雇佣劳动者——无产者阶级的代表。

对于想真正成为政治经济学家的人来说，不仅要明确自己的利益，更要明确自己的利益与社会总体的阶级、阶层、集团利益的关系。在矛盾着的经济活动中，不谈利益，就没有经济；不明确个人利益，就不能生存；不代表一定的阶级、阶层、集团的利益，就不可能进行政治经济学研究，也不可能成为政治经济学家。只有将自己利益与特定阶级、阶层、集团利益相统一，并将这个阶级、阶层、集团的利益和意识集中概括，以此为据来探讨经济矛盾，才是政治经济学，才是政治经济学这门科学所要求其研究者的必要主观条件。

对于政治经济学著作的读者和应用者来说，也必须明确研究者的私利与其著述集中反映的阶级、阶层、集团的利益，只有这样，才不至于被其"公正""客观"的言语包装所迷惑，也才能理解其真实思想和观点。

思远：在中国政治经济学研究中，运用阶级分析首先体现在主体的明确上，中国经济中不同的阶级就是不同的经济主体;其次是概括出中国现实社会不同阶级的阶级利益,这就是主义;再次是揭示中国不同阶级利益的矛盾和阶级斗争,这实际就是主题,主题还应包括同一个阶级内部不同阶层关系,包括中国社会阶级斗争和关系演变的不同历史阶段;最后是依照劳动者阶级利益的需要,在中国社会阶级矛盾和阶级斗争趋势基础上,提出劳动者阶级的社会经济变革主张。

对阶级的划分要明确划分标准,列宁关于阶级是一个集团占有另一个集团的劳动的思想应当继承。阶级划分不是职业划分,不是户籍身份划分,而是劳动及其价值占有关系。

在中国社会阶级分析中如下几点是十分重要的:一是有些阶级处于形成中,例如以权谋私利益集团作为阶级就不成熟;二是劳动阶级内部的阶层关系较为复杂,工人阶级就可以区分在业和失业工人,不同户籍、文化水平的工人等;三是各阶级的阶级意识都不成熟;四是阶级矛盾和阶级斗争有所发展,剥削阶级和被剥削阶级开始出现;五是阶级斗争在改革前后两个时期的态势有着鲜明的区别;六是中国新阶级的生长、阶级矛盾和斗争,同国际社会阶级统治的渗透密切相关。

刘:阶级分析与经济矛盾的系统抽象、概念运动是统一的。阶级是经济矛盾的重要内容,中国现实经济矛盾是历史经济矛盾演化的结果,是世界经济矛盾的重要组成部分。

规定中国经济矛盾,揭示其规律,既是系统抽象法的运用,又是系统抽象法的充实和发展,而这一过程又是阶级分析的运用和体现。

运用阶级分析对中国经济矛盾进行规定,首先必须明确中国政治经济学的主体性。

政治经济学是特定阶级对经济矛盾的理论规定,也可以说是揭示与论证经济矛盾的科学。经济是人类社会生活的基础,其矛盾是现实存在的,具有意识在交往中结成一定社会关系的人,以劳动改造自然和改造人类自身过程表现的矛盾状态。对经济矛盾的认识,是人意识的重要内容,也是人生的必要环节。政治经济学的研究,是"主观"的,而非"客观"的。研究者及其所代表的社会群体是研究的主体,经济矛盾作为研究对象是包括研究主体在内的经济利益关系。经济矛盾是不能自行表述其内容和规律的,只有经研究主体从自己的立场出发,对自己利益和意识的概括,形成其主体意识,并由此而揭示和论证经济矛盾,才能"主观"地对经济矛盾做出理论规定。资本所有者阶级的政治经济学,概括了资本所有者的利益和意识,并由此规定经济矛盾;劳动者的政治经济学,概括了劳动者的利益和意识，并由此规定了经济矛盾。从一百多年来两个政治经济学体系的演化和论战中，不仅可以看到阶级利益和意识的对立，也可以看到对同一个经济矛盾因立场和主体的差别，而得出的不同理论规定。

中国自秦汉以来，就是集权官僚制大一统的国家，其国度性比任何国家都要明确，而官文化和小农意识的传统深厚，又保留行政集权体制，并经历了一百余年的剧烈社会变革，领土广阔，人口众多，因此经济矛盾相当错综复杂。其经济矛盾既具有一般性，又具有特殊性，在中国经济矛盾的特殊性中，制度、体制、结构和运行机制、经营管理、对外交往都有突出的特点。明确主体，明确阶级，才能够真正从阶级利益和意识出发对复杂的中国经济矛盾系统进行规定。

云喜：刘老师，能不能这样理解？政治经济学产生于资产阶级为取得其统治地位而变革封建领主制和集权专制的社会运动。不论哪个政治经济学家，都必须在资产阶级及其对立面的封建领主阶级、集权官僚阶级或劳动者阶级之间进行选择，只能代表其中一个阶级，不可能超乎阶级之上，或游离于阶级矛盾之外。演化到现代，政治经济学的阶级主体主要是资产阶级和劳动者阶级。这两个阶级主体的利益决定了两派政治经济学：资本政治经济学和劳动政治经济学，更具体说是资本主义政治经济学和劳动社会主义政治经济学。对于中国人来说，政治经济学是从外国传入的，但在接受这门科学时，也有自己的选择：或是接受资本主义政治经济学，或是接受社会主义政治经济学。接受以后不久，甚至在接受的同时，就对之进行改造。这种有选择的接受和改造的根据，就在于中国的阶级、阶层、集团的利益。正是因此，才会有人将西方的资本主义政治经济学改造为官僚资本主义服务的经济"理论"，或者将资本主义政治经济学的概念硬塞入社会主义政治经济学"体系"。这些"理论"或"体系"似乎淡化、模糊了其阶级性，但这正是其阶级性的表现。运用阶级分析对中国经济矛盾规定，首先就要明确政治经济学的阶级性，亦即主体性。

现在一些人听到"阶级"两个字，神经就过敏，立即跳出来说"你们又要搞阶级斗争，又要以阶级斗争为纲"，是"文革遗毒"等等。不必这么紧张。我们说阶级分析，只是要实事求是地规定现实经济矛盾，这并不等于主张阶级斗争。阶级是权利关系的集合，承认权利关系，对所有权和所有制进行分析，就是阶级分析。你们这些人整天都在喊要维护资本所有者的权利，这不正是阶级关系的体现吗？至于是否"以阶级斗争为纲"，这是中国共产党政治路线层面的问题，不是你们和我们所考虑的。

刘：云喜的认识是对的。运用阶级分析对中国经济矛盾进行规定，在明确阶级性的基础上，还要正确处理阶级与阶层的关系。

阶级是人类发展中特定时期社会关系的总体形式,它是人的素质技能及其表现的生产力与人的生产关系间矛盾的集中体现。当人类的生产力有所提高,但所生产的物质资料还不足以满足"按需分配"的程度时,社会的分工就会演化出对生活资料和生产资料的私有制,社会成员在对生产资料和生活资料的所有和占有、使用、收益等权利上出现差异和分化,从而造成社会经济、政治结构的层次性。阶级,就是关于人的社会地位及生产资料的所有权、占有权、使用权、收益权这些权利分化及其结构的总体表现,正是对人身(劳动力)和生产资料的权利制约着人们的经济、社会关系,决定了对劳动力、生产资料的所有和占有、使用。

思远:资本主义政治经济学家不承认其学说的阶级性,他们往往以生活于荒岛上的鲁滨孙来立论,将孤立的个体人作为抽象的"经济人",并从他来论说最基本的经济范畴。当然,他们也要涉及社会总体的经济,但总体不过是众多孤立个体的直接加总,缺乏阶级的中介。这样,在经济生活中,就只有个体人相互之间的关系,而不会有阶级、阶层、集团的关系。然而,阶级的存在不因这些政治经济学家的不承认而消失。实际上,当他们对总体经济矛盾发议论时,也不能不将人类分成不同的层次和结构。

刘:西方资本主义政治经济学是承认阶级的,阶级分析就是斯密、李嘉图等人率先使用的,马克思继承并发展了阶级分析。即使现代资本主义政治经济学也不否认阶级,只是用心理的、数理的方法掩饰阶级矛盾。在中国,一些现代资本主义政治经济学的追随者认为中国只存在阶层的划分,不存在阶级划分问题。其观点与现实不符,这在上面的讨论中已经明确。阶级分析是政治经济学得以确立的一个基本要素,英国政治经济学、法国政治经济学都是由此而形成的。中国政治经济学的创立,必须从实际出发,正视矛盾。阶级是不争的事实,对阶级关系进行分析,是规定中国经济矛盾,特别是制度、体制层次的矛盾是必要的。但只划分阶级,不对阶级内部的不同群体、不同阶层进行研究,也无法对中国经济矛盾进行规定。所以,运用阶级分析规定中国经济矛盾,还必须处理好阶级与阶层的关系。阶级关系是对立的,但阶级内部的阶层关系有差异,而总体利益是一致的。这一点在分析中必须明确。

另外,运用阶级分析对中国经济矛盾进行规定还应处理好主体、主义、主题、主张的关系。主体、主义、主题、主张是辩证统一的。这是中国政治经济学得以形成并构建体系的内在条件和主要内容,也是阶级分析在中国经济矛盾规定上的综合运用。主体是在明确国度性的前提下,对中国现代劳动者总体的规定;主义是对主体利益和意识集中概括所形成的基本观念,即劳动社会主义;主题是主义的展开，是对现实中国经济矛盾的系统探讨；主张是在主题的基础上得出的解决中国经济矛盾的思路、设想。处理好主体、主义、主题、主张的关系，是依实践辩证法研究中国政治经济学的基本环节，也是政治经济学方法得以演进的体现，应贯彻于包括论述在内的全部研究过程。

（刘云喜）

中国经济矛盾的系统性：制度、体制、结构、管理、对外关系

政治经济学的研究对象——经济矛盾是有层次性和系统性的，经济矛盾系统是人社会存在的基本内容与形式，也是人本质各要素的展开和体现，是人的存在与其物质条件矛盾的集合。经济矛盾系统包含有八个层次的矛盾：一是基本经济矛盾；二是商品经济的矛盾；三是国度性经济矛盾；四是制度性矛盾；五是体制性经济矛盾；六是经济结构及其运行机制的矛盾；七是经营管理的矛盾；八是国际经济矛盾。这八个层次的矛盾，不是各自孤立存在的，而是相互包含的统一体。中国经济矛盾属于经济矛盾系统中的国度性矛盾，它包含上述八个层次矛盾中第三到第八层次的矛盾，即国度、经济制度、经济体制、经济结构及其运行机制、经营管理和对外经济交往的矛盾，同时也体现着基本经济矛盾与商品经济矛盾这两个一般性层次的矛盾，是这两个一般性层次矛盾的特殊形态。

一　现实中国经济矛盾的形成

志燕：经济生活的国度性决定了中国经济矛盾的特殊性，中国经济矛盾的国度性是历史形成的，现实中国经济矛盾是历史的中国经济矛盾演变的结果。

刘：现实中国经济矛盾的历史成因，在于历史上的集权官僚制和小农经济。

不规定集权官僚制，就不了解中国的历史和现实；不批判官文化，就不知道中国传统文化及其在现代的作用。在没有规定集权官僚制、没有批判官文化的情况下所论述的中国经济，至多只能是一堆考古和统计资料的堆积，根本不可能对其矛盾做出切实的、本质性的规定。

秦汉以来两千余年，中国的基本制度是集权官僚制，它是由以皇帝名义的国家掌控全国土地所有权和人身权的大一统专制，它要求并创造了小农经济，二者的矛盾是中国古代的主要经济矛盾。由于小农经济的分散性和农民的个体性，加之以重农抑商为基本国策，在中国不能形成与集权官僚制相对抗并进而取代它的经济制度，因此严重阻抑了商品经济的发展和农业生产方式向工业生产方式的转化，中国经济也就停滞在集权官僚制与小农经济的矛盾状态中。

云喜：以集权官僚制而不是常说的封建制度来规定中国秦汉至清的社会性质，是对中国历史的新认识，正是这集权官僚制使得中国历史具有其国度特殊性。但从清朝末年，即 19 世纪末到 20 世纪上半叶，中国的社会性质又发生了很

大变化，如何认识这段历史？

刘：鸦片战争的失败，宣告了集权官僚制的没落与腐朽，而工业化了的外国资本主义经济的入侵，也严重冲击了传统的小农经济，彻底改变了旧有的经济矛盾态势，形成了新的矛盾。理解这段历史的关键在于理解官僚资本的形成。官僚资本是现代中国经济矛盾特殊性的集合，是现代中国经济矛盾系统中主要矛盾的一个方面，新中国成立前是主要矛盾方面，新中国成立后是次要矛盾方面。

规定中国现实经济矛盾，必须抓住官僚资本这个关键。官僚资本的突出特点，就是垄断性。官僚资本充分利用了两千多年集权专制的优势，努力排斥商品经济的竞争机制，而以政治专制来保障其垄断。官僚资本的垄断首先体现在金融资本，进而垄断全部经济。官僚资本的主体是官僚，它的根据在于政治专制，而非资本经营。它是旧制度在现代的变种，而非资本主义商品经济和工业化的先导。官僚资本以其掌控的国家主权换取外国垄断资本的扶持，不仅损害了农民、工人、知识分子的利益，也压制了私人自由资本的发展。作为中国经济矛盾主要方面的官僚资本，与中国经济矛盾的各方面的对立都已激化，在这种情况下，劳动者中的先进分子以社会主义为旗号，组织、领导了以农民为主体的中国革命。

中国革命的武装斗争阶段推翻了官僚资产阶级的统治，夺取了政权，建立了初级的公有制和民主制，为工业化和经济现代化创造了必要前提。

中国的初级公有制经济，主要有全民或国家所有制和集体（合作）所有制两种形式。新中国成立后，立即着手做的就是没收官僚资本，建立国家所有并经营的企业。在建立和发展国营企业的基础上，新政权对农村经济进行了加速度的改革。先是在全国范围内实行了普遍而彻底的土地改革，按农村人口均分土地占有权，真正实现了"耕者有其田"这个两千余年农民的梦想。20世纪50年代初开始，毛泽东明确提出以合作制改造小农经济，并在短短的五六年时间内，运用行政集权体制实现了全国的合作化，又于1958年将合作社变为人民公社，合作制变成了集体制。与此同时，还展开了对个体工商业经营者的合作化与以公私合营方式对私有资本企业的改造，使之变成国有或集体所有制企业。新中国成立之初的变革，使中国经济矛盾发生了质的变化。

王：通过建国初期的这一系列变革，中国的经济矛盾从形式上看变得比较单纯，即只有国家（全民）所有制和集体所有制两种制度形式，前者主要集中于城市和工业、服务业，后者主要体现在农村和农业。当时的政治经济学教科书与党政机关文件都以国家、集体、个人三者关系来规定中国经济矛盾，并在中共八大把"先进生产关系与落后的生产力的矛盾"规定为社会主要矛盾。按照这种规定，中国经济发展取决于处理好国家、集体与个人三者的关系，由此提高生产力。这种认识对吗?

刘:实际上,从 20 世纪 50 年代中期开始,毛泽东就不同意用"先进生产关系和落后的生产力的矛盾"规定中国社会和经济的主要矛盾,主张以"无产阶级与资产阶级的矛盾"或"社会主义道路与资本主义道路"来规定中国社会主要矛盾。这种观点在 60 年代中期至 70 年代末变成中国思想界的主导,此时的政治经济学也将社会主义与资本主义"两条道路"的矛盾作为主要矛盾。这种规定容易让人费解:自 50 年代中期对资本主义工商业进行社会主义改造以后,资产阶级已经不存在,何来无产阶级与资产阶级的矛盾?既然没有资产阶级,又何来"走资本主义道路"?毛泽东对此做了两点说明:一是"官僚主义者阶级"与广大工人、农民、"小官"、知识分子的矛盾,二是"资产阶级就在共产党内,党内走资本主义道路的当权派"。

可见,毛泽东的思想中绝非是把已经被改造的工商业资本家视为主要矛盾中的一方,也不认为他们是"资本主义道路"的主导者和执行者。他从对中国历史的深刻认知中,看到了集权官僚制在新社会的传统及其对公有制经济的制约,看到了行政集权体制既得利益者与人民群众的对立。或许是受到当时中国思想界语境的限制,或许是政治上的顾虑,毛泽东还是使用"无产阶级与资产阶级""社会主义道路与资本主义道路"这些术语来表达他对中国社会与经济主要矛盾的思想,从而引起费解和误读,导致他为解决主要矛盾的努力不能成功,但他后来关于"官僚主义者阶级""资产阶级就在共产党内"的提法,却已表明他的着眼点和方法。

因此,即使是在初级公有制经济中,其主要矛盾也绝非从现象上所看到的"先进生产关系与落后生产力的矛盾",或者"国家、集体、个人利益的矛盾"。而是有更深层的原因,必须从现象中概括、揭示其本质,才能规定其主要矛盾。

石越:直到现在,我们的思想政治课教材中还依然将"先进生产关系与落后生产力的矛盾"规定为我国当前社会的主要矛盾,对此我们非常费解。您认为这个提法不妥,那么这个阶段的主要经济矛盾应该是什么?

刘:20 世纪 50 年代至 70 年代初级公有制经济的矛盾,是现实中国经济矛盾的历史前导,现实的中国经济矛盾是其演化的结果,并承继展开了其中的基本内容。公有制经济是 20 世纪人类最伟大的创造。中国革命使中国劳动者有幸参与这一伟大的创造过程,并由此展开了工业化和现代化。

新中国以政治集权没收官僚资本,集中全国财力形成国家资本,组建了一批主干性国有企业。初期在技术上接受了苏联和东欧国家的支援,在苏联撤走专家并对中国实行封锁以后,中国的工程技术人员和工人充分发挥了主动性、积极性、创造性，在很短的时间内就建构了包括电力、煤炭、石油、钢铁、有色金属、化学、机械制造、运输和邮电等行业的工业体系，建立了包括鞍山钢铁厂、抚顺电厂、长春第一汽车制造厂、武汉重型机床厂等一批大型国有企业。与此同时，农业中的集体所有制经济也逐步展开了机械化和工业化，不仅从税收和自然资源、劳动力各方面支援了国有企业的工业生产，也为工业产品提供了必要的需求。在国际上受到全面封锁的情况下，中国形成了农轻重三者统一的内部产业循环结构。虽然这个结构很初级，效率也不高，但毕竟使中国迈进了工业化，为国家独立和主权提供了必要经济基础，更重要的是为进一步工业化创造了历史的前提。

当我们肯定初级公有制对中国历史发展的伟大功用时，并不能否认它的局限和缺陷，而它的局限和缺陷又正是其矛盾所决定的。简而言之，中国 20 世纪 50 年代至 70 年代初级公有制的主要矛盾，是理论和法律上拥有劳动力和生产资料所有权的全体劳动者与掌控全部经济权利的国家机构的矛盾。

江荣： 正是因为国家机构代行并掌控全部经济权利，从而导致劳动者的所有权主体地位被虚置，这是初级公有制的主要矛盾。但是，我国为什么在新中国成立之后要保留这种国家机构过度集权的行政集权体制呢？

刘： 行政集权体制之所以得以保留，有多方面的因素。以农民为主体的中国革命，其对象是延续了两千余年的集权官僚制。一场大的社会变革，并不仅仅是夺取政权就成功了的，马克思早就指出了这一点，毛泽东也深切地认识到这一点。从总体上说，中国革命起码要完成政治、经济、文化的变革，但由于民族危亡到了关键时刻，中国的先进分子并没有展开对集权官僚制及其意识形态官文化的深入批判，更没有从批判中内生出一种新的文化，而是简单地借鉴和照搬西方批判封建主义文化、资本主义文化的结论，来演绎对中国旧文化的否定。而中国革命胜利后面对的国际形势，使得中国共产党只能向苏联"一边倒"，并按"苏联模式"组建社会经济制度。正是在这未被批判、否定的官文化的作用下，在很短时间内"苏联模式"就被移植于中国，并成为支配政治、经济生活的制度和体制。

中国革命夺取政权后保留行政集权体制，还有一个更为重要的内在原因，中国革命与首先夺取中央政权的俄国革命不同，是自下而上随武装斗争的胜利逐步建立政权的，中央政府是在绝大部分地方政权都已建立之后才成立的。军队的等级制和集权，是党从事武装革命所必须采取的办法，在武装革命过程中，逐步形成了党军政集权体制。这样，夺取政权以后，也就必然将党军政一体的集权体制扩展于全国政权，进而体现于由这个政权所主导的经济体制中。也就是说，正是依靠共产党领导的武装革命队伍所建立的政权，才建立了初级公有制，并以行政集权体制作为经济体制的主干。

志燕：新中国成立后保留的行政集权体制，与中国古代集权官僚制下的官僚集权体制有何联系与区别？

刘：从形式上看新政权的行政集权体制与旧集权官僚制的官僚集权体制有许多相似之处，但有一个根本区别，就在它是初级社会主义制度的体制形式。但旧的官僚集权体制又影响着新政权的行政集权体制，二者形式上的相同点会在其运行中不断体现出来。当新政权以行政集权体制建立公有制时，势必将党政军的组织形式与行政集权的属性贯彻于公有制经济中，直接制约公有制的主体、性质、目的、原则、机制等基本环节。行政集权体制贯穿于公有制经济，是公有制初级阶段民主法制不健全的集中体现。

虽然如此，行政集权体制的保留和作用，不仅有其历史的必然性，也有现实的合理性。依然包含着革命精神的行政集权体制，曾以其在经济体制中的主导地位，没收或改造了旧官僚资本、个体小农经济、私有资本，将之变成公有制经济。在这种情况下，行政集权机构及其负责人已成为公有制全部权利的行使者，在决策和行使权利中可以集中全力推行各种政策，并能直接、很少阻碍地实现其目标。但行政集权体制毕竟是与劳动社会主义原则相悖的，其合理性是短期的，而且从一开始就将其局限性贯彻于公有制的体制上，即形成了统制经济体制，而中国公有制经济的主要矛盾也就由此而生。根据劳动社会主义公有制原则，其劳动力和生产资料的所有权都应属于劳动者个人，这在苏联教科书上也是认可的，但其具体论证却只涉及生产资料所有权，而且用"全民"和"集体"表示公有制的两种形式，并不明确劳动者的个人所有权及其实现方式。在现实的经济关系中，则由国家政权或集权单位集合全部生产资料所有权、占有权、经营权、管理权，劳动者实际上处于无权状态，虽然他们可以对经营管理提出建议和意见，而且国有企业中的劳动者及少量有条件的集体经济单位，劳动者有必要的劳动、工伤、医疗、退休等方面的基本福利和保障，但这些都是利益，而非权利。因此，原则上拥有劳动力和生产资料所有权的劳动者与掌握全部经济权利的国家机构之间的矛盾，就成为初级公有制经济的主要矛盾。

二　中国经济在世界经济矛盾中的地位

志燕：现代中国经济矛盾是历史经济矛盾演化的必然结果，在这种演化中，世界经济矛盾的制约是一个重要因素，可以说现代中国经济矛盾是在世界经济总体矛盾的制约下而形成的。

刘：中国经济是世界经济矛盾中的一部分，研究中国经济矛盾，必须认知中国经济在世界经济矛盾中的地位，明确世界经济矛盾对中国经济的制约以及中国经济矛盾对世界经济的作用。

现代世界的主要矛盾是资本统治与劳动解放的矛盾，现代世界经济的主要矛盾是国际资本统治与劳动者争取维护经济权利的矛盾。自从资本作为一种经济关系出现并在西欧、北美占统治地位以来，五六百年的时间内，它以其对封建的、集权专制的经济关系的先进性和优越性，提升了劳动者的经济权利，为劳动者素质技能的提高与发挥提供了一定条件，从而促进了工业生产方式取代农业生产方式的变革。正是由于这种优越性，资本主义经济关系和制度得以在全世界扩张。近几个世纪的世界历史，就是资本扩张并统治人类的历史。资本统治是世界经济主要矛盾的主要方面，不论是针对旧的封建领主经济和集权官僚制小农经济，还是针对20世纪出现的"苏联模式"的初级公有制经济，在世界范围内，资本统治都处于主要矛盾方面。特别是20世纪末资本统治以各种手段摧毁了有严重缺陷并未及时改革的"苏联模式"之后，以近乎疯狂的速度推行"全球化"，已成为统治现代人类的上帝。所谓"经济全球化"就是垄断资本向全世界扩张的过程。资本国际垄断遵循着"弱肉强食"的法则，是垄断资本主宰世界的表现。

资本国际垄断导致资本的国际化，主要表现为两方面：一是资本主义发达国家的资本向外输出，二是受资本输入的影响，落后国家自身资本雇佣劳动关系的形成。前者无疑是主动的，也是主导性的；后者是在前者的主导下形成的，而且受前者的制约，甚至成为前者的附庸。资本国际化的实质和结果，是资本雇佣劳动关系的全球化，是资本财团，特别是金融资本财团对全人类经济生活的统治，并由它决定了现代世界经济矛盾。其中，主要矛盾就是国际垄断资本与全世界劳动者的矛盾，国际垄断资本是主要矛盾方面，全世界劳动者是次要矛盾方面。全世界劳动者作为主要矛盾的次要方面，其势力随着资本国际化和劳动者素质技能的提高而不断增强着。全世界劳动者与国际垄断资本的斗争，是现代世界发展的动因和动力，人类的命运取决于这种斗争。

围绕主要经济矛盾，现代世界经济形成以下矛盾：一是世界市场的无规划、无调节机制与各国由国家对经济的规划、干预、调节间的矛盾；二是垄断企业的严密组织、科学管理与世界市场的盲目扩张、混乱之间的矛盾；三是资本垄断企业生产能力的无限扩大趋势与世界市场容量之间的矛盾；四是发达资本主义国家与落后国家间的经济矛盾；五是发达国家之间的经济矛盾；六是落后经济国家，或者说"新经济体"之间的经济矛盾；七是资本扩张及其对利润的追逐与自然资源、环境的矛盾。正是以上这些矛盾构成现代世界经济的内容，也是现代人类生存的基础。现代世界经济矛盾实质上就是一个,即作为主要矛盾的国际垄断资本与全世界劳动者的矛盾,即使各个国家间的矛盾,也都是受国际垄断资本支配的各国政府与劳动者的矛盾及其相互间的矛盾。

王:中国经济是现代世界经济的一部分,世界经济的主要矛盾和它派生的各种矛盾都内在或外在地制约着中国经济的存在与发展,中国经济的矛盾又会影响和制约世界经济矛盾。

刘:是的! 当我们将研究主题确定为规定现实中国经济矛盾系统时,必须充分考虑世界经济矛盾对中国经济矛盾的制约。相对于中国经济矛盾来说,似乎世界经济矛盾是一个外在因素,但这并不准确。现代世界经济矛盾并不等于"外国经济矛盾",也不是"国际经济矛盾",但在经济学界却有人常常把这三者混淆论之。世界是包括中国的,而且中国是世界的重要组成部分,中国人口约占世界人口的五分之一,也就是说这个世界的五分之一是中国。因此,当我们说世界经济矛盾时,中国经济是包括其中的。只有中国之外的各国经济才是中国经济的外在因素,但随着国际垄断资本的全球化以及国际经济交往的密切,外国经济中的一些因素已经内在于中国经济,比如外国资本在中国投资的产值就计算在中国的国内生产总值之内。同样,中国也有一些企业在国外投资。至于"国际",是国与国之间的关系,可以是两国,也可以是多国,并不是一个既定范围。国际经济是世界经济中的重要环节,但不等于世界经济。当我们说现代世界经济矛盾时,中国经济是其中重要组成部分,中国经济矛盾既内在于世界经济矛盾之中,受世界经济总体矛盾的制约,又受世界经济中中国之外各国经济矛盾的影响,或者说要受与中国有国际经济关系的各国经济矛盾的影响。同样,中国经济矛盾的演化,既内在地成为世界经济矛盾的要素,又外在地影响有国际关系的国家的经济。

三　现实中国经济矛盾的各个层次：制度、体制、结构、经营管理和对外经济关系

志燕:刚才的讨论中,我们明确了初级公有制的主要矛盾是理论和法律上拥有劳动力和生产资料所有权的全体劳动者与掌控全部经济权利的国家机构的矛盾,这个矛盾会在世界经济矛盾的制约下,传续于现实经济矛盾中。当前思想界对我国主要经济矛盾的规定有很多,如"供给与需求的矛盾""资产阶级与无产阶级的矛盾""公有制经济与私有资本的矛盾"等等,这些规定准确吗? 如不准确,现实中国的主要经济矛盾是什么?

刘:能够作为现实中国经济主要矛盾的,还是公有制经济中劳动者与国家机

构的矛盾，但有一些变化，即以权谋私利益集团的出现，它利用行政集权体制的缺陷，侵吞公有资产，官商勾结，将其任职的国家机构变为个人、家族、集团的私权，在经济生活的各环节大肆谋取资财，其与劳动者的对立更为突出。现在进行的反腐败斗争充分说明了问题的严重。中国初级的公有制是有局限、有缺陷的，这里的关键，就是行政集权体制。行政集权体制既是初级公有制局限和缺陷的根由，又是以权谋私利益集团得以产生并扩张的主要条件。国家机构对公有制全部经济权利的掌控，是行政集权体制在经济关系中的集中体现，它在短期内是有助于集合人力财力进行工业化的，但不受作为所有权主体的劳动者控制、监督的国家机构，在其自律机制弱化的时候，就会滋生"长官意志"、以权谋私等各种侵害公有制经济的现象。这种情况在 20 世纪 50 年代至 70 年代就已屡屡发生。毛泽东曾试图以"群众运动"来制约国家机构负责人及工作人员的行为，但由于"群众运动"的局限性，不能以民主法制改造行政集权体制，未能切实规定劳动者的所有权及其行使所有权的机制，因此不能根除"长官意志"和以权谋私。而结束"群众运动"并彻底取消了"群众运动"之后，行政集权体制就在不受任何监督的条件下自行扩张，不受所有权主体约束而掌控全部经济权利的国家机构中，某些负责人不仅可以凭自己的"长官意志"决策，甚至会推行对公有制经济的"私有化"，而且可以以各种方式利用体制漏洞和决策失误侵吞公有资产、资源，谋取其个人及家族亲朋的私利。这种情况不能得到有效制止和纠正，就逐步从公有制经济中滋生、扩展出官僚资本。

春敏：现实中国经济制度层次矛盾中，还有几方面势力：一是外国大资本垄断财团对中国的渗透，二是自由私有资本，三是雇佣劳动者，四是小农经济。这些势力虽不占主要方面，但也不容忽视。

刘：是的，这四方面势力加上公有制经济、以权谋私利益集团共六个方面，组成中国经济制度层次的多种矛盾，造成现实中国经济矛盾错综复杂的局面。这些矛盾虽然是制度层次的次要矛盾，但既受主要矛盾的制约，也制约主要矛盾。

润球：根据经济矛盾的系统性，经济体制是经济制度层次的展开和具体化，那么现实中国经济体制的矛盾又该如何规定？

刘：经济体制是对一个社会形态中不同阶段特殊经济关系性质的规定，也是阶段性经济矛盾的集中体现。经济制度是一般，是总体；经济体制是一般中的特殊，总体中的阶段。经济体制是经济制度的具体存在，是经济制度矛盾的展开与阶段性体现。现在流行的说法，将 20 世纪 50 年代至 70 年代的中国经济体制称为"计划经济体制"，将 80 年代以来的经济体制称为"市场经济体制"。这两种说法都是不确切的。中国初级公有制的矛盾与缺陷，集中体现于其体制，即统制经济体制上。其全称应为初级公有制的统制经济体制。

以革命队伍为基础和主干,以军队和党组织的集权等级制为基本组织形式所建立的新政权,在政治上必然实行行政集权体制,并由政治统制经济,在经济上实行统制经济体制。这既是中国初级公有制的统制经济体制的成因,也是其首要的特点。由于中国历史和中国革命所造成的这第一个特点,又引发了中国公有制初级阶段统制经济体制的第二个特点,这就是在理论上,甚至在法律条文上,都明确"全民"或"集体"是公有制经济生产资料的所有者,但又不规定"全民"或"集体"中个体成员的所有权,而是由政府或集体单位行使所有权。这样,就使公有制的权利体系中缺失了占有权环节,本应行使占有权的机构直接行使所有权,"全民"和"集体"中全部个体成员的所有权被虚置。初级公有制体系中的这种缺陷,展开于统制经济体制,就使本应行使占有权的国家机构成了所有权主体,而集体单位也被国家机构所掌控。这样,由党和军队组织转变而来的国家机构就成了初级公有制经济的主导和主持者,对经济的决策与计划、管理、经营都成为政治的一部分内容,经济的组织机构成为国家机构的组成部分,国有企业成了国家机构的附属或分支,并按党政机构的行政方式委派管理者,管理者是国家机构公务人员,按行政级别领取工资。集体经济单位的负责人,也由党政机构任命或指派。政治全面系统地控制着经济。第三个特点,是由前两个特点所决定的,是这个体制的运作沿用党、政、军的工作方式。不论经济决策、计划的制定,乃至经济管理的各环节,大体上都由党组织及其领导的政府来实施。其主要负责人也都是从事党务和由军人转业而来的,其工作方式也就承袭了党、政、军的工作方式。

到了 80 年代,GDP 主义经济学家宣扬以"市场经济"改变"计划经济",虽已进行了三十多年,但中国现实的经济体制依然是统制经济体制,改变或"转轨"的只是"统制"的方式和范围。其原因,就在于行政集权体制仍然存在,并主导着经济体制和经济结构及运行机制,以至经营管理和对外经济关系。在统制经济体制的矛盾中,行政集权体制既是其主干,又是体制层次经济矛盾的主导。行政集权机构对公共权利的掌控,不仅主导和主持着公有制经济,而且掌控着全部自然资源,主导经济的发展方式和方向。处于"转轨"中的统制经济体制,其矛盾的主导力量还是行政集权体制,但它的作用方式有所不同,对于公有制经济,即仍存留下来的国有企业,它一如既往,全面掌控,不同的是不再像以前那样把扩大国有企业规模和范围作为目标,而是努力加强行业垄断和获取垄断利益。作为行使占有权的政府利用法律规定的不明确,行使只有所有权主体才能具有的处置权,以各种方式将垄断行业以外的国有企业处理给私人,并给仍保留的国有企业高层经营管理者以高额 "年薪"，以明显区别于实行雇佣制的职工。对于个体小农经济和私有资本，则主要从自然资源（包括土地）所有者的角度加以控制，并从监督权和管理权加以掌控。

玉玲：我认为刘老师将 80 年代以来的经济体制规定为 "转型" 中的统制经济体制是准确的，正因为只是 "转型" 中的统制经济体制，因此依然保留和强化其行政集权。而所谓的 "转型"，由于 GDP 主义的介入，将 GDP 增长作为经济发展的唯一目标，以行政集权的方式，动用各种资源和劳动力，不惜代价，不计后果地增长 GDP。不仅严重压低劳动力价格，破坏环境，浪费资源，更导致经济结构及其运行机制极端不合理。

志燕：现实中国经济结构及其运行机制由制度和体制决定，如何认识这个层次的矛盾？

刘：经济结构是经济体制在总体经济运动过程的存在形式，运行机制则是经济结构动态运作功能的发挥。经济结构与运行机制的矛盾，是经济制度矛盾通过经济体制矛盾的进一步展开。20 世纪 50 年代至 70 年代中国的经济结构及其运行机制是集约转化型经济结构和政治主导式运行机制，代替它的是由 "转型" 中的统制经济体制决定并制约的集权开放型经济结构，其运行机制是非均衡趋利式机制。这是对 20 世纪 50 年代至 70 年代的集约转化型经济结构和政治主导式运行机制的改变，是经济制度和体制层次矛盾改变的总体表现。

集约转化型经济结构是中国初级公有制建立后，统制经济体制的具体存在形式，它的特点是以行政集权体制集合劳动力和生产资料的所有权和占有权，由国家机构按一定的计划统一支配劳动力和生产资料，在短期内加速度实现从个体手工农业生产方式向协作工业生产方式转化。这是特殊历史条件的产物，也是对官僚资本的对外依附型经济与个体小农经济二重结构进行变革的唯一方式。

政治主导式的运行机制，是以政治主体和执行机构的具有革命精神、廉洁高效、政治路线的统一、民众对政党和政府的拥护为条件，是集约转化型经济结构的体现与发挥，它的作用也主要在制约经济结构中各层次、各要素的关系。这种制约本身，就是经济结构的形成和运行机制。从没收官僚资本、建立第一批国有企业，到以财政进一步投资建设国有企业、改造私有资本、农业实行合作化和集体制，不到十年时间，就完成了从官僚资本的对外依附与保守小农经济结构，到集约转化型结构的过渡。这是一个奇迹，也包括诸多缺陷，它充分展示了集约转化型经济结构的矛盾。

集约转化型经济结构及政治主导式运行机制的矛盾，主要体现为：（1）基本的矛盾，是所有权结构的矛盾。本来应行使占有权的国家机构成了所有权主体，而真正所有权主体劳动者的劳动力和生产资料所有权却被虚置。这是集约转化经济结构得以建立的根据，虽然它在当时有其合理性，但这种矛盾又是违背公有制原则的，是其根本性缺陷。（2）劳动者素质技能结构与投资（生产资料）结构的矛盾。按公有制原则，劳动者素质技能结构应是核心结构，投资（生产资料）结构从属于劳动者素质技能结构。但在集约转化型结构及其政治主导式机制中，劳动者素质技能结构被置于从属地位，投资（生产资料）结构则处于核心地位。（3）就业结构与产业结构的矛盾。就业结构是劳动者素质技能结构与投资结构相结合的体现，集约转化型结构在建立时，不仅注重投资结构，甚至把产业结构放在优先地位，使就业结构从属于产业结构。而产业结构中，明显偏重生产资料产业。与之相应，产品结构作为产业结构的结果形态，并不是以提高劳动者素质技能为目的，而是把劳动者素质技能作为增加投资的条件。（4）积累和消费结构的矛盾。在积累与消费结构上，明显地侧重积累，忽视消费，又不注重产值和效益，而把产量作为首先考虑的内容。（5）分配结构与消费结构的矛盾。以上四层矛盾集合于分配结构上，势必形成平均主义倾向。分配结构制约着消费结构，不仅制约劳动者生活水平的改善，更会影响劳动者素质技能的提高与发挥。（6）流通结构与产业结构、产品结构及分配结构的矛盾。集约转化型结构中的流通结构，相当一部分是不按等价交换原则的流通，由此压低农民的收入，以增加积累，同时也拉大了城乡之间、工农之间的差别。（7）银行被纳入国家机构所导致的储蓄与贷款的矛盾。银行是国有国营，国家不仅根据其需要来发行货币，而且将银行作为其出纳机关，弱化甚至失去了银行在调节投资产业等结构方面的作用。（8）经济效益与政治目标的矛盾。将政治目标作为第一位，经济效益服从政治目标，有时甚至为了政治目标而牺牲经济效益。在经济计划中，以产品产量作为主要指标，很少考虑产值与效益，由此而形成相当大的浪费。

集约转化型经济结构及其政治主导式运行机制，是在中国特殊历史条件下建立的初级公有制及统制经济体制的具体存在形式。它的合理性，就在于以政治的权威来集合技能素质相对低下的劳动力，统一使用数量不大的资金，购置和生产工业所必要的生产资料，利用全国的资源，加速度进行从农业生产方式向工业生产方式的转化。但其矛盾和缺陷也是相当明显的，政治主导式的优势，同时也是它的劣势。

春敏：统制经济体制因政治局势变化而出现的"转型"，体现于经济结构及其运行机制上，就是以集权开放型经济结构取代集约转化型经济结构，随之而来，以非均衡趋利式运行机制否定政治主导式运行机制。如何认识集权开放型经济结构及其非均衡趋利式运行机制？

刘：这种经济结构上的转换，是在未改变行政集权体制条件下，经济制度和体制上的变化在经济矛盾中的总体表现，也可以说是中国经济矛盾的具体形式。集权开放型经济结构并不是对集约转化型经济结构的完全否定，因行政集权体制依然主导着中国经济，它在经济结构及其运行机制中的作用仍旧保持。集权，就是行政集权体制与其主导的统制经济体制的集中体现。但与集约转化型经济结构也有所区别。开放，是现行经济体制主要特点，也是对旧体制改变最突出之处。经济结构上的开放，就是突破原有的所有权结构，使不同所有制的权利可以结合。

集权开放型结构的运行机制，是非均衡趋利式的。非均衡，是指在各层结构中，都通行二重或多重标准，由此造成不平衡。这种不平衡是按政治的需要由行政集权主导的。从这种意义上说，非均衡趋利式运行机制是政治主导式机制的"转型"。所不同的是，它不再以维护和发展单一的公有制经济为目的，而是以追求利润（效益）为目的。

马淮：集权开放型经济结构和非均衡趋利式运行机制的矛盾，是现实中国主要经济矛盾在经济结构及其运行机制中的具体化，这一矛盾将直接制约经营管理层次的矛盾。

刘：经营管理的矛盾是具体的经济矛盾，它随经济制度、体制、结构及运行机制的变化而变化。现实中国的经营管理包括两个层次，一是国家从总体对全国和各行政区域的管理以及对国有企业的管理；二是企业或集体单位和个体经济的经营管理。

由于行政集权体制及其统制经济体制的存在，国家的经济管理不仅掌握着全国及各行政区域的总体经济发展，而且制约企业或集体单位和个体经济的经营管理。这两个层次的主要矛盾方面是国家的总体经济管理，但企业或集体单位和个体经济的经营管理也不是完全被动的，它们作为国家的总体管理对象，对国家总体管理予以制约。

国家对经济的总体管理是经济体制在经济结构中的展开，是运行机制的主导。具体包括：其一，国家是作为国有资产和资源的实际所有者，实施对全国经济的总体管理的；其二，国家以财政政策、货币政策、产业政策为手段对全国经济进行总体管理；其三，对关系国计民生的行业实行国有企业垄断，政府以所有者的身份直接管理；其四，国家对国民经济的总体管理，主要是通过其行政机构，以行政方式进行的，为此国家设立了诸多针对经济管理的机构，从中央政府的各部、委、局，到省、市、县、乡，都有对应的机构，而且各级党委也负责对经济的领导。

志燕：国家对经济总体管理中的矛盾，势必制约企业和个人的经营管理，这种制约作用如何体现？

刘：中国从农业生产方式向工业生产方式的全面转化，是 20 世纪下半叶新中国以后开始的。20 世纪 50 年代至 70 年代，国有企业、集体企业和农村人民公社生产队成为全体中国人的生产单位。这时的经营管理明显地受行政集权体制的制约，是以行政管理方式对国营企业和集体单位的管理。其表现为：一是将国营企业和城市集体企业、人民公社负责人划入党政管理干部，并规定行政级别。二是按行政方式运作企业的经营管理。三是将政治思想工作作为管理的重要内容。四是注重规模和产量，不注重产值和效益。五是经营管理者大部分来自军队"转业干部"。六是浓重的政治色彩和半军事化的管理方式。七是企业中的权利关系大体是国家掌控生产资料所有权，企业行使经营权，但并不明确。八是对企业职工和人民公社社员的劳动力所有权没有明确规定，但有对企业经营的建议和批评的权利。

这种行政式的经营管理，对于中国初级公有制企业和集体单位而言，是不得已但必要的方式，虽有其合理性，但其中的矛盾是明显的。企业，是有目的的事业。而时下人们所论企业，往往只是从私有资本企业出发，因此利润、效益或资本的增殖都是其目的。公有制企业的目的，不仅要创造经济效益，也要提供社会效益。更重要的是，公有制企业是职工的生存单位，职工素质技能的提高，是其根本的目的，但这并不排斥公有制企业的经济效益和社会效益的目的。在中国初级公有制企业中，经营的社会效益是明确的、突出的，但对经济效益却强调不够。这无疑是一个矛盾，对于企业自身的发展，特别是职工素质技能的提高和企业的积累，都是不利的。

初级公有制中的权利关系不明确，国营企业和集体企业在一定程度上已成为党政机关的附属机构，其经营权的相对独立性很难显现，而半军事化的行政管理方式，使行使经营权的人很难成为公有制企业的合格经营者。

江荣：由于初级公有制企业在经营管理方面的矛盾与局限，20 世纪 80 年代初，我国公有制企业开始搞改革，出现了承包经营和对职工实行"合同制"管理。刘老师您怎么看这种管理方式的变化？

刘：从形式上看，中国实行的对公有制企业的承包经营，与私有资本股份企业经营权的委托代理，有许多相似之处，但又有质的区别。从所有制论，承包经营是针对公有制企业的，而初级公有制企业的所有权主体虚置，造成国家机构和由国家机构控制的集体单位代行所有权的情况。这样，承包经营者就只对不受所有权主体控制的国家机构和集体单位负责。因此，承包经营实质上仍是原有的行政或经营管理方式的延续或变种，是以农业的承包生产，即由个人或家庭为单位的承办土地使用权为榜样的经营管理。这样，在未改革初级公有制企业权利体系的情况下，所普遍推广的承包经营，只是强调了经营权的相对独立性，而对承包者的要求，也突出表现在经济效益上，这与当时对"两权分离"和"提高经济效益"的片面理解有关，而其根据，还由国家机构掌控所有权。

承包经营突出了经营权的相对独立性，这对于改进初级公有制企业的经营管理应该是有意义的，但由于是在没有解决初级公有制主要矛盾的情况下实行承包经营的，因此，必然会产生新的矛盾。其一，就是不能明确经营权与占有权的界限，虽有所有权与经营权的"两权分离"，但这个提法本身就忽略了占有权的存在，国家机构直接作为所有权主体来派生经营权。其二，承包经营并没有改变行政式管理方式，但在突出经济效益的同时，却弱化了原有行政管理方式中的约束机制。其三，承包经营片面注重经济效益，忽略社会效益。其四，承包经营只注重短期经济效益，忽略了企业的长远发展。其五，承包经营者只重资金使用和成本、财务、营销管理，忽略甚至放弃了原有的思想政治工作，进而逐步对职工实行"合同制"的雇佣劳动制管理。

马淮：承包经营大体上实行了十几年，其矛盾和缺陷导致大批国有和集体企业严重亏损，在这种情况下，对公有制经济"私有化"的思潮涌现，对国有和集体企业的"改制"，使公有制企业绝大部分国有和集体企业消失。与此同时，还以"资产重组"等方式，保留了少量中央和省、市属的大型企业，并在这些企业中实行"现代企业制度"。如何认识这种管理制度？

刘：现代企业制度的要点，是在股市募集资金，为此建立股东大会和董事会，由董事会领导经理，经理行使具体的经营权。虽然有股东大会，但国有资本在这些企业是绝对的控股大股东，因而其董事会成员和经理还都是由党委任命，有些副经理和中层管理者也会采取公开招聘，但要由董事会或经理决定聘任。此外还有一些国有资本与外国资本或私有资本合资的企业，国家资本在其中的权利，视其所占股份而定，如果是国家资本处于控股地位，其董事长仍由党委任命，但要由股东大会通过。

这些国有企业对职工实行雇佣制，以劳动合同的方式聘用职工。这样，除其资本是国家所有外，在经营管理上基本采取的是西方国家的"现代企业制度"，但由于国家作为资本所有者，并以行政方式任用企业负责人，因此其经营管理仍带有行政属性。

行政式管理仍是国有企业经营管理的基本属性。政府作为所有权主体掌控其资产，并设专业的"国有资产管理委员会"负责；党委任命企业的主要负责人。

企业的各级管理者实际上还保持着行政级别,虽然工资已与党政机构有了区分,但仍参照党政机构来规定企业的职级。企业的经营管理活动仍有明显的行政性质,因此也就表现出矛盾和缺陷。以行政方式对企业的管理,是严而不密的,由于所剩下的国有企业主要存在于垄断性行业,因而其效益都比较好,加之有"股份制"的形式以及对"企业自主权"的不准确认识,个别国有企业的负责人在行使占有权和经营权时,往往会出现错位现象,比如董事会做出一些涉及国有资产处置权的决定,董事长直接行使经营权等,尤为明显的是给自己和"高管"开出高于普通职工几十、上百倍的薪酬。而为了巩固或提升自己的地位,国有企业负责人及管理层既要纳入官场的派系,又要在企业内部网罗"圈子"。这些都必然影响到国有企业的经营管理。

当前国有企业经营管理的主要方式是"责任制",并对职工实行"合同制"的雇佣管理。所谓"责任制"实质上就是在企业内部实行具体的多层次的承包。从处科室到车间、班组都要有特定的承包人,并与企业经理签订责任书。而这些具体承包人又要明确规定职工的工作量以及相应的奖惩措施。"责任制"可以说是承包经营的延伸和具体化。责任制的管理,是企业经营的一种必要方式。行政式管理中,也要对职工规定任务,并有相应的检查、验收环节,但大都是以行政方式下达的,基本不与职工的收入挂钩。而责任制管理,则突出了经济效益与职工收入挂钩,强调责任与利益的统一。其效果在短期内是明显的。

然而,由于承包经营的局限,责任制也形成了新的矛盾。除企业负责人外,企业内中下层的经营者已不再是国家机关任命的干部,一方面其经营的权限加大,另一方面其行政权威却在减少。在初级公有制的权利体系没有根本改变的情况下,这种矛盾势必凸现出来。经营者为了完成其承包指标,势必强化以工资和奖金、罚金等手段对职工的管理,以至解雇职工。职工从事劳动,也就把取得这些物质利益、避免经济危害作为首要考虑的内容。这样,企业的负责人与企业内部的承包者之间、承包者与职工之间的关系,就主要表现为物质利益关系,即金钱关系。

总体而论,中国现实经营管理层次的矛盾是从农业文明向工业文明转化期的表现,其中国有企业和个别仍保持的集体企业仍以行政管理为基本的经营管理方式,这不仅与工业生产方式是相悖的,更不符合公有制经济的性质。

志燕:前面已将现实中国经济制度、经济体制、经济结构和经营管理层次的矛盾作了分析,这些层次的矛盾如何集合并体现于对外经济交往层次呢?

刘:对外经济交往或中国与世界各国的经济关系,已成为现实中国经济矛盾的重要内容,特别是世界经济危机的爆发,更凸现了这个矛盾层次的重要性。中国的对外经济交往，是以中国总体作为主体，以中国经济发展的需要与外国发生的经济关系。对外经济交往的要素，一是制度，二是实力。制度和实力是统一的，制度以实力为基础，实力以制度为根据。只有先进的制度，才能充分提高并发挥劳动者的素质技能，有效利用自然资源，增强实力。对外经济交往，表面看起来是实力的比量与交换，实质是制度的对比、抗衡与沟通。制度与实力的统一，构成一国经济的总体，在各国之间的经济交往中，制度和实力的统一集中表现为主权。国家主权体现于对外经济交往的总体目的、原则和策略上，主导和制约各经济单位的具体的外国企业的交往。

云喜：您从制度与实力的统一规定主权，这是很有新意的。过去说到主权，总是一个笼统概念，或者只是想到领土、领海等。制度与实力的统一集中表现为主权，这是抽象，又怎样具体化呢？

刘：你从抽象与具体关系理解这个问题，是对的。主权是在国际关系中才体现的。对外经济交往的目的是由国内经济矛盾制约的，是服从国内经济矛盾发展的。处于主要经济矛盾的主要方面主导着一国的对外经济交往，其目的是通过对外经济交往而巩固其作为主要矛盾方面的地位，并进一步壮大其势力。但这并不是绝对的，还要受到主要矛盾的次要矛盾方面及次要矛盾各方面的制约。这在中国近代以来的对外经济关系史上得到突出表现。大约一个世纪的时间，中国在满清王朝和官僚资本的统治下，几乎没有主动的对外经济交往，只有被动的对外经济应付。作为主要矛盾主要方面的集权专制统治者和官僚资本，是依附于外国大资本财团的专制势力，既不能捍卫主权，也不能促动经济发展。在官僚资产阶级的统治下，中国不可能有基于国家主权平等的对外经济交往。

主权对于国际经济交往是相当重要的，没有主权的殖民地，就没有对外经济交往。中国在1949年以前仍保留国家的形式，但其主权却被作为外国资本代理人的官僚资产阶级操控，这个主权如何运用也就可想而知了。官僚资产阶级也在喊"富国强兵"的口号，也以"开放""开明"作形象设计，甚至洋服洋话地作秀，但一心一意想着的是其家族和小集团的利益。他们"开放"的原则，就是以国家主权换取外国资本财团的扶持，以维持其统治地位和家族私利。至于如何发展本国产业，如何维护本国企业和民众的利益，都统统不顾。官僚资产阶级统治下的中国，对外经济交往的目的归结起来，就是维护其阶级的统治。

中国革命推翻了官僚资本的统治，毛泽东领导的中国共产党及其建立的革命政权，确立了国家主权，但这主要是以新的制度为依据的，新中国的经济实力尚不强大。外国大资本财团不承认中国的主权，它对新的制度和政权完全敌视，并试图以封锁和战争来扼杀之。在这种情况下，新政权为了加速度实现工业化，增强实力，只能向友好的以苏联为首的"社会主义阵营"靠拢，与之发生密切的经济交往。这时的目的也是相当明确的，即通过对外经济交往，改造本国产业结构。这个目的决定了新中国对外经济关系的原则和策略。在保证主权的前提下与苏联发生经济交往，是毛泽东的原则，并为此采取了相应的策略，并取得了成效。从20世纪50年代到70年代中国的对外经济交往，受集约转化型结构及其政治主导式运行机制的制约，目的在于巩固新生的革命政权，实行工业化。这个目的决定了对外经济关系的原则，即在维护主权的基础上积极广泛地发生与外国的经济交往。70年代与美国的交往，是策略层次上的大变化，同时也坚持了原则，实现了目的。

20世纪80年代以来中国的对外经济关系，是服从集权开放型结构和非均衡趋利式机制的，力图淡化制度差异和意识形态色彩，努力扩展与外国，特别是发达资本主义国家的经济交往，目的在于通过对外经济交往，促进本国经济的增长。把经济发展等同于经济增长，即统计指标的提高，并将国民生产总值变为国内生产总值。而"参加世界经济大循环"论不仅将劳动者素质技能低和人数多作为"优势"，甚至将中国产业定位于世界产业链的末端，片面注重短期成效。"参加世界经济大循环"的思路，导致中国供出口的低端行业迅速扩张，其以超低的劳动力价格所生产的超低价的产品，正好弥补了西方国家因劳动力价格高、高污染、高能耗不愿意生产所形成的需求缺口，而中国的这些行业中有相当一部分就是外国资本企业。中国在技术上的落后，使之在对外经济关系上处于不利地位，如果任由这种落后长期存在，或者满足于外国投资者所带来的陈旧技术和"下脚料"行业引致的短期增长，那么，中国就将成为美国大资本财团为"中心"的世界经济体系中的"外围"。

四 中国经济矛盾的系统性

志燕: 现实中国经济各层次的矛盾不是各自孤立存在的，而是相互包含的统一体，是逐步从抽象规定具体化的系统，在具体层次上，抽象层次的矛盾不是消失了，而是以具体的形式展开，具体层次的经济矛盾包容着、体现着抽象层次的矛盾。也可以说，各个经济矛盾层次都是其总的系统的存在形式。中国现实经济矛盾系统中根本的矛盾是制度层次的矛盾，尤其是制度层次的主要矛盾，正是这个主要矛盾，展开并具体化于体制层次，形成了"转型"中的统制经济体制的矛盾。经济制度矛盾通过经济体制矛盾的进一步展开，形成集权开放型经济结构和非均衡趋利式运行机制，而这又直接关系当前中国企业和经济单位的经营管理，并体现于我国的对外经济交往中。

刘: 中国经济矛盾的层次和系统性集中体现于经济权利及其关系中。经济制度层次的权利,主要是所有权,包括劳动力所有权和生产资料所有权两个基本权利。以两个所有权主体而构成的社会势力之均衡形成立法权,由立法权明确规定劳动力和生产资料的所有权以及所有权的权能所派生的各种权利。经济体制是经济制度的权利体系中的一个层次,它并不涉及所有权的规定与改变,而是在既定的由法律明确规定的所有权的前提下,以占有权、监督权、管理权等权利构成的对经济关系和经济活动的界定与导引。经济体制中的主要权利,是对劳动力和生产资料的所有权如何派生并控制其占有权以及占有权的行使。经济结构中的经济权利,即劳动力和生产资料所有权两个基本权利派生的占有权、经营权、使用权、收益权、处置权、监督权、管理权等,在经济结构中,主要涉及的是这些权利关系。所有权层面,形成阶级结构,进而是劳动者素质技能结构、投资结构、就业结构,这主要涉及劳动力和生产资料所有权与占有权的关系。再展开则是产业结构、产品结构、区域结构、流通结构、分配结构、消费结构等。经济结构涉及的权利主要有占有权与经营权的关系以及收益权、处置权、监督权、管理权的相互作用。经营管理层次,主要是劳动力和生产资料的使用权,也可以说是经营权的运用。对外经济交往则是集合于主权的国内各层次权利与外国人的相应经济权利的关系。经济制度、经济体制和经济结构、经营管理、对外经济交往几个层次构成有机的经济权利系统,不过是各个层次侧重于不同的经济权利。从经济权利角度再看中国经济矛盾系统,就清楚得多。

中国的初级公有制,由于在制度层次没有明确劳动者对劳动力和生产资料的个人所有权,由国家机构代行所有权,而所有权层次的矛盾,致使劳动者的民主权未能得到落实,无法有效行使监督权,且占有权环节被忽略,以致在体制上出现行政集权机构掌控经济生活的全部公共权利,由此控制所有权。这些矛盾体现于经济结构上,首先就表现为所有权结构的矛盾,即本应行使占有权的国家机构成了所有权主体,而真正的所有权主体——劳动者的劳动力和生产资料所有权却被虚置。其次就表现为劳动者素质技能结构从属于投资结构、就业结构从属于产业结构以及流通、分配和消费结构的不合理等等。具体到经营管理,国家机构代行所有权的矛盾一方面充分体现于对经济的总体管理中,另一方面也制约着企业和个人的经营管理,如国有企业表现出来的行政式管理模式。而在我国的对外经济交往中,则充分体现了集权开放型经济结构的特点,即对外交往更多的是为了谋求 GDP 的增长,财政收入的增加,而不是为了劳动者素质技能的提高及发展和巩固公有制经济。

马淮: 从八个层次去把握现实中国经济矛盾系统,确实思路明晰,这在方法论上是一个重大的突破和创新，为研究者提供了一个行之有效的思维依据，从方法论角度来讲具有重要意义和作用。对经济矛盾的系统性进行探讨，与在研究中以概念为核心，并形成概念体系是统一的。概念之所以运动并形成体系，就在于经济矛盾本身所具有的层次和系统性。中国政治经济学的研究是针对中国经济矛盾系统的，由此形成包括核心概念的概念体系。

刘：政治经济学方法论从总体上要处理好两个系统的辩证关系：一个是矛盾的系统，一个是思维的系统，即系统抽象。这两个系统是对应的。正是由于矛盾的系统性，才有系统抽象的现实基础，而系统抽象是揭示矛盾系统的。由于这两个系统的对应，最后所形成的概念体系，它也是系统的。所以，对经济矛盾系统性的规定本身就属于系统抽象法的一个重要环节或内容，这就不是外在地去研究它，不是用一个外在的方法去研究经济矛盾，而是用研究者思维的系统性研究经济矛盾的系统性，以现实经济矛盾为根据，不断明确和完善思维的系统性，使二者统一，由此构成对中国经济矛盾系统性的理论认识。系统抽象的实质就在于此。

思远：对经济矛盾系统性的认识还有一个很重要的现实意义，这些年来我们一直在提"保增长、调结构、改体制"，也就是说关注的至多在"体制"这个层面，而没有上升到"制度"层面，由此提出的对策也只在术、技层面。刘老师提到以"道、法、术、技"四层次界定人类学识，中国现在的主要问题在于"道""法"，只从"术""技"层次去改变，是解决不了根本问题的，这就与对经济矛盾系统性的认识是有关系的。因为我国的矛盾主要在制度层面，因此只有集中力量进行"道""法"层次的探讨，这同时也就指出了当前中国政治经济学的研究重点。

（吕志燕）

中国经济主要矛盾的规定

现代中国经济矛盾是一个复杂的系统，其中有多层次、多环节矛盾存在，探讨和论证这个矛盾系统，是中国政治经济学的主题。在明确主体、主义的前提下，以辩证法揭示其中的主要矛盾，是论证现代中国经济矛盾系统的关键。毛泽东的《矛盾论》为我们规定主要矛盾提供了一把钥匙。规定中国经济主要矛盾要从中国自身的历史发展和现实出发。现代中国经济主要矛盾是制度层次的矛盾，在制度层面的四个因素或四种势力中，公有制经济与官僚资本的矛盾是中国经济的主要矛盾，其中公有制经济是主要矛盾的主要方面，它的形成既有历史的，也有逻辑的依据。

一 规定中国经济主要矛盾首先需要明确主体、确立主义

兴无：政治经济学研究的主题，就是揭示和规定经济矛盾系统。中国政治经济学的研究与创造，基本在于作为其对象的中国现实的经济矛盾。一个政治经济学的研究者对经济矛盾的研究，实际是作为一个社会群体的代表的研究，是代表一个社会群体表达其经济利益和意识，并由此来规定经济矛盾的。这一点，对于明确政治经济学的性质非常重要。

江荣：是否可以说，政治经济学研究，首要的就是以理论概括本社会群体的共同利益和要求，并由此来规定经济矛盾。

刘：是的。代表不同利益主体的经济学家对如何规定经济矛盾系统有不同的认识。经济矛盾作为研究对象包括了研究主体在内的经济利益关系，但经济矛盾是不能自行表述其内容和规律的，只有经研究主体从自己的立场出发，对自己及所代表的群体利益和意识进行概括，形成主体意识，并由此揭示和论证经济矛盾，才能"主观"地对经济矛盾做出理论规定。

春敏：中国的经济学家要想正确地规定中国经济主要矛盾，首先就要明确中国政治经济学的主体。并不是所有中国人都能成为中国政治经济学的主体，中国政治经济学的主体，只能是那些为争取自由发展而进行社会变革的劳动者。他们是中国劳动社会主义制度变革的主体，也是社会生产与社会的主体，是中国现代社会的主体。这个主体由劳动知识分子、工人以及迫切要求改变其生存条件、变革其生产和生活方式的农民三部分人构成。只有迫切要求变革社会的劳动者，才

是现代意义上中国发展的主体，或者说，他们才要求并体现中国的发展，才有揭示和解决中国经济矛盾的愿望。他们的利益在于中国的发展，中国的发展又取决于变革。从这个意义上说，中国的政治经济学就是以劳动者为主体的经济学，是劳动社会主义的政治经济学。

马淮：劳动社会主义作为劳动者要求自由发展进行社会变革的观念，是在资本雇佣劳动制度确立后提出的，它首先而且主要是雇佣劳动者利益的体现，是其意识的概括。而以系统的理论表述的社会主义，相当一段时期都是由非雇佣劳动者的知识分子做出来的，他们不是基于自己生存的利益，而是基于对生命价值的考虑，是从理性出发对理想社会的追求，是消除现实世界不平等状态的高尚愿望。探讨和论证中国经济矛盾系统，进而规定主要矛盾，这一任务也主要在于代表劳动者利益的中国知识分子所做出的努力。

刘：劳动社会主义产生于劳动者不断提高的素质技能与其现有社会地位的矛盾中，是劳动者提高其社会地位的要求的集中概括。劳动者的主体性和自由发展的目的性，要求劳动者的联合必须是在平等基础上的自由联合。联合的指导观念，是从现代劳动者意识中概括出来的。劳动者的联合运动，目的并不是使参加联合的劳动者摆脱劳动者的地位，成为不劳而获的统治者，而是实现并强化劳动者的社会主体地位，并在此基础上提高和发挥其作为劳动者的素质技能。因此，劳动者的联合是马克思所说的"自由人的联合体"，其指导理论和机制，都只能是在明确并保证劳动者个人民主权利的民主制。

劳动社会主义是劳动者为争取自由发展而进行社会变革的主义。中国的劳动者只有在劳动社会主义的导引下，才能实现社会主体地位，提高并发挥素质技能，这不仅是劳动者自由发展的要求，也是以劳动者为主体的中国经济发展的要求。中国的政治经济学，就是在劳动社会主义导引下，以对中国劳动者经济利益和意识的概括为基点，揭示与论证中国经济矛盾。规定中国经济主要矛盾首先必须明确主体、确立主义，主体、主义是规定中国经济主要矛盾的基本依据。

二　规定中国经济主要矛盾的重要性

刘：现代中国经济矛盾是一个复杂的系统，其中有多层次、多环节矛盾存在。探讨和论证这个矛盾系统，是中国政治经济学的主题。在明确主义、主题的前提下，以辩证法揭示其中的主要矛盾，是论证现代中国经济矛盾系统的关键。

石越：经济矛盾是错综复杂的，对于一个政治经济学研究者来说，从方法论上讲，怎样揭示和论证所研究的经济矛盾，特别是主要经济矛盾呢？

刘：这个问题是每个研究者都会遇到并必须解决的问题。如何对待和解决这个问题，也是政治经济学研究成功与否的关键。三百多年来，知名的政治经济学家们之所以能够在历史上留下其印记，也就在于能够在经济矛盾的某个或某几个层次研究中发现问题，并进行了论证。但对于大多数政治经济学家来说，他们往往是靠摸索和经验做出的，并不是从方法论上明确这一点的。

20 世纪以来，中国经济发展面临诸多严峻问题。面对新的现实经济矛盾，我深感这个问题的重要，也深知其难。为此，我觉得有必要在对现实经济矛盾的探讨过程中，结合对中国历史以及世界现代历史的反思，从方法论上对此进行更深入的研究。毛泽东在《矛盾论》中提出的关于"主要矛盾和主要矛盾方面"的论断为我们解决这个问题提供了一把钥匙。

江荣：毛泽东在《矛盾论》中论证了主要矛盾和主要矛盾方面的原理，认为矛盾发展的不平衡性是主次矛盾和矛盾主次方面的客观依据，规定了主要矛盾和主要矛盾方面的定义，说明了找出主要矛盾和主要矛盾方面的方法论意义，并论述了矛盾对立双方相互转化的根据和条件。

兴无：毛泽东是这样论述主要矛盾的：事物发展的根本原因，不是在事物的外部而是在事物的内部，在于事物内部的矛盾性。任何事物内部都有这种矛盾性，因此引起了事物的运动和发展。事物内部的这种矛盾性是事物发展的根本原因，一事物和他事物的互相联系和互相影响则是事物发展的第二位的原因。"在复杂的事物的发展过程中，有许多的矛盾存在，其中必有一种是主要的矛盾，由于它的存在和发展，规定或影响着其他矛盾的存在和发展。"[①]

"研究任何过程，如果是存在两个以上矛盾的复杂过程的话，就要用全力去找出它的主要矛盾。捉住了这个主要矛盾，一切问题就迎刃而解了。这是马克思研究资本主义社会告诉我们的方法。列宁和斯大林研究帝国主义和资本主义总危机的时候，列宁和斯大林研究苏联经济的时候，也告诉了这种方法。万千的学问家和实行家，不懂得这种方法，结果是如坠烟海，找不到中心，也就找不到解决矛盾的方法。"[②]

"在各种矛盾之中，不论是主要的或次要的，矛盾着的两个方面，又是否可以平均看待呢？也是不可以的。无论什么矛盾，矛盾的诸方面，其发展是不平衡的。有时候似乎势均力敌，然而这只是暂时的和相对的情形，基本的形态则是不平衡。矛盾着的两方面中，必有一方面是主要的，他方面是次要的。其主要的方面，即所谓矛盾起主导作用的方面。事物的性质，主要是由取得支配地位的矛盾

---

① 毛泽东：《矛盾论》，《毛泽东选集》（第一卷），人民出版社 1969 年版，第 295 页。
② 同上书，第 297 页。

的主要方面所规定的。然而这种情形不是固定的,矛盾的主要和非主要的方面互相转化着,事物的性质也就随着起变化。在矛盾发展的一定过程或一定阶段上,主要方面属于甲方,非主要方面则属于乙方;到了另一发展阶段或另一发展过程时,就互易其位置,这是依靠事物发展中矛盾双方斗争的力量的增减程度来决定的。"①

刘:毛泽东对主要矛盾和主要矛盾方面的论述,是辩证法在现代的重要发展。抓主要矛盾,是辩证思维的关键。人类历史的发展,就是在不断认识和解决各层次、各环节的主要矛盾中前进的。应当说,古往今来的所有成功人士都在一定程度上知道并进行这种思维,大到政治家的治国平天下,小到普通百姓的修身齐家,乃至科学家、思想家的发明和发现,都体现了这一点。哲学上对辩证法的研究,实际上也都涉及了这一点。

石越:毛泽东之前,对辩证法发展做出重要贡献的是黑格尔和马克思,刘老师怎么看待他们对主要矛盾和矛盾主要方面的研究?

刘:黑格尔和马克思都对主要矛盾和矛盾主要方面有所涉及,可是他们都没有明确提出主要矛盾和矛盾主要方面的概念,也没有系统的、专门的论证。这就使得学习辩证法的人,很难把握和运用辩证法这种思维方法。

兴无:是否可以这么说,正是由于这两个概念的提出,毛泽东成为继黑格尔、马克思之后的辩证法大师。

刘:是的。20世纪辩证法的发展就集中体现于毛泽东的《矛盾论》。矛盾作为辩证法的一个重要范畴是明确得益于毛泽东的《矛盾论》。在《矛盾论》中,毛泽东探讨了矛盾的普遍性与特殊性、内因与外因等内容。但主要矛盾和主要矛盾方面的提法是毛泽东在辩证法上最主要的贡献,也是中国人在辩证法上的重要贡献。在毛泽东之前,辩证法主要是哲学本身的抽象探讨。毛泽东提出主要矛盾和主要矛盾方面两个概念后,就把辩证法从抽象学理的思辨方法转向实际应用。

兴无:马克思和列宁也都应用辩证法和矛盾分析法。马克思把辩证法应用于研究资本主义经济,《资本论》就是资本主义的经济矛盾论。列宁的《帝国主义是资本主义的最高阶段》同样也体现了他对资本主义社会矛盾的辩证认识。为什么要强调毛泽东把辩证法转向实际应用了呢?

刘:马克思主要做的还是理论研究,列宁对矛盾的辩证认识第一个层面做的还是理论研究。他们都没有在理论上为辩证法找到一个必要的环节,使之在实践中为人所应用。我认为,20世纪辩证法的主要发展,就应该是主要矛盾和主要

---

① 毛泽东:《矛盾论》,《毛泽东选集》(第一卷),人民出版社1969年版,第297页。

矛盾方面这两个概念的提出，这是辩证法走向实际应用的必要环节。这两个概念应用极其广泛，大到社会、经济问题的基本理论研究，小到个人的实际工作都能应用，都有其意义。

思远：毛泽东就用这些范畴具体分析中国社会的主要矛盾和主要矛盾方面，做到了理论和实践的相统一。他的革命路线之所以能领导中国革命成功，方法上的原因就在于此。正是因为毛泽东对辩证法的全面理解和实践，使他不仅做出了关于主要矛盾的论证，而且发展了辩证法，更重要的是，以他发展了的辩证法领导了中国革命，实现了中国社会的变革，在辩证的实践中发展了辩证法。

刘：当然，毛泽东在这方面的论述也不是尽善尽美，他只是提出并实践了主要矛盾和主要矛盾方面的思维方法，尚未从学理上进行系统的规定和论证。以怎样的思维方式，把握哪些思维环节，如何界定主要矛盾和主要矛盾方面等，都还需要系统探讨，特别是主要矛盾和主要矛盾方面在辩证法体系中的地位以及如何建立辩证法的体系等，都需要加强探讨和进一步论证。当然，我们进行政治经济学方法论研究的时候，既要从主要矛盾和主要矛盾方面进行研究，也要从哲学和逻辑学意义上对其学理性进行充实和完善。关于这一点，我们在讨论系统抽象时已说过了，这里只是提示一下。

石越：刘老师如此强调主要矛盾，规定主要矛盾重要性在哪里呢？

刘：规定中国经济主要矛盾的重要性在于，找不到主要矛盾，也就找不到解决中国经济矛盾的方法。

石越：历史上著名的经济学家是否就是那些最会抓主要矛盾的研究者？

刘：可以这么说。政治经济学研究的经济矛盾是多层次的，对于个体的研究者来说，由于受其时代和国度、阶级、集团利益等的影响以及个人知识范围、眼界、抱负等制约，每个研究者感受到的经济矛盾的范围和程度都是不同的。但不论在哪个层次上规定经济矛盾，那些成功的经济学家，其共同之处都在于明确了主要矛盾，并以此作为主攻点和研究中心。

在政治经济学的历史上，能够从比较高的层次进行总体研究并抓住了主要矛盾的，最突出的就是斯密和马克思。斯密作为当时代表进步的资产阶级的代言人，面对依然强大的封建贵族统治势力，明确地将资本与封建势力的矛盾作为研究的中心，斯密的所有研究都是围绕这个中心的。他对生产力和生产关系、商业、价值、货币等第一、二层次的矛盾，进而对资本与土地所有权、利润与地租等概念的规定，都是围绕这个中心的，并进而展开他的体系。其后李嘉图被奉为古典政治经济学的巅峰人物，也是因为李嘉图坚持和进一步明确了资本和封建势力的矛盾是当时英国经济的主要矛盾。马克思在《资本论》中将其研究范围内的主要矛盾规定为资本统治和雇佣劳动的矛盾，或资本与劳动力之间的矛盾，其中资本统治是矛盾的主要方面，由此构建了自己的资本理论大厦。这个大家都很熟悉了，无须赘言。列宁也不用多说。希法亭和凯恩斯都是抓主要矛盾。在资本主义自由竞争体制即将终结时，希法亭从金融资本概念出发，对资本主义自由竞争体制的主要矛盾作了规定：即金融资本和职能资本之间的矛盾。尽管这和列宁的规定——垄断资本与自由竞争的矛盾——不一致，但都是有道理的，而且分析很深刻。大萧条之后，凯恩斯从维护资本统治的立场出发，比较准确地把握了自由竞争体制的主要矛盾，即个体竞争与总体无政府之间的矛盾，并给出解决矛盾的办法就是加强国家对总体经济关系和过程的调控。由此，资本统治逐渐从自由竞争体制过渡到现在的市场经济体制。这几个划时代的经济学家是在制度或体制的层面抓主要矛盾，更多的经济学家是在较低的层次如经济结构及其运行机制、经营管理等次规定经济矛盾，而但凡是成功者，肯定是在其研究范围内明确了主要矛盾并做出深入分析的。

兴无： 中国政治经济学的研究从总体上看虽然研究者众多，但成果卓著者寥寥。一大原因就在于很多研究者受苏联教科书教条的影响，无视或者否定主要矛盾的方法。我们应该从方法上、在思路上明确去把握经济系统及其各层次的主要矛盾和主要矛盾方面。这样才能踏上正确的政治经济学研究的轨道。

刘： 从马克思等经济学家成功的经验和方法，结合现实中国经济学研究中遇到的问题，我们在方法论上，不仅要强调主要矛盾和主要矛盾方面，而且要将这种思路贯穿于全部的思维过程。主体辩证法在政治经济学研究中的具体化，它的各个环节和步骤，都应体现这一点。确立主体和主义，明确主题，都是这一思路的关键点。从系统抽象的一般规定到概念运动、论述体系、理论发展，都应体现主要矛盾和主要矛盾方面。只有这样，才能对经济矛盾做出辩证的揭示和论证。从方法论上说，这也就是在经济矛盾系统的研究中规定主要矛盾的重要性所在。

三 从现实出发规定中国主要经济矛盾

刘： 现实经济矛盾是政治经济学研究的着眼点，也是其立脚点。所谓立脚点，是指研究的依据和理论的来源。政治经济学的各种学说、观点、概念都不是凭空产生的，只能是现实经济矛盾的反映。

石越： 刘老师，严格地讲应该说只有那些正确的政治经济学学说才是现实经济矛盾的反映吧？

刘： 那些错误的政治经济学学说和观点，也是现实经济矛盾的反映。而其错误，就在于反映的过程或者反映的形式脱离了现实的经济矛盾。列宁对此有过论述。政治经济学研究中的错误的学说、观点和概念，其认识论的根源在于它们虽然也是着眼于现实的，但由于阶级利益不同或者认识过程的复杂性，导致了对现实经济矛盾的歪曲。历史上的西方庸俗政治经济学就是例子。

石越：把现实的经济矛盾作为政治经济学研究的立脚点，同理，在规定主要矛盾时要立足于现实。这不是很容易做到的事情吗？为什么还要强调这一点？

兴无：立足于现实规定主要矛盾，似乎是很容易做到的事情，其实不然。这是一个原则，也是一个需要时刻注意的基本问题。那种把苏联或者美国引进的经济学当作圣经的经济学家，在规定中国经济的主要矛盾时，其着眼点往往不是中国的现实，而是苏联的现实，或者美国的现实。而规定中国的主要经济矛盾真正的着眼点和立足点必须放在中国的现实上。只有这样，才能从中国的经济生活中发现并规定中国的主要经济矛盾，并在此基础上形成中国自己的政治经济学的学说和概念体系。

石越：为什么有的经济学家会犯指鹿为马这么简单的错误？

思远：现代中国经济矛盾是历史演化的结果，是中国历史经济矛盾在世界经济总体矛盾的制约下而形成的。近代以来，中国的发展早就不再是封闭环境下的自我发展，中国的发展是世界历史进程中的一个子进程。中国现代化的进程是在西方列强的坚船利炮的威胁下启动的，西风东渐，我们作为落后者，长期以来一直处于学生学习老师的思维中。从"师夷长技以制夷"到"以俄为师"、从"赶英超美"到融入全球化，我们总想着发展发展，羡慕发达国家，把别人的今天幻想成自己的明天，于是才会有把苏联的现实、美国的现实作为思考问题、研究矛盾的出发点。

兴无：规定中国经济的主要矛盾，应该从中国的现实出发，把现实作为着眼点和立脚点。这一点好理解。然而规定主要矛盾又离不开历史，在这里历史和现实是什么关系？是不是以现实为主，以历史为辅？

刘：兴无问的这个问题很重要。如何处理现实和历史的关系，其实是揭示和论证经济矛盾的基本方法问题。

思远：对历史的研究是从属于现实研究的，那种以为可以脱离现实经济矛盾而进行"纯粹"历史研究的想法，是不实在，也不可能的。但把历史放在"辅"的位置也不妥，这样说过于简单了。

刘：应该说，正由于我们把现实作为规定主要矛盾的着眼点和立脚点，才更需要对历史的系统研究，也只有把研究历史统一于对现实的研究，才有其科学价值和现实的意义。现实与历史不是"主"与"辅"的关系。现实是历史的继续，它本身也要演变为历史。从经济矛盾发展的总过程看，现实的经济矛盾也是历史的一部分，任何已经成为历史的各个经济发展阶段，也都曾经是现实的。历史也就是各个阶段的现实经济矛盾的连续过程。现实经济矛盾以扬弃的形式，包含了以往各个历史阶段的经济矛盾。要全面地揭示和论证现实经济矛盾，就必须探讨其历史的根源，探讨它发生和发展的历史过程。正是现实研究的需要，才使历史研究成为政治经济学的一个重要内容。对于任何一个研究者来说，他都是站在历史的"最后"一个发展阶段，来探讨本阶段各种经济矛盾所由以形成的历史根源和历史过程的。

兴无：比如德国的历史学派，其方法论标榜的就是历史的方法。尽管他们研究历史，但其着眼点仍然是现实，是要解决当时德国的现实的经济矛盾。

其实，几乎所有的知名的政治经济学家都对经济发展的历史进行过服务于现实目的的探讨。斯密、马尔萨斯、西斯蒙第等等，更不用说马克思。这其中只有李嘉图是个例外，李嘉图的研究忽视历史，并因此在方法论上有"李嘉图恶习"之称。

润球：刘老师在此所说的历史除了经济史，也应该包括经济思想史吧？

刘：是的。政治经济学对经济过程历史的研究，包括两方面内容：一是对经济发展史所遗留下来的文字和实物资料的系统探讨，二是对各个时代经济运动的理论反映——经济思想史的研究。前者所要揭示的是经济发展的历史规律；后者所要揭示的，是经济思想发展的规律及其与经济发展史的关系。在规定经济矛盾时，后者同样重要。

政治经济学在注重对经济矛盾发展史研究的同时，也要注重对经济思想史的研究。经济思想作为经济矛盾运动的理论再现，对于每个历史阶段上的现实经济矛盾，都有相应的观念学说给予反映，虽然有些反映是歪曲性的，但透过这种歪曲反映，仍可以看到当时的经济矛盾。

思远：对于现实的政治经济学研究来说，研究经济思想史，特别是近代以来的政治经济学史，还有一个重要的意义，就是方法论，在方法上寻找必要的借鉴。

刘：历史上出现的经济思想，尤其近代以来的政治经济学学说，是对当时存在的现实经济矛盾的认识，而这种曾被认识了的历史上的现实经济矛盾，又演化为现实的经济矛盾。经济的发展，使其各个阶段上的现实矛盾有着内在的统一性，探讨历史上形成的思想和学说体系与其所反映的经济矛盾之间的关系，发现其中的科学成分和错误，是研究经济思想史的重要内容。"前事之鉴，后事之师。"通过对历史上反映其现实矛盾学说的考察，一方面可以发现历史与现实中共有的经济矛盾，批判地继承前人有关认识；另一方面又能从历史上对其特殊矛盾的认识中，找到研究现实矛盾的必要借鉴。

不论是现实的还是历史上的经济学研究者，他们的思维活动和方法都有一般性。这一点对于后人来说非常重要。政治经济学之所以能够世代相继，并基本上保持其学科特点，对前人方法论的批判和继承是很重要的因素。认真考察和总结前人在研究方法上的得与失，并以此来对照、启发现实的研究，是探讨经济思想史，尤其是政治经济学史的重要环节。研究的方法既有相同性，也有相异性，接受前人的启发，并不等于完全照搬前人的方法，因而还必须注意前人思维方法中的特点及其与当时的政治、文化各种条件的关系。

江荣：前面主要是从一般方法论的角度在说话。具体说，我们要规定中国经济主要矛盾，必须要立足于现实，那我们又如何看待中国经济的现实，或者换句话说，现实中国经济矛盾的基本事实是什么？

兴无：这要看从经济的哪一个层面讲，从所有制的层面讲，基本的事实就是公有制经济、官僚资本、个体小农经济、私有资本四个方面共存。理解中国经济，规定中国经济主要矛盾，就要充分理解这个事实，理解这个事实是如何历史的形成的。

石越：刘老师您是如何看待中国公有制经济的建立过程的？

刘：历史上，中国社会曾经是人类最先进的社会，中国的劳动者以其在当时先进的素质技能创造了辉煌的农业文明。但集权官僚制与其统治下的小农经济，却严重束缚了中国劳动者素质技能的提高，并因此在工业文明的发展中落后和受制于西方。但也正是来自西方的劳动社会主义运动，特别是俄国革命，唤起了中国革命。在陈独秀、毛泽东等先进思想代表的领导下，中国革命取得了胜利。

由中国革命所建立的初级公有制，是"民众的大联合"在夺取政权后进行工业化和现代化建设的继续，是以联合起来的权利有组织地发展经济的制度。从集权官僚制下的官僚资本和小农经济转变为初级公有制，这既是历史的突变，也是中国历史矛盾演化的必然。官僚资本的政治买办性除了其所积聚的旧的生产资料外，不能给新的公有制经济在制度、机制等方面以积极的成分，而其所延续的集权专制却不可避免地与官文化和官僚资本主义一起传承下来。与之相应，小农经济及小农意识，也必然在初级的公有制中有所反映。由此而造成中国公有制在建立之初的内在矛盾及其缺陷。

思远：苏联模式在中国公有制经济的建立过程中产生了一些不良影响，给中国的公有制经济带来了更大的矛盾和缺陷。

刘：考察中国公有制的建立过程，能够使公有制经济的内在矛盾和缺陷清晰地呈现。对于公有制经济主体、性质、目的和原则、机制的认知，是建立公有制的前提。对此,中国革命的领导者们在夺取政权之后并没有条件进行深入、系统研究,而革命的参加者及革命的解放者,即广大劳动群众,更不可能就此有更多认识,对他们来说,响应和服从领导的决策是应当的。中国革命是世界革命的一部分,是在苏联的直接影响下和支持下取得成功的。这样,也就势必将先行建立公有制的"苏联模式"作为自己的逻辑与行为的起点。应当明确,"苏联模式"在公有制建立之初,或其初级阶段是有合理性的,效法"苏联模式"对于建立中国初级公有制也是一条可能的选择。然而,"苏联模式"的局限性和缺陷也是突出的,虽然毛泽东对此有所察觉,但他除了力图以群众运动这种初级民主形式监督和克制行政集权的弊端外,并没有对之进行全面的批判。而大多数主管经济的负责人,在对公有制的性质没有明白的情况下,其目的更多的是放在如何发展生产力——这个当时非常急迫的任务——上。从中共八大所提"先进生产关系与落后的生产力之间矛盾"是中国现阶段主要矛盾的认识,到各种决议及宣传文件上,都可以看到这一点,而1958年的"生产力大跃进",正是八大关于主要矛盾认识的必然产物。

在没有对公有制的主体、性质、目的、原则、机制明确系统认识前提下建立的初级公有制,矛盾和缺陷是必然的,也是深刻的。但即使如此,公有制经济的建立,仍然是中国走向工业化、现代化的关键一步,半个世纪以来,它的历史功绩是昭著的,对此必须充分肯定。

中国的初级公有制主要有两种形式,一是国家资本及其所体现的国有企业,二是由合作经济转变过来的集体经济。由国家高度集权,并以行政方式来行使其各项权利的国家资本,是中国初级的公有制形式,它虽然在工业化的起步阶段发挥了主导和主干作用,但其自身的矛盾却又引发严重的问题,并引起领导层和理论界的争论。

兴无:从一系列历史资料看,当时争论的主要问题其实都集中于社会制度,表现为关于权利体系上的制衡与斗争。

刘:就权利体系来说,其中经济权利体系是基本的制度,它体现着一般性经济矛盾层次的经济要素,集合了具体矛盾层次的权利关系及其运作。正是国家资本的真正主体——全体劳动者的所有权被虚置,国家将所有权、占有权、经营权、收益权、处置权、监督权、管理权集中行使并掌控,使得那些掌控"领导权"的人,就有可能利用其职务之便,将"领导权"视为其个人的权利。

江荣:中国的公有制经济是从没收官僚资本开始的,第一批国有企业就是直接从旧官僚资本转化而来。但由于制度缺陷,公有制经济反过来又成了以权谋私利益集团,甚至官僚资本的温室大棚。

刘：是的，一旦条件成熟，那些头脑里浸透了官文化并握有"领导权"的人，就会利用国家资本制度上的缺陷，即他们的行为不受所有权主体以民主法制控制的机会，而迅速地以权谋私、贪污腐败、官倒、走私、操纵股票期货、出卖批文、倒卖地皮、索要工程和"项目"回扣，以至卖官售位，林林总总，只要是其"领导权"所涉及的所有权利，他们都可以转变为私产。进而，又相互勾结，形成利益集团，从总体上控制国家资本，一旦其权势巩固、扩大，就可以全面变国家资本为官僚资本。本来，国家资本是对官僚资本的否定，旧有的官僚资本都已被革命政权没收，变成国家资本。可是，如果以权谋私利益集团能够以"和平演变"的方式夺取政权，他们也会将国家资本变为官僚资本。正是看到这种危险，毛泽东才发动了"文化大革命"。但可惜毛泽东没有明确其为官僚资本主义，而是仅仅以资本主义名之，使用的概念不准确。

不到半个世纪的时间，历史又与革命了的中国人开了这样的玩笑：就在公有制经济正在大发展的时候，却又从中滋生出以权谋私利益集团，并形成新的官僚资本。这是因初级公有制和民主制的内在缺陷所导致的腐败而再生。

兴无：统制经济体制为以权谋私提供了条件，削弱了公有制经济。

刘：归总起来，20 世纪 80 年代以来以权谋私利益集团的形成，主要有这样几种途径：其一，也是最古老的传统方式，就是利用职权贪污受贿。由于中国经济的复杂与多层次，统制体制对经济生活各个环节的控制，使几乎所有的由行政机构控制的权利都有可能成为经济活动的关卡，在这些机构中任职的人员，也就有可能利用职务之便，来贪污或收受贿赂。贪污受贿作为腐败的基本方式，所能直接形成官僚资本的并不多，形成了的资本额也不大。但它却是以下各种方式的基础，也是必要条件。其二，利用所谓"二元体制"及对经济的控制，进行倒卖批文和倒卖商品来牟取暴利，现在特别是经济权力部门利用手里的行政审批大权牟取暴利。其三，在特权保护下的走私。走私是官僚资本得以形成的重要方式之一，其资本量大到很难估计。其四，操纵银行贷款。其五，控制股票、期货等证券市场，从出台政策到坐庄，到发布各种"消息"，大获其利。其六，利用对国有企业的管理权和实际掌控权。包括以前利用国有和集体企业的承包、破产、"股份制"改造的时机，个别掌控"领导权"者与企业经营者相勾结，在承包合同，承包指标上做文章，上下联手，侵吞公有资财。其七，操纵、垄断房地产市场。其八是"卖项目"。国家的基本建设项目，由过去的计划指令，变成招标，这在形式上无可非议，但在操作上，却又成了个别掌控"领导权"者及其子女、亲信致富的捷径。无论电力、公路、铁路、城区改建，乃至政府、事业单位建房，都成了他们所卖项目。

　　以上八种方式或途径,是从报刊所宣布的纪检、执法、司法机构公开处理的
案件中概括出来的,虽然只是冰山一角,但也可显示官僚资本再现之端倪。至于
与外国资本财团的交易,则因山高水深,不得透露。

　　石越:这么说来,理解公有制经济的建立、演化和理解以权谋私利益集团其
实是一个过程。以权谋私利益集团和公有制经济是一个此消彼长的关系,要保持
公有制经济的健康发展,就要防止和消除以权谋私利益集团,掐断官僚资本的再
生途径。

　　江荣:这几年的反腐,充分说明了以权谋私利益集团的严重性。他们已形成
集团和社会势力。中央领导人所说的“利益集团”“塌方式腐败”充分显示了其
严重性。这不仅动摇着劳动社会主义的经济基石,也侵蚀着普通百姓对社会主义
的信念。

　　刘:以权谋私利益集团作为一股新的政治、经济势力,从初级公有制机体中
的再生,是公有制经济的一种异化。它的出现和膨胀,就像癌细胞增殖一样,速
度之快,三十年时间远超过西方国家私人资本二三百年的成就。就像癌细胞作为
正常细胞的异化物,成为公有制经济的真正敌人。正是在这个意义上,它与公有
制经济中拥有劳动力和生产资料所有权的劳动者的矛盾,是现时期中国经济主要
矛盾的表现。

　　石越:在当今的中国经济现实中,怎样认知中国小农经济普遍存在的事
实呢?

　　刘:中国工业化的实质,就是以机器大工业生产方式取代个体农业生产方
式,这也是中国现代化的基础。毛泽东对此有着深刻的认识,他之所以力主实行
农业合作化,根本原因就在于以合作化促进机械化。但由于领导层对苏联模式的
迷信,合作制异化为集体制,并由此导致了权利体系的重大缺陷。虽然农业在工
业化进程中发挥了积极作用,但最终逐渐形成了集体制的危机。面对危机,正确
的出路在于改革集体制的权利体系,用真正的合作制取代集体制。然而,在农村
改革中全国来了个一刀切,几乎全部的农村人民公社从集体制退回到个体的小农
经济。

　　正是这个现有的个体小农经济体制限制了农业发展和农民素质技能的提高,
从而也制约了其收入水平和购买力。小农经济的普遍存在,构成了中国经济矛盾
的重要因素,也是一股不可忽视的社会势力。说到小农经济,我们不能只是看到
其落后的一面,我们也要看到农民向往工业化和现代文明的内在要求,这是克服
小农经济的内在动因和动力;同时,我们也必须看到,农民必须有组织、有导
引,才能形成新的变革势力,并成为劳动社会主义势力的必要组成部分。

石越： 个体小农经济在中国有两千多年的历史，如果以从业人数看，小农经济仍然居首。容纳了这么多人口的小农经济，为什么不构成主要经济矛盾的一个方面呢？

刘： 在集权官僚制时期，小农经济与集权官僚地主经济相对立，是当时中国经济主要矛盾的一个方面，居于次要地位，这种状况维持到新中国成立前。虽然在 20 世纪前半叶，集权官僚地主经济的主导地位让位于官僚资本，但个体小农经济的地位却没有变化，依然居于主要经济矛盾的次要方面。在这种情形下，加上私有资本的发展和挤压，小农经济处境艰难，面对现代化的需要，农民个体缺乏自我改造的能力。小农经济的困境是中国革命的一个重要原因。在革命胜利后，以合作化运动改造小农经济本来是正确选择。在今天，公有制经济只要存在和发展，也还是要不断地改造小农经济。这是中国劳动者自我更新并提高素质技能与社会主体地位的方式。个体小农经济向公有制经济的发展，是其自我否定的过程，只要充分体现了农民利益和权利，就能得到农民的真心拥护。

江荣： 有的经济学家认为私有资本在中国经济中已经成为一个相当重要的因素或势力，严重威胁了公有制经济的存在和发展，正在把中国经济引向资本主义。刘老师您认为这是对中国经济现实的正确描述吗？

刘： 受国际共运的影响，新中国在没收官僚资本之后，曾经把私有资本看作是公有经济的对立面，看作是主要经济矛盾的次要方面。但是这种观点忽视了中国历史的特殊性，其出发点是有问题的。江荣所说的这些经济学家传承的就是这种认识。这种认识忽视了一个基本事实，就是潜藏于公有制经济中的官僚资本的隐患；它也忽视另一个基本事实，就是中国普遍存在的小农经济。就第一个事实来说，私有资本和官僚资本有本质区别，部分经济学家对私有资本的恐惧，大可不必，真正对公有制经济构成威胁，真正令人恐惧的，是疯狂攫取权势的官僚资本。就中国的现状说，私有资本是反对官僚资本的，因而有其进步性和先进性一面，在这个意义上它与公有制经济是一致的，而不是对立的。就第二个事实讲，对广泛存在的小农经济的改造，是一个漫长的历史过程，正是小农经济的普遍存在，才有今天私有资本存在的合理性；也正是在对小农经济的改造中，表现出私有资本的先进性和必要性；而且就中国的现状来说，这种先进性不是暂时的，它是长期存在的。

对个体小农经济的改造程度，在一定意义上说，就是中国经济工业化和现代化的程度。由于私有资本不可能承担起中国工业化的重任，官僚资本又是中国工业化的主要障碍，因此，只有公有制经济为主导来改造个体小农经济。在这个过程中，劳动社会主义势力既要与官僚资本主义势力进行坚决斗争，又要与自由资本主义势力结成联盟,相辅相成地改造个体小农经济。四种势力错综复杂,这就是历史地形成的当今中国经济的现实。

四　坚持逻辑和历史相统一的原则规定中国经济主要矛盾

兴无:逻辑与历史的统一,是系统抽象法的具有综合性的原则,也是基本的规律。马克思政治经济学方法中的逻辑与历史相统一原则,是以历史为依据,逻辑服从于历史、反映历史的规律的。政治经济学的逻辑,首先是针对现实经济生活的;就政治经济学的研究者而言,就是对现实的经济矛盾进行逻辑思维。逻辑要揭示现实经济矛盾,就必须考察它的历史、研究历史,揭示这些因素之间的矛盾和斗争,思辨其对立统一,才能正确认识现实中的经济矛盾及其相互关系,并进而以此为根据规定主要经济矛盾。刘老师已经从历史发展和现实的角度探讨了中国经济矛盾的几个因素及其相互关系,并以之为根据,历史地归纳出中国经济的主要矛盾。下面我们的讨论再从逻辑与历史相统一的原则出发,进一步演绎和明确中国经济主要矛盾。

石越:中国经济的一个基本特征是我们从过去长期的短缺,逐渐演变到现在的供给过剩,这个转折点大致就是20世纪末最后的那几年。从经济学最基本的逻辑上讲,能不能说生产与需求之间或者说供给与需求之间的矛盾就是中国经济的主要矛盾?从表面上看起来,至少这是符合历史的,也算是合乎经济学逻辑的。

刘:生产与需求或供给与需求的矛盾,只是经济矛盾系统第一层次中的一个环节和内容,它是人类的一般矛盾,只要有经济活动,就有这对矛盾。现代资本主义政治经济学就是以这两个范畴及其关系作为论述的始点,由此展示其全部概念体系。在这个体系中,经济关系都以世界一般性表现出来,并不涉及国度、阶级、制度、体制等矛盾。以"生产与需要"的矛盾来规定中国社会主要矛盾,显然不能表现其特殊性,同样,以它来规定现代中国经济主要矛盾,也不能表现其特殊性。

江荣:为什么说"先进的生产关系与落后的生产力之间的矛盾"也不是中国经济主要矛盾?

刘:"先进的生产关系与落后的生产力之间的矛盾",看起来更像是对当前或现代中国经济主要矛盾的规定,但仍有一个错位问题。生产力和生产关系的矛盾,是属于经济矛盾系统第一个层次的,是一般性的,可以说任何时代、任何国家,乃至任何地区、行业,也都存在这种矛盾,以此来规定当前或现代中国经济的主要矛盾,显然也是不恰当的。

石越：经济矛盾的层次及系统主要有八个层次，第一层次是基本经济矛盾，第二层次是商品经济的矛盾，它是基本经济矛盾的直接展开。第三层次是国度性经济矛盾。第四层次是制度性矛盾。第五层次是各社会经济制度中不同发展阶段经济体制的矛盾。第六层次是经济结构及其运行机制的矛盾。第七层次，经营管理的经济矛盾。第八层次是国际经济矛盾。从中国经济矛盾系统的层次分析，现代中国经济主要矛盾应该在哪个层次？

刘：从经济矛盾系统的层次论，当代中国经济主要矛盾只能在第三、四层进行规定，即首先明确中国经济矛盾的国度性，再从其经济制度的矛盾进行规定。国度性的制度层次的矛盾，既是整个经济矛盾的集合点，又是现代中国经济矛盾特殊性的体现。第一、二两个层次的经济矛盾，都具体化于第三、四层次，而第五至第八层次的矛盾，既是第三、四层次矛盾的展开，又要概括、集合于第三、四层次。更为重要的是，中国经济矛盾系统的变革和演进，都要从第四层次的制度矛盾入手，并在权利关系的变革中得以进行。

因此，当我们探讨现代中国经济主要矛盾时，应把注意力放在第四层次上。国度性的制度层次的矛盾，既是整个经济矛盾的集合点，又是现代中国经济矛盾特殊性的体现。

江荣：毛泽东对公有制建立之初的中国社会主要矛盾、中国经济主要矛盾的认识上也是在国度性的制度层面的吧？

刘：是的。中国的经济矛盾系统是从属于世界一般性的。而现代中国经济主要矛盾也是从属于现代中国社会主要矛盾的，是社会主要矛盾的基础。规定现代中国经济主要矛盾与社会主要矛盾是统一的。在对中国社会总体的认识上，包括对中国社会主要矛盾的认识上，毛泽东因其关于主要矛盾的思想而有着巨大的影响。这些论断虽然不是专指中国经济主要矛盾的，但因经济在社会生活中的重要地位，也都能表现出对主要经济矛盾的观点。毛泽东认为，无产阶级和资产阶级的矛盾，社会主义道路和资本主义道路的矛盾，是当前我国社会的主要矛盾。我们现在的任务跟过去不同了。过去主要是无产阶级领导人民大众反帝反封建，那个任务已经完结了。那么，现在的主要矛盾是什么呢？现在是社会主义革命，革命的锋芒是对着资产阶级，同时变更小生产制度即实现合作化，主要矛盾就是社会主义和资本主义、集体主义和个人主义，概括地说，就是社会主义和资本主义两条道路的矛盾。这正是在国度性的制度层次上的。

需要说明的是，毛泽东的上述论断并不是专门针对经济矛盾的，但其中包含经济矛盾。这种观点是他晚年思想的基石，他是深刻认识中国社会矛盾的，但用词不确切。资产阶级及其资本主义在中国并未成为主要矛盾一个方面，在对新中国成立前的分析中,毛泽东是把握了这一点的,但对新中国成立后的社会矛盾,却因官僚资产阶级和官僚资本主义被推翻,而将资产阶级和资本主义"上升"为主要矛盾的一个方面。实际上,官僚资本仍潜在于行政集权体制,只要这个体制不彻底改革,就有可能滋生新的官僚资本和官僚资产阶级,毛泽东认识到了这种危险,却用"资产阶级和资本主义"来表示,从而使人们产生误解,也给行政集权体制的既得利益者以可乘之机。

兴无:有的经济学家认为,中国经济最大的问题是让市场在资源配置中起主导作用还是让政府起主导作用,因而中国经济主要矛盾是计划经济体制和市场经济体制之间的矛盾。改革的任务就是要改革经济体制。这种观点等于是说主要经济矛盾在第五层次,这也是一种被广为接受的观点。怎么从逻辑上来反驳这种观点?

刘:用一句话说,就是这种观点混淆了现代中国经济主要矛盾和当前中国经济主要问题。现代中国经济主要矛盾,与当前中国经济主要问题、主要任务等,有相似,也有重叠,但不是同一个范畴。主要经济问题,是短期性的,它是主要经济矛盾的表现,但不见得就是主要经济矛盾本身,只有在个别情况下,主要经济矛盾才直接表现为主要的经济问题。例如,在我们建国初期,土地改革以及随后的农业集体化、工商业的社会主义改造、国有企业的创立等,本身就是制度性变革,这既是当时的主要经济问题,也是主要经济矛盾的直接表现。

我们现在面临的经济改革,要点在于明确、落实劳动者在公有制经济中的劳动力、生产资料的所有权以及如何改革政府独揽公有制一切权利的状况,建立与劳动者权利相适应的公共权力行使机构及其运行机制。这是主要矛盾的表现,又是主要问题。但绝对不是某些人所说的市场与政府关系问题。这个问题实际上是管理层次问题。有的经济学家把注意力完全放在了体制,甚至结构、经营管理层面上,忽视了我们经济的主要矛盾是在制度层面。更有些人以体制改革的名义,去改革制度,对公有制经济的"私有化"是其突出表现。

兴无:那我更清楚了,现在越来越多的普通劳动者、普通百姓认为经济中最大的问题不是效率问题,而是公正的问题。但普通劳动者不是专业的经济理论工作者,不能从逻辑上、理论上去把握主要经济矛盾,但他们能从自己的切身利益去感知。认为主要经济问题是市场与政府关系的经济学家,从逻辑上讲,其实仍然认为我们经济的主要问题还是效率的问题。普通劳动者其实从直觉上印证了这些经济学家就是错误的。但是他们不能从理论上批判其观点,只是觉得从自身利益出发不愿意支持甚至质疑所谓的改革了。我们现在的经济改革必须以对中国经济主要矛盾的规定为前提,由此确定改革目标、任务。不能先按美国政治经济学的原理确定改革任务，再由任务规定主要经济矛盾。

春敏：当今中国社会集合了代表不同利益的多种社会势力，是多种社会势力矛盾的统一体，这些矛盾集中于社会制度，就是权利体系上的制衡与斗争。其中经济权利体系是基本的制度，体现着一般性经济矛盾层次的经济要素，集合了具体矛盾层次的权利关系及其运作。既得利益集团，其中涉及一些官二代、富二代，要维护其权利，从其利益出发，强调主要经济矛盾就在体制层面，不肯承认主要经济矛盾存在于制度层面。现代中国经济主要矛盾，集中表现为劳动力、生产资料的所有权与占有权的关系，以及处置权、收益权、监督权等。承认主要矛盾存在于制度层面，并对其进行真正的名副其实的改革，从劳动社会主义理念出发，必将限制既得利益集团对国有资产实际享有的占有权、处置权、收益权等，而国有资产真正的所有者获得实际应享有的各种权利，这将使以权谋私利益集团丧失其侵吞国有资产和资源谋取个人、家族利益的机会。

兴无：这就进一步从逻辑上明确了，要揭示中国经济的主要矛盾，必须从权利关系即制度上进行探讨。

春敏：从逻辑关系上讲，经济矛盾的第五至第八层次，是占有权与经营权、经营权的运作以及管理权、收益权等的实施，这些层次必然也有矛盾，甚至有相当突出的矛盾，但它们只是表现为主要问题，并不能改变其从属于制度层面主要矛盾的地位。

江荣：从所有制层面看，现代中国经济矛盾主要分为公有制经济、以权谋私利益集团、个体小农经济、私有资本四个方面，这四个方面即四种因素、四种势力。从逻辑上看，它们可以组合成以下几对矛盾：一是公有制经济与以权谋私利益集团的矛盾，二是公有制经济与个体小农经济的矛盾，三是公有制经济与私有资本的矛盾，四是以权谋私利益集团与个体小农经济的矛盾，五是以权谋私利益集团与私有资本的矛盾，六是个体小农经济与私有资本的矛盾。既然从逻辑上我们明确了中国经济主要矛盾是在制度层面，我们又如何在所有制层面从多对矛盾中来确定主要矛盾？

刘：江荣所说的这种组合是理论上的，在现实中，矛盾的四个方面是交融在一起的。也正是因为这种错综复杂，才有必要揭示并抓住主要矛盾。从小农经济与私有资本、以权谋私利益集团、公有制经济并存的错综复杂的现实中规定出中国经济主要矛盾，从方法论上讲，还是要基于历史，而逻辑要和历史相统一。

公有制经济包括国有企业和集体经济单位、合作制经济体及其资产，还包括全民（国家）所有的土地及其上的一切自然资源。在多对经济矛盾中，只有公有制经济中法理上拥有所有权的劳动者与以权谋私利益集团之间的矛盾是主要矛盾。这是因为，无论从"硬件"还是"软件"条件上来看，公有制经济仍处于中国经济中的主干地位、起着主导作用。现在的以权谋私利益集团及其官僚资本是对公有制经济的异化，它对公有制经济的吞噬及对私有资本的压抑，阻碍了对小农经济的改造和工业化进程。现实中国经济主要矛盾是决定现实中国经济性质的，也是主导中国经济矛盾发展方向的矛盾。其他各种矛盾，都是从属于主要矛盾的次要矛盾。只有抓住这个主要矛盾，才能规定现实中国经济矛盾的本质，并由此来论证中国经济矛盾系统。

这个问题还可以从六个方面进一步来概括。第一，也是基本的理由，在于中国历史的特殊性。第二，初级公有制权利体系的严重缺陷，导致以权谋私利益集团及其官僚资本的再生。第三，以权谋私利益集团及其官僚资本是生在公有制经济的"癌"，它的成长，完全是对公有制经济的侵吞。第四，公有制经济中劳动者与以权谋私利益集团的矛盾，作为主要矛盾，主导着、制约着中国经济的演化。第五，主要经济矛盾制约并表现于经济体制、结构与运行机制，乃至企业的经营管理和国际经济关系。第六，主要经济矛盾制约并体现于政治、文化，进而扩展于全部社会生活和社会意识。

石越: 有人认为，在这几对矛盾中，主要矛盾是以权谋私利益集团与私人资本之间的矛盾。刘老师怎么评析这种观点?

刘: 以权谋私利益集团与自由私有资本的矛盾是从属于主要矛盾的。以权谋私利益集团与自由私有资本有性质上的差别，它是以政治权势为依据的，并将维护其政治权势作为目的，不以生产经营为主要营利手段，而是通过政治运作来获取暴利。中国现实的自由私有资本是依托以权谋私利益集团及其行政集权体制形成的，以权谋私利益集团则将其作为"掩体"、派生物和实现手段，特别是在对公有制经济的"私有化"过程中，这种关系得到了充分展现，在行政集权体制下，各种资源都由政府掌控，私有资本要生产经营，必须通过有政治权势的人才能得到相应资源，而且劳动力的购买及其价格也受政策制约。行政集权体制滋生的以权谋私利益集团以其掌握的政治权力直接或间接地控制私有资本。这在中央展开的反腐败斗争中得到充分揭露，所有中央巡视组的通报都提到了这一点。但是，自由私有资本并不会完全听从以权谋私利益集团的指挥，特别是当其积累到一定程度，也会与之产生摩擦，甚至对抗。

石越: 还有人认为私人资本与公有制经济之间的矛盾是中国经济主要矛盾，为什么这在逻辑上也讲不通?

刘: 私有资本迅速发展，至今已在中国经济中占有相当大比重，一直有人将私有资本与公有制经济的矛盾视为中国经济的主要矛盾。对于你提到的这个提法，我们虽然不能苟同，但其矛盾的存在和严重性却是明确的。之所以不将它视为中国经济的主要矛盾，在于中国经济矛盾的特殊性，现在私有资本企业的数量虽然很多，但是与公有制经济相比，不论其地位和作用、规模、技术水平、社会功能等等，都不占优势，因此还是矛盾的次要方面。但是也必须看到中国的私有资本和外国资本一样，具有强烈的扩张性，如果不加限制，会迅速地在低端产业扩张，不仅会侵扰公有制经济，还会使中国经济停滞于世界经济的末端而尾随发达资本主义国家"循环"，从而固定为"中心国家"的外围。这正是美国大资本财团的希望并千方百计促成的，它们对中国经济、军队、政治的策略就以此为基本点。

公有制经济的内在机制，是民主政治，中国初级公有制经济的建立，是初级的民主法制的体现。只要我们能够不断完善中国的民主政治，确立并保证劳动者的社会主体地位；只要我们能够健全劳动社会主义法制，明确和实现劳动者的所有权，就能够抑制和消除以权谋私利益集团，进而不断壮大、发展公有制经济。无论从历史看，还是从逻辑分析看，对此我都是有信心的。

（张兴无）

中国政治经济学核心概念的规定与概念体系的建立

中国政治经济学形成的重要标志，是核心概念的规定，进而以核心概念为核心建立的概念体系。通过这个核心概念及其概念体系，规定和论证中国经济矛盾系统，把握中国经济矛盾运动的趋势，建立中国政治经济学理论体系。中国政治经济学，既需要新的概念和概念体系，也能够建立起这样的概念体系。《中国经济矛盾论》和《中国政治经济学——主体 主义 主题 主张》[①] 将公共价值作为中国政治经济学的核心概念，并以此为核心力图构建起一个概念体系，以揭示中国经济矛盾体系及其运动趋势，为中国政治经济学的产生初步奠定了基础。但是，这个概念体系还不完善，核心概念尚需改造和精确。

一　核心概念与主要矛盾的关系

思远：核心概念是对主要矛盾的本质规定。由于主要矛盾在矛盾体系中起主导作用，决定着矛盾体系的一切方面和全部过程，因此，规定主要矛盾本质的概念就是概念体系的核心。

刘：系统抽象法所形成的概念体系，是作为对象的经济矛盾的理论规定。在概念体系中，核心概念是特定国度主要经济矛盾的规定。主要经济矛盾在第四层次制度性经济矛盾，并体现于体制、结构和机制、经营管理、对外关系等各层次。这样，探讨制度性经济矛盾中的主要矛盾，就是规定核心概念的起始。核心概念的核心地位主要体现在：它规定着整个体系的性质，它的成熟程度是学说发展程度的标志；核心概念作为长期研究的结晶，是从具体概念到抽象概念转化的总结，同时它也影响到各具体概念的改造和规定，例如马克思规定了异化劳动概念之后，立即着手对工资、利润和地租等各具体概念的改造；核心概念是建立政治经济学概念体系的枢纽，按照系统抽象法，政治经济学的概念体系依据从抽象到具体的顺序建立，核心概念正是这个体系的抽象概念。只要规定并改造、完善了核心概念，论述体系的起点、经过点和终点问题，是可以顺利解决的。

思远：核心概念的特点有：首先，它概括的是主体利益。劳资矛盾的主体是资产阶级和工人阶级，剩余价值是对资产阶级与雇佣工人阶级利益矛盾的规定。

---

① 刘永佶：《中国经济矛盾论》，中国经济出版社 2004 年版。

规定主要矛盾的概念不仅有核心概念，还要有一些主干概念和辅助概念，核心概念是对主要矛盾的本质的规定。其次，核心概念的规定具有总体性，必须是主体的阶级总体利益的概括。最后，核心概念应当是对特定经济制度一般本质的规定，在资本主义经济制度和劳动社会主义经济制度中都是如此。

刘：核心概念作为对主要经济矛盾的规定，除了阶级矛盾的规定，还要能概括整个经济矛盾系统各个层次的矛盾。或者说，核心概念作为整个体系的概念，必须概括特定国度经济矛盾系统的主要矛盾，这个主要矛盾决定了经济矛盾系统的性质，主导着经济矛盾系统的发展。《资本论》中的剩余价值概念，是起到了这种作用的。从特殊性上说，它是英国产业工人阶级与资产阶级矛盾的规定，从一般性上说，它又是资本主义经济制度的主要矛盾的规定。我们在研究中国政治经济学时，既要考虑国度特殊性，也要考虑世界一般性。中国政治经济学体系的核心概念，是对初级公有制度矛盾中主要矛盾，也是整体中国经济矛盾的主要矛盾的规定。而在一般性上，它又是对一般的劳动公有制度主要经济矛盾的规定。

二　中国政治经济学核心概念的规定

思远：关于中国政治经济学核心概念规定，我想从两个方面来谈：第一，中国政治经济学核心概念是对中国主要经济矛盾的规定。《四主》中将现代中国主要经济矛盾规定为初级公有制与官僚资本的矛盾，规定这一矛盾的核心概念应当集中概括中国劳动者的总体利益。

公有制是劳动者生产资料和劳动力个人所有权及其所派生出来的公共占有权所形成的权利体系。刘老师认为，在公有制经济中，个人所有权与公共占有权的矛盾是主要矛盾。劳动者在公有制经济中从事生产劳动，所创造的新价值分为个人价值和公共价值两部分。个人价值归劳动者个人所有，用于劳动力生产和再生产所需要的价值部分；公共价值在本质上也归劳动者所有，但不归劳动者个人占有，而由公共占有权行使机构占有，用于满足劳动者共同消费需要、扩大再生产对积累的需要以及社会后备的需要等。公共价值概念是对劳动者总体利益的概括，反映了中国经济主要矛盾的本质。

问题是，当代中国公有制经济处于初级阶段，由于行政集权体制的存在使民主政治这一公有制内在机制不能有效发挥作用，公共占有权行使机构及其公职人员，利用公共占有权将由劳动者创造的属于劳动者所有的部分公共价值据为己有，出现了公共价值的异化。因此，规定公有制经济内部的主要矛盾本质的公共价值概念，只有在抑制与消除了以权谋私利益集团之后，才能凸显在中国政治经济学概念体系中的核心地位和作用。

刘：公共价值概念的提出是有反复的。二十多年前，我曾用过"社会价值"，但后来考虑"社会"一词含义太笼统，不能确切表达公有制经济主要矛盾的本质。也正是这种考虑，引起我对"社会主义"一词的思考。大概十几年前，形成了"劳动社会主义"这一提法，以明确主体和本质。与此同时，也就不用"社会价值"，改用"公共价值"。但由于中国公有制经济还处于初级阶段，现时期（不应是"现代"，现时期只是现代的一个阶段）中国经济制度层次还有多种成分，而且有以权谋私利益集团出现并与公有制经济相对立，因此，"公共价值"概念的核心地位就不明显。以权谋私利益集团是公有制经济的异化，是对公共价值的侵占。公共价值概念也可以作为现时期中国经济主要矛盾的规定，但要显得曲折、复杂。

思远：第二，公共价值成为中国政治经济学的核心概念是一个历史过程。对以权谋私利益集团的克服是一个长期的历史过程，这个过程在中国政治经济学核心概念规定上，就表现为克服公共价值异化的过程。"公共价值"范畴是公有制经济的性质决定的，公有制经济的发展，就是要不断克服对公共价值的侵占以及对其他经济矛盾层次的主导作用，也是公共价值概念作为核心概念确立的历史。

确立公共价值作为核心概念，以权谋私利益集团全部没收。这个过程是真正改革的关键内容和任务，克服公共价值异化的关键环节。

确立公共价值作为核心概念，要求对控制中国经济命脉的关键行业、危害中国国家经济安全的境内国际垄断资本采取收购的办法转归国有企业。当前，我国许多战略产业和关键领域已经沦入跨国资本之手，不采取收购的办法必将危害国家经济主权的独立。收购的办法较为稳妥，可以实施区别对待。这里虽然要投资相当大的一部分公共价值，但是能够实现境内国际垄断企业的国有化。对那些于中国经济发展有利的外资企业，则要通过税收将其部分利润转为公共价值，并严格制定外资进入标准，以加强准入管理。

确立公共价值作为核心概念，要求对私人资本予以限制和利用。私人资本在中国现阶段有一定的进步意义，既不能彻底消灭，也不能任其发展，应当采取限制和利用的政策，从税收上将部分私人资本的剩余价值转变为公共价值。

小农经济的改造是中国经济现代化的一项重要任务。对于小农不应采取剥夺的办法，而是在明确农户对承包土地占有权的基础上，鼓励发展合作制农场、牧场、渔场和林场，国家应当利用公共价值投资和金融手段对其进行鼓励、帮助和支持。但这个过程要遵循自愿原则，不能强求。合作经济的发展本质上是将个体经济转变为公有经济，为农民公共价值积累提供条件。

通过上述改革，公共价值作为规定中国经济矛盾体系核心概念的核心地位才能真正确立，并为概念体系的完善创造前提条件。当然这是一个较长的历史过程。

刘： 思远在这里将两个问题混在一起了。公共价值是中国政治经济学的核心概念，不是中国经济矛盾系统的核心概念。经济矛盾系统中只有主要矛盾，没有核心概念，核心概念是对主要经济矛盾的规定。正是对主要经济矛盾的规定，才能形成核心概念。核心概念是认识的结果，是理性的概括。规定核心概念，必要的条件是主要经济矛盾的成熟和显现。对中国来说，就是公有制经济不断发展壮大，这样就为规定核心概念提供了实际依据。但这并不等于核心概念自然就确立了。还要有一个系统、深入、长期的研究过程。这就是系统的实证抽象，其核心和主干是概念运动。我把公共价值作为中国政治经济学的核心概念，只是一个开始，是针对不成熟的公有制经济的，公有制经济一经产生，公共价值作为其矛盾的内在要素的本质联系就已存在。初级公有制的主要矛盾是拥有劳动力和生产资料所有权的劳动者与本应行使生产资料占有权但却掌控所有权的国家机构的矛盾。但这并不妨碍公共价值的存在和对它的理论规定。现时期还有以权谋私利益集团以及私人资本、小农经济存在，使公共价值被异化、被扭曲，从而很难精确规定，它在中国政治经济学体系中的核心也不明显。这是其一。其二是毕竟研究过程还刚开始，材料的收集和实证、抽象还不充分，公共价值概念的规定还需要展开和改造。建立一个政治经济学理论体系，需要很长时间。中国政治经济学核心概念的规定，有其国度特殊性，也有世界一般性，其他国家如果建立公有制，它的政治经济学概念体系核心也是公共价值。当前的中国经济矛盾是短期的，作为主要经济矛盾次要方面的以权谋私利益集团是对公共价值的侵吞。在这个阶段没有结束之前，公共价值是可以，也能够规定的，只要我们明确主体、主义、主题、主张，就能够从初级公有制经济及与其他经济成分的矛盾中概括出主要矛盾的本质，进而确立公共价值概念在中国政治经济学概念体系中的核心地位。

思远： 我觉得核心概念规定应该体现矛盾主要方面的主体性，体现主体的根本利益，同时还要体现矛盾次要方面受到主要方面的支配。公共价值这个概念反映了公有制经济的内部矛盾，即劳动者个体价值与公共价值之间的对立和统一，体现了作为社会主体的中国劳动者总体的利益，是对个体与总体矛盾的规定。

刘： 核心概念的规定并不是"客观的"，应当体现主体性。只有从制度层次经济矛盾中，才能既体现主体性，又能概括各层次，从系统总体上规定中国经济的主要矛盾本质。公共价值概念符合这些要求，但概念规定要有一个过程，还要经过改造、完善。而公共价值的存在就不同了，只要有公有制经济，公共价值就已存在，不论是否已经认识到它，是否有准确的概念规定，公共价值都已存在。

就像剩余价值一样，马克思规定它的概念时，剩余价值已存在二三百年了。核心概念的规定是揭示矛盾，进而探讨解决矛盾的关键，它的规定是对主要经济矛盾的揭示，也是解决主要经济矛盾乃至全系统矛盾的切入点。公共价值作为公有制经济主要矛盾的集中体现，在苏联模式中就已存在，中国现实中依然存在着公有制经济，因而也存在公共价值。公共价值的存在不能自动解决经济矛盾，只有通过概念规定，才能探讨解决矛盾的途径。

三　概念体系建立的意义、原则以及概念在体系中的地位

思远：现实的经济矛盾在思维中是通过概念来把握的，由于现实经济矛盾是一个系统，因而在思维中把握这个矛盾系统的概念不止一个，而是形成一个概念体系。现实的矛盾是不断运动的，研究者的思维就是要通过概念运动形成体系来规定现实矛盾系统。概念体系越是完善，就越能够准确、全面、深刻地揭示现实经济矛盾，说明经济现象，指出解决矛盾的途径。不同的认识主体所建立的概念体系不仅受历史的局限，也受认识主体方法和认识能力的限制。因此，概念体系总是不断变化的，不同研究者所建立的概念体系总是有差异的，但这不等于说评价一种概念体系没有客观的标准。这正如一个商品不同价格背后存在共同的价值一样，概念体系的科学与否，标准只能来自它所要揭示的矛盾体系、所要说明的经济现象和所预言的经济前景是否准确。

石越：建立概念体系的意义就在于揭示经济矛盾系统、说明经济现象和预测未来吗？

思远：我认为就是这样。这也是评价一种概念体系是否科学的标准。评价不同概念体系的标准就在于哪一个更能够说明对象的内在本质和外在表现，哪一个更能准确预示未来发展方向，也可以说是这个概念体系的解释力。

马淮：刘老师在《政治经济学方法论教程》中把概念体系建立的意义概括为三个方面：一是概念体系是概念运动最后环节，即从抽象到具体概念转化中建立的，集中体现了概念运动；二是总结了概念运动各环节的全部成果；三是所规定、展开、改造和完善的各概念，都在概念体系中有机存在。[①]

伯卿：科学的概念体系的建立应当遵循哪些原则呢？概念运动和概念体系是什么关系？

思远：应当说概念体系是概念运动的产物。概念运动从具体到抽象，再从抽象到具体，反复进行多次，使得核心概念、主干概念不断得到更为准确的规定，

---

① 刘永佶：《政治经济学方法论教程》，中国社会科学出版社 2012 年版，第 301—302 页。

在概念的展开和转化中，概念的内涵和外延不断得到改造和完善，概念体系趋于严谨，最终形成一个从抽象到具体、逻辑和历史相统一的有机联系的整体，这就是概念体系。这个概念体系是现实经济矛盾体系在思维中的再现，是思维的成果，也就是我们常说的研究成果。

概念体系建立所要遵循的原则主要就是从抽象到具体的原则，以及历史和逻辑相统一的原则。关于这些原则都是大家所熟悉的。

石越：概念运动的原则和概念体系建立的原则是否有所区别呢？

思远：有区别！概念运动不仅要遵循抽象到具体，也要遵循具体到抽象的原则，而且这两个过程在研究中是反复进行的。概念体系的表述过程，不需要从具体到抽象，而要遵循从抽象到具体的行程。所以，马克思说："在形式上，叙述方法必须与研究方法不同。研究必须充分地占有材料，分析它的各种发展形式，探寻这些形式的内在联系。只有这项工作完成以后，现实的运动才能适当地叙述出来。这点一旦做到，材料的生命一旦观念地反映出来，呈现在我们面前的就好像是一个先验的结构了。"① 可见，研究方法与叙述方法不同，研究过程以概念运动为主导，叙述过程以概念体系的建立为目标。当然，概念体系的建立还要遵循历史与逻辑相统一的原则。迄今为止，在政治经济学中，概念体系最为严谨和最为典型的还是《资本论》建立的概念体系。

马淮：概念体系是在论述中形成的，表现为论述体系。这在刘老师《政治经济学方法论教程》的"概念运动"和"论述体系"两章说得很清楚了。概念体系由核心概念、前导概念、主干概念和辅助概念构成概念的论述体系。

刘：思远刚才说话时，不时冒出"客观的标准""是否科学"之类的词句，伯卿也说到"科学"。我以前也常用这两个词，现在偶尔也会冒出来，可见它们在中国今天语境中已经成了习惯，大家也都不去思考它了。这是苏联教科书的典型词句，也是西方学术常用的。在这一点上二者是一致的，根源就在都以唯物主义为哲学观念，都设想有一个先验的、决定世界的本原和逻辑，人的思维就是对这个本原和逻辑的逐步接近，但又永远达不到的认识。"客观"一词是黑格尔逻辑的表现，苏联人挂在口头上，中国学者也常拿它说事。我早就说过，作为对象的客体是不可能自己"观"——认识并表述自己的，"观"只能是主体的认识过程。当我们说"客观地认识对象"这句话时，是否觉得它是有问题的？"客"就是对象，是相对于研究主体而言的，"客观"认识对象，等于对象自己认识自己，自己表述自己。这怎么可能？准确的说法应当是：主体在认识对象（客体）

---

① 马克思：《资本论》（第一卷），人民出版社 1975 年版，第 23—24 页。

时，要依从认识的规律，依据感性材料进行理性思维，而非用主观臆断去说明对象的问题。科学是相对于迷信而言的，但它并不等于真理，而是对认识过程原则和程序的基本界定，在不同学派那里都有自己的"科学"。以"科学与否"相互指责是学术界的惯例，但没什么意义。以后咱们说话、写文章时要注意。

云喜：这样说，我们就可以明白坚持苏联教科书思路的人与坚持西方经济学的人的相互指责，实际上是没有意义的。他们都说自己是"客观的"，是"科学的"，但谁也说服不了谁。我们是从劳动主义基本观念出发研究经济问题的，强调主体性，代表劳动者阶级利益，我们的"科学"是依据实践辩证法实事求是地揭示矛盾，是系统抽象的原则与程序。中国政治经济学的概念体系，要在概括劳动者阶级利益的前提下，从理论上再现中国经济矛盾系统。

刘：在概念体系中，各概念作为必要的因素或环节有机存在着。这主要表现在：一是经济矛盾是一个统一的过程，反映这些矛盾的各概念也必须是统一的；二是各个概念都是在相互的转化中形成和完善的，它们有着内在的依存性；三是各概念只有在其他概念的规定和论证中才能得到说明，才能表现出其存在的意义。

在实际生活中，任何一个经济矛盾，或其某一个方面，都是整体经济运动中的不可分割的内容，它必然地受到经济过程统一性的限制。经济作为社会生活的一个方面，历来是在相互制约和促进中发展的。经济矛盾的统一性不仅存在于各个经济矛盾之中，而且也存在于相互依存和过渡上，因而，以概括经济矛盾为目的的各个政治经济学概念，不仅在自身的规定、展开、改造和完善中就已经包含着对经济规律系统的认识，更在概念的转化中进一步探索着这种系统。政治经济学各概念的规定、展开、改造和完善都不是各自独立的，而是在与其他概念的联系和制约中，在辩证的转化中进行的。这是概念体系能够成为各概念的存在形式、各概念在其中得到有机存在并发挥着相应作用的关键。以价值和剩余价值这两个概念为例，它们分别反映着商品经济的一般本质和资本主义经济的特殊本质，它们的成熟和完善，是与其相互转化分不开的。

伯卿：刚才您说各概念只有在其他概念的规定和论证中才能得到说明，可以理解成个别概念与概念体系的联系，是概念体系决定了个别概念存在的意义。

刘：政治经济学各概念的意义只有在体系中，在与其他概念的有机联系中才能得到体现，才能系统地说明所要揭示的矛盾。按照系统抽象法建立起来的政治经济学论述体系中，各概念都是其有机的组成部分，正是概念的辩证转化，使整个体系成为与经济矛盾相适应的活的机体，也正是在这个机体中，各概念才有其适当的地位和作用。如果把各概念看成相互分立的，就必然导致体系的僵化，在僵化的体系中，概念既不能转化，也不能揭示经济规律。我们在读一些比较有深度的政治经济学著作时，往往会有这样的感觉，所遇到的第一章中的概念，往往要在读过第二、三章，甚至全书时，才能有所理解。同样的，在理解后面各章的概念时，总要不时地联想在前各章中的概念，虽然在前的概念还尚未全部理解，却与理解在后的概念有必然的联系。将在前与在后的概念联想性地理解，从而达到对各概念的系统理解。一个善于运用系统抽象法的政治经济学家，其高明之处，也就在于能把各个似乎分散的概念，贯通于一个辩证转化的论述体系中，使它们在这个机体上依靠各自的存在和过渡而"活"起来。

思远：在概念体系中，不同概念的地位是不一样的，刘老师把政治经济学的概念按照它们在概念体系中的地位和作用的不同划分为核心概念、主干概念、前导概念和辅助概念四类。

石越：核心概念是政治经济学概念体系中的抽象概念，它是某种学说的基本理念概括，也是对学说体系所要反映的经济矛盾一般本质的规定。核心概念的地位和作用有三个方面：第一，它规定着整个体系的性质，它的成熟程度是学说发展程度的标志；第二，核心概念作为长期研究的结晶，是从具体到抽象概念转化的总结，它同时也影响到各具体概念的改造和规定；第三，核心概念是建立政治经济学概念体系的枢纽。[①]

刘：关于核心概念的地位和作用是经过很长的思想发展才得以明确的。在传统的形式逻辑中，各概念都是平列的，因而也就没有核心概念。到康德那里，开始认识基本理念在体系中的作用，他认为，基本理念或"观念"并非普通的概念，而是"概念的概念"，是理性认识的最高形式，通过它可以实现知识的统一，"观念"的使命就在于使各种概念乃至判断形成一定的体系。黑格尔进一步强调了基本理念在概念体系中的特殊地位，他把基本理念称之为"纯粹概念"或"绝对观念"，是"最后结果的纯粹真理"，是"客观真理"的最高表现形式，是以往全部知识的总结。而基本理念本身又是发展的，是同实践、同其向现实性的转化相联系的。黑格尔突出基本理念的地位和作用的思想，对于我们关于核心概念的认识有启发意义。马克思批判吸收了黑格尔关于基本理念地位和作用的思想，在政治经济学研究中非常重视核心概念的规定和改造，从而使核心概念的地位和作用在政治经济学中得以确立。

思远：一个体系中核心概念只能有一个，主干概念可以有若干个，它们分别反映着经济矛盾系统的某一个方面或具体形式，系统地展开核心概念的本质规

---

① 刘永佶：《政治经济学方法论教程》，中国社会科学出版社 2012 年版，第 313—315 页。

定,论证研究对象的矛盾运动。

马博: 按系统抽象法建立的概念体系中,主干概念与核心概念是内在统一的,构成了这个体系的基本框架。主干概念是这个框架的逻辑支点,以它们的相互制约和转化,反映着经济矛盾各方面的内在联系。

春敏: 在一个概念体系中,大多数主干概念与核心概念相比都是具体概念。这是由建立概念体系所依据的从抽象到具体的原则所决定的。从核心概念向大多数主干概念的转化,是展开核心概念中的本质规定,说明各种特殊经济矛盾现象的必然要求。

润球: 概念体系中的主干概念相互之间是内在统一和制约的。主干概念是经济矛盾中的主干范畴之概括,而在实际运动中,这些范畴绝不可能是各自独立的,而是在矛盾中互相渗透和制约的。辩证思维过程使各主干概念在其形成中,就已经具有内在的统一性。那些反对系统抽象法的人,看不到经济矛盾的内在统一,也不能辩证地对待概念的运动,因而其概念体系中的各主干概念往往是相互外在的,它们各有自己的特定领域,规定和论证也仅限于这个领域,并没有内在的联系和转化。萨伊在他的《政治经济学概论》中用"三分法"建立起来的概念体系就是突出的表现,各主干经济范畴是截然分立的。①

刘: 认识主干概念的地位和作用,把握它们的辩证关系,对于中国经济矛盾的研究意义也非常突出。几十年来,之所以不能建立起完善的论述中国经济矛盾的概念体系,在忽视核心概念的探讨和规定的同时,也忽视了主干概念的探讨和规定。从已有的教科书来看,很少有新规定的关于中国经济矛盾特定的主干概念。所建立的体系的支点只能是未加概念规定的经济范畴,或是未达到概念认识的各种规律,或是借用规定西方国家资本主义经济矛盾的各种概念。形成既无核心概念又无主干概念的"论述体系",这固然与中国经济尚处劳动公有制初级阶段有关,但研究者忽视主干概念的地位和作用,也是重要原因。

思远: 在概念体系中,前导概念的数量虽不多,但它们的地位不仅十分重要,而且很独特。前导概念的地位和作用就在于它们是逻辑的前导,是先于核心概念但又引导核心概念的概念。

马淮: 前导概念比核心概念更为抽象,它们所规定的,是比体系概念的外延更大范围内,或者更一般经济矛盾的本质。《资本论》中的商品、价值和货币,都是对商品经济一般规律的规定,比核心概念剩余价值更为抽象。

思远: 辅助概念在数量上是比较多的。刘老师把辅助概念分为两大类:首

---

① 刘永佶:《政治经济学方法论教程》,中国社会科学出版社 2012 年版,第 316—317 页。

先，各主干概念所派生的反映本研究范围更为具体的矛盾的概念；其次，论证本研究范围涉及与另外研究范围的关系时，所必需的反映另外范围规律性的概念。①

石越：第一类辅助概念的地位和作用是为主干概念展开服务的。主干概念所规定的经济范畴，都分为若干矛盾方面和部分以及发展的阶段，构成具体的经济矛盾，这类辅助概念就是对这些具体经济矛盾的规定。各主干概念都包含若干派生的辅助概念，从而也就使每一个主干概念都在自己的周围构成一个小的系统。这些辅助概念的规定和论证，使各主干概念在其展开中，不仅充实了对本范畴具体矛盾的认识，而且密切了与其他主干概念及核心概念的关系。随着研究范围的具体化，辅助概念也可以转变为主干概念。

云喜：第二种辅助概念主要是针对某一特定范围的研究时，所使用的另一特定范围的概念。它们在概念体系中的地位和作用在于反映经济矛盾演变的历史联系，反映不同研究范围经济矛盾之间的内在联系，是主干概念在概念体系建立中展现历史性和整体性所必不可少的辅助性概念。

思远：对一个概念体系的理解，不仅要区别核心概念、主干概念、前导概念和辅助概念的地位和作用，还要把握住它们之间的内在统一性。

春敏：这种统一性可以概括为三点：一是主干概念、前导概念和辅助概念围绕核心概念运转，体现的思想是一致的。二是核心概念、主干概念、前导概念和辅助概念是可以相互转化的。三是整个概念体系会以一定的层次系统表现出来。

四　中国政治经济学概念体系的完善

思远：《中国经济矛盾论》和《四主》等著作，初步建构了中国政治经济学的概念体系，在揭示中国经济矛盾、说明经济现象和把握中国经济发展趋势做了开创性探讨，也为今后中国政治经济学发展奠定了基础。我认为，这个概念体系的特点可以概括为以下六个方面：一是规定了公共价值作为体系的核心概念；二是以经济制度层次的范畴为主形成了由八个层次的范畴构建的范畴体系；三是这个范畴体系将反映静态经济结构的范畴和反映动态经济发展的范畴有机统一起来，大大拓展了范畴系统性的维度，从国度经济层次往下，各层次都在"主张"中提出了新范畴，建构了反映现实与未来两大对应的范畴体系；四是明确了核心概念、主干概念、前导概念和辅助概念在体系中的不同地位和作用；五是整个范畴体系在反映中国经济矛盾体系及其演化趋势上具有系统性、准确性；六是对官僚资本概念的改造最具创新意义，且经受住了实践的检验。

---

① 刘永佶：《政治经济学方法论教程》，中国社会科学出版社 2012 年版，第 319 页。

春敏: 与苏联政治经济学教科书和西方经济学概念体系相较,《中国经济矛盾论——中国政治经济学大纲》《中国政治经济学——主体 主义 主题 主张》所形成的中国政治经济学范畴体系的系统性是非常突出的。苏联政治经济学主要由基本经济规律、有计划按比例发展规律、按劳分配规律、价值规律等规律机械地构成体系,缺乏概念之间的内在联系,也没有层次性。西方经济学的概念体系主要由微观经济概念和宏观经济概念两部分构成,有层次性,但太过简单,且两个层次之间缺乏联系。定量规定重于定性规定,在主体利益支配下掩盖矛盾,概念作为变量,都为均衡理念服务,失去了对经济新现象产生的预测能力,依靠没有准确定性的概念做分析预测的基础,总是测不准。

润球: 中国政治经济学的范畴体系遵循了从抽象到具体的概念建构原则,把中国经济几乎所有的重要问题都包括在内,不仅系统,而且全面。

思远: 全面系统不仅是从静态来看的,还包括动态的维度。

马准: 系统性来源于主体和主义的唯一性,正是从主体到主义,再到主题和主张,劳动社会主义贯彻到底才形成一个整体。主义是道,道生一,一生二,以致国度性范畴以下所有概念层次都是内在统一的。

思远: 中国政治经济学范畴体系尚需完善。无论在核心概念地位的确立和作用的发挥上、前导性概念的选择上,还是主干概念的规定、展开和丰富方面、辅助概念的规定和扩展方面,都有许多工作要做,应当说,这个完善工作还很艰巨。

中国政治经济学概念体系的构建,首先应该对公共价值概念的内涵做出更为准确的规定,其次是在反映现实经济矛盾即主题的概念体系和反映解决经济矛盾即主张的概念体系之间,要建立沟通的桥梁。

在公有制经济中,劳动者创造的新价值一部分归个人所有,也归个人占有,另一部分归公共占有,同样是归劳动者个人所有。公共价值由公共占有权行使机构所占有,但它用来满足劳动者的共同需要,是劳动者生存和发展利益的一部分。劳动者的经济利益包括个人占有的价值和公共占有的价值两部分。公共价值在占有、提取、分配和使用上与个人价值存在很大区别,但在满足劳动者需要这个根本目的上没有区别。从这个意义上说,公共价值和个人价值都是劳动者的必要价值。劳动者对公共占有权行使机构的掌控,动力和目的均源自劳动者对自身利益的关注。核心概念内涵的准确规定,是科学的概念体系构建的关键环节。

反映主题的概念体系与现实经济矛盾相一致,反映主张的概念体系与经济矛盾的解决方向相一致,这两个概念体系存在对应关系,但这种对应不是机械的一一对应,而是有机的整体对应。这种对应关系的有机性和整体性应建立在对现实经济矛盾发展趋势的概念规定上，而不是建立在对愿景的概念规定上。未来只是现实矛盾演变多种可能中的一种，应当通过影响趋势的因素分析，指明多种可能性，并跟踪因素变化逐步明确哪一种可能性将转变为现实性。规定经济发展趋势的概念是沟通两个概念体系的桥梁。

刘：中国政治经济学的概念体系，咱们讨论了几次，但都按原来"政治经济学社会主义部分"的思路，这个思路，我在20世纪八九十年代想的很多，曾试图按《资本论》的体系来构建。这在方法论的研究中，多次设想过。直到20世纪末，才有所觉悟，其一是对《资本论》逻辑的反思，在《〈资本论〉逻辑论纲》的重印本①中以"附论"形式发表。二是对政治经济学国度性和主体性的明确。三是对中国政治经济学主体、主义、主题、主张的界定。在《中国经济矛盾论》中初步尝试，现在的《四主》更进了一步。思远曾说要按《资本论》体系，这是我二三十年前做了多次，但都不成功，或者说不能准确、系统表达中国的经济矛盾。《资本论》排除了国度性，虽然它的对象主要是英国，但并没有明确是英国的政治经济学，他的目的是批判，并不包括解决矛盾，或者说是要在揭示矛盾中论证其否定的趋势，只到这个点上。我们则不同，一是明确中国的国度性和主体性，二是把揭示矛盾和解决矛盾相统一，三是要体现中国的文法。中国文法，是几千年以汉字为要素的中国人思维方式的集中体现，这是中国人优于其他使用拼音符号的人群的突出之处。近一百年西学涌入，一些人竟认为在文法上中国也落后于西方，模仿西方的拼音符号连接法，文章越写越长，思想却日益贫乏。中国政治经济学研究，要继承中国古代优秀的文法，当然不是再写八股文，但其基本精神和原则却是要体现的。《资本论》的体系有其长处，我们也要从理论和方法上继承它，但不能把黑格尔式的思辨及德语连接法也都模仿。这几年，我常想，如果马克思认得汉字，会中国文法，《资本论》一定能写得既精炼又更系统。

马淮：我认为，中国政治经济学概念体系的构建：第一，应该对概念的规定做进一步明确。《四主》创建的中国政治经济学概念体系里包括提出了一些新概念，亦包括对旧有概念的改造，还有一些概念是从法学、哲学等领域借用的。对于这些概念应该如何准确把握，需要有明确的内涵和外延。但是，有些概念如所有权、占有权、经营权、使用权等等，并没有明确的概念规定，这容易导致理解的困难和偏差。

第二，是对核心概念的精确。在"主张"部分，刘老师提出公共价值是核

---

① 刘永佶：《〈资本论〉逻辑论纲》，河北大学出版社2006年版。

心概念。核心概念,是所有概念的灵魂,制约着概念体系中的其余全部概念,并且是反映主要矛盾的主要方面、制约在这种社会关系下的全部经济生活的。比如,资本主义经济的核心概念是剩余价值,无论是个体资本还是社会总资本的生产、分配、交换、消费都受剩余价值规律的制约,资本主义经济的动力和目的都在于对剩余价值的无限追逐。但在劳动社会主义中,决定经济生活的最根本动力和最终目标还是劳动的对象性存在,即价值和公共价值吗?在劳动社会主义社会,劳动获得自由解放,改变了人为物役的异化劳动状态,价值的创造和分配都是为劳动服务的,是自由劳动的手段。虽然经济生活必然要表达在财富的增长、价值的增加上,但是否应把公共价值这一劳动自由解放的手段和表现看作整个经济的核心呢?社会主义经济的核心概念是否一定要在价值层面体现出来?我认为,中国政治经济学的核心概念应是自由劳动。

第三,在概念运动中完善概念间的联系。这一点,主要体现在核心概念和其他主干概念的联系上。《四主》中,核心概念"公共价值"在"主张"中出现得比较突兀,与其他部分和概念间的联系不够紧密,核心概念对其他概念的制约和指导性作用体现得不明显。

第四,中国政治经济学与劳动社会主义政治经济学、与中国劳动社会主义政治经济学的关系问题,这里涉及国度性经济矛盾与制度性经济矛盾的关系、中国的历史和应该的关系问题,《四主》的概念体系应该体现这些关系。

刘:中国政治经济学就是中国劳动社会主义政治经济学,在当前条件下,也是首先或唯一的劳动社会主义政治经济学。这三者在现在是同一的。当然,如果过些时日,美国的、俄国的、法国的劳动社会主义者也在研究本国政治经济学,就会使中国政治经济学的特殊性显示出来,那时也有可能从一般意义上研究劳动社会主义政治经济学了。现在这个问题并不明显。

关于中国政治经济学的核心概念,还是公共价值较为确当。思远说有人写过关于公共价值的书,我没有见到过,帮我找一下。之所以确定公共价值为核心概念,一是现在仍处于商品经济形态,价值是人们经济关系的一般规定。中国的基本制度是公有制,公共价值是公有制经济,即主要经济矛盾中主要方面的本质规定。至于与公有制经济对立的官僚资本,则是公有制经济的异化。它们的矛盾可以从公共价值概念中表现。私有资本的本质还是以剩余价值来规定,但因为私有资本还是非主要的经济要素,它的剩余价值除去利润还有税收,这一部分也要纳入公共价值。

中国政治经济学的概念体系,是以主体、主义、主题、主张为基本框架的。其中主体、主义的概念规定,属于前导性层次,核心概念是公共价值,《四主》

中是在主张部分规定的，要在主题部分，即对主要经济矛盾的规定中就先规定公共价值概念，主张部分再从提取、分割、使用进行规定。主干概念也主要在主题和主张两部分。但不是仅就价值展开，而是针对矛盾的认识与解决来规定概念，包括范畴。而且，要在明确国度性的前提下，把政治、文化因素表现出来，因此不能像《资本论》那样的概念演绎，而是依照从抽象到具体的原则，安排各概念、范畴体系，以再现矛盾，探索解决矛盾的途径。

春敏：核心概念是对学说基本理念的概括，是引领现有学说的灵魂。中国政治经济学概念体系中的核心概念可能不成熟，可能处于范畴阶段，但必须要突破原有"客观"的逻辑。我觉得从刘老师的理论体系来看，核心概念（范畴）应该是"中国劳动者主体"，以此为核心范畴，可以基本实现核心范畴的作用。一是规定了中国政治经济学的性质，突出了中国政治经济学的主体性，举起主体的旗帜，是对以"物"为主体的经济学的革命；二是能够将"四主"的概念或范畴贯穿起来；三是所建立的体系符合经济矛盾八个层次的规定顺序。

具体来看，"中国劳动者主体"的前导概念依次包括：人、人本质、劳动、劳动者、劳动者发展、劳动者素质技能、劳动者社会主体地位、劳动者主体。

主干概念：（现实）从中国劳动者主体出发，初级公有制、公有制异化、官僚资本、统制经济体制、集约转化型经济结构与政治主导式运行机制、集权开放型经济结构与非均衡趋利式运行机制、行政式企业管理、对外交往矛盾等；（应该）劳动者主体地位实现、劳动者素质技能提高、公有制（个人所有共同占有）、生产资料所有权和占有权、劳动力所有权和占有权、联合劳动、个人价值和公共价值、民主法制、计划市场体制、内生拓展型经济结构与法制主导式运行机制、中国式管理、自主性对外交往等。

我认为，以公共价值为核心概念，一是没有跳出马克思的逻辑，有演绎的痕迹；二是难以将"四主"的理论贯穿起来；以联合劳动为核心概念，又不能突出中国的国度性；三是以这两个为核心概念，在矛盾层次上也不顺畅。以"中国劳动者主体"为核心概念（范畴）的理论体系虽然可能不成熟，但理论的目的在于对本阶级利益的系统论证，中国劳动者主体既强调了中国的特殊性，又在"应该"环节，明确了劳动者的政治经济学的基本理论和观点。

刘：春敏的思路太活了点吧。"中国劳动者主体"怎么能成为核心概念？但它确实很重要，不过，重要的并不都等于核心。就像马淮说的"自由劳动"，"中国劳动者主体"如果可以作为概念，也是中国政治经济学的前导性或主干性概念。我说不能模仿《资本论》，是以概念体系或论述体系而言的，即不能像黑格尔《逻辑学》那样的纯概念推演。但核心概念还是要从商品经济、中国经济仍是商品经济的特殊形态这个基本前提出发，价值概念还是前导，公共价值概念是核心概念。这是针对当前中国经济矛盾而言的，如果公有制经济不存在，或者变成次要矛盾方面，那么核心概念也会改变。还有一种可能，就是公有制经济会进一步发展，以致消除官僚资本和私有资本，届时，公共价值概念的核心地位就更为突出。

思远：从《四主》可以得出这样的认识：

政治经济学是阶级经济利益和意识的理性概括，中国政治经济学是中国劳动者阶级利益和意识的理性概括，中国劳动者是其政治经济学的主体，这一阶级的利益和意识的集中概括是劳动社会主义，明确劳动者在中国的主体地位，是认识中国历史和现实的基本点，也是创立中国政治经济学的基本点，中国政治经济学概念体系的构建，必须立足于充分发展的中国现实经济矛盾，以明确劳动者阶级主体和劳动社会主义为前提和基础。

政治经济学概念体系可以分为前导性概念、核心概念和主干概念三个层次。中国政治经济学概念体系的构建应当围绕公共价值这一核心概念展开。劳动公有制中的劳动是联合劳动，劳动者的劳动创造的价值分为个人价值和公共价值两部分。其个人价值，用于劳动者再生产其劳动力和培养子女所需的生活资料，是拥有共同占有并使用的劳动力和生产资料个人所有权的劳动者权利的体现；另一部分是公共价值，是由劳动者协作产生的集体力或社会劳动力创造的价值和劳动者个人超过其个人必要劳动时间之外的剩余劳动时间创造的价值之和。公共价值的提取、分割、使用及转化为公共资产，是保证社会扩大再生产有序进行的物质条件，是所有权中包含的收益权和处置权的体现，集合了劳动公有制经济各环节的内在关系矛盾。

从劳动力和生产资料所有权到公共价值的收益权、处置权以及其所体现的公共价值的生产、提取、分割、使用各环节，集合了公有制经济权利体系各层次的矛盾。对公有制经济的改革，也就集中于公共价值生产、提取、分割、使用各环节体现的权利关系。

中国初级公有制经济体现于公共价值的矛盾主要有：一是所有权主体与公共占有权行使机构的矛盾；二是占有权行使机构与经营权行使者的矛盾；三是经营权行使者与劳动力所有权主体及其使用权的矛盾；四是国家行政管理权与企业经营权的矛盾。这些矛盾集中起来，表现为公有制经济的所有权主体不能有效地掌控公共价值的收益权和处置权，而由行政集权的国家机构掌控这两个本应由所有权主体掌控的权利，从而导致公共价值提取、分割、使用各环节的问题。

正因为公共价值的提取、分割、使用及转化集合了劳动公有制经济各环节的内在关系矛盾，所以中国政治经济体系应以公共价值为核心概念而展开，前导概念、主干概念和辅助概念都应当围绕公共价值这一核心概念而运转。

刘：思远这里说的，大体上是《四主》的基本内容，它是个不成熟的概念体系，但是继续研究的起点，也是反思的对象。我们这次讨论的任务是在方法论上，概念体系只是一个必要环节，仅靠已有的认识，还达不到构建完善体系，但方法论所确定的构建概念体系的原则还是要依循的。

云喜：中国政治经济学概念体系的构建应当围绕公共价值这一核心概念展开。公共价值的提取、分割、使用及转化集合了劳动公有制经济各环节的内在关系矛盾，前导概念、主干概念和辅助概念都应当以公共价值为核心概念来运转。当然，仅仅明确核心概念还是远远不够的。在经济制度层次上，还应有劳动公有制，即"个人所有制下的共同占有制度"为主干概念；经济体制层次，应有计划经济体制这一主干概念；在经济结构和经济运行机制层次，应有内生拓展型经济结构和法制主导式运行机制作为主干概念。

江荣：中国政治经济学概念体系要以劳动社会观为指导，集中反映劳动者的经济权利、利益和意识。在构建中国政治经济学概念体系时，要以劳动者为主体探求经济矛盾的方法，秉此方法规定、改造概念和展开概念运动，在核心概念和主干概念的规定上突显劳动主义思想的生命力。同时，特别要注意区分假说阶段的概念体系和理论阶段的概念体系，特别是对假说阶段核心概念的改造要遵循逻辑与历史相统一的原则。

刘：现在中国政治经济学的研究刚起步，《四主》还是导论性质，不要把它看作成熟的概念体系。我们这里讨论中国政治经济学的概念体系，是方法论必须涉及的一个环节，是从方法论角度探讨的，不是具体列出一个体系。云喜、江荣想得比较贴近，也是基本框架，你们三个想得太多、太具体了。当务之急是研究矛盾、规定和改造概念，体系是要在概念运动中构建的，方法论的原则，从抽象到具体，逻辑与历史统一，都要依循，但不要急于求成。中国政治经济学是一个生成过程，它的概念体系随着研究的发展而演进。不可能，也没有必要事先确定一个体系，再往里面加内容。这不是盖房子，先画好图纸，搭好框架，往里面填砖石；而是一个生命体，随着研究进程，概念体系和改造逐步成熟，其体系也随之形成，并不断改进。

（杨思远）

第六编

中国政治经济学主张：
探讨解决中国经济矛盾途径

主张是主题的延伸，是依据主题所规定的经济矛盾系统的理论体系探讨解决矛盾的途径。中国政治经济学的主张，是现代劳动者主体利益和意愿的集合，是在主义指导下依据对中国经济矛盾的系统规定，探讨并提出解决矛盾，即确立劳动者的社会主体地位，明确并保证劳动者对劳动力和生产资料所有权，改革完善规定这两个所有权及其派生各种权利的制度、体制、结构和机制、经营管理、对外交往。

主张作为主体利益和意愿的集合，并不是任意妄为，而是根据对经济矛盾的科学认识，明确劳动者主体的势力，探寻壮大主体势力，实现劳动者利益和意愿的途径与程序。主张的每一个环节，都要以对经济矛盾的切实规定为依据，是经济矛盾演进的体现。

中国经济矛盾状况，是由几大社会势力对立所形成的均衡态。解决中国经济矛盾就是劳动者主体如何增大势力，以造成有利于其确立社会主体地位，提高并发挥素质技能的新的矛盾状况。解决中国经济矛盾的动因就是矛盾本身，动力是劳动者实现利益和意愿的努力，其主动性是主张的内在因素，也是探讨解决经济矛盾途径必须考虑的。

任何政治经济学都有其主张，"客观"认识论者却将其主张说成没有主体的，只是"客观经济规律"的要求。但是，从他们所提出的主张中，却处处体现着主体的利益与意愿。英国政治经济学是如此，美国政治经济学更是如此。掩饰主张的主体性，不仅展示了其理论的虚伪，更表明其方法的混乱。中国政治经济学并不隐藏自己的主体性，更在方法论上将主张与主体利益和意愿一致，从而也就使方法论贯彻于主体、主义、主题、主张四要件的统一中。

主张：以改革发展劳动公有制主导解决中国经济矛盾

中国政治经济学的主张是主题的延伸，是在主题对经济矛盾系统规定的基础上，探讨经济矛盾的解决。其要点是确立劳动者的社会主体地位，改革发展劳动公有制，提高和发挥劳动者的素质技能解决现实中国经济矛盾。这个改革是全方位的，从制度到体制到经济结构及其运行机制再到经营管理和对外经济关系，中国经济矛盾的各个层次都要在劳动社会主义理论的指导下进行改革。只有这样，才能解决中国的现实经济矛盾。

一　解决中国现实经济矛盾的必要性

王：社会主义制度，是人类在 20 世纪最伟大的创造和希望。世纪末的剧变打碎了希望，使社会主义声誉一落千丈。资产阶级仁慈的"正统学者"们"客观地"将社会主义归结为马克思"空想"的产物，是列宁、毛泽东因为不懂而对"自然规律""造反"的恶果。社会主义是"空想"，还是历史发展的必然？这个问题再一次摆在全人类，特别是中国人的面前。中国现实中诸多矛盾，一些人把它归结为"社会主义的"，他们认为，要克服这些矛盾，唯一的办法就是去掉社会主义，将公有制经济"私有化"。取消社会主义，取消公有制，就能解决中国经济矛盾吗？

刘：这是他们依据资本主义政治经济学所提出的关于中国经济的主张。与我们的主张相反，也是我们主张的参照。他们的主张，有一个重要论据，就是"苏联模式"，他们把"苏联模式"等同于社会主义。"苏联模式"不是失败了吗，与它对抗的资本主义胜利了。胜者王侯败者贼，他们可以理直气壮地宣布社会主义种种坏处，并把资本主义说成是"终极模式"。20 世纪末的苏联剧变为大资本财团主导的"全球化"铺平了道路，开创了"市场经济"的"王道乐土"。不过二十几年时间，"全球化"运动就制造了辉煌的业绩——有史以来最普遍、最深刻的经济危机。当政要和老板们及其雇佣的"主流学者"以"自然规律"将经济危机说成是"自然现象"时，作为人的我们不能不思索：难道劳动者就应当永远在资本统治下，为资本的增殖奉献剩余劳动，并周期性地失业，从而永远陷于苦难之中？难道资本的增殖是"自然规律"的要求，不仅要坚定人世的阶级对立，还要毁坏自然资源和环境，这可是连政要和老板们也都会深受其害的，人类的出路何在？

"苏联模式"作为在资本主义不发达国家以武装革命夺取政权后建立的特殊社会制度，"苏联模式"的一般性应是社会主义的，它在特定国度的历史条件下形成，是这些国家劳动者觉悟和进步的集中体现。但这并不能否认"苏联模式"的局限和缺陷，当其短暂的合理期过去并没有及时改革的时候，这些局限和缺陷就成了"苏联模式"内在的破坏因素。"苏联模式"的失败，当然有国际垄断资本财团及其国家工具的威胁、利诱，但这只是外因，是通过内因而发挥作用的。"苏联模式"的失败不等于社会主义的失败，只是它违背了社会主义原则所导致的缺陷的结果。认识和克服"苏联模式"的局限和缺陷，总结20世纪社会主义运动的经验教训，是劳动社会主义的要求，也是必须完成的历史任务。

王：解决中国现实经济矛盾的核心是建立以劳动者为主体的劳动公有制。

马淮：解决中国经济矛盾是中国政治经济学的"主张"，实际上就是主体利益的体现，所以"主张"二字，其主体性已经跃然纸上了，就是到底哪个主体对这个经济矛盾有什么样的具体改革思路，这就是主张所要谈的问题。不同的主体肯定会提出不同的主张，虽然我们现在都使用改革这个词，但是改革的具体内容却是千差万别的。对中国经济矛盾，大家都谈改革很有必要，但是到底是以谁作为主体去改，这是改革的方向和改革的具体内容的一个基本前提。

针对如何去改，形成了不同的改革思路，包括今天一些人说"改革总要有利益的受损者"，如"一部分劳动者在改革中利益受损是必不可免的"，这句话似乎是改革的必要性或者改革是有成本的，成本必然由劳动者承当，它已经是某种主体性的体现了。所以，谈改革的必要性以及改革过程中所形成的问题，都是主体意识的体现。我们认为中国经济矛盾要改革，就在于劳动者的利益没有真正得到落实，由此就形成了基于劳动者自身发展的经济意识，这样一种经济意识是改革的基本内容。改革的必要性就在于中国劳动者要求提高自身的素质技能和社会主体地位。现在一些人总说中国人的经济生活水平不断地提高，GDP在不断地增长，老百姓应该安稳一点，"不要端着碗吃肉，放下筷子骂娘"，好像中国的劳动者没有良心。其实，我觉得中国的劳动者"端着碗吃肉，放下筷子骂娘"的时候恰恰体现了中国改革的必要性。中国的劳动者并不是动物，他的基本利益不在于简单的吃和喝上，那是动物的一般性，而不是人的本质属性，中国的劳动者是人，是劳动主体，也要成为社会主体。提高自身的素质技能，具有社会主体的各种权利，是中国劳动者的基本需要。没有权利，劳动者的素质技能就不能得到提高，这也正是中国劳动者"放下筷子骂娘"的根本原因。今天的中国劳动者，已经不满足简单的基本的生存需要了，在社会矛盾发展中已经具备了自身的发展需要，这正是今天中国改革的一个必然性，是它的内生的必然性。

马博：必然性是改革的前提，同时基于当前中国经济内生矛盾的突出表现，还有世界经济环境的影响，建立以劳动者为主体的劳动公有制成为世界现代经济矛盾发展的必然趋势。所以，提出中国经济矛盾在制度层面的改革也有其紧迫性。从另一个层面来讲，中国解决现实经济矛盾，能够成为一个典范，为其他国家解决自身经济矛盾提供一般性的理论证明，提出必要启示和借鉴，由此推动整个世界建立以劳动为主体的劳动公有制，实现劳动社会主义的主张。

刘：如果说 20 世纪人类最伟大的创造——公有制因"苏联模式"未能及时改革而失败，那么，21 世纪的中国与全世界劳动者面临一个大课题就是如何复兴公有制经济，以摆脱资本私有制使人类陷入的绝境。

"苏联模式"的失败，使资本主义思想家骄傲地宣称：公有制是违背人性的，也是不可能发展生产力的，只有实行资本私有制，才符合人性，才能发展生产力。但不过二三十年的时间，资本私有制就在"全球化"中陷入了不可自拔的经济危机。人类是在资本统治下灭亡，还是否定资本私有制、复兴公有制？"苏联模式"的失败似乎使人们对公有制失去了信心，因此，所要复兴的公有制不仅是对资本私有制的否定，也是对"苏联模式"的否定。如何实行这新型公有制，在人性升华中发展生产力，就是中国劳动社会主义政治经济学必须探讨并回答的首要问题。对这个问题的探讨，不是空泛的议论，而是在对中国和世界现实经济矛盾的规定中寻找答案。也正基于这一点，形成了中国政治经济学的主张。

王：解决中国现实经济矛盾，必须针对经济矛盾各层次的规定，系统地进行改革。

刘：大家知道，中国曾是人类最先进的国度，中国的劳动者以其素质技能创造了领先于世的农业文明。但经过两千多年，集权官僚制与其统治下的小农经济严重束缚了中国劳动者素质技能的提高，并因此在工业文明的发展中落后和受制于西方。是西方的社会主义运动，特别是俄国革命唤起了中国革命，在陈独秀、毛泽东等先进分子的率领下，中国革命取得了伟大胜利。但革命并未结束，利用初级社会主义制度缺陷而形成的以权谋私利益集团，侵吞公有资产，攫取公共价值，干扰着、阻碍着由革命建立起来的公有制和民主制的发展。它存在于制度层次并展开于体制、结构及其机制、企业经营管理、对外经济交往等各层次，制约着政治、文化，并通过政治、文化作用于经济矛盾的各个层次与环节。认知中国主要经济矛盾及其在经济矛盾各具体层次的存在，规定各具体层次经济矛盾，论证中国经济矛盾系统，发现其演化的趋势，探讨改革公有制，解决主要经济矛盾及各层次矛盾的条件、途径、策略，就构成中国政治经济学的内容与体系。

既不存在"客观经济规律"，也不存在"客观"的政治经济学研究。所有的经济学说，都是研究者对特定阶级、集团利益和意识的概括，并依据这种概括所形成的观点来揭示其所处的经济矛盾，规定矛盾演化的方向与途径，中国政治经济学也是如此。我们是从中国劳动者的利益和意识的概括中形成基本观点，进而规定中国经济矛盾及其演化的。因此，也就将实现劳动者社会主体地位，提高并发挥劳动者素质技能作为研究目的，并探讨实现这个目的的途径，这就是中国经济矛盾的解决。中国政治经济学就是中国劳动社会主义政治经济学，因为与公有制经济对立的各种势力都不可能也不需要对中国经济矛盾进行系统探讨，他们所要做的，就是将自己的意识托付于西方的资本主义政治经济学，并将其称为"客观经济规律"，由此来论证并维护自己的利益。只有争取并实现自己社会主体地位的中国劳动者，才需要努力通过政治经济学的研究来论证自己的利益和意识，并揭示和论证中国经济矛盾系统。因此，中国劳动社会主义政治经济学就是中国政治经济学。中国政治经济学与"中国政策经济学"不同，后者在今天是相当时兴且充沛的。中国政治经济学并不提出具体的政策建议，而是将经济政策及其施行作为研究的对象。中国政治经济学的研究力求认知现实矛盾，探讨解决现实矛盾的主张。

二　确立劳动者社会主体地位，提高劳动者素质技能是中国经济改革、发展的根本

王：GDP 主义经济学家把"发展生产力"作为口头禅，似乎只有他们懂得发展生产力才能使中国富强，也只有按他们的主义和主张去做，才能发展生产力。我们将生产力归结为劳动者素质技能的社会表现，生产力发展的根本是劳动者素质技能的提高与发挥。因此，作为社会主体的劳动者素质技能的提高与发挥是中国经济现代化的动力。我们与 GDP 主义经济学家的分歧不在是否要发展生产力，我们与他们的分歧在于什么是生产力，又如何才能发展生产力。

刘：GDP 主义经济学家将 GDP 等同于生产力，发展生产力就是增加 GDP。他们主张不择手段地增加 GDP，而增加 GDP 的唯一根据就是资本。要尽一切

可能保护资本,不论是国内资本,还是外国资本,也不论投资于什么行业,只要能增加 GDP,就是在发展生产力。为此,不仅可以浪费资源、污染环境,更要最大限度地压低劳动力的价格,以保证资本的高利润。甚至对违法的资本家也要保护,"不追究原罪"就是典型的说法。保护和调动资本,廉价使用劳动力和资源以增加 GDP,这就是 GDP 主义经济学家的主张,也是其基本理念的集中体现。

我们则将生产力归结为劳动者素质技能的社会表现,生产力发展的根本是劳动者素质技能的提高与发挥。这是我们与 GDP 主义,也是与他们所依傍的西方资本主义政治经济学的根本区别。

大家知道,从奴隶社会以来,劳动者就作为被统治、被支配的对象,或是被视为牲畜一样的工具,或是被作为"生产要素"和"资源",统治者总是从外部对劳动者施加压力,以暴力、法律、物质刺激等方式让他多出力,但劳动成果的大部分都归统治者。劳动者是被动的,对于其劳动成果和劳动过程都没有主动权和积极性。这也就是马克思所说的"劳动异化"。几千年人类生产力的发展,根本原因是劳动者素质技能的缓慢提高和发挥,这同时也增加了劳动者争取自身利益、反抗统治的势力,从而逼迫统治者不得不在极其有限的程度内承认劳动者的权利。资本雇佣劳动制是承认劳动者权利最多的阶级社会制度,劳动者的人身权、公民权、劳动力所有权、民主权等基本权利,得到法律的规定。当然,这些权利不是统治者恩赏的,而是素质技能提高有组织的劳动者不断进行长期斗争的结果。这里尤其要强调文化精神素质的主导作用,正是文化精神素质的提升,才使劳动者意识到自己的利益和权利,才能联合起来进行斗争。斗争争得的权利还是不充分的,资本的所有权依然掌控在少数人手里,资本主义发达国家的劳动者还需要进一步的斗争,直到掌控对生产资料的所有权,并在此基础上建立成熟的劳动公有制和真正的民主制。只有到那时,劳动者成为社会主体,他们的素质技能才能充分而自由地提高与发挥。

对于中国来说,劳动者实际掌握的权利还远远不如西方发达资本主义国家,这是中国劳动者素质技能相对低下,而且没有充分发挥的机会,导致生产力水平低的根本原因。但是,中国又有自己的先进之处,这就是我们在理论上的社会主义和基本法律中对劳动者社会主体地位的规定。虽然理论上对社会主义的认识还有欠缺,法律规定的劳动者社会主体地位也不充分,而且不能切实保证,但毕竟是我们明确和保证劳动者社会主体地位的理论与法律前提,是中国劳动者一百余年艰难斗争的体现。必须珍视和有效地运用这个前提,以此动员和组织劳动者为争取自己本应有的权利和社会主体地位而斗争,由此为提高和发挥劳动者的素质技能创造必要的社会条件。

马博：GDP 主义经济学家认为，中国现有的十三亿多人口，既是廉价劳动力资源，又是一个大包袱，既要靠他们生产廉价商品以增加 GDP 总量，又因人数太多而使人均 GDP 大减。正是这种将中国人、将中国的劳动者视为"资源"和包袱的观点，导致中国在工业技术上的落后和生产力的低下。

刘：要发展生产力，必须首先克服将中国人、将中国劳动者视为"资源"和包袱的观点。在制度变革确立劳动者社会主体地位的前提下，规定并保证劳动者的所有权和各种权利，以此为提高和发挥劳动者素质技能的基础条件，在经济矛盾的各个层次都把提高和发挥劳动者素质技能作为根本，更要强化教育和职业培训。这样，十三亿多人素质技能的普遍提高和发挥，就会成为中国工业化和发展生产力的内在动力，而人口多在这时也就充分体现出其优势。不用很长时间，中国就可以在工业文明的演进中处于世界领先地位。

志燕：劳动者素质技能中的身体素质、技能素质、文化精神素质是有机统一的，共同在生产力发展中起作用。

刘：直接作用并体现为生产力的，是技能素质，这也是变化最多、个体差异最大的、在工业技术上表现得尤为突出。中国的劳动者数量之多，相当于美国、欧洲与日本之总和，之所以我们的生产力远低于这些国家，就在于技能素质低下。怎样提高中国劳动者的技能素质，是中国经济发展的关键。

这样说并不等于身体素质和文化精神素质不重要。身体素质是多项指标构成的，是技能素质形成和发挥作用的基础，提高身体素质，不仅是提高和发挥技能素质的基础，也是需求对生产的促进。文化精神素质看起来是"虚"的，有人甚至说它在经济中不起作用。如果将人视为生产要素或"资源"，上述观点无疑是合理的。然而，人，特别是作为劳动者的人并不是生产要素或"资源"，而是人，是有意识并由意识支配行为的人。人的任何行为，都是对其身体素质和技能素质的运用，而这种运用都是在其意识支配下进行的。劳动者的劳动与动物的自然行动不同的是，劳动者是按照其意识而行为的。文化精神素质，既包括文化中的价值观、思想和道德，还包括人的精神状态、意志等。对于劳动者来说，文化精神素质是主导他形成并发挥技能素质的主动因素，而这个过程势必要以身体素质为基本条件。劳动的技能、劳动的目的和态度、劳动者的身体条件，都要在文化精神素质的支配下结合起来并形成劳动力。劳动者文化精神素质的主要内容，是对其利益和权利的认知。这是劳动者社会地位与素质技能矛盾的集合点，只有社会地位的不断提高，才有文化精神素质对提高和发挥技能素质的主导，从而提高个体的劳动力和社会的生产力。

当我们强调提高劳动者素质技能时，必须注重文化精神素质的主导作用。西方国家二百年连续不断的罢工、游行示威，正是雇佣劳动者在罢工和游行示威中所体现的文化精神素质，主导着他们提高和发挥身体素质、技能素质，并由此创造了工业文明和生产力的发展。

我们并不是主张中国的劳动者都要罢工、示威游行，但必须明确这是他们的权利。从劳动社会主义立论，关键是真正确立劳动者的社会主体地位，做到了这一点，也就从根本上消除了罢工和游行示威的社会原因。对于中国来说，我们是有先进的理论和基本的法律明确并保证劳动者社会主体地位的，应依此而进行相应的社会变革。这场变革的一个重要内容，就是注重提高劳动者的文化精神素质，使他们自觉地意识到自己作为社会主体应有的权利，并积极地参与确立这些权利，进而履行相应的义务。这是制度变革的核心，也是中国劳动者素质技能提高并发展生产力的内在动力。

王：劳动者素质技能的提高是一个过程，对于中国来说，当务之急是熟练掌握并运用通用技术，在此基础上，研究其核心技术，探究新技术。

春敏：对于核心技术和新技术，外国资本或是对我们保密，其核心部件在其国内生产，运到中国组装，或是收取高额专利费。我们应在熟练掌握和运用普通技术的基础上，加强对核心技术的研究，如汽车发动机、电脑芯片及各种其他技术。中国的工程技术人员并不比外国的笨，况且外国的许多核心技术都是华人技术人员研究的。这里的关键，还在确立并保证工程技术人员的劳动力所有权和生产资料所有权。一般说来，对核心技术的研究应由国有企业承担，在确保工程技术人员权利的同时，给予必要的资金和其他条件，进行有计划、有组织的攻关，是可以研究出成果的。对于新能源、生物工程、制造业等新技术的研究，也主要由国有企业来承担，还有一部分可以由政府组织专门机构负责。只要能够使我们的研究人员确立主体地位，就能形成自主意识和积极进取精神，辅之以必要的组织和物质条件，在新技术上的研究和创造是完全可能的。

王：这里，有必要对直接关系劳动者素质技能的教育问题进行分析。

马淮：教育的本质就在培养和提高人的素质技能，现代社会教育已成为人生的重要环节，也是社会生活的重要组成部分。一个人接受完高等教育（大学毕业）大约需要十五六年时间，即使接受完义务教育，也要九年时间。人从少年到青年的转化基本上都是在学校教育中进行的。从身体素质到技能素质到文化精神素质的培养，都与教育密切相关，尤其是基本技能素质和文化精神素质，几乎都是经过学校教育而形成的。

刘：现在中国的学校教育则将教育对象视为"资源"和人口包袱，在 GDP

主义经济学家倡导的"教育产业化"主导下，将学校视为赚钱的工具，并承继了科举考试的种种弊端，以无休止的、摧残人的考试作为主要形式。学校教育似乎不是要培养受教育者成为一个现代人，而是将"准资源"分成不同等级，并淘汰那些不能成为"资源"的人。从托儿所到大学人为树立的"重点"，犹如社会机体上的癌，不仅侵害着教育，更侵害着受教育者，进而侵害社会，侵害中国经济。今天因劳动者素质技能低下而引发的经济问题，其根源之一就在学校教育。

对教育的改革甚至比对经济的改革更为重要。教育改革的首要环节，就是确立劳动者是社会主体，要将受教育者培养成具有相应素质技能的社会主体的理念。进而明确学校教育绝非赚钱的"产业"，而是培养合格的社会主体的事业。这是第一事业，也是政府的第一要务，必须保证教育经费和各种条件，并将义务教育的年限从九年提至十二年，以至全部学校教育。取消各种"重点"学校，使所有受教育者都在基本公平的教育条件下学习。改革考试和升学制度，丰富和灵活调整课题，使受教育者发现并发挥其特长，为其特长的发展提供必要条件，由此培养现代经济所需要的各种人才。要注重身体素质、技能（知识）素质、文化精神素质的全面发展，尤其要注意启发、培养受教育者的主体意识和权利意识，使之具有作为社会主体的基本观念，以此主动地培养技能（知识）素质，增强身体素质，成为合格的、优秀的现代劳动者。而他们在学校教育中形成的基本素质技能，将作为中国经济建设的基础动力，在生产力发展中发挥作用。

解决现实中国经济矛盾，根本在于确立劳动者的社会主体地位，其要点，一是明确并保证劳动者的劳动力所有权；二是明确和保证劳动者的生产资料所有权。虽然中国在"市场经济"上落后了，而且对劳动者的劳动力所有权的保证比不上西方国家，但我们有宪法上对社会主义公有制的规定，有马克思确定其宗旨为"消灭私有制"的共产党，有名义上属于全民所有的巨量国有资产、资源和国有企业，这些都是恢复、改革、发展劳动公有制的基本条件。更重要的是，中国有十三亿勤劳智慧的劳动者，他们的根本利益，他们的前途只有一个，那就是劳动公有制经济。因此，我们可以说，在全世界现代经济矛盾的演变进程中，中国是有条件率先实行以劳动者为主体的公有制经济的，而这也正是解决中国现实经济矛盾的唯一出路。

三　以改革发展劳动公有制经济

王：2008 年由美国金融资本财团制造的经济大危机，剧烈地冲击着中国经济，我们从这次经济危机中更深刻地认识到国有企业的矛盾，探求国有企业及公有制经济的改革发展。改革和发展劳动公有制经济，抑制和消除官僚资本，是对现实中国经济主要矛盾的解决，也是解决体制、结构和机制、经营管理、对外经济关系各层次矛盾的基础。

刘：这场大危机既充分暴露了资本私有制的内在矛盾及其致命缺陷，也进一步显示了劳动公有制经济的生命力和优越性。包括美国、欧洲及日本在内的世界各国，都不得不采取国家收购或救援的办法来维护其经济，以致被"资本原教旨主义"者指责为"搞社会主义"。这些国家的政府虽然不是在搞社会主义，他们的政策也不是建立公有制，但它们的领导人起码认识到了公有制（主要是国家所有）在应对经济危机中的优势。而那些"中国经济救世界""中国引领世界走出危机"等言论中，不乏"忽悠"中国再为其危机多买单的用心，但其中也包含一定程度对中国以国有企业为主干的体制的认可。而中国国内"私有化"论者在危机严重时一年多的"集体失语"，也表明他们前些年鼓噪之荒唐。不过，当危机稍稍缓解，就又有人出来攻击"国进民退"，主张抑制和弱化国有企业。

不能因为国有企业有抵御危机冲击的能力就认为它是完美的、优秀的。它的制度、体制、结构和运行机制、经营管理层面的矛盾并不会因有抵御经济危机的能力而消失，以权谋私利益集团的滋生和危害并未消除，国有企业及公有制经济内在的矛盾可能正孕育着其特有的危机。

相比三十年前，中国的公有制经济比重已大大缩减，集体制经济几乎不复存在，国有企业中县级企业绝大部分已经"改制"，地市级国有企业数量很少，只有中央和省级大型国有企业依然保留了一部分，其数量虽不多，但均属关系国计民生的主干性行业，而且资金量大，且多数已上市招股筹资。这是 20 世纪末"抓大放小"的结果。

劳动公有制经济的改革发展，是解决中国现实经济矛盾的根本。改革和发展劳动公有制经济的关键是，加强民主法制，抑制和消除侵害公有制的以权谋私利益集团，使中国经济在劳动社会主义导引下健康成长。

苏联模式及其教科书认为，公有制只是针对生产资料的，是"生产资料公有制"，生产资料公有制的发展以公有化程度为标志，国有企业高于集体企业，集体企业高于合作企业。而国有企业中又按行政区的级别界定其等级，最高级为中央政府直接掌控的企业。这是行政集权体制在初级公有制中的体现，也是官僚资本形成的条件。苏联模式公有制的内在缺陷及其失败，内在原因就在于此。改革发展劳动公有制经济，首先就要批判和扭转苏联教科书的上述观念。

劳动公有制经济的主体不是国家机构，不是集体单位，而是劳动者个人。劳动公有制是"个人所有制"，其首要和基本权利是劳动力所有权，进而是由劳动生产的生产资料（和自然资源）的所有权，这两个权利都属于全体劳动者个人。但由于工业生产方式，劳动者不可能独立使用其劳动力和生产资料，因此要将其劳动力和生产资料所有权的占有权能派生并集合为公共占有权。这与资本股份制有相似之处，但又有本质差别。资本股份制是由资本所有者按股份派生其所有权的占有权能，由公司董事会集合并行使，每个资本所有者所派生占有权的资本股份量是不等的，而且不涉及其个人劳动力所有权的占有权能。劳动公有制经济则是劳动者以个人劳动力所有权和生产资料所有权派生的占有权能的集合，他们的权利是平等的，是以人为单位的。

最能体现劳动公有制经济本质的，恰是被苏联教科书视为最低级的合作制，而非国有企业。"合作"二字，既包括劳动力所有权派生的占有权，也包括生产资料所有权派生的占有权，二者结合形成联合的劳动经营。这一点，在世界各国的生产合作社中都有所体现，20 世纪 50 年代中国农村的"初级合作社"及"手工业合作社"中也有所体现。而国有企业的劳动力所有权属于企业职工，但生产资料所有权却不只属于企业职工，是属于该国有企业所属行政区域内包括企业职工的全体公民，因此其"个人所有制"的性质比较复杂。当然，不是说公有制都要建成小型的合作制企业，大型国有企业不仅应该，而且必须是经济的支柱和主干，但在其权利关系上又必须体现公有制经济的本质。

劳动公有制经济改革和发展的核心，就是民主法制。当我们说劳动者的劳动力和生产资料所有权及其派生的占有权时，必须有民主权介入其中。民主权是民主劳动社会的基本政治权利，其基础是公民权，是劳动力所有权和生产资料所有权作用的内在机制，这两个所有权派生占有权的同时，也就派生了行使占有权的民主权，它体现在对行使集合了的公共占有权的机构设置及其负责人的选择、监督上以及公共占有权派生经营权和经营权的行使中。法制是民主权规定和行使的机制，在劳动公有制经济的权利体系中，法制都贯彻其中。脱离了民主法制，劳动公有制经济的本质就不能体现，劳动者的所有权也只是一句空话。苏联模式初级公有制的主要缺陷就在这里。也是因为缺少民主法制，才会从中滋生腐败和官僚资本。现实仍存在的国有企业，并没有解决这个问题，而且因为实行对职工的雇佣制，使其更加缺少民主法制的控制与监督，因而存在更多危险。

劳动公有制经济的改革与发展，首先要解决的问题，就是以民主法制确立国有企业劳动者的劳动力所有权和生产资料所有权，规定其对派生的占有权行使机构及其负责人的控制、选择和监督，以至对经营权和经营过程的监督机制。

马淮：对现有国有企业的改革，必须首先扭转对企业职工采取雇佣制的办法。

刘：雇佣制将职工完全排斥在国有企业内在权利体系之外，国有企业的内在权利只是"生产资料国家所有权"及其派生的占有权和其他权利，职工只是作为"资源"的劳动力出卖者，除了作为卖者的权利，是没有任何其他权利的。这种做法违反了劳动公有制的本质，也不利于国有企业的长远、健康发展。国有企业职工的劳动力所有权派生占有权，是一个自愿行为，但也要有接受机构，这个机构就是按地域成立的国有企业职工代表大会。如果是首次组建国有企业，职工代表大会还要有其成立的必要准备，应由政府出面代行接受职工，再由职工选举代表，组成职工代表大会，以后就由职工代表大会的相应机构接受新职工。对于已成立半个多世纪的中国的国有企业来说，则应先由全国人民代表大会立法，规定国有企业职工代表大会的权利和职能，由既有的国有企业职工选举代表，组成职工代表大会，进而由它接受新的国有企业职工，并由上一届代表大会筹组下一届代表大会。

国有企业职工代表大会是集合并行使国有企业职工劳动力占有权的机构，它与资本雇佣劳动制中的工会类似（如果现代资本主义国家制度变革后，其国有企业职工代表大会很可能是由工会演进而来），但具有更大的权利和权威。国有企业职工代表大会是独立机构，它由作为劳动力所有权主体的国有企业职工选举产生，也只受国有企业职工控制。这种控制的权利，就是与占有权伴生的民主权，包括选举职工代表、监督职工代表大会的召开及其行使集合的劳动力占有权的全过程，特别是对与国有资产和资源占有委员会联合组成的国有企业占有权执行委员会中职工代表大会成员工作的控制监督。在这个过程中，每个国有企业职工，都能以劳动力所有权主体的身份，运用其民主权，批评、监督、建议乃至依法处分职工代表大会成员及其机构中的工作人员。

王：对于现有国有企业来说，更为重要的就是体现并保证全体公民对国有企业生产资料所有权的民主权。国有企业的生产资料所有权，平等地属于全体公民，每个公民都拥有以其公民权为依据的对国有企业生产资料的所有权。这是"全民所有制"的内涵所在。

刘：然而，"全民"如何行使其所有权，却是初级公有制所没有规定的。由于没有明确的法律规定和实现权利的保证与机制，"全民所有制"也就只是一个提法，"全民所有"也就成了"全民所无"。于是，就有以"国家所有制"

取代"全民所有制"的现象。国有企业的改革，要在立法上规定包括国有企业职工在内的全体公民的生产资料个人所有权，在明确其派生并集合共同占有权的同时，形成民主权。民主权针对国有企业的生产资料时，是生产资料个人所有权的体现和保证。对国有企业生产资料的民主权，是与公民总的民主权统一在一起的，是公民民主权的必要内容，它的权能，主要是保证所有权主体对占有权行使机构的控制，但不像国有企业职工保证劳动力所有权控制其占有权的民主权那样单独行使，而是纳入立法权、行政权、司法权等公共权利系列，在这个系列中行使。

具体说，就是在人民代表大会中设立国有资产和资源占有委员会，进而在人民代表大会代表的选举和人民代表大会的组成以及行政权、执法权、司法权行使机构的选举中，强化民主权，确立这些公共权利行使机构对国有资产和资源占有委员会的监督制约，以言论权、结社权、监督权、批评建议权等，监督和控制国有资产和资源占有委员会及其他各公共权利行使机构。也就是说，民主权在公民的民主权派生并集合立法权和各公共权利行使机构以及对这些机构的监督，这些机构相互制约等各个环节，都包含着国有企业生产资料所有权主体对占有权行使机构的控制。国有企业的劳动力占有权和生产资料占有权，都不可能单独发挥其对企业经营的作用，二者必须结合起来，构成统一的国有企业占有权执行委员会。但国有企业占有权作为劳动力共同占有权和生产资料共同占有权的结合，又都受其二者的民主权的制约，才能充分显示民主权在国有企业权利体系中的地位和作用。

在对现有国有企业进行改革的同时，还要拓展其规模，并随国有资本的增长，有计划逐步建立新的国有企业。这些新建国有企业，要在建立之初就明确其劳动力所有权和生产资料所有权，并按民主法制确立和保证其权利体系。

润球：改革和发展劳动公有制经济的另一个重要内容，是对仍保持的少量"集体经济"进行合作制改革，同时建立新的合作制经济。不论对"集体经济"的改革，还是建立新的合作经济，都应把确立和保证劳动者的劳动力和生产资料所有权作为根本，并由此形成所有权主体按民主法制来控制占有权行使机构，选择和监督其负责人，建议并监督经营权的行使。

刘：合作制经济的参加者是以劳动力所有权作为首要权利的，其生产资料的个人所有权明显地是从劳动力所有权派生的，也是以个人为单位的，这样，民主权与所有权的统一就相当明确，即全体合作制经济体的成员，都平等地拥有在本企业内部的民主权。合作制经济体内部的民主权，首先也主要体现在所有权派生并集合占有权这一环节，进而是对占有权行使机构及其负责人的控制以及监督占有权行使机构对经营权行使者的选任与制约。这一点，与资本股份企业的资主权相似。[①] 但是，合作制经济体的参加者是以平等的所有权主体身份参加的，其所有权派生的占有权和民主权也是以人为单位的。民主权作为所有权主体控制占有权的权能的体现，它的运用，也就是这种控制的保证机制。民主权的权力发挥，民主权威的形成与作用程度，是合作制经济体中所有权主体控制占有权行使机构的关键。

合作制经济体的占有权，是劳动力所有权和生产资料所有权的占有权能所派生，民主权是占有权的伴生权利。合作制经济体占有权的形成，是由民主权的行使，即通过选举而构成占有权的行使机构，这与资本股份制企业的选举董事会相似。合作制经济体参加者的民主权，不仅表现在选举占有权行使机构上，还表现在对占有权行使机构的监督控制上。选举监督机构以及言论、批评、建议等权利的规定与行使，都是保证所有权主体控制占有权行使机构的权利和机制。此外，民主权在合作制经济体中，还有一个重要的作用，那就是对不称职或渎职失职者以及以权谋私者的处分。

改革和发展合作制经济，是确立劳动公有制经济主干地位的重要环节，是改造小农经济、解决就业问题的主要途径，也是中国发展工业文明和公民社会的必由之路。中国共产党人的先锋模范作用，不应体现在做"致富带头人"上，而应体现于对合作制经济的改革与发展的领导上。在这方面，20 世纪 50 年代初有着光荣传统和宝贵经验，同时也可以借鉴西方国家社会主义政党在创建和发展合作制经济中的经验。中国现实存在的普遍的小农经济和数亿过剩农村劳动人口，只有在合作制经济的改革发展中才能实现生产方式的工业化和生活方式的城市化。合作制经济是改造小农经济的主要方式，同时也是解决城镇人口就业、发展服务性产业、进而改造私有制企业的必要方式。合作制经济体可以根据具体条件在农村和城市建立，其组成的形式，应在确立上述基本权利体系的基础上，有各自特点。合作制经济体的规模，应视其发展而定，不能只限于小型经济体，也可发展为中型、大型企业。其存在和经营的范围，既可在农业，也可在工业和服务业，或者三者结合。

国有企业的改革发展，合作制经济的改革发展，构成中国劳动公有制经济改革发展的内容。只有这样，才能使劳动公有制经济成为中国经济的主干，保证劳动者的经济权利和主体地位，才能切实地提高和发挥劳动者的素质技能，使中国

---

① 刘永佶:《中国政治经济学——主体 主义 主题 主张》，中国经济出版社 2010 年版，第 390—391 页。

经济在劳动社会主义指导下健康发展。而体制、结构和运行机制、经营管理、对外经济关系各层次的矛盾也能得以解决。

王：从对中国经济矛盾的分析中，可以明确，以民主法制改革行政集权体制，抑制和消除以权谋私利益集团是中国当前最为艰巨的历史任务。

刘：以权谋私利益集团是中国经济最大的危害，也是中国社会发展和中华民族兴盛的最大障碍。虽然以权谋私利益集团现在还处于中国经济主要矛盾中的次要方面，但它不仅损害、侵吞劳动公有制经济，而且阻碍着私有资本经济的发展和小农经济的改造，甚至将私有资本经济纳入其掌控之中，成为其以权谋私的工具。进而，以权谋私利益集团通过对政治的制约，破坏民主法制，阻止、压制劳动者成为社会主体，妨碍劳动者素质技能的提高与发挥，是社会生产力发展的主要障碍。如果任其扩张，不仅六十多年中国劳动者辛勤劳作的成果都会被其吞噬和毁坏，而且中国经济将陷入西方大资本财团的掌控之中，成为给西方大资本财团提供低端产品的"外围"。

以权谋私利益集团形成和作用的原因，是行政集权体制的保留与强化，抑制和消除以权谋私利益集团就要从改革行政集权体制做起。从劳动社会主义的本质和原则论，保留行政集权体制只是在商品经济不发达，公民社会没有形成的特殊国度，经武装革命夺取政权后的短暂时期不得已而采取的临时性措施。保留行政集权体制不是目的，而是手段，以此巩固新生政权和发展经济，这个任务完成以后，应立即对行政集权体制进行改革，否则这个体制就会异化出与劳动社会主义本质和原则相悖的社会势力。苏联因此而解体，中国共产党领袖毛泽东认识到这种危险，并采取一系列措施抑制、改革行政集权体制，虽没有完全成功，却也在理论、体制、政策和党员群众的观念上形成了一股对行政集权体制的制约力量，这股力量在一定程度上抑制了以权谋私利益集团的迅速扩展，使中国仍能坚持社会主义并保持公有制经济的主干地位。演化到今天，行政集权体制的局限与弊端更加突出，对它进行改革的必要性、紧迫性也更为强烈。改革行政集权体制的唯一途径，就是民主法制。也只有以民主法制改革行政集权体制，才能有效地抑制和消除以权谋私利益集团。

当前正在进行的反腐败，是对以权谋私利益集团的斗争，现在做的，还只是"治标"。而治本，就要改革和完善制度，以民主法制根本清除以权谋私利益集团产生的条件。

王：一些人习惯于从两个学科的关系来看政治和经济，认为这是两个不同的领域。他们认为不改变行政集权体制也能改变公有制经济，其结果就是在对公有制经济"私有化"的进程中形成了以权谋私利益集团及其官僚资本。现在，他们又认为要进行"政治体制改革"了，其理由是"经济体制改革"已经完成，也就是要以私有资本为基础改革政治体制，避而不谈以权谋私利益集团及其官僚资本的存在和作用。还有一些人认为行政集权体制是好的政治体制，以权谋私利益集团只是经济领域中的事，与行政集权体制无关。他们主张强化行政集权体制，实行"国家权威主义"，与西方国家抗衡。

刘：我不想对上述观点做过多的评论，只是强调这些将经济与政治分隔的观点是与实际不符的，既不能切实进行"政治体制改革"，也不能有效抑制和消除以权谋私利益集团。至于建立普遍的私有资本主义经济，并实行西方式的"民主"，只能是一种空想。

以劳动社会主义民主法制改革行政集权体制，核心是确立劳动者的民主权，这与确立劳动者的劳动力和生产资料个人所有权是统一的，而民主权不仅要以劳动力和生产资料所有权为基础，也是这两个所有权得以实现的保证。以民主法制改造行政集权体制，并不仅是"政治领域"的事，而是对政治、经济的全面改革。以上所论劳动公有制经济的改革与发展，其基本内容，也在民主法制。而改革与发展劳动公有制经济，确立劳动者的社会主体地位，提高和发挥劳动者素质技能，本身就是在抑制和消除以权谋私利益集团，也是改革行政集权体制的基础。

以民主法制改革行政集权体制，形成新的政治体制。第一，界定政治体制与政治制度的关系，使之纳入民主制，并按民主制原则及其中的权利体系，加以规定和改造；第二，确立立法权在公共权利中的核心地位，界定行政权范围；第三，执法权、司法权、行政权和国有资产与资源占有权的相互制约，这四项公共权利，都是围绕立法权这个核心的，它们之间并不存在统属关系，但又是互相制约的；第四，明确政党在民主法制体制中的地位和作用；第五，扩大和完善地方的政治、经济权利；第六，缩减公共权力机构及其公职人员。①

抑制和消除以权谋私利益集团，要以确立劳动者主体地位为前提，在改革和发展公有制经济的进程中展开。其要点是：一是清查已经形成的以权谋私利益集团；二是对清查出来的以权谋私利益集团的惩处，比如现在的反腐败斗争；三是根除以权谋私利益集团产生的社会条件，形成强大而严密的法制系统。② 其中，最为重要的，就是前面谈到的以民主法制改革行政集权体制，改

---

① 刘永佶：《中国政治经济学——主体 主义 主题 主张》，中国经济出版社 2010 年版，第 411—415 页。

② 同上书，第 416—417 页。

革和发展劳动公有制经济，确立和保证劳动者的社会主体地位。在此基础上，抑制并消除以权谋私利益集团，有效地改造小农经济，容许并引导、制约私有资本成为中国现实经济中的健康成分，全面解决中国经济制度层次的各种矛盾，并为解决经济体制、经济结构与运行机制、经营管理、对外经济关系各层次矛盾创造必要前提。

四 公共价值的提取、分割和使用

王：劳动公有制经济的改革发展，必然涉及一个核心问题，就是劳动者剩余劳动所创造的价值的收益与处置。即公共价值的提取、分割和使用。

刘：公共价值概念是我 20 世纪 90 年代提出的，在劳动公有制中，其地位相当于马克思规定的剩余价值在资本雇佣劳动制中的地位，也是中国政治经济学体系的核心概念。对这一点，我们还要专门讨论。这里重点谈公共价值在公有制度和经济体制改革发展中的作用及如何提取、分割和使用。

劳动公有制作为一种权利体系，是劳动者利益及其劳动创造价值的依据。劳动公有制中的劳动是联合劳动，劳动者的劳动创造的价值分为个人价值和公共价值两部分。其个人价值，用于劳动者再生产其劳动力和培养子女所需的生活资料，是拥有共同占有并使用的劳动力和生产资料个人所有权的劳动者权利的体现；另一部分是公共价值，是由劳动者协作产生的集体力或社会劳动力创造的价值和劳动者个人超过其个人必要劳动时间之外的剩余劳动时间创造的价值之和。公共价值的提取、分割、使用及转化为公共资产，是保证社会扩大再生产有序进行的物质条件，是所有权中包含的收益权和处置权的体现，集合了劳动公有制经济各环节的内在关系矛盾。

劳动公有制是劳动价值论的全面实现，它所取消的是资本雇佣劳动的关系，是生产资料的资本化，而非劳动力和生产资料的所有权。在进一步明确劳动力所有权归劳动者个人所有的基础上，规定劳动所生产的生产资料及自然资源的所有权都属于劳动者。也只有在劳动公有制中，才能真正实现价值与权利的内在统一。这里的关键，就是确定劳动力所有权为基本权利，以此明确创造价值的劳动者的主体性；进而规定生产资料的所有权归创造其价值的劳动者；在此基础上，规定劳动力和生产资料的所有权派生并集合为占有权，所有权主体控制占有权行使机构及其负责人；占有权行使机构选聘和控制经营权行使者；经营权行使者组织、指挥劳动者使用生产资料创造新的价值；按劳动者付出劳动的质和量分配新价值中一部分作为其生活资料。

新价值中其余部分为公共价值，即个人劳动和联合劳动创造，但用于公共的生产资料与公益事业、社会保障的价值,其收益权和处置权归劳动者,民主决议其分割比例,其中生产资料的所有权归劳动者个人,公益事业、社会保障则由劳动者享用。劳动者作为所有权主体,还拥有对上述权利体系运行全过程的监督权和管理权,并选举相应的公共机构负责人集中行使。

这个权利体系的内在根据,就是劳动价值论,也只有从劳动价值论才能真正地明确并建立劳动公有制的权利体系。劳动公有制经济中人与人的关系,依然是一种劳动交换关系,是通过公共权力机构形成的以劳动为根据的交往,因此,它还要表现为价值,劳动者个体的劳动形成价值并在总体关系中体现和实现。与资本私有制的对立与竞争关系不同,劳动公有制中的劳动交换,是联合劳动的关系。但这并不等于没有矛盾,有关系就有矛盾,就要规定其本质,进而解决矛盾。联合劳动是在明确劳动者个体权利的前提下,由不同素质技能的劳动者协作发挥其劳动力,共同创造并实现价值的过程。在联合劳动中,不仅劳动者个体的劳动力可以创造其价值,而且会由协作形成集体劳动力的价值。这种集体劳动力的价值与从劳动者个体创造价值中扣除的一部分,构成公共价值。公共价值集合并体现了公有制经济的内在矛盾。

协作产生集体劳动力,按马克思的说法,协作就是许多人在同一生产过程中,或在不同的但互相联系的生产过程中有计划地一起协同劳动。协作使劳动的社会性质得以充分体现,而且会促进生产资料的节约,或者说发挥更大效用。更为重要的是,协作还在提高个人劳动生产力的同时,能创造一种可称为"集体力"的生产力。

劳动公有制经济是协作的高级阶段,其劳动者所创造的公共价值,绝大部分来自协作产生的集体力。劳动公有制比资本私有制的优越性,或者说它能取代资本私有制的根本原因,就在于它更有助于协作及其集体力的生成与发挥。这个道理,恰与资本私有制取代"以个人的、自己劳动为基础的私有制",是相同的,也是人本质核心劳动的发展及由此引起的人性升华的必然要求。剩余劳动,或者说劳动产品中要有一部分劳动者消费之外的剩余,要用于公共事业和再生产,应当说是人类经济发展中的一般。

劳动公有制中的劳动价值,也不是一次性消费,"分光吃净",每个劳动者,都有义务,也有必要,在创造可以满足自己需要,维持其本人劳动力再生产和子女培养费用(这部分由个人支出的将减少,改由社会公共价值支付)的价值之后,还要付出一定的剩余劳动,以形成公共价值。这样在社会规定的劳动时间中,有一部分是劳动者再生产其劳动力和培养子女的必要劳动时间,余下一部分为剩余劳动时间——对他本人是剩余,对社会总体而言又是必要的,为社会的再生产和公共事业等创造公共价值。

王：如此说来，公共价值由两部分构成，一是协作所产生的集体力或创造的价值，二是劳动者个人在超过其必要劳动时间之外的剩余劳动时间创造的价值。

刘：公共价值，就是在劳动者个人及其协作劳动创造的价值除去用于其个人生活资料的那部分价值外，由劳动公有制企业的占有权机构和社会公共权力机构所提取，用于企业再生产和公共事业、公益活动的价值。公共价值以货币计量，并存在于相应的物质产品及资料上。公共价值的提取是劳动力所有权和生产资料所有权派生的收益权的体现，并由处置权加以分割和使用。

公共价值的收益权和处置权，不仅属于生产资料所有权主体，也属于劳动力所有权主体。如果是合作企业，关系还相对简单些，即全体参加者均有平等的劳动力和生产资料所有权，他们以个人为单位，通过民主选举行使占有权的机构负责人，进而控制经营权，由此来掌控公共价值的收益权和处置权。而国有企业则因劳动力所有权和生产资料所有权是分开的，前者属于国有企业全体职工，后者属于本区域的全体公民。因此国有企业的公共价值也要分成两部分，其收益权和处置权归两个系列的所有权主体，并通过其各自的公共占有权行使机构来掌控，还要由两个机构结合为一个执行机构实施对经营权的控制，同时要有行使监督权和管理权的公共权力机构的作用，才能实现其收益权。而其处置权的实现，又要经过一系列的环节。

从劳动力和生产资料所有权到公共价值的收益权、处置权以及其所体现的公共价值的生产、提取、分割、使用各环节，集合了公有制经济权利体系各层次的矛盾。对公有制经济的改革，也就集中于公共价值生产、提取、分割、使用各环节体现的权利关系。

公共价值的收益权，具体表现为提取；公共价值的处置权，具体表现为分割和使用。初级公有制中，公有价值是以国家财政为轴心来提取、分割、使用的。对公共价值的提取，主要由财政机构及附属它的税务机关来进行。在 20 世纪 80 年代以前，国有企业的公共价值分利润和税收两部分，前者由财政部与各级财政局直接提取（或名义上、账目上提取），后者由税务局提取后再转交财政部及各级财政局。对集体企业和单位，则只由税务局收取其税。80 年代以来，随着"利改税"政策的实行，国有企业不再向财政机构交利润，而统一向税务局交税。当国家按一定比例向私有企业收税的时候，对资本所有者来说，这部分税款是其所占有的剩余价值，但作为税缴纳给税务局并成为财政资金之后，它又转化为公共价值。这也是私有资本企业中的雇佣劳动者能够成为国有企业生产资料所有权主体的原因。他们与国有企业职工的区别在于，后者是以自己的劳动直接创造公共价值，并由企业统一以利税形式上交财政，再由财政机构投资于国有企业，私有企业雇佣劳动者则间接地创造用于国有企业投资的公共价值。这里，国家财政起着将剩余价值转换为公共价值的职能。而个体生产经营者所缴纳的税，则是其本人剩余劳动创造的价值，经过财政这个环节，转变为公共价值，他们对国有企业生产资料的所有权，也以此为根据。

春敏： 对公共价值的分割和使用，是两个层次。分割，是总体性的，即将所提取的公共价值（有时包括以国债等形式筹集的未来几年的部分公共价值），按照国家的需要，分为若干部分，并规定其各自比例。其中，一是维持国家机构存在和运作的经费；二是军费开支；三是教育经费；四是公共事业与设施的资金；五是社会保障与防灾救灾经费；六是用于自然资源和环境保护的资金；七是发展国有企业的资金。这七部分中，前六部分都是非产业性的，即不能再生产公共价值，唯有用于国有企业的资金，能够再生产公共价值。但这并不是说前六部分公共价值的使用是纯消费性的，对于国有企业及其他经济成分的产业发展来说，这些支出是必要的，是总体条件。

刘： 公共价值的使用，是财政轴心作用的最后环节，同时又是公共价值再提取的前提。使用的合理与否，要从再次提取中得到验证。除去特殊原因造成的重大灾害和战争，正常时期的公共价值的使用，应为公共价值的再生产提供必要条件。国有企业的投资，本身就是再生产的条件，而能否生产出超过投入资金的公共价值，是检验这部分投资合理与否的主要标准。至于前六部分公共价值的使用，也是为包括国有企业在内的全部经济活动创造总体条件的，这些总体条件只能由国家来提供。但这些总体条件能否有助于企业的再生产，有助于创造更多的公共价值，却是值得反复探讨的。

既有的公共价值提取、分割、使用，保证了国家政权的存在，并维护了社会的基本稳定，其作用是应该承认的。然而，由于公有制经济所有权主体不能行使其收益权和处置权，公共价值的提取、分割、使用中存在诸多问题，其直接表现就是不能有效支撑公有制经济的发展。为此，公有制经济改革的一个重要内容，就是在确立所有权主体地位的前提下，明确其对公共价值的收益权和处置权，由此理顺公共价值的提取、分割、使用。

云喜： 请您具体谈一下。

刘： 公共价值的收益权，分由劳动力占有权的行使机构和生产资料占有权的行使机构行使。由于合作制企业或经济体的劳动力占有权和生产资料占有权及土地使用权是统归其全体成员大会行使，而且其所有权范围也限于本企业，因此，其公共价值的收益权由该合作企业或经济体全体成员大会选出的机构代表全体成员行使。国有企业公共价值的收益权，要比合作企业复杂，其一，国有企业的劳动力所有权和生产资料所有权并不像合作企业那样统归该企业的劳动者个人，而是分别由国有企业职工个人和本行政区划范围内的全体公民个人拥有；其二，国有企业的占有权不是以一个企业为单位，而是由相应行政区划范围内的国有企业职工代表大会与国有资产和资源占有委员会行使，该行政区划范围内的全部国有企业的占有权，统归这两个机构；其三，不同国有企业所创造的公共价值率不同，对它们公共价值的提取比率也应有差别。

合作制企业或经济体公共价值的提取。合作企业或经济体的规模，相对要小些，就是规模较大的合作企业，其所有权与占有权、占有权与经营权的关系也是比较简单明确的。从占有权与经营权看，大体有两种情况：一是单一型企业，其占有权与经营权都是针对一个企业；二是分两层或三层经营的企业，即在总公司下有子公司或分公司，其占有权在总公司的全体参加者大会所选出的占有权执行委员会，经营权由总经理和子公司分公司经理分层执行，这里又分两种形式：一是子公司分公司经理向总公司经理负责，由总公司经理与占有权执行委员会签订经营合同；二是分公司经理直接与占有权执行委员会签订经营合同，其经营独立核算。

国有企业公共价值的提取。国有企业的占有权行使机构是以特定的行政区划为单位的，其中又分为行使劳动力占有权的国有企业职工代表大会与行使生产资料占有权的国有资产和资源占有委员会，并由二者结合成立国有企业占有权执行委员会。占有权执行委员会制定企业经营发展规划，选聘经营者，并与之签订经营合同。公共价值的提取，一般按年度，即年终结算后，按照经营合同，由占有权执行委员会从企业收入中提取。各地区的国有企业数量不等，但无论多少，都由一个占有权执行委员会与其经营者签订合同，并分别向各企业提取其按合同应交的公共价值（也可以用"利润"或"盈余"等术语表示）。

劳动公有制经济中公共价值的处置权表现为分割和使用。其中，合作制企业或经济体的处置权由占有权执行委员会行使，该委员会将提取的公共价值汇总之后，向全体参加者大会汇报，并向大会提出其分割、使用方案，经大会议决批准后，由占有权执行委员会负责实施。合作企业或经济体公共价值的分割，大体分这些部分：一是上交政府的税金；二是上交国有资产和资源委员会的资源使用费；三是用于企业扩大再生产的资金；四是用于本合作企业或经济体参加者的福利；五是退休、工伤、疾病等的社会保障；六是全体参加者大会和占有权执行委员会的活动经费。经过这样的分割与使用，该合作企业或经济体就可以进入下一年度的再生产和经营。

国有企业公共价值的分割、使用。国有企业占有权执行委员会提取各企业的公共价值以后,要加以汇总,并分别向劳动力和生产资料占有权行使机构汇报,由它们根据相关的法律和已经达成的协议,确定第一次分割比例,进而按比例分割。其中包括:一是上交政府的税金(这部分也可由政府直接向企业收取,若这样,就不在本次分割之内,合作企业也与此同);二是国有资源的使用费,这部分由国有资产和资源占有委员会收取,其中一部分还要转交政府财政(合作企业及私有企业、个体经营者上交的部分也与此同);三是归国有企业职工代表大会占有部分;四是归国有资产和资源占有委员会占有部分;五是国有企业占有权执行委员会的经费。

王:第一次分割以后,还要分别由两个占有权行使机构进行第二次分割,即国有企业职工大会对其收取的公共价值的分割。

刘:这部分公共价值是劳动力所有权的收益,因此,主要用于劳动力所有权主体的个人福利、社会保障和公益事业,大致有:一是全体职工的福利性支出;二是职工的医疗费用;三是职工退休、转岗期间的生活费用;四是提高职工素质技能的培训费用;五是用于全体职工的公益设施和活动经费;六是国有企业职工代表大会的经费。国有资产和资源占有委员会对其收取的公共价值的分割。这部分公共价值是生产资料所有权的收益,因此它的用途,既要保证国有企业资产的增值,又要用于全体所有者个人的福利和社会保障、公共事业等,大体有:一是用于扩大再生产及其技术创新等的投资(不含生产资料折旧费,这部分费用在占有权执行委员会向企业提取公共价值时,已经留在企业,而且,折旧费不属于公共价值),这部分公共价值要返还给占有权执行委员会,由该委员会根据其发展规划再投资于各企业,或新建企业;二是用于全体所有权主体的公共费用,这部分公共价值还应转交政府,由其使用;三是用于国有资源和环境保护开发的费用(其中一部分也要转交政府);四是用于本委员会的经费。

公共价值中由政府所收取的税金、国有资产与资源占有委员会交来的那部分自然资源使用费用和用于全体所有权主体的公共费用,应由人民代表大会议决其分割原则、比例,交由政府具体分割、使用。大体上应分为:一是教育费用;二是国防费用;三是国土资源的保护和环境治理费用;四是社会保障费用;五是全社会的公共事业和公益活动;六是国家机构的开支。

春敏:这样说,可见公共价值概念规定的意义。从公共价值的生产到提取、分割、使用,贯通于经济的全过程,并体现于再生产。

公共价值在劳动社会主义政治经济学体系中的地位,与规定资本雇佣劳动制经济矛盾的剩余价值概念一样,是规定民主劳动制经济矛盾的核心概念。由于民主劳动制经济尚处创始阶段，因而对公共价值概念的规定也只是开始。从对中国初级公有制经济矛盾的探讨中，就已充分显示公共价值的地位和对它规定的意义，这不仅是理论体系的核心，也是改革和发展劳动公有制经济、抑制和消除官僚资本、规范和导引私有资本、改造小农经济的基本，并体现于经济体制改革、经济结构及运行机制改造、经营管理革新和对外经济交往的全过程。

五　以计划市场体制实现公有制经济的改革发展

王：经济体制是经济制度的展开，经济制度层次的矛盾具体化于经济体制，经济体制的改革是经济制度改革的实现形式，改革经济体制是解决经济制度层次矛盾的必然要求和具体内容。

刘：中国经济体制的改革，首先，要明确经济制度的性质及其改革的方向。我们明确指出改革发展劳动公有制经济是解决中国经济制度层次矛盾的唯一途径，中国的领导层三十年来也一直强调"以公有制为主体"，中国经济制度的总体性质是社会主义的。经济体制改革要以经济制度的性质为前提，是劳动公有制经济改革发展的实现形式。其次，要对经济体制层次的矛盾做出明确规定，经济体制的改革，就是要解决经济体制层次的矛盾。如前述，中国现时期的经济体制依然是由行政集权体制支配的统制经济体制，这个体制不能实现公有制经济的改革发展，也不能有效地抑制官僚资本，不能规范和导引私有资本，也不利于小农经济改造；最后，经济体制的改革是经济结构改造、建立健康运行机制的必要前提，并关乎经营管理和对外经济关系层次的改革发展。

因此，不能草率的、简单地以美国经济学家用来表示苏联模式经济制度的"计划经济"一词界定新中国成立三十年来的经济体制，也不能说对"计划经济"体制的改革就是要建立美国经济学界定其本国及西方各国经济制度的"市场经济"体制。

王：如何界定"市场经济"？市场经济体制是一般还是特殊？

刘：我在 1993 年出版的《中国经济矛盾导论》① 中，曾明确指出：中国初级公有制经济的体制是"统制经济"，而非"计划经济"，但那本书里却把"市场经济"看成世界一般性经济体制，它可以存在于资本主义制度，也可以存在于社会主义制度，只是因制度的差异而体现特殊性。经过反思和自我批判，我认识到这种将经济体制视为一般，将经济制度视为特殊的逻辑，是与经济矛盾的系统性不符的，是违背经济制度和经济体制关系的。为此，必须对"市场经济"有

---

① 该书 1993 年由河南人民出版社出版。

明确的界定。

西方经济学也没有市场经济体制这个概念。有市场经济，但没有市场经济体制。现在我们说的市场经济体制，"社会主义市场经济体制"是中国人提出的，包括"计划经济体制"，苏联教科书也没有写，苏联教科书只讲计划，所以这两个是中国的经济学家们为了进行他们的改革拼出来的。我记得"计划经济体制"可能是80年代提出来的，因为那时候开始提经济体制改革，但是直到今天经济体制到底是什么都不清楚，它和制度是什么关系？因为开始这些是混用的，制度、体制、机制等等，现在逐渐把它归结为体制，但是他们说的这个体制跟制度的关系也没有说清楚，这些词都是中国人说的，美国人不讲这些。就是今天我们说的社会主义市场经济体制跟社会主义经济制度的关系，他们从来不讲，它只讲一个抽象的社会主义，然后就是市场经济。前面是坚持社会主义后边是实行市场经济，它没有制度层面的界定。我们从经济矛盾系统的层次划分上明确了制度与体制的关系。体制层面的改革必须以制度层面的改革为前提，或者说它是制度层面改革的一个具体化。具体内容就是在权利关系上，制度层面更多的都是所有权以及所有权对占有权的关系，而在体制层面主要是占有权，这个是能够界定开的。至于市场经济体制，我后来认可了这个概念，我把它放在资本主义发展的第二个阶段自由竞争体制之后，就是罗斯福和凯恩斯推行并论证的经济体制。资本主义的第三个阶段，就是现阶段。市场经济这个概念和自由经济、商品经济差异在哪里？主要的差别在于市场是有管理的，就是国家是起作用的，自由经济是反对或者是排斥政府作用的，而市场经济是主张由政府进行调控的，差别就在这里。市场经济体制与国家垄断资本是相对应的。但是中国一些人往往把自由经济和市场经济混同，而且把市场经济一般化了，不仅一般到全世界是通用的，而且等同于商品经济，所以这已经不是一个经济体制问题了，而是一个经济制度、甚至是一个经济形态的问题，这是中国的所谓主流经济学家们故意混淆的。这些人故意混淆不同，有些人是理论上不明白，在他们的议论里，逻辑是没有层次的。他主张市场经济的时候，实际上是主张商品经济，甚至有人认为，市场经济从奴隶社会就有了，这是非常不严肃的。市场经济体制是资本主义制度的一种基本形式，体制是制度的具体化。它是有严格的特殊含义的，不能任意混用。

市场经济是在否定自由竞争阶段后，资本雇佣劳动制的主要矛盾双方，即资本统治与雇佣劳动者之间斗争、均衡新阶段的经济体制。其中，不仅有主要经济矛盾，还有资本与资本的矛盾，乃至经济结构的矛盾等，都集合于国家，并通过国家参与和干预来协调解决。国家因此也就成为经济矛盾的集合体，而与由政治斗争所形成的势力结合，又在国家的职能及对国家的控制上得以表现。争夺国家的控制权与取得市场控制权，是交织在一起的。市场经济是一个矛盾斗争的场，资本雇佣劳动制的权利体系不仅依然存在，而且突出并强化了国家的经济权利与职能。

市场经济体制的提出和实行者罗斯福、凯恩斯们谁也没有想到，这个体制的首倡者和原则的基本论证者，并非经济学家，而是一百多年前的"哲学之王"黑格尔，他在19世纪初的《法哲学原理》中论证的"市民社会"的权利体系已是资本主义市场经济体系的框架。19世纪中期的思想家，包括恩格斯，都曾指责黑格尔有关国家经济权利和职能的观点，是为"封建专制辩护"。但实际上，恰是黑格尔预测到私有资本制度演化到一定程度，其自由竞争的体制必须要求有国家干预和调控。虽然他不可能提出"市场经济体制"（包括今天西方经济学家也没有这样的概念），但国家以集中的权利（这在他的法哲学中是以所有权—家庭—市民社会—国家的概念转化来论证的）对私有资本经济及其自由竞争的调控，又是逻辑的必然，而这也正是他在对"市民社会"基本矛盾的分析中发现的历史的必然——不过是在一百多年后才实现的。

市场经济体制是资本雇佣劳动制度一个阶段的体制，我以前认为只要坚持社会主义公有制，就可以将"市场经济"作为公有制经济一个阶段的体制的想法，是站不住脚的。虽然劳动公有制经济在否定了其初级阶段的统制经济体制之后，由于其权利体系的演进和民主法制的完善，所采取的经济体制在形式上与资本主义市场经济体制有诸多相似之处，而且要与仍实行市场经济体制的西方国家发生经济交往以及容许私有资本存在等，但这些都不能作为中国在劳动公有制为主的经济制度下采用市场经济体制的理由。

一些人将"市场经济"说成世界的一般性规律，中国要"全球化"，要现代化，就必须实行"市场经济"。好像不实行"市场经济"，中国就无法在世界上存活。问题不在中国该不该实行市场经济体制，而在能不能，有没有条件，有没有内在的需要来建立市场经济体制。或者说，市场经济作为一种特殊的经济体制，它需要什么样的制度根据和条件。这两个方面，对于中国来说都是不具备的。那种将市场经济体制作为改革目标者认为，中国只有建立市场经济体制，才能与"国际接轨"，才能发展生产力。按他们的说法，经济制度变成了经济体制的手段和条件，不是在经济制度改革的基础上形成其经济体制，而是为了"市场经济"体制不能不改变经济制度。"私有化"论者就是据此来攻击公有制经济，并要求按"市场经济"体制的标准来改变公有制经济。

王：在今天的历史条件下，中国劳动公有制经济的改革发展既要考虑本国经济发展程度，又要考虑世界经济环境。为此，有必要借鉴和吸纳西方国家市场经济体制的合理成分，以适应私有资本的存在和小农经济改造，进而有助于对外经济交往。

刘：但借鉴和吸纳市场经济体制成分又应"合理"，即必须服从劳动公有制经济在中国的主干地位，必须遵循劳动社会主义的本质和原则。据此，我认为从历史和逻辑统一的角度看，改革中国既有的统制经济体制后建立的经济体制，应是"计划市场体制"。

计划市场体制，是在以民主法制改革发展劳动公有制、规范和导引私有资本、改造小农经济的过程中所形成的经济体制。它的内容，就是展开已改革了的劳动公有制为主的经济制度权利体系，在民主法制的保证下，体现并作用于总体经济生活。

其一，就是确立并保证所有权主体对占有权等公共权利行使机构的控制。这是劳动公有制经济改革的基本，也是计划市场体制的主要内容；其二，计划市场体制是法制的体现与运用；其三，计划市场体制包含社会对经济生活的总体性计划；其四，维护和实现市场在经济生活中的积极作用。①

劳动社会主义计划市场体制与资本主义市场经济体制的主要区别就在于人与物的关系上。后者作为资本私有制度的阶段性体制，虽然强化了国家对经济生活的总体干预和调控，但并未改变制度的性质，资本仍是经济的主体，人仍然从属于资本，是资本增殖的手段。不论企业经营还是个人消费，以至政府对经济的调控，都是以货币计量为基础，并把货币的增减作为主要内容，人的活动、地位、人格、价值以及经济发展的目标和各环节，都归结为货币。市场就是以货币为基础的资本所主导的人生场，在这里，一切都纳入货币关系。货币就是权利，货币主宰人的生存。市场经济体制不过是以国家的权威，通过法律和政策，推行资本所主导的货币关系达到均衡的一种经济体制。计划市场体制并不排除货币，而且要注重供求关系以及对劳动的质量和生产资料的计量等，也就是说，市场经济体制对交换、货币等的基本规定和国家调控的手段都要借鉴、吸引、改造。关键的区别，就是确立人的主体地位，使货币成为人的劳动的价值表现，而非人的劳动的主宰。劳动质和量的计算和价值计算、物的效用计算等都要保留并精确，但这只是人行为和关系的表现。计划的出发点、中间环节和终结点都是人，是劳动的人的需要与满足，是以劳动者素质技能的提高和发挥为目的的计划，这种计划作用于以人为主、货币为辅助手段的经济生

---

① 刘永佶：《中国政治经济学——主体 主义 主题 主张》，中国经济出版社 2010 年版，第 441—443 页。

活，形成一种新的市场关系。

计划市场体制中，民主的法制体现、作用于经济生活的各环节。市场经济体制也讲究法制，但其法制是资本主导的，民主只是在与资主的斗争中才得以作为矛盾次要方面对法制起某些作用。因此市场经济体制的法制是资本主宰经济的一种方式，是力求保证资本增殖与发展秩序的法制。计划市场体制中的法制，是民主制的作用形式，法制对残余的行政集权体制的克服，体现于经济权利体系的各环节，由此而保证劳动社会主义原则的实施。计划市场体制中的计划，本身就具有法制的性质，它是所有权主体掌控经济发展的主要机制；而由人为主货币为辅的市场，它的各环节，都有明确的权利和义务的界定，由此形成法制化的市场。计划的市场，法制的计划，使经济健康有序地发展。计划市场体制要在确保劳动者个人权利的基础上，促进其自由发展。

润球：作为劳动公有制新阶段具体化的计划市场体制有两个属性或两个要素，即计划和市场，二者在法制下有机统一，从总体上制约着经济生活的各个层次和环节。

刘：计划市场体制作为统制经济体制的否定，是向完全的、成熟的计划经济体制——即公有制成熟阶段的经济体制——的过渡形式，它尚达不到全方位的计划体制，而是要保留市场这个体制要素或成分，以计划导引市场，由市场制约计划。作为经济体制的市场与作为商品交易场所的市场是有区别的，后者表现着经济实体、企业、个人之间的交易关系。而作为经济体制的市场，则是经济总体权利关系运行规则的展开与界定，必须有法制的制约，即明确规定并保护各层次权利关系以及其主体与行使者的关系。西方国家自 20 世纪 30 年代以来所实行的市场经济体制，就作用于这个层面上。

以劳动公有制经济的改革发展为主的计划市场体制，一是要克服统制经济体制的行政集权，以民主法制为前提和主导；二是要考虑经济制度层面多种所有制的存在以及劳动者素质技能的程度；三是商品经济的普遍存在；四是国际经济中的商品经济关系。这样，在经济体制层面就要有市场成分或要素，权利体系在运行中要遵循商品经济的基本原则与相关机制。

由于中国的经济制度以劳动公有制为主，因此经济体制的计划要素是主导的，这种主导体现于市场要素上，而市场要素也非纯粹被动的，它同时也制约着计划要素。计划市场体制中的计划，是矛盾的主要方面，而市场则是矛盾的次要方面，二者是对立统一的。计划是在市场原则基础上的计划，是对市场的主导；市场又是在计划主导下的市场，并对计划起着制约作用。

志燕：计划对经济的作用，主要体现在两个环节，一是国有企业的计划与协调,二是国家机构与企业联合对经济发展总体的指导和协调。

刘: 是这样。国有企业是中国经济的骨干,对国有企业的计划与调节,是计划市场体制的重要环节,也要充分考虑体制的市场性与市场的制约。国有企业的计划,是其权利体系的要求与体现。在由同一个占有权行使机构控制的企业内部,实行计划经营,这是任何所有制都通行的。从个体小生产,到私有资本企业,都是如此。

国有企业计划由行使占有权的公共机构制定,其范围就是该占有权行使机构所包括的全部企业,如中央或省、市、县的国有企业。国有企业的占有权,由劳动力和生产资料两个所有权派生并集合的占有权行使机构结合的执行机构执行。制定计划的权利是占有权的一部分,行使劳动力占有权的国有企业职工代表大会,与行使生产资料占有权的国有资产与资源占有委员会,都有对国有企业的计划权。但它们又都不能分别行使这个权利,只有这两个占有权行使机构结合而成的国有企业占有权执行委员会,才能制定总体发展计划并下达给各企业。这样,国有企业计划的制订,就与私有资本股份制企业的董事会有重大差别,并多出一些法制程序。国有企业发展计划的制定和执行,是劳动力和生产资料使用权从其占有权派生并进入经营的关键环节。

与私有资本股份制企业的内部计划不同,国有企业的发展计划,不仅包括生产资料在价值上的增长,还包括生产资料在技术进步,即设备更新改造以及环境保护、对自然资源的合理利用。更重要的是,将职工素质技能的提高作为主要指标。

国有企业职工不是出卖劳动力使用权的雇佣劳动者,国有企业对他们来说不是"劳动力卖场",而是生存和发展的经济单位,他们关注的,不仅是自己的生活资料,还包括素质技能的提高与个性自由、价值的实现。这里,突出的就是关于职工技能素质的培训。国有企业在这方面的计划,要把职工培训作为企业发展的重要内容,并不是单纯为了追求高效益。当然,技能素质提高了,企业的效益也就提高。国有企业作为其职工的生存发展单位,必须综合考虑企业的发展,将职工的工资福利、培训及文化活动等的要求,与企业的积累、发展相统一,提出相应的指标。而且,还要与代表全部生产资料所有权主体的国有资产与资源占有委员会协商,以使劳动者素质技能的提高与企业生产资料的积累和设备更新达到有机统一。

国有企业发展计划的协调,是在两个或多个占有权行使机构间进行的。这里分两种情况:一是大区域范围内各占有权机构之间的纵向协调;二是不同区域之间的横向协调。前者有中央国有企业占有权机构对各省、省对各市、市对各县占有权行使机构计划的协调。

能够对总体经济起指导作用的公共权力机构，主要是国有资产与资源占有委员会和行使行政权的各级政府。前者的法权根据在于，不论任何企业和个体生产经营，都要使用由国家占有的自然资源和国有资产形成的设施。这在自然资源上表现得最为突出和直接，至于国有资产，其主要部分是国有企业的生产资料，但也有相当大的部分是公共设施等。如水利设施、交通、国家机构的办公设施、城市的基础建设和服务设施等，它们是供全部企业和个体生产经营者使用的。虽然这种使用也要收费，但更多的还在于提供单个企业所不能承担的公共服务。这些设施作为资产，其来源只能是全民提供的公共价值。因此它属于全体公民所有，并由专门机构行使其占有权。国有资产与资源占有委员会有权利，也有责任，对其占有的资产和自然资源的使用制订计划。这分三个环节，一是在占有委员会及占有权执行委员会中，要设专门机构，负责包括国有企业的经济实体使用这类资产和自然资源的计划；二是指导性使用计划；三是提取相应的使用费用。这种计划将保证国有资产和资源的有计划使用，指导调控非国有企业的发展。

由行使行政权的各级政府依管理权，对包括国有企业在内的全部企业和经济实体、个体生产经营者的计划性指导，主要内容是：一是根据行政权行使机构对总体经济情况的掌握，及时发布相关信息，并提出和发布指导性计划；二是规定并调整工商企业的行政管理政策；三是制定财政、税收政策。这三个环节是统一的，具有倾向性的。指导性计划根据国有资源与资产的情况以及对市场的总体判断，导引企业的投资与发展，它不具有法律的规范性，但辅之以工商行政管理和税收，就具有实质的调控作用。

王：国家对经济发展的总体性协调，还可以通过货币政策及国有银行来实施。政府的货币发行权和对国有银行的管理权，应以货币政策、利率、贷款等各种方式体现指导性计划，由此导引企业的合理布局和协调发展。

刘：除国家机构的指导性计划，对经济发展的协调还可以通过各种类型的企业、个体工商行业经营者、农民的联合会来实现。这类联合会或联谊会，是非国家机构的组织，可以有多种形式。法制保证其存在和作用。它们的组成，可由政府协助召集，但不由政府控制。

总之，计划市场体制与市场经济体制的本质区别，就在于要确立劳动者的社会主体地位，保证并实现劳动者的劳动力和生产资料所有权。计划是劳动者所有权的集中体现，是对所有权派生的占有权、经营权、收益权、处置权的掌控和协调，是民主法制在经济生活中的具体存在和作用。计划与市场在体制层面上的关系,是法权关系,是占主体地位的劳动者及其所有权构成的公有制的实现形式,是所有权如何通过占有权主导经济发展的权利体系。只要明确这个权利体系的层次与关系,计划与市场的关系就是清楚的,不仅在理论上,而且在实际生活中,也是能够掌握的。但在手段和方式层面上,计划又有许多专业性、技术性的环节,对此必须依据体制的权利关系,加以展开,创造性地运用、验证、修订。而市场作为权利体系,还包括权利所规定的归属、委托—代理、相互交往和制约、矛盾、冲突与调节等具体内容。计划对市场的主导,必须全面、充分地考虑这些内容。而计划所不能发挥直接作用的经济活动,则应按法制进行必要的、有组织的协调。

玉玲:说到市场,必然要涉及竞争。计划市场经济体制并不排斥竞争,但必须对资本私有制的竞争进行改造,形成与劳动公有制经济相适应的竞争,并由法制来制约它。

刘:计划市场经济体制中的竞争,是人的竞争,其核心是劳动,素质技能是劳动者的竞争唯一的根据。在劳动公有制经济中,为劳动者发挥素质技能提供必要的条件,就是竞争的主要内容。这样,就要求在体制上充分保证所付出的不同质和量的劳动有相应的报酬和社会的承认,使其价值得到全面的实现。与此同时,还要规定竞争的规则和程序以及评判的标准。劳动者之间为实现其价值的竞争是最基本的竞争,在其基础上,展开劳动公有制企业之间的竞争。

劳动公有制企业间的竞争,分以下三种形式:一是国有企业之间的竞争;二是国有企业与合作企业之间的竞争;三是合作企业之间的竞争。一般来说,企业间的竞争都是在同行业展开的,但也表现在不同行业的企业之间。国有企业之间的竞争,主要表现于不同区域同一行业的竞争以及本区域内各企业之间为争取更大的发展而在经营上的竞争,前者是不同占有权行使和执行机构与各企业的经营权行使者有计划地进行的,这类竞争必须是在计划和指导性计划的规范下展开,要避免恶性竞争。将人力和财力物力集中用于亟待发展的行业上,促使竞争在有较大发展空间的行业内展开。而且,竞争应以提高和发挥劳动者素质技能、改善经营管理为主,在竞争中相互促进。这种竞争,与统制经济体制下的竞赛相似,但又要强调权利、效率、利益的统一。本区域内不同行业的各国有企业,也可以展开竞争,这主要表现在两个指标上,一是职工素质技能的提高与发挥程度;二是创造公共价值的数量。占有权行使和执行机构则可以根据其在竞争中的表现,在制定计划时确定其发展的规模。国有企业与合作企业的竞争,发生的概率并不大,二者主要是相互配合的关系，一旦出现竞争性的经营，既要保证规则的公平，又要引导国有企业对合作企业的扶持。合作企业间的竞争在以农业为主的初期并不明显，但当合作企业经营扩展到工业和服务业时，竞争就有可能出现，这要求国家机构及企业联合会在总体上做好协调，同时保证竞争在法制规范下进行。

在现阶段，还会有国有企业与私有企业、合作企业与私有企业以及私有企业之间的竞争，对此，要以法制保证竞争的公平，制定竞争的规则，保护职工的利益，特别是对私有资本企业，禁止其因为竞争而降低职工工资、延长工时、增加劳动强度，并要求其做好职工的社会保障。由行政权行使机构制定质量标准，并进行物价监控，杜绝假冒伪劣现象，保护专利等知识产权，制裁侵权行为，以法制调节和处理竞争中出现的纠纷。

计划市场体制中的竞争，是与资本私有制度下的自由竞争体制和市场经济体制中的竞争有本质区别的，它不是依弱肉强食、优胜劣汰的"丛林法则"展开，也不以打败、吞并对手企业为目标，而是在法制的规范和保证下，以提高劳动者素质技能和经营管理水平为主要内容，在竞争中相互促进，也可能有竞争企业的联合与合并等，但这是在保证职工利益、保证资产和资源更为有效的运用的前提下进行的。尤其要制止那种为了打败和吞并竞争对手，在金融、证券及广告和经营上的非法行为，杜绝国家机构中的公职人员介入竞争捞取私利。这样，以竞争激活市场，由市场制约计划，由法制规范竞争，再由计划主导市场，也就使竞争成为计划市场体制作用于经济结构的重要机制，是运行机制的重要内容。

总之，在劳动社会主义理论指导下，建立以劳动者为主体的劳动公有制经济，通过经济制度和经济体制层次的改革，带动经济结构和运行机制以及经营管理、对外经济关系等层次的改革，使中国经济摆脱初级公有制和统制经济的局限，在民主法治的导引下，变集权开放型经济结构及其非均衡趋利式运行机制为内生拓展型经济结构与法制主导式运行机制，克服官僚行政式和小买卖人经营管理的弊端，创造以发挥和提高劳动者素质技能为中心的现代中国式经营管理，坚定主权，主动而有抉择地采取保护、竞争方式展开对外经济交往。

这些，就是中国政治经济学在其主题研究的基础上，所形成的主张，也是必要内容。

（王玉芬）

中国经济结构与运行机制矛盾及其解决

　　经济结构是经济体制在总体经济运动过程的存在形式，运行机制则是经济结构动态功能的发挥。经济结构与运行机制的矛盾，是经济制度矛盾通过经济体制矛盾的进一步展开。现实中国主要经济矛盾在经济结构及其运行机制中的具体化，制约着经济生活的全过程，直接关系企业和经济单位的经营管理，并体现于对外经济关系。因此，探讨中国经济结构问题及其解决是中国政治经济学重要环节。

一　经济结构与运行机制

　　云喜：首先要弄清楚什么是经济结构，经济结构与经济制度、经济体制、经济运行机制之间是什么关系？当前较为流行的观点认为经济结构（Economic Structure）指国民经济的组成要素及这些要素的构成方式。是国民经济各个要素在特定的关联方式和比例关系下所结成的有机整体。经济结构有广义与狭义之分。广义指生产方式的结构，包括生产力结构和生产关系结构。狭义单指生产力或生产关系结构。经济结构是一个由许多系统构成的多层次、多因素的复合体，有多重含义：（1）从一定社会生产关系的总和来考察，则主要通过不同的生产资料所有制经济成分的比重和构成来表现。（2）从国民经济各部门和社会再生产的各个方面的组成和构造考察，则包括产业结构（如一、二、三次产业的构成，农业、轻工业、重工业的构成等）、分配结构（如积累与消费的比例及其内部的结构等）、交换结构（如价格结构、进出口结构等）、消费结构、技术结构、劳动力结构等。（3）从所包含的范围来考察，则可分为国民经济总体结构、部门结构、地区结构以及企业结构等。（4）从不同角度进行专门研究的需要来考察，又可分为经济组织结构、产品结构、人员结构、就业结构、投资结构、能源结构、材料结构等等。

　　刘老师则认为，经济结构是经济体制在总体经济运行过程的存在形式，是人经济关系的总体界定。经济结构的内容是经济权利，即劳动力和生产资料所有权及其派生的占有权、经营权、使用权、收益权、监督权、管理权的相互关系，主要在占有权与经营权的关系。劳动者素质技能结构与投资结构的矛盾是基本结构，进而是就业结构、产业结构、产品结构、区域结构、流通结构、分配结构、消费结构等。归根结底，是对劳动力使用及其创造物的制约与支配。经济结构具有阶段性、整体性、层次性，它是一个统一的矛盾系统。这种规定与将经济制度和体制说成"资源配置方式"的资本主义政治经济学明显不同。在资本主义政治经济学家看来，经济结构不过是"资源配置"的具体形式，而经济主体是在经济结构之外的资本所有者。他们是不被"配置"的，也不在经济结构之中。作为"资源"之一的劳动力及其载体劳动者与生产资料一样，都是被配置的对象。因此，他们所说的经济结构，首要的或基本的就是投资结构或资本结构，它决定了并表现为产业结构、就业结构、流通结构、积累和消费结构等。判断一个国家经济结构是否合理的指标主要是社会对最终产品的需求以及资源配置的效率。

对经济结构的规定有如此大的差距的根源或者本质是什么？

兴无：从消费、投资、政府购买等方面分析宏观经济结构，还是从产业角度分析经济结构？

云喜：投资结构、消费结构、产业结构是下面几个层面要提到的问题，这里首先要解决的是经济结构的含义是什么，为什么对经济结构的规定有如此大的差别。

春敏：结构问题特别明显地体现了主体、主义的区别，经济结构是经济制度与体制的具体表现形式。资本主义政治经济学家，运用现象描述法分析经济结构，在其逻辑中经济结构并非经济结构，而是经济比例，运用经济比例取代经济结构使得各种生产要素之间是并列的平行关系。西方主流经济学中将经济结构与经济制度、经济体制等都割裂为碎片。经济结构中的各个要素是分裂开的，并且各要素的地位都是相同的，并没有层次之分。在其结构中也看不到经济制度和经济体制问题，其在研究经济结构时也不研究经济制度和经济体制问题，甚至将制度和体制层面的问题也都当作结构问题予以解决。混淆经济结构与经济制度、经济体制有两重作用，一是其能够维护其制度的稳定，其所论证的制度是完美的，即便有问题也仅仅是结构问题，结构问题可以通过结构调整予以解决，但制度和体制是坚决不能改变的；二是西方主流经济学向外输出的过程中，可以通过混淆经济结构与经济制度，实现名为帮助接受国调整经济结构，实为操纵接受国经济制度和经济体制的目的。

马博：对经济结构不同认识的根源在于主体不同，主义不同，学说是服从于主体利益的，恰恰是由于主体利益和意识集中概括不同，也就是主义不同，所以对经济结构的界定和认识不同。

江荣：经济结构并不存在于人的活动之外，而是存在于有意识的人的经济活动之中。随着体现人本质的劳动者素质技能的提高，由劳动者素质技能形成的劳动力社会总体形式的生产力不断发展，人的经济意识也在发生变化，其交往和社会关系中的基本点，即权利也在矛盾斗争中不断改变，这样，经济结构也会不断变化。经济结构的阶段性，是经济制度和经济体制决定的。在一种社会经济形态中，贯穿着经济结构的一般原则，这主要表现于阶级社会的阶级结构和无阶级社会中的所有权结构上。但在其各个阶段，即体现经济体制特殊性的劳动者素质技能、投资、产业等结构上，却会表现出相当大的差异。这种结构差异正是经济体制存在的具体形式。

马淮：西方资本主义政治经济学占统治地位以后，不再承认制度变化，对体制也避而不谈，即便是对经济结构的研究，也是避重就轻，如西方经济学中的宏观经济学是对经济总量进行研究，微观经济学是对个量进行研究，只从量的关系研究经济结构。我们与西方经济学不同，我们将经济结构放到了更为重要的地位，对经济结构性质和作用的认识也不同。产业经济学是在 20 世纪才真正出现的，长期以来西方主流经济学是不研究经济结构问题，只是随着经济矛盾的发展，经济结构矛盾已经危及其社会制度稳定和社会经济发展的时候，才开始在产业经济学中对经济结构展开研究。西方经济学对经济结构的研究与基本经济理论分割开。我们在研究经济结构时，是将经济结构置于经济矛盾系统中进行的，从对经济矛盾划分为八个层次看，经济结构是经济矛盾运行中的第六个层次，是不可或缺的层次。制度性和体制性的矛盾都要作用和表现于具体的经济结构矛盾之中，不可能离开经济结构去谈所谓的"微观"和"宏观"经济问题。对经济结构的研究是贯穿主义的，我们对经济结构的界定与西方经济学之所以不同，根本原因在于主体和主义的不同。

思远：产业之间、产品之间存在一定的比例关系，同时存在一定的协调，这是工业化生产和工业文明所必不可少的，我们和西方经济学都要涉及。问题的关键在于上述的比例关系是按照谁的利益和标准而确定的，经济结构调整的方向按照谁的利益来确定。马克思曾经说过，要得到不同的使用价值，就必须要分配不同的社会劳动，不同部门之间存在一定的比例关系。要把比例关系与主体利益结合起来。判断一个经济结构是否合理的标准在于主体利益，不同的利益主体会有不同的标准。西方经济学是按照资产阶级的利益标准去衡量经济结构是否合理，并且进行相应调整的，我们作为劳动者，是要从自身阶级利益出发去看待并调整相应的经济结构。明确这一点，对中国经济结构中"国进民退""投资拉动"等问题的探讨也就明晰了。西方经济学在中国的代言人，往往不是按照劳动者就业的角度去分析上述问题，而是从维护既得利益者的立场去分析结构调整。

刘：关于经济结构的分析，是政治经济学理论的内容，同时也是政治经济学方法的内容。政治经济学理论与方法的统一，在经济结构的分析上的体现是最明确的。当我们把经济结构划分出来，进行系统研究的时候，这本身就是一种方法。我们原来对方法的理论往往更注重思维层面，思维的结构和经济结构是统一的。规定经济结构本身就是一种方法，或者说是方法论的内容。

相比经济制度和经济体制，经济结构是可以在现象形态上加以描述，并可以用统计技术来测量的，因此，那些以"实证"为标榜的资本主义政治经济学家，更注重这方面的研究，尤其是在资本构成、投资、货币流通、市场均衡、信贷、信息传递、产业、产品、就业等各个环节，做了大量的细致研究。对此，我们必须充分注意，但又不能套用他们的结论和公式之类。这里的关键，就是明确经济结构是经济体制的具体存在形式，在这个前提下，资本主义政治经济学家的研究方法，经改造是可以借鉴吸收的。

我们对经济结构的研究包括其运行机制。云喜先把《四主》中有关内容概述一下。

云喜：刘老师在《四主》中提出，经济结构在总的经济矛盾系统中，是第六层次，它本身又是一个小系统。这个小系统是动态的、发展的，其中各环节都是必要构件，它们相互制约、转化，由此发挥其功能，也就是运行机制。经济结构是通过运行机制作用于社会总体经济运动的。

刘：人类经济是一个矛盾机体的运动，经济结构是这个机体总的构造形式，运行机制是这构造形式功能的作用。很明显，这种功能及其作用取决于经济结构本身的构造，但它又会以其作用而改变具体的经济关系，促进经济的发展，由此反作用于经济结构，久而久之就会引起经济结构的改变。经济结构的改变又必然体现于其功能，引起运行机制的变化。这样看，经济结构和运行机制就是一对矛盾，它们内在地决定并制约着，以不断的量变积累导致质变。经济结构的质变，有两种形式，一是制度性的质变，二是体制性的质变。前者是根本性的变化，从所有权结构到其阶级、阶层关系，以至全部结构，都发生根本改变；后者是在不改变所有权结构的情况下，在劳动者素质技能结构、投资（生产资料）结构、产业结构等层次的改变。体制性的质变，相对于制度性的质变，又是量变，要经过几次体制性质变，才能达到制度性质变。而体制性质变又由各具体结构的不断量变积累，才能逐步实现。

经济结构相对于运行机制来说，是静态；运行机制则是经济结构的动态。并不存在经济结构之外的运行机制，运行机制就是经济结构的运作。经济结构本身，已包含、体现着人的目的，而且其中有动力结构，这就是劳动者素质技能结构，如何发挥这个动力结构的功能，是其运行机制的关键，其他各结构，都是以此动力结构为基础，并针对它而构成和发挥功能的。投资结构、就业结构、产业结构等，并不仅仅是被动地在劳动者素质技能结构所发挥动力的带动下运作的，而是在这种带动的同时，对之形成制约，或是更有效地发挥或是抑制其动力，这样，就在总体上形成动力与功能的内在统一。任何一个经济结构，其运行机制的合理与否，就在于能不能有效地发挥劳动者素质技能结构的动力，并以此为基础发挥各结构的功能。进而，又在运行机制的作用之下，不断提高和改善劳动者素质技能结构，由此带动全部经济结构的演进。

运行机制的作用，取决于经济结构，因此，要改变运行机制，关键在改造、调整经济结构。运行机制在发挥其作用时，表现为一种动态性的势能，它体现于相关的法律、政策、理论、舆论，乃至道德和价值观上，从总体到个体，都受此势能的支配。这是斯密用"看不见的手"来表示运行机制作用的原因。也可以套用物理学中的"场"，来比喻经济结构与运行机制的关系。"场"是多种因素的一个均衡态，即由其各种因素的制衡而形成的态势，这个态势制约着各种因素的运动。经济结构从总体而论，就是一个"场"，其中各种因素的制衡，形成了运行机制，运行机制再作用于经济结构中的各因素。与物理学意义上的"场"不同，经济结构的主体是人，运行机制的作用也只能针对人，因此，可以对人发生影响的法律、政策、理论、舆论、道德和价值观等，都是经济运行机制发挥作用的必要方式。

二　中国经济结构与运行机制的矛盾

云喜：在 20 世纪 50 年代至 70 年代，中国的经济结构是集约转化型经济结构，其运行机制是非均衡趋利式机制。集约转化型经济结构是中国初级公有制建立后，统制经济体制的具体存在形式，它的特点是以行政集权体制集合劳动力和生产资料的所有权和占有权，由国家机构按一定的计划统一支配劳动力和生产资料，在短期内加速度实现从个体手工农业生产方式向协作工业生产方式转化。这是特殊历史条件的产物，也是对官僚资本的对外依附型经济与个体小农经济二重结构进行变革的唯一方式。集约转化型经济结构的运行机制是政治主导式的，这是统制经济体制的体现和要求。政治主导式的运行机制，是以政治主体和执行机构的具有革命精神、廉洁高效、政治路线的统一、民众对政党和政府的拥护为条件，是集约转化型经济结构的体现与发挥，它的作用也主要在制约经济结构中各层次、各要素的关系。这种制约本身，就是经济结构的形成和运行机制。集约转化型经济结构及其政治主导式运行机制，是在中国特殊历史条件下建立的初级公有制及统制经济体制的具体存在形式。它的合理性，就在于以政治的权威来集合技能素质相对低下的劳动力，统一使用数量不大的资金，购置和生产工业所必要的生产资料，利用全国的资源，加速进行从农业生产方式向工业生产方式的转化。集约转化型经济结构与政治主导式运行机制的内在矛盾是怎样的？

王： 虽然集约转化型经济结构及政治主导式运行机制的存在具有合理性，但其矛盾和缺陷也是相当明显的，政治主导式的优势，同时也是它的劣势。集约转化型经济结构有以下内容：一是以国家机构集权来集合劳动者及资金和生产资料，强力调整产业结构，建立主干性工业企业，并使农业和手工业、商业配合工业发展。二是自主自力型的转化结构。革命政权不仅不可能依靠外国资本来发展工业，而且受到以美国为首的帝国主义集团的严密封锁，甚至武力威胁。虽然有苏联东欧诸国的短期援助，但中国的工业化是自主自力的，是以革命精神和民族精神为主导的奋发图强的体现。三是具有防卫性的经济结构。这先是由美国为首的帝国主义集团的武装威胁造成的，后来苏联又以武力施压，中国要应对这两个超级大国随时可能的侵略，这些必须在经济结构上有所体现。四是高积累、低消费和趋于平均主义的分配结构。五是流通结构起着制约产业结构、分配结构、消费结构的作用。统制经济体制并未取消商品流通，而是在严格管束商品的流通。

春敏： 集约转化型经济结构及政治主导式运行机制的矛盾，主要体现为：（1）基本的矛盾，是所有权结构的矛盾。本来应行使占有权的国家机构成了所有权主体，而真正所有权主体劳动者的劳动力和生产资料所有权却被虚置。这是集约转化经济结构得以建立的根据，虽然它在当时有其合理性，但这种矛盾又是违背公有制原则的，是其根本性缺陷。（2）劳动者素质技能结构与投资（生产资料）结构的矛盾。按公有制原则，劳动者素质技能结构应是核心结构，投资（生产资料）结构从属于劳动者素质技能结构。但由于劳动者的所有权核心地位被虚置，加之中国劳动者素质技能水平相对低下，在集约转化型结构及其政治主导式机制中，劳动者素质技能结构被置于从属地位，投资（生产资料）结构则处于核心地位。国家以政治方式建构产业、就业结构时，是首先考虑并确定投资结构的主体地位，使劳动者素质技能结构从属于投资结构。（3）就业结构与产业结构的矛盾。就业结构是劳动者素质技能结构与投资结构相结合的体现，集约转化型结构在建立时，不仅注重投资结构，甚至把产业结构放在优先地位，使就业结构从属于产业结构。而产业结构中，明显偏重生产资料生产产业。与之相应，产品结构作为产业结构的结果形态，并不是以提高劳动者素质技能为目的，而是把劳动者素质技能作为增加投资的条件。（4）积累和消费结构的矛盾。在积累与消费结构上，明显地侧重积累，忽视消费，又不注重产值和效益，而把产量作为首先考虑的内容。（5）分配结构与消费结构的矛盾。以上五层矛盾集合于分配结构上，势必形成平均主义倾向，工人中的八级工资制、技术人员按行政级别领取工资以及农村中的工分制，都表现出这一点。分配结构制约着消费结构，不仅制约劳动者生活水平的改善，更会影响劳动者素质技能的提高与发挥。（6）流通结构与产业结构、产品结构及分配结构的矛盾。流通结构是政治主导式运行机制调控各层结构间关系的重要手段，流通结构所起的作用，不仅是联系、沟通各产业间关系，协调分配与消费，而且利用它的特殊地位，传达政治主导的意图。集约转化型结构中的流通结构，相当一部分是不按等价交换原则的流通，由此压低农民的收入，以增加积累，同时也拉大了城乡之间、工农之间的差别。（7）银行被纳入国家机构所导致的储蓄与贷款的矛盾。银行是国有国营，国家不仅根据其需要来发行货币，而且将银行作为其出纳机关，弱化甚至失去了银行在调节投资产业等结构方面的作用。（8）经济效益与政治目标的矛盾。将政治目标作为第一位，经济效益服从政治目标，有时甚至为了政治目标而牺牲经济效益。在经济计划中，以产品产量作为主要指标，很少考虑产值与效益，由此而形成相当大的浪费。

江荣： 刘老师把中国当前经济结构规定为集权开放型经济结构，集权开放型经济结构与集约转化型经济结构是怎样的关系？

云喜： 由"转型"中的统制经济体制决定并制约的现实中国的经济结构是集权开放型结构，其运行机制是非均衡趋利式机制。这是对 20 世纪 50 年代至 70 年代的集约转化型经济结构和政治主导式运行机制的改变，是经济制度和体制层次矛盾改变的总体表现。

统制经济体制因政治局势变化而出现的"转型"，体现于经济结构及其运行机制上，就是以集权开放型经济结构取代集约转化型经济结构，随之而来，以非均衡趋利式运行机制否定政治主导式运行机制。这是在未改变行政集权体制条件下，经济制度和体制上的变化在经济矛盾中的总体表现，也可以说是中国经济矛盾的具体形式。集权开放型经济结构并不是对集约转化型经济结构的完全否定，因行政集权体制依然主导着中国经济，它在经济结构及其运行机制中的作用仍旧保持。集权，就是行政集权体制与其主导的统制经济体制的集中体现。但与集约转化型经济结构也有所区别。

开放，是现行经济体制主要特点，也是对旧体制改变最突出之处。经济结构上的开放，就是突破原有的所有权结构，使不同所有制的权利可以结合。对外开放，在现时中国，主要是指放开公有制的权利结构，使国外的私有资本可以进入中国，或独资办企业，或与国有、集体和国内私有资本相结合办企业，由此，外国私有资本成为中国经济结构中所有权结构的一个要素，并由此而具体存在于投资、产业、产品、区域、流通、分配、消费的各个结构中。对外开放，还包括加强与外国的经济交往，包括商品交换、金融、信息等各方面的往来。"参加世界经济大循环"战略的提出与实施，是对外开放的总体表现。对内开放，则是指放弃原有的禁止私有资本存在的法律、政策，在所有权结构层次上对私有资本开放，容许其存在和发展，而且可以采用股份制等方式，参与公有制企业。更为重要的是，私有资本可以通过购买来取得原来公有制企业的所有权，或者由私有资本所有者"租赁"和"委托经营"公有制企业。这是比对外开放更为大胆的开放，只要对比一下以前只有公有制两种形式的状况，就可以明确这一点。私有资本在所有权结构层面的存在，使之得以在投资、产业、产品、区域、流通、分配与消费各层结构中成为重要因素。

开放，不论是对外还是对内开放，从形式上看，都是对占绝对地位的公有制所有权结构的改变，似乎是与集权相对立的。但现时中国的集权，已经是超乎公有制经济之上的。它曾经与公有制经济直接统一，是公有制的必要形式，但即使是在集约转化结构中，集权的根据和主导，也是行政集权体制，是政治对经济的统制与掌控。也正是由于这一点，以行政集权体制为根据的集权，才可以在不改变宪法的情况下，直接以政策主导所有权结构层次的对外对内开放，并将中国经济纳入美国资本财团主导的"世界经济大循环"。这样看，集权是开放的前提，而开放又在一定时期维持了集权，使行政集权体制得以延续。

志燕： 当前中国是集权开放型经济结构，其运行机制是怎样的？该种经济结构的内在矛盾是什么？

润球： 根据刘老师的理论，集权开放型结构的运行机制，是非均衡趋利式的。非均衡，是指在各层结构中，都通行二重或多重标准，由此造成不平衡。这种不平衡是按政治的需要由行政集权主导的。从这种意义上说，非均衡趋利式运行机制是政治主导式机制的"转型"。所不同的是，它不再以维护和发展单一的公有制经济为目的，而是以追求利润（效益）为目的。对利润的追求，不仅是对企业而言的，更是对国家而言的，即增加财政收入。财政是中国两千年集权官僚制经济的核心和主导，新中国推翻了集权官僚制，但保留了行政集权体制，从而也就保留了财政在国民经济中的核心地位。经济为财政服务，财政为政治服务，是统制经济体制，也是它所体现的经济结构和运行机制的实质。国家的"趋利"，主要表现为尽最大可能增加财政收入，而为了增加财政收入，就要增加国内生产总值（GDP），为此努力引进外资和发展私有资本，在增加 GDP 的同时，增加税收，这成了非均衡趋利式运行机制的原则。

非均衡趋利机制,首先作用于经济结构的改变上。所有权层次上的集权与开放,是非均衡趋利机制作用的第一个环节。GDP主义经济学家的"生产力标准",打破了原来只有两种公有制的所有权结构,开放了对私有资本、个体小农经济及个体工商户的限制,开放了外国(及港台地区)资本进入中国。进而,以非均衡的机制改造投资和产业结构,在区域结构上进行大的改变,实行对"外资""合资"等企业的优惠政策,以政治手段集全国之力设立经济特区等等,都突破了旧有的结构。在此基础上,又以趋利原则,改变了流通、分配、积累与消费等结构。更为重要的是,改造并利用了金融在经济生活中的地位,股票、房地产、债券、期货市场的设立,使非均衡趋利机制的作用更为明显。

通过对所有权结构的改变,非均衡趋利机制贯彻于全部经济生活,从国家的计划和总体调控,到企业的经营管理,以至家庭、个人的就业和生活,都受非均衡趋利机制的制约。非均衡与趋利,二者是统一的,正是非均衡使趋利得以成立,而趋利又是非均衡的原则与标准。从形式上看,这个机制与资本主义自由竞争体制下"看不见的手"有些相似,但又有质的区别,这就是行政集权体制的作用。非均衡趋利机制中政治是主导,而"看不见的手"则是在努力排斥政治作用的情况下,单纯以趋利为机制的。与资本主义市场经济相比,也有某些相同,即国家机构在发挥调控作用,但也有本质区别,非均衡趋利机制中国家机构的作用,根据在于行政集权体制,而市场经济中的国家调控,则以劳资双方的政治斗争所达成的制衡为根据,并且是依循经济生活中的市场规则的。

马淮:集权开放型经济结构矛盾包括十个方面:第一,集权与开放的矛盾。这是一种相当奇特的结合,似乎不可能统一的集权与开放,恰在特定的历史条件下结合起来了。集权与开放作为一对矛盾,其主要方面是集权,这是初级公有制的统制经济体制的体现。不过,当开放演进到一定程度,即外来的及国内的私有资本势力不断发展壮大时,它们与集权的矛盾也更为突出。第二,集权开放结构因其非均衡趋利机制,扩大了劳动者素质技能结构与投资结构之间的矛盾。第三,就业结构的矛盾激化。由于劳动者素质技能低下和投资结构的趋利化,使本来就已相当严重的就业问题更为突出,就业结构矛盾的主要表现是:大量原国有企业和集体企业职工失业、下岗;城镇劳动者就业不足;农村巨大的半失业劳动人口;"农民工"就业的低层次、低工资、不稳定;高技能就业需求不能满足;社会保障体系不健全。趋利式的投资结构不能为劳动者提高素质技能和充分就业提供必要条件。第四,产业和产品结构的矛盾。这是前三个层次结构矛盾的集中体现。由于劳动者素质技能结构和投资结构的矛盾,在非均衡趋利机制的作用下,产业结构与现代工业的发展越来越不适应。第五,分配结构的多元化及由之引起的矛盾。第六，流通结构的矛盾。非均衡趋利机制打破了原来集约转化型结构中对流通的严格管制，在这个过程中，曾有价格二元结构造成的矛盾，但价格放开和流通的市场化，又产生新的矛盾。第七，积累和消费结构的矛盾。第八，区域经济结构差异与矛盾。中国的区域经济结构差异，有历史和自然条件的原因，但在非均衡趋利机制的作用下，这种差异不仅没有缩小，反而在扩大，形成明显矛盾。第九，金融业与国民经济总体发展的矛盾。在集约转化型经济结构中，金融业局限于银行及农村信用社，是政治主导式运行机制统制经济的必要手段。集权开放型经济结构及其非均衡趋利机制，扩大了金融业的作用，其地位日益突出。第十，财政与经济结构和运行机制的矛盾。财政不仅是集约转化型结构的重要一环，也是其运行机制的中枢，充分体现了统制经济体制的性质，集约转化型结构的特点与矛盾，也集中体现于财政的作用上。

石越：西方经济学家及其代言人在不探讨经济结构与经济制度、经济体制和经济运行机制关系的前提下，在分析经济结构时，并没能明确指出经济结构的层次性，往往是以唯生产力论或者唯 GDP 主义为标准，将经济结构划分为投资结构、产业结构、区域结构等几个平行的、并列的方面。并且在探讨解决经济结构问题的时候，往往也是就单个问题论单个问题，头疼医头，脚痛医脚。

刘：对于中国经济结构这个问题，从逻辑上来说，就是其主体的主义，通过制度、体制贯彻到经济结构上，是主义的具体化，其根本是经济利益和意识的体现。我们是劳动者，我们从劳动者的利益和意识对经济结构进行研究，所以，第一个结构就是劳动力结构，这是其首要的特点，而西方经济学是将投资结构、产业结构看作第一位的。也就是说，在经济结构这个层面上，首要的问题就是就业问题，就是劳动力结构问题。对于一个国家来说，泛泛地谈就业也是不对的，这里有一个层次问题，也就是劳动者的素质技能问题，其素质技能结构是最为主要的。一个国家富强与否，不在于它的 GDP，也不在于其投资，而在于其劳动力结构层次有多高。如日本，之所以发达，其依靠的就是劳动者的素质技能，德国也是如此。中国相对落后的根源也在于劳动者素质技能结构相对较低。将经济结构问题归结为劳动力结构这一核心，明确劳动力结构与投资结构并非同一层次的问题，这不仅在经济学理论和方法上具有深刻意义，也是劳动者进行经济学研究必须要做到的。如果在经济结构这个层面上看不到这一点，劳动者的利益也就得不到体现。在谈到劳动者的利益时，大家往往想到劳动者的生活，而实际上劳动者最大的利益在于劳动者的素质技能提升。直到今天，有人仍坚持党和政府的责任就是要使人民生活得更好，这并没有错，但关键是使人民生活得更好的标准是什么。发财致富并非根本目的，在达到基本生活条件下，其利益已经不再是生活，而是素质技能的提升，只有提升了其素质技能，才能发展生产，而后才能提高生活水平。现在经济学研究的一个大误区就是仅仅从消费出发立论，我们不能仅仅讲"民生"，讲"使农民生活得更好"，而应该以提升劳动者素质技能为目标，这才是根本，素质技能提升了，生产发展了，其生活水平自然就提高了。对于中国经济结构存在的问题，必须从劳动力结构这一核心问题展开探讨。

马淮：我认为中国劳动者当前的处境可以用人们常说的"端起碗来吃肉，放下筷子骂娘"来形容。可以说，中国劳动者现在已经在"吃肉"了，但为什么其并不买账，还要放下筷子骂娘。因为劳动者的根本利益不在于"吃肉"，而在于自身的发展，自身发展的根据在于素质技能的提高。

三　中国经济结构与运行机制矛盾的解决

云喜：在明确中国经济结构与运行机制矛盾后，接下来应该探讨的就是中国经济结构与运行机制矛盾应当如何解决。经济结构及其运行机制是经济体制的展开，是经济制度的具体存在。中国现有的集权开放型经济结构及其非均衡趋利机制的矛盾，在 2008 年爆发的全球经济危机中得以充分展现。变革这种经济结构和运行机制已成为中国经济发展的关键。现在就连一些 GDP 主义经济学家也不得不承认他们曾推崇的经济结构和运行机制需要"改变"，但他们的提法，只是局限于"改变增长方式"。这是一种典型的治标不治本的观念，只是在经济结构的表层做些文章。而更为深入些的，则主张对"产业结构"进行调整，包括促进产业升级以及区域经济结构的调整等。囿于对产业结构进行调整，对投资结构和区域结构进行调整的建议并不能从根本上解决中国经济结构存在的矛盾问题。在中国共产党十八大会议上，提出中国经济结构要进行战略性调整，而战略性调整的方向在哪儿？应该怎样从根本上解决中国经济结构存在的问题？

王：经济结构在总的经济矛盾系统中，是第六层次，它本身又是一个小系统。经济结构系统的各环节不是平列的，而是有机地按一定层次构成的。经济结构中的基本层次，是所有权结构，它在阶级社会表现为阶级结构，在无阶级社会可能表现为阶层或群体结构。它涉及劳动力所有权和生产资料所有权以及生产物的所有权（即收益权）和处置权。这个基本层次，正是经济制度的体现。在所有权结构的基础上，有劳动者素质技能结构（也可以说劳动力结构）和生产资料结构，其中，生产资料结构在现代社会表现为投资结构。这个层次的展开，为就业结构和产业结构；再展开，就是产品结构；进而是流通（市场）结构、分配结构、积累、消费结构与区域结构。这是一个从抽象到具体的系统，其中各层次，都不是孤立存在的，而是在相互制约中发挥作用的。也可以说，经济结构本来就是一个，之所以将它分为若干层次，是为了从逻辑上如实地再现它、规定它、把握它，进而促使它有效地发挥作用，并在适当的时候，对其进行总体调整。

马淮："增长方式"只是经济结构和运行机制作用的结果，产业结构和区域结构也只是经济结构中的组成部分，它们都不是孤立的，其问题是整个经济结构和运行机制总体矛盾的表现，而其原因，又在体制和制度上。解决经济结构及其运行机制的问题，必须以制度和体制的改革为前提，是制度和体制改革的具体化。集权开放型经济结构的特点是以行政集权操纵配置劳动力和资源的方式，以非均衡趋利机制导引压低价格的内部竞争来"参加国际经济大循环"，它在短期内可以增加国内生产总值，但却长期压低劳动者的收入，大量消耗浪费资源，破坏环境。从而抑制了劳动者素质技能的提高，导致经济结构的低端化和严重失衡。对经济结构及其运行机制的改造，要以公有制经济的改革发展为根据和主导，要在改革行政集权体制和统制经济体制的进程中，按照计划市场体制的要求，确立以中国为主体，以中国劳动者为主体的内生拓展型结构和法制主导式运行机制。

石越：中国是一个有十三亿多人口、近千万平方公里领土的大国。在一百多年前，中国的统治者曾自视统驭天下，"天朝无所不有"，以内生互补型经济结构维持农业文明的再生产。而内生互补型经济结构同时也是中国不能从发达的农业生产方式自动转向工业生产方式的原因之一。我们现在所谈的内生拓展型结构与内生互补型经济结构有何区别，什么是内生拓展型结构？

刘：中国的经济结构是一个系统，其中各个子系统是相互依存、制约的，各产业各行业之间、各地区之间完全可以通过互补交流而相互促进，并由此形成良性循环。在"内生"基础上的拓展，不仅是各子系统在总体经济结构中的发展，也包括对外经济交往。"外向"是服从"内生"的拓展方式之一，拓展的主要方式依然是内向的，即经济结构各子系统在发展中的密切结合。

作为现代中国人生存和发展基本方式的经济结构，要以社会制度为前提确定目的性，即劳动者根据自由发展的需要，为发挥和提高自己素质技能，形成必要的经济关系，配备相应的教育、培训设施以及与素质技能结构相适应的投资结构，由此形成就业结构和产业结构、产品结构、流通结构、分配结构、消费结构、区域结构。

内生之"生"，首先是生存，其次是生成、发展。中国经济结构要以内生为主，也就是以中国人为主，以劳动者的素质技能发挥与提高为主；经济结构中的各环节、各企业和经济实体，应在互助和促进的同时，展开有限度的竞争，以增强内生之活力；在内生为主的基础上，主动参与国际经济交往，向外拓展市场，既输出我们的产品和技术，也引进我们所缺的技术和产品。内生为主，也为本，互促竞争为内生之展开，外向拓展为内生之外延。这样的结构，是以公有制和民主制为大前提的，其运行机制也就表现为法制主导式的。

马博：那"内生"与"外拓"应该是怎样的关系呢？

刘：中国的经济结构的内容是具有主体地位的劳动者的经济关系。不能从外国引进某种经济结构，将中国的劳动者装进去，加以"配置"，而是劳动者在提高素质技能的进程中，运用其所有权和民主权为自己创造发挥技能的条件，由此形成相应的经济关系。经济结构在资本主义政治经济学那里，是以资本为主体，资本是作为主动的一方，其经济结构实质就是资本结构。中国的经济结构改造，不应该也不可能以资本为主体，也不能再靠行政集权体制以"长官意志"来调整，而是要由民主法制主导，在中国劳动者提高和发挥其素质技能的过程中，配置相应的资金和生产资料、自然资源，形成内生互动拓展的经济结构。

内生为主，并不是排斥对外交往，而是在确立主体的基础上，加强对外交往。这包括与工业发达国家的交往，也包括与工业不发达国家的交往，随着中国工业化的进程，对外交往不仅重要，还应更加密切。但绝不能把对外交往作为改造中国经济结构的方向和依据。GDP主义经济学家将发达工业国的大资本财团视为世界的"中心"，要求中国自觉地适应这个"中心"的需要来调整经济结构的思路，是不可能达到改造小农经济，实现工业化的目标的。中国是根据自己经济发展的条件和需要，来建立和改造自己的经济结构的，对外经济交往，要从这个结构出发，要有利于结构的改造和发展。

内生为主，就是从中国现有的条件出发，以劳动者为主体，根据其素质技能和现有的资金、生产资料、自然资源，来确定发展的基础和目标。经过六十余年努力，中国的工业化已取得巨大成就，初步形成了主干工业企业和与之配套的商业、交通运输业、金融业的结构。然而，中国人口之众，国土之广，又不可能在短期消灭小农经济，它仍是大多数人口的生产生活方式。经济结构的改造必须正视这个现实，也只有从这个现实出发，以改造小农经济，实现工业化为目标，才能有效地改造经济结构。

内生为主，不是要每个行业和区域，乃至企业和个体生产经营者都只靠自己的力量来内生，而是强调国内各行业、区域、企业和个人的相互促动。这就要求经济结构必须贯彻计划市场体制所体现的法制主导式运行机制，既要有计划，又要利用市场体制及其机制的作用。也就是说，是有计划地改造经济结构，但又不是像统制经济体制那样一切由行政集权决定，而是充分考虑经济权利体系，考虑市场条件，调动各方积极性。经济结构的改造和调整是动态的，并在法制主导式运行机制中充分体现相互的制约和促动。

马淮：法制主导式运行机制是政治主导式运行机制的否定，从一定意义上说，非均衡趋利式运行机制只是政治主导式运行机制的延续，它及其依托的集权开放型经济结构只是统制经济体制的一种形态。由于中国历史和现实的特殊性，改造其经济结构，必然先确立法制主导式机制的原则，并以这个机制的作用来解决经济结构中的矛盾。与政治主导式运行机制相比，法制主导式运行机制的特点就在民主法制对行政集权体制的改造。民主法制的特点在于劳动者以其所有权派生的民主权来控制公有的生产资料占有权行使机构以及行使行政权、执法权、司法权的国家机构，由此改革行政集权体制所表现的政治主导式运行机制。由民主权控制行政权行使机构及公有制企业的占有权和经营权，要求并规定系统的法律，以相应的执法、司法机构来监督保证法律的实施。这样，确立劳动公有制经济为主干的计划市场体制，也就形成了以法制主导式运行机制调整经济结构的前提。

刘：解决中国现实经济结构矛盾的首要环节，是在确立劳动者的社会主体地位基础上，以发挥和提高劳动者素质技能结构核心。这也是法制主导式运行机制得以形成并作用的根据。由此使投资结构与劳动者素质技能结构相统一，形成合理的产业结构和就业结构以及产品结构与流通、分配、消费结构，并加强地方经济自主权形成协调的区域经济结构。这是一个系统、复杂而长期的改造过程，以法制主导结构改造，并使法制主导式运行机制在这个过程中得以确立。法制主导式运行机制，是以保证所有权主体对占有权行使机构的控制为基本，进而在控制经营权、收益权、处置权、监督权、管理权的过程中，调节经济结构及其运行中的关系，解决其矛盾的机制。这里的各个环节，都要有明确的法制规范和保证。行政权和经营管理权等依然存在，但它们是在法制之下，由民主权控制，成为法制主导式机制的手段。

对经济结构的改造，每个环节和步骤都涉及权利，都是权利关系的调整。劳动者素质技能结构主要涉及劳动力所有权；投资结构主要涉及生产资料所有权对占有权的控制；产业结构主要涉及企业占有权与经营权以及收益权、处置权；就业结构是劳动力所有权与占有权、使用权的关系以及劳动力使用权与经营权的关系；产品结构与流通、分配、消费结构，涉及所有权、按劳动分配权和按劳动力使用权价格领取报酬权以及公共价值的收益权、处置权等；区域经济结构则是各种经济权利的综合，并形成以劳动力和生产资料所有权为根据的地区经济自主权。

这一系列权利关系，在法制的主导下，就形成由劳动者利益和权利为主而生发的经济结构，在这个结构中，法制主导式运行机制才能充分、有效地发挥作用。法制主导的经济结构改造，是以内生为主，竞争互促，外向拓展为特征的，在法制主导过程中，应体现计划市场体制的竞争性，或者说，竞争是法制主导式机制中的一个要素。

云喜：在内生拓展型经济结构中，劳动者素质技能结构这一核心是如何得以体现的？

刘：内生拓展型经济结构，内生之"内"，核心就在劳动者素质技能，其"生"，则是劳动者素质技能的提高，进而为提高了的劳动者素质技能创造发挥的条件。这是改造中国经济结构、完善其运行机制的基本和主要内容。为此，就要优先、突出劳动者素质技能结构的核心地位，并使之与其他结构有机统一，在保证劳动者素质技能的发挥和持续提高的进程中，导引以公有制为主干的中国经济健康发展。

以劳动者素质技能结构为核心，不是不要投资结构，也不是不要生产资料，而是将投资结构从属于劳动者素质技能结构，将生产资料服从于劳动者素质技能的发挥，而不是要劳动者素质技能服从于生产资料。

与现在一些讨论经济结构的意见不同，我不把"技术结构"单独作为经济结构大系统中的一个子系统，而是把技术作为劳动者素质技能结构的一个要素。当我们将劳动者素质技能结构作为经济结构的核心时，就会发现，西方资本主义政治经济学家关于劳动力结构的研究，在具体内容上是有一些可借鉴成分的。而其关于"技术结构"的探讨，则明显地脱离了劳动者这个主体，如资本化的技术专利等，但也有可借鉴之处。在经济结构中的劳动者素质技能结构，主要是其素质的第二层，即技能素质，但第一层身体素质，第三层精神文化素质又是不可缺少的。劳动者的技能素质，包括技术和经营管理的能力。任何劳动都是运用体力和脑力，而体力和脑力的运用又是有程序、有方法的，这程序和方法就是技术。不论多么简单的劳动，都有技术，任何劳动者也都是有技术的。但技术的层次因劳动对象和内容的差异而分为若干层次和环节，由此造成劳动的质与量的差别。这些差别及其统一，就是"技术结构"，它在技术学上是可以抽象探讨的，但在现实中，却都是存在并体现于劳动者这个主体之中的。经营管理，也是劳动的必要成分，不论简单或复杂的劳动过程，都包含着经营管理。小农经济的经营管理与跨国公司的管理，几乎不可同日而语，但它们又都是经营管理，也都需要技艺和能力。随着社会分工和产业发展，劳动者技能素质的层次性也越来越突出。只有分工的技能素质的存在，才有分工的社会现实，而分工的社会现实又要求并促进分工的技能素质；只有技能素质的提高，才有产业的发展，而产业的发展又促进技能素质的提高。有多少产业、行业，就有多少技能素质，技能素质的提高，又为新行业、产业的出现和发展提供了基本条件。在技能素质提高的同时，又要求并带动身体素质和精神文化素质的提高。

劳动者素质技能结构，作为内生拓展型经济结构的核心和首要环节，是经济结构及其运行的起点和终结点。经济活动从劳动者素质技能结构开始，经过一系列的中间环节，到提高了的劳动者素质技能为结束。其合理与否，就在于劳动者素质技能是否提高和提高的程度以及发挥的条件。

经济结构中各子系统结构都是其中的环节，作为核心和首要环节的劳动者素质技能结构，既是各环节的根据和起始，又包含了各环节的基本内容。各个环节都是劳动者素质技能结构的展开，是它的具体存在形式。也可以说，劳动者素质技能结构就是抽象的、一般的经济结构，它的构成方式，具体化于其他各结构，各结构则是它的展开，是实现它的必要条件。投资、产业、就业、行业、产品，以至分配、流通、消费、区域等结构，其主体都是劳动者，而相应的生产资料和产品等物质因素，都是由劳动对自然物质的改造形成的，是劳动者素质技能结构的表现和条件。资金和生产资料不过是人劳动的产物，投资结构和产业、行业结构等，都是劳动者以其创造的价值和改造的物质资料来进行再生产的条件，其结构的依据仍然是劳动者的素质技能。至于产品结构，只是劳动者素质技能的物化形式，分配、流通、消费等结构，又是对这种物化了的劳动者素质技能结构的展开、实现和再构成。区域结构则是对上述各结构的总体规定，同时体现着不同地理自然条件和文化传统所形成的差异。至于自然资源，它们之所以能够纳入经济，就在于劳动对它的改造和使用，它在经济中的存在，完全是从属于劳动者素质技能结构的。经济结构的各环节，其主体都是劳动者，其要素也都是劳动者素质技能发挥的产物和条件，是劳动者素质技能作用所形成的。

内生拓展的经济结构在确立劳动者素质技能结构核心地位的前提下，应围绕这个核心形成投资结构，并由二者结合，形成产业结构及行业、就业、产品、流通、分配、消费、区域结构。而法制主导式运行机制作为内生拓展型结构功能的发挥，也在经济结构的调整和优化中形成并系统化。

云喜： 刘老师《中国政治经济学——主体 主义 主题 主张》中论证经济结构时，特别强调了当前在中国应"举全国之力组建主干性行业"。他认为举全国之力重点发展以自己的核心技术为支撑的主干行业，是立国之本，强国之基，也是中国计划市场体制的基本经济方略。举全国之力组建主干性行业，其核心是提高劳动者素质技能，并加大投资，其重点就在于改革和发展国有企业。国有企业不仅是中国经济的主干，更是主导。对国有企业的改革及必要的集中投资——包括对那些在产品结构上已经过时企业的停转，在已有比较好基础的企业集合高素质技能的职工，组织技术攻关和艰苦创业，注入更多的投资，是有能力在相对短的时期内，使这些行业赶上世界先进水平，发达中国产业结构的骨骼和肌肉，并带动其他行业的有机发展的。解决这些问题，一是在加强教育和科学研究的基础上，注重专业技术人才的培养和使用，为其提供适宜的工作和生活条件，同时普遍提升本行业职工的技能素质；二是加大资金投入，组织技术攻关和产品开发，选好突破点，将有限人才和资金用在刀刃上。

刘： 这些行业中的主要企业，都是国有企业，从目前情况看，也只有国有企业才能承担这些主干行业发展的历史责任。为此，在提高劳动者素质技能和加大投资的同时，必须对国有企业进行改革。从一定意义上说，正是国有企业的缺陷限制了这些行业的发展，如果不按劳动社会主义改革国有企业，再高素质技能的劳动者和再多的资金，都不可能使这些行业发达，况且也不可能形成高素质技能的劳动者。举全国之力组建主干行业，实质就是改革、改组、扩建、新建国有企业。而"私有化"论者则千方百计地诋毁国有企业，在将大部分国有企业"私有化"之后，还对仅存的国有企业加以攻击，称之为"垄断企业""垄断行业"，抓住其高管自定高薪这个把柄，进一点要求将之"私有化"。这种言论是相当危险的，试想如果将仅有的这点国有企业也消灭的话，中国产业的支柱也就垮掉了，只能完全依附于外国大资本财团。

主干行业的国有企业改革，首先是明确和完善权利体系，因此它是全国性也是群众性的改革。应动员全国民众，特别是国有企业职工参加改革。在这个前提下，对现有的企业进行改组。现在有人将改组说成仅仅是资产重组，这是不全面的。国有企业的主体是职工，改组，第一位的也是国有企业职工按其技能素质的重新组合，进而是设备和资金的重新组合，由占有权执行机构统一安排，但不能由政府挪作他用。扩建，是改组的一部分，包括追加职工和资金，以扩大其生产规模。新建，是由占有权执行机构根据本区域国有企业的发展计划，组织职工，投入资金，新建一些新技术新产品的企业。与此同时，对于那些已成规模且发展前景明朗的主干行业中的合作制企业要予以支持。对有志投资主干行业的私有资本企业也要鼓励，并为其提供必要条件。现在，私有资本企业大都需要股份制才可以形成足够的投资，为此，应以法制规范并保证其利益，支持其扩大再生产。

（刘云喜）

财政、金融的定位及健全中国现代财政、金融体系

财政政策和货币政策是政府干预、调控经济的两个基本手段，财政是政府参与经济的主要方式，金融业既是货币政策的体现，又是重要的行业。财政和金融是经济结构与运行机制的关键环节，对其正确定位，并在此基础上健全中国现代财政、金融体系，关乎中国经济结构调整能否顺利进行，是中国政治经济学主张的重要内容。对这个问题的研究，也就成为中国政治经济学方法论的必要环节。

一　财政的定位及财政体系的健全

玉玲：我们首先讨论财政的定位问题。财政在现代中国经济中的位置到底应当如何确定，它的作用主要在哪些领域发挥，在中国政治经济学中，财政属于经济结构还是属于运行机制层次？

春敏：财政的定位及中国现代财政体系的健全应建立在对财政概念的正确认识上。财政是在一定经济条件下，国家及各种政权机构筹集经费、维持其存在和活动而展开的政治对经济的控制与干预。从来就没有排除了政治的"纯经济"，政治本身就是经济的内在制约机制，而财政是政治制约经济的首要方式。

思远：我同意这一看法。财政并非单纯的经济问题，而是政治与经济的密切结合，是"政之财""财之政"。"以财行政，以政理财"是对财政概念的最好概括。"政"的基本，就是国家。财政是以国家为边界和主体的，从这个角度看，可以认为财政是国家对经济的掌控。财政作为政治与经济的结合，起主导作用的是政治。

玉玲：对财政的定位，还涉及对财政本质的认识。

财政本质问题不仅决定着财政学的理论架构和具体内容，而且从根本上影响着财政的实践。我国财政学界曾就此展开激烈讨论，对财政本质问题的研究成为中国财政理论中最具特色和内容最丰富的部分。这一讨论在新中国成立前就已开始，但其深入进行，则是在 20 世纪 50 年代后，并一直延续到 80 年代。众多研究者提出自己的观点并相互论争，将对财政本质的认识逐渐引向深入。

概括说来，形成了如下观点：货币关系论（承袭自苏联学者）、国家分配论（代表人物为丁丁、罗毅和许廷星）、国家资金运动论（代表人物为李成瑞）、剩余产品（价值）决定论（代表人物为王绍飞）、再生产决定论（代表人物为侯梦

蟾）、社会共同需要论（代表人物为何振一）。① 其中，国家分配论长期占据主流。国家分配论认为，财政本质是以国家为主体的分配关系，社会主义财政本质是无产阶级专政国家为实现其职能分配社会产品和国民收入而形成的分配关系。其要点：一是肯定财政是分配关系，二是强调财政这个分配关系与国家有本质联系。"国家主体"和"分配"是其理论的两个基本要素，因而称为"国家分配论"。

更深层次看，我国在 20 世纪 50—70 年代末的经济体制，并非"计划经济"体制，而是初级公有制的统制经济体制。作为在特殊历史条件下建立的初级公有制的经济体制，统制经济体制是高度集权的国家以行政方式对经济全面控制的必要形式。② 而国家分配论的立论基点，是对于国家主体的强调，是以国家为主体去分析一切经济活动，这些与我国当时的统制经济体制相适应，从而决定了其主流地位。统制经济体制也以财政作为国家控制经济的最重要方式。

20 世纪 80 年代后，伴随着经济体制的转型，国家分配论的主流地位渐渐丧失。财政学界的研究更多开始关注具体的财政问题，很少关于财政本质的讨论了。但学界就此问题不再集中讨论并不意味着财政本质这一问题已经解决，相反，新的经济体制下，需要新的关于财政本质的界定。这是中国财政学发展的要求，也是无法从西方财政学"借鉴"来的。这一基本理论探讨的缺失，带来财政学研究的迷茫。从我们的角度看，不认知财政的本质，也就无法为财政正确定位。

单单从财政学的角度，是无法正确认识财政的本质的，原因就在于，财政学往往被理解为经济学的一个分支，认为财政问题就是一种特殊的经济问题。我认为，从政治经济学的角度，反倒可以正确认识财政的本质，并对财政进行正确定位。财政本质是国家以政治形式控制经济的方式，是国家从经济对社会的调控，它由收入和支出两个基本方面组成，收入的依据是政治权力，支出的原则是维持国家政权及其政治统治。

刘：我们关于财政、金融的讨论，是在经济结构问题中进行的，不能将之单独出来，是在经济结构中，才能明确财政、金融的定位问题及其体系健全问题。先看财政。由于现行经济体制仍是统制经济体制，经济结构是集权开放型经济结构，集权是突出特点，因此，经济的核心就是财政。当我们听一些地方官员谈当

① 张馨：《当代财政与财政学主流》，东北财经大学出版社 2000 年版。
② 刘永佶：《中国政治经济学——主体 主义 主题 主张》，中国经济出版社 2010 年版，第 302—310 页。

地经济的时候，他们着重说的，就是财政收入多少，GDP 倒并不会多谈。可见，财政成为经济的核心。从这个角度看，之前我们讨论的 GDP 主义就是财政主义。GDP 是为财政服务的，是要维护体制、政权的存在才要求 GDP。在此思路下，就不考虑经济结构、劳动者素质技能等内容，只要财政能从 GDP 中把钱收上来，就能维持政权运转，目的就达到了。这种思路，就是财政主义。集权开放型经济结构中，势必把政府的存在看得高于一切。财政只是政府存在的工具，但恰恰是在这里，体现了统制经济体制的问题。因此，要解决财政的问题，不只是经济结构调整的问题，必须有政治体制改革。

云喜：现在西方国家提出了"公共财政"的理念，如何看待公共财政？

刘：公共财政将政府的行为界定成"服务"，这样，财政收入就成了政府所提供服务的价格，财政支出则是提供服务的成本。政府犹如一个企业，不论公务员、警察、军队的行为都是给社会提供服务，因此收取相应的税费也是符合"市场经济"规则的。这从现象上看似乎有其道理，但却并非财政的本质。财政及其支撑的政权行为，当然有"服务"的形式，但这种"服务"有其特殊性，其目的并不在"服务"本身，而在于通过"服务"而维系政权，况且其大部分"服务"也都是针对政权机构的。"公共财政"并不是幻想，但在阶级社会却是不可能的，只有建立了民主劳动社会制度，国家真正成为全体劳动者个人公民权、所有权派生的民主权和占有权的集合体，并受民主法制控制的公共权力机构的时候，公共财政才能成为现实。而这也是中国财政改革的唯一方向，端正财政在经济结构中的地位，有效发挥其作用，也应以此为原则。

玉玲：从氏族社会的初级政权到大一统的国家，财政的本质和功用就已成型。只要有国家，就有财政，其差别，取决于国家的性质和特点，在差异中又都体现着财政的共性。

我来梳理下中国财政的发展历史。历史上的中国是最早建立系统财政体系的国家，"自虞夏时，贡赋备矣"。从夏到清，土地始终是主要的财富。因此，田赋就构成财政收入的主要内容。归纳起来，有三代时期的贡、助、彻，战国、秦、汉和两晋的租税制，北魏到隋、唐初的租（庸）调（税）制，唐中期到明初的两税法，明中期至清初的一条鞭法，雍正初至民国初的地丁银制。其中，一条鞭法和地丁银制是唐两税法的继续和完善。因此，夏到清是贡、助、彻，租（庸）调（税）制和两税法三个大的阶段各领风骚上千年。

贡、助、彻是初期的中国财政收入。贡是臣民从自己收获物按比例给领主贵族纳贡，表现一种臣服关系；助则是井田制下生产方式的体现，是农奴到领主庄园去劳动；彻字虽有不同解释，但"彻取""征收""通力合作"的基本含义则体现了演变到周的政治经济对税的要求。这一阶段，国家刚产生，还处于不断完善中，其税，也带有时代的烙印。总体说，就是国家的控制并不严格，税也以轻税为指导思想。孟子所说"夏后氏五十而贡，殷人七十而助，周人百亩而彻，其实皆十一也"，就是这种轻税思想的体现。"十一而税"也成为后世自命圣明的君主们所采取的基本税率。

秦以后，中国进入集权官僚制社会。集权官僚制的国家政权以其对土地的所有权为基础，向小农经济的个体农民及其他劳动者收取各种赋税，据此维持政权和对民众的统治。什么是赋，什么是税，中国人区别得很清楚，"赋以强兵，税以足食"。财政实质上是经济的核心，也是集权专制的命脉。中国古代经济和经济思想史主要的问题就是财政。古人说的"经济"，实质就是财政。如何从经济发展中为政权及其活动筹集资金，如何以政策干预、调控经济活动，是古代、也是现代财政的功用所在。

集权官僚制下，中国社会处于农业生产方式。土地是最重要的生产资料，也是最主要的赋税来源。总体看，集权官僚制下，有秦、汉和两晋的租税制，北魏到隋、唐初的租（庸）调（税）制，唐中期到明初的两税法，明中期至清初的一条鞭法，雍正初至民国初的地丁银制。其中，租（庸）调（税）制体现了随着国家的发展，对民剩余产品征收力度加大和全面化。"有田则有租，有身则有庸，有家则有调。"这是对民的全面控制，无论是作为人的"身"，还是作为财产的"田"以及综合了上述两者的"家"，都被纳入征税范围，以"皇粮国税"的严肃性和强制性进行征收。

两税法则是一种"唯以资产为宗，不以丁身为本"的财产税，体现了国家征税重点由人身、财产并重到以财产为宗的转变。这一转变是艰难的。唐即开行两税，但两税中"丁额不废"的规定，仍脱离不了计丁课税的原则；一条鞭法虽"量地计丁"，但仍没有废除丁银；直到清的摊丁入地，才真正实现了"唯以资产为宗，不以丁身为本"。两税法的出现及其完善，是国家逐渐放松对民的人身控制，而以财产为税源的历史性转变。

从清后期开始，现代税的理念逐渐进入中国，并体现于制度构建中。北洋政府时期，在中国历史上第一次明确了地方税。其实早在唐后期，就有了制度化的"上贡、送使、留州"，其中的"留州"具有地方税的特点，但它并不充分，并非完全意义的地方税。到国民政府时期，则基本建构起了现代税收体系，实行中央税、地方税及中央与地方共享税的分税制度。地方税的出现，是大一统的中国明晰中央与地方财政关系的重要努力。

新中国成立后，在统收统支的财政管理体制下，税被逐渐边缘化，国家财政收入主要依赖企业的利润上缴，简化税制成为改革的主要方向。新中国成立以后的统制经济体制，依然保留了财政的核心地位，不仅保持着旧有的功能，而且将发展经济、兴建国有企业也纳入财政系统。国有企业的投资来自财政，利润也要经财政统一提取和分配、划拨。这样的财政对于刚建国时期的特殊条件是必要的，它不仅支撑了战后经济恢复和抗美援朝战争以及加强国防、巩固政权，还促成了基本工业体系的建立。但这毕竟是临时性的，其弊端是相当明显的。在集权开放型经济结构中，将财政与国有企业的关系做了大的调整，"拨改贷""利改税"这两项改变，使财政不再拨付国有企业的流动资金和技术改造资金，也不投入新建国有企业的资本金。国有企业与其他企业一样，只向财政交税，但税率要远高于其他企业，且不能偷逃税。财政的集权性和对经济的干预依然保持，它以税收手段制约着投资、产业和行业、就业、产品、流通、分配及区域经济结构。经济结构各层次的矛盾，都与财政密切相关。

刘：改造经济结构必须端正财政的定位。财政既是经济结构的一个环节，也是运行机制的重要体现。在今天的中国，财政维持政权存在和运行的职能当然要保持，但要随民主法制取代行政集权体制的改革而逐步变化。财政在公共权利体系中属行政权范畴，是行政权行使机构管理、干预、调控经济的必要方式，并为全部公共权利行使机构和国防、社会事业、福利等提供经费。从这个意义上说，国有企业不应由财政投资，而应由国有资产和资源占有委员会投资，其利润上交占有委员会由其处置，但要和其他企业一样缴纳税收。财政的收和支都要经立法权机构人民代表大会批准，由行政权行使机构执行。

财政要在经济结构调整中起重要作用，是调整经济结构的重要工具。财政关乎经济结构的各个层面，包括劳动者素质技能结构，投资结构，就业结构，产业结构，流通、分配、消费结构、区域结构的调整，都要求财政的改革。但在其中，要求有核心。这一核心，就是劳动者素质技能结构的提升。政治经济学有责任为财政改革定位。中国现代财政体系的健全，要明确抓手，即以劳动者的素质技能提升为抓手。这就要求重视教育，通过教育，提升劳动者素质技能结构，进而影响整个经济结构。现在的财政，主要不是以劳动者为主体，不是从劳动者素质技能结构着手，而是从投资结构入手，这样，就造成经济结构畸形。我们讲了很多年的"调结构"，但始终没有弄清楚调什么结构，怎么调结构。关键就在于没有弄清楚上述关系。调结构，首先不是调整投资结构，而是调整劳动者素质技能结构。有什么样的劳动者素质技能结构，就有什么样的经济结构。单纯依靠投资，是无法调结构的。

玉玲：从具体内容看，现代财政体系的健全，需要从财政收入和支出两方面着手。财政收入包括税、费、债。其中，税是最主要的财政收入，占财政收入的比重超过90%。税收改革中，应逐渐提升税法的立法级次，改变目前税法中大量存在的是税收行政法规的局面。税收结构应明确主体税种，构建以流转税和所得税的双主体模式。流转税改革方面，应尽快完成营业税改增值税，完善消费税；所得税改革方面，进一步改革个人所得税，改变工资薪金成为所得税主要来源的现状，将企业主、明星等高收入群体纳入个人所得税纳税人范围；资源税改革中，逐渐扩大征税范围，将草场、水等自然资源作为征税对象，并进一步促进资源税由从量计税向从价计税的改革；在全国范围推广房产税；推动社会保障费改税等。目前，我国税收的主要问题就是调节能力差。增值税、消费税和营业税等流转税占到整个税收收入的比重超过60%。个人所得税和企业所得税在整个税收体系中的比重只占约25%。流转税的好处是，能够保障政府收入，只要有流转，政府就可以收到税，但其调节功能差。这样的税收结构显然不利于社会公平。个人所得税中，收上来的，大多是工资薪金所得部分，个人所得税成了工薪税，覆盖的纳税人范围狭窄。看这样的一组数据：根据财政部税政司的统计，个人所得税实行 3500 元免征额以后，纳税面由 28% 下降到 7.7%，纳税人数由 8400 万减至 2400 万，仅占总人口的 1.8%。[①] 不仅如此，个人所得税"劫富济贫"功能没有发挥。比较一下中美两国的情况来说明这一问题。在美国的纳税人中，少数富有人士所缴纳的税费占政府收入的绝大部分。根据美国财政部的统计，2006 年纳税人中最为富有的人士有 13.8 万人，其比例占全部纳税人的 0.1%，所缴纳的税费占联邦政府个人所得税全部收入的 17.4%；比例为纳税人口 1% 的顶级富人 138 万，所缴纳的税费占联邦政府个人所得税全部收入的 36.9%；比例为 5% 的富有人士是 690 万，所缴纳的税费占联邦政府个人所得税收入的 57.1%；而占全部纳税人 50% 的底层纳税人，也就是大约 6900 万纳税人，所缴纳的税费为联邦个人所得税收入的 3.3%。相比较而言，中国的富人对个人所得税的贡献却十分有限。根据国家税务总局的统计，截至 2010 年 3 月 31 日申报期结束，全国共有 2689150 人到税务机关办理 2009 年个人所得税自行申报，申报人数比 2008 年增加了 287573 人，申报已经缴纳税额 1384 亿元，占 2009 年度个人所得税收入总额的 35.5%。由于我国目前对于高收入阶层没有明确的界定和统计数据，我们姑且将年收入 12 万元以上即自行申报纳税的人界定为高收入阶层，按照全国 13 亿人口计算，高收入者占全部人口的比例为 0.2%，按照当年全国 8000 万个人所得税纳税人计算，高收入者占全部纳税人的比例为

---

① 财政部：税改后工薪收入者纳税面将由 28% 降至 7.7%。来源：中国网，2011 年 6 月 30 日。

3.34％。很显然，我国最富裕的纳税人并没有缴纳与其个人收入相匹配的税收。①由此带来的一个突出问题就是，中国存在大量的富二代，这说明我们的税收收入调节功能微弱。

要逐步规范政府的收费行为。这里突出的是近十几年来的"土地财政"，即地方政府以"招、拍、挂"形式出卖土地使用权给房地产商获取巨额财政收入，不仅引发房价飙涨，还出现了诸多腐败案件，严重干扰了经济发展和政治秩序。对此，就应明确而果敢地以房产税等取代土地使用权出卖时的高价，以税代费。

债务问题上，要关注地方政府债务，对其予以规范。摸清地方政府债务的基本情况，分种类予以规范管理，务必使其在可控范围内。

刘: 财政支出也要纳入法制轨道，坚决抑制各级官员以财政支出搞"形象工程"，杜绝各种形式的浪费，将有限的财力用于社会事业和经济发展。社会事业中的第一事业是教育，教育经费也是财政支出的首要内容。迄今为止，中国的教育经费在国内生产总值中的比例，仍远低于世界平均水平，而各类学校的滥收费现象却屡禁不止，这是中国劳动者素质技能低的主要原因之一。财政对经济的支持，不在于以政府工程"拉动"GDP，而在于提供必要的教育条件，提高全体公民的受教育水平，这是提高劳动者素质技能的基础，也是建立以劳动者素质技能结构为核心的内生拓展型经济结构的必要保证。与此同时，财政支出要为全体民众提供相应的社会保障和各种公共设施，举办各种公共事业，以为经济发展提供社会条件。

总之，随着经济和政治体制的改革，传统的以财政为经济核心的观念必须克服，而且财政直接干预和参与经济的凯恩斯主义政策，也要予以改变。财政当然不可能脱离经济，特别是其收入只能来源于经济，但不应再把政府的目的作为财政收入的依据，而应根据内生拓展型经济结构和法制主导式运行机制的需要制定税收原则，以此原则引导企业、个人的经济行为。而财政支出则应淡化经济性、减少其经济色彩，突出和强化社会性、公共性。由此使经济结构摆脱行政集权体制的控制，这既是以民主法制改革行政集权体制的重要内容，也是计划市场体制形成的必要环节。

二　金融的定位与金融体系的健全

玉玲: 金融是资本主义制度形成以来所出现的一个行业，几百年来，金融业

---

① 孙亦军、梁云凤:《我国个人所得税改革效果评析及对策建议》,《中央财经大学学报》2013 年第 1 期。

从一个从属于工业的行业逐步演化为主导工业和全部产业的行业。金融资本本来是社会资本大循环系统中的货币资本的一个环节，但由于它的特殊地位，逐步成为社会资本的主宰。自 20 世纪初金融资本的这种特殊地位就已形成，希法亭在《金融资本》一书明确指出了这一点。

刘：一个世纪以来，特别是 20 世纪 70 年代初尼克松宣布美元与黄金脱离，彻底废除货币金本制以来，金融资本在其驾驭的国家机器的配合下，迅速扩张，形成了庞大而系统的虚拟资本和虚拟经济。虚拟资本是金融资本因而也是全部资本的异化，由它构成的虚拟经济不再依从资本主义政治经济学的教条。"金融工程"作为虚拟资本的工具，设计并制造了与实体资本和实体经济完全不同的规则。"四两拨千斤"的武术招式被"金融工程"系统化，以很少的成本，就可以设计出几十、几百倍的金融衍生品，并在虚拟经济的"市场"上炒作，不仅榨取着实体经济的利润，更使资本主义经济虚拟化。近期的金融危机引发的经济大危机，正是金融资本虚拟化扩张引发的矛盾的集中体现。虚拟的金融资本既是资本矛盾的集合与最高形式，又是资本的异化，其演化的逻辑势必导致资本的灭亡。

思远：中国的金融业形成要晚于西方二三百年，虽然古代也有钱庄、票号等，但只是金融业的前身，直至 20 世纪初，才因外国银行的涌入而出现了现代意义上的金融业，而中国的金融资本主要掌控于官僚资本，是官僚资本的一种形式，也是外国金融资本财团通过官僚资本控制、盘剥中国经济的工具。新中国成立后，依统制经济的要求，对旧的金融业进行改造，基本上只保留了银行这一种行业，而且牢牢控制在政府之手。银行是基础性的金融行业，它具有货币发行、储蓄、贷款、结算等职能。在统制经济体制下的集约转化型经济结构中，中国的金融业主要就是银行。除在少数年份发行过一些不流通的公债外，没有股票、期货等各种证券，因此不形成证券业。保险业也因社会保障等统一由公有制企业和国家承担而不存在。

新中国的货币不以贵金属为保证，而是国家权威在平衡供求关系上的体现。人民币没有法定含金量，人民币币值的标准是综合物价指数。这是与世界经济发展所要求和体现的"货币名目论""货币国定论"相一致的。大体说来，在集约转化型结构中，银行的作用也被限制在很小范围。主要是储蓄，包括个人储蓄和企业流动资金的存储；企业间的结算方式；对企业的流动资金贷款。因此，银行业在经济运行中的地位，显然是辅助性的，是政府的"出纳"机构，国家总体上采取稳定货币和物价的政策。

江荣：在我们刚才的讨论中，明确要在经济结构下谈财政和金融问题。那么，在集权开放性经济结构中，金融业的作用是什么？

刘：集权开放型经济结构中，金融业的作用日益被重视，并成为以集权控制经济结构变化，制约经济生活的重要手段。

首先，利用人民币的发行权，缓解财政困难，为经济结构的转型提供货币支持。20 世纪 80 年代末和 90 年代初两次大的通货膨胀，不仅使人民币大幅贬值，也为"物价闯关"和"经济过热"创造了条件，由此而促使私有资本企业出现，官僚资本在"官倒"及"开发区热""股票热""房地产热"的过程中再生，而国有企业却因货币贬值陷于困境。非均衡趋利式机制在这一过程中充分发挥作用，从而引发产业结构、就业结构、产品结构、流通结构、分配结构、消费结构、区域结构的大变动。货币作为集权的手段在这里充分展示出来。将中央银行与商业银行分开，并成立政策性银行以及金融资产管理公司等。与"拨改贷"相呼应，改变了银行只向企业发放流动资金贷款的传统，兴办了中短期设备贷款和基建贷款。对国有企业的"拨改贷"，使银行成了企业的实际投资者，"政府立项，计委审批，银行买单"，但却不能像国外银行那样实行抵押和担保，以致造成巨额不良资产。由于投资项目均由政府包揽决定，银行只作为贷款单位，无权干预投资项目，这实际上还是将银行作为政府的出纳，但政府又不承担风险。由此而造成的因决策失误、立项不当以及其他原因导致的项目建成无法投产、重复建设及产品积压、效益低下等损失，几乎都要银行来承担。特别是 20 世纪末对国有企业的"私有化"，导致巨量不良贷款，而近期为在金融危机中保持 GDP 的高增长率，又于 2009 年一年就发放了十多万亿贷款，导致房价飙升和通货膨胀。

其次，启动股票和期货、国债等证券市场。其最初用意似在为国有企业扩展融资渠道，开拓流通。但在实际运作过程中，却往往被少数权势者操纵，致使证券市场成为他们圈钱谋利，滋生官僚资本的温床。国有企业中有一部分因发行股票而获得更多投资，但大多数国有企业并未因此而真正兴盛。而那些操纵股市、期货、证券的权势者及其小集团，却攫取了巨额资财。证券市场的剧烈波动和困境，不仅危及金融业，而且波及全部经济机构。非均衡趋利式运行机制在证券市场上得以充分展现，并由此制约整体经济发展。而近期效法美国"金融工程"所出台的"股指期货"等衍生品，又在股市和其他证券市场制造了更多投机空间，并孕育着更大风险。

最后，保险业逐步承担了国有企业和集体、私有企业职工的主要社会保障职能，并开办了财保、医保、寿保等多种业务。但受行政集权体制的制约，保险业仍处在不成熟期，其资金的投放等也存在诸多问题，保险业自身的风险也难保障，一旦出现大的问题，势必危及整个经济结构及其运行。

志燕：政治经济学应如何对中国金融业正确定位？

刘：中国的金融业是经济结构中重要的一环，也是运行机制的重要因素，应当根据中国的经济制度和经济体制对金融业予以定位，不能盲目跟随美国金融资本财团行事，更不能按其主导编写的金融学教科书来建立中国的金融业。中国的金融业作为服务业中的一个行业，在现代经济生活中的地位和作用是应当予以重视的，但必须明确其行业特殊性及可能引发的危险。金融业既不是行政集权的随意可用的工具，也不是各产业的主宰，而是现实经济结构的一部分，它应服从于实体经济，服务于实体经济，抑制其虚拟化的倾向。

必须强调并坚持的是，货币的发行权及本币与外币的比率（即"汇率"），都是国家的主权。货币是"以国家的权威认可并保证的特殊商品或信用的购买力"。在货币与贵金属脱离的情况下，其国家信用的性质充分展现，而国家如何掌控和运用货币发行权，已是制约现代世界经济的重要因素。当前美元的霸主地位及其代行"世界货币"的功能，在使美国政府据此获取巨额利益的同时，使中国及其他国家蒙受了巨大损失。如何坚持国家主权，完善中国自主的货币发行机制，依然是一个迫切而严肃的问题，也是金融业定位和发展的必要前提。中国自主的货币发行机制应建立在中国以劳动社会主义政治经济学为基础的货币理论之上，必须严防外国势力的渗透或模仿外国的货币理论而导致货币发行机制的缺陷。

与之相应，中国的金融业也应建立在中国的金融理论之上。那种以美国金融理论为真理，以美国金融业为楷模建构、运作中国金融业的思路和做法，必须坚决摈弃。此次美国金融危机给中国造成的巨大损害，与这个思路有密切关系。更为重要的是，中国的经济制度、经济体制决定了金融业在经济结构中的地位，即为以劳动者素质技能结构为核心的内生拓展型结构的联结，为法制主导式运行机制作用提供必要的服务，同时又有自己相对独立的结构和运行机制。中国的金融业要以国有企业为主，私有资本可以通过股份制方式参加，但不能任其主宰。对于外国的金融机构，则要严格限制其在中国的存在与作用。必须采取有效措施，抑制金融业的虚拟化，防止虚拟经济对实体经济的损害。更要建立牢固的金融防火墙，防备外国金融资本对中国金融业和经济生活的侵袭。

江荣：2013年诺贝尔经济学奖获得者罗伯特·希勒在其著作《金融与好的社会》中提出，金融不能为了赚钱而赚钱，金融创新要考虑金融和法律制度的复杂性，同时还要消除民众对金融创新的抵抗情绪，培养以推动社会良性发展为己任的金融从业者。

刘：中国的金融业应突出"实"和"简"，不能跟随美国金融资本大搞虚拟化，其所谓"金融工程"只是金融资本虚拟化的工具，是资本被异化和没落的标志。在防止受其侵害的同时，必须建立一套中国自主的金融体系，以服务于中国经济结构的调整与发展。

为金融定位，也要和为财政定位一样，将其放在经济结构的优化中来看，它应是经济结构优化的抓手、工具。金融问题的深层次原因，在于经济体制问题和经济结构问题，统制经济体制下，集权开放型经济结构和非均衡趋利式运行机制，就会为了开放、趋利而要求金融自由化。这既是华盛顿共识作用于中国的表现，也是中国内在结构、机制的必然要求。对此，应明确中国金融的中国主体性，强调金融的自主性。

相当长时间，我们没有正确定位金融。单纯从金融的角度，这是很难的，作为金融行业或金融企业，赚钱谋利是本能的要求。但从政治经济学角度，就很好理解。金融业不能在"虚拟"的道路上越走越远，金融业还是要植根于实体经济，服务于实体经济。脱离了实体经济的金融业，就是泡沫了。对金融业的无限谋利冲动，国家要从总体上进行控制。

兴无：在建立现代金融体系时，银行业如何保持和充分发挥其基本职能？

刘：银行业要保持和充分发挥其基本职能。中国的银行应是公有制企业，它是靠其职工为存贷双方提供服务形成价值获取利润的。它与其他公有制企业的关系是经济交易，并非作为政府的出纳或下属机构，听从政府指令，不能在没有抵押和担保的情况下发放贷款。银行作为国有金融企业，国家必须以法律规定和保证其专营地位。作为国有企业，它的权利体系与其他国有企业是相同的，它的特点，只在于所从事的行业在职能上的差异，这就是为有多余货币者（包括民众个人和企业）提供储蓄服务，为缺少流动资金的企业短期内筹资服务，为企业间结算和个人间的货币汇兑服务，银行职工劳动的价值，就是在这种服务中创造的。对于国有和合作企业，银行都可以发放贷款，以作为其流动资金或固定资产投资。但必须由其占有权执行机构以相当的资产作为抵押。对于私有资本企业和外资企业，也是如此。对银行来说，首先考虑的应是自身作为企业的发展。相比其他行业来说，银行业的风险更大。更重要的是，银行业的风险所危害的，不仅是本企业，而是通过经济结构及其运行机制扩展到其他企业。20世纪末以来，韩国及东南亚因银行的不顾风险的投资，短期内造成泡沫式的繁荣，但泡沫破灭后银行的危机，又引发全面的经济危机。中国在这方面的教训也相当深刻、沉痛，发放巨额的房地产贷款以及只以政府权威为"抵押"的地方政府贷款，构成银行业的严重隐患，其危害日益严重，如不彻底、坚决地改变将银行作为政策工具的观念和做法，仅银行业的巨额不良资产，就会引发一场经济大危机。

春敏：在金融业中，证券业是备受关注的，那么，如何对证券业进行规范？

刘：证券业是一个高风险的行业，为此，必须强化对其法制规范的改造。这里，最重要的，就是整顿混乱不堪的股票市场。为此，应对中国股票市场上的"股票"做性质的界定。实际上，当今世界所有的股票市场上所买卖的"股票"，都是企业的集资券，而非资本所有权所体现的股权证。股份制是随着私有资本企业的发展而形成，并成为现代私有资本企业所有权的主要存在和作用形式。也正是股份制，才有了具有法律效力的股权证。真正起所有权作用的股权证，是握在大股东手里的，并不在市场上流通。也正是股份制，才有了资本所有者与企业经营者的分离，有了资本所有权派生的占有权及行使这个权利的机构——董事会。所有权、占有权、经营权的区分，使董事会与经营者看到：在资本所有权人投入的股本基础上，再以股票形式向社会筹集部分资金，不仅是可能的，而且不会影响资本所有权主体对占有权的控制。因为在股份公司里，实行的是股权选举制，在市场发售并流通的股票，都是零散的，虽然其总量会很大，但每个持有者的股票量却很少，不可能形成对控制占有权的大股东的威胁。股票持有者对其股票拥有所有权，他可以在市场上出售股票，也有权获得企业的部分利润，但股票持有人并不能派生并控制占有权，更不能支配经营权。有人形象地将股票持有者称为"用脚投票"的人，即他只有权保留或出卖其股票，但无权（用手投票）控制企业的发展。股票成了一种特殊的商品，它的流通只能反映企业的经营状况，并从总体上制约企业的经营，但每个持有者，都无权干预企业经营，他们只是在市场上经营其持有的股票。

思远：具体说，股票市场的改革思路是什么？

刘：中国引入股票市场，其初衷也在于为国有企业扩大融资渠道，并不想让股票持有者控制占有权和经营权。这在"国有股""法人股""流通股"的区分及其比例上已显示出来。如果股票只作为"流通股"的证券，为企业筹集部分资金，在特殊条件下未尝不可，也有助于吸纳社会闲散货币进入投资。但股票市场很快就演变为少数权贵与投机者"圈钱"的工具，一些经济学家也趋炎附势，大谈特谈"股份制是公有制的实现形式"，由此造成的思想混乱，为权贵们浑水摸鱼，为形成官僚资本提供了条件。而被经济学家的论证和小市民式发财梦诱引到股票市场的"股民"，在经过几番心惊肉跳式的发财与破产的折腾之后，已经损失用大部分血汗换来的积蓄。而一些人又进一步引进"股指期货"等衍生品，为投机创造条件，并由此使股票市场虚拟化，不仅会危及小股民，还会影响到上市公司的经营。至于国有企业，虽然从发行股票筹到了部分资本，但由于其自身权利关系没有改革，经营管理水平并不因多了些资金就得到提升，而体制和结构上的矛盾依然，所以并未因此真正增加效益。

对股票市场必须下决心改革，首先明确股票的"集资券"性质，并统称"集资券"，界定其权利和义务，明确其风险；其次，严格企业财务制度，保证集资券持有人得到应分的利润；第三，禁止各种形式的投资公司进入集资券市场，使集资券成为个人的持有品；第四，为禁止在集资券市场上的恶性"炒作"，要规定购买股票、集资券的最短出售期限，可视股票和数额按季、半年、一年为限；第五，废止"股指期货"等衍生品；第六，禁止银行介入集资券市场，任何人都不能以银行贷款购买集资券。

马博：如何进行其他金融市场的改革?

刘：期货市场对于流通来说是相当重要的，为此，应在法制规范下发展，但要禁止专门从事期货炒作，并废止各种衍生品，以保证期货交易对经济发展的积极作用。国债是以国家名义向企业和个人借的有特殊用途的定期债务，应按比同期银行存款利息稍高的比例付利息，但不能容许上市买卖。

至于保险业，它作用的范围，主要在为私有企业和部分合作企业职工提供失业、工伤、医疗保险以及为企业和个人提供的财产保险、寿命保险和面对非企业职工的医疗保险等。保险业应由国有企业经营，并加强法制规范，杜绝欺诈、不守信用等现象。

总之，金融业在经济结构中的地位和作用，是由计划市场体制决定的，由于市场的存在，货币及其流通在公有制为主体的经济中，依然是重要内容，也是必要机制。金融业所从事的货币的流通、存储、信贷、投资、债务、国际收支等，是内生拓展型经济结构及其法制主导式机制的体现。只有强化法制主导，金融业才能成为内生拓展型经济结构的有机、有效环节，克服因金融资本的虚拟化给经济结构带来的损害，中国现代金融体系的健全才能成为现实。

（王玉玲）

中国经营管理的问题及其解决

经营管理的矛盾是具体的经济矛盾，它随经济制度、体制、结构及运行机制的变化而变化。从方法论的探讨，分四个层次来讨论：一是对经营管理一般性规定；二是对经营管理矛盾进行研究的重要性；三是中国经营管理的现实问题及其形成；四是中国现实经营管理问题的解决思路。

一　对经营管理一般性规定

石越：经营者对劳动力使用权和生产资料使用权的支配构成企业的经营管理。首先应该明确，经营管理和技术都是劳动的内容，是劳动者素质技能的发挥，而非与资本和土地（自然资源）一样的资源。经营管理只是在社会化大生产中才体现出它的独立性。工业化大生产使经营管理成为相对独立的专门职业，与体力劳动的区别也因分工逐渐显示出来。经营管理劳动的出现是社会化大生产的必然，是劳动者素质技能提高的表现，而经营管理的专业化和职业化也表明劳动者已经具备了摆脱资本雇佣劳动关系，由不同职业劳动者共同劳动，协调生产的必要条件。

马淮：经营管理这部分内容的第一层次主要是谈的纯理论吗？

刘：也不能说是纯理论吧，就是个一般性的，有资本主义的也有社会主义的，比如说发挥职工在经营管理中的主动性和创造性，这才是咱们的主题，资本主义经济学的主题就是资源配置。

江荣：那资本主义企业的经营管理是怎么样的，是有一个标准的模式在还是各有特色？

刘：资本主义的经营管理也是经历了一系列发展阶段的。首先是它的出现。当人们在企业的生产过程中发生各种劳动交换和分工协作的时候，就出现了生产资料归谁占有、劳动过程由谁指挥、劳动产品如何分配、不同劳动的变换如何进行等一系列社会经济问题，也就形成了生产关系的总和，形成了企业的权利关系和经营管理。

在资本主义自由竞争体制阶段，资本主义的企业从生产力的组织形式上，经历了从简单协作到工场手工业再到机器大工业的发展过程；从权利体系方面说，经历了从个人业主制到合伙制再到股份公司制的演变；相应的，企业的经营管理经历了从粗放管理到"科学管理"的演变。个人业主制下的粗放式管理普遍效率低下,管理粗放,生产规模较小,生产结构单一,企业的所有者同时也是企业的经营者。"泰勒制"的"科学管理"的中心问题则是提高效率,要使工人掌握标准化的生产方法,实行刺激式的计件工资制度,将工人看成是资源、要素、生产工具,使工人生产流程化、机械化,以此提高效率。

第二次世界大战后,资本主义进入市场经济体制阶段,企业的管理模式从20世纪初的科学管理发展到了更注重劳动者的"人本管理"。人本,就是在管理实践中确立一系列以人为中心,以人为目的,并使人性得到充分发展的管理理论和实践。人本原则要求管理者在管理过程中充分重视人的作用,尊重人的价值,其中人是管理的目的,人也是管理的中心,虽然有一定进步意义,体现出劳动者素质技能和社会地位的提高,但管理的依据依然是资本所有权,资本家与雇佣劳动者的对立不可能改变,目的只是为了榨取更多的剩余价值。

德启:社会主义企业的经营管理和资本主义企业的经营管理应该具有共性吧,我们也要借鉴资本主义经营管理的先进经验不是吗?

石越:我们社会主义的经营管理与资本主义企业肯定有共性,对于他们的先进经营管理经验我们也有必要借鉴和学习。但是与资本主义企业的经营管理以资源配置为主题不同,社会主义尤其是公有制企业则应该以发挥职工在经营管理中的主动性和创造性为主题。因此,社会主义的经营管理应该在尊重职工主体性的前提下,组织、协调、指挥职工的工作。劳动公有制企业的经营管理是在社会化大生产条件下组织群体人进行生产活动,是以一定程序组织起来的协作。不论生产产品还是提供服务,职工的协作都是主体内容。协作包含着分工,是职工按其分工有机协同的劳作。随着企业规模和技术的发展,协作的形式也在不断改进。协作的组织与协调、指挥,使企业成为一个有机体。不论资金投入,还是技术、质量以及财务、营销等生产经营活动,都是劳动者协作的具体形式。从这个意义上说,企业经营管理的内容,就是对劳动者协作的组织、协调和指挥。

德启:那社会主义公有制企业就不提高效率吗?

刘:劳动公有制企业的经营管理,以组织、协调、指挥职工为主要内容,但这并不等于说不重视资金和成本以及技术、质量、营销、财务、安全、环境保护等各环节的管理。协作是职工以其身体与技能素质联合作用于生产资料的过程。生产资料也要以资金的形式表现或计算,它与职工所付劳动得到的报酬(也以货币计算)共同构成产品或服务的成本;生产经营过程的主要指标,是技术和质量;产品和服务的价值实现于销售;对成本和销售及相关的开支集中于财务;安全和环境保护又是生产经营的必要因素,其重要性日益突出。这些环节都是现代企业生产的必要组成部分，也是经营管理所要关注并设立相应机构和人员的环节。这些环节构成一个有机的系统，其构成与运作制约着企业的生产经营效果。劳动公有制企业的经营管理，也要有这些环节，并有机统一于对协作的组织、协调和指挥上。在明确公有制企业的性质，确立以发挥和提高职工素质技能为中心，以组织、协调、指挥职工协作为主体内容的前提下，强化和完善从资金到财务等一系列环节的经营管理，不仅是公有制企业发展的必要方面，也是协作的要求与实现。另外，与之相配合，还应该培养社会主义企业的经营管理者，明确经营管理者也是职工；还应该树立社会主义企业的文化，树立人本价值观，唤起职工的主体意识和权利意识。

马淮：我简单说两句。经营管理这块儿在理论上我们有一个特点就是毫不考虑主体、主义前提的拿来主义，基本就是把西方的经营管理的基本理念直接拿过来使，这是我们现在研究经营管理的一个特别大的特点，而不考虑我们中国的企业自身性质的特殊性，实际上在经营管理层面有很多具体问题。

江荣：我觉得我们应该批判一下西方的人力资本理论和社会资本理论，它们仍是基于资本雇佣劳动制度，然后把人看成是生产要素和资源，这个一直没有突破。在这样的一个前提条件下，他们的探讨就具有局限性，而如果真正把劳动作为人本质的核心，以劳动者素质技能的提升为一个根本的尺度的话，整个这些理论，包括可持续发展，才具有一个真正的可以探讨的可能性和空间。

刘：人力资本这个概念，前些年用得比较多，现在可能也还在用。其实人力资本的定义特别简单，就是马克思说的劳动力商品。它并不具备资本的属性，因为资本是要雇佣他人的，人力并没有雇佣关系，所以它把这个商品说成资本实际是淡化资本关系。

经营管理是经济矛盾的第七个层次，它是经济结构及运行机制进一步的具体化，能够看到的现实问题就在经营管理层面。现在的学科分类把经营管理划归管理学，政治经济学并不研究这个层次的问题。我们将经济矛盾看成一大系统，经营管理是其中一个具体环节，这就在方法论上将经营管理纳入了政治经济学的研究内容。但是政治经济学对经营管理的研究，要注重从道（主义）出发，探讨其法与术，对于其中的技，也要涉及，但不具体展开，而是由具体经济学科（比如经营管理学、会计学等）专门研究。相比制度、体制、结构等层次，经营管理似乎是表层，但是，如果只就这个表面现象，用现象描述法去研究经营管理的问题，恰恰解决不了问题。它的问题原因来自于经济结构，而经济结构的问题又来自体制。通过这样的从具体再回到抽象，一步一步地就能把整个经济矛盾的系统性揭示出来，同时，政治经济学的体系性也就体现出来了。

二　对中国经营管理的矛盾进行研究的重要性

石越: 这个问题也就是政治经济学为什么要专门研究经营管理层次的矛盾? 我觉得可以从三方面来理解, 第一就是在苏联模式下, 对企业经营管理不重视, 造成很多问题, 如效率低下, 影响劳动者素质技能的提高和国企积累等等。第二是西方资本私有制的经营管理, 充分体现着其政治经济学对经济的定义——资源配置, 并且西方经济学家对经济学的定义就是优化资源配置, 所以他们是把经营管理的矛盾当成是基本问题进行研究, 忽视甚至掩饰作为其前提的制度、体制、结构和运行机制等层次的矛盾, 而且在他们的资源配置中, 劳动者不是主体而是被配置的资源或者要素, 所以我们也不可能直接不加分析地对之采取"拿来主义"。最后, 经营管理层次矛盾的解决, 是制度、体制、结构和运行机制层次矛盾解决的要求与实现。因此, 不能照搬制度、体制、结构与中国不同的西方国家的经营管理"模式", 而要根据中国的经济制度、体制、结构和运行机制创造中国式的经营管理, 其中心内容, 就是发挥和提高劳动者素质技能。

在这儿我有个问题, 经营管理层次矛盾的解决是以前面几个层次矛盾的解决为前提的, 还是就在解决这些矛盾中同时进行的。刘老师提到的经营管理层次矛盾的解决, 是制度、体制、结构和运行机制层次矛盾解决的要求与实现, 那我可不可以这么理解:只明确权利关系, 而不具体落实到企业经营管理的解决上, 这个权利关系仍是不明确的。

马淮: 解决经济矛盾不像是做数学题, 1 + 1 = 2, 什么时候先把前个"1"做出来, 再把后边那个"1"做出来, 然后再推出这个"2"来。经济矛盾是一个整体运动, 经济层次的划分是逻辑上的, 并不是说一个在时间上靠前, 另一个在时间上靠后。它不是这样, 它是一个逻辑关系, 肯定是整体推动的, 包括在解决经济矛盾经营管理层次的问题中, 它需要在其他层次解决问题, 特别是在制度层次解决问题, 这个是根本性的, 但并不是说只能先制度后体制再结构一层层的, 不可能这么去做时间上的安排。就是逻辑上的抽象到具体, 它不是时间的先和后。

石越: 制度和体制不是一种权利关系吗? 就是先明确了这种权利关系, 然后才可能在这种经营管理中把这个权利关系落实……

润球: 这个也不一定, 它不是有一个先后的关系, 不是说先从国家层面把制度改好了, 再改体制、结构, 最后才进行经营管理改革。

刘: 经济矛盾的解决是全面的、总结性的, 具体做的时候可能是同步的, 但是在逻辑上它确实有个先后。

润球：对对，在逻辑上。

刘：咱们现在是中国进行经济改革，那首先是应该从制度、体制层面，逻辑上去考虑这个问题，肯定是在先的，而且在实际中也确实应当它先走一步，因为它是前提。中央不是开全会吗？如果没有这么一个大的前提的话，后面的具体改革是走不下去的。但是等到真正改的过程中，经营管理层面的问题也就涉及制度问题，可以说理论上的对于制度的改革，真正落实就是落实到经营管理层次，否则就没有制度改革。如果只说制度改革，最后在经营管理上没有改，那改革只是说说而已，实际的改革本身各层次是同步的。不可能是中央去搞体制，省里去搞结构，然后市里去搞其他的，不是那么个关系，这是一个思路上的、逻辑上的东西，同时也要体现在逻辑上、政策上、步骤上，它确实有个先后，但是真正去改的时候，它是同步的。不论哪个层次的改革，都是针对劳动力和生产资料所有权及其占有权、使用（经营）权、管理权的。制度层次改革主要是改革所有权归属，体制层次主要针对所有权对占有权的控制，结构层次主要是占有权的大布局及其对使用（经营）权的派生与掌控，经营管理层次主要针对使用（经营）权的运行。在经营管理的改革中，制度、体制、结构层次涉及的所有权、占有权改革，都汇集于使用（经营）权的改革中。

玉玲：我觉得所有的问题其实最终还是归结到一个国度性的问题上，就是从制度到体制、结构和运行机制，还有经营管理，这些内容在一个国家内部，经营管理应该是最基本层次，所以它应该是服从于整个国度性。那么经营管理的理论本身也应该有国度性，就像石越刚才说的没有一个一般性的理论可以完全照搬过来，比如人力资本理论，它一定是和这个国家的制度、体制、经济结构和运行机制这些是内在统一的。

润球：但是如果这里面涉及"技"的层面的东西的话，它还是具有一定的借鉴意义，或者是一般性，从对象来说，都是企业管理……

玉玲：嗯，但它也只是借鉴意义，不是完全可以拿来照着用。

润球：比如说财务管理应该具有一般性，但是在具体操作的时候，它又具有特殊性。

玉玲：不只是在具体操作，其实比如在涉及财务的基本理论的时候，像会计学研究的那些内容，它其实已经不是全世界都一样的了，一定有这个国家或者行业的特殊的内容要加进去。

三　中国经营管理的现实问题

石越：现实中国的经营管理包括两个层次：一是国家从总体对全国和各行政

区域的管理以及对国有企业的经济管理;二是企业或集体单位和个体经济的经营管理。由于行政集权体制和统制经济体制的存在,国家的经济管理不仅掌握着全国及各行政区域的总体经济发展,而且制约着企业或集体单位和个体经济的经营管理。这两个层次的主要矛盾方面是国家的总体经济管理。

在这儿我有个问题,感觉是在说这两个层次构成一对矛盾,第一个层次占主导,是矛盾主要方面。

云喜: 应该是可以这么理解的,这是中国很有特点的地方,所有的经营管理不论是企业的还是其他单位集体个体等等的,都要受到国家整体管理的制约,这是政治上的行政集权体制的一个体现。

伯卿: 那中国经营管理具体有哪些问题?

刘: 这个问题还是得从两方面来说。先说一下国家对经济总体管理引发的问题,其一,国家是作为国有资产和资源的实际所有者实施对全国经济的总体管理的,这是集权的根据,也是其管理方式的特点所在,相比之下西方国家的总体经济管理是以行政权为根据的,除国有企业外的所有经济体,乃至全部或部分自然资源,都不归国家所有,它们只能从行政权出发进行调控,而其国有企业的所有权操在议会,民众可以通过各种方式影响议会对这一权利的行使。政府至多是行使国有企业的占有权,并受议会的委托和监督。中国的国有资产和资源的所有权都由政府来掌控并行使,不仅减少了管理环节,也几乎不受实质性强有力的制约。所有权主体被虚置,政府控制了所有权,又缺乏必要的监督机制。其二,国家以财政政策、货币政策、产业政策为手段对全国经济进行总体管理。这在形式上与西方"市场经济"国家是相似的,但由于行政集权体制,再加上主要商业银行都是国有的以及国有资本仍垄断着关乎国民经济命脉的行业,因此,中国政府运用这三项政策的权力及其行使机制都要比西方国家更强。为了"参加世界经济大循环"所拟定的优先发展劳动密集型出口行业的产业政策,也是这些地区经济快速增长的原因之一,为了保证劳动力的廉价"优势",甚至长期实行低工资政策。这样的政策实行的结果,导致全国区域经济结构的大不平衡,以及产业结构中低技术含量的行业占了主要地位,依旧处在"世界经济大循环"中的低端。一切服从 GDP,低工资政策,刺激房地产业,鼓励出口政策导致产业结构不合理、劳动力素质技能得不到提高等等一系列问题。其三,国企垄断主干行业,国家以所有者身份直接管理,又因为所有权主体被虚置,缺乏有效监督制约,导致本是国有企业所有权主体的公民成了国企垄断高价获取超额利润的承担者,以致一些公民认可"国进民退"论调,甚至认同以国企私有化来解决问题。其四,国家对国民经济的总体管理,主要是通过其行政机构,以行政方式进行的,为此国家设立了诸多针对经济管理的机构，从中央政府的各部、委、局，到省、市、县、乡，都有对应的机构，而且各级党委也负责对经济的领导。大体上政府机构中有三分之二以上都直接或间接负责经济管理，负责经济管理的行政机构不仅数量大，权力大，而且人员日增，不仅比西方国家政府中相应机构多得多，就是比集约转化型结构时也多出几倍。而行政方式的文山会海、衙门作风、官僚主义，又导致效率低下，不仅占用了大量财政经费，还与企业的经营发生矛盾。

德启：因为我以前理解的经营管理主要还是在企业层面，对于企业的经营管理问题，中国有哪些问题？

刘：因为中国比较特殊，国家对经济的总体管理制约着企业和个人的经营管理，甚至可以说是主导着企业的经营管理，所以先强调了国家对经济总体管理的矛盾，当然，企业和个人的经营管理是具体的经济活动，涉及对劳动力和生产资料使用权的组织、指挥、管理。两千余年来，集权官僚制下的小农经济，是由血缘为基础的家庭为基本生产生活单位，其经营管理也以家庭为单位。中国从农业生产方式向工业生产方式的全面转化，是 20 世纪下半叶新中国成立以后开始的。先是初级公有制统制体制下的国有企业和集体企业、农村人民公社生产队成为全体中国人的生产单位，使经营管理发生质的变化，充分体现了集约转化型经济结构及其政治主导式运行机制的特点与矛盾。在统制经济体制"转型"，进入集权开放型经济结构及其非均衡趋利运行机制后，私有资本企业出现并成为工业和服务业的主要单位，其经营管理是以雇佣劳动制为基础的，而仍保留的少数国有企业，经营管理也发生重大变化。农村"集体经济"的承包制，既恢复了小农经济的个体经营方式，又有土地"集体所有"的束缚。此外，就是众多的个体工商户的经营管理，也是不可忽视的。

德启：企业的经营管理主要涉及哪些问题？

刘：现有的企业无非两种，一是公有制企业，包括国有和集体企业；二是私有资本制企业。

公有制企业在不同阶段表现出不同的问题和矛盾。20 世纪 50—70 年代主要就是行政式管理。当时中国的企业几乎全部是公有制企业，受统制经济体制的制约，明显表现为行政式管理。具体的矛盾和问题：其一，对国有企业和集体企业规定行政级别；其二，企业的经营管理活动是按照行政管理的方式来运作；其三，政治思想工作是管理的重要内容；其四，片面重视规模和产量，不注重产值和经济效益；其五，经营管理者大都是从"外行"转来的；其六，经营管理中的半军事化和浓重的政治色彩。这些矛盾和缺陷到 20 世纪 80 年代初日益表现出来，特别是在强调企业经济效益之后更为突出，由于没有对公有制权利体系进行改革并形成正确的经济体制,于是只能实行片面追求经济效益的承包经营以及对职工实行"合同制"管理。

20世纪80年代和90年代国有企业的主要经营方式就是承包经营。承包经营就是把企业的资金、设备和职工都交给承包者,由他全权处理生产、经营,乃至职工、资金、设备管理事项,承包者只承担向上级主管部门交纳税收和利润的责任。承包经营突出了经营权的相对独立性,这对于改进初级公有制企业的经营管理应该是有意义的,但是在不解决公有制权利关系的主要矛盾,也就是所有权与占有权关系及其所有者和行使机构矛盾的情况下,只突出经营权的相对独立性,而且只从国家的角度,即财政的需要来注重经济效益,于是又引发诸多新的问题。其一,就是不能明确经营权与占有权的界限,虽有所有权与经营权的"两权分离",但这个提法本身就忽略了占有权的存在,国家机构直接作为所有权主体来派生经营权。其二,承包经营并没有改变行政式管理方式,但在突出经济效益的同时,却弱化了原有行政管理方式中的约束机制。其三,承包经营片面注重经济效益,忽略社会效益。其四,承包经营只注重短期经济效益,忽略了企业的长远发展。其五,承包经营者只重资金使用和成本、财务、营销管理,忽略甚至放弃了原有的思想政治工作,进而逐步对职工实行"合同制"的雇佣劳动制管理。承包经营大体上实行了十几年,其矛盾和缺陷导致大批国有和集体企业严重亏损,在这种情况下,对公有制经济"私有化"的思潮涌现,对国有和集体企业的"改制",使公有制企业绝大部分国有企和集体企业消失。与此同时,还以"资产重组"等方式,保留了少量中央和省、市属的大型企业,并在这些企业中实行"现代企业制度",也就是股份制。这些国有企业对职工实行雇佣制,以劳动合同的方式聘用职工。

20世纪90年代以来,国有企业主要是实行"责任制"的经营管理方式以及对职工实行"合同制"的雇佣管理。除其资本是国家所有外,在经营管理上基本采取的是西方国家的"现代企业制度",但由于国家作为资本所有者,并以行政方式任用企业负责人,因此其经营管理仍带有行政属性。行政式管理仍是国有企业经营管理的基本属性。所谓"责任制"实质上就是在企业内部实行具体的多层次的承包。由于承包经营的局限,责任制也形成了新的矛盾。合同制的实行,对于承包经营者来说,在对职工管理上,也就占了绝对的优势。在这方面是明显落后于西方的经营管理的,现在西方各国对职工的管理已在强调"人性化""行为管理""价值管理"等,而中国公有制企业的承包者大都通用20世纪上半叶泰勒的"科学管理",即将职工的活动与机器的运行相适应,并制订各种具体的指标。有的则更落后,大体相当于西方19世纪末的管理水平。

伯卿：现在中国的私有资本企业问题应该也很多，能不能具体谈一下。

刘：私有资本企业是在改革开放以后陆续出现的并不断增加，它们主要是以小农经济的传统经营方式为主，辅之以旧的"小买卖人"的经营方式和从外国引进的管理方式。其特点是：（1）家族式。不论人、财、物，都要倚仗其亲属管理，由此形成了家族式的经营管理特点。（2）只重视经济效益，忽视乃至不顾社会效益。（3）以低工资购买劳动力使用权，高强度、长时间地使用。（4）投资和经营中的短期行为，大都投资劳动力密集、低技术水平的行业，其经营管理也只注重短期效益。（5）偷工减料、假冒伪劣、污染环境、破坏资源的现象屡见不鲜。（6）财务管理中弄虚作假，偷税、骗贷、逃债、不讲信用。（7）拉拢腐蚀党政及执法、司法机构负责人和公务人员。所以，私有资本企业经常迅速倒闭。有一些注重改进经营管理的私有企业存留下来，并得到发展，他们开始学习、借鉴西方的经营管理学，引进西方现代经营管理经验。21 世纪以来，私有企业的构成发生了一些变化，一部分原来在事业单位和行政机构中的工作人员从"下海"到成为资本所有者，其自身素质和所办企业的技术层次相对较高。而"民营企业家"经过淘汰，剩下的也是素质较高者。从自身的学识和经验中，他们意识到提升经营管理的必要性。虽说尚处起步阶段，其所引入的西方经营管理，也以"科学管理"为主，但对于中国的私有企业来说，毕竟是一个良好开端。在资金、成本、财务、技术、质量、营销等环节的管理上，西方经营管理学及其企业经营管理经验，是有许多可供中国私有企业学习、借鉴之处的。少数中国私有企业主和经营者在这方面的努力，不仅对其企业，而且对提升中国企业的经营管理水平，都是有益的。

至于个体经济，也就是小农经济的个体经营和个体工商户的经营管理，基本上仍然保持着传统方式。

总体而论，中国现实经营管理层次的矛盾是从农业文明向工业文明转化期的表现，其中国有企业和个别仍保持的集体企业仍以行政管理为基本的经营管理方式，这不仅与工业生产方式是相悖的，更不符合公有制经济的性质，其改进和完善必须以改革统制经济体制为基础，在调整集权开放式经济结构中展开，但在本层次也有许多可以更新、创造之处。至于私有资本企业的经营管理，则应在以民主法制改革经济体制和调整经济结构的进程中，不断总结经验教训，同时吸收借鉴西方国家私有资本企业的经验，特别是在尊重劳动者权利和人格方面，不断改进提高。

伯卿：刘老师，我在工作中主要还是从事管理工作的，您能不能概括地说一下中国的经营管理具体有哪些特点，存在哪些问题？

刘：在经营管理层面中国特色是非常明显的，这里有两个层面，一个是原来的官僚的管理办法，虽然有一些变化，但是整体上沿用了行政集权或者行政集权体制的经济总体管理。原有的国有企业还有集体经济原来全是行政集权的管理，后来容许一部分私有企业存在，但是国家在总体上还是牢牢地掌控着它，还是做着一个总体的管理，这个是很明显的，所以直到今天，包括那些私有企业，它都逃不出国家的总体管理。第二个层面就是企业的管理，特别是到今天来说，这些私有企业的管理，恰恰又体现出充分的小农经济的特点，小农经济的传统依然存在着。谁都意识到要改造企业的管理，于是西方的管理学开始传入，而且几乎所有的老板都在学所谓的"现代管理"，它引入过来以后不能说一点作用都没有，它会起一些作用，但是根本的问题它是没有解决，也就是行政集权体制所起的作用。再一个，它也没能改变企业本身的"小"，这种小是思维方法上的小，意识上的小，就是我说的"守财奴"式的，它还是这种管理，这个问题是和现代工业经济发展远远不适应的，这是问题的主要表现。

兴无：经营管理这个层面存在的问题，实际上都是经济矛盾的体现，刚才谈的这些问题有的反映了主要矛盾，有的就反映了次要矛盾，把这个区分开挺好的。再一个讲到国有企业，现在国有的性质是国家资本，像国有企业的经营管理里边存在的问题，比如它在发展过程中贪大，像企业中的世界 500 强这样的一些问题，根本还在于它是服务于国家资本，这决定了经营管理者的目的，因为企业做大了以后他才可以升官发财，背后它体现的东西还是官文化这种观念上的东西。衡量国企做得好不好，不在于它有多大，而在于它在保障劳动者两个权利，也就是劳动力所有权和生产资料所有权的前提下能够创造公共价值，这才是真正的衡量国有企业经营业绩的标准。劳动者的两个权利在多大程度上能够体现，恰恰都是在经营管理层面。

江荣：我觉得刘老师刚才提到的那点是非常重要的，不管是国有企业还是私有企业，从思维方法和意识形态上或是官文化或是小农意识。以至于哪怕引进了西方先进的管理学的东西，在国企里主要是行政集权，还是人治。在私有企业里基本上都是家族企业，它们没有办法进一步地做大做强，这个在经营管理上体现得比比皆是，还是用小农意识来进行企业的经营管理，这非常要命。

马淮：小农意识主要是在私有企业这块儿表现得更加明显一些。

江荣：国有企业也有，公有制的权利关系得不到落实，除受官文化影响外，小农意识也很突出。

马淮：这主要还是制度层面的东西导致的。

江荣：是啊，制度不能落实啊。

四 中国现实经营管理问题的解决思路

石越：中国经营管理的问题突出，所有人都意识到了改革的必要性。一些人坚持主张对国有企业进行私有化改革。这种改革不顾劳动公有制度，只为增加GDP而改变制度。中国的国有企业改革，私有化论者的思路大体是在总体上不改变行政集权体制的基础上，对国有企业私有化。比如在我们现在比较热议的"国进民退""国退民进"这个问题上，似乎国有企业所有的问题全是在经营权上，这本身就是躲开矛盾看问题。

马淮：私有化的思路先是搞股份制，由管理层控股或占大股，名义上是使经营权与所有权统一，有利于经营，由此将大部分国有企业变成私人的。现在更有一派主张连股份制也不要搞了，就变成业主制，就是所有权和经营权合一，经营者就应该是所有者，那么这样一个业主制的思维来改革国有企业又是一个方向。实际上从西方的企业发展的历程上来看，也是不符合资本主义的发展趋势的，这是官僚资本侵吞国有资产的一种方式。通过这种业主制，实际上官僚资本把国有企业私有化了。所以，说到底，今天经营管理的改革使人越来越清楚地看到一个问题，就是没有明确所有权的主体。在初级公有制中，虽然某些"长官意志"的"瞎指挥"导致低效或者无效，但那时的职工确实还有一种"主人"意识。而在20世纪末被"以权谋私"者左右的企业，不仅职工成了其谋私利的手段，甚至被其谋私利的行为驱逐出了协作场所——下岗、失业。而私有化论者却据此宣称"公有制＝无效率"，认为只有"私有化"才能发展生产力。

石越：显然"私有化"思路并不能有效解决问题，只会将国有企业官僚资本化或者被国际垄断资本挤压，既不可能形成强大的私有自由资本，更不可能提高劳动者素质技能和社会地位。将国有企业纳入以生产资料为中心的资本私有制的经营管理模式，导致企业经营管理与制度的性质差异与矛盾。对此，必须予以纠正，使国有企业的经营管理与其制度相适应。

江荣：那经营管理的矛盾应该怎么来解决？

刘：我们应该以发挥和提高劳动者素质技能为中心，创造现代中国式经营管理。那种以"私有化"来改革经营管理的思路，实际上是利用对经济矛盾不做分析所导致的理论混乱而为权势者谋取私利的体现。"私有化"所针对的是所有权，而经营管理层次所涉及的是使用（经营）权。他们就是以改善经营管理的名义将公有制经济的所有权改变了，变成少数人的私人权利。而这些号称"主流"的经济学家，在经营管理层次上只把劳动者作为"要素"，是管理、配置的对象，只谈资本运作，不谈劳动者素质技能的提高。

　　对于公有制企业来说，首先应当明确，企业经营管理的内容，就是对劳动者协作的组织、协调和指挥。革新劳动公有制企业的经营经理，不是将它"私有化"，代之以"小买卖人"和"守财奴"、"周扒皮"式的管理，而是以民主法制取代行政集权体制，确立职工的主体地位，明确经营权的职能和责任在于组织、协调、指挥职工协作。公有制企业的协作，不仅是职工身体素质和技能素质的运用，而且是在精神文化素质导引下自觉的协同劳动。劳动公有制企业的经营管理因企业的所有制性质差别，分为国有企业和合作企业（经济体）两种。这里要分别讨论。

　　江荣：国有企业和合作企业的经营管理在改革方面有哪些不同的地方？

　　刘：国有企业的经营管理，首先要明确其经营管理者也是企业职工，并非国家机构委派的官员，而是受占有权执行机构聘任的企业特殊职工。他们可以任用相应的助手，辅助他们进行具体的经营管理，这些人也都是企业职工。如果是从外部选聘，也必须履行以其劳动力占有权加入本区域的国有企业，由职工代表大会批准后方可与之签订经营合同，再由占有权执行委员会聘其到特定企业行使经营权。经营权行使者和具体经营管理者，作为企业的正式职工，拥有职工的各项权利和义务，他们与其他职工的区别，只在分工和职责上。第二，完善企业的经营管理系统，根据企业经营特点和规模，建立管理层次和机构，明确各层次各环节的权责和责任人，形成便捷有效的运作机制，及时处理管理中的问题。第三，以法制规定并保证职工对经营管理的建议权和批评权，这是劳动公有制企业权利体系的必要环节，也是职工作为所有权主体应有的权利。第四，经营权行使者在经营管理中与职工密切配合，定出相应的规则和程序，对经营权的运用与职工建议权、批评权的关系做出明确规定，并由占有权行使和执行机构督促实施。第五，经营权行使者既要认真听取职工的建议和批评，改进自己的工作，更要为职工的创造性提供必要条件。特别是在技术革新、产品和服务的营销等各个环节，职工是相当具体地了解情况的，而且会形成许多创造性的思路。对此，经营权行使者应为职工的创新活动提供物质、资金、时间等各方面条件，促其成就，并对成功的创新予以奖励，更为使之转入生产提供条件。第六，建立职工培训制度，根据本企业特点和行业发展趋势，制定职工培训规划，提供必要经费和条件，将职工培训作为企业的重要活动内容，由此提高职工素质技能。第七，经营管理者与职工之间广泛而平等的思想交流以及文化娱乐活动。这些在经营管理之"外"的活动，对于经营管理者与职工之间的思想和感情的交流，是非常必要的，更有助于提高职工的文化精神素质，是组织、协调、指挥职工协作的重要因素。第八，切实执行职工的工资、奖励政策，同时落实相应的福利、社会保障等，消除其后顾之忧。对那些以损害职工权益为提高效率手段的经营权行使者，或严加教育，或解除对他的聘任。

石越：合作制企业的经营管理与国有企业相比应该注意哪些？

刘：合作制企业（或经济实体）的经营管理，因其权利关系与国有企业的差异而体现特殊性。合作制企业的经营权，是由本企业全体参加者的劳动力和生产资料所有权派生的占有权与土地占有权派生的使用权行使机构选聘的经营者行使的，经营权行使者应是本企业（或经济实体）的参加者，若从外部聘任，也需加入本企业（或经济实体）。这样，合作制企业（或经济实体）的经营权行使者就和全体成员一样都是本企业的所有（及土地占有）权主体。合作制企业开始阶段的规模都比较小，因此其经营范围、目标、计划大都是由占有权及土地使用权行使机构拟订，经全体成员大会通过后，由该机构与经营权行使者签订经营权委托书和经营协议书，委托经营权行使者执行。合作制企业也要建立经营管理系统，明确各环节的负责人及其权责，分工负责，相互沟通，及时有效地处理生产经营中的问题。合作制企业的参加者，既是所有权主体和土地占有权人，也是劳动力使用权的承载人，在生产经营中应尽其劳动力使用的义务，服从经营者的指挥，并对之提出批评建议。合作制企业也要根据本企业的行业发展，强化对成员的培训，以提高素质技能。

伯卿：所以中国公有制企业就是应该把提高劳动者素质技能作为一个根本点，一切都服从这一点才是公有制企业的根本吧？

刘：劳动公有制企业的经营管理，以组织、协调、指挥职工为主要内容，不等于说不重视资金和成本以及技术、质量、营销、财务、安全、环境保护等各环节的管理。在明确公有制企业的性质，确立以发挥和提高职工素质技能为中心，以组织、协调、指挥职工协作为主体内容的前提下，强化和完善从资金到财务等一系列环节的经营管理，不仅是公有制企业发展的必要方面，也是协作的要求与实现。

伯卿：那私有资本怎么办？感觉现实中私有资本企业也是发挥了很大的作用的，而且最近几年私有资本企业也遇到了很多经营管理上的问题，导致大量企业破产或者拖欠工资等一系列的问题。

刘：在现实的中国，私有资本还有一定的合理性，但这不等于说在容许其存在的情况下任其自行其是，对其经营管理，也要予以规范和指导。私有资本企业经营管理是将资本运作作为核心的，对于中国的私有企业，只要容许它存在，就不可能改变其经营管理的核心和基本性质，但完全能够也必须要求其尊重所雇佣职工的人格，规范其作为资本所有者要服从法律对待与之交换的劳动力所有权主体。西方管理学的"人性化管理观""行为管理"以及西方私有资本企业的经营管理经验，都是中国私有企业资本应当学习的，特别是工会参与管理、听取工人建议和意见等。此外，中国的私有资本企业在资金管理和成本、技术、质量、营销等管理环节上也有许多应改进之处。国家对此要有法制规范，使私有企业尽快摆脱"小买卖人""守财奴"式的管理方式。既要参照国有企业的相关管理，又可借鉴西方国家经验，只有这样，私有资本企业的存在才能对改造小农经济发挥积极作用。

马淮：其实中国经营管理方法上存在的一些问题，还是把西方的东西当成是普遍真理，然后整个拿过来去使，不论是在整体的国家管理层面，还是在企业的经营管理层面，都是把西方经济学在方法上作为一个普世价值来进行简单的模仿，这是方法上最大的问题。

兴无：这方面如果要解决的话，我觉得应该提一下过去的"鞍钢宪法"，这是中国人的一个创造，对现在也有意义。另外，我们一讲到经营管理，总是说苏联的和美国的，经常忘了很重要的一块儿就是欧洲，欧洲和美国有很大的区别。有资料里描述过，说"二战"最大的得益者是谁？是德国的工人。"二战"结束后，美国人恨透了德国的大企业，因为它们支持希特勒，所以美国对德国的大企业下手，给了这些德国企业一个指标，就是一旦企业达到了一个规模，这个企业的董事会里面就必须有工人。所以说德国的企业在做决策的时候，在经营管理上，工人的发言权是非常重要的，特别是大企业。当美国的企业在向外转移生产的时候，德国的企业不向外转移它的生产，就是因为投票的时候工人反对，所以德国的产业基本上都还留在德国国内。这次金融危机来了以后，美国的失业率飙升，德国的失业率基本上没怎么上升，很多人觉得是默克尔做得好，所以能够连任，但实际上是在于"二战"后美国强制德国企业的董事会中工人董事的指标，工人有一定的发言权。金融危机的时候，德国企业不是通过解雇工人来解决需求下降问题，而是通过减少工人上班时间来解决。

马淮：关键德国是实体经济在支撑，这在产业结构上是德国很大的特点。

刘：德国企业可以作为借鉴。"二战"后，杜鲁门的民主党有些主张在美国实现不了，它就在德国实现了，他们在美国也想这么做，但美国没有这个条件。而延续了六十多年的德国企业的经营管理，不仅形成了特色，更为其他国家的私有企业经营管理提供了借鉴。在这方面，对中国私有企业经营管理的改进意义更为突出。中国还是社会主义国家，中国共产党是工人阶级的先锋队，工人阶级中就包括私有企业的工人。如何从工人的利益出发，维护工人的权利，是党的重要任务。当然不是说要像新中国成立前那样组织工人罢工，反抗资本家，而是在保证工人劳动力所有权和其他权益方面做出努力。主要是通过立法，明确工人的权利和义务，支持工会维护工人的利益，并参照德国经验，规定工人参加董事会、监事会的比例，参与企业决策和监督企业运行。而且，美国、日本、法国等国在法律上都有保护工人权益的条文，更有对企业经营管理的规范，这些都可以在一般性上供我们参考。

贺痴：探讨经营管理层次的矛盾及其解决，对于我们方法论有什么意义？或者说在方法上的意义是什么？

刘：将经营管理作为经济矛盾的一个层次，由此纳入政治经济学的研究，从而使经济矛盾系统化。这样，从制度到体制到结构的矛盾都具体化于经营管理层次，相应的改革也都汇集于经营管理。我们能观察到的经济矛盾现象也主要是在经营管理层次，而传统的经济学研究（不论美国还是苏联），又都将经营管理从政治经济学中剥离，中国现在的学科分类把经营管理划归管理学就是这种方法的表现。这样做导致对经济矛盾认识的混乱，为掩饰矛盾，进而在"改革"名义下为某些人谋取私利提供方便。三十多年来，一直有人以改革经营管理的说辞，来鼓动、进行私有化改革，但其所作所为已经是制度层次所有权的改变。明确经营管理层次在经济矛盾系统中的位置，不仅可以界定这个层次的权利及其以上层次的权利关系，更是抽象与具体思维系统的要求。

（石越）

中国对外经济交往存在的问题及其解决

对外经济交往或中国与世界各国的经济关系，已成为现实中国经济矛盾的重要内容，特别是世界经济危机的爆发，更凸显了这个矛盾层次的重要性。对外经济交往的矛盾，是处于经济矛盾系统第八层次国际经济关系矛盾的，也是国度性经济矛盾在国际经济关系中的集合性体现。中国对外经济交往存在的问题及其解决主要从四个层次来说：一是对外经济交往必要性及其内容；二是中国对外经济交往的历程；三是中国对外经济交往存在的问题；四是中国对外经济交往问题的解决。

一　对外经济交往的必要性及其内容

石越：对外经济交往是国内经济发展的条件。对于发达资本主义国家来说，对外经济交往是实现资本增殖的需要，因此，西方国家从开辟新航路，到世界市场的打开，以致今天的"经济全球化"都是根据资本增殖的需要而展开的对外经济交往。对于相对落后的中国来说，由于并不是在高度工业化条件下建立起来的社会主义制度，工业化水平比较低，装备水平落后，缺乏资金、技术和科学的管理经验，要使企业在技术和经营管理上现代化，不仅需要资金和技术，还需要科学的管理经验，需要具备各种现代化技能和知识的人才等等。这一切都要求中国积极开展对外经济关系，实行对外开放，通过对外经济联系、合作、技术交流，利用外资、引进技术，借鉴国外经营管理经验来改革和发展社会主义经济，加速社会主义现代化进程。

伯卿：那对外经济交往具体包括哪些内容呢？

刘：对外经济交往是以本国为主体，根据本国的需要与实力来与外国发生的经济关系，这种关系不仅取决于国内经济矛盾的状况，也取决于世界经济矛盾的总体态势。对外经济交往的内容有两大因素，一是制度，二是实力。制度包括经济制度和政治制度，其要点在劳动者的社会地位，具体表现在劳动者的所有权和民主权以及经济政治体制、经济结构及其运行机制、经营管理等。实力是劳动者素质技能及其人数、技术水平、创造力、文化形态、产值和产量、国土资源等各种因素的综合。制度和实力是统一的，制度以实力为基础，实力以制度为根据。只有先进的制度，才能充分提高并发挥劳动者的素质技能，有效利用自然资源，增强实力。对外经济交往，表面看起来是实力的比量与交换，实质是制度对比、抗衡与沟通。制度与实力的统一，构成一国经济的总体，在各国之间的经济交往中，制度和实力的统一集中表现为主权。对外经济交往是国内经济交往的延伸，包括生产性对外交往和消费性对外交往。生产性对外交往，是指以促进本国生产发展而展开的对外经济交往；消费性对外交往则是以满足本国国民消费为主的对外经济交往。对外经济交往是以企业为单位的，由企业具体执行，但也涉及国与国的关系。对外经济交往主要由贸易和投资两方面构成，贸易包括进口与出口产品和服务；投资，既有引进外国资本办企业或与本国企业合资办企业，也有本国企业向国外的投资或与外国企业合资办企业。

春敏：商品经济的发展，包括工业文明的发展，使得每个国家的经济都成为世界经济体系的一部分，在这个大背景下，每个国家都被卷入到这个世界经济体系中来。区别在于交往的主动性和被动性而已。

刘：对外经济交往的矛盾，是处于经济矛盾系统第八层次国际经济关系矛盾的，也是国度性经济矛盾在国际经济关系中的集合性体现。中国的对外经济交往，是以中国总体作为主体，以中国经济发展的需要与外国发生的经济关系。咱们是把对外经济交往作为经济矛盾层次的最后一个层次的，原来贺痴他们上课讨论的时候问过，认为它是一个总体的，应当排在前面。它是个总体的，但实际是国内向外展开的关系。也就是说，当经济层次走到了经营管理层次的时候，经营管理的结果除了产品，然后就是对外这个层面，它到了已经需要向外扩张的时候，或者说它需要与外国发生关系，是这样一种逻辑关系。所以对外交往是经济矛盾层次的最后一个层次，它实际上就是内部的经济矛盾做一个总体的表现，你存在哪些问题，在对外经济关系中都能表现出来，可能国内矛盾从内部看不到或者不明显，但从对外经济交往中就能显现经营管理中存在哪些问题，又透过这些问题看出经济结构中存在哪些问题。对外经济矛盾既是国内经济矛盾的总体表现，又是进一步研究世界经济矛盾的起点。这个层次作为具体的层次，是对国度性经济矛盾中的制度、体制、结构与机制、经营管理各层次矛盾的具体化，而对外经济交往层次矛盾的解决，又在各层次上。

二 中国对外经济关系的发展历程

石越：中国对外经济关系的发展历程应该如何界定？是不是可以分三个阶段讨论一下中国对外经济交往的历程，即新中国成立之前，新中国成立之后的 20 世纪 50—70 年代以及 80 年代开放以后。

刘：从 1840 年到 1949 年，大约一个世纪的时间，中国在满清王朝和官僚资本的统治下，几乎没有主动的对外经济交往，只有被动的对外经济应付。不用说向外国输出资本和技术，就是输出的农产品、手工业品、矿产资源和劳工，也都被动地由外国资本在中国"采购"，由外国资本投资的企业从事或是作为外国资本"买办"的企业为之办理。这种情况，既是中国的经济实力的表现，更是经济制度的表现。作为主要矛盾主要方面的集权专制统治者和官僚资本，是依附于外国大资本财团的专制势力，既不能捍卫主权，也不能促动经济发展。在官僚资产阶级的统治下，中国不可能有基于国家主权平等的对外经济交往。主权对于国际经济交往是相当重要的，没有主权的殖民地是没有对外经济交往的。中国在1949 年以前仍保留国家的形式，但其主权却操在作为外国资本代理人的官僚资产阶级手里，这个主权如何运用也就可想而知了。官僚资产阶级也在喊"富国强兵"的口号，也以"开放""开明"作形象设计，甚至穿洋服说洋话，但一心一意想着的是其家族和小集团的利益。他们"开放"的原则，就是以国家主权换取外国资本财团的扶持，以维持其统治地位和家族私利。至于如何发展本国产业，如何维护本国企业和民众的利益，都统统不顾。官僚资产阶级统治下的中国，对外经济交往的目的归结起来，就是维护其阶级的统治。

中国革命推翻了官僚资本的统治，毛泽东领导的中国共产党及其建立的革命政权，确立了国家主权，但这主要是以新的制度为依据的，新中国的经济实力尚不强大。外国大资本财团不承认中国的主权，它对新的制度和政权完全敌视，并试图以封锁和战争来扼杀之。在这种情况下，新政权为了加速度实现工业化，增强实力，只能向友好的以苏联为首的"社会主义阵营"靠拢，与之发生密切的经济交往。这时的目的也是相当明确的，即通过对外经济交往，改造本国产业结构。这个目的决定了新中国对外经济关系的原则和策略。新中国成立以后，因共同的主义和美国为首的帝国主义集团的封锁，在外交上向苏联的"一面倒"是巩固新政权的必要条件，而苏联及东欧诸国也出于意识形态及战略的需要，向中国伸出了援助之手。这是中国实行工业化的重要条件，但它也会涉及中国的国内矛盾与主权问题。苏联的领导人总希望中国成为其附庸，并努力培植其代理人。这是中国领导层矛盾的重要外因。在保证主权的前提下与苏联发生经济交往，是毛泽东的原则，并为此采取了相应的策略，并取得了成效。从 20 世纪 50 年代到70 年代中国的对外经济交往，受集约转化型结构及其政治主导式运行机制的制约，目的在于巩固新生的革命政权，实行工业化。这二者是内在统一的，巩固政权是工业化的前提，实行工业化是巩固政权的必要内容。这个目的决定了对外经济关系的原则，即在维护主权的基础上积极广泛地发生与外国的经济交往。但由于此时中国经济实力相对弱，而且国际上正处于"冷战"时期，社会制度和意识形态的矛盾成为国际关系中的重要条件，因此中国在对外经济交往中是处于不利地位的，这就要求在原则的指导下，采取灵活机动的策略，以求不断壮大实力，中国的工业化也就由此加速度发展。70 年代与美国的交往，是策略层次上的大变化，同时也坚持了原则，实现了目的。更为重要的，是由此为以后广泛的对外经济交往，创造了历史的前提。

20 世纪 80 年代以来中国的对外经济关系，是服从集权开放型结构和非均衡趋利机制的，总体思路就是"参加世界经济大循环"，力图淡化制度差异和意识形态色彩，努力扩展与外国，特别是发达资本主义国家的经济交往，目的在于通过对外经济交往，促进本国经济的增长。把经济发展等同于经济增长，即统计指标的提高，并将国民生产总值变为国内生产总值。而"参加世界经济大循环"论不仅将劳动者素质技能低和人数多作为"优势"，甚至将中国产业定位于世界产业链的末端，片面注重短期成效，比如对外出口以初级产品和资源，即所谓"劳动力密集型"为主，而进口则注重获利较大的小汽车、高档消费品，以至奢侈品。购买技术设备，往往是已经落后，甚至国外已淘汰的生产线，如"桑塔纳"汽车的引进，再就是食品、服装等消费品的技术设备。引进外资，也主要导向服务业和轻工业。这样的进口和引进外资，短期内统计指标上的国内生产总值会有所增长。但增长并不等于发展，对外经济交往中的短期行为不能优化中国的产业结构，特别是不能对高新技术研发、应用起到积极作用。为了扩大出口，国内各企业自相竞争，压价让利，虽然出口量增加，但获利甚少，以至有赔本"创汇"的情况。引进外国资本时，片面以为多多益善，结果引进了中国并不急需的技术与设备，投资国内已经生产过剩的行业，"可口可乐"等饮料、麦当劳等速食店，除了与国内企业争市场外，几乎没有积极意义。在我们热情洋溢地欢迎外国资本之时，西方发达国家却严格限制中国资本的进入，近几年美国及西方各国政府不批准中资入股或购买其企业的事屡屡发生，其理由只是一个：维护其国家利益。即使是在经济危机中也是如此。逼得中国企业只能投资于非洲及其他落后国家，而这又遭到美国大资本财团的非议和干涉。似乎中国出口廉价商品所换得的外国货币（主要是美元）只能去买天天贬值的美国国债！这就是美国大资本财团的逻辑。对此，我们必须在坚定主权的基础上与之抗争。大资本财团再强大，也有短处，也有其软肋，要认真分析，充分发挥中国经济的优势与之竞争，以保证中资在落后国家的投资，并利用发达国家某些企业经济中的问题，收购或入股这些企业，但对此必须慎重。

思远：讲历程的话，应该说越往后发展，交往的深度广度也在发展，不光是生产领域、消费领域，现在在金融领域、投资、贸易领域都要接受国际规则。我们很多的关键产业受国际资本控制，我们的货币发行和汇率也受到他们的控制，加入世贸组织以后，受到世界贸易体系的控制，这种趋势越加明显。所以在讲历史发展的时候还应该注意一下这个趋势。可以说，从规模上呈现一个领域扩大化、全面化的趋势。

刘：全面对外经济关系，现在的格局就是美国大资本财团主导的"全球化"，这是现在中国对外交往面对的一个大的背景。

春敏：在谈新中国成立以后的这两个阶段的时候，要注意目前经济学理论界有一批人，说 20 世纪 50—70 年代是封闭的，是"闭关锁国"，后来才是改革开放的。以开放作为一个标准，后来的是好的，原先就是不好的。这里先不说 50—70 年代的外部环境，对外交往不是你想和谁交往就能和谁交往，帝国主义全面封锁新中国，你和谁交往他都要封锁。怎么可能用开放不开放这种程度来衡量时代的好坏呢。我觉得在谈对外交往历史这两段的时候，要把这一点突出出来。

思远：刘老师有个词叫"自主"，自主性开放，这些人则是他主性开放，依附性开放。

春敏：你跟别人打交道的目的是发展你自己，不是讨别人喜欢的，我刚才说的那些观点可能也是殖民地文化的一个表现，或者说是新殖民主义在中国的一个表现，基本内容就是我们自己做什么的行为标准不是我们自己，从政策到交往到意识，一些人想问题做事情的目的是让外国大资本财团高兴。

刘：看美国大资本财团的脸色，按照他们的要求发议论，提建议。这在中国当前学术界是有一批人，他们已形成了势力，企图主导舆论乃至意识形态。这些人的背景很复杂，其中有人就是受美国、日本等国大财团资助，甚至派来的，并给他们提供经费和各种条件，特别是在媒体上炒作，制造所谓"著名经济学家"之类。这些人水平实际上很低，只会背美国教科书上的一些条条，不了解中国国情，但名气很大，原因就在炒作。

三　现实中国对外经济交往存在的问题

石越：现实中国的经济交往是以"参加世界经济大循环"为思路的，基本上是一种非主动性的对外经济交往，这种主动性、主体性的丢失，会因对外交往而激化国内经济政治矛盾。所以展开讨论一下现实中国对外经济交往中存在的问题。

刘：这不仅是理论上的分析，更是现实的存在，并在历史上出现过。对外经济交往不可能只是物质上、技术上的，而是与外国人的交往。外国大资本财团控制全世界的企图，是资本的本性决定的，它必须要利用其技术和物质上的优势，在中国物色其代理人。历史上官僚资本的出现，其外因主要是外国资本的入侵和对中国的控制。而现实中的对外经济交往，也必然会给外国大资本财团渗透中国经济提供条件。官僚资本在一定程度上说类似外国大财团的子公司，但由于国度性的存在，它势必表现出政治性，是以政治势力和形式运作的资本。这对于外国大资本财团而言，并不像子公司那样可以通过直接的权利关系来控制，而是通过控制官僚资本集团的首领来间接控制。这又可以使之避免许多风险，如果是子公司，总公司要为其投资并承担相应的风险和责任，对于官僚资本集团，则只是扶持其政治权力，假设某集团失去权力，又可以收买控制继起的集团。官僚资本主义是官僚资本的意识形态，是以官文化为主干并结合资本主义而成的一种特殊理念，它不仅从理论上论证官僚资本专制统治的合理性，还要为外国大资本财团对中国的干涉、控制辩护。与官僚资本主义同时出现的，是殖民地意识。这是从崇拜西方国家的技术到文化，再到生活方式，以至语言的全方位的观念。其特点是丧失本民族的自尊和自信，认为本民族已无创造力和发展力，屈从以至盲从西方国家的一切。殖民地意识是一种总体性的奴隶意识，中国的殖民地意识是官僚资本统治的副产品，同时也是官僚资本为外国大财团代理的必要条件，从推销外国商品到崇拜外国文化，再到服从外国大资本的控制，官僚资本都需借助殖民地意识。

其二是为了符合国际垄断资本财团的利益而调整中国的经济制度、体制、结构，导致各层次的落后与矛盾。对外经济交往过程是一个中外制度和实力较量的过程，外国大资本财团必然要求中国适应其利益的需要改变制度和体制，进而调整经济结构。制度层面，主要是扶持以权谋私利益集团及其官僚资本，并实行对公有制经济的私有化。在体制上，则要求适应其利益的需要，实行自由竞争和市场经济体制。这在美国和其他西方国家的统治集团那里是相当明确的：你要跟我交往，就必须是"市场经济国家"，否则我就给你各种限制和制裁，而为了满足其要求，就得对本国经济体制、制度做调整，甚至是全面的改变。它们对所有"新兴市场经济"国家都是这样要求的，对中国也是如此，而且更为严厉。虽然中国已应其要求做了诸多调整，但它们认为还不够，还对中国实行高新科技及其制品的禁售，并不时以其国内法律制裁中国涉外企业。而为适应其要求做出的对中国经济体制的调整，也必然造成中国经济体制的矛盾，并扩展至经济结构上。

其三是有可能形成中国对外国技术和资本的依赖，延缓劳动者素质技能的提高与资本积累。对外经济交往既有可能促进中国接受现代工业技术，但也有可能形成中国对外国技术和资本的依赖，延缓劳动者素质技能的提高与资本积累。形成这种局面的主要原因，就在于以权谋私利益集团势力的作用。对于以权谋私利益集团来说，其唯一的目的，就在于稳固其政治权势，这样，引进外国技术和资本，生产那些周期短、获利快的消费品，就成了经济增长的捷径。以致大量的游乐设施、服装生产技术、葡萄酒酿造技术、化妆品技术……成了引进技术的主要内容，可它们对于提高中国劳动者的素质技能有多少正作用？况且，这类技术不仅卖价很高，且关键部分依然保密。而以优惠条件所引进的外国资本，大都投在与中国相关企业竞争的行业，快餐业、饮料业其技术略高于中国企业，更重要的是没有中国企业那么多的税费支出，其核心技术又对中国人保密。虽说它们可以"解决"一部分中国人的就业问题，但恰是它们的不平等的竞争——甚至可达某行业的垄断水平，导致了更多中国人的失业。"国内生产总值"的统计指标可能会因此增长，但却形成了对国外技术和资本的依赖性，由此造成一个循环：为了提高国内生产总值，就必须大量引进外国技术和资本，而且要不断增加优惠条件，这些优惠条件的负担全都压在中国企业身上，因此，也就有了国有企业的亏损和倒闭，以及私有企业在低层次上的简单再生产和短期性的投资与破产。

　　失去主动性的对外经济交往会导致依附性的经济结构和急功近利的非均衡趋利机制。这是"中心"国家的大资本财团在向全世界扩张时所要达到的目标。中国的对外经济交往有可能成为外国大资本财团制造一个新"外围"的机会。形成依附外国大资本财团，为其销售产品和过时技术，并为外国资本企业提供原材料、半成品、零部件、廉价劳动力、廉价商品的经济结构是外国大资本财团所努力要求中国的目标，一方面可以保护美国等发达国家的技术领先地位，另一方面又可以将过时的、"下脚料"的技术高价卖给中国。"经济全球化"就是要中国形成依附于美国的经济结构。中国所实行的"加入世界经济大循环"战略，虽说有一个赶、超发达国家的设想，但现在却要将自己的经济结构变成依附于美国及其他发达国家的结构，这是以廉价劳动力及资源、初级产品、零部件等行业为主干的结构。至于国内的产业，则按非均衡趋利机制优先发展那些能够快速增加 GDP，而且获利丰厚的行业，这里最突出的就是将房地产业作为龙头，致使房价在十年间上涨五倍到十倍，以其带动钢铁、水泥、建材、装修业。与此同时，大力扶助低端产品的出口业，致使产业结构严重失衡。这个结构在经济大危机中充分暴露了其局限和缺陷，美国大资本财团在充分享受了中国廉价商品给其带来的利益，并将中国所购买的美国国债用于伊拉克、阿富汗战争之后，不仅自动大印钞票将美元贬值，还逼迫人民币升值，既要少还债，又要阻遏中国商品进入美国。而为迎合美国危机而大发贷款救房市所造成的巨量房地产泡沫又会从内部冲垮现行的经济结构。如果将在技术上依附外国作为经济结构的原则，那么，短期内的增长速度是可能的，但增长的又是什么？骨骼和肌肉不长，甚至萎缩，只增长脂肪，甚至水肿，称体重是长了，但能维持长久吗？对外交往并不等于改革，更不能把改革的希望寄托于对外经济交往。中国的经济结构是其制度、体制的具体化，也是中国经济自立于世界的基本框架，它不仅要应对经济的挑战与竞争，还要承担政治、军事的挑战与威胁。而依附外国的经济结构，怎么能支撑中国作为一个主权国家的存在与发展？

思远：这里一方面是失去自主性存在的问题，还有一部分是主动的放弃，这是符合官僚资本的利益的，比如说"开放倒逼改革"是很有深意的，它带有那种主动放弃的性质。还有咱们说的那个依赖人家的技术，其实你想依赖都靠不上。

刘：现在有人主张以开放"倒逼改革"，什么意思？没有自主性的开放，只能导致经济、政治上对外国大资本财团的依附。它也势必改变结构、体制乃至制度，但改变不等于改革。中国的改革必须是坚持劳动社会主义，明确劳动者主体，完善公有制和民主制，而非按外国大财团的意图去改变。

思远：我说的依赖是技术上的依赖，像咱们手机、电脑、电视里的芯片一年进口 200 个亿，进口的数量超过石油，实际上你买人家的是产品，买回来的不是技术，是这个意思，想依赖别人你也依赖不上，实际上高端技术是不卖给你的。

马淮：中国是 2000 年加入 WTO 的，在 2004 年就提出一个命题，就是国家经济安全问题。到今天，在竞争性行业可以向外资开放的几乎全部出现了这个问题。外资现在集中控制在中国的资本和技术密集型行业，中国企业主要是劳动力密集型。今天，中国在对外交往上出现一个特别有意思的现象，就是在经济层面上没有主权。在实体经济层面上，我们加入"世界经济大循环"，国外通过控制游戏规则，通过控制国际分工和国际商品价格体系，把实体经济控制住了；虚拟经济层面，它通过国际金融控制国际虚拟经济，把中国的利得也就是我们所说的30 多年改革开放的成果又给卷进去了。经济上没有主权，在文化层面上也没有独立性，主权也不体现，现在国外的意识形态全面的渗透是非常成功的，在各个方面都是把西方资本主义观念作为普世价值来看待的。普世价值好像主要是在民主层面，实际上在政治经济文化这几个层面都是作为普世价值来渗入的，所以我们讲的文化上的独立性也没有。包括今天我们"走出去"，"走出去"的目的又是什么，有多大程度上是从国家安全、经济主权层面考虑的，我觉得这个也是需要进行特别的进一步的分析。可能在能源这个层面上，是国家安全这块儿考虑得多一点，但是实际上我们在"走出去"这个层面的战略思想上受到美国的意识形态控制。

贺痴：咱们现在谈对外经济交往的时候，主要说的是引进外资或者是进口，从来不说往外走，很少说"走出去"。其实走出去有两种，一种是向美国这些发达国家投资、出口等，还有就是往非洲这些亚非拉第三世界国家"走出去"，当地还有人认为我们是新殖民主义，这种状态好像大家很少提到。

兴无：就是资本的自然属性，资本追求利润最大化。

贺痴：还不是资本追求，不是资本性的投资，比如像我们系统中石油去海外扩张更多的就是出于国家能源安全利益的考虑，而不是追求多大的利润。

兴无：那也是资本。

润球：那也不见得，不一样。以前是咱们帮亚非拉国家的民族独立，就是毛泽东那个时代，那个时候主要是政治上考虑，现在确实是经济发展和政治格局的统一的考虑。

刘：对外交往是两方面，一个是人家进来，再一个是咱们出去，现在在全球化背景下，咱们出去的成分越来越大。

贺痴：一个是一些大型的国有企业，还有一些像华为、中兴这些企业。

刘：有一种说法说咱们"走出去"投资这块儿，有一种观点说咱们中国也是帝国主义，说美国老大咱们老二，这个观点是要批驳的。中国本身的这种对外投资，绝对不是达到了国际垄断资本的程度。一是所谓咱们这个能源安全等等；再一个呢，看起来它对非洲的那些国家好像是有些强势，但是在整个世界上来说是非常弱势的，像美国、欧洲，中国资本根本进不去，就算进去也是给人家提供一些小的服务，或去买房子，帮人家解脱危机。持这种观点的人表面很"左"，他反对一切资本，并不考虑中国的主权及发展，不是主张在中国进行制度、体制改革，以实现劳动者社会主体地位，而是反对中国对外经济交往，将中国等同于美国。他们实际上是在套用一战前列宁对帝国主义的分析，但忽略了今天中国虽然 GDP 总量增多了，也有了资本，但并没有美国那样的大资本财团。更重要的是，他们忽略了中国的社会制度依然是社会主义，公有制还存在，还占经济矛盾的主要方面。将国有资本等同于私有资本财团，这是没有分析的表现。国有资本和企业有问题需要改革，但必须坚持公有制。只要我们坚持劳动社会主义原则，中国经济既可以摆脱对外国大资本财团的依附，又不可能变成"新帝国主义经济"像大资本财团那样掠夺弱国。

四　现实中国对外经济交往问题的解决

石越：国际经济交往是现代人类生存发展的必要内容，中国当然也不例外。但中国的对外经济交往并不单纯地是因为"经济全球化"，而是根据国内经济发展的需要展开对外经济交往，也就是自主能动的对外经济交往，做到捍卫主权、明确目的、坚持原则、机动策略。自主的对外经济交往就是坚持国家主权为前提的对外经济活动，对主权的捍卫也就是对中国主体性的捍卫，是为了劳动者利益和意志的对外经济交往的必要保证，只有这样，才能明确目的、原则和策略。

刘：我们必须得明确社会主义中国对外经济交往的目的是提高和发挥劳动者素质技能，确保劳动者社会主体地位。中国不是殖民地，也不是附属国，而是主权国家，因此在规定对外经济交往的目的时，首先要考虑的不是对方的需要，而是中国经济矛盾发展的需要。坚持以我为主、知己知彼的原则，根据中国经济结构调整和企业经营的需要，有选择地与相关国家及其企业进行商品和技术交往，既出口我们的优势产品与技术，又要取长补短，从国外进口我们所缺的产品和技术。策略是原则的具体运用，外国是个总体又是若干个体，在规定目的和原则时，要多考虑总体，在探讨策略时则应该多注意个体，即各国的特点，对外经济交往总是与具体各国和企业打交道的，要具体分析其特点，研究各国之间关系，利用其矛盾。但有个总的策略就是为促进小农经济改造，为实现工业化提供必要的技术条件，因此要以引进先进工业技术为主。但技术先进的国家会在出售其技术时设置重重障碍，而且要价很高。尽管这样，中国又不能不购买必要的外国产品，甚至不能不引进外国资本在国内办企业。这是必须做出的让步，但又应在国内做好尽快消化、改造这些技术的准备，并加强研究，从其产品中发现其技术因素，力求在借鉴的过程中掌握并创新技术。对于已经出现的对外国产品的依赖，忽略改进和研究其技术的倾向，必须坚决地纠正。

在确定对外经济交往主动性原则的基础上，根据本国经济发展的需要抉择对外经济交往的对象和范围。从总体上说，中国应根据提高和发挥劳动者素质技能，改造经济结构的需要，鼓励和支持生产性进出口，特别是引进外国先进工业技术，节制消费性进出口，抑制奢侈品的进口。

在进出口贸易之外，更重要的对外经济交往是资本的交往，即相互在对方国家投资办企业或投资于金融业。中国之所以要容许外国资本进入，并不是为了增加国内生产总值，而是引进外国资本所带来的先进技术，并由此借鉴外来技术，促进中国工业技术的提升。外资的进入，会刺激本国经济的发展，而且会带来较先进的工业技术行业，并解决部分就业问题。这对于相对落后的国家来说，无疑是有益的。因此，不应片面地排斥资本的输入。但是，外来资本绝非是为了帮助落后国家实现"工业化"或"现代化"的，它的目的很清楚，也很简单，那就是获取超额利润。引进外资，对于完善中国的工业体系、加速工业化，可以起到一定补充作用，但若处理不当，又会排挤、摧毁本国企业。为此，必须要有抉择和限制地引进外资。

春敏:有一种说法认为对外贸易额越大,经济就越发展。对此要分析,包括引进外资,也不是数量越多越好。对外贸易要服从国内产业发展,像这几年的奢侈品大量进口,几乎没有任何益处。而外资的关键在质量,不在数量,中国能生产的轻工业品,引进外资生产,只能损害国内产业。

刘:总结三十余年的经验教训,根据对世界经济矛盾和中国经济矛盾的分析,特别是对外经济交往层次矛盾的分析,我们认为对外来资本应区别对待:其一,中国尚没有形成的高新技术,外国资本带其技术到国内办企业。这类行业已相当少,外国资本为保持其领先和垄断地位,也很少到国外投资,或者其对投资环境的要求很高。对这类行业的投资应当欢迎,而且努力为之提供必要的办企业的条件。其二,国内已建成企业,但技术水平较低的行业,这种情况比较突出,如汽车行业,国内已建几百家汽车厂,可是规模小,技术落后,但对汽车的需求量很大。在这种情况下,引进世界上大的汽车企业的投资(主要是技术专利),对于提高本行业的技术水平,提高职工技能素质,都是有利的,但不能任其占领中国的汽车行业。为此,有选择地与外国公司合资,在短期内是可取的。与此同时,应保留中国已有的品牌,有组织地在借鉴外国技术的过程中,革新和研创中国的汽车技术,由此促进中国汽车行业的发展。然而,时下以取消中国品牌,并由外国公司控制,几乎全部以外国品牌出厂的轿车业,在引进外资上做得已经过头了。对此,必须纠正,以扶植和发展中国的汽车行业。与汽车业相同的机械制造、精密仪器等行业,也应如此。其三,在中国已形成一定规模的行业,但技术水平与先进国家有差距,而且经营管理状态不佳,如制药、化学和生物制品、能源加工、电气、电子等行业,在这些行业引进外国资本,一是有助于提升技术水平,二是可以通过与外资企业的竞争,刺激本国企业的经营管理。其四,非主干性行业,而且国内企业已经饱和,甚至过剩,且技术含量不高,如食品加工、洗涤剂、饮料、服装、自行车、酒类等。这类行业一般投资较小,获利较快,国外或境外的资本家往往钟情于在大陆投资,主要是利用廉价劳动力,获取高额利润。对此,应采取严格的限制,已经涌入的外资企业,也要通过扶植发展国内企业,逐步使其所占市场份额缩小,以至排挤出去。其五,服务业中的各行业,如快餐、旅游、商业、娱乐等,这也都是获利大而快的,这些行业几乎没有什么新技术含量。必须深刻反思,因引进外资的"政绩"而拱手将本国、本地企业完全能够胜任的这些行业,任由外资企业排挤国内企业的教训,限制外资进入,同时努力改进国内企业的经营管理,发挥我们的优势与之竞争。其六,金融业,这是特殊的服务行业,对它的引进,弄不好就会导致大的混乱,应该更加慎重,但同时也应有限制地加以利用。对于外国的金融资本企业，加以分析和选择，绝不能任其操纵中国的金融。其七，房地产业，这是近年发展最快的行业，也是产生腐败、权钱交易的重灾区。外来资本，特别是港台资本尤其热衷此行业，在这个行业中，严格说尚不存在正常的竞争，大量外资涌入房地产业，加剧了混乱和腐败。中国房地产业之混乱已到了非治理不可的程度，外资企业当然也在治理范围之内。其八，对于来中国投资的外国资本，必须设立专门的审查机构，严格审批手续，提高进入的门槛，选择技术含量高、资本量大并对提高中国工业技术有利的企业进入，否则严加限制或拒之国门之外。在这方面，中国真应该向美国好好学习。

王： 对外经济交往中有一个重要因素，就是货币的汇兑及汇率和外汇使用问题。

刘： 在废除了货币金本位后，美元仍具有世界货币的功能，国际结算、货币储备等主要以美元计算，这使美国不仅获取巨额"铸币税"，占据了国际经济交往中的霸主地位，而且可以通过货币发行及操控汇率来掠夺他国资财或转嫁本国危机，中国不能不面对这个事实，吃亏是不可改变的。问题是我们如何坚持主权和主动，在对外经济交往中尽可能少吃亏，并不断提升人民币的国际地位。

王： 对外经济交往会遇到外国人的贸易保护，现在的贸易保护范围已不仅仅是商品贸易，还包括技术等全方位的保护。在这方面，我们往往不注意，以致在对外交往中吃亏。再就是在国际竞争中，我们常处不利地位。

刘： 在国际经济关系中有一个基本的矛盾，就是保护与竞争的矛盾。竞争与保护都是手段，是维护和促进本国经济发展的手段。中国的对外经济交往，必须辩证地、灵活地使用这两个手段，而且在近期应以国家保护为主。国家保护并不是禁止竞争，更不是以一国之法律、政策取代国际竞争规则，而是由国家机构有计划地组织企业的对外竞争，这样，就可以将个体企业的弱势构成总体性的相对强势。从对外经济关系的竞争中，也显示出劳动公有制经济，特别是国有企业的优势。如果实行现在某些人主张的不加保护的自由竞争，一是丧失主权，二是不可能建立起自己的工业体系。在改革和完善劳动公有制经济、以计划市场体制和法制主导机制调整经济结构的基础上，由国家机构和行业协会等计划和协调保护政策。

王： 咱们国家还有一个挺不好的现象，就是不同的出口企业之间进行的所谓竞争，往往吃亏的是自己，得利的是外国企业，就是为了出口竞相压价甚至赔本创汇，这样的竞争还是应该规避一下的。

刘： 对外贸易保护是在对外经济关系中以国家主权保护本国企业的利益。这不仅是针对与外国企业的交往，还包括对本国产业结构的调整及企业布局的计划和协调，同时包括对生产出口产品企业在总体上的约束，近年来中国出口企业间自相残杀式的竞比压价，进口（如铁矿石）竞比抬价，以致外国企业得利的混乱局面，一定要克服。贸易保护不是不要竞争，而是有组织地进行竞争。从总体论，中国是国际经济关系中的弱国，但并不等于我们处处都弱、永远地弱下去。中国在某些行业也有自己的优势，要不断地扩大优势，通过国际竞争发展它，并占据国际市场，以优势行业参与竞争，所得利润，一是发展本行业，二是可以拿出一部分扶植弱势行业。当然，对弱势行业的扶植，主要应根据国有企业占有权行使和执行机构的计划进行，此外，就是在财政、金融等方面对合作制企业和私有资本企业的有条件支持。

贺痴：还有前些年有很多人批评国有企业效率低，主张用"私有化"方式解决国企效率低的问题。但实际上能在国际上有一定竞争力的中国企业大部分是国有企业，当然非国有企业也有，但是很少。

刘：我们必须充分发挥国有企业在国际竞争中的优势。为了参与国际竞争，"与狼共舞"，企业就要有相对雄厚的技术人才和资金设备。对于中国这个大国而言，参与国际竞争，必须突出重点，集中发展，组建强势企业。一定要消除为了"创汇"指标不惜血本地动员企业蜂拥自相竞争的混乱。对于目前相对弱势的行业——这些大都是主干性行业，如飞机制造、汽车、精密仪器、电气、电子、通信、化学和生物制品等，必须在举全国之力组建和发展的同时，选择其中较强的企业，支持其参与国际竞争，即使短期内获利不大，甚至有所亏损，也可以取得经验，提高技术。绝不能将这些企业卖给外国企业，只是在为外国企业代理、销售中，从中国消费者手里赚小钱——大利润归外国企业。

伯卿：针对外国的贸易保护，我们应该怎么应对，我们是不是也应该进行适当的保护？

刘：这个我们前面也提到了，如果实行现在某些人主张的不加保护的自由竞争，既会丧失主权，也不可能建立起自己的工业体系。国际经济关系中的贸易保护，更多地体现于对外国产品和技术专利的购买以及对外资的引进上。有关的国际贸易规则是要遵守的，但我们作为买主，又有购买的主动权。但凡我们能够生产，而且质量并不差，或者经技术改造、创新就能提高质量，增加产量的产品，就要尽可能地不购买；对于生产这类产品的行业，也要尽可能少引进，或者不引进外国资本，以此来保护本国企业的发展。这一方面需要主管机构把关以及各级政府在引进外资时要慎重——绝不能再给各级政府下引进外资的任务指标了。分析外国资本所能带来的技术，特别是根据国内行业的状况及其发展计划，制定引进外资的政策。这样做，短期内所引外资的数量可能减少，但所引外资带来的技术质量却提高了，本国企业又在保护下得以发展。

对外经济交往中的保护与竞争，对于中国来说是个新课题，也是一个总体性课题。一百多年的经验教训充分说明，只有变革经济政治制度，端正经济体制，优化经济结构和运行机制，革新经营管理，才是对外经济交往中保护与竞争的根据，而强化对外经济交往的保护与竞争，又可以促进国内经济各层次矛盾的解决。

思远：还应该提一个安全原则。经济安全、国家安全，都需要从总体上考虑。

春敏：更要有一些理论化论证，将主权意识、安全意识、保护意识在理论上加以明确。举个简单的例子，现在网上整天骂汉奸，说一些日本鬼子的走狗怎么样，但是在韩国，不管通过什么方式，人家韩国的产业，日本进入就很难，就是有一个大的文化背景。

马淮：这个就像刘老师刚才讲的，对外经济交往体现的是整个经济矛盾系统的问题，所以它的解决就得靠整个矛盾系统的解决，它是整个国度性矛盾的一个综合，国度性矛盾在第三层面，它下面所涉及的所有层面都会在对外经济交往中体现出来，所以在这个点上，要去解决的话，必须与国家的国度性矛盾的解决相结合，肯定还是在这个抽象层面上，在制度层面上改革，以它为起点进行整个矛盾系统的解决。

润球：根儿还在主义上，到底是依据什么主义去进行对外经济交往。

马淮：在这个问题上，主体性与国度性是统一的。

刘：在对外交往上就是强调主权，我把主权作为公民权的一个概括，它也是制度的一个集中体现。

主权，是国家主体性的体现，也是全体国民政治、经济权利的集合，它包含着国民个人权利相对应的义务。对外经济交往是以主权为依据和出发点的。主权又是国际经济、政治矛盾的交结点。中国的主权，是中国人民经过一百多年的革命斗争确立的，也是中国国际地位的标志。主权是社会制度和实力的集中体现，制度主要表现在权利关系，实力则主要体现为民众对权利的义务，因而是动态的。旧中国主权之弱，原因就在集权官僚制，看起来专制国家有无限权威，但民众却处于无权少权状态。无权也就无义务，少权也就少义务，旧中国的民众很难认识国家主权与自己的关系，也不必或不能为之尽义务。面对民众，国家的无限权威充分体现着，但与外国人打交道，却因民众的无权少权而显得主权乏弱，屡屡吃亏上当。有人说"穷国无外交"，只是看到实力中物质力的一面，没有看到制度一面和实力中民众的义务。实际上,晚清和民国初期中国的国内生产总值并不少,甚至仍居世界第一位,虽武器较西方国家差些,但军队兵力与入侵或驻扎中国的洋兵相比,却占绝对优势。为什么几千英国兵就可以武力威慑"天朝"订城下之盟?又只几千英法联军直攻北京火烧圆明园?不过万人的"八国联军"可肆意在北京烧杀抢掠?更不能从军力解释的"九一八"事变,区区一万多关东军竟在两三个月内,将张学良二十余万武器远比关东军精良的东北军扫荡出东三省?而自1840年以来签订的无数丧权辱国的条约,又使中国失去了多少财富和资源?这些都是不能只用一个"穷"字解释得了的。根本原因就在民众的无权少权。主权只是皇帝和少数大官僚们权利的集合,与外国对抗,只有他们感到义务,而广大民众却因无权少权而没有捍卫主权的义务,而且统治者也不让民众起来参与捍卫主权,因此旧中国的主权自然也就显得弱小了。

王:旧中国主权上的弱,归根结底是制度落后,民众没有权利,政治又腐败,受人欺侮是不可避免的。

刘:今天的中国主权,从制度原则上说,是全体国民权利的集合。按劳动社会主义制度将全部公民权、劳动力和生产资料所有权、民主权都落实于全体国民个人,那十三亿多国民的个人权利集合起来将是全世界最大的国家主权!十三亿多人对其权利的义务又是最大的国家实力!之所以还会有外国敢于轻视,甚至欺压中国,不在中国实力不敌他国(即使按现行以美元为单位的GDP计算,中国也只比美国少,若人民币与美元汇率提高,中国的GDP还会增加),而在中国国民个人应有的权利没有完全落实,以致美国等西方国家总拿"人权问题"来削弱中国的主权。而我们又有什么理由只在政治、经济、军事方面对外国委曲求全,"韬光养晦",宁可承受因主权弱化在对外交往上的巨大损失,而不及时进行对行政集权体制的改革,落实民众个人权利,发动全体国民对主权的义务,由此强大国家主权,在国际上处于有利地位呢?

对外经济交往,并不仅是GDP的交往、货币的交往、商品的交往、技术的交往、资本的交往、资源的交往,更是人的交往,是主体人以国家主权为前提,以自己对货币、商品、技术、资本、资源的权利相互之间的交往。因此,中国要在现代国际交往中处于有利地位,应以国内政治、经济制度和体制的改革为前提,落实并保证劳动者的社会主体地位及其相应的公民权、所有权、民主权,进而创建内生拓展的经济结构及其法制主导式运行机制,创造以劳动者素质技能为核心的经营管理。这是对外经济交往的根据,也是对外经济交往的目的,即为了经济结构的创建和经营管理的革新产生的需要而与外国交往。对外经济交往必须服从国内经济发展的要求,壮大劳动公有制经济,抑制官僚资本,优化私有资本，促进小农经济改造，实现工业化。在确立主权的前提下，明确目的，主动地与外国展开经济交往。

王： 对外经济交往中主权问题相当重要，我们随时都可以看到在主权方面发生的纠纷，我们必须坚强主权，才有可能真正自立自强于世界。

刘： 主权问题是一百多年中国人心上大痛，是毛泽东领导的革命使中国人坚强了主权，自立于世界。但今天我们的主权仍受美国及其走卒日本的侵害。日本是靠劫掠发家，而且是由小肚鸡肠的政客掌权的。"二战"以后，它不过美国的一个占领区，实际上没有真正的主权。对此，日本的政客是清楚的，总想恢复其主权，但又不敢与美国对抗，只能向他们认为"软柿子"的中国下手，以侵害中国主权来显示日本也有主权。对此，我们一方面要坚持与之对抗，另一方面，也是最主要的，是明确和落实我国劳动者的经济、政治权利，由此坚强主权，发展对外经济交往。

（石越）

后 记

　　本书是我主持的国家社科基金重点项目"马克思主义经济学中国化的方法论与中国政治经济学范畴体系研究"① 的中期成果。2013 年 12 月至 2014 年 6 月，课题组成员与中央民族大学部分教师、博士和硕士研究生，召开若干次专题讨论，共 30 个题目，汇编于此，以《中国政治经济学方法论探究》为题出版。

　　讨论各题时，有一主发言人，并由其记录和整理。因我和王玉芬教授是其他参加者的老师，故在记录时以姓表示，余者名为二字者称其名，单名者以姓名表示。

　　每题记录整理之后，先交杨思远、张春敏初步编辑，我逐篇修改，由张兴无汇总，我再统一编排。

刘永佶

2014 年 11 月 15 日

---

① 项目编号 11AJL001，立项时间 2011 年 6 月。